INSTRUCTOR'S ANNOTATED EDITION

ROBERT ARIEW

THE UNIVERSITY OF ARIZONA

ANNE NERENZ

EASTERN MICHIGAN UNIVERSITY

HEINLE & HEINLE PUBLISHERS
BOSTON, MASSACHUSETTS 02116 U.S.A

HEINLE & HEINLE IS A DIVISION OF WADSWORTH, INC.

The publication of ***PREMIERS ÉCHANGES*** was directed by the members of the Heinle & Heinle College French Publishing Team:

Editorial Director: Petra Hausberger
Marketing Manager: Cheryl Carlson
Senior Production Editor: Barbara Browne
Managing Developmental Editor: Beth Kramer

Also participating in the publication of this program were:

Publisher: Stanley J. Galek
Vice President, Production: Erek Smith
Editorial Production Manager: Elizabeth Holthaus
Assistant Editor: Amy Jamison
Project Manager: Sloane Publications
Manufacturing Coordinator: Jerry Christopher
Interior Designer: DECODE, Inc.
Cover Design: Design Five
Cover Illustrator: Cynthia Carrozza
Interior Illustrator: David Murray, Randy Sorenson, Katy Linnett
Maps: Magellan Geographix

Library of Congress Cataloging-in-Publication Data

Ariew, Robert.
Premiers échanges / Robert Ariew, Anne Nerenz.
p. cm.
ISBN 0-8384-4431-8
1. French language--Textbooks for foreign speakers--English.
I. Nerenz, Anne G. II. Title.
PC2129.E5A74 1993
448.2'421--dc20 92-40946
CIP

Manufactured in the United States of America.

ISBN 0-8384-4436-9 (Instructor's Annotated Edition)
ISBN 0-8384-4431-8 (Student's Edition)

Heinle & Heinle Publishers is a Division of Wadsworth, Inc.

10 9 8 7 6 5 4 3 2 1

TABLE DES MATIÈRES

CHAPITRE 7 JE CHERCHE DU TRAVAIL 200

CHAPITRE 8 QUOI DE NEUF? 234

UNITÉ 4 MON PAYS ET LE MONDE 409

PREFACE

PREMIERS ÉCHANGES provides a well-integrated teaching and learning system that introduces current, natural-sounding language to beginning-level students of French. Students learn, practice, and perfect a range of expressions normally used by native speakers, as well as the related grammatical structures needed to carry out a given communication task. Such communication tasks are called *functions.*

WHAT IS A LANGUAGE FUNCTION?

In any language, people communicate by carrying out certain language tasks, like greeting, inviting, telling exact and approximate times, giving addresses and directions, asking someone to repeat, expressing preferences, reporting, describing, or stating opinions. In even the simplest of situations, the speakers carry out a variety of functions. For example:

- Two people who are meeting for the first time greet each other, introduce themselves, respond to an introduction, make small talk, and say good-bye.
- One person invites a friend to go somewhere. The friend may accept or refuse the invitation; stall for time; express a positive, neutral, or negative opinion; or propose an alternative activity.

Every communicative situation revolves around a set of tasks, or functions, the speakers want to accomplish.

FUNCTIONS AND EXPRESSIONS

Speakers may use a variety of expressions to carry out a function. Each of these expressions differs from the others on several dimensions, including

- its level of formality or informality,
- its grammatical and linguistic complexity, and
- its frequency of use.

Native speakers enjoy command over a gamut of expressions from which they pick and choose to match the situation and the relationship they have with their partners in communication. In any situation, a speaker may choose from many different expressions, and only rarely do two people respond in exactly the same way.

A FUNCTIONAL SYLLABUS: A NEW DESIGN FOR A NEW STYLE OF TEACHING

Most foreign language textbooks stem from a grammatical syllabus that places language structures at the heart of the program and makes cultural situations conform to the grammar that needs to be taught.

PREMIERS ÉCHANGES is organized in a different way. Although standard grammatical structures are presented, French grammar was not the point of departure. Rather, *PREMIERS ÉCHANGES* was developed around:

- High-frequency communication tasks that students learn to carry out in a variety of situations and at a variety of levels
- The specific sets of expressions that are needed to carry out those tasks accurately and effectively
- The grammatical structures that occur most frequently in each set of expressions

Naturally, in a beginning-level language program, the entire set of expressions that a native speaker would use to carry out a particular function cannot be presented. Thus, in *PREMIERS ÉCHANGES,* students typically learn and practice only the expressions that are most frequently used, of a complexity appropriate to beginning-level students, and in the middle range of formality. Grammatical structures are presented as they naturally occur in each set of expressions. This approach enables students to carry out each function approximately and accurately.

AN OVERVIEW OF THE FUNCTIONS PRESENTED IN *PREMIERS ÉCHANGES*

PREMIERS ÉCHANGES provides experience in the types of communicative tasks that are likely to be of particular importance to and linguistically within the grasp of beginning-level students. The four broad categories of tasks include:

- **Seeking and imparting factual information:** identifying and reporting; describing; narrating; asking for and giving information; asking someone to repeat; confirming information
- **Asking about and expressing attitudes:** expressing agreement and disagreement; developing and presenting a position; accepting and declining an invitation; expressing capability, certainty, and obligation; expressing interest, preference, and emotion; reacting; apologizing; expressing regret; excusing
- **Getting things done:** inviting, advising, instructing, or directing others; requesting assistance
- **Socializing:** meeting and greeting others; introducing oneself and others; leave taking; offering, accepting and refusing food and beverages; congratulating and commiserating

THE IMPORTANCE OF LINGUISTIC ACCURACY

In *PREMIERS ÉCHANGES*, the learning of grammar enables students to accurately and confidently perform the language functions they have acquired. The selection and sequence of grammatical structures are natural outgrowths of the communicative language functions because the presentation of each grammatical structure is prompted by its frequency of occurrence in the functional language set under consideration. In traditional syllabi, contexts are added as camouflage for grammatical structures, but in a functional syllabus, grammar is presented because it is essential to the accurate and appropriate use of the function. The grammar serves and supports the language functions and the contexts in which the functions are carried out. ***PREMIERS ÉCHANGES*** addresses the grammar topics now common to most first-year college-level programs, and throughout the textbook and the *Cahier d'activités orales et écrites,* students have abundant opportunities to learn and practice grammatical structures in meaningful, realistic, contextualized activities.

THE FUNCTIONAL SYLLABUS: SOME CONCLUSIONS

PREMIERS ÉCHANGES consistently teaches students to express their own ideas through both oral and written language and to communicate meaningfully *in* the language rather than *about* the language. Because real communication demands that students select among several linguistic choices to best express themselves, the materials systematically direct users away from the "one correct response" and toward meaningful exchanges in the context of increasingly broad personal, social, and professional settings. The goal of this pedagogical step forward in introductory French text design is to teach students to use French to communicate their own ideas in a way that conveys their personal style. By providing students with the options they need to express themselves, the ***PREMIERS ÉCHANGES*** learning system makes every student's answer interesting, valid, and worthy of being heard. While the accuracy of each response is important, *what students say, and not just how they say it, is critical.*

THE *PREMIERS ÉCHANGES* LEARNING SYSTEM

PREMIERS ÉCHANGES provides a network of learning components to aid both students and instructors. For the instructor, this network includes:

- An *Instructor's Annotated Edition* with annotations that provide additional cultural information; identify the expressions students are to locate, practice, and describe; and suggest possible teaching strategies and activities that supplement or substitute for those included in the text. Also included are the scripts for the *Student Tape.*
- An *Audioscripts and Answer Key* booklet with scripts for the *Audio Tapes* and answers for the activities in the *Cahier d'activités orales et écrites.*
- A *Testing Program* offered in both printed and computerized formats. The *Testing Program* includes chapter tests and final exams that focus on students' functional command of the language, their grammatical accuracy in listening, reading, and writing, and their knowledge of culture. The *Computerized Testing Program* allows instructors to tailor tests and exams to their own classes by selecting from a variety of test items.
- The award-winning computer software ***système-D:*** *Writing Assistant for French,* which may be put at students' disposal. To improve students'

writing skills, ***système-D*** provides sets of French expressions, a bilingual dictionary of approximately 8,000 entries, thematically related sets of vocabulary items, a verb conjugator, and an on-line reference grammar. Writing tasks in the *Cahier d'activités orales et écrites,* described below, are keyed to ***système D.***

- A full set of *Transparency Masters* that reproduces the scenes in the ***C'est-à-dire*** sections of each ***Tranche*** as well as maps and other important art and realia.

For the Student, this network includes:

- A *Student Text* that is clearly designed to help students learn, practice, and perfect each function and its related grammatical structures. The abundant photos, realia, and art reinforce the situations in which the functions naturally occur. The *Student Text* also contains annotations that present learning strategies, provide additional cultural information, and define in which situations particular expressions are appropriate.
- A *Student Tape*, packaged with the text, that includes the dialogues from ***Tranche 1*** and the listening passages from the ***À l'écoute*** section in ***Tranche 2***. The *Student Tape* also provides practice in pronunciation, intonation patterns, and other features of spoken French.
- A *Cahier d'activités orales et écrites* that integrates listening, speaking, reading, and writing activities.
- *Audio Tapes* to accompany the *Cahier d'activités orales et écrites.*

Throughout this network of materials and resources, students perform realia-based activities and carry out real communication tasks. Together, the variety of materials provides students with abundant opportunities to listen to, speak, read, and write French and emphasizes communication in which students continually exchange new and meaningful information.

SKILLS DEVELOPMENT

Activities in each chapter of ***PREMIERS ÉCHANGES*** specifically address listening discrimination and comprehension, speaking, reading processes and comprehension, writing processes, and grammar. All activities coordinate with the language functions, communicative situations, and grammatical structures of the ***Tranche*** in which they appear. In addition, each component of the ***PREMIERS ÉCHANGES*** network is based on a consistent and carefully conceived perspective on language acquisition. This approach recognizes that students can comprehend and react to large amounts of functional language that they cannot as yet reproduce. Therefore, the text provides numerous opportunities throughout each ***Tranche*** for students to develop and practice listening and reading skills. By encouraging students to interpret language beyond their productive abilities, the program exposes students to large amounts of useful language that will become actively available to them as they become more proficient. The following brief descriptions highlight the variety of activities included in ***PREMIERS ÉCHANGES*** and outline the program's approach to the development of each language skill.

LISTENING

PREMIERS ÉCHANGES provides more meaningful, interactive, realia-based listening activities than ever before offered to beginning-level students of French. In addition to the numerous and varied listening activities included in each ***Tranche*** of the textbook, and the *Student Tape* containing the ***Dialogue, À l'écoute*** and ***Prononciation*** sections, the *Audio Tapes* which accompany the *Cahier d'activités orales et écrites* provide approximately 45 minutes of listening comprehension and discrimination activities per chapter. The *Audio Tapes* present language students would naturally encounter only through listening (radio advertisements, portions of conversations, public announcements). These materials offer students opportunities to review, learn, and practice the functions, vocabulary, and structures presented in class. A typical *Audio Tape* ***Tranche*** includes speaking activities in which students repeat or role-play the ***C'est-à-dire*** section mini-dialogues; authentic listening comprehension activities in which students are taught to identify conversation characteristics, listen for main ideas, and understand significant details of the speaker's message; and listening discrimination activities in which students focus on grammatical structures.

SPEAKING

PREMIERS ÉCHANGES encourages students to experiment with language within a fixed range of correct and acceptable options. It provides a complete set of materials for acquiring and using speaking skills, with ample opportunity to practice new material first in carefully guided environments and then in more open-ended situations. All activities are oriented toward specific functions and are meaningful, practical, and fully contextualized. A majority of the activities require active oral participation, and many are designed to be done in pairs or in small groups. Both structured and open-ended activities are included in each ***Tranche,*** and a culminating ***À vous*** activity is included after each ***C'est-à-dire*** and ***Structure*** section.

READING

In addition to the many pieces of realia which students must read to complete the listening and speaking activities, two authentic readings are presented in each chapter of ***PREMIERS ÉCHANGES***: one in the third ***Tranche*** of the *Student Text* and another in the third ***Tranche*** of the *Cahier d'activités orales et écrites*. These reading passages include genres and language that students would naturally encounter only through reading. All materials are taken from authentic French, French Canadian, and French African sources and include brochures, menus, schedules, advertisements, printed invitations, letters and cards, surveys, articles, publicity materials, essays, and literary works. Reading processes and specific reading skills are systematically presented in the *Student Text* and reinforced in the corresponding chapter of the *Cahier d'activités orales et écrites*. Students are taught to focus in succession on reading for main ideas, reading for significant details, and interpreting and analyzing the structure and meaning of the text.

WRITING

In addition to the functionally and structurally based written activities in each *Tranche* of the *Student Text* and the *Cahier d'activités orales et écrites,* the writing process and specific writing skills are directly taught in the fourth *Tranche* of each chapter. Students immediately put these ideas into practice in realistic, contextualized writing tasks that are developed in both the *Student Text* and the *Cahier d'activités orales et écrites.*

Throughout ***PREMIERS ÉCHANGES***, composition activities follow a systematic seven-step approach to the writing process so that students learn and practice (1) brainstorming, (2) listing their ideas, (3) reviewing and organizing their material, (4) composing a first draft, (5) rereading and reviewing for meaning, organization, and grammatical accuracy, (6) peer editing, and (7) rewriting. Of particular interest in the *Cahier d'activités orales et écrites* is the relationship between the authentic readings in *Tranche 3* and the writing tasks in *Tranche 4:* in each chapter students are asked to create a written work modeled after the reading passage in the preceding *Tranche.* In addition, students are directed to specific phrases, vocabulary lists, and grammatical reviews offered in the computerized writing tool ***système-D.***

ORGANIZATION

Every chapter in ***PREMIERS ÉCHANGES*** is divided into four sections called *Tranches*. The function, context, and structure of each *Tranche* are summarized on the opening page of the chapter. A typical *Tranche*

- Begins with an interactive review and preview activity *(**Au travail**)* in which students review and transfer expressions, vocabulary and grammatical structures from previous *Tranches* to the new context of the current *Tranche*
- Continues with an authentic language sample in the form of a dialogue *(Tranche 1)*, a listening passage *(Tranche 2)*, or an authentic reading *(Tranche 3)*
- Focuses on a function and its related set of expressions *(**C'est-à-dire**)*, encourages students to analyze and practice functional language alternatives, and ends in a culminating activity *(**À vous**)*
- Presents grammar *(**Structure**)* and provides systematic contextualized grammar practice that leads to a second culminating activity *(**À vous**)*
- In addition, each chapter includes at least one cultural note and ends with a list of essential expressions and vocabulary organized by function and context. The usual organization of each chapter may be summarized as follows:

Tranche 1	Tranche 2	Tranche 3	Tranche 4
Au travail	Au travail	Au travail	Au travail
Dialogue	À l'écoute	Lecture	C'est-à-dire
Notes Culturelles	C'est-à-dire	C'est-à-dire	Structure
C'est-à-dire	Structure	Structure	La Langue écrite
Structure			

Interunit reviews follow Chapters 4, 8, 12, and 16. The activities in these sections reintegrate and recycle the functions, vocabulary, and structures taught in the preceding chapters. They also include global activities dealing with both simple and complex situations.

COMPLETING *PREMIERS ÉCHANGES* IN ONE ACADEMIC YEAR

The sixteen chapters of *PREMIERS ÉCHANGES* are arranged in four units of four chapters each. They can be divided into two sections of eight chapters to accommodate two-semester courses or into three sections of five or six chapters to accommodate three-term courses.

PACING THE PRESENTATION OF A CHAPTER

In general, *Tranches 1*, *2*, and *3* are intended to be completed in one or two class sessions each, while *Tranche 4* may be covered in a single class session. Whether completing a *Tranche* in one or two sessions, you may find the flow of activities more satisfying if you begin each session with a warm-up activity and conclude each session with a closure activity, like those in ***À vous***.

COMPLETING *TRANCHES 1, 2,* OR *3* IN TWO CLASS SESSIONS

Session 1: *Au travail* (5 minutes)
Dialogue (À l'écoute, Lecture) and follow-up activities (20 minutes)
C'est-à-dire and follow-up activities (20 minutes)
Complete ***À vous*** in class or introduce it and assign it as a warm-up for Session 2 (5 minutes)

Session 2: ***À vous*** or other warm-up activity (10 minutes)
Structure and related activities (25 minutes)
À vous (15 minutes)

In general, if your class meets four times a week, you will have approximately 120 instructional days per academic year, and you can devote seven or eight class days to each chapter. This will allow you to devote two days to two or three *Tranches*, one day to *Tranche 4*, and one day to review and written testing.

COMPLETING *TRANCHES 1, 2,* OR *3* IN ONE CLASS SESSION

There are many approaches to completing *Tranches 1*, *2*, or *3* in one class session. All depend on your teaching priorities and require a decision about which materials in each *Tranche* are best completed in class and which materials the students can complete on their own, either prior to coming to class or in conjunction with the *Cahier d'activités orales et écrites*. In general, if one component, such as the ***Dialogue***, ***À l'écoute***, ***Lecture***, or ***Structure***, and the corresponding activities are assigned for completion outside of class, a single ***Tranche*** can be completed in one class session. Note that you may still find the rhythm of each ***Tranche*** more satisfying if you begin class with an ***Au travail*** and conclude with an appropriate closure activity, such as ***À vous***. A typical one-session sequence for ***Tranches 1***, ***2***, or ***3*** would be:

Au travail
Dialogue (À l'écoute, Lecture)
Options: (1) Role-play or read the ***Dialogue (À l'écoute, Lecture)***, and assign the follow-up activities for homework, or (2) Assign the ***Dialogue (À l'écoute, Lecture)*** for homework and review the activities in class, or (3) assign the ***Dialogue (À l'écoute, Lecture)*** and activities for homework.
C'est-à-dire: Role-play the scenes and have students find the expressions used to carry out each function; complete selected follow-up activities and ***À vous***.
Structure
Options: (1) Present the ***Structure*** and complete selected activities in class, concluding with ***À vous***, or (2) present the ***Structure*** in class and assign the follow-up activities for homework in conjunction with materials from the *Cahier d'activités orales et écrites*, or (3) assign the ***Structure*** and accompanying activities for homework in conjunction with materials from the *Cahier d'activités orales et écrites*.

Classes that meet three times a week benefit especially from the integrated approach to skill development offered in ***PREMIERS ÉCHANGES***. Given that such courses have approximately 90 instructional days per academic year, instructors can devote five or six class days to each chapter. They may complete two ***Tranches*** in two sessions each and two ***Tranches*** in one session each, or they may prefer to complete all ***Tranches*** in five days and reserve the sixth day for projects or oral and written tests.

TAPESCRIPTS FOR THE À L'ÉCOUTE SECTIONS

The ***À l'écoute*** listening passages appear on the *Student Tape*, and do not appear in written form in the *Student Text*.

CHAPITRE 1 BRAVO!

ANIMATEUR: Bravo, mademoiselle, vous avez gagné!
CANDIDATE: Formidable!
ANIMATEUR: Bon, alors, comment vous appelez-vous?
CANDIDATE: Je m'appelle Marie-France Lefèvre et je suis de Lille.
ANIMATEUR: Et comment s'appelle votre partenaire?
CANDIDATE: Voici Jean Martineau; il est aussi de Lille.
ANIMATEUR: Vous avez gagné un voyage à Tahiti!
CANDIDATE: Super! Merci, monsieur!
ANIMATEUR: Je vous en prie. *(applaudissements)* Au revoir, mademoiselle. Au revoir, monsieur. *(Ils se serrent la main.)*
CANDIDATS: Au revoir.

CHAPITRE 2 UN SPOT PUBLICITAIRE À LA RADIO

Mesdames et messieurs, la Fnac a l'honneur d'annoncer une promotion sensationnelle sur l'équipement de haute-fidélité. Profitez des rabais de 10 à 30 pour cent: 30 pour cent sur les chaînes stéréo, 20 pour cent sur les baladeurs, 10 pour cent sur les disques, 10 pour cent sur les cassettes. Venez à la Fnac dès aujourd'hui.

CHAPITRE 3 UN AVERTISSEMENT

Attention, mesdames et messieurs, la gendarmerie recherche un individu nommé Claude Ledur. Ledur a trente-six ans. Il est de taille moyenne, il a les cheveux noirs et longs, les yeux marron et une moustache. Il a un tatouage en forme de dragon sur le bras droit. Ledur est accusé d'un vol récent à la Banque nationale de Paris. Ledur est armé et dangereux. Si vous avez des renseignements sur Ledur, contactez la gendarmerie. Je répète, Ledur est armé et dangereux.

CHAPITRE 4 AU TÉLÉPHONE

JEAN: Allô, Chantal? C'est Jean à l'appareil.
CHANTAL: Bonjour, Jean. Ça va?
JEAN: Très bien, et toi?
CHANTAL: Je vais bien. Quoi de neuf?
JEAN: Eh bien, voilà, nous avons l'intention d'aller au cinéma ce soir. Il y a un film passionnant au Rex. Ça t'intéresse?
CHANTAL: En principe, oui. Mais ce soir, c'est impossible. Je vais au récital du professeur Martin avec Pierre. C'est un programme de musique classique.
JEAN: Ah, oui, c'est du Bach, n'est-ce pas?
CHANTAL: C'est ça.
JEAN: Moi, je vais assister à ce récital demain. Il y a une autre séance demain à vingt heures. J'ai une idée—téléphone à Pierre et propose-lui d'aller au cinéma ce soir et au récital demain.
CHANTAL: Excellente idée!

CHAPITRE 5 LE NOUVEAU CENTRE COMMERCIAL

Chers auditeurs, ici Didier Grilot avec Henri Cadec, directeur de Rosmy—le nouveau centre commercial dans la banlieue est de Paris.

GRILOT: Monsieur Cadec, comment allez-vous?
CADEC: Je vais très bien, merci. Comme vous le savez, c'est aujourd'hui le jour de l'ouverture.
GRILOT: Je vous entends mal.

CADEC: Je dis, c'est aujourd'hui l'ouverture de notre nouveau centre commercial de Rosmy.

GRILOT: Très bien. Et où se trouve Rosmy? Où sommes-nous en ce moment?

CADEC: Dans la banlieue–est de Paris, à Nogent-sur-Marne.

GRILOT: Décrivez un peu le centre, s'il vous plaît. Combien de magasins y a-t-il?

CADEC: Rosmy comprend environ cent magasins. Il y a un magasin de vêtements pour hommes et deux magasins de vêtements pour dames. Il y a aussi un magasin de vins, une pâtisserie, une banque, une pharmacie, un bureau de poste, des cinémas, une agence de voyages, plusieurs restaurants et beaucoup d'autres magasins.

GRILOT: Comment peut-on se rendre au centre?

CADEC: On peut prendre le R.E.R. jusqu'à Nogent-sur-Marne. Le centre commercial est à deux minutes de la gare.

GRILOT: Quelles sont les heures d'ouverture du centre?

CADEC: Le centre est ouvert tous les jours du lundi au samedi de 9 h 30 à 18 h 30.

GRILOT: Alors, si j'ai bien compris, Rosmy n'est pas ouvert le dimanche.

CADEC: Non, mais il est ouvert du lundi au samedi.

GRILOT: Encore une fois les heures d'ouverture…

CADEC: Rosmy est ouvert tous les jours du lundi au samedi de 9 h 30 à 18 h 30. Et le parking est gratuit.

GRILOT: Voilà, mes chers auditeurs. Visitez le centre commercial de Rosmy et bénéficiez des promotions pendant l'ouverture. Ici Didier Grilot à l'ouverture de Rosmy. À bientôt.

CHAPITRE 6 PUBLICITÉS

Les oranges de Jaffa, les bonnes oranges juteuses, les oranges préférées de tout le monde… Elles sont faciles à éplucher, faciles à manger, faciles à digérer et pleines du soleil des pays méditerranéens. Achetez des oranges de Jaffa aujourd'hui! Elles sont disponibles partout.

Vous aimez les petits pots de crème? Alors, n'hésitez pas: achetez les petits pots de crème Venise. Ils contiennent du lait, des œufs, mais ils sont sans sucre. Mangez les petits pots de crème Venise sans crainte de grossir!

Les biscuits LU présentent une nouvelle génération de biscuits: les biscuits LU au chocolat. Ils sont délicieux et ils existent en deux versions, au chocolat au lait et au chocolat amer. Pensez aux biscuits LU au chocolat au moment du dessert! Ils sont délicieux avec de la glace. Les biscuits LU: en vente dans tous les magasins.

CHAPITRE 7 LE POSTE D'HENRI

RENÉE: Qu'est-ce qui ne va pas? Tu as l'air malheureux.

HENRI: À vrai dire, j'ai des ennuis avec mon boulot.

RENÉE: Explique-toi.

HENRI: Voilà, je suis doué pour la comptabilité, mais mon travail commence à m'ennuyer. J'ai l'impression que je n'avance pas. Et les heures… je les trouve longues. Et puis, j'aime travailler en collaboration avec d'autres personnes mais là, je travaille tout seul. Pourtant, la société pharmaceutique La Roche est super comme boîte. Les avantages sociaux sont fantastiques.

RENÉE: Et ton patron, il apprécie ton travail?

HENRI: Oui… enfin, je crois. Je fais rarement des erreurs. Je rends toujours mon travail à temps. Je travaille sérieusement…

RENÉE: Tu es bien payé?

HENRI: Oui, assez bien, mais je voudrais voyager plus souvent.

RENÉE: Tu aimes tes collègues?

HENRI: Oui, ils sont sympa, mais j'aimerais être plus en contact avec eux. Alors, qu'est-ce que tu penses de ma situation?

RENÉE: À mon avis, tu es trop exigeant. Tu ne te rends pas compte de la chance que tu as, parce que j'ai l'impression que tu as un boulot idéal, mon vieux! Il ne faut pas te plaindre!

HENRI: Idéal! Idéal! Mais tu dis n'importe quoi! Il ne faut jamais demander conseil à une optimiste.

CHAPITRE 8 UN ÉVÉNEMENT ARTISTIQUE

L'artiste Christo vient de terminer sa dernière création. Il a enveloppé le célèbre Pont-Neuf à Paris d'une toile colorée. Plusieurs assistants ont travaillé pendant plus d'une semaine pour compléter le projet. Les opinions varient sur l'importance de cet événement artistique. Qu'en pensez-vous? Est-ce que Christo est l'un des grands artistes contemporains, ou bien est-ce que ses projets sont frivoles et sans intérêt? Nous voulons votre opinion à ce sujet.

RÉPONSE N° 1

—Allô, oui, je vous écoute.

—Allô. J'ai vu le projet de Christo: le Pont-Neuf enveloppé d'une toile colorée… Eh bien, moi, je trouve ça complètement ridicule!

—Merci, monsieur, de votre opinion.

RÉPONSE N° 2

—Allô, oui.

—Christo et le Pont-Neuf, j'ai trouvé ça génial.

—Pourquoi?

—J'ai beaucoup aimé: c'est nouveau, c'est magnifique et très intéressant.

—Merci, madame.

RÉPONSE N° 3

—Allô, oui, je vous écoute.

—Allô. Je ne comprends pas pourquoi on permet à des artistes bourgeois de dépenser tellement d'argent. J'ai vu le Pont-Neuf de Christo et j'ai pensé au gaspillage. C'est bien ça, son projet: un gaspillage de temps et d'argent, sans raison sociale. C'est complètement fou! C'est un scandale!

—Merci, monsieur.

CHAPITRE 9 LA MÉTÉO DANS LES ALPES

Bulletin météorologique par notre correspondant dans les Alpes.

Ici Roger Lebrun, en direct de Chamonix! Voici le bilan de la situation météorologique de la région. La semaine de Pâques a commencé par un temps superbe. Il a fait beau les trois premiers jours de la semaine. La température était idéale, le vent était modéré et les premiers skieurs sur les pistes avaient de bonnes conditions: la neige était poudreuse et abondante.

Jeudi, la situation a complètement changé. Ce jour-là, il y a eu une grosse tempête. Il est tombé environ cinquante centimètres de neige sur la région. Bien entendu, ceci a bloqué toutes les routes. La situation était dangereuse, et nous avons parlé à plusieurs skieurs qui avaient très peur des risques d'avalanches. Heureusement, on ne nous a pas signalé d'accident.

Aujourd'hui, deux jours après la tempête, tout rentre dans l'ordre. Les routes sont dégagées et les vacanciers sont de nouveau sur les pistes. Si vous avez l'intention de faire un peu de ski pendant les vacances de Pâques, les conditions sont idéales. Ici Roger Lebrun, en direct de Chamonix.

CHAPITRE 10 UN REMÈDE MIRACLE

Vous ne vous réveillez pas en pleine forme? Vous ne vous sentez pas bien? Vous avez mal au dos? Vous avez besoin de vous reposer, mais vous n'avez pas le temps de vous occuper de votre santé? Vous avez perdu votre vitalité?

Alors, prenez les comprimés du docteur Lagarde, remède miracle pour lutter contre les maladies de la vie moderne. Leur action thérapeutique active la circulation, revitalise les cellules et combat les microbes.

Prenez deux comprimés du docteur Lagarde par jour pour retrouver joie de vivre et bonheur. Les comprimés du docteur Lagarde sont plus efficaces si vous vous nourrissez de fruits frais, de légumes et de céréales, et si vous faites de la gymnastique régulièrement.

Les comprimés du docteur Lagarde sont en vente dans toutes les pharmacies.

CHAPITRE 11 VOTRE ÉMISSION PRÉFÉRÉE

LUI: Allô, bonjour, monsieur. Je représente TF1. Nous faisons un sondage et nous voudrions savoir quel est votre genre d'émission préféré.

VOUS: Mon genre d'émission préféré? Attendez, je ne suis pas sûr. Je ne sais pas si j'en ai un.

LUI: Par exemple, est-ce que vous aimez les sports télévisés?

VOUS: Les sports, oui, je les apprécie, moi. J'aime… voyons, j'aime surtout le plein air, la compétition, le danger.

LUI: Et les informations?

VOUS: Ah oui! Je trouve que les informations sont très importantes: les nouvelles, la politique, l'économie, la diplomatie, c'est primordial, tout ça.

LUI: Vous aimez les jeux télévisés, par exemple «Les Chiffres et les lettres»?

VOUS: Ah, je le trouve passionnant, ce jeu. J'aime beaucoup le regarder. Ça fait vraiment réfléchir!

LUI: Bon, alors, qu'est-ce que vous préférez: les sports, les informations ou les jeux télévisés?

VOUS: Bof… moi, je trouve que la télé, c'est la télé. Je la regarde comme ça, pour passer le temps. Le reste n'a pas beaucoup d'importance.

CHAPITRE 12 LES EXCUSES

—Allô, Thérèse? C'est Pierre à l'appareil. *(pause)* Non, laisse-moi parler… Je te demande pardon pour hier soir. Je sais maintenant qu'il ne fallait pas parler politique avec ton père. Je suis désolé d'avoir mentionné mes idées pacifistes. Je ne savais pas qu'il était colonel, moi. Est-ce que tu peux lui dire quelques mots de ma part? *(pause)* Une lettre? C'est une bonne idée. Je vais lui écrire tout de suite. Bon, et maintenant je voudrais aussi m'excuser auprès de ta mère. *(pause)* Je sais que ce n'était pas vraiment de ma faute, mais je voudrais quand même m'excuser. Je ne savais pas que le fauteuil n'était pas solide. *(pause)* Oui, je sais bien que c'est un fauteuil Louis XVI, mais je ne savais pas qu'il allait se casser comme ça! *(pause)* Mais non, je n'ai pas fait exprès de renverser mon verre de vin sur la nouvelle nappe. C'était un accident, je te le jure! *(pause)* Je sais bien que la soirée a été un vrai désastre et que je n'ai pas fait bonne impression… Il faudrait me pardonner, quand même! Je suis vraiment désolé. *(pause)* D'accord. Moi aussi, j'espère que les choses vont s'arranger. Au revoir.

CHAPITRE 13 LA PROMOTION DE MEUBLES À LA MAISON BRÉGUET

Annonce à la radio
La Maison Bréguet, première maison française du meuble, est fière d'annoncer sa grande promotion annuelle. Profitez des soldes monstres sur toutes sortes de meubles. Nous avons des meubles neufs et d'occasion, des soldes incroyables et une qualité irréprochable. Venez nous voir dans notre magasin route de la Reine à Boulogne!

Didier au téléphone
—Allô, Anne-Claire? C'est Didier. Écoute… tu veux venir avec moi choisir des meubles? Il y a une grande promotion chez Bréguet. *(pause)* Je voudrais bien que tu viennes. *(pause)* Formidable. Je viens te chercher? J'y vais vers deux heures. *(pause)* Non, je n'ai pas besoin de beaucoup de choses… Voyons… il faut que j'achète un lit, ou au moins un matelas, une table et des chaises. C'est tout. *(pause)* Ah, non, pas de meubles neufs. C'est trop cher. Il vaut mieux que je les achète d'occasion. *(pause)* Alors, à tout à l'heure.

CHAPITRE 14 LA MALADIE DE MARTHE

—Allô, c'est toi, Marthe? *(pause)* Tu viens de rentrer de chez le médecin? Alors, qu'est-ce qu'il t'a dit? *(pause)* Heureusement! Je suis bien contente que tu n'aies rien de sérieux. Et dis-moi, d'où viennent tes migraines, alors? *(pause)* Vraiment? Tu as besoin de lunettes? Ça alors! Je suis surprise que nous n'y ayons pas pensé! Avec tes examens et toute la lecture que tu fais, c'est bien possible que ce soit ça! *(pause)* Je suis de ton avis. Le docteur Lagarde est aussi mon médecin, et je suis très heureuse que nous ayons quelqu'un d'aussi compétent. En plus, il est si gentil! *(pause)* Tu as raison. Il faut fêter des nouvelles comme celles-ci! *(pause)* Entendu. Alors, rendez-vous ce soir au Pied de Cochon. Euh… vers quelle heure? *(pause)* À ce soir!

CHAPITRE 15 UN CHANGEMENT DE PLANS

Attention, attention! Passagers à destination de Grenoble: le train express de dix heures douze a été annulé à cause d'un accident sur la voie. Vous êtes priés de vous rendre au guichet numéro 12 pour réserver des places dans le train de treize heures vingt-sept.

GUY: Tu as entendu? Notre train vient d'être annulé!
MARTINE: Comment? Je n'ai pas bien compris. Qu'est-ce qui se passe?
GUY: Notre train vient d'être annulé, je te dis.
MARTINE: Ce n'est pas possible! Il y a sans doute un malentendu…
GUY: Non, non, c'est vrai, puisque je te le dis; on vient de l'annoncer. Il faut se rendre au guichet numéro 12 pour réserver des places dans le train suivant.
MARTINE: Tu rigoles! Et nos billets, alors? Est-ce qu'ils sont aussi annulés?
GUY: Je ne crois pas. Je vais leur en parler.
MARTINE: Ah, oui, ça, oui. Je veux leur en parler aussi, moi. Qu'est-ce que c'est que cette histoire?
GUY: Calme-toi. Je suis sûr que tout va s'arranger.

AU GUICHET…

GUY: Madame, pouvez-vous nous renseigner à propos du train pour Grenoble?
L'EMPLOYÉE: Oui, monsieur. Il y a eu un accident sur la voie. Vous devez prendre le train de treize heures vingt-sept. Vos billets, s'il vous plaît. Voici vos réservations.
GUY: Merci… Tu vois, Martine, tout a été prévu. Il n'y a pas de problème. Nous allons passer une semaine formidable à Grenoble.

CHAPITRE 16 L'AVENIR

GÉRARD: Qu'est-ce que tu comptes faire plus tard?
RAOUL: Ben, je ne sais pas vraiment… Je voudrais être heureux, satisfait de ma vie.
GÉRARD: Satisfait? Comment ça?
RAOUL: Eh bien, je compte trouver un poste quelque part, travailler, me marier, avoir des amis, un grand chien et peut-être un jour des enfants… comme tout le monde, quoi.
GÉRARD: Et dans quelle branche veux-tu travailler?
RAOUL: Euh… c'est ça, le problème. J'hésite un peu. J'aimerais entrer dans le commerce. Je suis des cours de gestion, de marketing et de comptabilité en ce moment, mais je ne suis pas certain que ce soit ma carrière idéale.
GÉRARD: Est-ce que tu vas te fiancer bientôt?
RAOUL: Qui? Moi? Mais tu es fou!
GÉRARD: Et les enfants et le gros chien, alors?
RAOUL: On peut bien rêver, hein? C'est l'avenir, tout ça! Ce n'est pas le présent…
GÉRARD: Alors, si tu avais une lampe magique, quel vœu ferais-tu?
RAOUL: Bon, d'abord, je demanderais une bonne carrière. Quelque chose du genre P.-D.G. d'une société d'import-export ou bien d'une agence de voyages.
GÉRARD: Et du point de vue matériel, qu'est-ce que tu souhaiterais?
RAOUL: Je voudrais une belle voiture, une grande maison et un pied-à-terre quelque part où il fasse beau.
GÉRARD: Et tu crois que tu pourrais réaliser tes rêves sans l'aide d'un génie? Je veux dire… es-tu optimiste pour l'avenir?
RAOUL: Bof… je ne sais pas. Peut-être que si je suivais des tas de cours et si je travaillais dur, j'y arriverais un jour. Mais pas forcément. Il faut aussi beaucoup de chance, tu sais.

ACKNOWLEDGMENTS

We would like to express our continuing gratitude to Charles Heinle and Stan Galek for their support of this project and would especially like to thank Beth Kramer, managing developmental editor, for her insightful comments, firm management, patience, good humor, and commitment to both the concepts and reality of ***PREMIERS ÉCHANGES***. In addition, thanks go out to editor Petra Hausberger, to production editors Barbara Browne and Julianna Nielsen, to Françoise Klingen for her meticulous and insightful native read, to copyeditor Cynthia Fostle, to assistant editor Amy Jamison for her assistance with the workbook and transparency masters, to DECODE, Inc. for the design, to artists Cynthia Carrozza, David Murray, Katy Linnett and Randy Sorenson, and to Nicole Dicop-Hineline, Camilla Ayers, Esther Marshall and Wendy Hermes for additional editorial help. Thanks go out as well to Isabelle Constant, Ariel Glusman and Bonnie Woolley for their help in obtaining realia, to Denise Ariew for her work on the glossary, and to Monique Holtkamp and Virginia Scott for writing the testing program. We also appreciate the help of Bridgett Longust, Lydie Meunier-Cinko, Caroline Grace, and Francis Gilbert, who commented on the manuscript, as well as the help of the following colleagues who reviewed it: Kim Campbell, New York University; Mana Derakhshani, Saint Mary's College; Sophie Jeffries, State University of New York; Steven

Loughrin Sacco, Boise State University; Kathleen Marshall Pederson, Wheaton College; Joseph Morello, University of Rhode Island; Virginia Scott, Vanderbilt University; Ellen Silber, Marymount College; Kathryn Stewart, Oakland Community College; and Mary Williams, Tarrant County Junior College. Finally, many thanks to Denise Ariew and to David, Rob and Jeffrey Nerenz for their patience, understanding and support throughout this and all the other projects.

Robert Ariew   Anne Nerenz

TEXT PERMISSIONS

We wish to thank the authors, publishers, and holders of copyright for their permission to adapt the following:

p. 5 *Elle*, 16 May 1988; **p. 25** Kim Wilde interview, *Podium Hit*, August 1990; **p. 27** *Elle*, 25 March 1988; **p. 33** *Paris Magazine/Slamagazine*, May 1988; **p. 48** Mermet, *Francoscopie*, Larousse, 1991; **p. 51** *Paris Annuaire Officiel des Abonnés au Téléphone par Professions/France Télécom*, April 1989; **p. 57** advertisement, *Elle*, 25 March 1985, 1 April 1985; **p. 57** advertisement, *Paris Match*, 12 April 1990; **p. 63** advertisement, *Catalogue Canif*, Winter 1988-89; **p. 63** advertisements, *Paris Match*, 26 April 1990, 7 June 1990, 12 April 1990; **p. 107** realia, *L'Officiel des Spectacles*; **p. 140** map of Laval, *Normandie Cotentin*, Michelin, 1987; map of Belfast, Maine, Delorme Mapping; **p. 142** map of Le Mans, *Châteaux de la Loire*, Michelin 1990; **p. 153** *Elle*, 22 April 1985; **pp. 172, 177, 204, 238 and 294** polls from *Francoscopie*, by Mermet, Larousse 1991; **p. 192** menu from McDonald's; **p. 243** Roé interview from *Podium Hit*, August 1990; **p. 248** *Paris Magazine/Slamagazine*, May 1988; **p. 288 and 289** Feldman interview from *Podium Hit*, August 1990; **p. 294** *Quid*, 1988; **pp. 295 and 297** Saint-Exupéry, *Le Petit Prince*, Harcourt Brace Jovanovich **pp. 30-31, 9-10;** **p. 298** Lafontaine, *Fable II: Le Corbeau et le renard*, Librairie Ernest Flammarion, 1966; **p. 299** Albert Camus, *L'Étranger*, Éditions Gallimard, 1957; pp. 351 and 354 *Télérama*, 25 April 1990; **p. 355** Gaston, *Le Cas Lagaffe*, Franquin and S.A Editions, Jean Dupuis **pp. 9, 26;** **p. 356** book reviews *Elle*, March 1985; **pp. 390 and 391** «L'Étiquette du Cadeau» *Modes et Travaux*, January 1985; **p. 406** «Je vis avec une super-maman», *Elle*, 7 March 1988; **p. 408** «L'Aquagym», *France-Soir*, 19 March 1988; **pp. 429 and 440** *France Télécom dépliant*, 1992; **pp. 460-461** *France Annonces*, June 1990; **p. 493** *SNCF*, 1990; **pp. 497 and 539** *Guide Rouge—France*, Michelin 1992; **p. 540** advertisement, *Arts et décoration*, March 1988.

PHOTO CREDITS

p. 1 Hugh Rogers / Monkmeyer (top); Peter Menzel / Stock Boston (bottom); **10** Mark Antman / The Image Works; **14** Ulrike Welsch (top); R. Miller / Monkmeyer Press (bottom); **25** F. Reglain / Gamma; **31** Ulrike Welsch; **41** Beryl Goldberg; **43** Peter Menzel / Stock Boston; **46** Andrew Brilliant; **59** Peter Menzel / Stock Boston; **76** Mark Antman / The Image Works; **77** Martin Litton / Photo Researchers, Inc; **80** P. Gontier / The Image Works; **84** Andrew Brilliant (4); **94** Peter Menzel / Stock Boston; **95** Mike Mazzaschi / Stock Boston (top left); Stuart Cohen / Comstock (top right); Beryl Goldberg (bottom left); Mike Mazzaschi (bottom right); **99** Monique Manceau / Photo Researchers, Inc. (top); Stuart Cohen / Comstock (bottom); **103** Peter Menzel / Stock Boston; **110** Stuart Cohen; **135** Stuart Cohen / Comstock (top left); Mark Antman / The Image Works (top right); Beryl Goldberg (bottom left); Hugh Rogers / Monkmeyer Press (bottom right); **137** Stuart Cohen / Comstock; **140** Owen Franken / Stock Boston; **145** Hugh Rogers / Monkmeyer Press; **148** Andrew Brilliant; **159** Beryl Goldberg; **167** Stuart Cohen; **172** Beryl Goldberg; **175** Beryl Goldberg; **202** Andrew Brilliant; **213** M. Jacob / The Image Works; **214** Ulrike Welsch; **235** Hugh Rogers / Monkmeyer Press; **238** Mark Antman / The Image Works; **245** Mark Antman / The Image Works (left); Christian Vioujard (right); **255** Cary Wolinsky / Stock Boston; **369** Mary Evans Picture Library / Photo Researchers, Inc. (top left); P. Gontier / The Image Works (top right); Stuart Cohen / Comstock (bottom left); Lucas / The Image Works (bottom right); **271** Mark Antman / The Image Works; **274** Mary Evans Picture Library / Photo Researchers, Inc.; **280** Mike Mazzaschi / Stock Boston; **294** Hugh Rogers / Monkmeyer Press; **296** Topham / The Image Works; **299** C. Tabuteau / The Image Works; **308** P. Gontier / The Image Works (top); Hugh Rogers / Monkmeyer Press (bottom); **313** Michael Kagan / Monkmeyer Press; **322** Stuart Cohen / Comstock; **330** Stuart Cohen / Comstock; **339** Ulrike Welsch; **340** P. Gontier / The Image Works; **358** Stuart Cohen / Comstock; **373** Stuart Cohen; **380** Stuart Cohen; **407** Stuart Cohen / Comstock; **409** Ulrike Welsch (top left); Stuart Cohen / Comstock (top right); Ulrike Welsch (bottom left); Antonio Ribeiro / Gamma Liaison (bottom right); **411** Stuart Cohen; **412** Peter Menzel / Stock Boston; **430** Owen Franken / Stock Boston; **435** Beryl Goldberg; **443** Ulrike Welsch; **444** Stuart Cohen / Comstock; **446** Stuart Cohen / Comstock; **451** Ulrike Welsch; **475** Stuart Cohen / Comstock; **476** Stuart Cohen / Comstock; **485** Mike Mazzaschi / Stock Boston; **498** Stuart Cohen; **511** Stuart Cohen / Comstock; **514** Stuart Cohen / Comstock (left); M. Jacob / The Image Works (right); **521** Stuart Cohen / Comstock.

CHAPITRE PRÉLIMINAIRE

ABOUT LEARNING FRENCH

What does it mean to "learn" a language? What will you be expected to do to achieve that goal? How long will it be before you can really say something interesting? The following activities will address these questions and introduce you to several perspectives on language learning. In addition, they will help you to get acquainted with your classmates.

ACTIVITÉ 1: Imagine that your instructor says, "Let's all go to see a French film this Friday afternoon."

1. In 30 seconds, jot down in English as many possible responses to the invitation as you can. Remember to include a variety of acceptances (*yes* answers), refusals (*no* answers), and expressions of uncertainty (*maybe* answers).
2. Now turn to a person sitting near you. Introduce yourself and, in one minute, compare your lists. In the next minute, add as many new responses as you can.
3. When time is up, use the board to combine your work and that of your other classmates into a three-column master list of acceptances, refusals, and expressions of uncertainty. How many different answers are there? Can you think of still other possibilities?

Conclusion 1: In any language, people communicate by carrying out certain language tasks.

- Two people who meet for the first time will greet each other, introduce themselves, respond to an introduction, make small talk, and say good-bye.
- One person may invite another person to go somewhere. The invitee may accept or refuse the invitation; stall for time; give a positive, neutral, or negative opinion; or propose an alternative activity.

Each of the preceding examples revolves around a set of tasks the speakers want to accomplish. These tasks are called *functions*. In completing the first three steps of this activity, you carried out several functions. Can you name them?

Conclusion 2: As shown by the lists of expressions you compiled earlier, you can quickly think of many ways to carry out a particular function. Although the expressions are used to accomplish the same basic task, they differ from each other in a number of ways. Consider these differences:

- Some expressions are more formal, while others are more familiar.
- Some are long and grammatically complex, while others are short or simple.
- Some are used very frequently, while others are used only rarely.
- Some are used only in conversation, while others are used primarily in written works.

When you write or speak, you select from all the alternatives in your personal catalogue of expressions the one expression that best conveys your idea, style, and point of view. For every situation, many different expressions are possible and only rarely do two people respond in exactly the same way.

Application: The material in this textbook is organized around language functions, like greeting, inviting, telling exact and approximate time, giving addresses and directions, asking someone to repeat, expressing preferences, and stating opinions. You will learn (1) to carry out each function in a variety of situations using a variety of expressions, and (2) to use the grammatical structures that enable you to carry out each task accurately and appropriately. Your instructor will help you practice the alternative expressions and grammatical structures used to complete each function and will give you many opportunities to select the expressions that communicate your own ideas. Remember, the goal is to use French to say what you want to say in a way that conveys your personal style and particular ideas.

ACTIVITÉ 2: Compare the list of expressions you generated independently with the list you generated with your partner and with the master list on the board. Which is longest? Which offers the greatest variety of responses?

Conclusion: The old adage that two heads are better than one applies very well to language learning. While you can give many correct and useful answers by yourself, working with a partner will generally yield even more interesting results. In addition, working with a variety of partners will enable you to role-play and practice each scenario in several different ways. Pair and small-group activities also provide more time to practice orally, talk things over, and think out loud.

Application: In this book, you will work frequently in pairs and small groups. Take advantage of these mini-practice sessions. Build on each other's ideas, vary the scenarios each time you role-play them, try out different expressions and combinations of functions, and learn from your peers.

ACTIVITÉ 3: Find a new partner and introduce yourself. Then complete the following tasks.

1. Working together, take two minutes to create in English a list of ways to greet someone, to introduce someone, and to say good-bye.
2. When time is up, join your group with another group of two. Introduce yourselves, compare your lists, and sort out your expressions. First, list all of the expressions you might say to a close friend. Then, make a separate list of the expressions you might use in a more formal setting, like a professional meeting.
3. When time is up, you may want to create a master list for each category of expressions on the board.

Conclusion: In any language, certain expressions are more appropriate in particular situations and less appropriate in others.

Application: When using French, you will need to consider the situation as well as your relationship with the people to whom you are speaking. Learning a language is more than learning correct pronunciation, grammar, and spelling. You must also be able to say what you want to say in a socially acceptable way. As you practice carrying out each function, make the most of the role-playing activities and imagine other situations in which each expression would be appropriate.

ACTIVITÉ 4: Read the following sentences.

> That year there was a dearth of good-quality shellfish. Most of it was tainted by a bacterial infestation and there was very little to be had at any price.

Before having read the sentences, did you know the meaning of the word *dearth*? Could you give a dictionary definition of *dearth*? When you read the word *dearth*, did you immediately stop to look it up in a dictionary? Now that you have read the sentences, do you know what *dearth* means? Do you have any idea, based on the context?

Conclusion: When reading, most people do not stop to look up words in a dictionary. They rely on the context of what they are reading to arrive at a general meaning for a word they do not know. Not knowing the definition of a single word rarely keeps a reader from understanding the meaning of a whole paragraph.

Application: The most important thing to do when listening to or reading new material is to try to understand the general idea, or gist, of the story. It is not important to understand every word, nor is it important to retain every detail.

ACTIVITÉ 5: Read the following ads. Then answer the questions.

Elle

Which words look familiar to you? Can you read the ads in their entirety? Can you basically understand them, even though you cannot define every word?

Conclusion: You can "decode" many French words because they look like English words. Such words are called *cognates.* Because a significant percentage of French words closely resemble words in English, you will find it easy to guess their meaning when they appear in context.

Application: You can understand much more French than you might think. Moreover, you can recognize, understand, and react to more language than you can produce. Many activities in this book take advantage of this. In each section of every chapter, you will find two kinds of materials: (1) materials *at* your level of comprehension and (2) materials *slightly beyond* your level of comprehension. By extending yourself beyond your present level of skill, by reaching, guessing, and taking chances with language, you will learn at a faster pace.

ACTIVITÉ 6: Your instructor will read one of the ads in ***Activité 5*** aloud several times. Listen carefully and read along.

1. Do letters seem to be pronounced the same in French and in English?
2. Are all of the letters pronounced? If not, which letters are silent?
3. How many different accent marks are used in writing French?

Conclusion: The sounds of spoken French differ from those of English, and as in English, some letters are not pronounced in French. Written French uses several different diacritical, or accent, marks.

´ is an acute accent, **un accent aigu.**
` is a grave accent, **un accent grave.**
^ is a circumflex, **un accent circonflexe.**
¨ is used less frequently and is called a diaeresis, **un tréma.**
ç is written only under the letter **c** (ç) and is a cedilla, **une cédille.**

Application: It is important to learn how to pronounce the sounds of French accurately. It is also important to be familiar with French accent marks because they are an integral part of French spelling.

SOME CONCLUSIONS...

Now let's reconsider what it means to learn another language.

1. What is a language function?
   A language function is a communication task that can be carried out in a variety of situations using one of many different expressions. This book is organized around language functions and the grammatical structures that will enable you to carry out each function accurately and appropriately.
2. What does it mean to "learn" a language?
   When you learn a language, you become more and more proficient at understanding others and expressing yourself through guided interaction, practice, and study. You will first learn to carry out one function at a time. As you continue to learn French, you will be able to combine expressions and grammatical structures from several functions to communicate in more elaborate, varied, and interesting ways.
3. What will you be expected to do?
   You will be expected to participate in all aspects of class activities, work with and learn from your classmates, and be willing to express your own ideas. Make the best use of each opportunity for pair and small-group work! Role-playing a situation several times using different approaches and expressions will enable you to practice and perfect your French.
4. How long will it be before you can really say something interesting?
   You will be expressing your own ideas and participating in communicative give-and-take beginning with the very first *Activité* in *Chapitre 1*. Let's get going! **Au travail et bon courage!**

UNITÉ 1

QUI ÊTES-VOUS?

CHAPITRE 1 SALUT!

CHAPITRE 2 FAIRE DES ACHATS

CHAPITRE 3 COMMENT ÊTES-VOUS?

CHAPITRE 4 VOUS VENEZ?

IN THIS CHAPTER, YOU WILL LEARN HOW TO GREET PEOPLE, INTRODUCE YOURSELF AND OTHERS, AND EXPRESS YOUR LIKES, DISLIKES, AND PREFERENCES.

chapitre 1

SALUT!

Tranche 1

Comment ça va?

Au travail

Avant de parler

Activité 1: Role-play these greetings and good-byes with your instructor and practice them again with a partner. Then greet and say good-bye to three students sitting around you. Be sure to shake hands when greeting each other.

Scène 1

—Bonjour.° → —Bonjour.
—Ça va?° —Oui, ça va.° Et toi?°
—Pas mal.° Au revoir.° —À la prochaine.°

Scène 2

—Bonjour. → —Salut.°
—Comment t'appelles-tu?° —Je m'appelle° Dominique. Et toi?
—Je m'appelle Anne-Marie. Comment ça va? —Ça va très bien.° Et toi?
—Bien. Au revoir, Dominique! —À bientôt,° Anne-Marie.

As you teach these scenes, demonstrate a French handshake—one or two pumping motions. Refer to the ***Notes culturelles*** later in this ***Tranche***. Also note that while English speakers readily give their names in such situations, the French tend to be more reluctant. Also tell students that each dash represents a change in speakers.

Approach: (1) Set the scene. (2) Model the dialogues and act them out, shaking hands of several students. (3) Have students complete the activity with different partners.

Activité 2: Here are some ways to tell how you are, listed in order from very good to very bad. Practice them with your instructor and with a partner. Then use the conversations in ***Activité 1*** to greet four or five other people sitting near you and ask how they are.

Très bien. Bien. Pas mal. Mal. Très mal.

Suggestions: (1) Have students ask you **Comment ça va?** several times. Give different responses **(très bien, bien, pas mal, mal, très mal)**, and use appropriate facial expressions and body language. (2) Act out several responses and have students give the corresponding expressions.

Au travail *Let's get to work* **Bonjour** *Hello.* **Ça va?** *How are you?*
Ça va. *OK.* **Et toi?** *And you?* **Pas mal.** *Not bad.* **Au revoir.** *Good-bye.*
À la prochaine. *See you next time.* **Salut.** *Hi.*
Comment t'appelles-tu? *What's your name?* **Je m'appelle…** *My name is…*
Ça va très bien. *Everything's fine.* **À bientôt.** *See you soon.*

ENCHANTÉ!

● The activities before the dialogue are designed to present the subject of the dialogue and point out key features to look for.

Each chapter's ***Dialogue (Tranche 1)***, ***À l'écoute (Tranche 2)***, and ***Prononciation*** section are recorded on the Student Tape.

Approach: (1) Preview the dialogue, focusing on the art, and ask students: How many people are involved in this conversation? Where do you think they are? What is going on? (2) Go over questions A, B, and C with students. (3) Play the dialogue on the Student Tape (or role-play it yourself). (4) Ask students to answer questions A, B, and C based on the dialogue. (5) Play the dialogue again. Then have students act it out twice, the second time using their own names.

In this dialogue, Pierre meets Carole and her friend, Françoise. Before reading the dialogue, complete these activities. ●

A. What French words and expressions do you think the speakers might use in such a conversation?

B. Look over the pictures below.
   1. Would you describe the relationship between Pierre and Carole as formal or informal?
   2. What can you tell about the relationship between Pierre and Françoise?
   3. What different gestures of greeting do you notice in these scenes?

C. Think about these questions as you read and practice the dialogue.
   1. How do these young people greet each other?
   2. How does Carole introduce her friend?

Pierre rencontre° Carole et Françoise.

PIERRE:	Salut, Carole. Comment ça va?
CAROLE:	Ça va très bien. Et toi?
PIERRE:	Bien.
CAROLE:	Pierre, voici° mon amie° Françoise. Elle est° de Montréal. Françoise, voici Pierre, mon voisin.°
PIERRE:	Enchanté.
FRANÇOISE:	Enchantée.
PIERRE:	Vous avez le temps° de prendre° quelque chose?°
FRANÇOISE:	Avec plaisir.°
CAROLE:	Voici un café. Allons-y!°

● Both **Enchanté** and **Enchantée** mean "Pleased to meet you." The **-é** in **Enchanté** indicates a male speaker; the **-ée** ending in **Enchantée** indicates a female speaker.

rencontrer *to meet* **voici** *here is* **mon amie** *my friend (female)* **elle est...** *she is...* **mon voisin** *my neighbor* **le temps** *time* **prendre** *to have (food or drink)* **quelque chose** *something* **Avec plaisir.** *With pleasure.* **Allons-y!** *Let's go!*

Compréhension

ACTIVITÉ 3: Verify the main idea of the conversation by telling if each sentence is true or false.

1. Pierre est l'ami de Carole.
2. Pierre est l'ami de Françoise.
3. Françoise présente Carole à Pierre.
4. Carole présente Françoise à Pierre et Pierre à Françoise.
5. Pierre, Carole et Françoise vont (*go*) au café ensemble (*together*).

ACTIVITÉ 4: Reread the dialogue and find the following types of expressions.

1. Find a greeting.
2. Find two ways to ask how someone is.
3. Find an introduction.
4. Find one way to respond to an introduction.
5. Find an invitation.
6. Find one way to accept an invitation.

Activities like this also follow each ***C'est-à-dire*** section. The target expressions are underlined in the *Instructor's Annotated Edition*. You may want to divide your class into small groups, set a time limit, and have students report back.

ACTIVITÉ 5: For each question or sentence on the left, find at least two possible responses.

1. Bonjour, François!
2. C'est Marc?
3. Comment ça va?
4. Vous avez le temps de prendre quelque chose?

a. Oui, c'est mon voisin Marc.
b. Avec plaisir.
c. Pas mal.
d. Salut, Anne!
e. Oui. Il est de Paris.
f. Oui, voici un café.
g. Très bien!
h. Bonjour, Anne!
i. Allons-y!
j. Non, c'est Jean-Luc.

Have students work alone or with a classmate. Students may also role-play the questions and answers. Stress that each question has more than one logical and appropriate response.

—SALUT, JEAN-LOUIS! COMMENT ÇA VA?

—ÇA VA TRÈS BIEN, ET TOI?

C'est-à-dire

Note that all of the ***Scènes*** in the ***C'est-à-dire*** sections of the textbook are recorded on the *Audio Tape Program.*

● Vary the scenes by substituting details of your choice and by replacing the given expressions by similar expressions. Here, for example, you can vary the names of the individuals being introduced, the way in which you say hello, and the expressions you use to introduce your friend.

Suggestion: Ask students to find different ways to introduce someone and respond, and list these in columns on the board. Then ask students to use the expressions to create as many variations as possible.

Follow-up: Students work in groups of three or four, introducing each other and responding. Have them present their results to the class.

● You will be asked to locate sets of expressions like this throughout each chapter. Each set is used to accomplish a particular language task. The expressions in each set are not entirely interchangeable, but they will help you broaden your vocabulary and vary your conversations. You may find it helpful to underline the expressions in your book or to make a separate list of them for ongoing reference.

Présenter quelqu'un

In the scenes that follow, people meet and introduce one another. Notice how they respond to each introduction. ●

A. Practice the introductions with your instructor.

B. Role-play them again in groups of three people, using your own names.

SCÈNE 1

ÉLISABETH: Voici Marie-Louise. Marie-Louise, voici Anne, Carole et Marie-Claire.
ANNE: Enchantée!
CAROLE: Bonjour, Marie-Louise.
MARIE-LOUISE: Enchantée!
MARIE-CLAIRE: Enchantée!

SCÈNE 2

PIERRE: Salut, Christophe! Voici mon amie Chantal. Chantal, voici mon ami Christophe Fanot.
CHANTAL: Enchantée.
CHRISTOPHE: Enchanté.

Utilisation

ACTIVITÉ 6: Reread the scenes and find the following types of expressions. ●

1. Find two greetings.
2. Find three ways to respond to an introduction. Note that two of these have very similar spellings!

C'est-à-dire *That is to say*

ACTIVITÉ 7: Resequence the expressions below to form one of the roles in a dialogue. Then role-play each scene with one or more partners, who will supply the missing lines.

1. (in groups of two) Two people meet for the first time.

   Ça va? Comment t'appelles-tu? Bonjour! À bientôt!

2. (in groups of three) One person introduces two people who are not yet acquainted.

   Au revoir! Voici mon ami(e)... Salut! Comment ça va?

ACTIVITÉ 8: Write your name on a slip of paper and give it to your instructor. Your instructor will give you a slip with someone else's name. Your task is to find that other person. Move among your classmates, greeting them, finding out how they are, and asking their names. When you find your partner, get his or her signature on the slip and continue to mingle. Remember that while you are looking for your partner, someone else will be looking for you!

MODÈLE:

—Bonjour!	→	*—Salut!*
—Comment ça va?		*—Très bien, et toi?*
—Bien! Comment t'appelles-tu?		*—Je m'appelle... Et toi, comment t'appelles-tu?*
—Je m'appelle... Au revoir!		*—À bientôt!*

À VOUS!

With two classmates, develop dialogues for the following scenes and be prepared to present them to the class. ⬢

1. Two young women greet a young man.
   a. One of the young women and the young man kiss on the cheeks. ⬢
   b. The other young woman shakes hands with the young man.
   c. All three head for a café.
2. Two young men meet a third young man.
   a. Two of the young men shake hands.
   b. One young man introduces a third young man.
   c. Each goes his separate way.

Activité 8, Approach: Show students how to approach a person, shake hands, greet the person, ask his or her name, say good-bye, and move on to another person.

À Vous!: Each ***C'est-à-dire*** and ***Structure*** section is followed by open-ended, culminating activities called ***À vous!*** These activities may be done orally in pairs or small groups in class, or individually in writing for homework. When working at home, students should meet or phone each other to prepare their dialogues. The results may be used as warm-up the following day and offer an opportunity to evaluate early progress in oral work.

⬢ These activities ask you to apply what you have learned in a realistic situation.

⬢ Are you beginning to wonder why the French accompany their greetings sometimes with a handshake and other times with a kiss? The **Notes culturelles** that follow tell when each greeting is appropriate.

Notes culturelles

TUTOYER ET VOUVOYER

- **IN WHICH PHOTOGRAPH ARE THE PEOPLE FRIENDS? IN WHICH PHOTO ARE THEY JUST ACQUAINTANCES? HOW CAN YOU TELL?**
- **IMAGINE WHAT THEY MIGHT BE SAYING.**

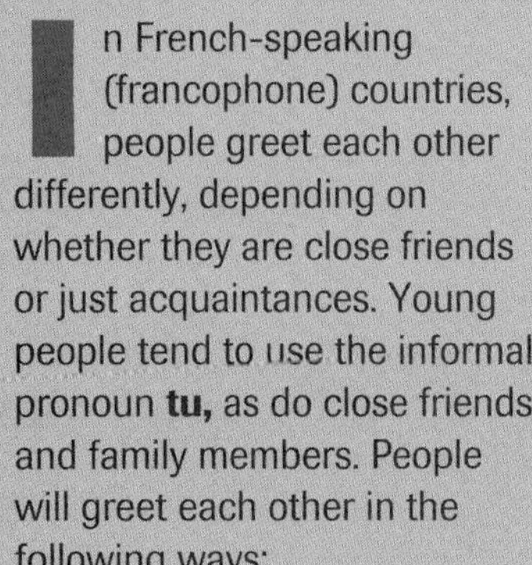

In French-speaking (francophone) countries, people greet each other differently, depending on whether they are close friends or just acquaintances. Young people tend to use the informal pronoun **tu,** as do close friends and family members. People will greet each other in the following ways:

- Males and females who are close friends kiss on both cheeks. Depending on traditions, they may kiss two, three, or more times. Female friends also greet each other by kissing, but males do not.
- Male and female family members kiss on both cheeks, as do two females or two males. This is usually the only time one sees two males kissing.
- Acquaintances address each other with the words **monsieur, madame,** or **mademoiselle** and use the formal pronoun **vous.** Both male and female acquaintances shake hands when meeting and when leaving each other. It is considered a faux pas to kiss an acquaintance.

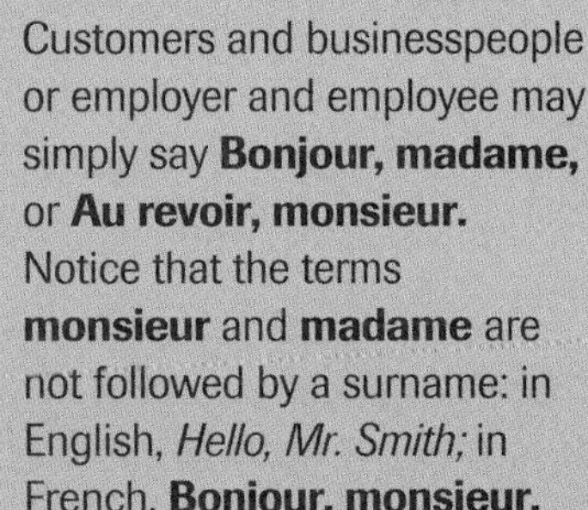

- Customers and businesspeople or employer and employee may simply say **Bonjour, madame,** or **Au revoir, monsieur.** Notice that the terms **monsieur** and **madame** are not followed by a surname: in English, *Hello, Mr. Smith;* in French, **Bonjour, monsieur.**

Decide how to greet the following people. (1) Would you shake hands or kiss on the cheeks? (2) Should you use **tu** or **vous?** (3) Would you use **monsieur**, **madame**, or **mademoiselle**? ●

1. Jean Dupont, your employer, an older man
2. Marianne Martin, the 12-year-old daughter of a friend
3. Frank Lambert, a young man about your age
4. Sabine Leclerc, your aunt
5. Madame Rochefort, an elegant, elderly widow
6. Marcel Dupré, your local butcher, at his butcher shop

Point out the forms of **tu** and **vous** in the words **tutoyer** and **vouvoyer**. Tell students that the terms refer to levels of language formality and ask them to guess their meaning.

● Deciding between **tu** or **vous** is not always easy and varies by region, socioeconomic status, and family tradition. When in doubt, always use **vous**.

STRUCTURE

Approach: (1) Preview the text using the introductory material. (2) Read the models several times. (3) Encourage students to look for patterns, hypothesize about how language works, and discuss their answers to the introductory questions. Emphasize that students should answer the questions before looking at the explanation that follows. (4) Present the grammatical explanations as a means of confirming students' hypotheses.

LES QUESTIONS

Questions are essential to any conversation. There are two basic types of questions in French:

1. Questions to which the response is information (information questions). You will be introduced to information questions, like the question **Comment t'appelles-tu?,** in ***Chapitre 4***.
2. Questions to which the response is yes or no (yes/no questions), like the question **Ça va?**

Read the three questions in French below with your instructor. Then answer these questions. ⬢

A. In which question(s) is the speaker trying to verify a guess? How are verifying questions formed?

B. In what three ways can a statement be transformed into a question?

Tu t'appelles Jean?	*Is your name Jean?*
Est-ce que tu t'appelles Jean?	*Is your name Jean?*
Tu t'appelles Jean, **n'est-ce pas?**	*Your name is Jean,* ***isn't it?***

⬢ At the beginning of each **Structure** section, we ask you to hypothesize about how the French language works. This helps you to understand the grammatical explanations that follow.

1. INTONATION QUESTIONS

The simplest way to form a yes/no question is to raise the pitch of your voice at the end of a statement.

Elle est de Montréal.	*She is from Montreal.*
Elle est de Montréal?	***Is she from Montreal?***

To focus on intonation, alternate saying the examples as either declarative sentences or questions using intonation and have students identify which is which. To continue, have students model and identify statements and questions first with a partner, then for the entire class.

2. QUESTIONS WITH EST-CE QUE

Another way to form a yes/no question is to add the phrase **est-ce que** to the beginning of a statement. This phrase has no real meaning; it simply indicates that what follows is a question. Notice that **est-ce que** becomes **est-ce qu'** before a noun or pronoun beginning with a vowel.

Suzanne est de Nice.	*Susan is from Nice.*
Est-ce que Suzanne est de Nice?	*Is Susan from Nice?*
Elle est de Paris.	*She is from Paris.*
Est-ce qu'elle est de Paris?	*Is she from Paris?*

3. VERIFICATION QUESTIONS

A verification question anticipates a *yes* answer. To verify that something is true, you can raise your voice and add **n'est-ce pas?** to the end of a statement.

Elle est de Montréal.	*She is from Montreal.*
Elle est de Montréal, **n'est-ce pas?**	*She is from Montreal, **isn't she?***

UTILISATION

Activité 10: Have students quiz you and each other, or have them introduce each other with correct names or incorrect ones that you or another student must correct. You may also set a time limit and have students circulate among their classmates, meeting as many people as time allows. Present models before students introduce each other. You may want to take part in the activity.

À Vous!: Note that the expression **Salut!** may be used both as a greeting and a way to say good-bye.

ACTIVITÉ 9: Transform the following statements into questions first by using intonation, then by using **est-ce que,** and finally by using **n'est-ce pas.** Be sure to use a rising pitch in all cases.

MODÈLE: C'est Robert.
C'est Robert?
Est-ce que c'est Robert?
C'est Robert, n'est-ce pas?

1. C'est Christine.
2. Elle est de Paris.
3. C'est Marc Dupont.
4. Il est de Québec.
5. Tu t'appelles Claire.
6. Vous vous appelez Jean.
7. C'est Annette.
8. Elle est de Dijon.

ACTIVITÉ 10: Practice forming statements and questions with a partner by identifying as many of your classmates as you can.

Statement: If you are certain of a person's name, use one of these expressions:

Voici ________! Voici mon ami(e) ________!
C'est ________! C'est mon ami(e) ________!

Verification: If you are unsure of a person's name, use a verification question:

Voici ________, n'est-ce pas?
C'est ________, n'est-ce pas?

À VOUS!

By now you have met many of the members of your class, but you may not be sure who they are. Verify the name of a person sitting near you. Then introduce that person to another classmate.

MODÈLES: ***Vérifiez***

MARIE: ***Salut!***
LUCIE: ***Salut!***
MARIE: ***Tu t'appelles Lucie, n'est-ce pas?***
OU: ***Est-ce que tu t'appelles Lucie?***
LUCIE: ***Oui, je m'appelle Lucie.***
OU: ***Non, je m'appelle Suzanne.***

Présentez

MARIE: ***Marc, voici mon amie Lucie. Lucie, voici mon ami Marc.***
LUCIE: ***Bonjour.***
MARC: ***Enchanté!***

Tranche 2

Présentations

Au travail

Avant d'écouter

Activities in the ***Au travail*** section recycle known material, which enables students to transfer previous learning to the context of the new chapter or ***Tranche***.

Activité 1: Look over the expressions below and find…

1. two ways to greet people.
2. one way to give your name.
3. three ways to say how you are.
4. three ways to say good-bye.
5. three ways to ask how someone is doing.
6. two ways to ask someone else's name.
7. two ways to introduce someone.

Comment ça va? Bonjour. Très bien. **Ça va.**

C'est… *Pas mal.* Ça va? **Comment t'appelles-tu?**

Je vous présente… *Salut.* *Comment allez-vous?*

Je m'appelle… **À tout à l'heure.** Au revoir.

Voici… À bientôt. **Comment vous appelez-vous?**

Activité 2: In the time allotted by your instructor, talk with your classmates.

1. Greet each other.
2. Verify a classmate's name, or inquire about his or her name if you are unsure.
3. Ask how he or she is.
4. Say good-bye.
5. Be prepared to introduce the people you have met.

—VOICI JEAN-PAUL. JEAN-PAUL, VOICI JOËLLE.

—ENCHANTÉ.

—ENCHANTÉE.

The ***À l'écoute*** tapescript is found in the front of the *Instructor's Annotated Edition.*

● What you already know about a topic or situation plays an important role in your understanding. These activities help you to use prior knowledge to predict what might take place in the listening passage. As you listen, relate what you hear to your previous knowledge and experience. Listen to the tape several times, each time focusing on different information and details.

Approach: (1) Preview the conversation, focusing on the art. (2) Preteach new vocabulary. (3) Read the introductory material and tell students to listen for the answers to these questions the first time they listen to the conversation. Students will need to listen to the conversation several times and should focus on different information and details each time.

Bravo!

The pictures below illustrate what happens in the conversation on your student tape. ●

A. Look the pictures over. Then answer the following questions.
   1. In what situation do you think the conversation was recorded?
   2. Identify the roles each person might have, and quickly list the activities and events that might take place in such a situation. What do you think happens in this scene?
   3. What do you think the people in these pictures might be saying?

B. Here are some key words you might find helpful in understanding the conversation.

Vous avez gagné! / Vous n'avez pas gagné.	*You won! / You didn't win.*
Formidable!	*Great!*
Super!	*Fantastic!*
Je suis de Lille.	*I am from Lille.*
J'habite à Lille.	*I live in Lille.*
Merci… Je vous en prie.	*Thanks… Don't mention it.*

C. To preview what to listen for in this listening passage, look over the main idea and detail questions in ***Activité 3***. Then listen to the conversation.

À l'écoute *Listening in*

COMPRÉHENSION

ACTIVITÉ 3: Verify the main idea of the conversation by answering the following questions.

1. Based on the conversation, how do you think the contestant feels?
2. Which sentence best summarizes the main idea of the conversation?
   a. L'animateur s'appelle Jean Martineau.
   b. La candidate a gagné un voyage à Tahiti.
   c. L'animateur est de Lille.
3. Who won? What was won?

ACTIVITÉ 4: Work on the following conversations.

1. Resequence these sentences as a dialogue in which each speaker has two lines. Then role-play the scene with a partner. ⬣

   Comment s'appelle votre partenaire?
   Comment vous appelez-vous?
   Je m'appelle Marie-France Lefèvre.
   C'est Jean Martineau.

⬣ Hyphenated names like Marie-France, Jean-Philippe, and Anne-Claire are common in France.

2. Complete this dialogue according to the conversation on the tape.

Vous avez gagné ____ à ____.	→	Formidable!
Comment vous appelez-____?		____ Marie-France Lefèvre et je suis de ____.
Comment s'appelle votre partenaire?		____ Jean Martineau!

3. Role-play the scene in question 2 with a partner, replacing the names in the dialogue with your own names. Be sure to show appropriate emotions as you role-play this situation.

PRONONCIATION

The vowel **a** is pronounced ***ah*** in French. Practice these words and the expressions that follow with your instructor or on your student tape.

Anne br**a**vo formid**a**ble **a**lors voy**a**ge T**a**hiti
g**a**gné m**a**demoiselle

–Br**a**vo, m**a**demoiselle! Vous **a**vez g**a**gné un voy**a**ge **à** T**a**hiti. → –Formid**a**ble!

–**A**lors, comment vous **a**ppelez-vous? –Je m'**a**ppelle **A**nne-M**a**rie C**a**n**a**lle.

C'EST-À-DIRE

The scenes present alternative ways to carry out a communication task, or language function. Students should practice the scenes and identify the expressions used to carry out each task.

SE PRÉSENTER ET PRÉSENTER QUELQU'UN

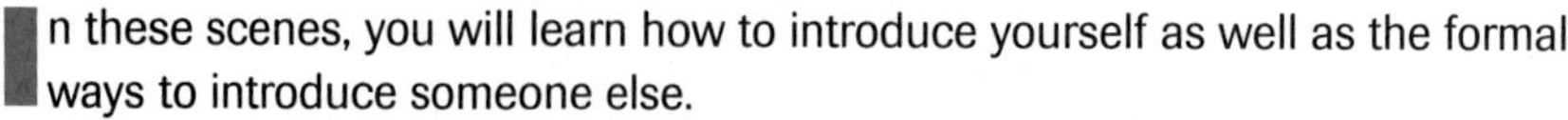

In these scenes, you will learn how to introduce yourself as well as the formal ways to introduce someone else.

A. Practice the alphabet and the introductions that follow with your instructor.
   L'alphabet: A B C D E F G H I J K L M N O P Q R S T U V W X Y Z
   ´ = l'accent aigu, ` = l'accent grave, ^ = l'accent circonflexe,
   ç = le c cédille, ¨ = le tréma
B. Role-play the introductions again with a partner, spelling your own names.
C. Be prepared to introduce yourself, or someone sitting near you, to the rest of the class.

SCÈNE 1: SE PRÉSENTER

—Bonsoir, mademoiselle. →
—Bonsoir, monsieur.
—Comment vous appelez-vous?
—Je m'appelle Marie-Claire Letoff.
—Pardon?
—Letoff, L-E-T-O-deux F.
—Ah, très bien. Voici les billets.°
—Merci, monsieur.
—Au revoir, mademoiselle.

SCÈNE 2: PRÉSENTER QUELQU'UN

—Bonjour, messieurs.
Bonjour, madame. →

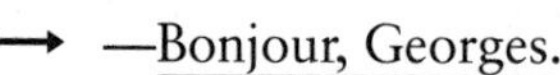

—Bonjour, Georges.
—Comment allez-vous?
—Assez bien, merci. Et vous?
—Ça va bien.
—Georges, je vous présente mon associée. Elle s'appelle Élise Brindeau. Et voici mon nouveau partenaire, Philippe Ledoux. Voici Georges Gouyon.
—Bonjour, madame. Bonjour, monsieur.
—Bonjour.

UTILISATION

ACTIVITÉ 5: Reread the scenes and find the following types of expressions.

1. Find several greetings.
2. Find the formal way to ask for someone's name.

se présenter *to introduce yourself* **quelqu'un** *someone* **les billets** *the tickets*

3. Find one way to introduce oneself.
4. Find the formal way to ask how someone is.
5. Find several ways to introduce someone else.

ACTIVITÉ 6: Introduce yourself to a person seated near you. He or she should pretend your name is difficult to understand so that you must spell it. Then introduce yourself to another person seated near you and do the same.

MODÈLE: *—Comment vous appelez-vous?* → *—Je m'appelle Anne Bouyonne.*

—Pardon? *—Bouyonne, B-O-U-Y-O-deux N-E.*

ACTIVITÉ 7: Imagine that you work with the people listed in the column on the far right. Select an introduction from the column on the left and a relationship from the middle columns. Introduce the person to your partner, who should respond appropriately to each introduction. Make as many combinations as you can in the time allotted by your instructor, changing roles often.

Redo the activity, having students choose famous names. Have volunteers introduce students to the class using their assumed names.

MODÈLE: *—Je vous présente ma partenaire, Diane Dufour.*
—Enchanté(e).

Voici	ma collègue	mon collègue	Diane Dufour
Je vous présente	ma partenaire	mon partenaire	Philippe Manet
	mon associée	mon associé	Madeleine Culbot
	mon amie	mon ami	Jean-Pierre Losinet

À VOUS!

Imagine you are taking part in the business meeting pictured below. With a partner, take the roles of two people in the scene and create a short conversation in which you introduce your partner around the table.

LES PRONOMS PERSONNELS

Approach: (1) Review what students know about **tu** and **vous.** (2) Preview the mini-dialogue by reading the introduction and questions. (3) Model the dialogue and have students practice it. (4) Have students analyze the examples and answer questions A and B. (5) Present the grammatical explanation as a means of confirming and extending students' conclusions.

This explanation focuses on the French equivalents of the subject pronouns *I, you, he, she, we, you,* and *they.* Read and role-play the mini-dialogue below, paying particular attention to the subject pronouns. Then answer these questions.

A. What pronouns are used to designate one person?

B. Would you use **il** to refer to a man or a woman? And **elle?**

—Comment vous appelez-**vous?**
—**Je** m'appelle Henri Legrand.
—Et mademoiselle?
—**Elle** s'appelle Chantal Nouvelle.
—Et monsieur?
—**Il** s'appelle Pierre Touchet.

PERSONAL PRONOUNS

The following personal pronouns are used to designate people in French.

Singular		Plural	
I	**Je** m'appelle…	we	**Nous** nous appelons Lemer.
you	**Tu** t'appelles Jean, n'est-ce pas?		
	Vous vous appelez Luc Saumard.	you	**Vous** vous appelez Anne et Marc Bouyonne.
he	**Il** s'appelle Martin.	they	**Ils** s'appellent Marc et Paul Gros.
she	**Elle** s'appelle Martine.		**Ils** s'appellent Marc et Marie Lemer.
		they	**Elles** s'appellent Christine et Louise Moulet.

- Note that **je** becomes **j'** before a vowel: **j'aime.**
- The pronoun **on** means "someone;" it is indefinite and is sometimes used to mean "we."

On a le temps de prendre quelque chose?	*Do **we** have the time to have something?*

UTILISATION

ACTIVITÉ 8: Give the subject pronoun that corresponds to each picture.

MODÈLE:

je

1.

2.

3.

4.

5.

ACTIVITÉ 9: Provide the missing subject pronouns based on the descriptions.

MODÈLE: (talking to a child) Comment t'appelles-*tu*?

1. (talking about oneself) ________ m'appelle Jean-Luc.
2. (talking to a young person) Comment t'appelles-________?
3. (talking about a friend) Voici mon amie. ________s'appelle Anne-Marie.
4. (talking about two other people) Voici mon partenaire et mon associé. ________s'appellent Gustave Monnette et Georges Leduc.
5. (talking to a classmate) ________ t'appelles Edmond, n'est-ce pas?
6. (talking to a group of people) Comment allez-________?
7. (talking about a third person) _______s'appelle Marc.
8. (talking about two young women) _______ s'appellent Dupont.

À VOUS!

Select one of the situations below and act it out. Include greetings, introductions, small talk, and good-byes. Be careful to use either informal (**tu**) or formal (**vous**) language throughout each conversation.

1. Work in groups of three people. Greet your dentist, teacher, boss, parent, or roommate. Introduce a classmate to him or her. The other person will ask how your friend is doing.
2. Work in groups of two to four. Greet and get acquainted with the student(s) in the apartment next door.

Approach: Give students a time limit to complete the work, then have them perform their scenes. You may want to grade the presentations. Encourage students to use as many different expressions as possible.

Qu'est-ce que vous aimez?

Au travail

Avant de lire

ACTIVITÉ 1: You are going to read a short interview with the popular singer Kim Wilde, taken from the French magazine *Podium Hit*. Before reading it, consider these questions. ●

1. *Podium Hit* is a fan magazine for people who like rock and popular music. What magazine(s) is (are) equivalent where you live?
2. If you were a young singer and someone were to interview you, what kinds of questions would you expect to be asked? List as many questions as you can in French.

● Once again we ask you to think about prior experience and knowledge because they are just as important in reading as they are in listening. See the student note for ***À l'écoute.***

Activité 1, Additional activity item: Ask students to work with a partner, taking turns asking and answering the questions they have listed in question 2.

POUR MIEUX LIRE

PREPARING TO READ

Effective readers approach a written text systematically, using what they already know to learn more about the subject. This step-by-step reading process helps them to understand and remember more about what they read.

STEP 1: IDENTIFYING THE TEXT TYPE. Before reading the passage, determine what kind of text it is, answering these questions.

a. What kind of a passage is this (an article, a poem, an advertisement)?
b. How are texts like this usually organized?

STEP 2: ANTICIPATING ITS CONTENT. Read the title and scan any photos and headings to determine the topic of the passage. Then pause and reflect, answering these questions.

a. What is the topic of this passage? What do I already know about the topic?
b. What experiences have I had in this or similar situations, or with this or similar materials?
c. What kinds of information are probably included in this passage?

By systematically attending to what you know about a particular style of writing (text type) and by actively calling up what you already know about the topic, you put yourself in a much better position to understand the text itself.

Lecture

Une Rockeuse de charme

Try out the preparation portion of the reading process outlined on page 24 on the following article. Identify the text type and topic as you read.

1. Scan the passage.
   a. What kind of a passage is this (an article, a poem, an advertisement?)
   b. How are written texts like this usually organized?
2. Read the title and call up your background knowledge. You already know the word *rock* since it is borrowed from English. Can you guess what the word *rockeuse* might mean? Can you guess the meaning of the title?
   a. What experiences have you had with this or similar materials?
   b. What kinds of information are probably included in this passage?

Before reading the interview, look over the main idea and detail questions in ***Activités 2*** and ***3***. As you read the passage, look for Kim Wilde's preferences in music, films, and leisure activities. ⬣

Students will need to read the passage several times and should focus on different information and details each time. Additional reading practice is provided in ***Tranche 3*** in the corresponding chapter of the ***Cahier d'activités orales et écrites***.

⬣ Remember that you can read for the main ideas and most interesting details of the interview without understanding every word.

Kim, que représente pour toi la dance-music? J'aime bien la dance-music de temps en temps. Je vais danser en boîte de nuit lorsque je suis en tournée. Mais sinon, la dance-music, je n'en suis pas folle.
Le cinéma? J'aime les films d'horreur et surtout, j'aime les regarder chez moi, le soir. Sinon, j'aime tous les styles de cinéma du moment que l'histoire est bonne. Ah oui! J'adore Catherine Deneuve et Jeff Bridges.
Les loisirs? J'adore faire du shopping, être en famille, cuisiner pour mes amis. Et j'adore chanter.
La maison? J'aime revenir à la maison après les voyages, pour me promener dans mon jardin, pour m'occuper de mes fleurs. J'aime beaucoup les fleurs.

Compréhension

ACTIVITÉ 2: What is the main idea of the passage? Select the statement that best reflects Kim's interests and preferences.

a. Kim aime le cinéma, le shopping, sa maison, mais elle n'aime pas la dance-music.
b. Kim adore les films classiques et la dance-music.
c. Kim aime beaucoup les activités intellectuelles et les activités en solitaire.

ACTIVITÉ 3: Check the details of the story.

1. Tell a partner how Kim feels about ***la dance-music, le cinéma, les loisirs, la maison.***
2. Tell what your preferences are in the same categories. Then list what you and Kim have in common. ***(J'aime beaucoup… Je n'aime pas beaucoup…)***

C'EST-À-DIRE

DIRE CE QU'ON AIME

Approach: (1) Go over the introductory material. (2) Model the expressions, using your thumbs to show meaning and having students repeat. (3) Say one verb at a time, having students show (with their thumbs) whether it is very positive, positive, negative, or very negative. (4) Role-play the scenes for the class, having students repeat. (5) Ask students to practice the scenes in pairs, first as written, then stating their own preferences.

In the two scenes that follow, people discuss their likes and dislikes, using a range of expressions from very positive to very negative. Notice especially the different verbs they use to express these ideas.

A. The line below illustrates degrees of liking and disliking. Practice these expressions with your instructor.

+				–
J'aime beaucoup	**J'aime**	**J'aime bien**	**Je n'aime pas**	**Je déteste**

B. Now practice these expressions with a partner. One person should pronounce an expression and the other should indicate "double-thumbs up," "thumbs up," "thumbs down," and so forth to show how positive or negative the expression is. Change roles often during the time allotted by your instructor.

C. Practice the two scenes with your instructor.

D. Role-play the scenes with a partner, substituting an expression of your choice for each expression of liking or disliking in the scene.

SCÈNE 1

—Tu aimes les films d'horreur?
—Oui! J'aime beaucoup les films d'horreur. Et toi?
—Moi aussi!

SCÈNE 2

—Est-ce que tu aimes la musique classique?
—Non, je déteste la musique classique; j'aime le rock. Et toi?
—Moi, je n'aime pas le rock, mais j'aime bien le rap.

Dire ce qu'on aime *Telling what one likes.*

UTILISATION

ACTIVITÉ 4: Reread the scenes and find the following types of expressions.

1. Find two ways to ask for someone's opinions.
2. Find three ways to say you like something.
3. Find two ways to say you dislike something.

ACTIVITÉ 5: Working with a partner and using a campus or local newspaper, ask about and give opinions of the films that are now showing as well as their leading actors and actresses.

MODÈLES: *—Tu aimes Michael J. Fox?*
—Oh oui, j'aime bien Michael J. Fox!

—Tu aimes le film...?
— Non, je n'aime pas le film...

ACTIVITÉ 6: Working with a partner, give your opinion of each of these sporting and entertainment activities.

MODÈLE: les sports *—Tu aimes les sports?*
—Non. Je déteste les sports!

1. le football
2. le tennis
3. le jogging
4. la musique classique
5. le rock
6. le ski
7. le jazz
8. l'art moderne
9. le ballet classique
10. la danse moderne

Activité 6: Point out that **le football** is a false cognate and means *soccer.*
Variation: Imagine Kim Wilde's opinions about the sports and leisure activities.`

MODÈLE: le rock
Kim aime beaucoup le rock.

À Vous!: Note that these are real activities taken from a French magazine.

À VOUS!

Working with a partner, give your opinion of the entertainment activities shown.

THÉÂTRE

ROMÉO ET JULIETTE
d'après Shakespeare, avec Christian Cloarec et Véronique Widock, Théâtre de l'Athénée, 19 h ou 20 h 30 (en alternance).

LE CIRQUE DES GRANDES ÉCOLES

Neuvième Gala des Grandes Écoles, sous le chapiteau de l'Espace Balard, les 19, 20, 21 et 22 mars en matinée, et les 22 et 23 mars en soirée.
Partez à la découverte du « Pays des merveilles » avec les élèves de Centrale, Polytechnique, Essec, H.E.C., E.S.C.P., etc., qui présenteront un superbe spectacle de music-hall et de cirque que bien des professionnels peuvent leur envier. Et, pour quelques journées, au vestiaire les étiquettes de « matheux » et d' « intelle ».

ARTS

VIDÉO ART
Une réunion d'artistes d'Est à Ouest, d'images synthétiques à vidéos fortes, que vous ne verrez jamais à la télé. Jusqu'au 13 mai, mar.-sam. 14 h 30-19 h, Virtuel Europe, Art rencontre international : 31, rue Augustin-Dumont, Malakoff.

STRUCTURE

LES VERBES EN -ER

Approach: (1) Review the personal pronouns introduced in ***Tranche 2***. (2) Preview the text, using the introductory material. (3) Read the text several times. Encourage students to look for patterns and hypothesize about how language works. (4) Elicit observations and encourage students to confirm, extend, and challenge each other's statements. (5) Present the grammatical explanation as a means of confirming students' hypotheses.

Like verbs in English, verbs in French change their spelling and pronunciation depending on the subject noun or subject pronoun to which they are matched: *I like,* but *Jean likes.* Read the short passage below with your instructor, paying particular attention to the subjects and the verbs. Then answer these questions.

A. What do Yves and Sylvie prefer?

B. How do the verb forms that refer to only one of them differ from those that refer to both of them?

Yves et Sylvie **habitent** à présent à Paris. Ils **aiment** beaucoup Paris, mais ils **aiment** aussi Nice. Ils **aiment** la musique. Yves est amateur de jazz et Sylvie **aime** bien la musique classique. Sylvie **joue** souvent° au tennis; Yves **aime** le football.

REGULAR VERBS

Most French verbs are said to be regular; that is, they behave in regular and predictable ways when used with various subjects. In French, a regular verb is classified according to the last two letters of its infinitive. Many of the verbs you saw in the passage about Kim Wilde are regular verbs whose infinitives end in **-er**. Frequently used **-er** verbs include:

VERBES EN -ER			
adorer	*to adore*	**dîner**	*to dine*
aimer	*to like*	**étudier**	*to study*
chanter	*to sing*	**habiter**	*to live*
cuisiner	*to cook*	**jouer**	*to play*
danser	*to dance*	**regarder**	*to watch*
détester	*to hate*	**voyager**	*to travel*

These verbs all follow the same pattern and are conjugated as follows.

1. Drop the letters **-er** from the infinitive form of the verb to form the verb stem:

   détest~~er~~ → **détest-**

souvent *often*

2. Add the following endings to the resulting verb stem.

je détest- + **-e**	→	je détest**e**
tu détest- + **-es**	→	tu détest**es**
il/elle/on détest + **-e**	→	il/elle/on détest**e**
nous détest- + **-ons**	→	nous détest**ons**
vous détest- + **-ez**	→	vous détest**ez**
ils/elles détest- + **-ent**	→	ils/elles détest**ent**

Note that:

- **Je** becomes **j'** before a vowel or vowel sound: **j'aime, j'habite.**
- The forms for **je, tu, il/elle/on,** and **ils/elles** are all pronounced the same.
- The **-s** of the plural pronouns (**nous, vous, ils, elles**) is linked to the initial sound of a verb beginning with a vowel or vowel sound.

  nous‿aimons (z) ils‿habitent (z)

  vous‿aimez (z) elles‿habitent (z)

This linkage is called *liaison.*

UTILISATION

ACTIVITÉ 7: Look at the lineup for the next round of play-offs in the tennis tournament at the Club Saint-Martin. Tell who is playing against whom, using a form of the verb **jouer** (*to play*) in each sentence.

CLUB SAINT-MARTIN: CHAMPIONNAT DE TENNIS					
Femmes			**Hommes**		
Annette	→	Yvonne	Georges	→	Luc
Pascale	→	Martine	Yves et David	→	Christophe et Marc
Christine et Anne	→	Sylvaine et Claire	Pierre et Alphonse	→	Robert et Christian

1. Je m'appelle Georges et je ________ contre ________.
2. Toi, Annette, tu ________ contre ________.
3. Yves et moi, nous ________ contre ________.
4. Pascale, elle ________ contre ________.
5. Christine et Anne! Vous ________ contre ________.
6. Jean-Pierre et Alphonse, ils ________ contre ________.

	Anne-Marie	Catherine
le tennis	++	++
le football	--	++
le jazz	-	-
le théâtre	--	--
la musique classique	+	++
le ski	++	++
le ballet	+	-

ACTIVITÉ 8: Anne-Marie's and Catherine's opinions of each activity are reported at left, using the following codes:

++ = aimer beaucoup   + = aimer
– = ne pas aimer   – – = détester

First find all of the likes and dislikes they have in common. Then report on the items for which they do not have similar opinions.

MODÈLES: *Anne-Marie et Catherine, elles n'aiment pas le jazz.*
Catherine, elle aime beaucoup la musique classique et Anne-Marie, elle aime la musique classique.

Activité 8: This activity may also be completed in writing or orally as a large-group or partner question-answer activity. **MODÈLE:** ***—Qui aime la musique classique? —Anne-Marie aime la musique classique. —Qui aime beaucoup le tennis? —Anne-Marie et Catherine aiment beaucoup le tennis.*** Students may make a similar list of their own preferences, then compare with a partner to create a table like the one here.

ACTIVITÉ 9: What do your classmates think of the following activities? Interview several classmates, asking them what leisure-time activities they participate in. Keep track of the pastimes you have in common with others.

MODÈLE: VOUS: ***Christine, tu regardes les films d'horreur?***
CHRISTINE: ***Oh, oui, je regarde les films d'horreur.***
OU: ***Non, pas moi.***

1. danser en boîte de nuit (*nightclub*)
2. regarder les films à la télévision
3. cuisiner pour les amis
4. chanter
5. regarder la télévision
6. jouer au tennis
7. regarder les sports à la télé
8. étudier
9. cuisiner pour la famille
10. travailler pendant le week-end

Approach: Assign as homework or allow class time for all students to complete their work and for some students to report their results. You may want to assign oral grades.

À VOUS!

Now learn more about your classmates! Find someone you have not yet met and introduce yourself. Compare likes and dislikes to determine your areas of common interest. Be prepared to report back to the class using the **nous** form of the verb.

1. Je m'appelle...
2. À présent, j'habite à... *(city)*
3. J'aime beaucoup...
4. Je n'aime pas...
5. J'aime...
6. Je déteste...
7. Je regarde...
8. J'écoute la musique...
9. Je cuisine pour...

Tranche 4

APPRÉCIATIONS

AU TRAVAIL

ACTIVITÉ 1: Get acquainted with a classmate and find out what he or she likes. Some suggestions for what you might say in your conversation are listed below.

1. Bonjour. (Salut.)
2. Tu t'appelles ____, n'est-ce pas? Comment t'appelles-tu?
3. Comment ça va? (Ça va?)
4. Tu aimes la musique?
5. Tu écoutes souvent le rock?
6. Tu aimes bien l'art?
7. Tu aimes la danse?
8. Tu détestes l'aérobic, n'est-ce pas?
9. Tu aimes le cinéma?
10. Tu préfères le théâtre?
11. Tu aimes beaucoup les sports?
12. Tu joues *(play)* au tennis?
13. Tu regardes les matchs de foot à la télé?
14. Tu aimes les fêtes *(parties)*?
15. Tu aimes les voyages?
16. Tu dînes souvent au restaurant?
17. Tu travailles *(work)*?
18. Au revoir. À bientôt!

—TU DÎNES SOUVENT AU RESTAURANT?

Approach: (1) Go over the introductory material. (2) Model the scenes and have students repeat and practice them. (3) Direct students to work in pairs, interviewing each other about their own leisure activities. (4) Have same groups perform mini-interviews for the class. Explain that **le cyclisme** and **le football** are two of the most popular sports in France.

EXPRIMER SES PRÉFÉRENCES

In the four scenes that follow, people talk about their preferences. Notice how they propose alternatives and state their choices.

A. Practice saying the arts and sporting activities in the ***Vocabulaire essentiel*** below with your instructor. Then practice the scenes.

B. With a partner, role-play the scenes as printed. Then role-play them again, substituting your own activities and expressions of preference.

VOCABULAIRE ESSENTIEL

la musique le jazz le rock la musique populaire la musique classique la musique moderne l'opéra

l'art l'art impressionniste l'art moderne la sculpture

la danse l'aérobic le ballet la danse moderne

les loisirs le théâtre le cinéma les musées les concerts les expositions d'art

les sports le ski le tennis le cyclisme *(bicycling)* le basket-ball/le basket le football/le foot (*soccer*) le surf (*surfing*) la course (*racing*) automobile la natation (*swimming*) le parapente (*hang-gliding*) la randonnée (*hiking*) la pétanque

Point out the accents on the verb **préférer** and note that the complete conjugation is in the section ***Verbes irréguliers*** at the end of the chapter.

SCÈNE 1

—Tu préfères le rock ou la musique classique?

—Je préfère la musique classique.

SCÈNE 2

—Tu aimes mieux l'art impressionniste ou l'art moderne?

—J'aime mieux l'art impressionniste.

SCÈNE 3

—Tu préfères le football ou le cyclisme?

—J'aime les deux.

SCÈNE 4

—Tu aimes mieux le parapente ou la course automobile?

—Moi, je déteste les deux. C'est trop dangereux.

UTILISATION

ACTIVITÉ 2: Reread the scenes and find the following types of expressions.

1. Find two ways to ask about preferences.
2. Find two ways to state preferences.
3. Find one way to tell that one likes both choices.
4. Find one way to tell that one likes neither choice.

ACTIVITÉ 3: Working with a partner, state your preferences using **J'aime mieux…, Je préfère…, J'aime les deux, Je déteste les deux.**

MODÈLE: le tennis / le football
—Tu aimes mieux le tennis ou le football?
—Je préfère le tennis. (J'aime les deux. Je déteste les deux.)

1. le rock / la musique classique
2. l'art moderne / l'art impressionniste
3. le ballet / la danse moderne
4. la course automobile / le football
5. le théâtre / le cinéma
6. le ski / la natation
7. le rock / le jazz
8. les concerts / les musées
9. le basket / le cyclisme
10. la musique populaire / le rock
11. les expositions d'art / l'opéra
12. la musique classique / le jazz

ACTIVITÉ 4: Your partner will select two pastimes from the arts and sporting activities listed in the *Vocabulaire essentiel* and will inquire about your preferences. Tell which of the two you prefer. Then state to what extent you like or dislike the other one. Use the following expressions.

Expressions of Preference Je préfère… J'aime mieux…

Expressions of Liking and Disliking J'aime beaucoup… J'aime bien… Je n'aime pas… J'aime… Je déteste…

MODÈLE: ***—Tu aimes mieux l'art impressionniste ou l'art moderne?***
—J'aime mieux l'art moderne. Je déteste l'art impressionniste.

À VOUS!

Working with a partner, give your preferences of the entertainment activities shown on the right.

THÉÂTRE

1er ARRDT
COMÉDIE-FRANÇAISE, 2 rue de Richelieu, 40.15.00.15. **La guerre de Troie n'aura pas lieu**, de Jean Giraudoux, mise en scène de Raymond Gérome, avec Cyrielle Claire, Martine Chevalier, jusqu'à fin mai. **Le songe d'une nuit d'été**, de Shakespeare, mise en scène de Jorge Lavelli, jusqu'à fin mai. **Le Jeu de l'amour et du hasard**, de Marivaux, mise en scène de Jacques Rosny, jusqu'à fin mai. Spectacles en alternance, représentations tous les jours à 20h30, dimanche à 14h30.

9e ARRDT
ÉDOUARD VII, 10 place Édouard VII, 47. 42. 57. 49. **Les Liaisons dangereuses**, de Christopher Hampton, d'après Choderlos de Laclos, mise en scène de Gérard Vergez, avec Bernard Giraudeau et Caroline Cellier, du mardi au vendredi, à 20h30, samedi à 17h et 21h, dimanche à 15h30, jusqu'en juin.

SPECTACLES MUSICAUX

LE GRAND CIRQUE DE ZINGARRO, 91, bd de Charonne, 43. 71. 28. 28. **Zingaro**, *un chef-d'œuvre équestre et musical*, lundi, mardi, vendredi, samedi à 20h15, jusqu'au 17 mai.

ROCK ET CHANSONS

THÉÂTRE D'EDGAR, 58 bd Edgar Quinet, 75041, 43. 20. 85. 11. **Jean Lapoine**, *pour s'immiscer au cœur de l'humour québécois*, jusqu' au 15/5.

ÉLYSÉE MONTMARTRE, 72 bd de Rochehouart, 75018, 42. 64. 39. 42. **Jimmy Cliff**, *l'ex-héros de la musique jamaïquaine*, le 13/5 à 20h. **Mint Juleps**, *de délicieuses petites Anglaises dans un répertoire de chansons "a capella"* le 16/5 à 20h. **Linton Kwesi Johnson**, *la voix singulière d'un poète reggae*, le 19/5 à 20h.

STRUCTURE

Approach: (1) Preview the dialogue, using the introductory material. (2) Read the text several times. Encourage students to look for patterns and hypothesize about ways to express preferences. (3) Elicit observations and encourage students to build on each other's ideas and analyses. (4) Present the grammatical explanation as a means of confirming students' hypotheses.

L'ARTICLE DÉFINI ET LA NÉGATION

In the mini-dialogue below, two friends express distinctly different preferences. Read and role-play the mini-dialogue.

A. What diversions do both friends enjoy? How do their preferences differ?
B. What word or words precede the names of sports?
C. What two words are used to signal the negative?

–J'aime beaucoup **le** foot–j'aime **l'**esprit d'équipe.°
–Moi aussi, j'adore **les** sports, mais je **n'**aime **pas les** sports d'équipe.
–Alors, tu **n'**aimes **pas le** football?
–Bien sûr que non, puisque° je **n'**aime **pas les** sports d'équipe.
–Donc, tu **n'**aimes **pas** non plus° **le** basket-ball?

1. DEFINITE ARTICLES

Whether it refers to a person, a place, or a thing, every noun in French is considered to be either masculine or feminine. The definite articles **le, la, l', les,** corresponding to the English word *the*, must agree in gender with the noun; that is, a masculine noun is preceded by a masculine definite article, and so forth as shown in the following chart. ●

● Always learn an article along with a noun. For example, *music* should be learned as **la musique** and *tennis* as **le tennis.** Also note that most French nouns add **-s** to form the plural: **l'art → les arts; le concert → les concerts.**

Singular			Plural		
Masculine	**le**	J'aime **le** football.	Masculine and feminine	**les**	J'aime **les** concerts et **les** expositions.
Feminine	**la**	J'aime mieux **la** musique classique.			
Masculine or feminine before a vowel or vowel sound	**l'**	J'aime beaucoup **l'**improvisation.			

Remind students that **l'** is used before a noun beginning with a vowel or a vowel sound.

The definite article is used when the noun is specifically identified or when you are speaking about general preferences, likes, and dislikes.

Il aime **le** cours de danse. — *He likes **the** modern dance class. (specific)*
Jean apprécie **le** théâtre. — *Jean appreciates modern theater. (general)*

2. NEGATION

To make a negative statement in French, place **ne** before the verb and **pas** after it. Note that **ne** becomes **n'** before a vowel sound.

Je joue au tennis. — Je **ne** joue **pas** au tennis.
Moi, j'aime le rock. — Moi, je **n'**aime **pas** le rock.

l'esprit d'équipe *team spirit* **puisque** *since* **non plus** *neither*

UTILISATION

ACTIVITÉ 5: Find out about a classmate's preferences by asking the following questions, then change roles.

MODÈLE: *—Tu aimes les sports?*
—Oui, j'aime les sports.
ou: *—Non, je n'aime pas les sports.*

Les Sports

1. Tu aimes les sports? les sports individuels? les sports d'équipe? le football? le tennis? le cyclisme? le basket-ball? le ski? le jogging? la course automobile?
2. Tu joues au football? au football américain? au basket-ball? au tennis?

Les Arts

3. Tu aimes l'art? la sculpture? la peinture?
4. Tu préfères la musique classique? le rock? le jazz? la musique populaire?
5. Tu aimes la danse? le ballet? la danse moderne? l'aérobic?
6. Tu aimes le théâtre? Tu joues dans une pièce de théâtre?

Les Loisirs

7. Tu aimes les voyages?
8. Tu dînes souvent au restaurant?
9. Tu regardes souvent la télé?
10. Tu étudies beaucoup?

ACTIVITÉ 6: Working with a partner, complete each sentence with at least three responses expressing your opinions about and preferences for the sporting and leisure activities in this chapter. Pay particular attention to the form of the definite article.

MODÈLE: *—J'aime beaucoup l'aérobic, le jogging et le tennis. Et toi?*
—Moi, j'aime mieux la danse moderne, le parapente et le jazz.

1. J'aime bien... 2. Je n'aime pas... 3. Je préfère... 4. Je déteste...

À VOUS!

Circulate around the classroom, asking your classmates the following questions about their likes and dislikes. When you find a person who fits one of the descriptions, record his or her name.

MODÈLE: aimer l'opéra
—Tu aimes l'opéra?
—Oui, j'aime beaucoup l'opéra.
—Formidable! Comment t'appelles-tu?
—Je m'appelle...

1. aimer le jazz
2. détester le football
3. préférer le rock
4. aimer beaucoup l'aérobic
5. aimer bien l'art moderne
6. détester la course automobile
7. aimer beaucoup le cinéma
8. aimer mieux le cyclisme

La Langue écrite

Additional writing practice is provided at the end of the corresponding ***Cahier*** chapter. If ***système-D*** is available to your students, they may wish to use it as they complete the writing exercises.

Se préparer à écrire

In ***Tranche 3*** of this chapter, we discussed the initial steps in the process most good readers use as they approach a written text. Good writers also follow a series of steps that make their compositions more interesting and effective. Before beginning a composition, use these ideas to improve your writing.

Step 1: Brainstorming. Before writing anything down, spend a few moments thinking about the topic.

Step 2: Writing down your ideas. Spend two or three minutes writing out your ideas. Write continuously, without stopping to evaluate, organize, or eliminate any of the words and ideas that come to mind. If you are using a word processor, try turning the screen to its darkest setting so you cannot read it and thus are not tempted to edit your writing.

Step 3: Reviewing and organizing your ideas. Categorize and list like items together and eliminate the words and ideas that you feel are inappropriate.

Step 4: Composing. Turn your lists into sentences, varying your sentence structure to make your composition more interesting.

Here are two strategies you might use to add interest.

a. Combine your opinions with the word **et** *(and):*
   J'aime le rock et le reggae.
b. Contrast your opinions with the word **mais** *(but):*
   J'aime beaucoup le foot, mais je n'aime pas le tennis.

Have students return to the texts introduced in ***Tranche 3*** and find examples of how to coordinate expressions using **et** and **mais**.

Sujet de composition

Write a short article describing yourself for a newspaper your class could put together, or write a letter about yourself to a pen pal in another section of the same course. Follow the steps outlined above to prepare and organize your ideas. Be sure to include (1) your name and what city you are from, and (2) your interests, likes, and preferences in sports, music, and other leisure activities.

Lexique

Expressions

Greetings

Bonjour!
Salut!
Bonsoir, mademoiselle.
monsieur.
messieurs.
madame.

Small Talk

Ça va?
Comment ça va?
Et toi? Comment vas-tu?
Et vous? Comment allez-vous?
Très bien, merci.
Ça va bien.
Bien.
Assez bien.
Pas mal.
Comme ci, comme ça.
Pas très bien.
Mal.
Très mal.

Introductions

Comment t'appelles-tu?
Tu t'appelles ____, n'est-ce pas?
Comment vous appelez-vous?
Pardon?
Je m'appelle…
C'est Letoff, L-E-T-O-deux F.
Je suis de… *(town)*
Je suis l'ami(e) de…
Je vous (te) présente…
Enchanté(e).
Voici mon ami (mon associé, mon partenaire, mon collègue, mon voisin, mon amie, mon associée, ma partenaire, ma collègue, ma voisine).

Leave-Taking

Au revoir.
À tout à l'heure.
À bientôt.
Bonsoir.
Salut.

Likes, Dislikes, and Preferences

J'adore…
J'aime (beaucoup, bien, mieux)…
Je n'aime pas…
Je déteste…
Je préfère…

VOCABULAIRE

MUSIC
le rock
l'opéra (*m.*)
le jazz
le rap
le reggae
le concert
la musique populaire
la musique moderne
la musique classique

SPORTS
le basket-ball (le basket)
la course automobile
le cyclisme
le football (le foot)
le jogging
la natation
le parapente
la pétanque
la randonnée
le ski
le surf
le tennis

ART
l'art (*m.*) impressionniste
l'art moderne
la sculpture
la peinture

LEISURE ACTIVITIES
le cinéma
le théâtre
le concert
le musée
l'exposition *(f.)* d'art

DANCE
l'aérobic (*m.*)
le ballet
la danse moderne

VERBES IRRÉGULIERS

VERBS WITH SPELLING CHANGES

s'appeler	*(to be called)*	
	je **m'appelle**	nous **nous appelons**
	tu **t'appelles**	vous **vous appelez**
	il/elle/on **s'appelle**	ils/elles **s'appellent**
préférer	*(to prefer)*	
	je **préfère**	nous **préférons**
	tu **préfères**	vous **préférez**
	il/elle/on **préfère**	ils/elles **préfèrent**

IN THIS CHAPTER, YOU WILL LEARN HOW TO IDENTIFY YOUR POSSESSIONS AND MAKE A PURCHASE.

chapitre

2

FAIRE DES ACHATS

Tranche 1

L'Inventaire des affaires

Au travail

Avant de parler

ACTIVITÉ 1: You are visiting a friend at his or her apartment and meeting the resident manager of the building (**le/la concierge**) for the first time. Complete the conversation. ●

CONCIERGE: Bonjour, monsieur (madame, mademoiselle).
VOUS: ___________
CONCIERGE: Comment vous appelez-vous?
VOUS: ___________
CONCIERGE: Ah oui! Vous êtes le (la) camarade de Jean (Jeanne), n'est-ce pas?
VOUS: Oui… ___________
CONCIERGE: Très bien. Il (Elle) a l'appartement numéro six. Bon, alors au revoir, monsieur (madame, mademoiselle).
VOUS: ___________

● **Le (La) concierge** takes messages for tenants, distributes mail, answers questions, and maintains good rapport with tenants. **Le gardien (la gardienne)** takes care of security, repairs, and upkeep of the grounds. At times, **le (la) concierge** may act as both building superintendent and caretaker.

Activité 1, Approach: Students may practice playing both roles or prepare their dialogues as homework. To evaluate progress in oral work, have several groups present their scenes to the class.

ACTIVITÉ 2: Greet and get acquainted with a potential roommate. Be sure to find out what interests you have in common. With a classmate, develop a conversation as outlined below.

1. Greet the person and ask how he or she is.
2. Introduce yourself and confirm the other person's name.
3. Refer to friends you have in common.
4. Talk about common interests in arts, sports, and leisure activities.
5. Say good-bye.

TU AS MON BALADEUR?

In this dialogue, Marcel asks Denise to help him find his Walkman. Before reading it, complete these activities. ⬢

A. In what ways might Denise react to this request? What words, questions, and expressions do you think the speakers might use in English?

B. Look at the pictures below.
   1. How does Denise react to Marcel's request?
   2. Where does she suggest that Marcel look?

C. Think about these questions as you read and practice the dialogue.
   1. In your opinion, is Marcel an independent person?
   2. What kinds of questions does Marcel ask?

⬢ When the personal stereo first appeared in France, it was called **le Walkman**, but the **Académie française**, an institution of 40 scholars charged with maintaining the purity of the French language, renamed it **le baladeur**. Despite their efforts, the word **Walkman** is also used. The noun **baladeur** comes from the verb **balader** *(to stroll)* and well describes how the product is used.

Approach: (1) Go over questions A, B, and C with students. (2) Play the dialogue on the *Student Tape* (or role-play it yourself). (3) Ask students to answer questions A, B, and C. (4) Play the dialogue again. Then have students act it out twice, the second time using their own names.

MARCEL: Denise!
DENISE: Oui. Qu'est-ce qu'il y a?°
MARCEL: Tu as mon° baladeur?°
DENISE: Quoi?°
MARCEL: Mon baladeur. Tu as mon baladeur? Je vais° faire du jogging.
DENISE: Il est sur la table.
MARCEL: Quelle° table?
DENISE: Dans la cuisine.°
MARCEL: Ah bon.

Quelques minutes plus tard...°
MARCEL: Denise!
DENISE: Oui. Quoi? Qu'est-ce qu'il y a? Je suis occupée.°
MARCEL: Tu as mes° cassettes?
DENISE: Oh, là, là! Cherche° dans le tiroir.°

Qu'est-ce qu'il y a? *What's the matter?* **mon** *my* **le baladeur** *Walkman* **Quoi?** *What?* **Je vais** *I'm going* **Quelle** *which* **la cuisine** *kitchen* **Quelques minutes plus tard...** *Several minutes later...* **occupée** *busy* **mes** *my* **chercher** *to look* **le tiroir** *drawer*

Compréhension

ACTIVITÉ 3: Complete the sentences on the left with appropriate phrases from the list on the right. Be careful! Each sentence has more than one logical completion!

1. Denise est ____.
2. Marcel cherche ____.
3. Le baladeur est ____.
4. Les cassettes sont ____.

a. sur la table
b. son baladeur et ses cassettes
c. l'amie de Marcel
d. occupée et impatiente
e. dans la cuisine
f. dans une autre pièce *(room)*
g. dans le tiroir

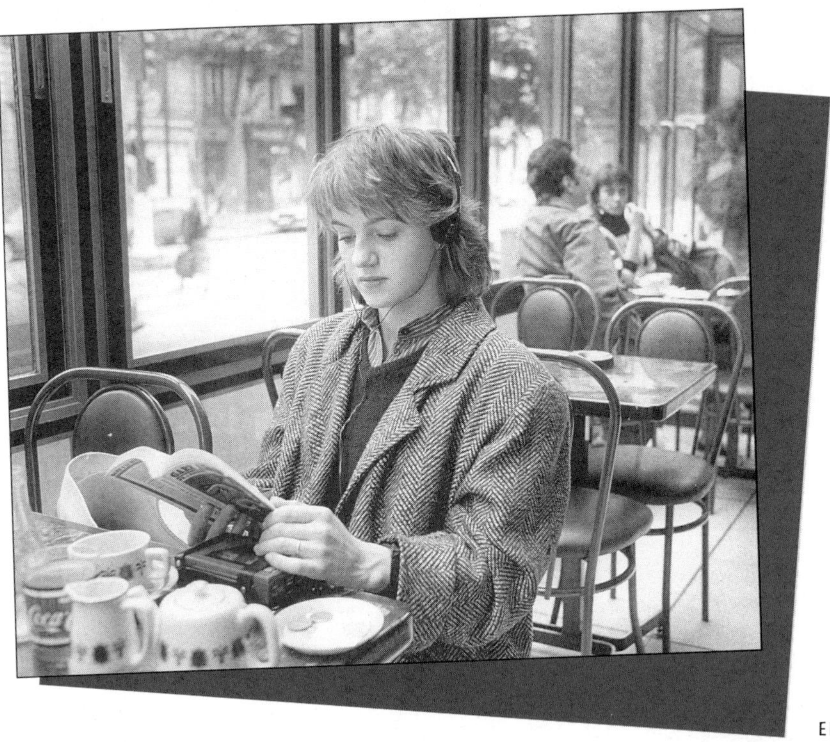

ELLE A UN BALADEUR.

ACTIVITÉ 4: With a partner, modify the dialogue ***Tu as mon baladeur?*** to create three new dialogues for the following circumstances.

1. Denise is looking for her detective novel and her glasses because she is going to read on the terrace. You will need the following expressions: **mon roman policier, mes lunettes, je vais lire sur la terrasse.**
2. David is going to play soccer but needs to find the soccer ball and his soccer shorts. Use these expressions: **mon ballon de foot, mon short, je vais jouer au foot.**
3. Anne-Claire is going to practice her guitar, but she can't find it and her music. Use these expressions: **ma guitare, ma partition** *(music)*, **je vais jouer de la guitare.**

IDENTIFIER SES AFFAIRES

In the three scenes that follow, friends inquire about each other's possessions. Notice how they identify the possessions and how they formulate their questions and answers.

A. Practice the vocabulary items below with your instructor, then with a partner.

MODÈLE: —*Qu'est-ce que c'est?* → —*C'est une chaîne stéréo.*
—*Ce sont des cassettes.*

B. Practice the scenes with your instructor and then with a partner.

UNE CHAÎNE STÉRÉO

DES VIDÉOCASSETTES (*F. PL.*)

UNE RADIO

DES CASSETTES (*F. PL.*)

UN DISQUE

UNE MACHINE À ÉCRIRE

UNE VOITURE

UN TÉLÉVISEUR (UNE TÉLÉ)

UNE CALCULATRICE

DES DISQUES COMPACTS (*M. PL.*)

UNE MOBYLETTE

UN VÉLO

UN MAGNÉTOSCOPE

UN LECTEUR LASER

UN (MICRO-) ORDINATEUR

UN BALADEUR

SCÈNE 1

—Tu as une télé?
—Oui, j'ai une télé. Et toi?
—Oui, moi aussi.°

SCÈNE 2

—Tu as un micro-ordinateur?
—Non, je n'ai pas de micro-ordinateur. Demande à° Jean.

SCÈNE 3

—Vous avez un magnétoscope?
—Non, pas moi. Et vous?
—Non, moi non plus.°
—Alors il nous faut° un magnétoscope.

moi aussi *me too* **demander à** *to ask* **non plus** *neither* **il nous faut** *we need*

UTILISATION

ACTIVITÉ 5: Reread the scenes and find the following types of expressions.

1. Find two ways to ask if someone has a particular item.
2. Find several different affirmative and negative responses.
3. Find one way to express need.

ACTIVITÉ 6: It's moving day and three roommates have simply dropped their possessions in the middle of the living room. Look at the drawing on the right and identify the possessions.

MODÈLE: *Ils ont des disques.*

ACTIVITÉ 7: You and a partner have been on separate shopping expeditions and are carrying packages of various sizes. Decide what is inside one of your packages; your partner should then guess what you have. Change roles and guess again. Some possible purchases are listed below.

MODÈLE:

	→	
—Bonjour, Brigitte!		*—Bonjour, Pierre!*
—Comment ça va?		*—Très bien.*
—Qu'est-ce que tu as dans les paquets?		*—Devine!* (Guess!)
—Tu as un(e)... ?		*— Non.*
—Tu as un(e)... ?		*—Oui, c'est ça!*

un appareil photo *(camera)* — un téléphone — une guitare
une montre *(watch)* — un livre *(book)*

À VOUS!

You and a partner are planning to become roommates. Make a list of your possessions. Then compare your list with that of your partner to determine which items you both have, which items only one of you has, and which items neither of you has but would like to have. ●

MODÈLES: ***—Tu as une mobylette?***
—Oui, j'ai une mobylette. Et toi?
—Oui, moi aussi.

—Tu as une mobylette?
—Non, pas moi. Et toi?
—Non, moi non plus.

● Because most French university campuses do not have dormitories, students usually live at home. Those who live away from their families rarely have roommates, preferring smaller and less expensive but more private accommodations.

STRUCTURE

LE VERBE AVOIR

This explanation focuses on the verb **avoir** *(to have)*. Read and role-play the mini-dialogue below, paying particular attention to the forms of the verb. Then answer these questions.

A. What types of vehicles does the speaker consider borrowing?

B. In this exchange, ownership is expressed by the verb **avoir**. What forms of the verb are used?

C. Based on what you already know about verbs, does **avoir** appear to follow a regular pattern?

–Hé, Guillaume! Tu **as** une moto,° n'est-ce pas?
–Oui, pourquoi?°
–Ma mob **a** un pneu° crevé° et j'**ai** un rendez-vous.
–Je regrette, mais ma moto est en réparation.° Demande à Luc; il **a** un vélo.
–D'accord. Merci tout de même.°

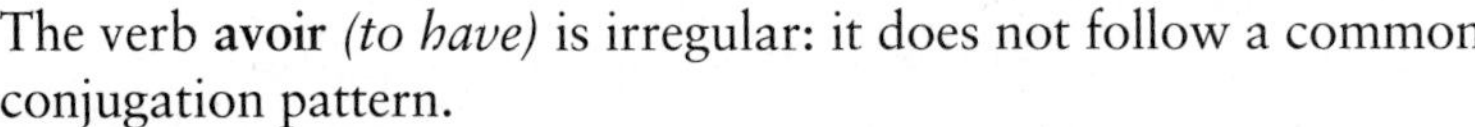

The verb **avoir** *(to have)* is irregular: it does not follow a common conjugation pattern.

Singular		Plural	
j'	**ai**	nous	**avons**
tu	**as**	vous	**avez**
il/elle/on	**a**	ils/elles	**ont**

J'**ai** un téléviseur.
Tu **as** un micro-ordinateur.
Elle **a** des disques compacts.
Nous **avons** un magnétoscope.
Vous **avez** une radio.
Ils **ont** un baladeur.

Note that **avoir** has five different spoken forms. Only the forms for **tu** and **il/elle/on** are pronounced the same.

UTILISATION

Personalize by using students' names. As follow-up, ask students to claim the articles they left with the concierge.

ACTIVITÉ 8: Several students have left possessions, marked with their initials, with the concierge of their building. Work from this list to tell what each person has.

S. R.—téléviseur, cassettes, baladeur
É. L.—télé, calculatrice, mobylette
C. L.—magnétoscope, chaîne stéréo
L. D.—vélo, micro-ordinateur
R. S.—vélo, disques
A-M.N. —ordinateur, livres
J-M. C. et C. L.—machine à écrire

la moto *motorcycle* **pourquoi** *why* **le pneu** *tire* **crevé** *flat*
en réparation *in the shop* **tout de même** *anyway*

MODÈLE:

Christophe Lajoie, il a un magnétoscope et une chaîne stéréo.

1. Jean-Marc et moi (Christophe), nous...
2. Je suis l'ami de Sylvaine Robert. Elle...
3. Mon ami s'appelle Luc Dupont. Il...
4. Je m'appelle Élise. Je...
5. Élise et Rachelle, vous...
6. Anne-Marie, tu...
7. Luc, vous...
8. Anne-Marie et Christophe, ils...

ACTIVITÉ 9: Two students, Jean and Michel, have stored some of their possessions on some shelves in the basement. With a partner, tell who has what on these shelves.

MODÈLES: Jean / une radio
—Jean a une télé? → ***Oui, il a une télé.***

Michel / une chaîne stéréo
—Michel a une chaîne stéréo? ***Non, Jean a une chaîne stéréo.***

1. Jean / des cassettes
2. Michel / une chaîne stéréo
3. Jean et Michel / des disques
4. Jean / un magnétoscope
5. Jean et Michel / un micro-ordinateur
6. Michel / une télé
7. Jean et Michel / des disques compacts
8. Jean / un baladeur
9. Jean et Michel / des livres
10. Michel / une machine à écrire

ACTIVITÉ 10: Tell a partner which of the items pictured above you own. Then ask your partner which items he or she owns.

MODÈLE: ***J'ai des cassettes, un baladeur...***
Tu as une radio?

À VOUS!

Using the time allotted by your instructor, circulate among your classmates to find someone who owns the following items, or additional and different items of your choice. When you find an appropriate owner, write his or her name next to the item you asked about. Be ready to report your findings to the class.

1. un disque compact de Mozart
2. un disque d'Elvis Presley
3. une radio stéréo
4. un magnétoscope
5. un ordinateur portatif
6. une chaîne stéréo
7. un téléviseur noir et blanc
8. une paire de skis

Notes culturelles

Les Affaires

Young people in France today are likely to have many possessions, including electronic gadgets such as radios, stereo systems, and televisions. According to a survey in *Francoscopie*, here are the items that French young people are most likely to own (see chart in the margin).

Probably the greatest difference in American and French students' possessions occurs in the realm of transportation.

Because typical universities in France do not have elaborate campus settings with dormitories, French students usually live at home and commute to classes. Nonetheless, a French young person is not very likely to own a car. Driving school is rigorous and costs a great deal, and students often fail to pass the very demanding examination the first time. In addition, the minimum age to drive is 16 with a parent or 18 alone, and once one has a license, automobiles are expensive to own and operate. Some students use efficient, reliable, and inexpensive systems of public transportation, such as the subway or bus. A large percentage of students use bicycles, mopeds, or motorcycles because they are inexpensive to buy, run, and maintain and they can obtain a license to operate a moped or motorcycle at age 14. Perhaps the most popular form of student transportation is **la mobylette**, or moped. This cross between a bicycle and a motorcycle has a small motor, which must sometimes be assisted by pedal power. The moped (colloquially, **la bécane** or **la mob**) has many devoted users.

Radio	99%
Color television	84%
Camera	83%
CD player	70%
Stereo	56%
VCR	25%

Some goods are more expensive in France than in the United States, while certain staples and services are less expensive. This is due to the value-added tax (TVA), a varying tax that is highest on luxury items, such as records, electronics, cameras, and certain cars. Daily staples, such as bread, milk, eggs, and public transportation, are not taxed as highly.

1. What similarities do you see between the possessions and life-styles of American and French university students? Make a list of the possessions most American university students would own. Which items might approximately 50 percent of the student body have? What items do students only rarely have?
2. If you were to attend a French university, what differences would you notice?
3. Can you explain these differences in terms of cultural values and traditions?

Tranche 2

Une Promotion

Au travail

Avant d'écouter

ACTIVITÉ 1: You have just entered **la Fnac (la Fédération nationale d'achat des cadres)**, a large record, book, electronics, and camera store, where you are met by a salesperson. With a partner, role-play several variations on the model scene.

Approach: (1) Preview the activity by focusing on the title and realia. (2) Present the new vocabulary used in the realia. (3) Role-play the mini-dialogue for students. (4) After students have completed the activity, have several groups present dialogues to the class.

MODÈLE:

1. Exchange greetings.	***—Bonjour, mademoiselle.*** ***—Bonjour, monsieur.***
2. Tell what you are looking for.	***—Vous avez des machines à écrire?*** ***—Oui, des machines à écrire électriques et portatives.***
3. Verify specific features.	***—Il me faut une machine électrique.*** ***—Voilà.***
4. Say thank you.	***—Merci, monsieur.*** ***—Je vous en prie.*** *(You're welcome.)*

Équipement de haute-fidélité à la Fnac

DES MACHINES À ÉCRIRE
une machine à écrire électrique
une machine à écrire portative

DES CALCULATRICES
une calculatrice programmable
une calculatrice solaire

DES BALADEURS
un baladeur stéréo
un baladeur avec mini-casque°

DES TÉLÉVISEURS
un téléviseur noir et blanc
un téléviseur couleurs

DES DISQUES, DES CASSETTES
des disques de jazz, de rock, de musique classique
des cassettes de haute fidélité

DES MICRO-ORDINATEURS

mini-casque *mini-headset*

UN SPOT PUBLICITAIRE À LA RADIO

Approach: (1) Preview the announcement by focusing on the artwork. What is happening? What items are featured? What are their prices? (2) Present new vocabulary. (3) Go over the question in item C, reminding students that they should focus on it the first time they listen to the conversation. Stress that they will need to listen to the material several times and should focus on different information and details each time. ***À l'écoute*** may be done outside of class.

The pictures below illustrate what happens in the listening selection on your student tape.

A. Look over the pictures. Then answer the following questions.
   1. Do you think you will (a) overhear a conversation, (b) listen to a radio news show, or (c) hear an advertisement?
   2. Will the speaker's language probably be (a) formal, or (b) informal?
   3. Name the items you think might be described.

B. Here are some key words you might find helpful in understanding the selection.

les pourcentages:	10% = dix pour cent, 20% = vingt pour cent, 30% = trente pour cent, 40% = quarante pour cent, 50% = cinquante pour cent
une promotion	*a sale*
un rabais	une réduction

C. To preview what to listen for in this selection, look over the main idea and detail questions in ***Activités 2*** and ***3*** and then listen to the tape. If you were interested in purchasing a Walkman, would this be a good time to stop in at **la Fnac?**

COMPRÉHENSION

ACTIVITÉ 2: Identify these general characteristics as well as the main idea of the listening selection.

1. The language used in the selection is (a) formal, or (b) familiar.
2. The selection is (a) a conversation, (b) a radio news program, or (c) a radio advertisement.
3. The passage focuses on (a) store location and hours, (b) prices, or (c) items and their characteristics.

ACTIVITÉ 3: Provide a brief summary of the announcement by completing these sentences.

1. La Fnac annonce une...
2. Les rabais sont de... à... pour cent.
3. On profite des rabais... sensationnels sur...
4. Le rabais sur les baladeurs est de...

ACTIVITÉ 4: Tell your friends and roommates about the sale, using this paragraph as a guide.

Bonjour...! Il y a... d'équipement de... à la Fnac. On annonce des... de... à 30 pour cent. Par exemple, il y a une réduction de 10 pour cent sur... et... Il y a aussi un... de 30... sur les chaînes stéréo! C'est une promotion formidable!

PRONONCIATION

The letter **i** is usually pronounced like a long *e* in English. Practice the words and the expressions that follow with your instructor or on your student tape.

f**i**dél**i**té   prof**i**tez   les d**i**sques   v**i**s**i**tez   aujourd'hu**i**

V**i**s**i**tez la Fnac aujourd'hu**i** et prof**i**tez d'une promot**i**on d'équ**i**pement de haute-f**i**dél**i**té et de d**i**sques.

Fnac Étoile:
(1) 47 66 52 50
26 avenue de Wagram, 8eme
Parking: 22 avenue de Wagram.

Fnac Forum:
(1) 40 26 81 18
1 rue Pierre Lescot, 1er
Parking: Forum des Halles, Sud Porte Berger.

Fnac Montparnasse:
(1) 49 54 30 00
136 rue de Rennes, 6eme
Parking: 153 bis rue de Rennes.

Approach: (1) Review the numbers 1 through 20. (2) Announce one promotion at a time from the realia **(Il y a un rabais de 22%.)** and have students guess which item it is for. (3) Have students repeat and practice percentages. (4) Have students tell their conclusions about how numbers from 21 through 100 are expressed.

Belgians say **septante, octante, nonante** for 70, 80, 90. When counting in French, count one on the thumb, two on the index finger, and so on.

Point out that in counting, the final consonants in **cinq, six, sept, huit, neuf**, and **dix** are pronounced, but that when **cinq, six, huit, dix** are used in context before a consonant sound, the final consonants are not pronounced: **six**, but **J'ai *six* disques; huit**, but **J'ai *huit* disques.** Also note that certain numbers require hyphens and that **quatre-vingts** has a final **s**, while others in the series **(quatre-vingt-trois, quatre-vingt-treize)** do not.

RABAIS

- 22%—BALADEURS
- 36%—CHAÎNES STÉRÉO
- 28%—MICRO-ORDINATEURS
- 50%—DISQUES COMPACTS
- 65%—DISQUES
- 45%—TÉLÉVISEURS
- 70%—CASSETTES
- 20%—MAGNÉTOSCOPES
- 30%—VIDÉOCASSETTES

COMPTER DE 1 À 100; EMPLOYER DES POURCENTAGES

In this section, you will learn to count from 1 to 100.

A. Practice the numbers from 1 to 20 with your instructor. Then practice the percentages from 21 to 100.

B. Announce the percentages off for the items shown in the **Rabais** box in the margin.

0 (zéro) à 20 (vingt)

1	un	6	six	11	onze	16	seize
2	deux	7	sept	12	douze	17	dix-sept
3	trois	8	huit	13	treize	18	dix-huit
4	quatre	9	neuf	14	quatorze	19	dix-neuf
5	cinq	10	dix	15	quinze	20	vingt

21 (vingt et un) à 100 (cent) pour cent

		30	trente	70	soixante-dix	100	cent
21	vingt et un	31	trente et un	71	soixante et onze		
22	vingt-deux	32	trente-deux	72	soixante-douze		
23	vingt-trois		...		...		
24	vingt-quatre	40	quarante	80	quatre vingts		
25	vingt-cinq	41	quarante et un	81	quatre-vingt-un		
26	vingt-six	42	quarante-deux	82	quatre-vingt-deux		
27	vingt-sept		...		...		
28	vingt-huit	50	cinquante	90	quatre-vingt-dix		
29	vingt-neuf	60	soixante	91	quatre-vingt-onze		

UTILISATION

ACTIVITÉ 5: There is a sale at **la Fnac.** As part of a radio promotion, announce the following reductions on merchandise and the percentages of the regular daily prices that one would pay.

MODÈLE: 22%—baladeurs
Mesdames et messieurs, je suis très heureux (heureuse) de vous annoncer des rabais sensationnels à la Fnac. Par exemple, on offre un rabais de vingt-deux pour cent sur les baladeurs. Aujourd'hui on paie soixante-dix-huit pour cent du prix de tous les jours; de plus, il y a un rabais de...

1. 27%—magnétoscopes
2. 28%—micro-ordinateurs
3. 36%—vidéocassettes
4. 45%—téléviseurs
5. 41%—disques compacts
6. 33%—disques
7. 22%—ordinateurs portatifs
8. 29%—disques de rock
9. 34%—cassettes de musique classique

ACTIVITÉ 6: As a part-time employee in an electronics store, you are asked to take inventory. Tell how many of each item are available and in which row each product is located. (You will use the model numbers and percentages in the fourth and fifth columns for the *next* activity.)

MODÈLE: 25 ordinateurs rayon *(aisle)* 37
Nous avons vingt-cinq ordinateurs au rayon (numéro) trente-sept.

Quantité	Équipement	Rayon	Modèle	Rabais
55	radios portatives	41	73	35%
62	radios portatives avec mini-casque	39	85	20%
73	chaînes stéréo	33	26	15%
31	téléviseurs noir et blanc	69	94	60%
85	téléviseurs couleurs	28	85	20%
62	magnétoscopes	27	39	30%

ACTIVITÉ 7: Working with a partner, take the roles of a sales clerk and a customer. Use the model numbers and price-reduction information from *Activité 6* to negotiate a sale on a product of your choice.

MODÈLE: *—Vous désirez?* → *—Je cherche une radio portative...*
—Quel modèle? *—La radio portative avec mini-casque.*
—Ah, le modèle 85? *—C'est ça.*
—Elles sont au rayon 39. *—Bon. Il y a un rabais sur ce modèle?*
—Oui, le rabais est de 20%. *—Merci bien.*

À VOUS!

Make up a description for a piece of electronic equipment, including the following information.

MODÈLE:

Item	***un magnétoscope***	Location	***rayon 47***
Model	***modèle 38-92***	Price	***975 F***
Features	***stéréo***	Reduction	***20%***

Working with a partner, take the roles of a salesperson and a customer and use your price sheet to negotiate a sale.

L'Article indéfini

Ask: What determines the use of **un** or **une?** Why do you think **un** and **une** are used instead of **le** and **la?** (3) Model the mini-dialogue and have students practice it. (4) Have students discuss their conclusions about the use of **un** and **une.** (5) Present the explanation as a means of confirming and extending students' conclusions.

This explanation focuses on French indefinite articles, equivalent to the English words *a, an,* and *some.* Read and role-play the mini-dialogue below, paying particular attention to the uses of the indefinite articles **un, une,** and **des**. Then answer these questions.

A. Based on the equipment he or she owns, does this person like music?

B. Can you explain the difference between the indefinite articles **un** and **une?**

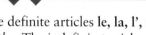

—Tu as **un** baladeur?
—Bien sûr! Et **des** cassettes!
—Et tu as aussi **une** radio?
—Ah oui, et **un** magnétoscope et **un** lecteur laser.

As you learned in *Chapitre 1*, the definite articles **le, la, l',** and **les** correspond to the English word *the*. The indefinite articles **un, une,** and **des** are used when the noun is not specifically identified (*a, an,* or *some*). Study the table and the accompanying examples. Note that **un, une,** and **des** change to **de** in the negative.

		Affirmative	Negative
Singular			
Masculine	Tu as **un** vélo?	Oui, j'ai **un** vélo.	Non, je n'ai pas **de** vélo.
Feminine	Tu as **une** mobylette?	Oui, j'ai **une** mobylette.	Non, je n'ai pas **de** mobylette.
Plural			
Masculine and feminine	Tu as **des** disques?	Oui, j'ai **des** disques.	Non, je n'ai pas **de** disques.

Utilisation

Activité 8: Do you have mostly records, cassettes, or compact discs? Imagine that the person in this activity has whatever you have. Based on his musical preferences, tell what kind of albums, cassettes, or compact discs he has. Then tell what you have in common, following the models.

MODÈLES: Il aime beaucoup le rock.
Il a des disques (cassettes, disques compacts) de rock. Moi aussi, j'ai des disques (cassettes, disques compacts) de rock. Nous avons tous les deux des... de rock.

Il n'aime pas le rock.
Il n'a pas de disques (cassettes, disques compacts) de rock. Moi non plus, je n'ai pas de disques (cassettes, disques compacts).

1. Il aime le jazz.
2. Il déteste le rock.
3. Il n'aime pas beaucoup l'opéra.
4. Il aime beaucoup la musique classique.
5. Il n'aime pas le country.
6. Il déteste le punk.
7. Il aime le reggae.
8. Il n'aime pas les chansons populaires.

ACTIVITÉ 9: Tell which items from the following lists you already have and which you would like to have. If you have all three items, suggest an alternative item.

MODÈLE: un micro-ordinateur, des disques, une voiture
J'ai des disques, mais je n'ai pas de micro-ordinateur et je n'ai pas de voiture. Je voudrais (would like) *une voiture.*
ou: *J'ai les trois. Je voudrais...*

1. une voiture, des disques, un ballon de football
2. un baladeur, un micro-ordinateur, une radio
3. une moto, des skis, une radio
4. des vidéocassettes, un vélo, un appareil photo
5. une mobylette, une télé, un lecteur laser
6. un magnétoscope, une machine à écrire, un baladeur

À VOUS!

Study the advertisements on the right and decide which items you would like to purchase. Then approach a salesperson (your partner) with its model number. The salesperson should confirm the price reduction.

1. RADIOS	2. MAGNÉTOSCOPES
L'AUTORADIO—43-19 lecteur° de cassettes, radio FM **RABAIS 15%**	**MAGNÉTOSCOPE—71-19** programmable, système couleur, à cassettes **RABAIS 30%**
LA RADIOCASSETTE—66-52 lecteur-enregistreur° de cassettes, antenne FM téléscopique **RABAIS 20%**	**MAGNÉTOSCOPE—26-54** programmable, système couleur, à mémoire, à cassettes **RABAIS 35%**
LA RADIOCASSETTE STÉRÉO—37-92 FM stéréo, antenne téléscopique, lecteur-enregistreur stéréo de cassettes, 2 micros,° 4 haut-parleurs° **RABAIS 10%**	**MAGNÉTOSCOPE—18-93** programmable, système couleur, à mémoire, à cassettes, avec télécommande° **RABAIS 40%**

le lecteur *player* **l'enregistreur** *(m.) recorder* **le micro** *microphone*
le haut-parleur *speaker* **la télécommande** *remote control*

Tranche 3

IL FAUT CHOISIR

AU TRAVAIL

AVANT DE LIRE

ACTIVITÉ 1: The following passage describes different kinds of electronic equipment. Before reading it, consider these questions.

1. Make a list in French of the kinds of electronic equipment that you own.
2. Think about what you already know about compact disc players, videotape recorders, and portable radios. What features would you expect them to have?
3. What prices would you expect to pay for a compact disc player, a VCR, or a portable radio? How much would that be in French francs?

French money is based on **francs** and **centimes**, with 100 **centimes** to a **franc**. You will find coins of 5, 10, 20, and 50 **centimes** (1/2 franc), and 1, 2, 5, and 10 **francs**. Bills come in different sizes and colors, depending on denominations. Bills are available in amounts of 20, 50, 100, 200, and 500 **francs**.

POUR MIEUX LIRE

READING FOR MEANING: MAIN IDEAS AND SIGNIFICANT DETAILS

Many first-year students of foreign languages read until they find a word they do not know. They immediately stop, look up the word in the glossary of their book or in a dictionary, and then go on, stopping again at each unknown or troublesome word. This is an inefficient way to read and is not typical of the process people use in their native language. Rather than approaching a reading selection word by word, it is more efficient and effective to read in the following manner.

Step 1: Read the selection once through, from beginning to end, carefully looking for the overall organization of the text and trying to understand the main idea of the passage. Answer these questions.

a. What is the writer trying to do in this text (tell a story, describe a product, state an opinion...)?
b. What is the main idea of the reading selection? (Can I summarize the gist of the passage in just one sentence?)

Step 2: Once you have established the main idea, read the passage again for significant details, answering these questions.

a. What specific facts are of particular interest?
b. What have I learned from reading this selection?

Additional reading practice is provided in ***Tranche 3*** of the corresponding ***Cahier*** chapter.

MES AFFAIRES

These advertisements are from the magazine *Elle.* Before reading them, get an idea of specifically what to read for by looking over the main idea and detail questions in ***Activités 2*** and ***3,*** which follow. Read especially for the main ideas and significant details, remembering that you do not need to understand every word to get this information from the ads.

LA VOIX DU LASER

La musique adoucit les mœurs, même dans les embouteillages. Un lecteur de disques compacts à laser, adapté à la voiture. Résistant aux chocs et aux températures extérieures. Pour la musique comme dans un auditorium! 178 mm de long, 50 mm de haut, il s'intègre dans votre voiture sans problèmes. (CDX 5 Sony, 6 000 F environ.)

MAGNÉTOSCOPE SPÉCIAL CANAL + ●

En 1985, on a vendu en France 700 000 magnétoscopes environ. Ce dernier modèle de la famille Sony est esthétique et efficace pour un prix extraordinaire (7 500 F environ). Son design est plutôt agréable. Son tableau de bord est parfaitement clair et très lisible. Il est doté d'une télécommande à infrarouge et d'un programmateur sur 14 jours. Il est surtout compatible avec Canal +: alors il est possible d'enregistrer cette chaîne même si le téléviseur est éteint ou quand vous regardez une autre chaîne. (Magnétoscope VHS Sony)

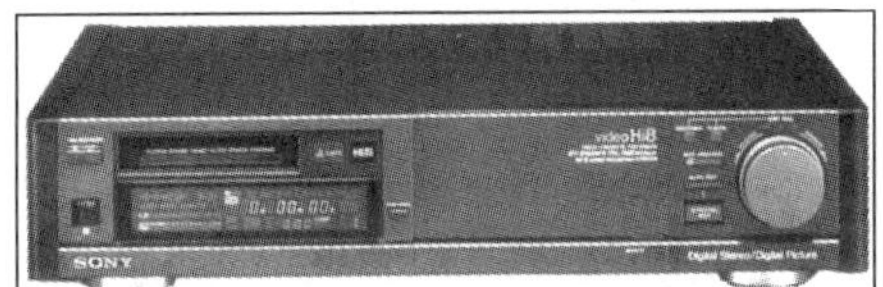

● France has fewer television stations than does the United States. Some are government supported while others are privately owned, and some present commercials while others do not. When shown, commercials usually appear only at the beginning and end of a program. One of the stations is named **Canal +**. Additional television channels are now offered on cable **(les chaînes câblées)**.

ICI RADIO PASTEL

Fraise, vanille, pistache... Ces radios sont aussi fraîches que des cornets de glace. Stéréocassettes-magnétophone d'un design des années 1940–1950. Elles fonctionnent sur piles et secteur. (Sharp, 1 600 F, Chez Axis, 18, rue Guénégaud, Paris-6e).

COMPRÉHENSION

ACTIVITÉ 2: What is the main idea of the passage? Select the best summary from the following statements.

1. Il n'y a pas beaucoup d'équipement électronique en France.
2. Les Français n'aiment pas l'équipement électronique; ils préfèrent les voitures.
3. On peut *(one can)* acheter un équipement électronique très moderne en France.

ACTIVITÉ 3: Check the details in the advertisements.

1. Draw a chart that includes the brand name, model number, and price for each item described in the advertisements (**le lecteur laser, le magnétoscope, la radio pastel**). Reread the advertisements and note the features of each item on the chart.
2. Reread the advertisement for the compact disc player and answer these questions.
   a. How was this model specially adapted for use in automobiles?
   b. Describe the quality of the sound.
   c. In what unit of measure are its dimensions reported? Approximately how big is it?
3. Reread the information on the VCR and answer these questions.
   a. About how many VCRs were sold in France during the year reported?
   b. The article lists several special features. Explain at least four of them.
4. Reread the advertisement for the radios. Then answer these questions.
   a. In what colors are the radios available?
   b. Do they play cassettes? Do they record?
   c. In what style were they designed?
   d. Find the words in the advertisement that tell on which two kinds of power sources the radios will work. To what do they correspond in English?
   e. Where can these radios be purchased?

ACTIVITÉ 4: Tell about your preferences in electronic equipment.

1. Tell your partner which of the three pieces of equipment you prefer. (**J'aime le [la]... Je préfère le [la]...**).
2. Tell your partner which color radio you prefer. (**J'aime les radios couleur...**).
3. Tell your partner why you like one of the pieces of equipment. Use features from the ads. (**J'aime le magnétoscope parce qu'il est esthétique et efficace.**)

C'est-à-dire

Indiquer la possession

In the scenes that follow, people discuss their possessions. Notice especially the different ways in which they indicate ownership.

A. Practice the scenes with your instructor.

B. Role-play the scenes again with several partners, substituting different objects. As you make substitutions, be sure to replace a masculine object with another masculine object and to replace feminine possessions only with feminine ones.

SCÈNE 1

—Tu as mon baladeur à disques compacts?

—Non, mais j'ai tes disques compacts.

SCÈNE 2

—Tu as mon vélo?

—Non, je n'ai pas ton vélo.

SCÈNE 3

—Tu as mes cassettes?

—Pas du tout.

—Tu es certain(e)?

—Oui, j'ai les cassettes de Jean.

ELLE REGARDE LA TÉLÉ.

UTILISATION

ACTIVITÉ 5: Reread the scenes and find the following types of expressions.

1. Find four different ways in which possession is expressed by the French possessive adjectives equivalent to *my* and *your*.
2. Find one example of the word *de* used to indicate possession.

ACTIVITÉ 6: You and your friend are moving into a new apartment. Because of limited space, you must carefully choose which of your combined possessions to use and which to store.

MODÈLE: ma télé couleurs, ta télé noir et blanc
—Alors, nous avons une télé couleurs et une télé noir et blanc.
—Gardons** (let's keep) **ma télé couleurs.
ou: ***—Gardons ma télé couleurs et ta télé noir et blanc.***
ou: ***—Gardons ta télé noir et blanc.***

1. ma chaîne stéréo, ton lecteur laser
2. mes cassettes de rock, tes disques de musique classique
3. mon baladeur, ton baladeur
4. ta mobylette, mon vélo
5. mon magnétoscope, ta télé couleurs
6. mes disques de jazz, tes disques de musique populaire
7. ma machine à écrire, ton micro-ordinateur
8. mes vidéocassettes, tes disques compacts

À VOUS!

Make a list of three or four things your roommates and friends often borrow from you. Then role-play a scene with several different classmates in which you (1) greet and make small talk, and (2) ask each one if he or she has one of your missing items. Use different expressions and vary the emotional tone of your conversations.

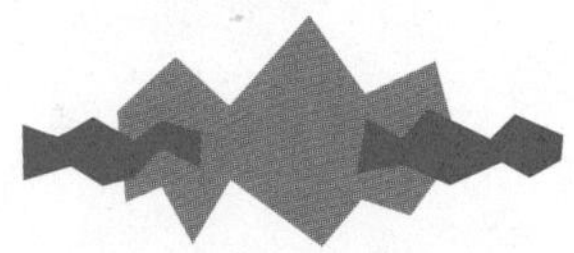

Structure

Les Adjectifs possessifs

Possessive adjectives describe nouns by telling to whom they belong. Read and role-play the mini-dialogue below with your instructor, paying particular attention to the nouns and the possessive adjectives which precede them. Then answer these questions.

A. What is the argument about? How is it resolved?

B. What French words correspond to *my, his,* and *your?* What expression corresponds to *Daniel's?*

–Ah! Vous avez trouvé° **mon** sac à dos!° Merci beaucoup.
–Ce n'est pas **votre** sac à dos. C'est le sac à dos **de** Daniel Servin, **mon** frère. Regardez, voici **ses** initiales: D.S.
–Mais, ce sont **mes** initiales. Je m'appelle Didier Soutane. Et voici **mon** adresse: 132, rue du Parc.
–Ah, bon. Excusez-moi. C'est bien **votre** sac à dos, alors.

Possession can be indicated in several ways in French. Two of them are explained here.

1. Possession with de + noun

You can indicate possession by using the construction **de** followed by a proper name: C'est le sac à dos **de** Daniel Servin.

Notice that **de** becomes **d'** before a name beginning with a vowel or vowel sound: Ce sont les cassettes **d'**Anne-Marie.

2. Possessive adjectives

A possessive adjective agrees in number (singular or plural) and in gender (masculine or feminine) with the noun it modifies. Study this table.

Remind students that the different forms of each possessive adjective mean the same thing: i.e., **mon, ma, mes** all mean *my;* **son, sa, ses** all mean either *his* or *her.*

Singular			**Plural**	**Singular**			**Plural**
	m.	*f.*			*m.*	*f.*	
my	mon	ma	mes	*our*	notre	notre	nos
your	ton	ta	tes	*your*	votre	votre	vos
his / her	son	sa	ses	*their*	leur	leur	leurs

Voici **mon** micro-ordinateur, **ma** radio et **mes** disques compacts.
Votre nom et **votre** adresse, s'il vous plaît.

Vous avez trouvé *You found* **le sac à dos** *backpack*

The masculine singular forms **mon, ton,** and **son** are used before feminine nouns beginning with a vowel sound.

Voici **mon** amie Christine et **mon** associée Élise.

UTILISATION

ACTIVITÉ 7: The following students have stored their possessions for the summer. A monumental mix-up occurred when some of the tags were lost and then replaced. Take charge of the inventory and verify that each person has his or her own possessions.

MODÈLES: Janine / les disques compacts *Janine a ses disques compacts.*

Alice et Lise / les disques compacts / Marc
Alice et Lise n'ont pas leurs disques compacts. Elles ont les disques compacts de Marc.

1. Jean / le livre
2. Christophe / le sac à dos / David
3. Anne-Claude et Françoise / la raquette de tennis / Chantal
4. Joseph / l'appareil photo
5. Geneviève / les cassettes / Paul
6. Simon et Robert / les affiches
7. Roger / l'autoradio
8. Michèle / la bicyclette / Janine

ACTIVITÉ 8: Each member of your tour group is required to bring the following items on your trip. As each person arrives, the organizer checks off the items he or she remembered to bring. Working with a partner, ask and answer questions about this information, following the model. At the conclusion of the activity, tell who is most and least prepared.

MODÈLE: ***—Est-ce que David a ses cassettes? son appareil photo?***
—David a ses cassettes. Il n'a pas son appareil photo.

	Baladeur	Cassettes	Appareil photo	Livres	Sac à dos
David	oui	oui	non	non	oui
Lise	oui	non	oui	oui	oui
Anne, vous	oui	oui	oui	non	oui
Roger et Luc	non	oui	non	oui	non
Annick et Suzette	non	non	non	oui	oui

À VOUS!

Each member of the class should place one item into a pile and then select a different item from the pile. Mingle among your classmates, seeking the owner of the item you have in your possession. When you find the owner, return the item. Be sure to use an appropriate level of language (formal or familiar).

MODÈLE: ***—Pardon… C'est ta cassette?***
—Non, ce n'est pas ma cassette.
ou: ***—Non, c'est peut-être la cassette de Jean.***
ou: ***—Oui, c'est ma cassette. Merci beaucoup!***

FAITES DES ACHATS!

AU TRAVAIL

ACTIVITÉ 1: Point out the items from each set that interest you. Your partner will agree with your choice or express a different preference. Use the expressions and models below.

Oui: j'aime beaucoup..., j'aime..., j'aime bien...

Non: je préfère..., j'aime mieux..., je n'aime pas...

MODÈLE: —*Oh! J'aime bien le téléviseur JVC!*
—*Ah oui, moi aussi!*
ou: —*Moi, j'aime mieux le Philips.*
ou: —*Je n'aime pas les téléviseurs.*
ou: —*Moi, j'aime bien les téléviseurs Philips.*
ou: —*Je préfère le JVC.*

JVC
à partir de 3990F

PHILIPS
à partir de 2490F

B/ Torrent Gitane

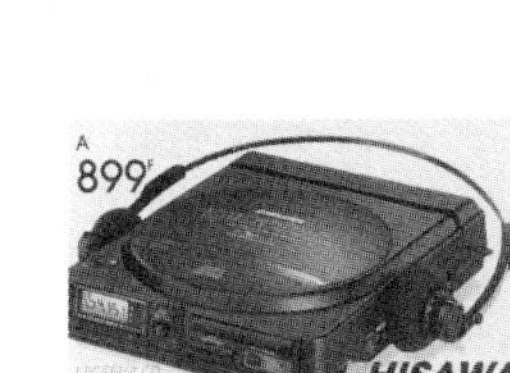

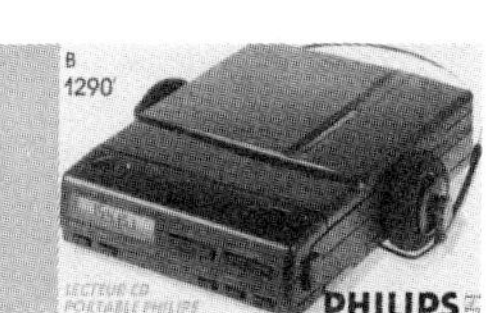

Renault 21 Deux Litres Turbo Quadra.

C'est un peu long à prononcer mais la perfection s'obtient toujours au prix d'un petit effort.

NOUVELLE 460 VOLVO.

C'EST-À-DIRE

DÉSIGNER LES OBJETS ET DEMANDER LEUR PRIX; LES NOMBRES DE 100 À 1 000 000

In the four scenes that follow, people point out items and inquire about prices. Notice especially the different ways in which they ask about, state, and comment on prices.

Note that in French, spaces are used to separate digits in large numbers.

A. Practice the numbers from 100 to 1,000,000 with your instructor.

B. Practice the four scenes with your instructor and then with a partner, substituting different items and prices.

Point out that **un** is not used with the French numbers for one hundred or one thousand (100 = **cent** and 1 000 = **mille**), but is used with one million and one billion (1 000 000 = **un million** and 1 000 000 000 = **un milliard**). Point out that **deux cents, trois cents**, etc. end in **s** only when not followed by another number **(trois cents; trois cent un)** but **mille** never ends in **s** **(quatre mille)**.

Les Nombres de 100 à 1 000 000					
100	cent	101	cent un	102	cent deux
200	deux cents	201	deux cent un	202	deux cent deux
300	trois cents	301	trois cent un	302	trois cent deux
1 000	mille	1 431	mille quatre cent trente et un		
1 000 000	un million				

SCÈNE 1

—Cette radio coûte combien?
—Elle coûte 1 440 F.
—C'est trop cher!

SCÈNE 2

—Combien coûtent ces skis?
—Quels skis?
—Ces skis-ci.
—Ils coûtent 3 240 F.
—C'est assez cher, n'est-ce pas?

SCÈNE 3

—Cela coûte combien?
—Ça fait 114 F.
—C'est cher pour un tee-shirt.

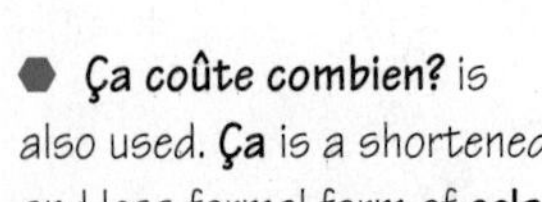

Ça coûte combien? is also used. **Ça** is a shortened and less formal form of **cela**.

SCÈNE 4

—C'est combien, la montre?
—Quelle montre?
—Cette montre-ci.
—180 F.
—C'est bon marché!

UTILISATION

ACTIVITÉ 2: Reread the scenes and find the following types of expressions.

1. Find four ways to ask for prices and four ways to give prices.
2. Find four ways to react to a price.
3. Find two words used to clarify what items someone is referring to, equivalent to *which*.
4. Find several ways to point out an object, equivalent to *this*.

ACTIVITÉ 3: Working with a partner, play the roles of a sales clerk and a customer, pointing out objects, and asking about and giving prices. Use the information provided below.

MODÈLE: *—Le mini-téléviseur coûte combien?* → *—Quel mini-téléviseur?*
—Le modèle 642. *—Ce mini-téléviseur coûte 1 645 F!*

le mini-téléviseur	modèle 642	1 645 F	modèle138	970 F
le transistor	modèle 391	550 F	modèle 258	885 F
le baladeur	modèle 756	990 F	modèle 556	635 F
le micro-ordinateur	modèle 483	1 875 F	modèle 881	3 995 F

ACTIVITÉ 4: These items in a second-hand store are in variable states of repair and are not all appropriately priced. Working with a partner, take the roles of a clerk and a customer and discuss the items and their prices.

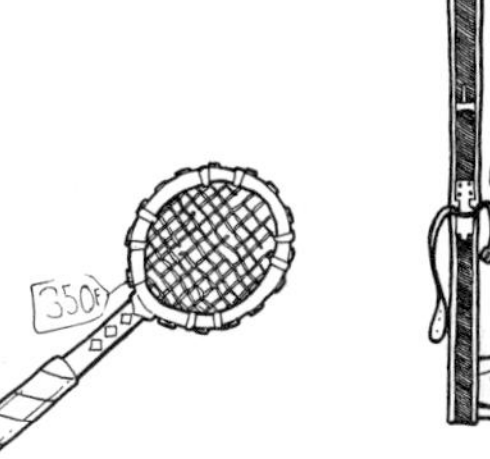

MODÈLE: *—Cette raquette de tennis coûte combien?*
—Elle coûte 350 F.
—Comment? Ce n'est pas très bon marché!

À VOUS!

Bring in one of your possessions, an advertisement for an item of your choice, or a drawing of something you own or would like to own. In note form, describe the item, list its features, and set a high but reasonable price. Circulate among your classmates, greeting them, making small talk, describing your item, and attempting to sell it to them. They will ask for more information about the item, negotiate the price, and decide whether or not to make the purchase.

STRUCTURE

LES ADJECTIFS DÉMONSTRATIFS ET INTERROGATIFS

Approach: (1) Preview this section by going over the introductory material. (2) Read the mini-dialogue several times. (3) Elicit students' observations. (4) Present the explanation as a means of confirming and extending students' conclusions.

When identifying an item and making a purchase, it is helpful to use demonstrative adjectives, equivalent to the English words *this, that, these, those,* and interrogative adjectives, equivalent to *which* or *what.* Read and role-play the mini-dialogue below, paying particular attention to the word preceding each item. Then answer these questions.

A. What item is under consideration? Are both speakers interested in it?

B. Which word is used to identify objects? To ask about them?

–Tu préfères **ces** skis-**ci** ou **ces** skis-**là**?
–**Quels** skis?
–Ici, juste sous ton nez *(under your nose).*
–Moi, je ne fais pas de ski.

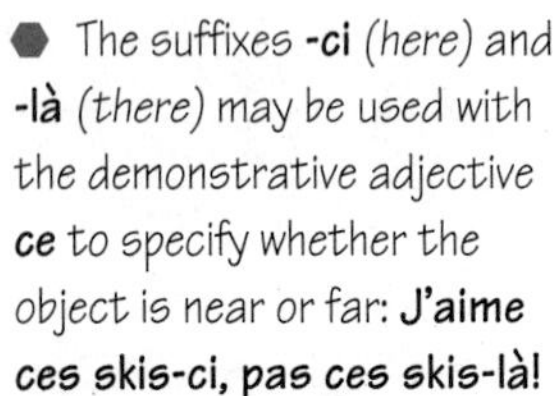

● The suffixes **-ci** *(here)* and **-là** *(there)* may be used with the demonstrative adjective **ce** to specify whether the object is near or far: **J'aime ces skis-ci, pas ces skis-là!**

1. DEMONSTRATIVE ADJECTIVES

The demonstrative adjective ce *(this, that, these, those)* is used to point out a specific object. It agrees in number and gender with the noun it modifies. There are four forms. ●

Singular			Plural	
Masculine	before a consonant	**ce** disque	Masculine and feminine	**ces** baladeurs,
Masculine	before a vowel or vowel sound	**cet** appareil photo		**ces** cassettes
Feminine		**cette** montre		

2. INTERROGATIVE ADJECTIVES

The interrogative adjective **quel** *(which, what)* is used to ask questions. It agrees in number and gender with the noun it modifies. It has four written forms that are all pronounced the same.

Singular		Plural
Masculine	**Quel** disque?	**Quels** baladeurs?
Feminine	**Quelle** montre?	**Quelles** cassettes?

UTILISATION

ACTIVITÉ 5: Interview a partner about his or her preferences and list the responses. When you have finished, repeat the activity in a group. Compare your findings with those of other groups. Which items and brands are the most popular?

MODÈLE: le genre *(kind)* de musique / le rock ou le reggae
—Quel genre de musique est-ce que tu préfères: le rock ou le reggae?
—Je préfère le rock.

1. le groupe de rock / les Beatles ou U2
2. les sports / le football ou le basket-ball
3. la marque de voiture / Renault ou Peugeot
4. les artistes / Monet ou Picasso
5. les films / les films d'horreur ou les films d'aventure
6. la marque de baladeurs / Sony ou Panasonic
7. la marque de blue-jeans / Levi's ou Wrangler
8. le micro-ordinateur / IBM ou Apple

ACTIVITÉ 6: Ask your partner to bring you the following objects, being sure to tell where they are (**sur la chaise, sur la table, sur le bureau, sur le téléviseur, sur le sofa**). Your partner will agree or refuse, following the model.

MODÈLE: la cassette
—Apporte-moi ma cassette. → *—Quelle cassette?*
—Cette cassette-là, sur la table. *—D'accord.*
ou: *—Pas maintenant; je suis occupé(e).*

1. le livre
2. les disques compacts
3. le baladeur
4. les vidéocassettes
5. l'appareil photo
6. les disques
7. la montre

À VOUS!

Point out at least five pairs of objects in the classroom and ask a partner which he or she prefers.

MODÈLE: ***—Tu préfères ce sac à dos-ci ou bien ce sac à dos-là?***
—Quel sac à dos?
—Le sac à dos de James ou le sac à dos de Bob?
—Je préfère le sac à dos de Bob.

La Langue écrite

Les Révisions

Additional writing practice is provided at the end of the corresponding ***Cahier*** chapter. If ***système-D*** is available to your students, they may wish to use it as they complete the writing exercise.

Good writers use the following steps to prepare to write and express their ideas on paper.
Step 1: Brainstorming. They spend a few moments thinking about the topic.
Step 2: Writing their ideas. They write continuously, without stopping to evaluate, organize, or eliminate any of the words and ideas that come to mind.
Step 3: Reviewing and organizing. They categorize and list like items together and eliminate the words and ideas that they feel are inappropriate.
Step 4: Composing. They formulate their lists into sentences, being sure to vary the sentence structure to make the composition more interesting.

The composition that results from this four-step process is a first draft. Good writers then spend an equal amount of time polishing and rewriting their work. Here are the steps you should follow to polish your composition:
Step 5: Rereading and reviewing. Reread your composition three times, focusing on different aspects each time.

- **a. Reading for meaning.** Does the composition convey the message you are seeking to communicate?
- **b. Reading for organization.** Is the structure of the composition logical? Are similar things grouped together?
- **c. Reading for accuracy.** Are your sentences grammatically correct? Are words spelled correctly? Is each noun preceded by an article of the appropriate gender? Have you linked singular subjects to singular verb forms and plural subjects to plural verb forms?

Step 6: Peer editing. You may find it helpful at this point to ask a classmate to read and review your writing. You might ask him or her to read just for meaning or for meaning, organization, and accuracy. The comments made by your peer editor will provide a new perspective on your writing, and working as a peer editor for someone else will also teach you how to write more effectively.

Sujets de composition

Follow the steps in the writing process to create the following descriptions.

Suggestion: Encourage students to design their sales flyers outside of class. Offer a prize for the most creative one.

1. You have a piece of electronic equipment you want to sell. Design a flyer for it, using the reading selection in *Tranche 3* as a model. Include an introductory remark, a short description of the item and its features, its original price, and your asking price.
2. List and describe the pieces of electronic equipment that you own. Name as many features as you can and tell when or why you use each one.

LEXIQUE

EXPRESSIONS

IDENTIFYING POSSESSIONS

Tu as un (une, des)... ?
Oui, j'ai un (une, des)...
Moi aussi.

Vous avez un (une, des)... ?
Non, je n'ai pas de...
Moi non plus.
Il me (nous) faut un...

INDICATING OWNERSHIP

C'est l'appareil photo de Jean (d'Anne-Marie).
J'ai mon baladeur, ma machine à écrire et mes disques compacts.

mon	ma	mes	notre	notre	nos
ton	ta	tes	votre	votre	vos
son	sa	ses	leur	leur	leurs

POINTING OUT OBJECTS

Quel disque? (Quelle, Quels, Quelles)
Ce disque-ci(-là). (Cet, Cette, Ces)

MAKING A PURCHASE

Combien coûte... ? Combien coûtent... ?
Cela coûte combien?
C'est combien, les... ?

Le (La, Ce, Cet, Cette)... coûte...
Les (Ces)... coûtent...
Cela fait... francs.

C'est bon marché!
C'est cher (assez cher, trop cher)!

VOCABULAIRE

POSSESSIONS

une mobylette
une machine à écrire
une montre
une vidéocassette
une raquette de tennis

une voiture
une radio
une chaîne stéréo
une télé
une affiche

une calculatrice
une guitare
une planche à voile
une bicyclette
une cassette

un disque
un vélo
un (micro-)ordinateur
un livre
des skis (*m. pl.*)

un disque compact
un magnétoscope
un transistor
un baladeur
un sac à dos

un téléviseur
un appareil photo
un lecteur laser

VERBE IRRÉGULIER

avoir	*(to have)*	j'ai	nous **avons**
		tu **as**	vous **avez**
		il/elle/on **a**	ils/elles **ont**

IN THIS CHAPTER, YOU WILL LEARN HOW TO DESCRIBE YOUR NATIONALITY, PROFESSION, PHYSICAL CHARACTERISTICS, AND TEMPERAMENT.

chapitre

3 COMMENT ÊTES-VOUS?

Tranche 1

Qui êtes-vous?

Au travail

Avant de parler

Activité 1: Introduce yourself to one or two of your classmates, using some or all of the outline provided below.

Suggestion: This activity reviews introductions and how to express likes and dislikes. Students may prepare this activity at home and then introduce themselves to the class without notes (perhaps for oral grades).

1. **Identifiez-vous.**

   Je m'appelle…

   Je suis l'ami (l'associé, le camarade, le collègue, le voisin, le copain) de…

   l'amie (l'associée, la camarade, la collègue, la voisine, la copine) de…

2. **Dites où vous habitez.**

   Je suis de *(ville)*, mais j'habite à présent à…

3. **Parlez de vos préférences.**

   J'aime… J'aime bien… Je n'aime pas beaucoup *(much)*… Je n'aime pas… Je déteste…

   voyager

   organiser des voyages (des excursions, des fêtes,…)

   écouter le rock (l'opéra, le jazz, la musique classique / folklorique / populaire)

   jouer au tennis (au golf, au basket-ball, au football,…)

   regarder les sports (les films, les informations,…) à la télé

   aller voir *(to see)* des expositions d'art (impressionniste, moderne,…)

   assister (aux concerts, aux matchs de football / de…)

   étudier

   nager *(to swim)*

   travailler

   cuisiner (pour ma famille, pour mes ami[e]s)

Les Nouveaux

Approach: (1) To introduce the functions of this ***Tranche***, ask students for several ways to identify nationalities and professions in English. (2) Go over questions A, B, and C. (3) Play the dialogue on the *Student Tape* (or role-play it yourself). (4) Ask students to answer questions A, B, and C. (5) Play the dialogue again. Then have students act it out twice, the second time using their own names.

In this dialogue, Pierre Lebrun, the director of a health club, introduces the new members. Before reading it, complete these activities.

A. Make a list in French of the words and expressions Monsieur Lebrun might use...
   1. to introduce the new members.
   2. to describe their activities or leisure preferences.

B. Look at the pictures below.
   1. How many new members are there? How many men and women?
   2. What sports or leisure activities do you think Monsieur Lebrun might mention in the introductions?

C. Think about these questions as you read and practice the dialogue.
   1. How does Pierre Lebrun introduce the new members?
   2. How does he welcome them to the club?
   3. What are the new members' nationalities?
   4. In spite of their different nationalities, what native language do they have in common?

Chantal Ouellette

Marc Varda

Ali Mamoud

Point out that since the people in the dialogue do not know each other well, the language is formal.

PIERRE LEBRUN: Bonjour tout le monde.° Voici les nouveaux.° Je vous présente d'abord° Chantal Ouellette. Elle est canadienne, de Québec, et elle est journaliste. Elle est experte en karaté: elle est ceinture° noire.° Elle désire perfectionner son karaté, jouer au tennis et aussi faire du jogging avec des amis. Soyez° la bienvenue!°

CHANTAL OUELLETTE: Merci, monsieur Lebrun.

PIERRE LEBRUN: Ensuite,° voici Marc Varda. Il est français, de Nice. Marc est banquier,° récemment transféré à Paris.

tout le monde *everybody* **les nouveaux** *the new ones* **d'abord** *first*
la ceinture *belt* **noir** *black* **soyez** *be* **la bienvenue** *welcome*
ensuite *then* **le banquier** *banker*

Marc aime le ski et le cyclisme et il est surtout° amateur de tennis. Il cherche des partenaires vigoureux et forts.° Marc, soyez le bienvenu parmi° nous.

MARC VARDA: Merci. Il y a des amateurs de tennis ici?

PIERRE LEBRUN: Finalement, voici Ali Mamoud. Ali est algérien, ● originaire° d'Alger. Il est chef de service° d'une société° d'électronique. Il est l'ami et le collègue de notre ancien° membre Jean-Pierre Renauld. Ali aime le jogging et la natation. Il apprécie les sports d'équipe et il aime bien jouer au basket. Ali cherche un milieu° amical° pour pratiquer les sports. Soyez le bienvenu!

ALI MAMOUD: Merci beaucoup, M. le directeur.

PIERRE LEBRUN: Alors, Chantal, Marc et Ali, je vous présente notre association sportive!

● French is spoken in North Africa (Algeria, Morocco, Tunisia) because France established colonies there during the nineteenth and early twentieth centuries. These countries all obtained their independence in the 1950s and 1960s.

COMPRÉHENSION

ACTIVITÉ 2: Based on what you learned about the three new members' professions and sporting preferences, decide to which person(s) (Chantal, Marc, Ali) each of these things might belong.

MODÈLE: la ceinture noire de karaté *Chantal*

1. le ballon de basket
2. le short pour le jogging
3. la raquette de tennis
4. la calculatrice programmable
5. le vélo
6. la machine à écrire portative
7. l'appareil photo
8. les lunettes de natation

ACTIVITÉ 3: For each new member, find and record in a chart the words and expressions that show his or her (1) nationality, (2) profession, and (3) sporting preferences.

Role-play the dialogue again while students find the target words and expressions.

ACTIVITÉ 4: Work in groups of three. The first person will introduce the second person using expressions from the first two columns. The third person should select an appropriate expression of welcome from the last column. Repeat the scene several times, changing roles.

Introductions	Details	Welcome
Voici...	Il (Elle) est de...(*ville*)	Bonjour! Sois le bienvenu!
Je te présente...	Il (Elle) aime...	Salut! Sois la bienvenue!
	Il (Elle) aime beaucoup...	

surtout *above all* **fort** *strong* **parmi** *among* **originaire** *from (country)*
le chef de service *manager* **la société** *company* **ancien** *former*
le milieu *surroundings* **amical** *friendly*

Use the map of the Francophone world on pages 76-77 to show that the French language is not exclusive to France. Mention countries or areas in Europe, Africa, America, and Asia where French is spoken. Note French nationals in the Caribbean (Martinique and Guadeloupe) and the Pacific Ocean (French Polynesia) .

Approach: If students ask, explain that adjectives of nationality and professions change spelling to reflect the gender of the person described. This concept, called agreement, is treated in ***Tranches 2*** and ***3***.

Suggestion: Ask students to find ways to ask about someone's profession, identify one's profession, and say where one works. List these in columns on the board and have pairs of students create mini-dialogues by mixing and matching expressions. Ask students to present their dialogues to the class.

DÉCRIRE SA NATIONALITÉ ET SA PROFESSION

In the scenes that follow, people ask about and state nationalities and professions.

A. Practice the nationalities and professions with your instructor.

B. Role-play the scenes with your instructor and then again in groups of two.

Quelques Nationalités

Américain:	canadien(ne)	américain(e)	mexicain(e)	
Européen:	anglais(e) français(e)	allemand(e)	espagnol(e)	italien(ne)
Oriental:	japonais(e)	chinois(e)		
Africain:	algérien(ne)	marocain(e)	tunisien(ne)	sénégalais(e)

Quelques Professions

ouvrier(-ère)° dans une usine°, assistant(e) dans une société, employé de banque, employée de bureau°, directeur(-trice) d'agence, chef de rayon° dans un magasin°, vendeur(-se) dans une boutique, chef de service

Suggestion: Introduce the similar expressions **un emploi, un poste, un métier**, and **un travail,** or mention the colloquial term **un boulot**.

SCÈNE 1

AGENT: Vous êtes américain?
HOMME: Non, je suis canadien.
AGENT: Votre profession?
HOMME: Je suis employé de banque.

SCÈNE 2

AGENT: Vous êtes d'origine européenne?
FEMME: Oui, je suis française.
AGENT: Vous êtes vendeuse?
FEMME: Non, chef de service dans une société.

SCÈNE 3

AGENT: Vous êtes chinoise?
FEMME: Non, je suis japonaise.
AGENT: Vous avez un emploi?
FEMME: Oui, je suis ouvrière dans une usine.

SCÈNE 4

AGENT: Vous êtes africaine?
FEMME: Oui, je suis sénégalaise.
AGENT: Vous travaillez?
FEMME: Je suis secrétaire dans un bureau à Dakar.

ouvrier *worker* **l'usine** *(f.) factory* **le bureau** *office* **le rayon** *department in a store* **le magasin** *store*

UTILISATION

ACTIVITÉ 5: Reread the scenes and find the following types of expressions.

1. Find two ways to ask someone's nationality.
2. Find out how to state your nationality.
3. Find four ways to ask someone's profession.
4. Find two ways to state your profession.

ACTIVITÉ 6: Ask your partner about his or her profession and nationality. He or she will respond using a profession, a place of employment, and a city or country of residence. Change roles several times.

MODÈLES: ***—Vous avez un emploi?***
—Oui, je suis vendeur (vendeuse) dans un magasin.

—Vous êtes américain (américaine)?
—Oui, je suis américain (américaine). Je suis de Los Angeles.

Vous travaillez? Votre profession? Vous êtes... ? Vous avez un emploi?

employé(e), assistant(e), ouvrier(-ère), vendeur(-se), chef de service, directeur(-trice)

boutique, société, usine, compagnie d'assurances *(insurance company)*, agence de publicité, banque, bureau, magasin

Vous êtes... ?

français(e), italien(ne), espagnol(e), allemand(e), américain(e), canadien(ne), japonais(e), chinois(e), sénégalais(e), algérien(ne), tunisien(ne), marocain(e)
d'Europe (d'Italie, d'Allemagne, d'Angleterre, d'Irlande),
d'Asie (du Japon, de Corée, de Chine, des Philippines),
d'Afrique (du Sénégal, du Mali, d'Algérie, du Maroc)

À VOUS!

Create a new identity for yourself, including a new nationality, city of residence, profession, and interests. Interview a classmate using the questions below as a guide. Then introduce him or her to the class.

Nom: Comment t'appelles-tu?
Nationalité: Tu es français(e)? Tu parles français (allemand, espagnol, japonais)?
Ville: Tu habites à présent à Paris?
Profession: Tu as un emploi? Tu travailles dans une société?
Intérêts: Tu aimes le sport (les sports d'équipe, les sports individuels)? Tu aimes l'art?

Give students a minute to create new identities and select partners. Then set a time limit and have students take notes while interviewing their partners.

Follow-up: Some students introduce their partners to the class.

Notes culturelles

La Francophonie

Où est-ce qu'on parle français?

- En Europe: On parle français en France, bien sûr, mais on parle aussi français en Belgique, en Suisse, au Luxembourg et à Monaco.
- En Amérique du Nord, on parle français au Canada, en Nouvelle-Angleterre, en Louisiane et aussi dans les îles d'Haïti, de Guadeloupe et de Martinique.
- En Amérique du Sud, le français se parle en Guyane française.
- Le français est la langue officielle de beaucoup de pays d'Afrique: le Mali, le Niger, le Tchad, le Sénégal, la Guinée, la Côte-d'Ivoire, le Congo, le Zaïre, etc. On le parle également, avec l'arabe, dans les pays d'Afrique du Nord: Algérie, Maroc, Tunisie.
- En Asie, on parle français au Laos, au Cambodge, au Viêt-Nam et au Liban.

Regardez la carte et répondez aux questions suivantes.

1. Est-ce qu'on parle français en Égypte? en Mauritanie? au Liban?
2. Dans quels pays d'Asie est-ce qu'on parle français? Et en Amérique?
3. Nommez trois pays africains où on parle français.

ON PARLE FRANÇAIS ET ARABE EN TUNISIE

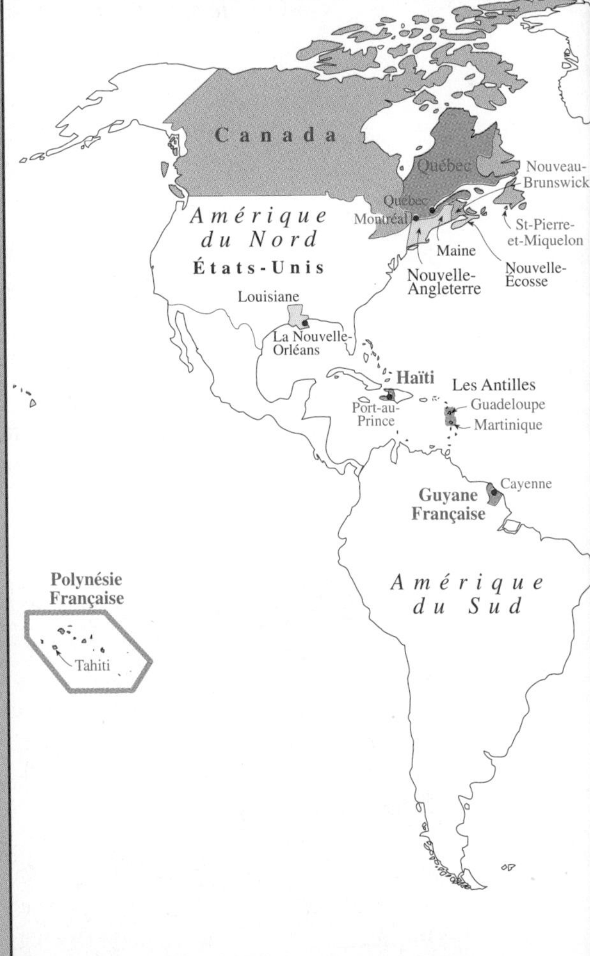

ON PARLE FRANÇAIS ET ANGLAIS AU QUÉBEC

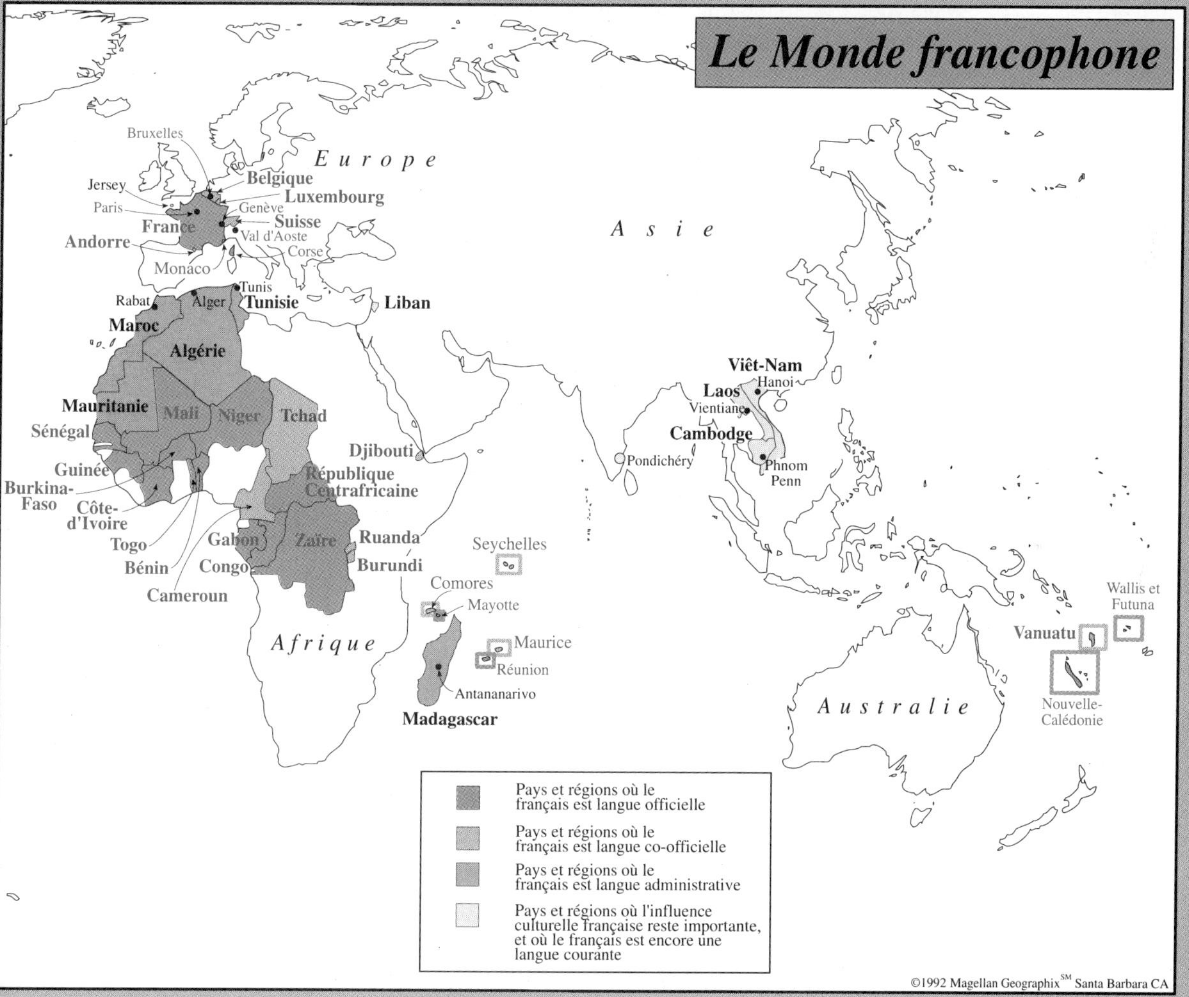

Le Monde francophone

Europe
Bruxelles
Belgique
Jersey
Luxembourg
Paris
Genève
France
Suisse
Andorre
Val d'Aoste
Corse
Monaco
Tunis
Rabat
Alger
Tunisie
Liban
Maroc
Algérie
Asie
Viêt-Nam
Hanoi
Laos
Vientiane
Cambodge
Phnom Penn
Pondichéry
Mauritanie
Mali
Niger
Tchad
Sénégal
Djibouti
Guinée
République Centrafricaine
Burkina-Faso
Côte-d'Ivoire
Togo
Gabon
Zaïre
Ruanda
Burundi
Bénin
Congo
Cameroun
Seychelles
Comores
Mayotte
Maurice
Réunion
Antananarivo
Madagascar
Afrique
Wallis et Futuna
Vanuatu
Nouvelle-Calédonie
Australie

Pays et régions où le français est langue officielle

Pays et régions où le français est langue co-officielle

Pays et régions où le français est langue administrative

Pays et régions où l'influence culturelle française reste importante, et où le français est encore une langue courante

LE VERBE ÊTRE

Approach: (1) Review what students know about **-er** verbs and **avoir.** (2) Read the introductory material. (3) Model the dialogue, having students practice with you. (4) Have students work in groups to answer questions A and B. (5) Go over the forms of **être** and present the explanation as a means of confirming and extending students' conclusions.

The verb **être** *(to be)* is essential when talking about nationalities and professions. Read and role-play the mini-dialogue, paying attention to the form of the verb in bold type. Then answer these questions.

A. What is the nationality and profession of this person?

B. What are the **je** and **vous** forms of **être**? Is **être** a regular verb?

–Vous **êtes** français?
–Non! Pas du tout! Je **suis** italien!
–Mais vous **êtes** directeur d'une troupe musicale, n'est-ce pas?
–Oui, c'est ça, et je **suis** chanteur d'opéra.
–Chanteur d'opéra? Vous n'**êtes** pas Luciano Pavarotti, par hasard *(by any chance)*?

1. FORMS OF ÊTRE

The verb **être** *(to be)* is irregular in French. Note its forms.

je	**suis**	nous	**sommes**
tu	**es**	vous	**êtes**
il/elle/on	**est**	ils/elles	**sont**

Note that:

- The final consonant is silent in all forms.
- Even though they are not written the same, the forms **es** and **est** are pronounced the same.
- Before **êtes**, the **s** of **vous** is pronounced with a **z** sound:
  Vous êtes français? (z)

2. USES OF ÊTRE

A. NATIONALITIES AND PROFESSIONS

Point out that this rule also applies to religions: **Ils sont chrétiens.**

In French, a nationality or profession directly follows the verb **être**. Compare these French and English sentence structures.

Je **suis** professeur. *I am a professor.*

Practice nationalities and professions and the forms of the verb **être** in the following sentences.

Je **suis** français et je **suis** journaliste.
Tu **es** française et tu **es** chef de service.
Il **est** français et il **est** ouvrier.
Elle **est** française et elle **est** vendeuse.

Nous **sommes** canadiens et nous **sommes** banquiers.
Vous **êtes** canadiennes et vous **êtes** directrices d'agence.
Ils **sont** canadiens et ils **sont** employés de bureau.
Elles **sont** canadiennes et elles **sont** assistantes.

B. USING C'EST TO INDICATE A PERSON OR THING

To point out a proper noun in French, use **c'est** plus a name.

C'est Chantal.	**Ce n'est pas** Chantal.

To point out a common noun, use **c'est** plus an article and the noun.

C'est une amie.	**Ce n'est pas une** amie.

Note that in a negative statement, an indefinite article doesn't change form after **c'est,** although it will change in most other cases.

C'est un vélomoteur.	**Ce n'est pas un** vélomoteur.
J'ai un vélomoteur.	**Je n'ai pas de** vélomoteur.

UTILISATION

ACTIVITÉ 7: Select an employee from the personnel information below. Your partner will try to determine who it is by guessing nationality, profession, and city of residence. Switch roles, select another employee, and repeat the activity.

MODÈLE: *—Il est anglais?* → *—Non.*
—Il est français? *—Oui.*
—Il est cadre? *—Oui.*
—Il est de Lyon? *—Non.*
—Il est de Marseille? *—Oui.*
—Alors, c'est monsieur Dupont!

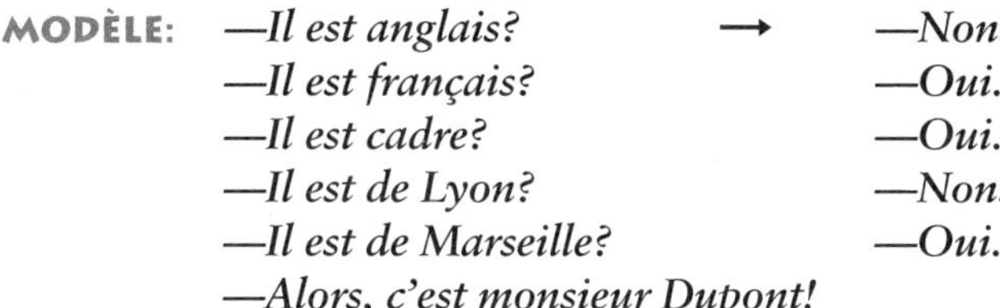
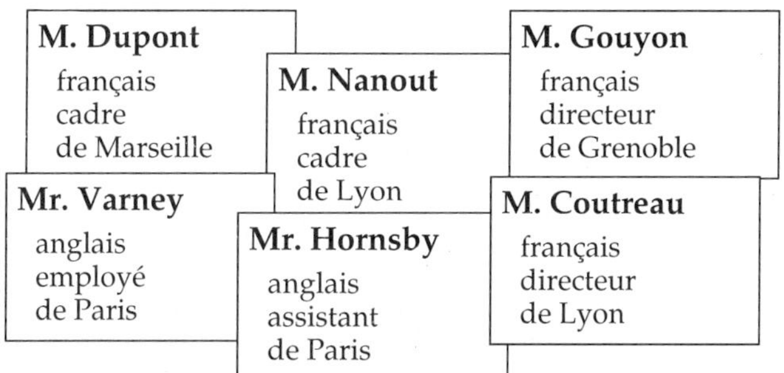

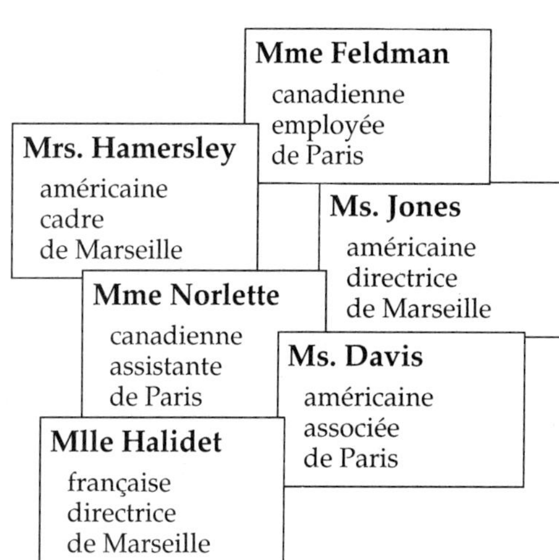

Mme Feldman
canadienne
employée
de Paris
Mrs. Hamersley
américaine
cadre
de Marseille
Ms. Jones
américaine
directrice
de Marseille
Mme Norlette
canadienne
assistante
de Paris
Ms. Davis
américaine
associée
de Paris
Mlle Halidet
française
directrice
de Marseille

À VOUS!

You are just getting acquainted with the new members of your sporting club. Circulate among your classmates, greeting them, getting or verifying their names, asking how they are, and making small talk. Inquire about their preferences in sports as well as in other areas and find out where they work and what they do. See how long you can talk!

Tranche 2

Identifier et décrire quelqu'un

Au travail

Avant d'écouter

ACTIVITÉ 1: In the time allotted by your instructor, role-play one or more of the situations described below.

A. In groups of two, practice greetings.
   1. Two good friends greet each other, ask how the other is, and then go their separate ways.
   2. Someone is greeted at a reception desk, introduces himself or herself and spells his or her name.

B. In groups of three, practice introductions.
   1. Two friends meet a third individual known to only one of them. He or she makes introductions, telling something about each person's city of residence or profession. The new acquaintances greet each other.
   2. One person introduces an acquaintance to another friend. He or she makes the introductions and tells several things about each person's likes, preferences, and activities. The third person welcomes the new acquaintance to the group.

ELLE TRAVAILLE DANS UN BUREAU.

UN AVERTISSEMENT

The pictures below illustrate what happens in the announcement on your student tape.

A. Look the pictures over. Then answer the following questions. ●
   1. What people and events do you think may be described?
   2. What type of a radio announcement do you think you will hear?
   3. What information might be reported?

● Note the hat, called a ***képi,*** and the white gloves characteristic of French police officers.

Approach: (1) Preview the conversation by focusing on the drawings. Have students hypothesize about what they might hear. (2) Teach new vocabulary. (3) Read the introductory questions and elicit answers from students. Stress that students will need to listen to the material several times, focusing on different information each time. The ***À l'écoute*** may be done outside of class.

B. Here are some key words you might find helpful in understanding the radio announcement.

la gendarmerie	*police station*
la taille	*size* (par exemple, grand[e], petit[e])
les cheveux	*hair* (par exemple, longs, courts, noirs, blonds)
les yeux	*eyes* (par exemple, marron, gris, verts, bleus)
des signes particuliers	*distinguishing features* (par exemple, une moustache, une barbe, un tatouage)

C. To preview the main idea and details in this announcement, look over ***Activités 2*** and ***3***. Then listen to the announcement and complete the activities.

COMPRÉHENSION

ACTIVITÉ 2: Identify these general characteristics and the main idea of the announcement.

1. The language used in the passage is (a) formal, (b) familiar.
2. The passage is (a) a report on an international event, (b) a political advertisement, (c) a police report.
3. The passage focuses on (a) physical traits, (b) character traits, (c) nationality and profession.

ACTIVITÉ 3: Complete the file card for the person described in the announcement by checking the appropriate details.

Nom:	___ Letour	___ Lamer	___ Ledur
Prénom:	___ Clément	___ Claude	___ Charles
Âge:	___ +/- 25 ans	___ +/- 35 ans	___ +/- 45 ans
Taille:	___ grand	___ petit	___ de taille moyenne
Yeux:	___ marron	___ bleus	___ verts
Cheveux:		___ blonds	___ noirs
		___ longs	___ courts
Signes particuliers:		___ une barbe	___ une moustache
		___ des lunettes	___ un tatouage
Délit *(crime):*	___ vol (*theft*)	___ attaque (*assault*)	___ espionnage

PRONONCIATION

The spellings **e, ê,** and **è** in French are generally pronounced like the short *e* in the English word *wet.* At the end of a word, **e** is usually not pronounced. Practice these words and the expressions that follow with your instructor or on your student tape.

il **e**st chef de service vous **ê**tes **e**spagnol je répète

C'**e**st Bab**e**tte Lef**è**vre. Voici G**e**nevi**è**ve Ou**e**ll**e**tte et Pi**e**rre G**e**nnes.

Il **e**st m**e**xicain; il n'**e**st pas **e**spagnol.

Vous **ê**tes ch**e**f de s**e**rvice?

C'**e**st **e**lle, c**e**lle av**e**c les lun**e**ttes et la raqu**e**tte de t**e**nnis.

FAIRE LE PORTRAIT PHYSIQUE

In these scenes, you will learn to give someone's age and describe his or her face and physical characteristics. ⬢

A. Practice the following scenes with your instructor.

B. Reread the descriptions to a partner, telling which items describe you. *(J'ai... Je n'ai pas... Je suis...)*

⬢ Notice how the verbs **être** and **avoir** are used to describe physical appearance in these scenes and in **Activité 4.**

Approach: (1) Preview the material, focusing on the visuals. (2) While modeling descriptions, point at corresponding features in pictures. (3) Have students repeat and practice the descriptions first with you, then in pairs. (4) Ask students to find ways to describe someone's age (approximate and exact), eyes, hair, nose, chin, and body shape. List responses in columns on the board and have students mix and match to create as many variations as possible. (5) Have students work in pairs and then present descriptions of classmates to the class. You may also bring in pictures for students to describe.

SCÈNE 1

Âge: Il a environ° 60 ans.
Il a 62 ans. Il est assez âgé.
Il est d'un certain âge.°

Yeux:° Il a les yeux bleus.

Nez:° Il a le nez rond.

Menton:° Il a le menton carré.

Cheveux: Il a les cheveux courts, bruns et frisés.°

Taille: Il est grand de taille.
Il est grand.
Il est solide, fort et musclé.

Signes particuliers: Il a une moustache, mais il n'a pas de barbe.

SCÈNE 2

Âge: Elle a la vingtaine.° ⬢
Elle a 25 ans. Elle est jeune.°

Yeux: Elle a les yeux marron.

Nez: Elle a le nez pointu.

Menton: Elle a le menton pointu.

Cheveux: Elle a les cheveux longs, blonds et raides.°

Taille: Elle est petite de taille.
Elle est petite.
Elle est mince, élégante et jolie.

Signes particuliers: Elle porte des lunettes.

⬢ Like **la vingtaine** are **la trentaine, la quarantaine, la cinquantaine,** *etc.* (about thirty, about forty, about fifty).

UTILISATION

ACTIVITÉ 4: Reread the scenes to find the words that would complete each item. You should find at least one new descriptive adjective for each person and each blank.

environ *about* **d'un certain âge** *rather old* **les yeux** *eyes* **le nez** *nose*
le menton *chin* **frisés** *curly* **la vingtaine** *around 20 years old* **jeune** *young*
raides *straight*

Activité 5: For additional practice, refer students to the portraits in ***Tranche 1, Activité 6***.

MODÈLE: **Âge exact:** Il (Elle) a... ans. *Il a 62 ans. Elle a 25 ans.*

1. **Âge approximatif:** Il (Elle) a la... Il (Elle) est...
2. **Yeux:** Il (Elle) a les yeux...
3. **Nez:** Il (Elle) a le nez...
4. **Menton:** Il (Elle) a le menton...
5. **Cheveux:** Il (Elle) a les cheveux...
6. **Couleur de cheveux:** Il (Elle) a les cheveux...
7. **Taille:** Il (Elle) est...
8. **Signes particuliers:** Il a une barbe ou... Il (elle) a un tatouage ou porte des...

1. PHILIPPE

2. JEAN-PAUL

3. SOLANGE

4. JULIETTE, CLAUDE, GÉRARD

ACTIVITÉ 5: About how old are the people in the photos at left? State their ages in two different ways: give their approximate age and then guess an exact age.

MODÈLE: Philippe *Il a environ quinze ans. Je parie (bet) qu'il a quinze ans.*

ACTIVITÉ 6: Work with a partner. One of you has witnessed a crime and is helping a police artist create a sketch. The police artist asks questions about the suspect's physical traits. One of you should actually draw the portrait of the criminal. Some traits to consider are listed below. Share your descriptions and portraits with the class.

MODÈLE: les cheveux *—Est-ce qu'il (elle) a les cheveux bruns ou blonds?*
—Il (Elle) a les cheveux blonds.

1. la taille
2. l'âge
3. les cheveux
4. les yeux
5. le nez
6. le menton
7. les signes particuliers

À VOUS!

Now describe yourself or your favorite actor or hero.

MODÈLES: ***J'ai dix-neuf ans. J'ai les cheveux bruns et frisés; j'ai les yeux verts, le nez pointu et le menton rond. Je n'ai pas de barbe! Je porte des lunettes. Je suis de taille moyenne. Je ne suis pas musclée...***

Il n'est pas très jeune, mais il n'est pas très âgé non plus. Il a la trentaine. Il est grand. Il a les yeux verts et les cheveux bruns. Il a le nez pointu et le menton carré. Clark Kent porte des lunettes, mais le héros ne porte pas de lunettes. Il est grand, solide, musclé et fort. Mon héros est Superman.

À Vous!: Have some students describe their hero or heroine to the class. Ask students if they can name common French heroes and heroines. If done in writing, ask students to review and rewrite their essays for publication in a class journal.

STRUCTURE

LES ADJECTIFS

To describe nationality, age, body size, and physical characteristics, you need to use adjectives. In French, the pronunciation and spelling of most adjectives change from masculine to feminine and from singular to plural. Read and role-play the mini-dialogue with your instructor, paying particular attention to the adjectives. Then answer these questions.

A. Are the speakers talking about the same or different people?

B. In what ways do the adjectives change when they refer to eyes and hair?

—Tu connais Marcel?
—Mais non! Il est **petit, mince** et il a les yeux **bleus**.
—Oui, c'est ça.

→ —Le garçon aux cheveux **blonds**?
—Et il a les cheveux **bruns,** n'est-ce pas?
—Alors, tu parles de Marcel Lapointe, mon voisin.

1. REGULAR ADJECTIVES

Adjectives in French agree in gender (masculine or feminine) and number (singular or plural) with the nouns they modify. This often affects the spelling and sometimes affects the pronunciation of an adjective. ⬢

⬢ Note that when a final **-e** or **-es** is added to the masculine form of an adjective, the preceding consonant is pronounced.

	Singular		Plural	
	Masculine	Feminine	Masculine	Feminine
Adjectives ending in **-e**	**mince**	**mince**	**minces**	**minces**
Adjectives ending in a consonant	**grand**	**grande**	**grands**	**grandes**
Adjectives ending in **-en**	**canadien**	**canadienne**	**canadiens**	**canadiennes**

2. THREE IRREGULAR ADJECTIVES

Three adjectives that describe age and physical appearance are irregular. These adjectives have two masculine singular forms, one for words beginning with a consonant and one for words beginning with a vowel sound.

Singular			Plural	
Masculine		Feminine	Masculine	Feminine
Before a Consonant	Before a Vowel			
vieux	**vieil**	**vieille**	**vieux**	**vieilles**
nouveau	**nouvel**	**nouvelle**	**nouveaux**	**nouvelles**
beau	**bel**	**belle**	**beaux**	**belles**

UTILISATION

ACTIVITÉ 7: These adjectives are already in their correct forms. Tell whether each describes (a) Georges, (b) Henriette, or (c) Henriette and Patricia. Then use the adjective as well as others of your choice to briefly describe each person or pair of people.

MODÈLE: américaines *C'est pour Henriette et Patricia. Elles sont américaines.*

1. élégantes
2. vieux
3. belles
4. grande
5. minces
6. blonde
7. intéressant
8. vieilles
9. intelligente
10. beau
11. belle
12. jolies

ACTIVITÉ 8: This passage was adapted from an article in which children of Algerian immigrants to France talked about differing perceptions of national origins within their families. Choose from the list of adjectives to complete the portrait (more than one answer is possible for each blank). Make sure each adjective agrees with the noun it modifies. Compare your finished paragraph with that of a partner. To what extent are they similar?

algérien	français	petit	grand	blond	brun
vert	jeune	vieux	beau	ancien	

Je m'appelle Mira. Je suis ____. J'ai vingt ans, je suis ____ de taille, j'ai les cheveux ____ et les yeux ____. J'habite à Paris, dans un ____ immeuble *(building)* de banlieue *(suburbs)*. J'ai deux ____ sœurs *(sisters)*. Papa et maman sont ____; ils sont à la retraite *(retired)*. Ils pensent retourner en Algérie. Moi, je suis ____. Je ne connais *(know)* pas l'Algérie. On dit que c'est un ____ pays, mais je préfère rester ici en France.

ACTIVITÉ 9: While relaxing at a café, you notice some interesting people waiting across the street. Describe them, paying particular attention to the agreement of adjectives.

À VOUS!

Write a description of one of your classmates. Be sure to include information on physical characteristics, nationality, and any preferences or interests that you think might be helpful in identifying him or her. Read your description aloud to the class without saying whom you are describing. Your classmates should ask questions to determine the identity of the person you are describing.

Tranche 3

Comment êtes-vous?

Au travail

Avant de lire

ACTIVITÉ 1: The following reading selection describes different character traits and life-styles.

1. Before reading it, practice saying these character traits with your instructor.
   agréable désagréable sympathique idéaliste réaliste
   matérialiste snob calme timide énergique
   individualiste optimiste pessimiste romantique
2. Which traits do you consider positive and which negative? (**On doit être... On ne doit pas être...**)
3. Which describe your character? (**Je suis... Je ne suis pas...**)

POUR MIEUX LIRE

COGNATES

In the first two chapters of this book, we have addressed four steps in the reading process:

Step 1: Identifying the text type and topic
Step 2: Anticipating and predicting the content
Step 3: Reading for main ideas
Step 4: Reading for significant details

Reading in this manner enables you to understand a great deal about a selection without having to focus on individual words.

In addition to using this process, however, good readers also employ a set of word-analysis and comprehension strategies. One such strategy makes use of cognates—words that have similar spellings and meanings in both French and English. You can use cognates to understand reading materials without learning new words.

- Some words are easily recognizable because they are directly borrowed without change from another language. They are foreign words used in another language. For example, consider the French words for musical genres developed in English-speaking countries, which you learned in ***Chapitre 1***: **le rock, le jazz, le country, la dance-music.**
- Some cognates are identical, like the words **loyal, secret, sentimental,** and **sociable**.
- Others, called close cognates, are nearly identical, like the words **organisé, économe,** and **généreux**. You can use these general rules to identify close cognates: **-ème** → *-em* (**le poème** → *poem*), **-eur** → *-or* (**le directeur** → *director*), **-re** → *-er* (**la lettre** → *letter*), **-ique** → *-ic* or *-ical* (**nostalgique, classique** → *nostalgic, classical*), **-iste** → *-ist* (**réaliste** → *realist*), **-té** → *-ty* (**l'identité** → *identity*), **-aire** → *-ary* (**extraordinaire** → *extraordinary*), **-if** → *-ive* (**actif** → *active*), **-eux** → *-ous* (**sérieux** → *serious*).
- Some words look like cognates, but their meanings are different in French and English. These are known as false cognates. For example, the French word **sensible** does not mean "sensible," but "sensitive." You can usually distinguish a true cognate from a false one by considering how appropriate its possible meaning is in a particular context.

Look for cognates and close cognates as you read the horoscope below and the ***Lecture*** on page 89.

La légende astrologique veut que, sur les deux plateaux de la Balance, siègent d'un côté la belle Vénus, et de l'autre, le sévère Saturne. La première accorde, à ce signe de l'automne, la grâce, la séduction, la diplomatie et surtout un besoin immodéré d'aimer. L'autre apporte de la sagesse, de l'endurance, l'acceptation de l'attente, mais aussi la rigueur dans le jugement, à condition bien sûr d'avoir eu le temps nécessaire pour évaluer toute chose à sa juste mesure. Ainsi donc, nos amis Balance se feront une réputation d'êtres hésitants, parfois incapables d'opérer à des choix décisifs, alors qu'il n'en est rien. En tant que signe d'Air, ils ont une grande capacité à nouer des liens sociaux rapides et sympathiques. Ils sont doués pour tous les métiers d'art; les filles en particulier ont souvent un don pour la danse. Ces êtres charmants et charmeurs ont tous un point faible en commun : ils ne peuvent se passer d'un compagnon. La solitude n'étant vraiment pas leur tasse de thé. Ils ont vraiment besoin d'aimer, et peut-être encore davantage, d'être aimés.

Le Tempérament—un test

The following profiles are simplified from research on character and personality types. Before reading these profiles, look over the main idea and detail questions in *Activités 2* and *3* below.

Pre-reading: Have students give English expressions that describe temperament. Remind them that they will need to read the text several times before doing the comprehension activities. Additional reading practice is provided in ***Tranche 3*** of the corresponding ***Cahier*** chapter.

Tempérament No 1: Vous êtes positif dans la vie, organisé, déterminé et loyal. Vous êtes économe mais généreux avec les amis, et vous avez un tempérament magnétique. Vous aimez la patrie,° la famille et les bons amis.

Tempérament No 2: Vous êtes sentimental et nostalgique. Vous appréciez les amis et vous êtes aimable, sympathique et très populaire. Vous n'aimez pas les secrets. Vous appréciez l'harmonie, le luxe et la sensualité.

Tempérament No 3: Vous êtes actif, travailleur° et souvent sérieux. Tout° est possible pour vous parce que° vous êtes persistant. Vous préférez garder vos distances et vous ne montrez pas votre affection.

Tempérament No 4: Vous êtes individualiste, solitaire de tempérament, mais vous êtes tolérant et juste avec les amis. Vous n'appréciez pas les choses superficielles. Vous êtes décidé, mais vous avez tendance à être égoïste ou vaniteux.°

Tempérament No 5: Vous êtes dynamique, impulsif et sociable. Vous appréciez la variété et l'exotique. Vous avez de l'intuition et vous êtes très imaginatif. Vous aimez les fêtes et les amusements. Vous avez le tempérament aventurier.

Tempérament No 6: Vous cherchez l'équilibre social et politique. Vous aimez beaucoup servir° le public et vous êtes souvent idéaliste. Vous avez des idées progressistes et vous êtes sensible aux idées des autres.

Compréhension

ACTIVITÉ 2: Which of the following sentences best summarizes the main idea of the passage?

1. Il y a beaucoup de genres de tempéraments. Tout le monde est différent.
2. Il est impossible d'avoir deux genres de tempérament.
3. Ce test est une façon scientifique de déterminer son tempérament.

ACTIVITÉ 3: Which character profile from the reading selection best describes the following people, as well as others of your choice?

MODÈLE: John Wayne — ***John Wayne a le tempérament numéro 5 ou le tempérament numéro 1.***

1. l'inspecteur Clouseau
2. Jeanne d'Arc
3. Jacques Cousteau
4. Albert Schweitzer
5. Catherine Deneuve
6. le président des États-Unis
7. la reine d'Angleterre
8. Napoléon

la patrie *fatherland* **travailleur** *hard working* **tout** *everything*
parce que *because* **vaniteux** *vain* **servir** *to serve*

C'EST-À-DIRE

Approach: (1) Preview the material by focusing on the visuals. (2) Go over the introduction. (3) Have students focus on one picture at a time while you read the corresponding description. (4) Have students practice the descriptions, first with you, then in small groups.

DÉCRIRE LE TEMPÉRAMENT

In the scenes that follow, people describe their personality and temperament. Notice especially the different ways in which adjectives are matched to nouns.

A. Practice the scenes with your instructor.

B. Role-play them with your classmates.

SCÈNE 1

Je suis généralement sérieuse, mais de temps en temps, je suis impulsive. Je ne suis ni courageuse ni° agressive, mais je ne suis pas naïve non plus.

SCÈNE 2

Je suis directeur d'une société. Je suis ambitieux et actif. Je n'aime pas les gens° paresseux.° J'apprécie les gens énergiques. Je suis souvent nerveux, mais jamais° pessimiste.

SCÈNE 3

Moi, je suis avocate.° J'aime mon travail et je suis toujours° heureuse. Je suis très active, mais de temps en temps, je suis paresseuse. J'aime les gens directs et généreux. Je déteste les gens vaniteux.

SCÈNE 4

Je n'aime pas le travail. J'aime les soirées et le sport. J'apprécie les gens sportifs et impulsifs. Je n'ai pas beaucoup d'ambition, mais je suis heureux.

ni... ni *neither ... nor* **les gens** *people* **paresseux** *lazy* **jamais** *never* **l'avocate** *lawyer (female)* **toujours** *always*

UTILISATION

ACTIVITÉ 4: Reread the scenes and find the following types of expressions.

1. Find two ways to introduce a description of yourself.
2. Find several adjectives one might consider negative.
3. Find several adjectives one would consider positive.

ACTIVITÉ 5: Which character profile most closely matches your temperament, personality, and life-style? Which aspects of the description are particularly true? Which aspects of the description are not entirely appropriate? Which one matches least well?

Have students read the text for more details, prepare their answers, and share their conclusions first with a partner, then with the class.

MODÈLE: ***J'ai le tempérament de la scène… J'aime… et je préfère… Mais je ne suis pas… et je n'ai pas…***

ACTIVITÉ 6: Describe the temperament, character, and personality of a good friend using at least eight of the character traits below.

Variation: Students describe famous musicians, actors, athletes, or historical figures. Have students present two or three characters to the class.

MODÈLE: ***Mon ami s'appelle David. Il est toujours très heureux et sympathique. Il n'est ni paresseux ni vaniteux…***

sérieux / sérieuse
courageux / courageuse
nerveux / nerveuse
ambitieux / ambitieuse
paresseux / paresseuse
vaniteux / vaniteuse
heureux / heureuse
malheureux / malheureuse

généreux / généreuse
impulsif / impulsive
actif / active
naïf / naïve
imaginatif / imaginative
agressif / agressive
sportif / sportive

ACTIVITÉ 7: Select the six most important temperament, personality, and character traits that a presidential candidate should exemplify. List another six that he or she should not demonstrate. Share your profiles with the class. Is there a best presidential character, based on class consensus?

Suggestion: Have students work in pairs. Have some pairs present their profiles to the class.

MODÈLE: ***Le candidat idéal est sérieux,… La candidate idéale n'est ni paresseuse ni…***

À VOUS!

Describe your temperament and character. Elaborate on the guide below, using a variety of adjectives from ***Activités 1*** and ***6***, as well as others of your choice.

Moi, je suis toujours… et je suis très souvent… De temps en temps, je suis… et le week-end, je suis… Je ne suis pas souvent… et je suis très rarement… Je ne suis jamais …

STRUCTURE

Approach: (1) Go over the introductory material. (2) Read the mini-dialogue several times, encouraging students to look for answers to questions A, B, and C. (3) Have students answer the questions in groups. (4) Present the grammatical explanation and model examples as a means of confirming students' conclusions.

LES ADJECTIFS (SUITE)

This explanation provides additional details on the ways in which some adjectives change to match the nouns they modify. Read and role-play the mini-dialogue with your instructor, paying particular attention to the subject pronouns and the adjectives. Then answer these questions.

A. How does Jean-Luc describe himself and his friends?

B. How does he describe Simone?

C. What spelling differences occur between singular adjectives and plural adjectives?

–Jean-Luc! Est-ce que vous êtes **paresseux**?

–Non! Pas du tout! Je ne suis pas **paresseux**. Il est vrai que° mes amis et moi, nous sommes **sociables** et **aimables,** mais nous sommes aussi très **agressifs** et **sérieux**! Nous sommes **travailleurs**. C'est comme° Simone: elle semble **naïve** et **idéaliste,** mais en vérité,° elle est **ambitieuse** et très **dynamique**.

–Mais si° vous êtes si° **sérieux**, alors pourquoi n'êtes-vous pas en classe?

Remember that an adjective agrees in number (singular/plural) and gender (masculine/feminine) with the noun it modifies. This often affects the spelling and the pronunciation of the adjective. The following adjectives follow a different pattern. Note the differences between the masculine and feminine forms.

	Singular		**Plural**	
	Masculine	Feminine	Masculine	Feminine
Adjectives ending in **-eux**	**généreux**	**généreuse**	**généreux**	**généreuses**
	sérieux	**sérieuse**	**sérieux**	**sérieuses**
Adjectives ending in **-if**	**actif**	**active**	**actifs**	**actives**
	sportif	**sportive**	**sportifs**	**sportives**

il est vrai que *it is true that* **comme** *like* **la vérité** *truth* **si** *if* **si** *so*

ACTIVITÉ 8: Imagine that you work in a personnel placement agency. You have rated the following job candidates (**très, assez, pas**) on each characteristic listed on the left side of the form. Complete the ratings by supplying the correct forms of the adjectives for each candidate. For each trait, put a star next to the candidate(s) you would recommend. Tally the total number of stars to select the best candidate(s) for the job.

	Luc et Denis	Chantal	Lucie et Marie	Thomas
MODÈLE:	très	assez	très	pas
intelligent	*intelligents*	*intelligente*	*intelligentes*	*intelligent*
1. actif	pas _	très _	assez _	assez _
2. ambitieux	assez _	très _	pas _	assez _
3. sympathique	très _	assez _	très _	très _
4. patient	pas _	assez _	pas _	très _
5. sérieux	très _	très _	très _	très _
6. pessimiste	pas _	assez _	pas _	pas _
7. intéressant	assez _	pas _	très _	assez _

ACTIVITÉ 9: Newspaper advertisements contain many abbreviations. Give the complete, unabbreviated message conveyed in each of these personals ads.

MODÈLE:

jeu. homme ital., symp., amb., act. cherche jeu. fille aim. sport. Tél.: 42.34.90.86.

Un jeune homme italien, sympathique, ambitieux et actif cherche une jeune fille aimable et sportive. Téléphone: 42.34.90.86.

1. jeu. homme fran., amus., intell., indiv. cherche jeu. fille symp., amus., idéal. Tél.: 42.98.45.65.

2. 4 jeu. hommes canad., spor., ambit., soc. cherchent gens vig., forts, agres., symp. pour équipe de hockey. Tél.: 49.46.37.82.

3. jeu. homme cherche filles fran., optim., énerg., agres., ambit. Tél.: 43.57.69.02.

4. femme sér., imag., dyn., cherche ami europ., gén., spor. Tél.: 48.41.26.74.

À VOUS!

Write a personal advertisement describing yourself and listing the important personality traits and temperament you are seeking in a partner. Use your imagination. After you finish, compare it with those written by others in your class. What traits do you have in common? Post the ads describing men in one spot and those describing women in another. Spend a few minutes reading them over to see if someone is looking for a person like you!

Tranche 4

Qui est-ce?

Au travail

This activity reviews introductions, stating origin and nationality, expressing likes and dislikes, and describing temperament.

Follow-up: Have some groups perform dialogues for the class.

ACTIVITÉ 1: You are interviewing candidates for the position of bilingual counselor at a summer camp (**une colonie de vacances**). Work in groups of three people, with one person acting as the interviewer and two persons acting as job candidates.

1. The interviewer should begin by greeting each candidate, introducing himself or herself, having the candidates introduce themselves, and making small talk. The interviewer should next call on one candidate to speak, then the other.
2. Each candidate should present a self description, including some of these items.
   Ville: J'habite à... Je suis de... Je suis originaire de...
   Nationalité: Je suis...
   Personnalité: Je suis toujours..., souvent..., rarement... . Je ne suis pas...
   Activités préférées: J'aime beaucoup... J'aime... Je préfère... J'aime mieux...
3. The interviewer should ask follow-up questions of each candidate (**Vous aimez les sports d'équipe? Vous jouez au football?**).
4. Finally, the interviewer should select the candidate who will best meet the qualifications of bilingual camp counselor and explain his/her choice.

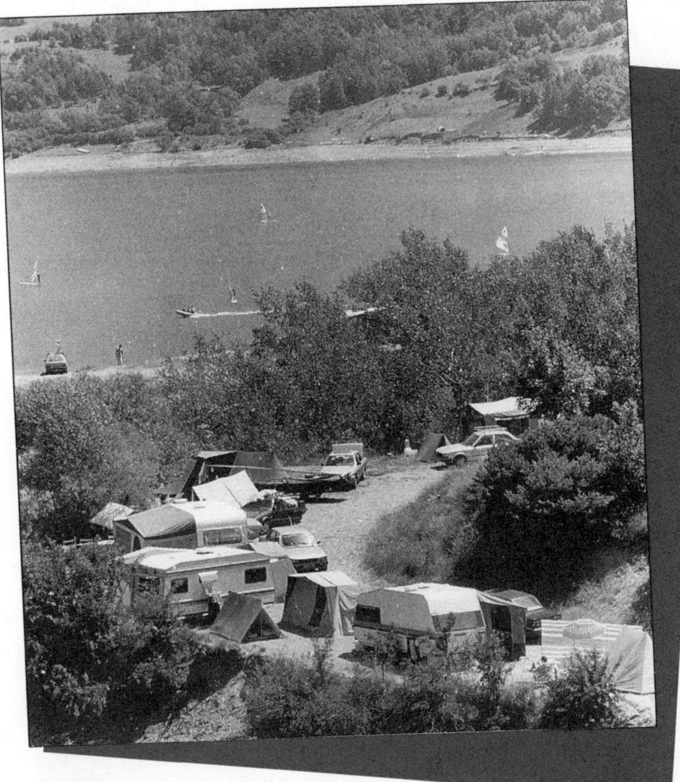

ILS AIMENT LE CAMPING.

DÉSIGNER QUELQU'UN

In these scenes, people point out and describe other people.

A. Practice the scenes with your instructor.

B. Role-play the scenes again in groups of two.

Approach: (1) Preview the material, having students mention English expressions they use to point out people. (2) Go over the introduction. (3) Role-play the scenes, having students practice first with you, then in pairs.

Suggestion: Ask students to find ways to point out people and give details about them. List answers in columns on the board and have pairs or small groups mix and match items to create dialogues.

SCÈNE 1

—La voilà! C'est la jeune fille aux cheveux frisés qui° est dans notre cours de gymnastique, n'est-ce pas?

—Oui, c'est elle!

SCÈNE 2

—Le voilà! C'est le nouveau directeur, là-bas avec le vieux monsieur.

—Non, ce n'est pas lui!

SCÈNE 3

—Regardez la petite fille et sa grand-mère! Elles habitent en face de nous, n'est-ce pas?

—Oui! Ce sont certainement elles!

SCÈNE 4

—Les voilà! Ce sont eux,° les jeunes hommes en uniforme!

—Non, ce ne sont pas eux.

qui *who* **eux** *them*

UTILISATION

ACTIVITÉ 2: Reread the scenes and find the following types of expressions.

1. In these scenes, people are described in many different ways. What types of descriptions are used in each scene to comment on age? clothing? physical traits? location? gender? companions?
2. The expression **La voilà!** is used in ***Scène 1*** to point someone out. Find the corresponding masculine and plural expressions. What do they mean?
3. Find the French equivalents of *It's her! It's them! It's him!* (both masculine and feminine). What would be the negative of each?

ACTIVITÉ 3: You are at the bus or train station with your roommate, waiting for an old friend. As he or or she arrives, point him or her out.

MODÈLE: jeune homme / cheveux frisés *Le voilà! C'est le jeune homme aux cheveux frisés.*

1. jeune fille / grand chien
2. jeune garçon / jeune fille
3. vieille dame / petit chien
4. belle dame / jeune homme
5. jeune homme / visage rouge
6. jeune femme / robe rouge
7. jolie fille / cheveux blonds
8. garçon / cheveux frisés

ACTIVITÉ 4: Point out each of the people in the scene at left, using an expression from each box. Then use your imagination to tell who each one might be.

MODÈLE: *—Regarde le grand monsieur avec le nez pointu.*
—Qui est-ce?
—C'est mon professeur de français!

Regarde! Regardez! C'est lui/elle. Le/La voilà.	petit(e) jeune beau/belle vieux/vieille	monsieur/dame garçon/fille homme/femme	aux cheveux… avec le nez… avec les lunettes (le baladeur, le sac à dos, le chapeau) avec le(s) chien(s) avec le journal *(newspaper)*

À VOUS!

Working in a group of three, imagine that you run into your favorite television, musical, or political celebrity at the airport. Point him or her out and describe him or her to one of your partners. Then greet him or her, make small talk, and introduce yourself. Tell a little about why you like his or her work.

Structure

La Place de l'adjectif dans la phrase

In English, an adjective is placed before the noun it modifies. This is not usually the case in French. Read the short passage below with your instructor, paying particular attention to the placement of the adjectives. Then answer these questions.

A. How would you feel if someone described you in this manner?

B. Where are adjectives generally placed in French? Are there exceptions?

Vous êtes une personne **patiente** et **généreuse**. Vous préférez les amis **énergiques**, **actifs** et **courageux**. Vous aimez les **grands** problèmes et vous avez **bon** cœur *(heart)*.

Approach: (1) Review what students know about adjective formation. (2) Preview the material by reading the introductory material. (3) Read the text several times. (4) Have students work in small groups to analyze the text and answer questions A and B. Ask one group to report their findings, and ask the others to confirm, extend, or challenge the first group's conclusions. (5) Present the grammatical explanation and model additional examples to confirm students' conclusions.

1. Adjective placement

a. Most adjectives in French follow the noun.
   C'est une femme **individualiste.**
   Jeannette est une fille **indépendante.**

b. A certain number of more common adjectives describing physical appearance and character are, however, normally placed before the noun. These describe beauty (**beau, joli**), age (**jeune, nouveau, vieux**), goodness (**bon, mauvais**), and size (**petit, grand, gros**).
   C'est un **petit** (**bon, gros**) problème.
   C'est ta **bonne** (**nouvelle, vieille**) amie?
   C'est un **joli** (**jeune, mauvais**) garçon.

2. Multiple adjectives

When more than one adjective modifies a noun, each adjective takes its usual position.

C'est un **grand** acteur **français.**

When two adjectives follow a noun, the word **et** is used between them.

Vous préférez les amis **énergiques et courageux.**

UTILISATION

ACTIVITÉ 5: You are at a premiere, pointing out celebrities to your friends. Use the words that follow to describe them, being especially careful to place the adjectives in their proper positions. ●

● Some French celebrities are: in music, Patrick Bruel, Roch Voisine, Patricia Kaas; in film, François Truffaut, Gérard Depardieu, Isabelle Adjani, Catherine Deneuve; in sports, Marie-José Pérec, Jean-Pierre Papin, Henri Leconte.

MODÈLE: Holly Hunter / actrice / petite / américaine
C'est Holly Hunter, la petite actrice américaine.

1. Harrison Ford / acteur / grand / américain
2. Jeremy Irons / acteur / bon / anglais
3. Mel Gibson / acteur / australien / bel
4. Gérard Depardieu / acteur / bon / français
5. Renaud / chanteur / français / grand
6. Liv Ullman / actrice / suédoise *(Swedish)* / grande
7. Luciano Pavarotti / chanteur / italien / grand
8. Isabelle Adjani / actrice / française / belle

ACTIVITÉ 6: You have had a number of experiences with the sales personnel at a large electronics store. Describe each one, using the information in the chart below. Then tell which salesperson(s) you would recommend.

MODÈLE: Georges Fautin ***C'est un bon représentant honnête.***

Nom	Bon	Sérieux	Agréable	Nouveau	Honnête	Timide	Jeune
Georges Fautin	✗				✗		
Emmanuel Holi			✗	✗			
Élise Lenou		✗					✗
Claudine Mounette			✗			✗	
François Blacel	✗				✗		
Robert Courteau			✗				✗
Danielle LaGrande		✗		✗			

À VOUS!

Look around the classroom and select at least three students to describe. Then use several adjectives to comment on each person's physique and temperament to a partner.

La Langue écrite

Faire une description

As discussed in ***Chapitres 1*** and **2**, good writers prepare to write, draft, review, and rewrite their work using the following steps:
Step 1: Brainstorming. They spend a few moments thinking about the topic.
Step 2: Writing down their ideas. They write continuously, without stopping to evaluate, organize, or eliminate any words and ideas that come to mind.
Step 3: Reviewing and organizing. They categorize and list like items together and eliminate the words and ideas that are inappropriate.
Step 4: Composing. They reformulate their lists into sentences and paragraphs.
Step 5: Rereading and reviewing. They reread the composition several times, focusing on meaning, organization, and accuracy.
Step 6: Peer editing. They solicit feedback on their work and integrate the comments into their revisions.

An important step in the writing and editing process is making the text more interesting to the reader. One way to do this, as shown in ***Chapitre 1***, is to relate items in a list using the conjunctions **et** and **mais**. Given that descriptive writing is often based on lists of adjectives, consider these additional ways to vary your writing style and make your composition more interesting to read.

1. Move some of the adjectives to the beginning of the sentence.
   Jeune et jolie, Martine Lavoie a beaucoup de succès.
2. Use some adjectives in a short phrase between commas, called an appositive, placed after the subject.
   Robert Denombré, **un homme sincère et travailleur,** est d'origine allemande.
3. Use the negation **ne... ni... ni...** (*neither... nor...*) to negate items in a list.
   Instead of writing: Il n'est pas paresseux et il n'est pas ambitieux.
   Write: Il **n'**est **ni** paresseux **ni** ambitieux.
4. Extend your description using the word **donc** (*therefore*).
   Il est sympathique, drôle et sincère; **donc**, c'est un bon ami.

Sujets de composition

1. Write a description of someone you know. Consider the following points, as well as others of your choice:
   a. nom
   b. nationalité
   c. adresse
   d. apparence physique
   e. tempérament et caractère
   f. loisirs, intérêts
2. Create a character profile for one of the individuals pictured above at right, including name, age, city of residence, nationality, type and place of work, temperament, interests, preferences, and leisure activitivies.

Additional writing practice is provided at the end of the corresponding ***Cahier*** chapter. If ***système-D*** is available to your students, they may wish to use it as they complete the writing exercise.

Variation: Announce that you are looking for several people to be on a board of directors for the French class. To apply, students describe themselves in writing and share their compositions. Based on these presentations, students vote for the directors.

Lexique

Expressions

Giving name, residence, nationality, and profession

Je m'appelle... *(name)*
Je suis... *(nationality or profession)*
Je suis de... *(town)*
J'habite à... *(town)*
Je travaille dans... *(place)*

Describing age

Il (Elle) a (environ)... ans.
Il (Elle) a la vingtaine (trentaine, quarantaine, cinquantaine).
Il (Elle) est âgé(e) de vingt ans.
Il (Elle) est d'un certain âge.

Describing physical traits

Il (Elle) a les yeux bleus (marron, verts).
le nez rond (pointu, carré).
le menton rond (pointu, carré).
les cheveux frisés (raides, blonds, bruns, roux).
Il a une barbe (une moustache).
Il (Elle) a un tatouage.
Il (Elle) porte des lunettes.
C'est un beau monsieur (un bel homme, une belle femme).
Ce sont de beaux hommes (de belles femmes).

Describing body size

Il (Elle) est petit(e) (grand[e], de taille moyenne).
Il (Elle) est petit(e) (grand[e]).

Describing temperament

Il (Elle) est sérieux(-se)...

Pointing out someone

Regarde! (Regardez!)
Le (La, Les) voilà!
C'est lui (elle)! Ce sont eux (elles)!
C'est la jeune fille avec les cheveux frisés.
C'est le nouveau directeur avec le vieux monsieur.

Vocabulaire

Describing physical traits

élégant(e)	grand(e)	laid(e)	solide
faible	jeune	mince	
fort(e)	joli(e)	musclé(e)	

DESCRIBING TEMPERAMENT

actif(-ive)	généreux(-se)	naïf(-ïve)	timide
agressif(-ive)	heureux(-se)	nerveux(-se)	vaniteux(-se)
aimable	imaginatif(-ive)	paresseux(-se)	vigoureux(-se)
ambitieux(-se)	impulsif(-ive)	ravissant(e)	
courageux(-se)	intelligent(e)	sociable	
dynamique	jaloux(-se)	sportif(-ive)	
énergique	malheureux(-se)		

PROFESSIONS

assistant(e)	directeur(-trice)	ouvrier(-ière)
chef de service	employé(e)	vendeur(-se)

WORKPLACES

une agence	une boutique	un magasin	une usine
une banque	un bureau	une société	

NATIONALITIES

algérien(ne)	canadien(ne)	italien(ne)	suisse
allemand(e)	chinois(e)	japonais(e)	tunisien(ne)
américain(e)	espagnol(e)	marocain(e)	
anglais(e)	français(e)	mexicain(e)	
belge	irlandais(e)	sénégalais(e)	

VERBE IRRÉGULIER

Être	*(to be)*	je **suis**	nous **sommes**
		tu **es**	vous **êtes**
		il/elle/on **est**	ils/elles **sont**

IN THIS CHAPTER, YOU WILL LEARN A NUMBER OF WAYS TO MAKE PLANS, TO RESPOND TO AN INVITATION, AND TO AGREE ON TIMES AND PLACES TO MEET.

chapitre

4

VOUS VENEZ?

TRANCHE 1: ON SORT CE SOIR?

Dialogue: Une Invitation

C'est-à-dire: Inviter; accepter et refuser une invitation

Culture: Les Divertissements préférés

Structure: Les Prépositions *à* et *de* avec l'article défini

TRANCHE 2: OÙ ALLEZ-VOUS?

À l'écoute: Au téléphone

C'est-à-dire: Demander où aller; suggérer un endroit

Structure: Le Verbe *aller*

TRANCHE 3: C'EST À QUELLE HEURE, LE RENDEZ-VOUS?

Lecture: Invitations

C'est-à-dire: Dire la date et l'heure

Structure: L'Heure

TRANCHE 4: QU'EST-CE QU'ON VA FAIRE?

C'est-à-dire: Dire *non*

Structure: Le Futur immédiat

La Langue écrite: Structurer un paragraphe

Tranche 1

On sort ce soir?

Au travail

Avant de parler

Activité 1: Review the following leisure activities. Then exchange opinions about each one with a partner. Make a list of those you both like.

This activity reviews how to express likes, dislikes, and preferences.

Follow-up: Partners use the **nous** form to present their common likes and dislikes to the class.

Modèle: *—Tu aimes l'opéra?*
—Oh, oui, j'adore l'opéra.

Oui: J'aime bien... J'aime beaucoup... J'adore...

Peut-être: Ça dépend. Je n'aime pas tellement... J'aime mieux...

Non: Je n'aime pas beaucoup... Je n'aime pas du tout... Non, moi, je préfère... Je déteste...

1. les films d'aventures
2. les expositions d'art
3. les matchs de foot
4. les concerts de musique classique
5. les soirées *(parties)*
6. les ballets
7. les conférences *(lectures)*
8. l'opéra
9. les comédies à la télé
10. les matchs de basket
11. les concerts de rock
12. les sports télévisés

–Tu aimes les expositions d'art?

–Oh, oui, j'aime bien les expositions d'art.

DIALOGUE

UNE INVITATION

Approach: (1) Preview the dialogue, focusing on the title and the introduction. (2) Go over questions A, B, and C with students. (3) Play the dialogue on the *Student Tape* (or role-play it yourself). (4) Ask students to answer questions A, B, and C. (5) Play the dialogue again. Then have students act it out twice, the second time using their own names.

Suggestion: Ask students to find different ways to extend an invitation, give a hesitating answer, give a *no* answer; and give a positive answer. List these in columns on the board and have groups of students mix and match lines to create dialogues.

In this conversation Marc invites some friends to go with him to a party. Before reading it, complete the following.

A. Check the activities Marc might describe.
____ On va danser. ____ On va étudier. ____ On va jouer au foot.
____ On va parler avec des ami(e)s. ____ On va écouter de la musique.
____ On va travailler. ____ On va s'amuser.

B. Look at the pictures below and on page 105.
1. How many people are involved in this conversation?
2. Are their responses to the invitation the same?

C. Think about these questions as you read and practice the conversation.
1. How are invitations extended, accepted, and refused?
2. Look for the use of informal **(tu)** or formal **(vous)** language. Which type of language is used? What does this tell you about the people's relationship?

● Unlike many American parties, where people simply eat, drink, and talk, French parties often include dancing, even if they are held in a small apartment.

MARC: Il y a une soirée chez° Paul ce soir. Tu viens?°*
DENISE: Je ne sais pas si je suis libre.°
MARC: Viens, on va danser.
DENISE: Oh, je ne suis pas sûre.
MARC: Pierre et Henri vont venir.°
DENISE: Je regrette, mais c'est non. J'ai un tas° de choses à faire.°
MARC: Dommage!°

chez *at the home of* **Tu viens?** *Are you coming?* **libre** *free* **venir** *to come*
un tas *much, loads* **faire** *to do* **Dommage!** *Too bad!*

* The forms of the verb *venir* are listed in the *Verbes irréguliers*, at the end of the chapter.

MARC: Hélène! Nous allons à une soirée chez Paul ce soir. Tu veux y° aller?
HÉLÈNE: Oui, je suis libre. Qui vient?
MARC: Pierre, Henri, Martine et beaucoup d'autres.°
HÉLÈNE: Formidable!

COMPRÉHENSION

ACTIVITÉ 2: Which statement most clearly reflects the main idea of the conversation?

a. Paul organise une soirée chez lui et il invite deux amies.
b. Marc invite deux amies à sa soirée et les deux acceptent.
c. Marc invite deux amies à une soirée et une accepte.
d. Paul invite deux amies à sa soirée et les deux refusent.

ACTIVITÉ 3: Select the responses that most closely reflect the details of the conversation.

1. Il y a (a) une soirée (b) un concert (c) une conférence.
2. C'est chez (a) Denise (b) Paul (c) Marc.
3. Denise (a) est libre (b) est occupée (c) préfère rester chez elle.
4. Hélène (a) est libre (b) préfère rester chez elle (c) a des tas de choses à faire.

ACTIVITÉ 4: The following expressions are used in the dialogue. Classify them as invitations, acceptances, maybes, or refusals. Then use them to invite someone to a party.

1. Tu viens?
2. Je ne sais pas.
3. Je suis libre.
4. J'ai un tas de choses à faire.
5. Je regrette, mais c'est non.
6. Je ne suis pas sûre.
7. Oui!
8. Tu veux y aller?

y *there* **d'autres** *others*

INVITER; ACCEPTER ET REFUSER LES INVITATIONS

Approach: (1) Ask students to suggest English expressions for accepting and refusing invitations. (2) Go over the introduction. (3) Tell students to underline expressions dealing with invitations and replies while you model the dialogues. Then create a table of expressions on the board or on a transparency. (4) Role-play the scenes, having students practice with you. (5) Ask students to practice the scenes in pairs. (6) Have pairs mix and match expressions from the board to create new scenes. (7) Have some pairs present their work to the class.

In the scenes that follow, people extend, accept, and refuse invitations.

A. Practice the scenes with your instructor and then role-play them with a partner.

B. Practice them again, keeping the invitations the same but changing the responses.

SCÈNE 1

—On va au cinéma avec Jean et Martine demain soir. Ça t'intéresse?

—Bien sûr! C'est une bonne idée!

SCÈNE 2

—Nous allons à une soirée chez Christine ce soir. Tu es libre?

—Je regrette, mais j'ai rendez-vous avec Luc… mais je suis libre demain.

SCÈNE 3

—Il y a un concert de jazz cet après-midi. Tu viens?

—Formidable! J'aime beaucoup le jazz!

SCÈNE 4

—Je t'invite à la discothèque demain. Tu veux y aller?

—Je ne sais pas si je suis libre; j'ai du travail.

UTILISATION

ACTIVITÉ 5: Reread the scenes and find the following types of expressions.

1. Find four ways to extend an invitation.
2. Here are three ways to accept an invitation. Add two more ways to the list.
   D'accord. Avec plaisir! Pourquoi pas!
3. Find one way to refuse an invitation and add it to this list.
   Merci, mais je ne suis pas libre.
   Je regrette, mais ce n'est pas possible.
   Ça ne va pas pour cet après-midi (ce soir, demain matin, demain après-midi, demain soir, ce week-end).
4. Find one way to indicate indecision and add it to this list.
   Peut-être. Je ne sais pas.
5. Add to this list the places mentioned in the invitations.
   au théâtre, au stade, au bureau, au café, au restaurant, à la réunion, à l'exposition, à une conférence à l'université

ACTIVITÉ 6: Look at the chart. The X's indicate when particular events are scheduled for the next few days. Find at least four events that interest you, decide how to phrase appropriate invitations, and circulate among your classmates to find someone else who would like to go. Use the following expressions to phrase your invitation.

Il y a un(e)... Tu veux y aller?
Nous allons à un(e)... Tu es libre?
On va à un(e)... Tu viens?
Je t'invite à un(e)... Ça t'intéresse?

	Cet Après-midi	Ce Soir	Demain Soir	Ce Week-end
une conférence				✗
une exposition d'art		✗	✗	
un concert de jazz	✗			
un match de tennis		✗		
un match de football				✗

À VOUS!

Work with a partner. Select several events from the *Pariscope* ads at right that interest you and practice extending invitations and accepting and refusing. ●

MODÈLE: **—Il y a un ballet ce soir. Tu viens?**
—Avec plaisir! J'adore les spectacles de danse.

Activité 6: Tell students to vary their invitations and responses, using the table on the board. Set a time limit.

films

CD TOTO LE HÉROS. 1991. 1h30. Comédie dramatique belge en couleurs de Jaco van Dormael avec Michel Bourquet, Jo de Backer, Mireille Perrier, Thomas Godet, Sandrine Blancke.
Un vieil homme rassemble les morceaux de sa vie: il se raconte, mêlant les fantasmes, les souvenirs et le temps présent. Semblable à l'enfance, plein de charme, de poésie, un film magnifique très justement récompensé par la caméra d'or à Cannes. César 92 du meilleur film étranger. **♦Images d'ailleurs 18 ter**

ballets•danse

Bastille, 76, rue de la Roquette, 43 57 42 14. *Jusqu'au 30 juin inclus à 20h : ‹‹Circumvesuviana›› chorég. de Paco DECINA avec A. Battaglia, P. Decina, D. D'Urso, S. Lessard, C. Rousier, C. Diaconale, C. Le Prince.

jazz•rock

Aquarius, Hôtel Royal Monceau, 39, avenue Hoche, 42 25 01 11. *T.l.s. de 18h à 2h du mat. Du mer. au sam. : Onzy Matthews. Dim., lun. et mar.: Gerry King.

football

8 juin, 20 h :
‹‹Finale de la Coupe de France de Football›› au Parc des Princes Porte Saint-Cloud, XVIe, et à la télévision.

tennis

Jusqu'au 9 juin :
‹‹Internationaux de France›› au stade Roland-Garros, 2 avenue Gordon-Bennet, XVIe. De 10 h à 20 h et tous les après-midi à la télévision. Finale le dimanche 9 juin à 15 h et sur la 1re chaîne de télévision.

À Vous: Stress that these are real ads that the French use to plan activities.

● *Pariscope* is a weekly guide to entertainment events in and around Paris. It lists movies, concerts, exhibits, special events, etc.

LES PRÉPOSITIONS À ET DE AVEC L'ARTICLE DÉFINI

Approach: (1) Review what students already know about definite articles. (2) Read the introductory material. Tell students to look for the answers to questions A and B while you present the mini-dialogue. (3) Model the dialogue, having students practice with you. (4) Elicit answers to questions A and B. Encourage students to challenge and build on each other's observations. (5) Present the explanation as a means of confirming students' observations.

French students often spend at least part of their day at a café. They think of the café as an extension of their living quarters. It is a place to read newspapers, do homework, write letters, meet with friends, or just be alone.

Agreeing on a place to go is an important part of extending an invitation. Read and role-play the mini-dialogue with your instructor, paying particular attention to the places discussed. Then answer these questions.

A. How will Georges be contacted?

B. How do the prepositions **à** and **de** change, and what prompts those changes?

–Marie, où est Georges?
–Il est **au** café. Pourquoi?
–Nous allons tous° **à l'**exposition tout de suite° et je dois parler **à** Georges. Tu viens avec moi **au** café?
–Je n'ai pas le temps. Téléphone **à** Georges **au** café.
–Bonne idée! Tu as le numéro **du** café?

THE PREPOSITIONS À AND DE

The prepositions **à** and **de** are used in many different contexts. For instance, **de** may be used with a place to indicate *coming from;* it may also be used with the verb **parler.** When **à** and **de** are followed by a definite article they contract according to the following rules.

1. À AND DE + COMMON NOUNS

The prepositions **à** and **de** contract with the masculine and plural forms of the definite article (**le, les**). Note that **à + la, à + l', de + la,** and **de + l'** do not contract.

à + le	→	**au**	Il est **au** café. Allons **au** café.
à + la	→	**à la**	Nous allons **à la** conférence.
à + l'	→	**à l'**	Tu viens **à l'**exposition **à l'**université?
à + les	→	**aux**	Il va souvent **aux** expositions.
de + le	→	**du**	Il revient **du** café.
de + la	→	**de la**	Nous rentrons **de la** conférence.
de + l'	→	**de l'**	Tu reviens **de l'**exposition à l'université?
de + les	→	**des**	Il revient **des** expositions très tard.

tous *everybody* **tout de suite** *right away*

2. À AND DE + PROPER NOUNS

No article, and therefore no contraction, occurs before the name of a person or place.

Il parle **à** Marianne et **à** Robert.
Il parle **de** Paris et **de** Rouen.

UTILISATION

ACTIVITÉ 7: Suggest to a partner that you go to each of these places and events, using the expressions in the model to vary your invitations. Your partner will respond to each invitation. Keep track of the number of *yes, no,* and *maybe* responses. Then decide if your partner is a social person or not.

MODÈLE: le concert *Allons au concert.*
ou: *Je t'invite au concert. Tu es libre?*
ou: *Nous allons au concert. Ça t'intéresse?*

1. le concert de rock
2. le restaurant
3. l'opéra
4. le récital
5. le café
6. la soirée
7. l'exposition d'art
8. le match de tennis
9. le musée
10. le théâtre
11. le cinéma
12. la conférence
13. le parc
14. le match de football
15. le ballet

ACTIVITÉ 8: Imagine that you have an afternoon free. Select three of the activities listed in *Activité 7* and invite your partner out. Let your partner choose one. Switch roles several times and don't repeat yourself.

MODÈLE: *—Tu veux aller à la conférence, au café ou à l'exposition?*
—Je veux aller au café.

ACTIVITÉ 9: People are coming back from various events. Tell where they are coming from and what they are talking about.

MODÈLE: le restaurant / les spécialités italiennes
Ils reviennent** (come back) **du restaurant et ils parlent des spécialités italiennes.

1. le cinéma / le film
2. la soirée / les ami(e)s
3. l'exposition / l'art moderne
4. le stade / le match de foot
5. le concert / le chef d'orchestre
6. le restaurant / la cuisine chinoise
7. le théâtre / la pièce (*play*)
8. la discothèque / la musique

À VOUS!

Using a copy of the entertainment section from a local paper, discuss several events with a partner. Invite him or her to at least three of those events. He or she may either accept the invitation or reject it by giving an excuse. Exchange roles.

Notes culturelles

Les Divertissements préférés

Among the industrialized nations (with the exception of the United States, which has a much larger population), France has the greatest number of moviegoers. Ever since film was invented by the Lumière brothers in 1895 , the French have had a deep and abiding interest in the cinema. In France, there are many movie theaters that show a broad diversity of new releases every year. In an average year, theaters might show new films from France, the United States, Hong Kong, Italy, India, and many other countries. However, many theaters, especially those on the Left Bank in Paris, continue to show classic and art films 20 to 40 years after their initial release. It is not unusual, for instance, for *Casablanca* or *Jules et Jim* to be playing on any given weekend.

Even though the French especially enjoy going to the movies, they also participate in a wide variety of other activities. A poll conducted by the Ministry of Culture shows that sporting events, variety shows, plays, and concerts are among the leisure activities that the French prefer. The results of the poll that asked where French people went at least once in the previous 12 months appear at left.

French Leisure Activities

Cinéma	49,6%
Match ou spectacle sportif	20,3%
Music-hall, variétés	10,5%
Pièce de théâtre	10,3%
Concert de musique pop, jazz, rock, folk	10,1%
Cirque	9,7%
Concert de musique classique	7,5%
Festival	7,2%
Ballet	5,0%
Opérette *(operetta, musical comedy)*	2,4%
Opéra	2,0%

Ask several of your classmates whether they participate in the leisure activities listed. Then compare their responses to those of the French. Are there any differences?

MODÈLE:

—Est-ce que tu aimes le cinéma?
—Oh, oui, j'aime beaucoup le cinéma.
—Est-ce que tu préfères le cinéma ou le ballet?
—Moi, je préfère le ballet.

Suggestion: Students may be curious about French actors and actresses. Tell them that one of the most popular French male actors is Gérard Depardieu; one of the most popular female actresses is Isabelle Adjani.

Homework: Have students read the cultural note at home and ask them to compare leisure activities in the United States, France, and other countries they may know. Reserve time to discuss their thoughts.

Tranche 2

Où allez-vous?

Au travail

Avant d'écouter

ACTIVITÉ 1: Practice the names of events and their locations and the responses listed below with your instructor. Then circulate among your classmates, extending invitations for the scheduled events and responding in a variety of ways to the invitations extended to you.

Approach: (1) Go over the model, and present possible answers. (2) If you organized the table in *Tranche 1* on a transparency, have students add to it. (3) Have students practice mix-and-match dialogues. (4) Have students circulate among their classmates and record the names of those who accept their invitations.

MODÈLES: *—Tu veux aller à la Comédie Caumartin ce soir?* → *—Avec plaisir!*
—Il y a une tragédie à la Cartoucherie ce soir. Tu viens? → *—Je ne sais pas.*

Oui: Mais oui! Bien sûr! Avec plaisir!
Volontiers! Bien sûr que oui.
Oui, je veux bien (*I'd like that*)!

Indécis: Peut-être. Je ne sais pas. Ça dépend.
Je ne sais pas si je suis libre.

Non: Merci, mais… je ne suis pas libre.
Ça ne va pas pour ce soir (ce week-end).
Je regrette, mais c'est non.
Malheureusement (*unfortunately*), je ne suis pas libre.
C'est gentil (*nice*), mais je ne peux (*can*) pas.

une comédie: la Comédie Caumartin
une tragédie: la Cartoucherie
une exposition de poteries: le musée du Grand-Orient
un film d'aventures: le cinéma Contrescarpe
un match de foot: le stade du centre-ville
un récital de piano: la salle d'exposition numéro 2
un film d'amour: le cinéma Rex
un film de science-fiction: le cinéma Panthéon
une conférence sur la poésie: le café de la Paix
une exposition de sculptures: le Petit Palais
une démonstration culinaire: le Caveau des Halles
un match de tennis: le club de tennis Saint-Germain

AU TÉLÉPHONE

● The film *Le grand bleu* was very popular in France and made a strong impression on young people. It is about diving in the ocean and addresses issues of friendship, competition, and ecology.

The pictures below illustrate what happens in the conversation on your student tape. ●

Pre-listening: (1) Preview the conversation, focusing on the drawings and the introduction. Have students hypothesize about the dialogue they will hear. (2) Teach new vocabulary. (3) Tell students that their first task is to listen for answers to the questions in item A. Remind students that they may need to listen to the passage several times. **Post-listening:** Divide the class into small groups and have students share their answers to the questions. The ***À l'écoute*** may also be done outside of class.

Cultural Note: Point out that Chantal is not being rude to Pierre by changing their plans. French young people do not date one person exclusively. Rather, they go out with groups of friends and make plans that allow everyone to participate.

A. Look the pictures over. Then answer the following questions.
   1. What type of conversation do you expect to hear?
   2. What events seem to be under consideration?

B. Here are some key words you might find helpful in understanding the conversation.

à l'appareil	Jean est **à l'appareil. Il téléphone à** son amie.
Quoi de neuf?	*What's new?*
le Rex	le nom d'un cinéma
une séance	*a showing*
les projets	*plans*

C. To preview what to listen for in this conversation, look over the main idea and detail questions in ***Activités 2*** and ***3***. Then listen to the conversation and complete the activities.

COMPRÉHENSION

ACTIVITÉ 2: Which sentence most closely reflects the main idea of the conversation?

a. Chantal préfère la musique classique au cinéma.
b. Chantal est occupée ce soir, mais Jean propose une solution.
c. Jean invite Chantal au concert, mais elle préfère le cinéma.

ACTIVITÉ 3: Check your comprehension.

1. Select the events that are planned.
   a. Il y a un récital de Bach ce soir.
   b. Il y a une soirée chez Marc.
   c. On organise une soirée au théâtre.
   d. Il y a un excellent film au Rex ce soir.

2. Arrange the sentences to reflect the order of the conversation.
   a. Tout le monde va au cinéma ce soir et au récital demain.
   b. Jean propose une solution.
   c. Jean invite Chantal à une petite soirée au cinéma.
   d. Jean téléphone à Chantal.
   e. Chantal refuse parce qu'elle a rendez-vous avec Pierre.

Activité 4, Variation: Put the dates of the upcoming weekend on the board and ask students to plan a three-day calendar with a partner that includes at least six events of local interest–films, plays, parties, concerts. Remind them to schedule mornings, afternoons, and evenings.

ACTIVITÉ 4: Select one of the following concerts and invite a friend to attend with you tonight. Be prepared to describe the musician(s) and/or the works being performed. If your friend is busy tonight, suggest another evening (**demain soir, le week-end prochain...**).

JOHN McLAUGHLIN
Le guitariste des guitaristes. Découvert par Miles Davis, McLaughlin avait pourtant déjà quelques chefs-d'œuvre derrière lui, notamment *Extrapolation.* La suite est connue: du Mahavishnu Band au One Truth Band en passant par le gracile Shakti. A Vincennes, la guitare du maître sera à la tête d'un trio.
Vincennes. Dans le cadre du Festival Jazz du Val-de-Marne. 46.86.87.37. Le 4 mai à 20 h 30.

YOUSSOU NDOUR
À 32 ans, Youssou Ndour est, en effet, à la tête d'un empire, propriétaire du plus grand studio d'enregistrement de Dakar, d'une boîte de nuit, d'une fabrique de T-shirts. Il est aussi, et surtout, la voix du Sénégal. Il vient de sortir "Eyes Open", son premier album sous le nouveau label dirigé à New York par le cinéaste Spike Lee, qui se compose de chansons en anglais, en sénégalais et en français. La musique afro-pop a aujourd'hui un leader, il s'appelle Youssou Ndour.
Théâtre Dunois, 28, rue Dunois, 13e. 45.84.72.00. Les 21 et 22 mai.

PRONONCIATION

The French spellings **é**, **ez**, and **er** have a sound similar to *ay* in the English word *say.* Practice these words and the expressions that follow with your instructor or on your student tape.

une soir**ée** au cin**é**ma **t**é**l**é**phonez** ça t'int**é**resse
pr**é**f**ér**er un r**é**cital une s**é**ance une id**ée**

Je vais à une soir**ée** chez p**é**p**é** et m**é**m**é**. ●

J'ai une id**ée**! Organisons une soir**ée** au cin**é**ma.

Tu pr**é**fères all**er** au cin**é**ma ou au r**é**cital à l'universit**é**?

Allons au mus**ée** ou au caf**é**.

Th**é**o va à la conf**é**rence, puis à la r**é**union des repr**é**sentants.

● **Pépé** and **mémé** are terms of endearment for grandfather and grandmother.

C'EST-À-DIRE

DEMANDER OÙ ALLER; SUGGÉRER UN ENDROIT

Approach: (1) Go over the title and the introductory questions. (2) Model the two scenes. (3) Have students repeat with you, then practice in pairs, first as written, and finally with substitutions.

In the scenes that follow, people ask where to go and other people suggest some places.

A. Practice the scenes with your instructor and then role-play them with a partner.

B. Practice them again, keeping the invitations the same but changing the responses.

How do these invitations differ from the ones you practiced in ***Tranche 1*** of this chapter? Which ones would receive a yes/no answer? What kind of answer would the others receive?

SCÈNE 1

—Où est-ce qu'on va?

—Je ne sais pas. Il y a un récital de Bach ce soir. Ça t'intéresse?

—Non. Je n'aime pas la musique classique.

SCÈNE 2

—Où est-ce que tu veux aller ce week-end?

—Je voudrais aller au match de foot.

UTILISATION

ACTIVITÉ 5: Reread the scenes and find the following types of expressions.

1. Find two information questions.
2. Find two suggestions.
3. Find a response that indicates that the person is uncertain.
4. Find a negative response.

ACTIVITÉ 6: Respond to these invitations. Be careful! Some invitations require a yes/no response and others require a piece of information.

Remind students to contract the preposition **à** with the definite article (**le, les**) when needed.

MODÈLES: Où est-ce que tu veux aller? → *Allons au cinéma.*

On va au cinéma. Tu viens? → *Ce n'est pas possible. J'ai déjà un rendez-vous.*

1. Où est-ce qu'on va?
2. Nous allons à une conférence demain soir. Tu es libre?
3. Il y a un match de foot ce week-end. Tu viens?
4. Où est-ce qu'on va ce week-end?
5. Où est-ce que tu veux aller après les cours?
6. Où est-ce que tu vas ce soir?
7. Je t'invite à l'opéra demain soir. Ça t'intéresse?
8. Où est-ce que vous voulez aller ce soir?

À VOUS!

You have two days to spend in Paris. You and your partner should schedule each day so that you can visit as many places and take in as many of the events listed below as possible by the end of your visit. Museums are open only during the day.

Suggestion: Preview the realia. Explain that **Le Champo** is the name of a movie theater. Encourage students to find as many details in the documents as they can. Have some students report what they will do during their stay in Paris.

MODÈLE: ***—Le premier jour, où est-ce qu'on va l'après-midi?***
—Allons au cinéma Le Champo! J'aime bien les films d' Hitchcock.
—Bonne idée!

FESTIVALS

CYCLE ALFRED HITCHCOCK: Le Champo 17 v.o. (43.54.51.60).
LA MAIN AU COLLET. To catch a thief. 1955. 1h45. Policier américain en couleurs de Alfred Hitchcock avec Cary Grant, Grace Kelly, Charles Vanel, Jessie Royce Landis, Brigitte Auber.
PAS DE PRINTEMPS POUR MARNIE. 1964. 2h05. Drame psychologique américain en couleurs de Alfred Hitchcock avec Tippi Hedren, Sean Connery, Diane Baker.
SUEURS FROIDES. Vertigo. 1958. 2h05. Drame psychologique américain en couleurs de Alfred Hitchcock avec James Stewart, Kim Novak, Barbara Bel Geddes, Tim Helmore, Henry Jones.

SALLES JAZZ-ROCK

CAVEAU DE LA BOLÉE, 25, rue de l'Hirondelle (M° Saint-Michel). 43.54.62.20. Ent: 40F + cons. Tous les Dim à 22h: **Jazz avec le Quartet Ahmet Gulbay.**
CITY ROCK CAFE, 13, rue de Berri (M° George V). 43.59.52.09. Concerts à partir de minuit. **Jingle Jive:** Mer 16, **Joker Rendez-vous:** Jeu 17, **Alice Circus:** Ven 18, **Soul Times:** Sam 19, **Naz Rock:** Dim 20, Lun 21, **The End:** Mar 22.

THÉÂTRES NATIONAUX

➤1 COMÉDIE FRANÇAISE 2 **Rue de Richelieu (1er). 40.15.00.15.** M° Palais-Royal. Loc. de 11h à 18h (14 jours à l'avance). Pl: 45 à 195 F. (892 places).
CALIGULA D'Albert Camus. Mise en scène Youssef Chahine. Voir Nouvelles Pièces. (Mer 16, Ven 18, Dim 20, Mar 22, 20h30).
LE BAL MASQUÉ De Mikhaïl Lermontov. Traduction André Markowicz. Mise en scène Anatoli Vassiliev. Voir Nouvelle Pièces. (Sam 19, Lun 21, 20h30).
IPHIGÉNIE De Racine. Mise en scène Yannis Kokkos. Avec Dominique Rozan, Martine Chevallier, Jean François Rémi, Nathalie Nerval, Michel Favory, Sylvia Bergé, Valérie Bréville, Jean-Baptiste Malartre, Céline Samie, Olivier Dautrey.
Les grecs, sous la conduite d'Agamemnon, s'apprêtent à appareiller vers Troie. L'absence de vent rend ce départ impossible. L'oracle réclame pour que les vents se lèvent contre le sacrifice d'une «fille du sang d'Hélène». Iphigénie, fille d'Agamemnon et de Clytemnestre, sœur d'Hélène devra être immolée aux dieux. (Jeu 17, 20h30:Dim 20, 14h).

MUSÉES

CENTRE NATIONAL D'ART ET DE CULTURE GEORGES POMPIDOU, rue Rambuteau, angle rue Saint-Merri (M° Châtelet-Les Halles). 44.78.12.33. Semaine de 12h à 22h, Sam, Dim et jours fériés de 10h à 22h. Fermé les Mardi. Renseignements sur les programmes hebdomadaires: 42.77.11.12. Loc. spectacles: 42.74.42.19. Tarif musée: 28F, (de 18 à -25 ans et + 60 ans: 18F). Gratuit le Dim de 10h à 14h.
CITÉ DES SCIENCES ET DE L'INDUSTRIE. Parc de la Villette, 30,avenue Corentin-Cariou (M° Porte de la Villette). Parking payant. Répondeur intéractif: 40.05.80.00. Minitel: 36.15: code Villette. Ouvert tlj sf Lun de 10h à 18h. (Médiathètique de 12h à 20h). Entrée Cité-Pass: 45F, tarif réduit: 35F. Billet couplé (Cité, Géode): 85F. T.R.:72F.
GRAND PALAIS, Galeries Nationales du Grand Palais, 3, avenue du Général Eisenhower (M° Champs-Élysées-Clémenceau). Rens. expositions: 44.13.17.17. Gpes: 44.13.17.10. Tlj sf Mar de 10h à 20h. Mer jusqu'à 22h. Fermeture des caisses à 19h15 et le Mer à 21h15. Ent: 40F, T.R. et Lun: 26F. Cassettes-guides en français: 25F. Cafétéria. Exposition: **Les Étrusques et l'Europe.** Six cent cinquante pièces montrent l'importance de cette civilisation de l'Italie centrale.

STRUCTURE

Approach: (1) Go over the introductory material. (2) Role-play the dialogue several times. (3) Encourage students to look for patterns, make guesses, and compare their answers with those of a partner. (4) Elicit answers to questions A and B. (5) Go over the explanation as a means of confirming students' answers.

LE VERBE ALLER

The verb **aller** *(to go)* is useful in extending invitations. Read and role-play the mini-dialogue with your instructor, paying particular attention to the places discussed. Then answer these questions.

A. What have different members of the group planned? When and where will they all get together?

B. What verb forms are used?

–Qu'est-ce que tu fais aujourd'hui?
–Moi, je **vais** au stade ce matin. Et toi, tu **vas** faire quelque chose?
–Euh, oui,... j'ai un match de tennis avec Mathilde à onze heures et demie.
–Bon, alors, on **va** au café à une heure, après ton rendez-vous?
–D'accord. Et Pierre et Chantal, qu'est-ce qu'ils font?
–Euh... ils sont occupés; ils **vont** chez Henri cet après-midi.
–Alors, **allons** chez Henri après le déjeuner (*lunch*).

The verb **aller** (*to go*) is irregular. Note its forms in the present tense.

je	**vais**	nous	**allons**
tu	**vas**	vous	**allez**
il/elle/on	**va**	ils/elles	**vont**

Je **vais** au café.
Tu **vas** au stade avec Thierry?
On **va** chez Henri après le cinéma.
Nous **allons** au récital.
Vous **allez** au restaurant après les cours?
Elles **vont** au match de foot.

Note the liaison in the **nous** and **vous** forms.

nous‿allons (z) **vous‿allez** (z)

UTILISATION

ACTIVITÉ 7: Where is each person going this weekend? Use the correct form of the verb **aller**.

MODÈLE: Jean / le récital *Jean va au récital.*

1. moi, je / le concert
2. Suzanne et Elise / la conférence
3. nous / le parc
4. Philippe / le musée
5. Annie / l'exposition
6. vous / le cinéma

ACTIVITÉ 8: Choose an appropriate restaurant from the list below for each person or group. Then use the correct form of the verb **aller** to tell where each will dine.

Genres de restaurants en France			
un café	un grand restaurant	un restaurant universitaire	un fast-food
un bistro	un salon de thé	un bar	un self-service

MODÈLE: L'après-midi, Mme et M. Ammonet...
L'après-midi, Mme et M. Ammonet vont au salon de thé.

1. Pour un dîner élégant, le président de la société...
2. Mes amis et moi, nous...
3. Après les cours, les étudiants...
4. Le matin, les étudiants...
5. Le soir, moi, je... Et le matin, je...
6. L'après-midi, je...

À VOUS!

In the time allotted by your instructor, circulate among your classmates, asking about their weekend plans. When you locate someone who has planned one of the specified activities, record his or her name.

MODÈLE: la discothèque

VOUS: ***Tiens, Christine. Est-ce que tu vas à la discothèque ce week-end?***
CHRISTINE: ***Non, je ne vais pas à la discothèque ce week-end.***
VOUS: ***Est-ce que tu vas à la discothèque ce week-end?***
MARIE-CLAIRE: ***Oui, je vais à la discothèque ce week-end.***
VOUS: ***Tu t'appelles Marie-Claire, n'est-ce pas?***

1. la discothèque
2. le musée d'art
3. le théâtre
4. le restaurant chinois (japonais, italien)
5. le concert
6. le cinéma
7. le café
8. la soirée
9. le bar
10. le match de foot (basket, tennis, baseball)

À vous!, Suggestion: Read the instructions, present the model, and set a time limit. Encourage the exclusive use of French. If some students still have difficulty being spontaneous, have them refer to the ***Vocabulaire et expressions*** at the end of the chapter. Circulate among the groups, ready to answer individual questions, but allow students to work independently.

Follow-up: Have some students report the results of their investigation: **Greg va à la discothèque ce week-end.**

Tranche 3

C'est à quelle heure, le rendez-vous?

Au travail

Avant de lire

Activité 1: This reading consists of a formal and an informal invitation.

1. What information would you expect to find on invitations?
2. For what events would you expect a formal invitation? an informal invitation?
3. What differences would you expect between a formal and an informal invitation?

Pour mieux lire

Word families

As discussed in Chapters 1 and 2, good readers approach a printed text using a step-by-step process to understand the main ideas and certain details of the text; then they use specific word-analysis strategies to determine the meaning of specific words. One such strategy makes use of borrowed words, cognates, and close cognates.

Another word-analysis strategy involves root words and word families. A base (or root) word may have dozens of members in its family. While prefixes and suffixes may alter the exact meaning of a family member, all words in the family share a common root, or base. Consider the noun **honneur**. In the first invitation, you will encounter the word **honorer**. The words are clearly related. The **-er** ending makes a verb out of the noun. Similarly, the word **inauguration** is used in the first invitation. What does it mean? How are the words **inaugurer** and **inaugural(e)** related? Can you guess what they mean? What other word families can you locate in these invitations?

INVITATIONS

Before reading the invitations, look over the main idea and detail questions in ***Activités 2*** and ***3***. As you read the invitations, note the way in which dates and times are expressed.

Pre-reading: (1) Have students tell you the precise information needed for an invitation: time, date, location (mention **à…, chez…, avoir lieu).** (2) Have students hypothesize about the kinds of invitations they will read.

Reading: The reading may be done outside of class.

Post-reading: Have students answer the preliminary questions in small groups, then share their answers with the class.

INVITATION N° 1

Une estampe° est une image imprimée° au moyen d'une planche de bois° ou de métal gravée en relief. Il est particulièrement difficile d'estamper en plusieurs couleurs. Lisez l'invitation et pensez au genre d'art présenté. Est-ce que le langage est formel ou plutôt familier? ⬢

⬢ The Galerie Sagot– Le Garrec is in the sixth **arrondissement.** Note the specification VIe in the address. The address in the second invitation specifies **3e étage**. In American terms, this is the fourth floor, since the first floor is called **le rez-de-chaussée** in France.

LA GALERIE SAGOT–LE GARREC
Vous prie° d'honorer de votre présence
L'inauguration de l'exposition
HAROLD ALTMAN
Estampes récentes
Qui aura lieu°
Le mercredi 18 novembre 1992, de 17 à 21 heures
24, rue du Four - VIe – 43.26.43.38 43.29.56.85
Jusqu'au 14 décembre

INVITATION N° 2

Les soirées sont très populaires parmi les jeunes Français, surtout pour fêter° leurs vingt ans. Lisez les suggestions pour une fête réussie,° puis lisez l'invitation à la page suivante.

Note that **Invitation N° 2** is found on page 120.

Le Planning: Pour éviter d'être sous la douche° quand vos invités arrivent, il est indispensable de planifier° vos préparatifs. Si vous avez lancé° les invitations pour huit heures, essayez d'être prêt(e) une heure avant.°

Le But de la fête: C'est certainement de s'amuser et de se rencontrer. Les amis viennent pour se voir!°

Les Invitations: Prévoyez° votre fiesta à l'avance et avec un calendrier sous le nez! ° Inutile d'inviter vos amis la veille° du 14 juillet, pendant les vacances scolaires, les veilles d'examens et aux fêtes traditionnelles. Choisissez les vendredis ou les samedis soirs!

estampe *print* **imprimée** *printed* **le bois** *wood* **vous prie** *beg of you* **aura lieu** *will take place* **fêter** *to celebrate* **réussie** *successful* **la douche** *shower* **planifier** *to plan* **avez lancé** *sent out* **avant** *before* **se voir** *to see each other* **prévoyez** *plan* **sous le nez** *at hand* **la veille** *the day before*

Chère Clotilde,
À l'occasion de mon 20e anniversaire, mes parents vont organiser une grande fête. La fête aura lieu le 20 décembre à partir de 21 h° au 36, boulevard du Temple, 3e étage. Je compte sur° toi pour apporter° des disques. Et n'oublie pas d'amener° Jean!

Grosses bises,°
Chantal

P.S. Comme cadeau,° mes parents vont quitter l'appartement à 20h!

Follow-up: Students prepare an invitation for an event of their choice. Additional reading practice is provided in ***Tranche 3*** of the corresponding ***Cahier*** chapter.

Ils sont là: Quand les amis arrivent, votre rôle consiste à présenter les gens les uns aux autres, relancer la conversation, vérifier qu'il y a à boire et à manger, et raccourcir° où ralonger° la série de slows en fonction de l'ambiance. On va danser, après tout!

Compréhension

ACTIVITÉ 2: Reread the invitations. Then answer these questions.

1. In which invitation(s) can you find members of the following word families?
   a. l'honneur
   b. exposer
   c. une année
   d. porter
2. Which sentence best reflects the main idea of the invitations?
   a. Les invitations en France sont toujours formelles.
   b. Il y a plusieurs genres d'invitations pour toutes les occasions.
   c. On invite d'habitude les gens qu'on connaît.
3. Which of the invitations could be called formal? Which is informal?

ACTIVITÉ 3: Reread the invitations and verify the following details.

1. Invitation N° 1:
   a. What are **estampes**?
   b. Who is making the invitation? What is the occasion?
   c. What do the numbers after the address indicate?
2. Invitation N° 2:
   a. What birthday is particularly important to French young people?
   b. What advice is given for hosting a successful party? What activities are typical at such an event?
   c. Who is inviting whom? What are the date and time of the party?
   d. What is requested from Clotilde?

ACTIVITÉ 4: Repeat the details of each invitation to a friend using the format below.

MODÈLE: Tiens, Marie. Il y a... (*événement*)! C'est pour... (*lieu*)... (*date*) Ça t'intéresse?

---

raccourcir *to shorten* **ralonger** *to lengthen* **h** *o'clock (hour)*
compter sur *to rely on* **apporter** *to bring* **amener** *to bring along*
grosses bises *kisses* **le cadeau** *gift*

DIRE LA DATE ET L'HEURE

In the scenes that follow, people discuss their plans for different dates and times.

A. Practice the days, months, seasons, and dates below with your instructor.

B. Role-play the scenes with your instructor and then again with a partner, changing the days, dates, and times.

DONNER LA DATE

- **Les Jours de la semaine**
  lundi, mardi, mercredi, jeudi, vendredi, samedi, dimanche
  le lundi *every Monday* Je joue au golf **le lundi.**
  le vendredi soir *every Friday night* Elle travaille **le vendredi soir!**
- **Les Saisons et les mois de l'année**
  l'hiver: décembre, janvier, février On fait du ski **en hiver**.
  le printemps: mars, avril, mai Il y a des fleurs **au printemps**.
  l'été: juin, juillet, août On est en vacances **en été**.
  l'automne: septembre, octobre, novembre On rentre à l'université **en automne**.
- **Les Dates**
  When the French use figures to abbreviate dates, they place the figure that represents the day before the one that represents the month.
  le premier octobre 1/10 le 15 février 15/2 le 21 juillet 21/7

Approach: (1) Go over the introduction. (2) Model each scene. (3) Have students practice, first with you, then in small groups.

Suggestion: Have students find ways to ask questions about time, a way to say the exact time, and ways to give approximate times. List answers in columns and have pairs of students create mini-dialogues by mixing and matching. Ask some pairs to present their work to the class.

Follow-up: Ask students to give the dates of at least five commitments—appointments, meetings, presentations, quizzes, exams, dates with friends, birthday celebrations—in the next several months.

SCÈNE 1

—Allô, Chantal? J'ai des nouvelles! La fête aura lieu° le 13 octobre.
—À quelle heure?°
—À vingt heures.
—Super!

SCÈNE 2

—Tu es libre jeudi après-midi? C'est le premier octobre...
—Oui.
—Alors, rendez-vous vers trois heures et demie° au café?
—D'accord.

12 avril	
13 avril	
14 avril	
15 avril	
16 avril	
17 avril	
18 avril	Concert 8h

SCÈNE 3

—Tu es libre le 18 avril? Il y aura une soirée chez moi vers dix-neuf heures.
—Je regrette, mais j'ai des billets pour un concert ce soir-là.

aura lieu *will take place* **À quelle heure?** *At what time?* **demie** *half past*

UTILISATION

ACTIVITÉ 5: Reread the scenes and find the following types of expressions.

1. Find several different ways to extend an invitation.
2. Locate the responses. Which expressions of acceptance and refusal are used?
3. Make a list of the dates on which events are planned. How are dates expressed in French?
4. Find the times at which events are planned. Which express exact times? Which times are approximate?

ACTIVITÉ 6: Look at Jeanne's appointment book and answer the following questions about her plans for the week.

1. Quand est-ce que Jeanne va dîner au restaurant avec des ami(e)s?
2. Qu'est-ce qu'elle va faire mardi après-midi? samedi matin?
3. Quand est-ce qu'elle va à l'exposition avec Georges?
4. Qu'est-ce qu'elle va faire mercredi? vendredi?
5. Quand est-ce qu'elle va jouer au tennis?
6. Quand est-ce qu'elle a son cours de chinois? son rendez-vous avec Michèle?

semaine du 20/2 au 27/2	lundi	mardi	mercredi	jeudi	vendredi	samedi	dimanche
matin	cours de chinois		réunion des étudiants		entrevue avec Mathilde	cinéma en matinée	
après-midi	match de tennis	réunion avec Luc	match de tennis				rendez-vous avec Michèle
soir	restaurant avec les Dupont	concert	cours de danse		opéra avec Henri	fête	exposition avec Georges

ACTIVITÉ 7: You have engagements on the following dates at the times indicated. Read them to a partner.

MODÈLE: la fête: 15/9 — 8 h du soir
J'ai une fête le 15 septembre à huit heures du soir.

1. un rendez-vous chez le dentiste: 25/11 — 10 h du matin
2. des conférences: 3/5 et 17/5 — 8 h du matin
3. des réunions avec les employées: 13/8 et 30/8 — 1 h et 4 h de l'après-midi
4. un match de tennis: 6/6 — 8 h du soir
5. une entrevue avec le président de la compagnie: 4/9 — 9 h du matin
6. une pièce de théâtre: 22/12 — 9 h du soir
7. un rendez-vous avec Marie: 1/1 — 4 h de l'après-midi
8. des expositions d'art moderne: 28/2, 21/4 et 16/7 — 2 h de l'après-midi

ACTIVITÉ 8: In order to plan an outing, you need very specific information about the events, locations, and times. Read the following advertisements and answer the questions.

EXPOSITIONS
MAISON DU DANEMARK, 142, Champs-Elysées - M° Etoile
MIRAGES DE LA DECADENCE
œuvres du scénographe
JEAN VOIGT
Tous les jours de 13h à 19h - Dimanches et fêtes de 15h à 19h
Jusqu'au 20 mai — Entrée libre
MUSEE CLAUDE MONET A GIVERNY
LA MAISON — LES JARDINS DE CLAUDE MONET
L'ETANG AUX NYPHEAS
de 10h à 18 h pour les jardins tous les jours (sf lundi)
de 10h à 12h et de 14h à 18h pour la maison
25 F pur la visite complète, 15 F pour les jardins
autoroute de l'Ouest, dir. Rouen, sortie Bonnières, Giverny par Vernon (Eure)

THÉÂTRES

CARTOUCHERIE, avenue de la Pyramide M° Château-de-Vincennes puis autobus 112. Th. du Soleil, 374-24-08. Pl. : 65 F. Loc, de 11 h à 18h.

Les portes sont fermées dès le début du spectacle:

Les mer., jeu., ven., sam. à 18h30, le dim à 15h30:

LES SHAKESPEARE

Les 5, 6, 11, 12 avril :
John ARNOLD, M. AZENCOT, Georges BIGOT. Phillippe BLANCHER, Cyrille BOSC, Hélène CINQUE, Odile COINTEPAS, Marc DUMETIER, Maurice DUROZIER, Guy FREIXE, F. GARGIULO, Phillippe HOTTIER, J.-Pierre MARRY, Julien MAUREL, S. PONCELET, Eric REY, dans une pièce de W. Shakespeare, mise en scène d'A. Mnouchkine :

RICHARD II

L'Angleterre à la veille de la Renaissance. Sur une île encore presque déserte, la chronique tumultueuse d'une tribu guerrière.

Les 7, 8, 13, 14, 15 avril :

BOSC, H. CINQUE, O. COINTEPAS, M. DUMETIER, M. DUROZIER, J.-F. DUSIGNE, G. FREIXE, F. GARGIULO, R. GROUP, Ph. HOTTIER, J.-P. MARRY, J. MAUREL, A. PEREZ, S. PONCELET, E. REY et J.-J. LEMETRE, L. MORO MARENGONE musiciens, dans une pièce de W. Shakespeare, traduction et mise en scène d'A. Mnouchkine :

HENRY IV (1re partie)

L'Angleterre à la veille de la Renaissance, sur une île encore presque déserte, la chronique d'une tribu tumultueuse dans un monde qui se peuple et: où, sans cesse auprès du Roi, trône la déesse - la guerre fumante.

AU THÉÂTRE

1. Comment s'appelle le théâtre? Où est-il?
2. Qu'est-ce qu'on représente les 5, 6, 11 et 12 avril?
3. Qu'est-ce qu'on représente les 7, 8, 13, 14 et 15 avril?
4. À quelle heure commence la pièce le vendredi? le dimanche? le jeudi?
5. Quand est-ce qu'on ferme (*close*) les portes?

À L'EXPOSITION

6. Comment s'appelle l'exposition?
7. Qu'est-ce qu'on présente à l'exposition?
8. Où est la salle d'exposition?
9. À quelle heure est-ce que l'exposition ferme le dimanche?
10. Quand est-ce que l'exposition ouvre (*open*)?

AU MUSÉE CLAUDE MONET

11. Où est le musée Claude Monet?
12. Quand est-ce que la maison ouvre?
13. Quand est-ce que les jardins (*gardens*) ouvrent?
14. Est-ce que les jardins ouvrent le lundi?
15. Combien (*how much*) coûte (*costs*) la visite complète?

ET VOUS?

16. Est-ce que vous aimez les expositions, les musées, les jardins ou les pièces de théâtre?
17. Invitez un(e) camarade à aller voir la pièce de théâtre, les jardins, le musée, la maison ou l'exposition avec vous.

Stress that these are real ads that the French use to plan activities. Have pairs of students pretend they are in Paris, choosing activities for themselves.

Follow-up: Ask students what other details about the events they can find in these documents.

À VOUS!

Use approximate measures of time ***(vers, avant, après... heures)*** to tell a partner when you are free this week. Select a time to get together.

MODÈLE: ***—Lundi, je suis libre avant..., vers... et après... Et toi?***

L'Heure

Approach: (1) Go over the introductory material. (2) Model the mini-dialogue, having students repeat, first with you, then in pairs. (3) Have students look at Mme Lacaze's timetable as you read it. Have students practice it, first with you, then in pairs. (4) Divide the class into small groups and have students answer the questions A and B. (5) Elicit observations and encourage students to confirm, extend, or challenge each other's statements. (6) Present the explanation as a means of confirming students' hypotheses.

Point out that **demi(e)** is an adjective and agrees with the noun it modifies: **midi et demi (midi** is masculine), but **deux heures et demie (heure** is feminine).

Stating approximate and exact times is essential when you're setting up an engagement or making an appointment. Role-play the mini-dialogue with your instructor, substituting different commitments from the appointment book below. Pay particular attention to the appointment times. Then answer these questions.

A. Does Mme Lacaze divide her time equally between her work and social life?

B. How is exact time expressed in French?

Mme Lacaze, une femme d'affaires, interroge sa secrétaire:

—J'ai un rendez-vous à **huit heures** aujourd'hui?
—À **huit heures**? Oui, avec M. Smith.
—Et à **midi**?
—À **midi vingt-cinq,** vous avez rendez-vous avec Henri au café.

8 h 00	M. Smith	2 h 10	M. Artaud
9 h 15	MM. Dupont et Martin	3 h 30	Mme Legrand, par téléphone
10 h 30	la conférence de M. Princet	3 h 45	chez le directeur
12 h 25	au café avec Henri	4 h 50	Mme Mouaque

1. Quarter and Half Hours

Elle a un rendez-vous avec M. Dupont et Martin à **neuf heures et quart.**
Ensuite, à **dix heures et demie,** elle assiste à une conférence.
Finalement, à **quatre heures moins le quart,** elle va voir le directeur.

2. Time Before or After the Half Hour

Elle a un rendez-vous à **deux heures dix.**
À **cinq heures moins dix,** elle va voir Mme Mouaque.

3. Indicating A.M. and P.M.

Conversational time, based on a twelve-hour clock, is used most commonly when making informal appointments and describing daily events. Official time, based on a twenty-four-hour clock, is commonly used for train schedules, store hours, and other written information. In conversations using twelve-hour time, use **du matin, de l'après-midi,** and **du soir,** when you need to differentiate between A.M. and P.M.

Heure conversationnelle: Tu as un rendez-vous à **six heures du matin!**

Heure officielle: Horaire (*schedule*) des trains—Départs Paris **17.02** Limoges **20.23**

UTILISATION

ACTIVITÉ 9: Here is Martine Dupré's schedule for today. Tell when she has planned each activity, expressing either an exact or an approximate time.

MODÈLE: 8 h 15 *Martine a un cours de chimie vers huit heures.*
ou: *Martine a un cours avant neuf heures.*
ou: *Martine a un cours à huit heures et quart.*

8 h 15	cours de chimie	1 h 30	laboratoire de langues
9 h 30	cours d'anglais	2 h 20	rendez-vous avec le professeur Brunet
10 h 45	cours de maths	4 h 10	rendez-vous avec Jean
12 h 00	heure libre	9 h 00	soirée chez Suzette

ACTIVITÉ 10: Look at the train schedule at right and use official time to tell when the trains leave and arrive.

MODÈLE: Nice – Paris
Le train quitte Paris à vingt-deux heures cinquante-sept et arrive à Nice à dix heures trente-trois.

1. Paris–Toulon
2. Dijon–Avignon
3. Marseille–Nice
4. Avignon–Toulon
5. Paris–Valence
6. Lyon–Nice

Horaire	*DU 02 Juin AU 28 Sept.*
Paris-Gare de Lyon	22.57
Dijon	02.25
Lyon	04.11
Valence	05.11
Avignon	06.20
Marseille	07.48
Toulon	08.40
Nice	10.33

À VOUS!

Write out your schedule for the next week. Be sure to give the day, the date, and the exact time of each activity. Working with a group, compare schedules to determine when you all are free and can plan an activity together. Consider the following possible activities.

une conférence, une réunion, un rendez-vous avec...
un rendez-vous chez le médecin (*doctor*), le coiffeur (*hairdresser*)
une fête (une invitation à dîner) chez...
un cours de karaté, de danse moderne...
un examen, une interrogation (*quiz*)

MODÈLE: ***—Tu es libre à onze heures le samedi 29 novembre?***
—Non, j'ai un cours de karaté.

Tranche 4

QU'EST-CE QU'ON VA FAIRE?

AU TRAVAIL

Have students work in groups and report their results (perhaps for oral grades).

ACTIVITÉ 1: Schedule a series of activities on different days of the week and at different times. Then suggest your activities to a partner. He or she will refuse each one for a different reason. See how many activities you can suggest before your partner runs out of refusals. Use some of the suggested activities and refusals below, then add your own.

MODÈLE: ***—Il y a un match de tennis ce soir. Tu es libre?***
—Non, nous allons à une réunion à huit heures.
—Alors, demain soir, vers neuf heures et demie, on va à la soirée chez Anne?
—Je regrette, mais je ne suis pas libre. J'ai du travail.

Des invitations

On va au cinéma avec Jean et Denise ce soir. Ça t'intéresse?
Nous allons à une soirée chez Jeannette ce soir. Tu es libre?
Je t'invite à la conférence demain. Tu veux y aller?
Il y a un concert de rock demain soir. Tu viens?
Il y a un récital de Chopin ce soir. Ça t'intéresse?
Tu es libre jeudi après-midi?
Tu es libre le 18 avril? Il y aura une soirée chez moi vers dix-neuf heures.

Des refus

Non, merci. Je n'aime pas la musique classique.
Je regrette, mais je ne suis pas libre ce soir-là.
Non, n'insiste pas, je ne peux pas.
Je regrette, j'ai un rendez-vous... mais je suis libre après demain.
Je suis vraiment désolé(e), mais je suis occupé(e).
Je regrette, mais ce n'est pas possible.
Je regrette, j'ai du travail.

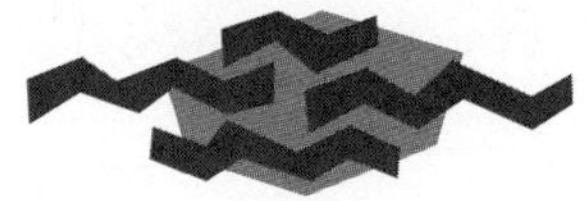

C'est-à-dire

Dire non

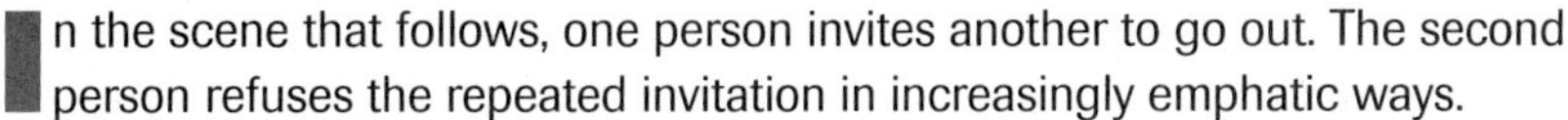

In the scene that follows, one person invites another to go out. The second person refuses the repeated invitation in increasingly emphatic ways.

A. Practice the scene with your instructor and then role-play it with a partner.

B. Role-play the scene again, changing the invitation, modifying the responses as needed, and using various tones of voice.

Approach: (1) Preview the material, having students think about the different ways they can refuse an invitation in English. (2) Prerecord this mini-dialogue with another instructor, or role-play it for the class. (3) Have students practice the dialogue, first with you, then in pairs.

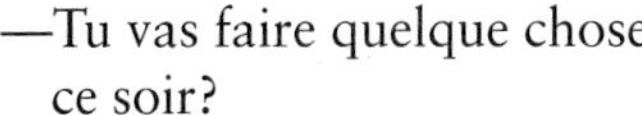

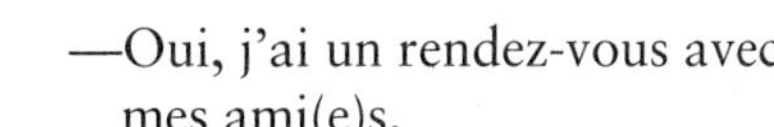

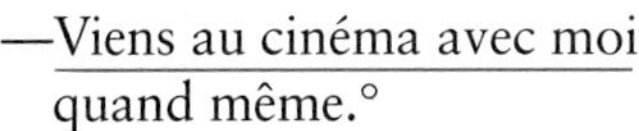

—Tu vas faire quelque chose ce soir?	→	—Oui, j'ai un rendez-vous avec mes ami(e)s.
—Viens au cinéma avec moi quand même.°		—Je regrette, mais ce n'est pas possible.
—Tu vas aimer le film; c'est un film d'amour.		—Non, n'insiste pas, je ne peux pas.
—Je te jure° que c'est un bon film.		—Je suis vraiment désolé(e), mais c'est non.

Utilisation

ACTIVITÉ 2: Reread the scene and find the following types of expressions.

1. Find several different ways to rephrase the same invitation.
2. Find several ways to turn down an invitation. Which are more polite?

ACTIVITÉ 3: With a partner, role-play the following scenes.

MODÈLE: un concert, un concert de jazz, extraordinaire

—Viens au concert avec moi ce soir.	→	***—Je regrette, mais ce n'est pas possible.***
—Tu vas aimer le concert; c'est un concert de jazz		***—Non, n'insiste pas, je ne peux pas.***
—Je te jure que c'est un concert extraordinaire.		***—Je suis désolé(e), mais c'est non.***

1. une pièce de théâtre, une pièce de Shakespeare, très intéressante
2. un film, un film de Truffaut, fantastique ●
3. une exposition, une exposition de Chagall, sensationnelle
4. une conférence, une conférence scientifique, très intéressante
5. un concert, un concert de jazz, magnifique

● Truffaut was a film director whose films (*Le dernier métro, Jules et Jim*, etc.) are still greatly appreciated in France and enjoy world-wide acclaim.

À vous!

Think of an event you would like to attend and try to convince a partner that he or she should attend with you. Follow the model from ***Activité 3.***

quand même *anyway* **Je te jure** *I swear to you*

LE FUTUR IMMÉDIAT

Approach: (1) Preview the material, having students think about the way they plan an evening with friends. What questions do they ask? How do they express decisions? (2) Go over the introduction. (3) Model the dialogue and have students practice it. (4) Divide the class into small groups and have students answer questions A and B. (5) Elicit observations and ask the others to confirm, challenge, and expand on them. (6) Proceed with the explanation as a means of confirming and extending students' conclusions.

The future tense is often used when making plans. Role-play the mini-dialogue and study the schedule with your instructor. Then answer these questions.

A. Do the speakers have a lot on their agenda?

B. How do they express their plans for the future?

–Qu'est-ce que tu **vas faire** ce soir?
–Une seconde, je **vais vérifier**. Rien de spécial.
–Alors, tu **vas venir** au cinéma avec nous.
–D'accord.
–Nous **allons voir** un film policier.

Lundi	
Mardi	rendez-vous avec Roger
Mercredi	
Jeudi	
Vendredi	
Samedi	dîner chez Anne
Dimanche	

1. EXPRESSING THE IMMEDIATE FUTURE

The verb **aller** is used to express the immediate future. Note the use of the present-tense form of **aller** followed by an infinitive.

Je **vais sortir** avec des amis.	Nous **allons assister** au concert.
Tu **vas étudier**.	Vous **allez regarder** la télé.
Jean-Hugues **va aller** au match.	Elles **vont jouer** au tennis.

2. NEGATIONS AND QUESTIONS IN THE IMMEDIATE FUTURE

In the negative, **ne** and **pas** are placed around the conjugated verb.

Je **ne** vais **pas** sortir ce soir.
Nous **n'**allons **pas** assister au concert.

Questions may be formed with intonation, with **est-ce que**, or with **n'est-ce pas**.

Tu vas étudier?
Est-ce que tu vas étudier?
Tu vas étudier, **n'est-ce pas?**

Utilisation

Activité 4: Everyone has vacation plans. Tell what these people are going to do.

Modèle: moi, je / aller en France — *Moi, je vais aller en France.*

1. moi, je / voyager au Canada
2. Suzette et Marie / rester sur le campus
3. vous / inviter des amis à dîner
4. toi, tu / regarder des vidéocassettes
5. nous / visiter New York
6. Pierre / regarder les matchs de basket tout le temps
7. Jean-Marc et Philippe / faire du ski
8. Martine / acheter un nouveau lecteur laser

Activité 5: What do *you* intend to do tonight? Working with a partner, ask and answer each question.

Suggestion: Encourage students to add personal questions.

Follow-up: Have students report what their partner is going or not going to do tonight.

Modèle: *—Tu vas sortir ce soir?*
—Oui, je vais sortir ce soir.
ou: *—Non, je ne vais pas sortir ce soir.*

1. aller à la discothèque ce soir
2. regarder un film ce soir
3. sortir avec des amis ce soir
4. écouter de la musique ce soir
5. dîner au restaurant ce soir
6. étudier ce soir
7. regarder un match de foot ou de basket ce soir
8. aller à une fête ce soir

Activité 6: Select at least eight activities from the list below and plan your schedule for this weekend. Tell what you are going to do and where you are going to go.

Modèle: *Vendredi soir, je vais dîner au restaurant avec David et après, nous allons aller au cinéma. Samedi matin, je vais acheter des disques compacts et après...*

aller au cinéma (au concert)
voir un film
écouter de la musique
travailler
étudier
cuisiner (pour...)
jouer au tennis (au foot,...)
acheter des disques compacts
dîner au restaurant
bavarder(*chat*) (danser, sortir)
faire mes devoirs
regarder la télé

À vous!

Tell a partner what you are going to do and what you are not going to do this weekend. Discuss at least four activities. Then exchange roles.

La Langue écrite

Additional writing practice is provided at the end of the corresponding ***Cahier*** chapter. If ***système-D*** is available to your students, they may wish to use it as they complete the writing exercise.

Suggestions: Organize a party (a small get-together or picnic) to be held outside of class. Ask students to prepare an invitation for this event. Then copy the most creative one and distribute it to the whole class.

Structurer un paragraphe

In the first two chapters of this book, we analyzed the writing process, and in Chapters 1 and 3, we noted several strategies good writers use to make their work more interesting. Effective writers also follow certain organizational conventions to make their work more understandable to the reader. Think about these questions:

- With what type of sentence do readers expect a paragraph to begin?
- Where are supporting details usually given?
- With what kinds of sentences do readers expect a well-written paragraph to end?

Effective writers often use a three-step organizational pattern that consists of a topic sentence, supporting details, and a concluding sentence. Examine the paragraph below and identify the topic sentence, the supporting details, and the concluding sentence.

Energy Tennis propose des stages multisports à Courchevel et à Jouy-en-Josas durant les vacances d'été. Des journées bien remplies, avec du tennis, bien sûr, mais aussi de la natation, du tir à l'arc, du bicross. Si vous êtes amateur de sports, contactez Energy Tennis, téléphone 44.06.43.35.

Sujets de composition

1. Write a short paragraph about the places you like to go with friends and the things you like to do with them in your spare time. Be sure to (a) introduce your topic with a topic sentence, (b) develop your topic with supporting details, and (c) end your paragraph with a concluding sentence.
2. Write an informal letter of invitation, using one of these outlines as examples. Be sure to (a) organize your letter with a topic sentence, supporting details, and a concluding sentence, and (b) include the time, date, and place and a list of events or activities.

TO A FRIEND

Le 6 novembre 1993
Cher (Chère)
[The body of the letter may contain either *tu* or *vous*.]
Amitiés, (Cordialement, Amicalement,)

TO A CLOSE FRIEND

Le 6 novembre 1993
Cher (Chère)
[The body of the letter generally contains *tu*.]
Je t'embrasse, (Bien à toi, Affectueusement, À bientôt, Grosses bises, Bises,)

Lexique

Expressions

Inviting

Il y a un(e)...	ce matin (demain matin)	Tu veux y aller?
Nous allons à un(e)...	cet après-midi (demain après-midi)	Tu es libre?
On va à un(e)...	ce soir (demain soir)	Tu viens?
Je t'invite à un(e)...	ce week-end (le week-end prochain)	Ça t'intéresse?
	la semaine prochaine	

Accepting or refusing invitations

YES	**PERHAPS**
D'accord.	Peut-être.
Avec plaisir!	Je ne sais pas.
Mais oui!	Je ne sais pas si je suis libre.
Pourquoi pas!	Pas possible.
Bien sûr!	J'ai rendez-vous avec...
Formidable!	Je regrette, mais ce n'est pas possible. J'ai du travail.

NO

Merci, mais je ne suis pas libre.	Non, j'ai déjà... avec mes ami(e)s.
Je regrette, mais c'est non.	Je regrette, mais ce n'est pas possible.
Ça ne va pas pour ce soir.	Je suis vraiment désolé(e). N'insistez pas.

Suggesting a place to go

Allons...   Je voudrais aller...   Il y a... Ça t'intéresse?

Stating the date and time

Quand est-ce que tu es (vous êtes) libre?

On a rendez-vous	lundi	à huit heures	du matin
	le lundi	à sept heures et quart (demie)	de l'après-midi
	le 15 février	à cinq heures vingt-cinq	du soir
	le lundi 15 février	à neuf heures moins le quart	
	le premier mai		

Making future plans

On va faire quelque chose ce week-end?	Qu'est-ce qu tu vas faire cette semaine?
Je (ne) vais (pas) sortir avec des amis.	Nous (n')allons (pas) assister au concert.
Tu (ne) vas (pas) étudier.	Vous (n')allez (pas) regarder la télé.
Jean-Hughes (ne) va (pas) aller au match.	Ils (ne) vont (pas) jouer au tennis.

Vocabulaire

Days of the week

lundi, mardi, mercredi, jeudi, vendredi, samedi, dimanche

MONTHS OF THE YEAR

janvier	mai	septembre
février	juin	octobre
mars	juillet	novembre
avril	août	décembre

SEASONS

l'hiver *(m.)*
le printemps
l'été *(m.)*
l'automne *(m.)*

AMUSEMENTS

le cinéma
le match ou spectacle sportif
le music-hall, les variétés *(f. pl.)*
la pièce de théâtre
le cirque
le festival
le ballet
l'opérette *(f.)*
l'opéra *(m.)*
le fast-food
la discothèque
l'exposition *(f.)* d'art (de sculpture, de poterie)
le concert de musique pop (jazz, rock, folk, musique classique)
la conférence
la fête, la soirée
le musée
le récital
le restaurant
le café
le salon de thé
le bar
le bistro
le self-service
le stade

VERBES IRRÉGULIERS

Venir *(to come)*	je **viens**	nous **venons**
	tu **viens**	vous **venez**
	il/elle/on **vient**	ils/elles **viennent**
Revenir *(to return)*	je **reviens**	nous **revenons**
	tu **reviens**	vous **revenez**
	il/elle/on **revient**	ils/elles **reviennent**

RÉVISION: QUI ÊTES-VOUS?

ACTIVITÉ 1: LA SOIRÉE. You are planning a surprise party for one of your friends. Make an appointment to meet your friend's roommate to make arrangements for the party. You have never met the person, so you will have to give him or her a detailed physical description of yourself in addition to arranging the time and place of the meeting. When you and the roommate meet, discuss your friend. Talk about the personality traits you like about him or her and decide on an appropriate gift.

ACTIVITÉ 2: LE CAMBRIOLAGE. Your apartment has been burglarized and you have lost many of your possessions. The insurance adjuster is inquiring about your losses. Help him or her compile a list of your possessions so that they may be identified if they are recovered.

ACTIVITÉ 3: L'INTERVIEW. Pretend you are a famous movie star being interviewed by a reporter for a popular tabloid. For publicity purposes, it is to your advantage to exaggerate or lie about your exploits, likes, and dislikes. Tell about your hopes and intentions in life. Give the readers something they'll really enjoy reading.

ACTIVITÉ 4: C'EST MOI! Write a short description of yourself. Include only those characteristics which you find most relevant and revealing.

UNITÉ 2

MON QUARTIER

CHAPITRE 5 DES RENSEIGNEMENTS

CHAPITRE 6 VOUS DÉSIREZ?

CHAPITRE 7 JE CHERCHE DU TRAVAIL

CHAPITRE 8 QUOI DE NEUF?

IN THIS CHAPTER, YOU WILL LEARN HOW TO GET SOMEONE'S ATTENTION, ASK FOR AND GIVE DIRECTIONS, AND ASK SOMEONE TO REPEAT.

chapitre 5

DES RENSEIGNEMENTS

TRANCHE 1: OÙ SE TROUVE...?

Dialogue: Pardon, madame

Culture: Le Plan de la ville

C'est-à-dire: Donner des renseignements

Structure: L'Impératif

TRANCHE 2: DONNEZ-MOI DES DÉTAILS

À l'écoute: Le Nouveau Centre commercial

C'est-à-dire: Demander de répéter

Structure: Les Questions d'information

TRANCHE 3: VOUS PRENEZ LE MÉTRO?

Lecture: Situ, l'indicateur électronique d'itinéraires

C'est-à-dire: Indiquer l'ordre des instructions

Culture: Le Métro

Structure: Les Verbes réguliers en *-re*

TRANCHE 4: MOI, JE PRÉFÈRE LE MÉTRO

C'est-à-dire: Souligner un fait

Structure: Les Pronoms disjoints

La Langue écrite: Structurer plusieurs paragraphes

Tranche 1

Où se trouve...?

Au travail

Avant de parler

ACTIVITÉ 1: Use the vocabulary items below to make a list of at least five errands. Compare your list with that of a partner. Are there any activities you could do together?

MODÈLE: ***Cet après-midi, je vais aller au bureau de poste; je voudrais aussi acheter le nouveau disque compact de...***

1. Dites quand.
   ce matin (cet après-midi, ce soir, ce week-end)
   demain matin (demain après-midi, demain soir)
   lundi (mardi, mercredi, jeudi, vendredi, samedi, dimanche) prochain
2. Parlez des courses à faire.
   Je vais aller à la banque (à l'agence de voyages, au magasin, au centre commercial, ...)
   Je voudrais acheter le nouveau disque (disque compact, ...) de...
   Je compte acheter un livre (pour mon cours de...)
3. Parlez des rendez-vous.
   J'ai (un) rendez-vous chez le (la) dentiste (médecin,...).

Approach: (1) Draw a line on the board with a rising sun on the left, a noonday sun in the middle, and a setting sun on the right. (2) Model sentences containing **ce matin**, **cet après-midi**, **ce soir** while pointing to proper points on the line. (3) Draw another horizon to the right, date both time lines, and model examples with **demain**. Introduce and model **demain matin**, **demain après-midi**, **demain soir.**

Follow-up: Have some students use **nous** to report the places they can go with their partner.

CE MATIN, JE VAIS ALLER À LA BANQUE.

PARDON, MADAME

Approach: (1) Go over questions A, B, C, and D, reminding students to listen primarily for this information the first time through. (2) Play the dialogue on the *Student Tape* (or role-play it yourself). (3) Ask students to answer the intoductory questions. (4) Play the dialogue again. (5) Have students repeat with you and practice with each other, taking different roles. Encourage them to personalize the dialogue. (6) Note that students will have to review the material several times to complete the other comprehension activities.

Suggestion: Name some places in Paris and see if students can identify them.

In this dialogue, Didier asks for directions to **la rue Richer**. Before reading it, complete these activities.

A. Make a list in English, or in French if you can, of the words and expressions that are most often used to give directions.

B. Make a list of places in Paris (museums, monuments, ...) that one might use as points of reference in directions.

C. Look at the map below.

rue Richer

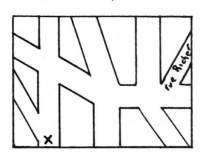

1. How complicated do you think the directions in the dialogue will be?
2. How many reasonable ways can you find to get to **la rue Richer?**

D. Think about these questions as you read the dialogue.
1. How does Didier ask for directions?
2. Are the directions accurate?

Model the differences in pronunciation and meaning between **à droite** and **tout droit**.

DIDIER: Excusez-moi, mesdames. La rue Richer, s'il vous plaît?
MATHILDE: La rue quoi?
DIDIER: La rue Richer, s'il vous plaît. Où se trouve° la rue Richer?
ÉLÉONORE: La rue Richer? Mathilde, il cherche la rue Richer. Tu sais où c'est?
MATHILDE: La rue Richer? Voyons...°
ÉLÉONORE: Fais attention, Mathilde, sois° précise!
MATHILDE: Euh... voilà. Suivez°* cette rue, puis prenez la première rue à droite,° ensuite, continuez tout droit° jusqu'au° carrefour,° et la rue Richer est sur la gauche.°

se trouver *to be located* **Voyons...** *Let's see* **sois** *be* **Suivez** *Follow*
à droite *on the right* **tout droit** *straight ahead* **jusqu'au** *up to*
le carrefour *intersection* **sur la gauche** *on the left*

* The complete conjugation of the irregular verb **suivre** is: je **suis** tu **suis** il/elle/on **suit** nous **suivons** vous **suivez** ils/elles **suivent**

DIDIER: Alors, je prends la première rue à droite, je continue jusqu'au carrefour et la rue Richer est sur la gauche?
MATHILDE: Oui, c'est ça.
DIDIER: Merci, madame.
ÉLÉONORE: Tu es sûre de ces renseignements?
MATHILDE: Mais oui, c'est bien ça! Enfin… je suis presque° sûre. Euh… je ne sais pas, mais de toute façon,° il n'a rien compris.° Allez, continuons notre promenade.

COMPRÉHENSION

ACTIVITÉ 2: Reread the dialogue. Then select the phrase that best completes each statement below.

1. The two women (a) know the street well, (b) are familiar with the area, (c) do not know the area at all.
2. In response to Didier's question, they (a) offer detailed directions, (b) point him in the correct direction, (c) are unable to offer directions.
3. The directions that Dider receives are (a) excellent, (b) generally correct, (c) probably incorrect.

ACTIVITÉ 3: Relisez le dialogue, puis répondez aux questions.

1. Imaginez-vous Didier. Comment est-il? Décrivez son apparence physique.
2. À qui est-ce qu'il parle?
3. Imaginez-vous les dames. Comment sont-elles? Donnez une description physique des dames.
4. Indiquez la route de Didier sur le plan à la page 138.
5. Est-ce que les renseignements sont bons?

ACTIVITÉ 4: Refer to the map that precedes the dialogue and give the correct directions to **la rue Richer**, using one element from each set.

Extension: For listening practice, have students follow two or three additional sets of directions that you create.

1. Suivez cette rue jusqu' (a) au premier carrefour, (b) à la banque, (c) au deuxième carrefour.
2. Puis allez (a) à droite, (b) tout droit, (c) à gauche.
3. Ensuite, continuez tout droit (a) jusqu'au carrefour, (b) jusqu'au deuxième carrefour, (c) jusqu'au parc.
4. Et (a) puis tournez à gauche, (b) puis tournez à droite, (c) allez tout droit.
5. La rue Richer est (a) sur la gauche, (b) sur la droite, (c) droit devant vous.

presque *almost* **de toute façon** *in any case* **a compris** *understood*

Notes culturelles

Le Plan de la ville

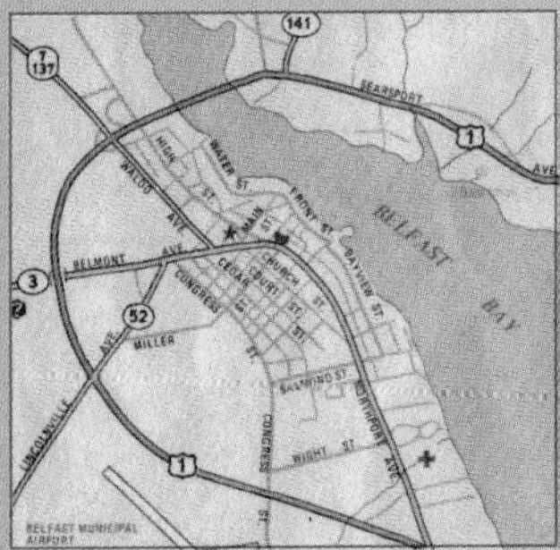

There are significant differences between French towns and American towns. American towns are usually organized on a rectilinear plan; that is, streets cross at right angles. The streets In French towns, on the other hand, generally look like the pattern of a wheel. The main streets start from a central square and the smaller streets intersect the main streets at different places and at many angles.

French addresses tend to contain small numbers. It is very unusual to find a four-digit address in France because streets tend to be shorter (many streets are only one block long) and street names tend to change at every few intersections. Thus, only the lower numbers need to be used.

Due to these differences in layout, it is much easier to give directions in American towns. Directions such as "Go north" or "Go south for so many blocks" usually direct the lost traveler. In France, because streets are short, intersect at various angles, and are not regular, only someone who knows the neighborhood well can give reliable directions.

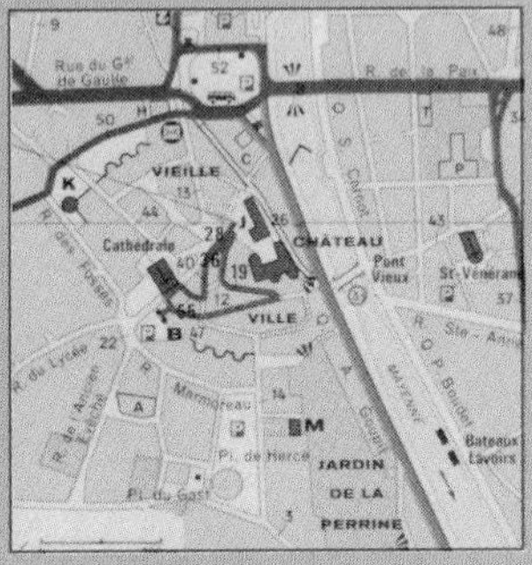

Which North American cities are built on the wheel pattern? Look at a road atlas and find city maps of eastern cities. Which ones are generally rectilinear? Can you explain why?

Among the American cities built on a wheel pattern are Washington, D.C. and Boston.

La Place Charles de Gaulle, Paris

C'EST-À-DIRE

DONNER DES RENSEIGNEMENTS

In the scenes that follow, people ask for and give directions.

A. Practice the scenes with your instructor. Note the different ways to interrupt, ask for and give directions, and thank someone.

B. Role-play the scenes again with a partner, matching the responses from one scene with the questions from another.

Cultural Note: Note that French addresses tend to contain small numbers. The same number is often repeated by adding **bis** (1/2) or **ter** (3/4).

Approach: (1) Use the introductory guidelines to preview the material. (2) Role-play the mini-dialogues and have students repeat with you, practice with a partner, and incorporate personal variations. (3) Have students find different ways to interrupt, ask for a location, give directions, admit they do not know a location, and give thanks. List answers in columns on the board. Then have students work in pairs to create original mini-dialogues.

SCÈNE 1

—S'il vous plaît... le boulevard Saint-Martin?
—Continuez tout droit. C'est tout près° d'ici.
—Merci.

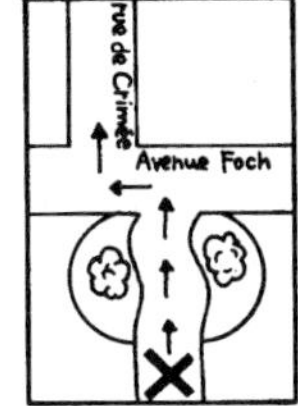

SCÈNE 2:

—Excusez-moi, monsieur. Où se trouve la rue de Crimée?
—Ce n'est pas très loin° d'ici. Suivez cette rue jusqu'au parc. Traversez le parc et tournez à gauche sur l'avenue Foch.
—Merci, monsieur.

SCÈNE 3:

—Madame? Pouvez-vous° m'indiquer où est le cinéma Rex?
—Désolée,° je ne sais pas. Je ne suis pas d'ici.
—Merci quand même.°

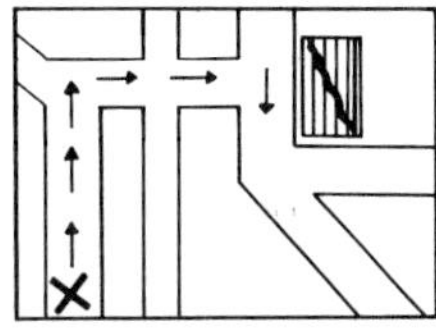

SCÈNE 4:

—Pardon, monsieur. Pourriez-vous° me dire où se trouve le Centre Pompidou? ⬢
—Tournez à droite au carrefour. Suivez ce boulevard et allez tout droit jusqu'à la deuxième rue. Tournez à droite, et c'est sur la gauche.
—Merci beaucoup, monsieur.

⬢ **Le Centre Pompidou** (also called **Beaubourg**) is a very modern building which houses a museum, exhibit halls, a library, and a performance center. It is one of the most visited buildings in Paris today.

tout près *very near* **pas très loin** *not very far* **pouvez-vous** *can you*
désolée *sorry* **quand même** *in any case* **pourriez-vous** *could you*

UTILISATION

ACTIVITÉ 5: Reread the scenes and look for the following types of expressions.

1. Find four ways to get someone's attention or to begin a conversation.
2. Find four ways to ask where something is located. Which of the four are more polite?
3. Find the action verbs that tell what to do—**allez**, for example.
4. The speakers often respond by telling how far away certain places are. Find the expressions of approximate distance *(far, not too far...)*.
5. Find the direction words equivalent to *straight ahead, right, left, on the left, up to.*
6. In the concluding lines of each scene, find several different ways to say thank you.

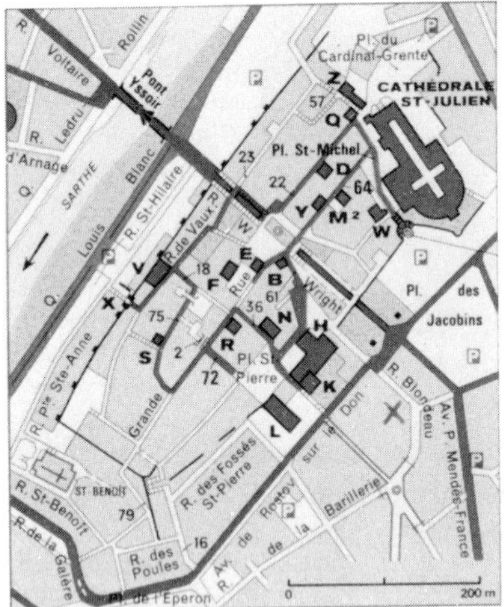

Activité 6, Variation: Have students describe distances of places in their own town in relation to campus.

ACTIVITÉ 6: You and your partner are at the X on the map. Select another place on the map and ask your partner for its approximate distance from your location. He or she should respond with one of the following expressions.

For nearby places:	**C'est juste là (tout près, tout à côté, près d'ici).**
For somewhat distant places:	**C'est assez près d'ici. Ce n'est pas trop loin d'ici.**
For distant places:	**C'est assez loin (loin, très loin) d'ici.**

MODÈLE: *—Où se trouve la Place des Jacobins?*
—Ce n'est pas très loin d'ici.

À VOUS!

Select a location on the map in ***Activité 6***. Working with a partner and beginning at the X, ask for and give specific directions to that location, using the expressions below.

1. Begin the conversation.
   Pardon... (S'il vous plaît..., Excusez-moi..., madame? monsieur?)
2. Ask for directions.
   Pouvez-vous (Pourriez-vous) m'indiquer (me dire) où se trouve...
3. Give directions.
   Allez tout droit (jusqu'au premier [deuxième] carrefour).
   Tournez à droite (à gauche).
   Continuez... (Traversez...)
   C'est sur votre droite (votre gauche).
4. Say thanks.
   Merci. (Merci, monsieur; Merci beaucoup.)

L'Impératif

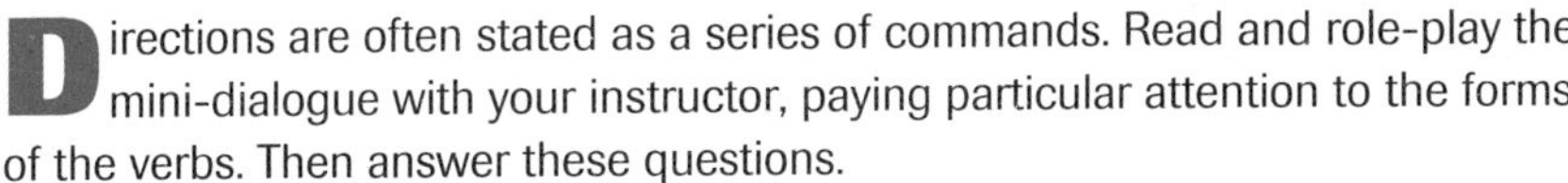

Directions are often stated as a series of commands. Read and role-play the mini-dialogue with your instructor, paying particular attention to the forms of the verbs. Then answer these questions.

A. Where is **la Chambre du commerce et de l'industrie** located?

B. What verbs are used to give directions?

–Excusez-moi, Monsieur l'Agent,° où se trouve la Chambre du commerce et de l'industrie?

–**Allez** tout droit jusqu'au coin de la rue. **Tournez** à droite. **Continuez** tout droit jusqu'à la rue Berger. La Chambre du commerce se trouve dans la rue Berger entre la rue Sainte-Anne et le boulevard Rousseau.

Approach: (1) Review what students know about giving directions and use the introductory questions to preview the new material. (2) Model the mini-dialogue several times. (3) Have students look for patterns and answer questions A and B with a partner. (4) Elicit their observations. (5) Present the grammatical explanations as a means of confirming and extending students' hypotheses.

1. The Imperative Mood

The mood of a verb expresses a specific relationship between a speaker and what is said. For instance, you might use a mood that indicates certainty (the indicative), uncertainty (the subjunctive), or conditionality (the conditional) about your statements. The imperative mood is used to issue commands and to make suggestions.

2. Forms of the Imperative

The imperative forms are generally the same as the present-tense forms, but the personal pronouns are dropped. Note that there are only three verb forms in the imperative: **tu, nous,** and **vous.**

Present:		Imperative:	
	Tu cherches la rue Dufour.		**Cherche** la rue Dufour.
	Nous continuons la promenade.		**Continuons** la promenade. ●
	Vous allez tout droit.		**Allez** tout droit.

● The imperative **nous** form is often used to make suggestions.

Notice that the final **-s** is dropped from the **tu** form of all **-er** verbs, including **aller.** In the negative imperative, **ne** and **pas** are placed before and after the verb.

Tu **vas** tout droit. **Va** tout droit! **Ne va pas** tout droit!

3. Irregular Verbs

The imperative forms of the verbs **être** and **avoir** are irregular.

être:	**Sois** précise.	**Soyons** généreux.	**Soyez** à l'heure.
avoir:	**Aie** de la patience.	**Ayons** pitié.	**Ayez** du courage.

Monsieur l'Agent *Police Officer*

UTILISATION

ACTIVITÉ 7: You are in a taxi, stuck in traffic. You and the taxi driver get a little tense as the congestion worsens. Use the imperative mood to convey your ideas. The passenger should say the lines labeled *a.* and the taxi driver should say the lines labeled *b.* Both of you should use the **vous** form in your commands.

MODÈLES: aller à droite — ***Allez à droite là-bas!***
être plus patient — ***Soyez plus patient(e)!***
ne pas avoir peur — ***N'ayez pas peur!*** *(Don't be afraid!)*

1. a. être plus rapide — b. ne pas être bête
2. a. ne pas être si lent(e) *(slow)* — b. être plus réaliste
3. a. tourner là-bas — b. ne pas avoir peur
4. a. ne pas tourner ici — b. avoir de la patience
5. a. ne pas continuer tout droit — b. ne pas être si énervé(e)
6. a. aller à droite — b. ne pas regarder votre montre
7. a. être plus agressif(-ive) — b. être plus agréable
8. a. ne pas être si paresseux(-se) — b. avoir du courage

ACTIVITÉ 8: Imagine now that you are in a car with a friend, discussing alternative routes and making suggestions. Redo *Activité 7*, using the **tu** form in your commands.

MODÈLES: aller à droite — ***Va à droite là-bas!***
être plus patient(e) — ***Sois plus patient(e)!***
ne pas avoir peur — ***N'aie pas peur!***

ACTIVITÉ 9: Working with a partner, suggest the following activities. He or she will use a variety of expressions to respond to each invitation.

MODÈLE: aller au cinéma
—Allons au cinéma ce soir!
—D'accord! Bonne idée!
ou: ***—Je ne sais pas si je suis libre.***
ou: ***—Pas question! Je déteste les films.***

1. aller au théâtre
2. regarder le match de foot
3. assister au concert
4. téléphoner aux amis
5. inviter ____ à dîner
6. aller au centre commercial
7. étudier
8. regarder les nouvelles à la télé
9. écouter de la musique
10. dîner au McDonald's

À VOUS!

Work with a partner or in a small group. Each person should suggest some place to go for the evening. As a group, decide which place sounds best and then collectively work on directions to get there. Be prepared to present your work to the rest of the class.

Tranche 2

DONNEZ-MOI DES DÉTAILS

AU TRAVAIL

AVANT D'ÉCOUTER

ACTIVITÉ 1: Read the list of places below. Then complete the sentences that follow to tell where you go for fun, on errands, and for school or work. Compare your lists with those of your classmates.

Remind students to make the necessary contractions between **à** and the definite articles.

MODÈLE: Pour m'amuser *(to have fun)*, je vais...
Pour m'amuser, je vais au cinéma. D'habitude, je vais au Rex. Il est près de chez moi.

la banque · *le restaurant* · le café · la bibliothèque
la société · *le magasin* · le bureau · la plage · l'usine
l'université · le fast-food · le théâtre · *l'agence de voyages*
le centre commercial · le stade · la boutique · la piscine
la compagnie d'assurances · la salle de concert

1. Pour m'amuser, j'aime aller...
2. Pour faire des courses *(to go shopping)*, je vais...
3. Pour mon travail ou pour mes cours, je vais...

POUR MES COURS, JE VAIS À LA BIBLIOTHÈQUE.

Le Nouveau Centre commercial

Approach: Focus on the art and preteach new vocabulary.

The pictures below illustrate what happens in the conversation on your student tape.

A. Look them over. Then answer the following questions.
   1. What people and events do you think are going to be described?
   2. What type of announcement do you think you will hear?
   3. What information might be reported?

B. Here are some key words you might find helpful in understanding the listening passage.

un centre commercial	*shopping center*
l'ouverture	*opening; grand opening*
la banlieue	*suburbs*
le R.E.R. ●	le Réseau Express Régional, un système de trains
Nogent-sur-Marne	une ville près de Paris

● Le R.E.R. is an express metro system that serves Paris and its suburbs.

C. To preview what to listen for in this conversation, look over the main idea and detail questions in ***Activités 2*** and ***3***. Then listen to the conversation and complete the activities.

Compréhension

ACTIVITÉ 2: Listen to the passage again and identify these general conversation characteristics as well as the main idea.

1. The language used in the passage is (a) formal, (b) familiar. Explain why.
2. The passage is (a) a radio promotion for certain products, (b) an interview, (c) a talk show concerning politics in the Paris suburbs.

3. The passage focuses primarily on (a) location and transportation to a shopping center, (b) the types and prices of merchandise, (c) the number and specific tasks of clerks in each store.

ACTIVITÉ 3: Répondez aux questions suivantes pour vérifier les détails.

1. Où est le centre commercial de Rosmy?
2. Comment est-ce qu'on peut aller au centre commercial de Rosmy?
3. Est-ce que Rosmy est loin de Nogent-sur-Marne?
4. Quand est-ce que le centre commercial ouvre *(open)* le matin?
5. À quelle heure est-ce que le centre ferme le soir?
6. Est-ce qu'on peut aller au centre commercial de Rosmy le dimanche?

ACTIVITÉ 4: Choisissez de la liste suivante les établissements *(establishments)* décrits *(described)* dans l'entrevue.

Link this activity to ***Activité 1*** by asking students where they would go for errands, relaxation, work.

1. des magasins de vêtements (*clothing*) pour dames
2. un magasin de vins *(wines)* et spiritueux (*spirits)*
3. un théâtre
4. des restaurants
5. des cinémas
6. une compagnie d'assurances
7. un magasin de vêtements pour hommes
8. un magasin d'équipement de haute-fidélité
9. une banque
10. une discothèque
11. une pâtisserie
12. un magasin de disques
13. un supermarché

PRONONCIATION

The letters **au** and **eau** in French are pronounced like the long *o* in the English word *show.* When followed by a double consonant, the letter **o** is most often pronounced like the vowel sound in the English word *done;* otherwise, it too is pronounced like the **o** in *show.* Practice the words and the expressions that follow with your instructor or on your student tape.

nouv**eau** bur**eau** **au**diteurs b**eau**

l'h**o**mme ce m**o**ment N**o**gent le c**o**mmerce la pr**o**menade

Le nouv**eau** bur**eau** est à N**o**gent-sur-Marne.

En ce m**o**ment, les pr**o**m**o**tions sont b**o**nnes.

Chers **au**diteurs, visitez le centre c**o**mmercial de R**o**smy.

R**o**smy comp**o**rte une disc**o**thèque.

DEMANDER DE RÉPÉTER

Approach: (1) Use the introductory guidelines to preview the material. (2) Role-play the mini-dialogues and have students repeat with you, practice with a partner, and incorporate personal variations. (3) Have students find different ways to give and request information and ask for clarification. List their answers in columns on the board. Then have them work in pairs to create original mini-dialogues.

In these scenes, you will learn to ask someone to repeat what he or she has said.

A. Practice the scenes with your instructor.

B. Repeat the scenes with a partner, varying the responses.

SCÈNE 1

—Ça fait cent quatre-vingt-dix-sept francs.

—Pardon. C'est combien? Pourriez-vous parler plus fort?

SCÈNE 2

—Alors, vous suivez la rue Richelieu et ensuite, vous...

—Excusez-moi. Qu'est-ce que vous dites? Je n'ai pas bien compris.

—Je dis: vous suivez la rue Richelieu et ensuite, vous...

—Répétez encore une fois, s'il vous plaît.

SCÈNE 3

—Rendez-vous à six heures...

—Quand ça?

—À six heures au café.

—Où ça?

—Au café.

RÉPÉTEZ ENCORE UNE FOIS, S'IL VOUS PLAÎT.

UTILISATION

ACTIVITÉ 5: Reread the scenes and find the following types of expressions.

1. Find two polite ways to begin a sentence asking someone to repeat.
2. Find one way to ask someone to speak louder.
3. Find two ways to indicate that you did not understand.
4. Find one way to ask someone to repeat the price, one to repeat the time, and one to repeat the place.
5. Find one direct way to ask someone to repeat.

ACTIVITÉ 6: Demandez à l'agent (votre camarade) quand le R.E.R. arrive. Demandez-lui de répéter les détails.

MODÈLE: Lognes

—Le train, il arrive à quelle heure à Lognes? → *—Il arrive à treize heures cinquante-trois.*

—Pardon, répétez, s'il vous plaît. *—Il arrive à treize heures cinquante-trois.*

—Merci.

	X
Vincennes	13 h 22
Neuilly-Plaisance	13 h 31
Noisy-le-Grand	13 h 46
Noisiel	13 h 49
Lognes	13 h 53
Marne-la-Vallée	14 h 02

1. Vincennes
2. Marne-la-Vallée
3. Noisy-le-Grand
4. Neuilly-Plaisance
5. Lognes
6. Noisiel

ACTIVITÉ 7: Votre partenaire va vous demander votre adresse, votre numéro de téléphone et le numéro de votre permis de conduire. Donnez-lui ces renseignements. Soyez prêt(e) à répéter les chiffres plusieurs fois.

MODÈLE: *—Votre adresse, s'il vous plaît?* → *—J'habite au 272, rue d'Isère, à Grenoble.*

—Où ça? Je n'ai pas compris. *—J'habite au 272, rue d'Isère, à Grenoble.*

—Et votre numéro de téléphone? *—C'est le 66.80.09.73.*

—Comment ça? Parlez plus lentement, s'il vous plaît. *—C'est le 66.80.09.73.*

—Et le numéro de votre permis de conduire? *—223-46-51-347.*

—Répétez, s'il vous plaît. *—223-46-51-347.*

À VOUS!

Tell your partner where you live and how to get there. Your partner will listen to the instructions and interrupt to ask for directions to be repeated.

MODÈLE: ***—J'habite rue Main. Ce n'est pas loin d'ici. Tu continues tout droit jusqu'à la rue Market...***

—Où ça?

—...

LES QUESTIONS D'INFORMATION

Approach: (1) Review what students know about asking questions and use the introductory questions to preview the new material. (2) Model the mini-dialogue several times. (3) Have students look for patterns and answer questions A and B with a partner. (4) Elicit their observations. (5) Present the grammatical explanations as a means of confirming and extending students' hypotheses.

In addition to yes/no questions, you need to ask questions that request specific pieces of information. Read and role-play the mini-dialogue with your instructor, paying particular attention to the question words. Then answer these questions.

A. What do the two friends intend to do today? What questions do they ask?

B. How are information questions formed?

—**Où** vas-tu?
—Faire du shopping au centre commercial de Rosmy.
—**À quelle heure** est-ce que tu rentres?
—Vers cinq heures.
—**Comment** est-ce que tu vas au centre commercial?
—Je vais prendre le R.E.R. Mais **pourquoi** est-ce que tu poses toutes ces questions?
—Moi aussi, je voudrais bien aller à Rosmy.

1. INTERROGATIVE EXPRESSIONS

To ask questions that request specific information, use one of the following interrogative expressions.

où	*where*	**avec qui**	*with whom*
combien de	*how many*	**pour qui**	*for whom*
combien	*how much*	**pourquoi**	*why*
quand	*when*	**à quelle heure**	*at what time*
comment	*how*		

2. FORMATION OF INFORMATION QUESTIONS

a. Questions with interrogative expressions may be formed using **est-ce que,** as follows:

interrogative expression + **est-ce que** + *subject* + *verb*

À quelle heure est-ce que tu rentres?

Pour qui est-ce que vous achetez ce baladeur?

b. In more formal situations, inversion (switched order of subject and verb) may be used to ask information questions, as follows: ●

interrogative expression + *verb* + *subject pronoun*

Où habitez-vous? **Comment allez-vous** en ville?

When using **il, elle,** and **on,** add **-t-** if the verb ends in a vowel.

Où **va-t-on**? Quand **arrive-t-elle**? *But:* Où **attend-il**?

● Intonation may be used instead of inversion, but such questions are most appropriate in informal speech.

UTILISATION

ACTIVITÉ 8: Demandez des renseignements à un(e) employé(e). L'employé(e) (votre partenaire) ne vous comprend pas très bien. Répétez les questions d'une autre façon.

MODÈLE: —À quelle heure est-ce que ce magasin ouvre le matin?
—Vous pourriez répéter?
—À quelle heure ce magasin ouvre-t-il le matin?
—Il ouvre à neuf heures.

1. Quand est-ce que cette boutique ouvre le week-end?
2. Combien est-ce que ces cassettes coûtent?
3. Combien est-ce que ce disque compact coûte?
4. Où est-ce que cette vendeuse va?
5. À quelle heure est-ce que ce magasin de vins et spiritueux ouvre?
6. Où est-ce que vous allez pour acheter des pâtisseries?

ACTIVITÉ 9: Travaillez avec un(e) partenaire. Posez-lui des questions en employant **tu** et **est-ce que**. Il (Elle) va répondre aux questions.

MODÈLE: où / habiter *—Où est-ce que tu habites?*
—J'habite en ville.

1. combien de cours / avoir
2. comment / aller à l'université
3. combien de jours / avoir des cours
4. avec qui / aimer étudier
5. à quelle heure / avoir le cours de maths
6. où / aimer étudier
7. pour quels cours / aimer étudier
8. pour quel cours / avoir trois examens
9. pourquoi / suivre ce cours de français
10. à quelle heure / avoir le premier cours

ACTIVITÉ 10: Votre ami(e) va à une soirée. Demandez-lui où aura lieu la soirée, à quelle heure elle commence, qui sera là et comment il (elle) va y aller.

MODÈLE: à quelle heure? *—À quelle heure est-ce que tu vas à la soirée?*
—Je vais à la soirée à dix heures.

1. avec qui?
2. où?
3. quand?
4. qui?
5. comment?
6. à quelle heure?

À VOUS!

To play this game, the class will be divided into two teams, as directed by your instructor. Each team takes turns giving answers and providing questions in French. Given an answer, all members of one team work together to come up with a properly worded question. For example, for the answer **À la bibliothèque,** the question **Où allez-vous pour étudier?** would earn one of the teams ten points. Teams should alternate giving answers and asking questions. The team with the greatest number of points at the end wins.

Variation: Provide each team with a different series of suggested answers.

À Vous!: Suggested Answers: **à sept heures du matin, le matin, le soir, au cinéma, à pied, en métro, parce que je veux danser, avec cinq ou six amis, le patron**

Tranche 3

VOUS PRENEZ LE MÉTRO?

AU TRAVAIL

AVANT DE LIRE

ACTIVITÉ 1: The following reading selection explains a new computerized service called **Situ** that compares alternative means of transportation and determines the best route based on the variables that the rider provides. Before reading the selection, answer these questions.

1. Which of the following variables do you think that **Situ** might consider?

   la destination   le prix   **la température**   ***la station de métro***
   l'âge de la personne   le moyen de transport   *le temps*   l'heure

2. What benefits would a system such as **Situ** provide?

POUR MIEUX LIRE

SUFFIXES

Ask students to (1) make the following verbs into adjectives using **-able**: **désirer, aimer, porter**; (2) make the following verbs into nouns using **-aire**: **questionner, actionner**; (3) make the following adjectives into adverbs using **-ment**: **heureux, rapide, final**.

In ***Chapitre 4***, we noted that words that share a common root, or base, are members of the same family. Although the members of a word family may represent different parts of speech **(honorer, l'honneur)**, all are related in meaning.

Differences among words in a family may also be due to prefixes or suffixes joined to the root word. Several common suffixes include:

1. The suffix **-able** is used to transform a verb into an adjective or a noun.
   programmer → **programmable**   compter → **comptable**
2. The suffix **-aire** is also used to transform a verb into an adjective or a noun.
   parlementer → **parlementaire**   incendier → **incendiaire**
3. The suffix **-ment** is used to generate adverbs from adjectives.
   complète → **complètement**   générale → **généralement**

The suffix **-ment** is used four times to generate adverbs in the following reading. Find the French equivalents for the English words *finally, currently,* and *first.* What other members of these word families can you list?

Lecture

Situ, l'indicateur électronique d'itinéraires

Before reading this magazine article, look over the main idea and detail questions in ***Activités 2*** and ***3***.

Vous êtes sur le boulevard Saint-Germain, vous voulez vous rendre° place Victor-Hugo. En bus? En métro ou en R.E.R.? Le plus rapidement possible? En limitant la marche à pied? Faites votre choix... Situ vous fournira° alors le trajet le plus adéquat et l'estimation de sa durée.°

Situ, c'est l'indicateur électronique d'itinéraires, mis au service public par la R.A.T.P. Plusieurs appareils fonctionnent actuellement sur Paris. Les Parisiens font la queue pour pianoter° sur le clavier° des bornes° Situ. Quelques secondes après avoir indiqué leur destination (une adresse complète, une station de métro ou une gare R.E.R.) et leur formule° de déplacement préférée, la réponse apparaît, d'abord résumée sur l'écran, puis sous la forme d'un ticket détaillant la solution proposée. Situ semble ravir° les Parisiens qui n'hésitent pas à recommencer plusieurs fois de suite l'opération et s'en vont les poches° pleines de tickets.

Pour vous servir de Situ, employez le clavier. Premièrement, indiquez votre destination: (a) une adresse, (b) une station de métro, (c) une gare R.E.R. Ensuite, indiquez votre formule de déplacement: (a) en autobus, (b) en métro, (c) en R.E.R. Puis lisez la réponse qui apparaît sur l'écran. Finalement, prenez le ticket imprimé.°

Pre-reading: (1) Preview the reading and have students hypothesize about its content. (2) Remind students that they will need to read the text several times and should focus on different information and details each time.

Reading: The reading and comprehension activities may be done outside of class. Additional reading practice is provided in ***Tranche 3*** of the corresponding ***Cahier*** chapter.

Cultural Note: La R.A.T.P. (la Régie Autonome des Transports Parisiens) is the government-subsidized company that is responsible for all public transportation in Paris. It oversees the metro, **R.E.R.**, and bus systems.

Follow-up: Suggest that students work with a partner to explain how to use the **Situ** kiosks.

Compréhension

ACTIVITÉ 2: Choisissez les phrases qui représentent le mieux l'idée principale du passage.

1. Situ vous donne un billet de métro, de R.E.R. ou d'autobus.
2. Situ est un système électronique d'itinéraires.
3. La R.A.T.P. a mis au service public un indicateur d'itinéraires qui s'appelle Situ.

ACTIVITÉ 3: Relisez le passage et vérifiez les détails suivants.

1. Où est-ce qu'on trouve les indicateurs de Situ?
2. Comment est-ce qu'on indique la destination?
3. Où est-ce qu'on trouve la réponse?
4. Est-ce que le système est populaire?

vous rendre *to get to* **fournira** *will furnish* **la durée** *time it will take*
pianoter *to type* **le clavier** *keyboard* **la borne** *kiosk, station*
la formule *form* **ravir** *to please* **la poche** *pocket* **imprimé** *printed*

C'EST-À-DIRE

INDIQUER L'ORDRE DES INSTRUCTIONS

Approach: (1) Use the introductory guidelines to preview the material. (2) Present the instructions and have students repeat with you and practice with a partner. (3) Have students find ways to give and sequence instructions.

In the scene that follows, directions on how to complete a series of steps in a specific process are given. Notice the way in which the order of the steps is indicated.

A. Practice these directions with your instructor.

B. Give the directions to a partner, who will act out each step in the process.

COMMENT UTILISER UNE CABINE TÉLÉPHONIQUE

- Tout d'abord, trouvez le numéro de téléphone du correspondant (de la correspondante).° C'est dans l'annuaire des abonnés°—le bottin.
- Deuxièmement, décrochez° l'appareil,° attendez la tonalité.
- Ensuite, insérez des pièces de monnaie° dans les fentes° ou bien insérez votre carte téléphonique. ⬣
- Après ça, composez le numéro.
- Puis, attendez que le téléphone sonne° chez votre correspondant(e).
- Alors, parlez avec votre correspondant(e).
- Enfin, raccrochez° l'appareil à la fin de la conversation.

⬣ Cards are commonly used to operate public phones in France. One purchases a **Télécarte** (such as the one above) for a fixed value, inserts it in place of coins, and the telephone automatically deducts the appropriate charge at the end of the call.

le (la) correspondant(e) *your party (telephone)* **l'annuaire des abonnés** *telephone book* **décrocher** *to pick up* **l'appareil** *receiver* **la monnaie** *coins* **la fente** *slot* **sonner** *to ring* **raccrocher** *to hang up*

Activité 6: Cultural Note: Give a brief summary of the metro system in Paris and discuss the ***Notes culturelles*** which follow. Mention that Lyon, Marseille, Lille, and Montreal also have metro systems, but their networks are not as developed as the one in Paris because they are newer.

UTILISATION

ACTIVITÉ 4: Reread the scene and find the following types of expressions.

1. Find the adverb that is used to indicate the beginning of a sequence.
2. Which adverbs refer to intermediate steps in the process?
3. Find the adverb that indicates the conclusion of the sequence.
4. Arrange the following adverbs of sequence under the appropriate heading:

finalement	(et) ensuite	d'abord	au début
(et) alors	à la fin	tout d'abord	deuxièmement
après (ça)	enfin	premièrement	(et) puis

INDIQUER LE DÉBUT	INDIQUER LA SUITE	INDIQUER LA FIN

ACTIVITÉ 5: Use appropriate adverbs of sequence to complete the following instructions on how to use an elevator. Be prepared to explain the process to a partner or to the class.

1. ouvrez *(open)* la porte de l'ascenseur *(elevator)* et entrez.
2. appuyez *(push)* sur le bouton de l'étage *(floor)* que vous voulez. ⬢
3. vous allez arriver à votre étage.
4. ouvrez la porte et sortez.
5. n'oubliez pas de refermer la porte si elle n'est pas automatique.

⬢ In France, the **rez-de-chaussée** is what we in the United States, would call the first floor.

ACTIVITÉ 6: Give step-by-step directions on how to use the metro to a friend who wants to use it but does not know exactly what to do. Use the following directions, putting them in the proper order. Don't forget to use adverbs of sequence where appropriate.

Trouve une bouche *(entrance)* de métro.
Attends le métro.
Consulte le plan du métro.
Cherche ta destination sur le plan.
Monte dans la voiture.
Cherche la direction.
Achète un billet.
Descends (*Go down to*) sur le quai.
Descends *(Get off)* à la station.

À VOUS!

You are in Paris and would like to visit several monuments. Using the map on the next page, plan your metro routes and use adverbs of sequence to describe them to your classmate. ⬢

1. Vous êtes à la place de la République (métro République) et vous allez visiter la Bastille (métro Bastille).
2. Vous êtes à l'Opéra (métro Opéra) et vous allez visiter la tombe de Napoléon (métro Invalides).
3. Vous êtes à l'institut Pasteur (métro Pasteur) et vous allez visiter la tour Eiffel (métro Trocadéro).
4. Vous êtes au jardin du Luxembourg (métro Luxembourg) et vous allez visiter le jardin des Tuileries (métro Tuileries). Attention: il faut prendre une correspondance au Châtelet.

⬢ To use the **métro,** you would go to the nearest underground station. Find your destination on one of the maps. Also find the name of the train line on which your destination lies; this will be your **direction**. If your destination is not directly accessible, it might be necessary to change trains at some point. The station where you change is called **la correspondance.**

Notes culturelles

Le Métro

The Paris metro is a large urban transportation system consisting of sixteen train lines and more than 300 stations. It is part of the **R.A.T.P. (la Régie Autonome des Transports Parisiens)**, which administers all Paris transportation, including the metro, the buses, and the regional express system, the **R.E.R. (le Réseau Express Régional)**.

The Paris metro is the preferred means of daily transportation for millions of riders.

The cost of a metro ticket is relatively low because the system is subsidized by the French government. Special rates are offered to students, the elderly, and the physically challenged. Discounts are also available to workers who use the trains regularly and to people who buy ten tickets at a time **(un carnet)** or weekly **(la carte orange)**, monthly, or yearly passes.

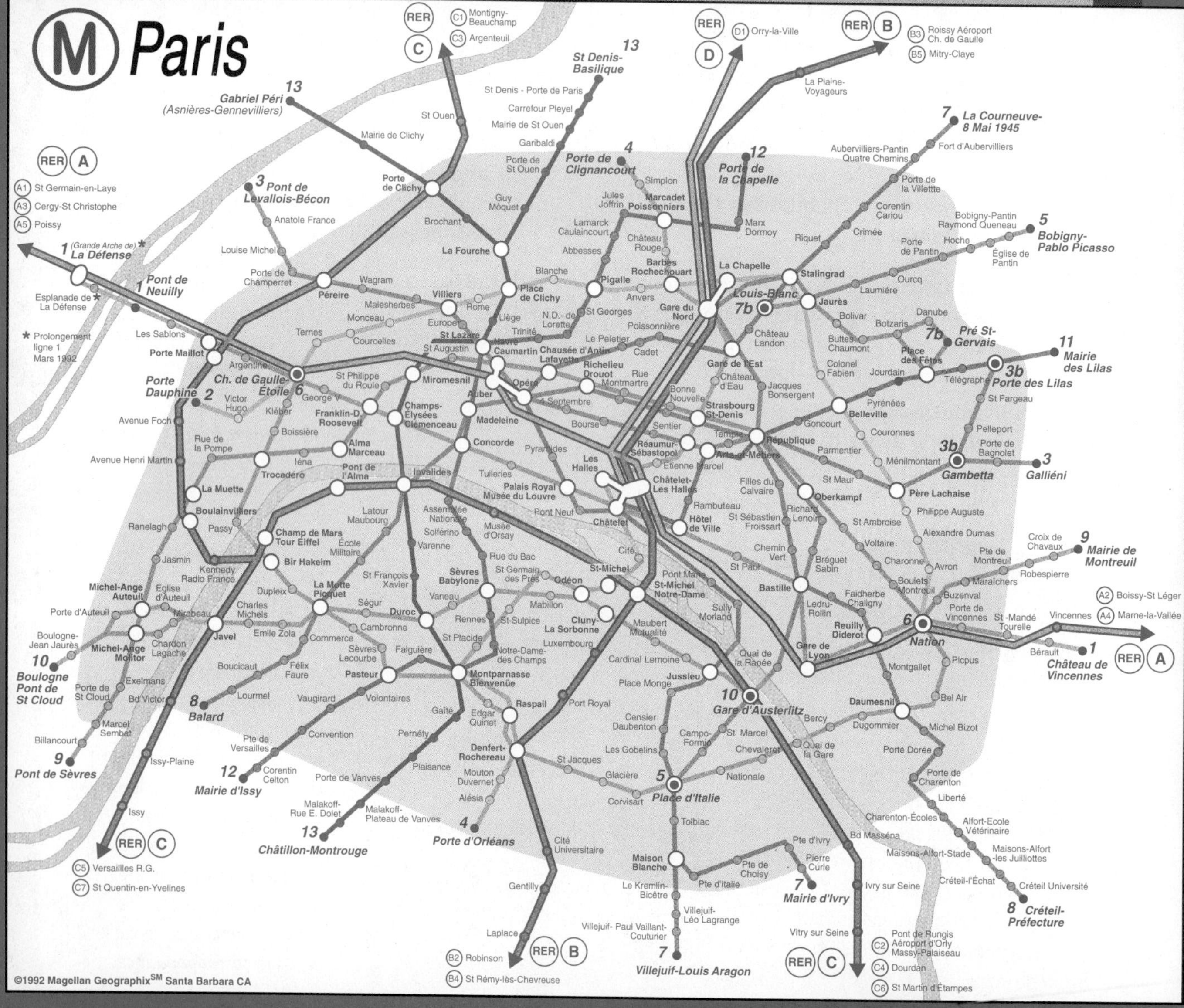

STRUCTURE

LES VERBES RÉGULIERS EN -RE

You have already learned the conjugation of regular **-er** verbs. Another group of regular verbs have infinitives that end in **-re.** Read and role-play the mini-dialogue with your instructor, paying particular attention to the verb endings. Then answer these questions.

A. How can one get to the **centre Parly**?

B. How are the **tu** and **il** forms of regular **-re** verbs spelled?

Approach: (1) Use the introductory questions to preview the material. (2) Model the mini-dialogue several times. (3) Have students look for patterns and answer questions A and B with a partner. (4) Elicit their observations. (5) Present the grammatical explanations as a means of confirming and extending students' hypotheses.

Pierre **répond**° au téléphone.
–Pierre, comment est-ce qu'on va au centre Parly?
–Prends le métro et **descends** à la station Mairie de Montreuil.
–Comment?
–**Attends**° un peu, je viens avec toi.

1. FORMS OF REGULAR -RE VERBS

To conjugate regular verbs that end in -re, like **attendre** *(to wait for)*, **descendre** *(to descend, to get off)*, and **répondre** *(to answer)*:

a. Find the verb stem by dropping the letters -re from the infinitive form: attend~~re~~ → attend

b. Add the endings **-s , -s, -, -ons, -ez, -ent** to the stem.

j'**attends**	nous **attendons**
tu **attends**	vous **attendez**
il/elle/on **attend**	ils/elles **attendent**

Tu **attends** Martine? Nous **attendons** le métro.

- Note that the letter **d** is silent in the **je, tu, il/elle/on** forms, but it is pronounced in the plural forms. Contrast these differences in pronunciation: **elle répond / elles répondent; il attend / ils attendent.**
- In the imperative, keep the final s on the **tu** form.
  Attends un peu, je viens avec toi.

2. OTHER REGULAR -RE VERBS

Other regular -re verbs include:

entendre *to hear* **rendre** *to give back, to return* **vendre** *to sell*
perdre *to lose* **rendre visite à** *to visit someone*

répond *answers* **attends** *wait*

UTILISATION

ACTIVITÉ 7: You ask several people how to use a computer. Complete their answers with correct forms of the verb **répondre**. When you have finished, tell your partner how to set up the machine.

1. Charles ______________: « Branchez l'écran. *(Plug in the screen.)* »
2. Caroline et moi, nous____: « Mettez la machine en marche *(Turn on)*. »
3. Joël et Roger __________: « Mettez l'écran en marche. »
4. Vous _______________: « Insérez la disquette. »
5. Nicole_______________: « Sélectionnez un programme. »
6. Moi, je ______________: « Sélectionnez un fichier *(file)*. »
7. Ève et Diane___________: « Commencez à travailler. »
8. Toi, tu _______________: « Merci beaucoup! Maintenant, ça marche! »

ACTIVITÉ 8: Tell how each person will get to a rendezvous with a friend who lives in another part of Paris. Use the information below to tell whom each person is visiting, at what station the person enters the metro, and for which train the person waits.

MODÈLE: Georges / Christine / Porte Maillot / Vincennes
Georges rend visite à Christine. Il descend sur le quai à la station Porte Maillot. Ensuite, il attend le métro direction Vincennes.

1. Lucie / Sylvie / Cambronne / Porte d'Orléans
2. Nous / les amis / Rambuteau / Porte de Bagnolet
3. Vous / les collègues / Saint-Philippe-du-Roule / Robespierre
4. Tu / ton ami Robert / Trocadéro / La Chapelle
5. Moi / Suzanne / La Motte-Picquet / Austerlitz
6. Marie et Luc / Marc / Château d'Eau / Montparnasse-Bienvenüe

À VOUS!

Pretend you are French and living in Paris. An American friend who is visiting asks you how to use the Paris bus system. Give him or her instructions on its use. You may find the following expressions useful.

acheter un billet (un carnet) au bureau de tabac

monter dans l'autobus	**trouver un arrêt d'autobus**
attendre la station désirée	**choisir la bonne direction**
descendre de l'autobus	**attendre à l'arrêt**

Tranche 4

MOI, JE PRÉFÈRE LE MÉTRO

AU TRAVAIL

ACTIVITÉ 1: How do you get to class? Poll your classmates about the means of transportation they use to get to school, to work, or to their leisure-time activities. Use these questions and others of your choice to find out the following information.

1. The means of transportation they use.
   —Comment venez-vous en classe (au travail,...)?
   —Je viens à pied (en auto, à mobylette, à moto, en métro, en bus, ...)
2. The steps in the process...
   —Expliquez ce que vous faites pour venir...
   —D'abord, je descends vers... heure(s) et ensuite, je...
3. How long it takes.
   —Combien de temps faut-il pour venir...?
4. How much it costs.
   —Combien...?
5. How they feel about it.
   —Que pensez-vous de...
   —À mon avis,...
   —J'aimerais mieux venir...

DES MUSICIENS DANS LE MÉTRO.

SOULIGNER UN FAIT

Approach: (1) Use the introductory guidelines to preview the material. (2) Role-play the mini-dialogues and have students repeat with you, practice with a partner, and incorporate personal variations. (3) Have students find different ways to ask for, express, and stress opinions. List their answers in columns on the board. Then have them work in pairs to create original mini-dialogues.

When you give directions or express an opinion, you naturally emphasize certain portions of your message. In the scenes that follow, people emphasize what they have to say.

A. Practice the scenes with your instructor and then role-play them with a partner.

B. Role-play the scenes again, changing several details in them.

SCÈNE 1

—Qu'est-ce que vous pensez du métro?

—Moi, je pense qu'il est facile à employer et très rapide, le métro.

SCÈNE 2

—Et vous, madame? Vous aimez le métro, vous?

—...MMRRMMMM EUHF.

—Elle, elle n'aime pas les sondages.°

SCÈNE 3

—Et vous, mesdemoiselles? Vous prenez souvent le métro?

—Moi, jamais.° Je préfère la voiture. Michèle, tu prends le métro, toi?

—Oui. La voiture pollue° trop et ça coûte trop cher.

SCÈNE 4

—Comment venez-vous au bureau?

—Moi, je prends le R.E.R. et puis le métro.

—Et le patron?

—Il prend toujours sa voiture, lui. Il dit qu'il n'aime pas attendre sur le quai.°

—Il n'aime pas attendre? Alors, il aime mieux passer son temps dans les embouteillages!°

le sondage *poll* **jamais** *never* **polluer** *to pollute* **le quai** *platform*
l'embouteillage *traffic jam*

UTILISATION

ACTIVITÉ 2: Reread the scenes and find the following types of expressions.

1. Several ways to ask for and state preferences and opinions.
2. In English, we stress what we do or think by pronouncing the subject more emphatically: ***I** take the metro.* The French express emphasis not by intonation, but by modifying the sentence itself: ***Moi,* je prends le R.E.R. et puis le métro.**
   a. In what way does French emphasize the person stating the opinion?
   b. What specific word is used?
   c. Where is it placed? Is more than one place possible?
3. In English, we stress the object of a sentence by pronouncing it more emphatically: *I take the* **metro.** The French, again, do not use intonation, but modify the sentence itself: **Moi, je pense qu'il est rapide, *le métro*.**
   a. In what way does French emphasize an object under consideration?
   b. What word is used? Where is the word placed?

Answers to items 2 and 3 are not underlined in the text.

ACTIVITÉ 3: State your opinions about the following means of transportation, making sure to emphasize both yourself and the object of the discussion.

MODÈLE: —Qu'est-ce que vous pensez du système Situ?
—Moi, je pense qu'il est formidable, ce système.

1. Qu'est-ce que vous pensez du métro?
2. Qu'est-ce que vous pensez des voitures européennes? des voitures japonaises? des voitures américaines? des voitures allemandes? des voitures françaises?
3. Comment trouvez-vous la Renault?
4. À votre avis, est-ce que les motos sont dangereuses?
5. Qu'est-ce que vous pensez du train?
6. Qu'est-ce que vous pensez des voitures électriques?

À VOUS!

Prepare a question of your choice and ask it of many students in your class. Tally their responses and present your data to the group.

MODÈLES: ***–Qu'est-ce que tu penses du service d'autobus sur le campus ?***
–Moi, je pense qu'il est excellent, le service d'autobus.
ou: ***–Moi, j'aime bien ce service.***

–Est-ce que tu as une voiture?
–Oui, moi, j'ai une vieille Chevrolet.
ou: ***–Non, je n'ai pas de voiture. Moi, je viens en classe en autobus.***

STRUCTURE

LES PRONOMS DISJOINTS

Approach: (1) Use the introductory questions to preview the material. (2) Model the mini-dialogue several times. (3) Have students look for patterns and answer questions A, B, and C with a partner. (4) Elicit their observations. (5) Present the grammatical explanations as a means of confirming and extending students' hypotheses.

To emphasize a particular portion of a sentence in English, we say it more loudly, and perhaps more slowly. The French indicate emphasis by repetition. Read and role-play the mini-dialogue with your instructor, paying particular attention to the subject and disjunctive pronouns. Then answer these questions.

A. Where are these people going? How will they get there?

B. What kinds of information are stressed by direct repetition?

C. What words are used to express emphasis?

–Alors, vous allez tout droit, et puis vous tournez à gauche au deuxième carrefour.
–C'est à droite et puis à gauche?
–Mais non! Tout droit, allez tout droit, puis à gauche. Vous cherchez bien le café des Sports d'hiver, **vous**?
–**Moi?** Non. Mon ami, **lui**, il va au café. **Moi**, je cherche le magasin Les Sports pour Tous.

1. FORMS OF DISJUNCTIVE PRONOUNS

The following pronouns, called disjunctive pronouns, are used with subject pronouns to add emphasis.

moi	*I, me*	**nous**	*we*
toi	*you*	**vous**	*you*
lui	*he, him*	**eux**	*they, them (m. pl.)*
elle	*she, her*	**elles**	*they, them (f. pl.)*

Moi, je vais d'abord au magasin.
Lui, il va au café tout de suite.
Vous, vous n'aimez pas attendre.

2. USES OF DISJUNCTIVE PRONOUNS

In addition to expressing emphasis, disjunctive pronouns are used:

a. To point people out. Ce sont **eux**! Ce sont **elles**!

b. In short questions and answers without verbs.
—Répondez à la question, s'il vous plaît. → —**Moi?**
—Oui, **vous.**

c. In compound subjects.
Jean et **lui,** ils voyagent ensemble.
Nadine et **moi,** nous venons en classe à pied.

d. After prepositions.
Qu'est-ce que vous pensez de **lui?**
Il parle avec **elle.**
Pour **moi,** ce mode de transport est parfait.

UTILISATION

ACTIVITÉ 4: Certain portions of the following sentences are emphasized. In sentences 1–3, use disjunctive pronouns to emphasize the person; in sentences 4 and 5, use them to answer a question or to follow a preposition.

MODÈLE: *Moi*, je vais à la fac *(university)* à mobylette. (elle, tu)
Elle, elle va à la fac à mobylette.
Toi, tu vas à la fac à mobylette.

1. *Lui*, il préfère voyager en avion. (nous, vous, elle, tu)
2. Martine et *elle*, elles aiment voyager ensemble. (je, tu, il, vous)
3. *Moi,* j'adore voyager en train. (vous, nous, ils, elles)
4. Qui vient avec Jean? *Moi!* (tu, ils, vous, elles)
5. Jean ne voyage jamais sans *elle.* (tu, il, nous, ils)

ACTIVITÉ 5: Give opinions on the following transportation issues, stressing both the person and the thing in each sentence.

MODÈLE: Qu'est-ce que vous pensez du service d'autobus sur le campus?
____, je pense qu'il est..., ____.
Moi, je pense qu'il est très bon, ce service.

1. Qu'est-ce que vous pensez des nouvelles voitures japonaises?
____, je pense qu'elles sont..., ____. ____, il pense qu'elles sont..., ____.
2. À votre avis, est-ce que le système de transports publics est bien développé aux États-Unis?
____, nous pensons qu'il est..., ____. ____, ils pensent qu'il est..., ____.
3. Qu'est-ce que vous pensez du système d'autoroutes *(highways)*?
____, je pense qu'il est..., ____. ____, vous pensez qu'il est..., ____.
4. Qu'est-ce que vous pensez de la nouvelle Peugeot?
____, je pense qu'elle est..., ____. ____, tu penses qu'elle coûte..., ____.
5. Pensez-vous que les voitures polluent beaucoup?
____, nous pensons qu'elles sont..., ____. ____, elles pensent qu'elles sont ..., ____.
6. À votre avis, est-ce que les voitures électriques offrent une solution au problème de la pollution?
____, nous pensons qu'elles ne sont pas..., ____. ____, ils pensent qu'elles sont..., ____.

À VOUS!

Suggest to a partner a destination of your choice, including some or all of the following. Then exchange roles.

1. Name the place you are suggesting, emphasizing why you like it.
2. Describe what you can do there, stressing the activities and the people involved.
3. Provide step-by-step directions on how to get there.
4. Conclude your remarks by restating and stressing your opinion.

La Langue écrite

Structurer plusieurs paragraphes

Cultural Note: Explain that **les hypermarchés** have become popular because the French have less time to devote to shopping, want to save money, are attracted by the many choices, and like the convenience of finding everything under one roof.

We have seen that most paragraphs begin with a topic sentence, continue with supporting information, and close with a concluding sentence. A composition of several paragraphs is organized in the same manner.

Step 1: It begins with a title and a topic sentence or sentences. This portion of the composition states the main idea and previews the ideas discussed in the paragraphs that follow.

Step 2: Each supporting idea is developed in a single paragraph. These paragraphs each begin with a topic sentence, present information, and close with a concluding sentence.

Step 3: The composition ends with a concluding sentence or paragraph that reviews the points made in the body of the composition and restates the topic sentence.

One simple way to structure such a composition is to state a topic and then tell *what, where, when,* and *how* in the body of the text. For instance, if you are writing about an event, begin by telling the nature of the event (what) in the topic sentence, then provide details, including where the event is taking place, when, and how to get there. Use this composition structure to develop the following topics.

Sujets de composition

1. A new **hypermarché** is about to open in your neighborhood. Write a short note to the manager, asking on what date it will open, what the hours of business will be, how many items (**les articles**) the store will carry, what brands (**les marques**) it will offer, etc. ●
2. Answer the letter described in Topic 1.
3. Pretend you live in Paris and a friend of yours will be coming to visit. Write to give him or her directions to your apartment. Provide precise information, including when to come, what metro line to take, where to get off, how to find the street, etc.

● **Un hypermarché** is a huge store that sells food, clothing, housewares, and many other products. Some **hypermarchés** even offer furniture and other large items.

Lexique

Expressions

Asking for and giving directions

STARTING THE CONVERSATION

Pardon...
Excusez-moi...
S'il vous plaît, madame (monsieur, mademoiselle).

NO DIRECTIONS TO GIVE

Désolé(e).
Je ne sais pas.
Je ne suis pas d'ici.

ASKING THE QUESTION
Pouvez-vous (Pourriez-vous) me dire...?
Pouvez-vous m'indiquer...?
Où se trouve...?

STATING APPROXIMATE LOCATION
C'est juste là-bas. C'est tout à côté.
C'est près (assez près) d'ici (sur la gauche, sur votre droite).
Ce n'est pas trop loin d'ici.
C'est assez loin (loin, très loin) d'ici.

GIVING DIRECTIONS
Suis (Suivez, Suivons) cette rue.
Va (Allez, Allons) tout droit.
Continuez jusqu'au parc.
Traversez le parc.
Tournez à droite (à gauche).

SAYING THANK YOU
Merci (quand même).
Merci (beaucoup), monsieur (madame, mademoiselle).

SEQUENCING INFORMATION
d'abord (au début, tout d'abord, premièrement)
et puis (alors, deuxièmement, ensuite, et ensuite)
finalement (à la fin, enfin)

ASKING SOMEONE TO REPEAT
Pardon?
Excusez-moi, je n'ai pas compris.
Vous pouvez répéter, s'il vous plaît?
Répétez, s'il vous plaît.

ASKING FOR INFORMATION
Où (est-ce que)...?
Qui (est-ce que)...?
Combien de... (est-ce que)...?
Combien (est-ce que)...?
Comment (est-ce que)...?
À quelle heure (est-ce que)...?
Quand (est-ce que)...?
Avec qui (est-ce que)...?
Pour qui (est-ce que)...?
Pourquoi (est-ce que)...?

STRESSING A FACT OR AN OPINION
Moi, je préfère voyager en avion. Et toi? Lui, il aime le train.
Nous, nous aimons voyager en première, comme eux. Et elle?

VOCABULAIRE

PLACES TO GO
l'agence *(f.)* de voyages
la banque
la bibliothèque
la boutique
le bureau
le café
le centre commercial
le cinéma
la compagnie d'assurances
la discothèque
le fast-food
le magasin
le magasin de disques
le magasin de vêtements
le magasin de vins et spiritueux
la pâtisserie
la piscine
la plage
le restaurant
la salle de concert
la société
le stade
le supermarché
le théâtre
l'université *(f.)*
l'usine *(f.)*

THE STREET
l'avenue *(f.)*
le boulevard
le jardin
la place
la rue

VERBE IRRÉGULIER
suivre *(to follow)*

IN THIS CHAPTER, YOU WILL LEARN HOW TO ORDER AND PURCHASE FOOD AND BEVERAGES.

chapitre

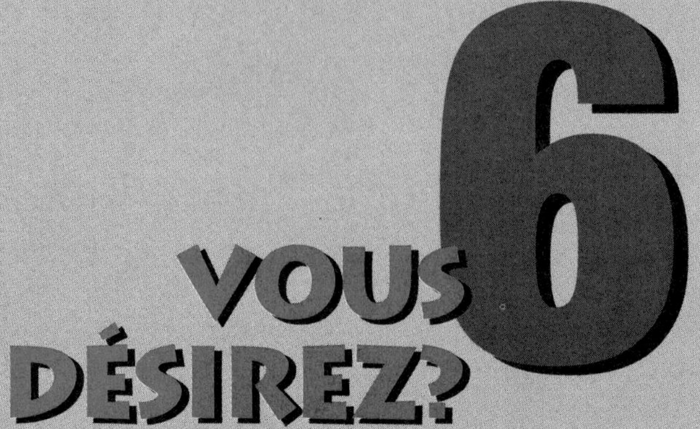

6 VOUS DÉSIREZ?

TRANCHE 1: QU'EST-CE QUE JE VOUS SERS?

- Dialogue: Au café
- C'est-à-dire: Offrir et commander des boissons
- Culture: La Vie au café
- Structure: Le Verbe *prendre*

TRANCHE 2: QU'EST-CE QUE VOUS PRENEZ?

- À l'écoute: Publicités
- Culture: Les Repas
- C'est-à-dire: Choisir et acheter le dessert
- Structure: Les Verbes réguliers en *-ir*

TRANCHE 3: QU'EST-CE QUE VOUS AIMEZ?

- Lecture: Au marché
- C'est-à-dire: Choisir la nourriture
- Structure: Le Partitif

TRANCHE 4: AU RESTAURANT

- C'est-à-dire: Commander un repas
- Structure: Le Partitif au négatif
- La Langue écrite: Faire un plan

Tranche 1

Qu'est-ce que je vous sers?

Au travail

Avant de parler

ACTIVITÉ 1: Role-play the following dialogues with a partner. Then make your own arrangements with several different classmates to meet for coffee some time this week. ⬣

—À quelle heure es-tu libre cet après-midi?
—Moi, je suis libre après trois heures. Pourquoi?
—Allons au café vers quatre heures.
—Excellente idée!

—Tu veux aller au café après les cours?
—Vers quelle heure?
—Je ne sais pas… Tu es libre après cinq heures?
—Non. J'ai un cours à cinq heures.
—Alors, allons-y après ce cours?

Approach: Have students find the ways to initiate and respond to an invitation. Write students' answers in columns on the board, including as many review expressions as possible.

⬣ *When school is over, around 5 o'clock, high-school and university students often go to a café to relax and have fun. They order drinks, do homework, play electronic games, or simply chat.*

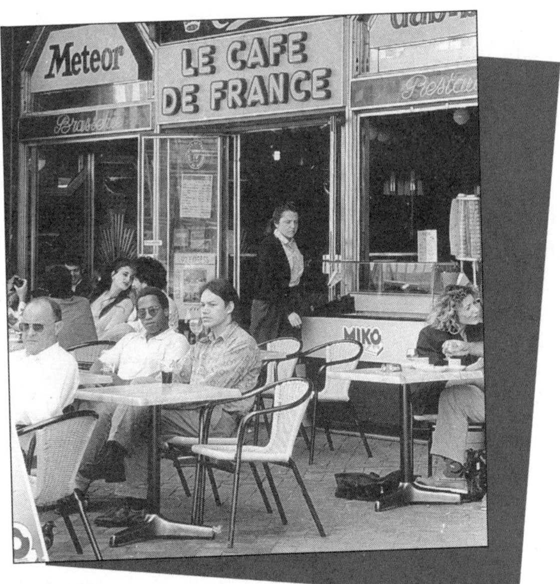

ON VA AU CAFÉ APRÈS LES COURS.

AU CAFÉ

Approach: (1) Go over the introductory questions. (2) Play the dialogue on the *Student Tape* (or role-play it yourself). (3) Have students answer the introductory questions. Ask if the following are true or false: **(a) Les clients boivent beaucoup de vin. (b) Monsieur Dutertre paie immédiatement la facture**. (4) Play the dialogue again. (5) Have students repeat with you and practice with each other, taking different roles. Encourage students to personalize the dialogue.

This dialogue takes place in a café. Before reading it, complete these activities.

A. Make a list in English, or in French if you can, of beverages one might order.

B. Think about these questions as you read and practice the dialogue.
   1. What is the relationship between the two people? How do you know?
   2. What beverages do they discuss?

—Bonjour, Ernest. Ça va? Vous êtes là pour la commande?°

—C'est bien ça, Monsieur Dutertre. Alors, vous prenez combien de bouteilles° de bière cette semaine?

—La bière, ça n'a pas bien marché.° Il me faut° deux caisses de vingt-quatre bouteilles de bière importée et trois caisses de bière domestique.

—Et le vin?

—Ah, ça, oui. On boit* beaucoup de vin ces temps-ci. Je veux cent litres de rouge et soixante litres de vin blanc.

—Et l'eau minérale?

—Comme d'habitude, j'ai besoin° d'un assortiment de marques. Trois cent litres. Et il me faut aussi huit douzaines de bouteilles de Coca et six d'Orangina.

—Est-ce que vous avez besoin de carafes, de verres° ou de tasses?°

—Ah, vous savez, il y a beaucoup de casse° dans un café. Demandez à Jean, le cuisinier, combien de verres il nous faut.

—C'est tout, Monsieur Dutertre?

—Oui, je crois° que c'est tout. N'oubliez pas d'envoyer° la facture!°

la commande *order* **la bouteille** *bottle* **ça marche** *that does well*
il me faut *I need* **avoir besoin de** *to need* **le verre** *glass*
la tasse *cup* **la casse** *breakage* **croire** *to think, to believe*
envoyer *to send* **la facture** *bill, invoice*

* The complete conjugation of the irregular verb **boire** is given in the ***Verbes irréguliers*** at the end of the chapter.

COMPRÉHENSION

ACTIVITÉ 2: Identify the general characteristics and the main idea of the dialogue.

1. Is the language in this dialogue formal or informal? Explain why.
2. Identify each character by profession.

a. Ernest	1. le patron du café
b. Monsieur Dutertre	2. le cuisinier
c. Jean	3. le vendeur de boissons

3. Select the statement that best summarizes the main idea of the conversation.
   a. Ernest orders a beverage in Monsieur Dutertre's café.
   b. Monsieur Dutertre places a beverage order with Ernest.
   c. Ernest and Monsieur Dutertre are old friends who meet regularly in their favorite café.

ACTIVITÉ 3: Combien de choses est-ce que Monsieur Dutertre commande? S'il ne commande pas certaines choses, employez l'expression *pas de.*

Answers: 3 caisses de 24 bouteilles de bière domestique, 2 caisses de 24 bouteilles de bière importée, 60 litres de vin blanc, 100 litres de vin rouge, pas de vin rosé, 8 douzaines de bouteilles de Coca, 6 douzaines de bouteilles d'Orangina, pas de jus de fruits, pas de cidre, 300 litres d'eau minérale.

COMMANDE
le 24 septembre
Café Saint-Martin du parc
Tel. 48.73.49.21

3 caisses	bière domestique	8 douz.	Coca
2 caisses	bière importée	6 douz.	Orangina
60 l.	vin blanc	0	jus de fruits
100 l.	vin rouge	0	cidre
0	vin rosé	300 l.	eau minérale

MODÈLES: ***Il commande** (orders) **trois caisses de bière domestique.***
Il ne commande pas de vin rosé.

ACTIVITÉ 4: Indiquez si les phrases suivantes sont vraies ou fausses.

1. En général, les clients de Monsieur Dutertre préfèrent le vin rouge.
2. On boit beaucoup de bière.
3. Les clients préfèrent la bière importée à la bière domestique.
4. Monsieur Dutertre commande cent soixante-quinze bouteilles de Coca et d'Orangina.
5. Les clients préfèrent le Coca à l'Orangina.
6. Il faut plus de *(more)* bouteilles de Coca et d'Orangina que de *(than)* bière.

ACTIVITÉ 5: Vous êtes Monsieur Dutertre. Quelles boissons est-ce que vous commandez? Employez le bon de commande de l'*Activité* 3 pour vous aider.

MODÈLE: ***Je commanderais** (I would order) **cinquante litres de vin blanc,...***

Approach: (1) Use the introductory guidelines to preview the material. (2) Role-play the mini-dialogues and have students repeat with you, practice with a partner, and incorporate personal variations. (3) Have students find different ways to ask what a person wants to drink and to order a drink. List their answers in columns on the board. Then have students work in pairs to create original mini-dialogues.

OFFRIR ET COMMANDER DES BOISSONS

In the scenes that follow, customers **(le[la] client[e])** order beverages from the server **(le garçon /la serveuse)** in a café.

A. Practice the beverages and the scenes with your instructor. Note the different ways to ask what someone would like and the varied responses.

B. Role-play the scenes with a partner, matching the responses from one scene with the questions from another.

UN JUS DE FRUITS

UN CAFÉ AU LAIT, UNE TASSE DE CAFÉ

UNE BIÈRE BRUNE, BLONDE, À PRESSION°

UN EXPRESS°, UN CAFÉ CRÈME

UN ORANGINA

UN DEMI-LITRE DE CIDRE

UNE BOUTEILLE DE BIÈRE: DOMESTIQUE, IMPORTÉE

UNE CARAFE D'EAU

UN CITRON PRESSÉ° UNE LIMONADE,° UN DIABOLO MENTHE,° UNE MENTHE À L'EAU°

UN VERRE DE (VIN) ROUGE, BLANC

SCÈNE 1

—Vous désirez?

—Une eau minérale, s'il vous plaît.

SCÈNE 2

—Qu'est-ce que je vous sers?*

—Je ne sais pas... Euh,... un café crème, pour moi. ●

SCÈNE 3

—Qu'est-ce que vous voulez boire?

—Un verre de vin rouge.

SCÈNE 4

—Vous voulez commander quelque chose?

—Je voudrais un Coca, s'il vous plaît.

SCÈNE 5

—Qu'est-ce que vous prenez?

—Moi, je prends un citron pressé.

● **Un café crème** is strong coffee with a little cream, while **un café au lait** is coffee with large quantities of scalded milk. In cafés and restaurants, **café crème** is served in a small cup, while the **café au lait** is usually served in a large cup. At home, **café au lait** is typically served in a bowl.

la bière à pression *beer on tap* **un express** *an espresso* **le citron pressé** *lemonade* **la limonade** *carbonated lemon-flavored drink* **le diabolo menthe** *mint syrup with lemonade* **la menthe à l'eau** *mint syrup with water*

* The complete conjugation of the irregular verb **servir** is given in the *Verbes irréguliers* at the end of the chapter.

UTILISATION

ACTIVITÉ 6: Reread the scenes and look for the following types of expressions.

1. When ordering or taking orders in a café, is formal (**vous**) or informal (**tu**) language used? Why?
2. Find several different ways to take a customer's order.
3. Find the different ways to place an order. Which are more polite?

ACTIVITÉ 7: Identifiez les boissons.

MODÈLE: ***Il apporte deux verres de vin rouge,...***

ACTIVITÉ 8: Travaillez en groupe de trois. Faites une liste des boissons que vous aimez tous.

MODÈLE: ***—Tu aimes le (la, l', les)...?***
—Oui, j'aime bien le (la, l', les)...
—J'aime mieux le (la, l', les)...
—Je n'aime pas le (la, l', les)...

À VOUS!

Working in a small group, take turns playing the roles of the server and the customers in a café. The server should ask for and remember the orders of all group members and repeat them back after everyone has ordered.

MODÈLE:
LE GARÇON: ***Qu'est-ce que vous prenez?***
UNE CLIENTE: ***Moi, je voudrais un Orangina.***
LE GARÇON: ***Et vous?***
UN CLIENT: ...
LE GARÇON: ***Alors, deux Oranginas, une eau minérale, un citron pressé et...***

Notes culturelles

LA VIE AU CAFÉ

French daily life is very much tied to cafés. The corner café is much more than a place to have a drink: it is a place to meet with friends, write a letter, read the paper, or simply watch the world go by. University students go to cafés to discuss politics, to work on assignments, or just to relax. A café is an extension of a French person's house or apartment. People tend to have their own favorite café, usually located near where they live or work. The café sometimes reflects its patrons' social class, political preference, and even age. It would be hard to imagine French people without cafés.

During nice weather, the French use **la terrasse,** or outside seating. People generally choose the sunny side of the street. On rainy days, people sit at a table inside. Some regular customers prefer to stand at the counter to talk to the bartender.

To call the server:	**Monsieur! Madame!**
To remind the server of your order:	**Monsieur (Madame), mon café, s'il vous plaît?**
To ask for the bill:	**L'addition, s'il vous plaît.**

In cafés, people drink coffee, beer, and mineral water more often than any other beverages. French people still consider wine their favorite beverage overall, although their wine consumption has been declining. The French also favor mineral water, but do not appreciate carbonated soft drinks as much as Americans do.

Preferred Beverages (in liters)	
Eaux minérales	73,6
Vins ordinaires	53,5
Bière	37,6
Boissons gazeuses	27,5
Vins classés *(expensive)*	20,5
Café, thé (en kg)	4,0

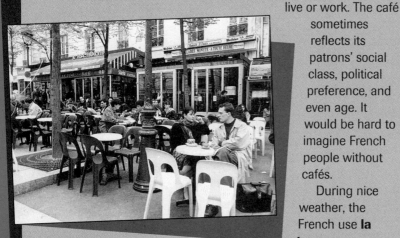

J'AIME PRENDRE UN CAFÉ À LA TERRASSE.

Rank the preferred beverages in France (listed above at left) from most to least popular in the United States. Then poll your classmates about the drinks they prefer.

1. Verify your predictions.
2. Compare your results with those of the French. Are there differences? Can you explain or justify them?

Ask students: Why do people go to cafés or bars in this country? Do people go for the same reasons in France?

STRUCTURE

LE VERBE PRENDRE

The verb **prendre** *(to take, to have)* is useful when you are ordering a beverage. Look back at the scenes in the ***C'est-à-dire*** section. Which scene uses a form of this verb? Read and role-play the following mini-dialogue with your instructor, paying particular attention to the forms of **prendre**. Then answer these questions.

A. Where are the friends? What are they ordering?

B. Which verb is used to give and inquire about beverage orders? Is it regular or irregular?

Approach: (1) Use the introductory questions to preview the material. (2) Model the mini-dialogue several times. (3) Have students look for patterns and answer questions A and B with a partner. (4) Elicit their observations. (5) Present the grammatical explanations as a means of confirming and extending students' hypotheses.

—Alors, Jean, qu'est-ce qu'on **prend**? Une carafe de vin blanc?
—Oh, non, c'est trop. **Prenons** deux verres de vin.
—Mais Marcel arrive tout de suite. Il aime le vin blanc, lui. Nous avons besoin de trois verres.
—Non, non, Marcel est au régime *(on a diet)*. Il va sûrement **prendre** une bouteille d'eau minérale.

1. FORMS OF PRENDRE

The verb **prendre** is a common verb which means "to have" when referring to foods and beverages. Note its present-tense forms.

je	**prends**	nous	**prenons**
tu	**prends**	vous	**prenez**
il/elle/on	**prend**	ils/elles	**prennent**

Prendre may also mean "to take" when referring to transportation or objects.

Pour aller au café, il **prend** le métro.
Quand il va au café, il **prend** son baladeur et un bon livre.

2. VERBS CONJUGATED LIKE PRENDRE

The verbs **comprendre** *(to understand; to include)* and **apprendre** *(to learn)* follow the same pattern as **prendre**.

Est-ce que tu **comprends** ce menu?
Le menu **comprend** un grand nombre de marques de bière.
Ah, très bien! Ils **apprennent** à lire les menus français.

UTILISATION

ACTIVITÉ 9: Complete these mini-scenes with the appropriate form of the verb **prendre,** then role-play them with a partner.

1. —Vous ____ quelque chose?
   —Oui. Moi, je ____ un apéritif.
2. —Tu ____ un café crème?
   —Oui, et Grégoire ____ une eau minérale.
3. —Qu'est-ce que vous ____ ?
   —Nous ____ une carafe de vin blanc et eux, ils ____ une limonade.

ACTIVITÉ 10: Order another round of beverages just like the first one. Complete each order using a form of the verb **prendre.**

MODÈLE:  Lui, il ____ encore ____. *Lui, il prend encore un verre de vin blanc.*

1. Nous, nous ____ encore ____.
2.  Moi, je ____ encore ____.
3.  Nous ____ encore ____.
4.  Elles ____ encore ____.
5. Tu ____ encore ____.
6.  Elle ____ encore ____.
7.  Vous ____ encore ____.
8.  Lui, il ____ encore ____.

À VOUS!

Pretend you are a server. Three classmates will play the roles of customers. Greet the customers, make small talk, ask the customers about their beverage preferences, and then suggest appropriate beverages. Customers may agree or disagree. Continue until each customer has selected a beverage or the list of beverages has been exhausted. Some possible beverage preferences are listed below.

- **les boissons froides** *(cold)*
- **les boissons chaudes** *(hot)*
- **la bière (mais pas la bière domestique)**
- **quelque chose pour quelqu'un qui est au régime**
- **les boissons gazeuses** *(carbonated)*
- **le vin (mais pas le vin rosé)**
- **les jus de fruits**
- **les boissons non alcoolisées**

Tranche 2

Qu'est-ce que vous prenez?

Au travail

Avant d'écouter

Have students record the responses to each beverage offer, tally their data, and identify the most popular beverage. You may want to compare data across sections of the same course.

Activité 1: Review the beverages introduced in *Tranche 1* of this chapter. Then circulate among your classmates, offering and ordering beverages with at least ten different people. Be sure to use informal language. Keep a written list of responses.

Modèles: *—Tu veux boire quelque chose?*
—Une eau minérale, s'il te plaît!

—Tu veux prendre quelque chose?
—Je voudrais un jus de fruits.

—Qu'est-ce que tu prends?
—Pour moi, un Coca, s'il te plaît.

—Qu'est-ce que tu veux?
—Moi? Un café.

—Tu veux prendre quelque chose?
—Je voudrais un jus de fruits.

Publicités

The pictures at left illustrate what happens in the advertisements on your student tape.

A. Look the pictures over. Then answer the following questions.
   1. What three products do you think will be discussed?
   2. What would you expect an advertisement to say about these products?

B. Here are some key words you might find helpful in understanding the conversation.

des oranges juteuses	qui ont beaucoup de jus	**du sucre**	*sugar*
éplucher	*to peel*	**des biscuits**	*cookies*
des pots de crème	*milk puddings*	**le chocolat au lait et le chocolat amer**	*milk and semisweet chocolate*
des œufs	*eggs*	**la glace**	*ice cream*
du lait	*milk*		

C. To preview what to listen for in this passage, look over the main idea and detail questions in ***Activités 2*** and ***3***. Then listen to the passage and complete the activities.

Approach: (1) Preview the conversation by focusing on the art. Have students hypothesize about what they will hear. (2) Preteach the new vocabulary.

Compréhension

Activité 2: Identify these general characteristics and main ideas.

1. This passage is (a) an advertisement for products in a grocery or specialty food store, (b) an interview concerning particular products, (c) a product analysis by several different customers.
2. The primary focus of discussion is (a) the prices, (b) where the items may be purchased, (c) the product features.
3. Which of the following products are mentioned?

a. des fruits	c. des gâteaux	e. des boissons
b. des desserts	d. des vins	f. des bonbons

Activité 3: Each section of the passage suggests several reasons to purchase the given product. Match the reasons to the products.

1. Les oranges de Jaffa
   a. sont nouveaux
   b. sont préférées de tout le monde
   c. existent en deux versions

2. Les petits pots de crème Venise
   d. sont faciles à digérer
   e. sont pratiques
   f. ne font pas grossir *(gain weight)*

3. Les biscuits au chocolat LU
   g. contiennent du lait et des œufs
   h. sont sans sucre
   i. sont bons avec de la glace

PRONONCIATION

The pronunciation of the letter **u** in French has no equivalent pronunciation in English. To pronounce **u,** start with the tongue and teeth positioned as they are for the vowel **i** (a long *ee* in English), then round your lips. Practice the following words and expressions with your instructor or on your student tape.

t**u** d**u** j**u**s **u**ne j**u**teuses épl**u**cher les biscuits L**U**

Les oranges sont **ju**teuses. Elles sont faciles à épl**u**cher.
Ils contiennent d**u** lait, mais pas de s**u**cre nat**u**rel.
T**u** aimes les biscuits L**U**?
T**u** prends d**u** j**u**s?

Notes culturelles

Les Repas

French meals are quite different from meals in the United States: The morning meal, **le petit déjeuner,** is generally much simpler than an American breakfast. It generally consists of coffee **(le café** or **le café au lait)** with a piece of bread and jam **(une tartine).**

Lunch, **le déjeuner,** on the other hand, can be much more elaborate in France. When it is the main meal of the day, it consists of several courses, including hors d'œuvres, a main dish, and dessert. Many French people now prefer a lighter or faster lunch, however, and opt for a sandwich, a slice of pizza, or **un croque-monsieur** *(grilled ham and cheese sandwich).*

	1970	**1991**
Pain	80,6	63,9
Pommes de terre	95,2	77,7
Légumes	70,4	99,4
Fruits	13,5	48,5
Volailles	14,2	21,3
Fromages	13,8	16,0
Yaourts	8,6	13,4
Sucre	20,4	12,1

Le dîner, the evening meal, tends to be a substantial meal, with a main dish and fruit and cheese for dessert.

As you can see from the data on the left, French eating habits have changed in the last 20 years.

Poll your classmates about their food preferences.

1. What percentage eat fruit at meals? yogurt? bread?
2. How does this compare with the French preferences?

CHOISIR ET ACHETER LE DESSERT

Approach: (1) Use the introductory guidelines to preview the material. (2) Role-play the mini-dialogues and have students repeat with you, practice with a partner, and incorporate personal variations. (3) Have students find ways to ask how to help someone, ask for specific items, ask for a price, evaluate a price, ask if a customer needs something else, and indicate that it is time to pay. List answers in columns on the board. Then have students work in pairs to create original mini-dialogues.

Note that even in a supermarket, there are some departments **(charcuterie, boucherie, poissonnerie, fromages)** where salespersons wait on customers. Remind students that a kilo equals 2.2 pounds and that there are 1000 **grammes** in a kilo.

The French serve fruit, cheese, yogurt, and pastries at the end of a meal. In these scenes, you will learn how to order and buy these dessert items.

A. Practice the scenes with your instructor.

B. Role-play them again with a partner, taking the parts of the clerk and the shopper.

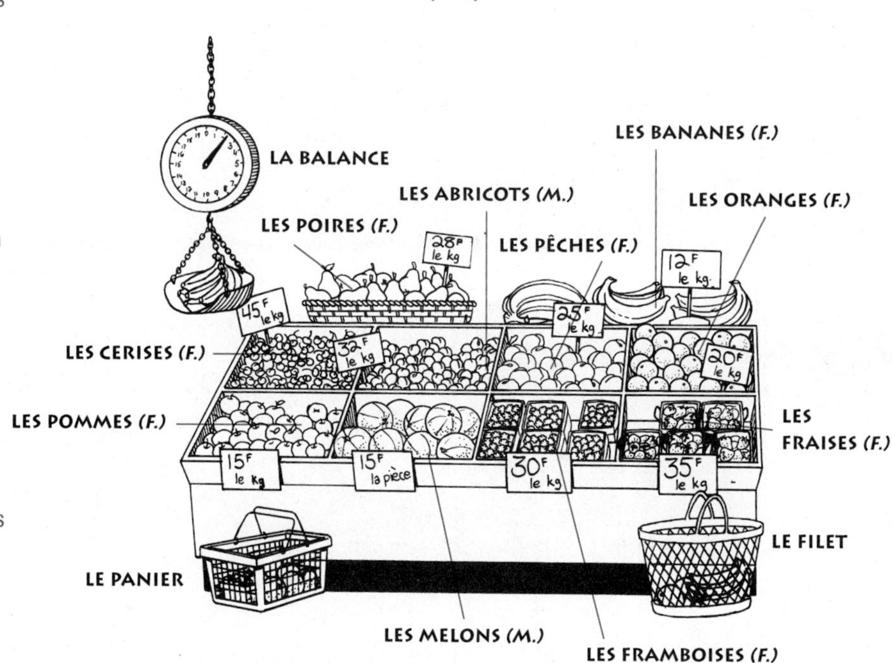

SCÈNE 1: AU MARCHÉ

—Bonjour, madame. Vous désirez?
—Je voudrais 750 grammes de fraises et un kilo de pêches.
—Les fraises, ça fait vingt-six francs et vingt-cinq francs pour les pêches.
—Merci, madame.

In **un supermarché**, customers serve themselves and pay at the check-out counter. This is called **le libre-service**. In small neighborhood stores, customers do not serve themselves, but must be waited on.

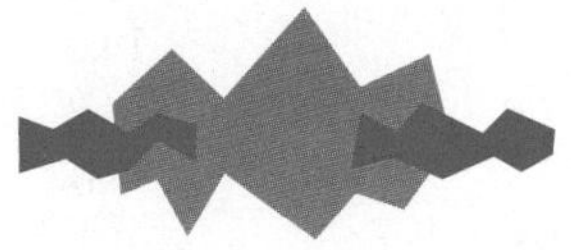

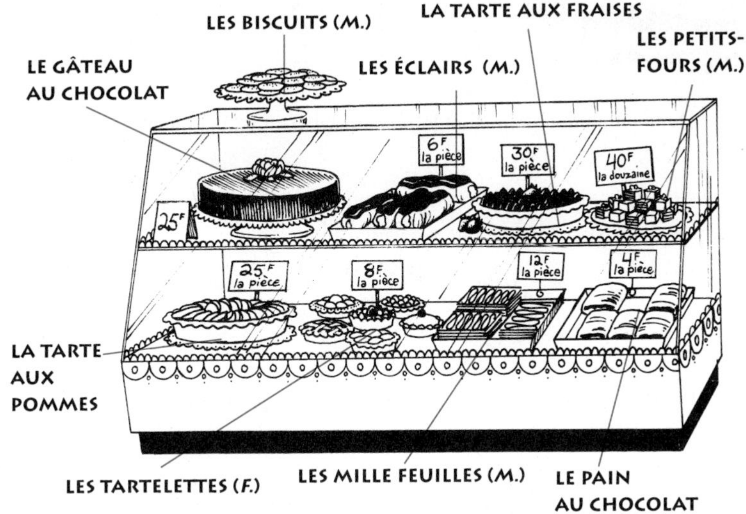

SCÈNE 2: À LA PÂTISSERIE

—Bonjour, monsieur. Je peux vous aider?
—Oui, madame. Combien coûtent les tartelettes?
—Les tartelettes coûtent huit francs la pièce.
—Alors, une douzaine de tartelettes aux pommes et six éclairs au chocolat.
—Voilà. Passez à la caisse, s'il vous plaît.
—Merci, madame.

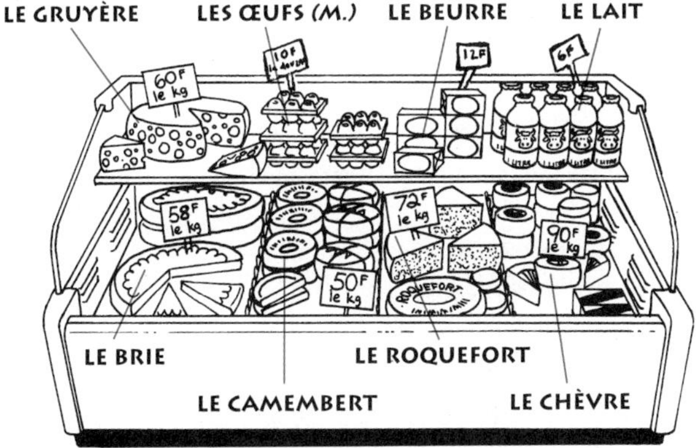

SCÈNE 3: À LA CRÉMERIE

—Madame?
—Il me faut un morceau de brie et un camembert.
—Et avec ça?
—C'est tout, merci.

UTILISATION

ACTIVITÉ 4: Reread the scenes and find the following types of expressions.

1. Find several ways in which the storekeepers greet customers.
2. In what ways do the storekeepers offer help?
3. In what ways do customers state what they need and place orders?
4. How do customers inquire about prices?
5. How do storekeepers state prices?

ACTIVITÉ 5: Les fruits, le fromage, le yaourt et les pâtisseries sont les desserts préférés en France. Travaillez avec un(e) partenaire et faites une liste de six desserts que vous aimez.

MODÈLE: *—Tu aimes les fraises?*
—Oui! J'adore les fraises!

ou: *—Non, je n'aime pas beaucoup les fraises. J'aime mieux les gâteaux au chocolat. Tu aimes les gâteaux au chocolat?*

Follow-up: Have some groups present their dialogues to the class.

ACTIVITÉ 6: You are preparing a fruit salad. Place your order, following steps 1–3 below for at least six of the fruits listed. Your partner will play the role of the salesperson. Make sure that the amounts you order make sense.

MODÈLE: *—Bonjour, mademoiselle (monsieur). Je peux vous aider?*
—Oui, mademoiselle (monsieur). Il me faut un kilo d'abricots.

1. Commencez la phrase.
   Je voudrais... (Il me faut... Je vais prendre...)
2. Indiquez la quantité.
   un kilo (250 grammes, une douzaine) de...
   cinq (dix, quinze, quelques *[some]*, plusieurs *[several]*)
3. Choisissez des fruits.
   bananes (cerises, pommes, pêches, abricots, oranges, melons, poires, fraises, framboises)

À VOUS!

Avec un(e) partenaire, jouez les rôles du (de la) commerçant(e) et du (de la) client(e). Achetez des fruits, du fromage et des pâtisseries.

MODÈLE: ***—Bonjour, monsieur (mademoiselle). Vous désirez?***
—Combien coûtent les gâteaux au chocolat?
—Soixante francs.
—Alors, un gâteau au chocolat, s'il vous plaît.

STRUCTURE

LES VERBES RÉGULIERS EN -IR

Approach: (1) Use the introductory questions to preview the material. (2) Model the mini-dialogue several times. (3) Have students look for patterns and answer questions A and B with a partner. (4) Elicit their observations. (5) Present the grammatical explanations as a means of confirming and extending students' hypotheses.

Making choices is an integral part of placing an order, and the verb **choisir** *(to choose)*, a regular **-ir** verb, is often used. Read and role-play the mini-dialogue with your instructor, paying particular attention to the forms of the verbs. Then answer these questions.

A. Why isn't Marthe interested in making a purchase?

B. You have already studied two categories of regular verbs. With what letters do their infinitives end? What do you notice about the verbs **choisir, maigrir**, and **grossir**?

—Viens, Marthe, **choisissons** un beau gâteau à la crème. ●
—Si tu veux manger un gâteau à la crème, vas-y.° Moi, je suis au régime, je veux **maigrir**.
—Allez! Un petit gâteau, ça ne fait pas de mal.°
—Non, ça ne fait pas de mal, ça fait **grossir**!

● Note that according to a poll conducted by *le Journal du dimanche*, French people choose fruit more often than any other dessert. The rich pastries the French are so famous for account for fewer votes, while ice cream comes in a distant third. Pastries are reserved for special occasions, such as Sunday meals, when entertaining guests, or when dining out.

1. FORMS OF REGULAR -IR VERBS

Some verbs whose infinitives end in **-ir**, like **choisir**, follow a regular pattern of conjugation. To conjugate them:

a. Find the verb stem by dropping the letters **-ir** from the infinitive form:
choisir → **chois-**

b. Add the endings **-is , -is, -it, -issons, -issez, -issent** to the stem.

je	**choisis**	nous	**choisissons**
tu	**choisis**	vous	**choisissez**
il/elle/on	**choisit**	ils/elles	**choisissent**

Note that all singular forms in the present tense are pronounced the same. ●

● In French, a single letter **s** between vowel sounds is pronounced as a **z** sound, while a double **s** is pronounced as an **s** sound. Distinguish between **dessert/désert, poisson/poison, choisis/choisissez.**

2. OTHER REGULAR -IR VERBS

Other verbs conjugated in the same manner include **grossir** *(to gain weight)*, **maigrir** *(to lose weight)*, and **finir** *(to finish)*.

Nous **finissons** notre repas.
Je suis au régime, mais je **grossis** quand même.
Tu manges du chocolat et tu **maigris**? Pas possible!

vas-y *go ahead* **ça ne fait pas de mal** *it can't hurt*

UTILISATION

Like many inhabitants of industrialized countries, the French are interested in keeping their weight down and often go on diets to reduce weight. However, French eating habits are generally healthy: most people eat well-balanced meals and do not snack between meals.

ACTIVITÉ 7: Begin with this list of foods, and add others of your choice. Use these expressions to explain the likely effect on one's physique: **Ça fait grossir (maigrir)!** or **Ça ne fait pas grossir (maigrir)!**

MODÈLE: un gâteau au chocolat
Un gâteau au chocolat? Ça fait grossir, bien sûr!
ou: *Un gâteau au chocolat? Ça ne fait pas maigrir, bien sûr!*

1. des mille feuilles
2. du camembert
3. des abricots
4. une tarte aux pommes
5. des pêches
6. du gruyère
7. du yaourt
8. du gâteau au chocolat
9. des oranges

ACTIVITÉ 8: Use a form of **choisir** to tell what each person selects. Then use a form of **grossir** or **maigrir** to predict the results.

MODÈLES: Anne / une poire — *Anne choisit une poire. Si elle grossit, c'est un miracle!*

Suzanne / deux éclairs — *Suzanne choisit deux éclairs. Si elle maigrit, c'est un miracle!*

1. Anne-Marie et moi, nous / trois tartelettes aux pêches
2. Joseph / une tranche de fromage
3. Toi, Luc / quelques fraises
4. Vous, Sylvaine et Élise / une douzaine de petits-fours
5. Moi, je / une tranche de melon
6. Robert et André / quelques tartelettes aux cerises

À VOUS!

Interviewez vos camarades. Trouvez les camarades qui répondent affirmativement à vos questions. Quand vous trouvez quelqu'un, écrivez son nom.

MODÈLE: aime les bonbons
—Et toi, tu aimes les bonbons? → ***—Oui, bien sûr, j'adore les bonbons.***
—Et tu t'appelles Christine, n'est-ce pas? ***—Oui, c'est ça!***

1. aime le camembert
2. n'aime pas grossir
3. aime les pâtisseries
4. préfère les pâtisseries au fromage
5. est au régime, mais grossit quand même
6. déteste les abricots
7. n'aime pas du tout les petits-fours
8. finit toujours le repas
9. choisit souvent des éclairs au chocolat
10. adore les tartelettes aux pommes
11. choisit toujours le gâteau au chocolat
12. mange souvent du chocolat mais ne grossit pas

Tranche 3

Qu'est-ce que vous aimez?

Au travail

Avant de lire

Activité 1: The following reading passage introduces you to three types of food stores in France and to a newspaper advertisement from one of them. Before reading the passage, answer the following questions.

1. Among the food items listed below, which do you recognize? Can you guess the meaning of some others? Are there any cognates? Which words has English borrowed from French?

du brie	des gâteaux	de la moutarde	du jambon	du jus d'orange
du thon	de la limonade	des croissants	des haricots verts	

2. Put the following measures of quantity into two groups: (a) exact measures of weight or volume and (b) approximate measures.

une bouteille de	beaucoup de	un litre de	un peu de
assez de	une boîte *(can)* de	un lot *(lot, set)* de	un kilo de
une douzaine de	un verre de	une tasse de	une tranche *(slice)* de
			250 grammes de

Pour mieux lire

Prefixes

In the last chapters, we saw that words belong to word families and that suffixes may be added to words to give them different meanings. Prefixes may also be used to modify meanings. Here are some frequently used French prefixes.

1. The prefix **re-** (**r-** before a vowel) modifies a verb and means "to do again."
   appeler → **rappeler** demander → **redemander**
2. The prefix **dé-** also modifies a verb and is equivalent to the English prefix *dis-* or *un-*
   placer → **déplacer** faire → **défaire** brancher → **débrancher**
3. The prefixes **in-** and **im-** modify an adjective or an adverb and mean "not."
   possible → **impossible** poli → **impoli**
   Note that the prefix **im-** is used before words beginning with **m** or **p**.
4. The prefix **mi-** modifies nouns and means "half" or "mid."
   temps → **mi-temps** nuit → **minuit**

Prefixes: The following words may also take prefixes:
re- → **faire, entrer, ouvrir, dire;**
dé- → **tacher, boucher, charger, centraliser, couper, coller;**
in-, im- → **mangeable, mobiliser, mortalité, applicable, actif;**
mi- → **chemin, voix**

Au marché

Before reading about the three types of markets and the supermarket advertisement on page 185, look over the main idea and detail questions in ***Activités 2*** and ***3***.

● You will encounter the word **supermarché** in the reading. It is composed of the word **marché** *(market)* and the prefix **super-** *(bigger, better)*. **Un supermarché** is therefore a bigger market. There are also large stores called **hypermarchés** in France. As you might guess, **un hypermarché** is an "even bigger, better supermarket."

Supérettes, supermarchés et hypermarchés

Connaissez-vous les trois sortes de libres-services° qui existent? Savez-vous les distinguer les uns des autres afin° d'y acheter au mieux° de vos intérêts?

La supérette

C'est un petit libre-service qui joue le rôle d'un magasin de proximité° en ville ou dans les villages. On compte plus de 6 000 supérettes en France. Elles offrent un assortiment réduit en produits alimentaires ainsi qu'°une gamme de° produits non alimentaires d'achats° fréquents (droguerie, entretien°, hygiène…).

Les supermarchés

Le premier supermarché a fait son apparition en France en 1958. Les caractéristiques des supermarchés sont les suivantes: établissements indépendants qui vendent l'ensemble des produits alimentaires et un assortiment plus ou moins important de produits non alimentaires; la vente s'y fait en libre-service avec postes de paiement à la sortie.

Les hypermarchés

Le premier magasin de ce type est apparu en France en 1963, à Sainte-Geneviève-des-Bois, dans la région parisienne; il portait l'enseigne° de « Carrefour ». Les hypermarchés sont des magasins qui offrent de 15 000 à 50 000 articles différents et dont la surface de vente° varie entre 2 500 m^2 et 20 000 m^2 et plus. Ils fonctionnent en libre-service avec une série de caisses à la sortie et sont généralement situés à la périphérie des grandes villes, facilement accessibles et disposés d'un grand parking. Ils offrent en plus du magasin de nombreux services parmi lesquels° on trouve des cafétérias, des centres auto, des centres d'équipement du foyer, des centres jardiniers.°

le libre-service *self-service store* **afin de** *in order to* **au mieux** *best*
de proximité *near* **ainsi que** *as well as* **une gamme de** *a selection*
l'achat *purchase* **l'entretien** *maintenance* **l'enseigne** *sign*
dont la surface de vente *whose selling floor* **lesquels** *which*
le centre jardinier *garden center*

Post-reading: (1) Have students work in small groups to discuss their answers to ***Activités 2*** and ***3***. (2) Ask if the following are true or false: **(a) Au supermarché, il y a des ordinateurs en solde. (b) Au supermarché, il y a des produits pas chers au rayon épicerie. (c) On peut acheter des croissants au beurre au rayon crémerie.**

Cultural Note: Explain that grocery coupons do not exist in France. French people would find it curious that Americans cut coupons out of newspapers.

Compréhension

ACTIVITÉ 2: Choisissez la phrase qui décrit le mieux l'idée principale du passage.

1. La lecture traite de la situation économique en France et des prix des produits alimentaires *(food products)*.
2. Le passage définit trois types de magasins et donne l'exemple d'une publicité pour les produits alimentaires.
3. Le passage compare les magasins d'alimentation en France et dans les autres pays. Il montre aussi que les produits alimentaires sont très chers en France.

ACTIVITÉ 3: Vérifiez les détails du passage.

1. Dans la description des magasins.
   a. Les supérettes offrent un (grand/petit) assortiment de produits.
   b. Les supermarchés offrent un assortiment (réduit/assez important) de produits.
   c. Dans les hypermarchés, on trouve souvent (des cafétérias/des agences de voyages/des centres jardiniers/des banques).
2. Dans la publicitéz pour les produits alimentaires.
   a. Combien coûtent les gâteaux Rougier?
   b. ____ coûte 13,50 F les deux boîtes.
   c. Le jus d'orange est en solde à ____.
   d. ____ coûtent 8,90 F les deux boîtes.
   e. Les biscottes Helder sont à ____ les 100 tranches.
   f. Les dix croissants coûtent ____.
   g. ____ est à 50, 70 F le kilo.
   h. Le vin est à ____.
   i. Combien de différentes mesures de quantité trouvez-vous?
   j. Quels sont les produits alimentaires les plus chers *(the most expensive)*?

LISEZ LA PUBLICITÉ SUIVANTE DE L'HYPERMARCHÉ PRISUNIC.

PRIX COMBAT

EPICERIE

BISCOTTE° HELDER 100 tranches **19,90**

GATEAUX COMPOSÉS° ROUGIER Le lot de 2 paquets° **40,30**

HARICOTS VERTS TRÈS FINS LARROCHE Le lot de 2 boîtes° **8,90**

THON° ALBACORE AU NATUREL GENDREAU Le lot de 2 boîtes° ... **13,50**

MOUTARDE FORTE RÉMA Le bocal° de 85 cl **15,20**

CHARCUTERIE

JAMBON CHOIX° dégraissé° Sachet° de 10 tranches, 500 g **55,90**

SAUCISSE° STRASBOURG Lot de 2 sachets de 10, 700 g **27,90**

CREMERIE

BRIE 60% de matière grasse° le kg **50,70**

ŒUFS° FRAIS° PROGAL Le plateau° de 30 ..... **13,65**

10 CROISSANTS AU BEURRE° 9,50

LIQUIDE

CÔTE DU RHÔNE la bouteille de 75 cl **12,50**

JUS D'ORANGE HELIOR 1 litre **6,75**

LIMONADE La bouteille de 1,5 litre **6,50**

ACTIVITÉ 4: Travaillez avec un(e) partenaire. Dites ce que vous aimez, ce que vous n'aimez pas et ce que vous préférez dans les publicités. Complétez les phrases suivantes.

1. J'aime beaucoup le (la, l', les)...
2. J'aime le (la, l', les)...
3. J'aime bien le (la, l', les)...
4. J'aime mieux le (la, l', les)...
5. Je préfère le (la, l', les)...
6. Je n'aime pas le (la, l', les)...

la biscotte *dry toast* **le gâteau composé** *cake mix*
le lot de 2 pacquets *2 packets for* **la boîte** *can* **le thon** *tuna*
le bocal *jar* **jambon choix** *choice ham* **dégraissé** *low fat*
le sachet *package* **le saucisse** *sausage* **grasse** *fat* **frais** *fresh*
le plateau *tray*

CHOISIR LA NOURRITURE

Approach: (1) Use the introductory guidelines to preview the material. (2) Role-play the mini-dialogues and have students repeat with you, practice with a partner, and incorporate personal variations. (3) Have students answer questions such as **Où est-ce qu'on trouve des tomates?** Then have pairs of students quiz each other using the same pattern.

In the scenes that follow, people select items in the meat department **(la boucherie)**, the bakery section **(la boulangerie)**, the fresh produce section **(le rayon des légumes)**, and the canned goods section **(l'épicerie)** of a supermarket. Notice especially the names of the products offered in each section of the store.

A. Practice the scenes with your instructor.

B. Role-play the scenes again with your classmates, substituting different food items from the same section of the store.

SCÈNE 1: À LA BOUCHERIE

—Bonjour, madame. Vous désirez?
—Je voudrais un kilo de viande hachée et une douzaine de saucisses.
—Voilà.
—Merci, monsieur.

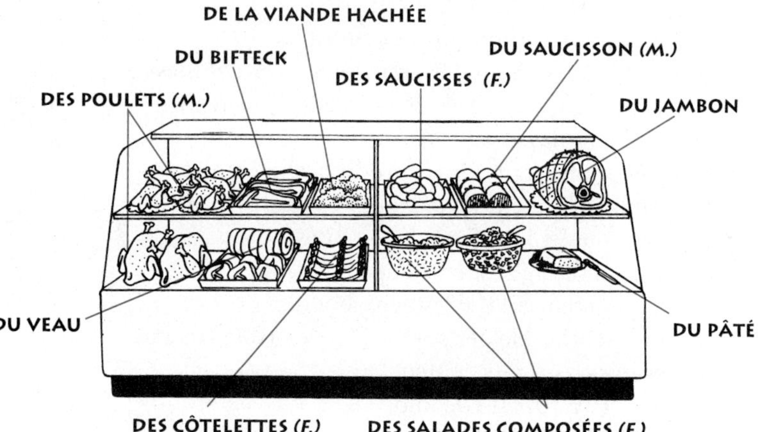

SCÈNE 2: À LA BOULANGERIE

—Bonjour, madame. Je peux vous aider?
—Oui, monsieur. Alors, une douzaine de petits pains et une baguette, s'il vous plaît.
—Voilà.
—Merci, monsieur.

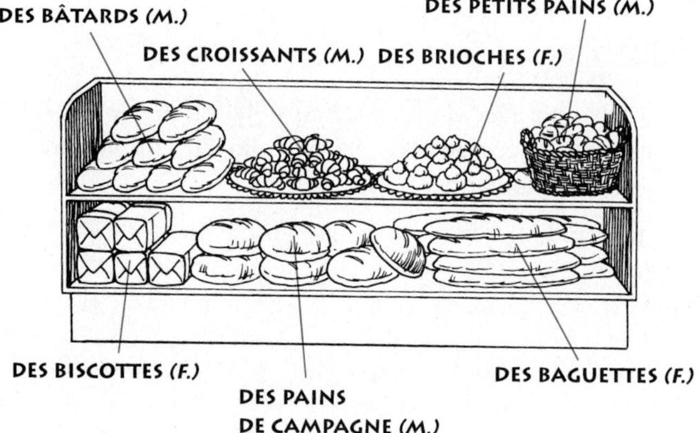

SCÈNE 3: AU RAYON DES LÉGUMES

—Madame…

—Voyons… Des tomates, quelques oignons et des champignons pour le coq au vin de ce soir.

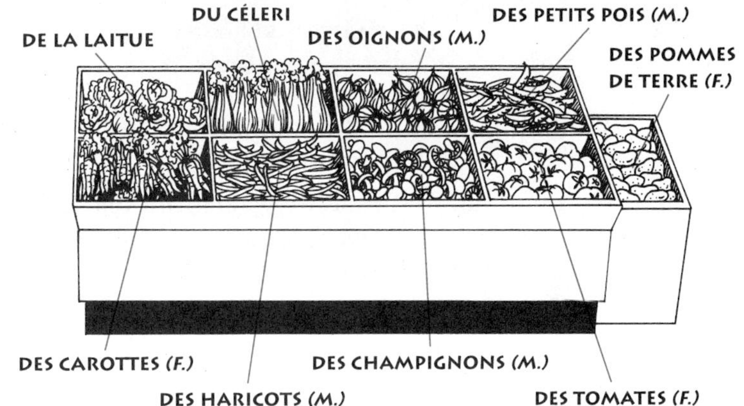

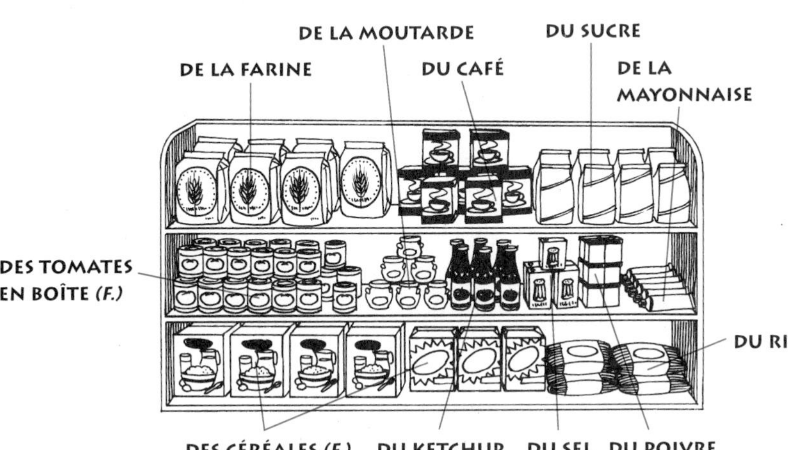

SCÈNE 4: À L'ÉPICERIE LIBRE-SERVICE

—Hmmm… Voyons, il me faut de la farine, du café, du poivre et des tomates en boîte.

UTILISATION

ACTIVITÉ 5: Reread the scenes and find the following types of expressions.

1. Find two ways to ask someone if he or she needs help.
2. Find three ways to request food items.
3. Find two expressions of quantity.
4. Find six expressions describing food items.

ACTIVITÉ 6: Your partner claims one of the nine supermarket carts whose contents are listed below. Inquire about the contents until you have enough information to guess which one it is. Change partners and repeat the activity.

MODÈLE: ***—Tu achètes* des pommes de terre?*** → ***—Non.***
—Tu achètes des tomates en boîte? ***—Oui.***
—Tu prends une baguette? ***—Oui.***
—Tu achètes de la viande hachée? ***—Oui.***
—Alors, c'est le chariot numéro huit!

1. du poisson
   des haricots
   du sucre
2. des fruits de mer *(shellfish)*
   des tomates en boîte
   du sucre
3. des fruits de mer
   des pommes de terre
   une baguette
4. une baguette
   des pommes de terre
   des œufs
5. du poisson
   des haricots
   des œufs
6. du poisson
   des petits pois
   des œufs
7. des tomates en boîte
   des côtelettes
   de la viande hachée
8. de la viande hachée
   des tomates en boîte
   une baguette
9. des côtelettes
   des haricots
   du sucre

À VOUS!

Fill in the following shopping list with at least twenty items from six different sections of a foodstore. Compare your list with that of a partner and keep track of the number of items you have in common.

MODÈLE: Au rayon des légumes, j'achète...
Au rayon des légumes, j'achète des tomates, des haricots et des pommes de terre.

1. Au rayon des fruits, je choisis...
2. Au rayon des pâtisseries, j'achète...
3. À la boucherie, j'achète...
4. À la crémerie, je prends...
5. Au rayon des légumes, je choisis...
6. À l'épicerie, j'achète...
7. À la charcuterie, j'achète...
8. À la boulangerie, je prends...

---

* The complete conjugation of the verb **acheter** is given in the section *Verbes irréguliers* at the end of the chapter.

STRUCTURE

LE PARTITIF

This explanation focuses on the articles used in French to express preferences about food and to indicate quantities of food. Read and role-play the mini-dialogue with your instructor, paying particular attention to the articles. Then answer these questions.

A. What doesn't Didier like about the **salade niçoise?**

B. What article is used with foods to express *some* or *a portion of something*?

Approach: (1) Use the introductory questions to preview the material. (2) Model the mini-dialogue several times. (3) Have students look for patterns and answer questions A and B with a partner. (4) Elicit their observations. (5) Present the grammatical explanations as a means of confirming and extending students' hypotheses.

–Hé, Didier, tu veux **de la** salade niçoise?
–Est-ce qu'il y a **des** carottes râpées° dedans°?
–Oui. Pourquoi?
–Je déteste les carottes râpées.
–Bon, alors tu veux **du** salami?
–Oh, oui, j'adore ça!

1. FORMS AND USES OF THE PARTITIVE

The partitive article is used to refer to a part or portion of something. Like the definite and indefinite articles, the partitive article agrees in gender and number with the noun.

Masculine	**du**	Tu veux **du** melon ou **du** gâteau?
	de l'	Tu prends **de l'**oignon dans la salade?
Feminine	**de la**	Je voudrais **de la** limonade et **de la** tarte.
	de l'	Je bois **de l'**eau minérale.
Plural	**des**	Je mange **des** spaghettis; elle prend **des** œufs brouillés.

Note that in English, the partitive *some* or *any* may be omitted, but in French, the partitive cannot be left out.

Je voudrais **du** salami. *I would like* ***(some)*** *salami.*

The partitive is most often used with the following verbs and expressions:

il y a	je veux	je prends
j'ai	je veux bien	je bois
il me faut	je voudrais	je mange
il nous faut	je commande	j'achète

Je bois **du** vin. Tu veux **de la** salade niçoise?

râpées *grated* **dedans** *in it*

In contrast, the definite article (**le, la, l', les**) is used to talk about food in general and is used to express likes, dislikes, and preferences, most commonly with the verbs **aimer, aimer bien, détester, préférer,** and **aimer mieux.**

Je déteste **les** carottes râpées. J'aime bien **le** salami.

2. EXPRESSIONS OF QUANTITY

Sometimes quantities are expressed with specific measures. Notice that the metric system is used for both weight and volume in France.

For countable objects: **quelques, plusieurs, un(e), deux, trois, une (demi-)douzaine**

For noncountable objects: **une tranche de, beaucoup de, assez de, un peu de**

For weights: **250 grammes de, un kilo de, une livre de** ⬢

For liquids: **une bouteille de, une carafe de, une tasse de, un verre de, un (demi-)litre de**

⬢ *Note the difference in gender between* **un livre** *(a book) and* **une livre** *(a pound or half kilo).*

UTILISATION

ACTIVITÉ 7: Complete the following mini-dialogues with a partner, making sure to use the appropriate articles (partitive or definite). Then role-play them again with responses of your choice.

1. —Tu veux ____ limonade? → —Oui, je veux bien ____ limonade.
2. —Tu prends ____ thé? —Non, j'ai ____ café dans ma tasse.
3. —Tu aimes ____ bière? —Non, je bois rarement ____ bière.
4. —Tu détestes ____ vin rouge? —Non, je prends ____ vin rouge en apéritif.
5. —Tu aimes ____ eau minérale? —Oui, je prends toujours ____ eau minérale avec le repas.
6. —Tu aimes ____ thé? —Oui, je voudrais ____ thé, s'il te plaît.

ACTIVITÉ 8: Complete each of the following statements about food preferences with a fruit, vegetable, meat, bread, dessert, or beverage of your choice. Pay particular attention to the match between verbs and articles.

MODÈLES: J'adore... *J'adore le saucisson.*
J'achète souvent... *J'achète souvent du saucisson.*

1. Le matin, j'adore...
2. Je prends souvent...
3. Le soir, j'aime bien...
4. Je déteste...
5. Au restaurant, je commande souvent...
6. J'achète rarement... parce que c'est trop cher.
7. Après les cours, il me faut toujours...
8. Au supermarché, j'achète souvent...
9. Quand je suis fatigué(e), je préfère...

ACTIVITÉ 9: In what measures can the following items be purchased?

MODÈLE: le jambon
Je voudrais une tranche (un peu, beaucoup, une livre, 250 grammes, un kilo) de jambon.

1. les pêches
2. le vin
3. le poulet
4. le café
5. le lait
6. les tomates
7. les croissants
8. le bifteck haché

À VOUS!

You are preparing the following dinner or a meal of your choice. List the ingredients and the quantities you will need to prepare each course.

MODÈLE: des œufs à la mayonnaise
Pour les œufs à la mayonnaise, il nous faut une demi-douzaine d'œufs,...

1. le hors-d'œuvre: des œufs à la mayonnaise
2. la soupe: une soupe de légumes
3. le plat principal: un bifteck aux champignons et aux oignons
4. la salade: une salade verte
5. le dessert: des tartelettes aux pommes

À vous! Another menu might include **des carottes râpées, une soupe de pommes de terre, du poulet et des petits pois, une salade niçoise, de la glace**, etc. Students may also make up their own menus.

*16F50 PANACH'
10 x 25 cl
(le litre : 6,60 F)*

*7F30 Camembert BRIDEL
45% m.g. – 250 g –
(le kg : 29,20 F)*

*5F50 Boisson aux fruits BABAR,
orange, pomme ou
exotique – 1 litre*

*32F50 le kg
Pâté ardennais
CAUGANT*

*16F95 12 gâteaux ROCHER fourrés
framboise, ou cake raisin
480 g – (le kg: 35, 32 F) ou
chocolat – 450 g –
(le kg : 37,67 F)*

*7F50 Pâte brisée ou feuilletée HERTA
roulée prête à l'emploi – 230 g–
(le kg : 32,61 F)*

Tranche 4

AU RESTAURANT

AU TRAVAIL

● Fast-food restaurants, including McDonald's, Wendy's, KFC, and assorted pizza purveyors have become popular in France. Such places are especially popular with students, but business crowds still favor more traditional restaurants.

ACTIVITÉ 1: Répétez les mini-dialogues suivants. Ensuite, avec deux camarades différents, utilisez la carte *(menu)* de McDonald's et jouez le rôle du (de la) serveur(-se) et du (de la) client(e). ●

SERVEUR: Qu'est-ce que vous prenez?
VOUS: Un Big Mac et un shake à la vanille, s'il vous plaît.
SERVEUR: Un Big Mac et un Mac shake à la vanille. Voilà. Ça fait 24F10.
VOUS: Ça fait combien?
SERVEUR: Ça fait 24F10.

SERVEUR: Vous désirez?
VOUS: Deux double cheeseburgers et un Coca.
SERVEUR: Vous voulez un grand Coca ou un Coca moyen?
VOUS: Donnez-moi un Coca moyen.
SERVEUR: Voilà! Ça fait 38F40.
VOUS: Euh… Pardon, c'est combien?
SERVEUR: C'est 38F40.

COMMANDER UN REPAS

In these scenes, a customer orders a complete dinner consisting of several different courses.

A. Practice the roles of customer and server with your instructor, paying particular attention to the number of courses and the order in which they are served.

B. Play the role of the customer and then the role of the server.

Approach: (1) Use the introductory guidelines to preview the material. (2) Role-play the mini-dialogues and have students repeat with you, practice with a partner and incorporate personal variations. (3) Have students find how the server asks questions, the different parts of a meal, and various ways to order. List answers in columns on the board and have students work in pairs to create original mini-dialogues.

SCÈNE 1: LE MENU À PRIX FIXE OU À LA CARTE

SERVEUR: Bonsoir, monsieur. Vous préférez la carte ou le menu à prix fixe?
CLIENT: Le menu à trois cents francs.
SERVEUR: Très bien. Alors, voici le menu à prix fixe pour ce soir.

Menu à prix fixe	300 F
Hors-d'œuvre	Oeufs à la mayonnaise
	Saucisson sec
	Pâté de campagne
	Fruits de mer
Entrées	Soufflé au fromage
	Quiche lorraine
Plats	Steak au poivre
	Coq au vin
Salades	Salade aux champignons
	Salade d'endives
Desserts	Plateau de fromages
	Fruits
	Gâteau au chocolat

SCÈNE 2: L'APÉRITIF

SERVEUR: Qu'est-ce que vous prenez comme apéritif?
CLIENT: Euh, je ne sais pas. Qu'est-ce que vous me conseillez°?
SERVEUR: Je vous conseille un Dubonnet, un Cinzano ou bien un verre de vin blanc.
CLIENT: Le vin blanc, je n'aime pas ça. Apportez-moi un Cinzano, s'il vous plaît.

SCÈNE 3: LE HORS-D'ŒUVRE

SERVEUR: Et comme hors-d'œuvre?
CLIENT: Quelle est la spécialité de la maison?°
SERVEUR: Les œufs à la mayonnaise.
CLIENT: Ah, non. Je ne veux pas d'œufs. Vous avez autre chose?
SERVEUR: Nous avons du saucisson, du pâté ou des fruits de mer.
CLIENT: Alors, comme hors-d'œuvre, du pâté, s'il vous plaît. ⬢

SCÈNE 4: L'ENTRÉE

SERVEUR: Et comme entrée, vous voulez du soufflé?
CLIENT: Non, merci, mais j'aimerais de la quiche lorraine.

⬢ **Le hors-d'œuvre** is an appetizer course that is usually not very elaborate. **L'entrée**, on the other hand, is a more elaborate first course. It may consist of a fish, pasta, or egg dish. **Le plat principal** (what Americans call an *entrée*) is the main dish and often includes meat, vegetables, and potatoes.

conseiller *to recommend* **la spécialité de la maison** *specialty of the house*

SCÈNE 5: LE PLAT PRINCIPAL

SERVEUR: Et comme plat° principal?
CLIENT: Qu'est-ce que vous me conseillez?
SERVEUR: Je vous conseille le steak au poivre.° Il est délicieux.
CLIENT: Le steak? Non, pas de steak pour ce soir. Je voudrais du coq au vin.°

SCÈNE 6: LA SALADE

SERVEUR: Et comme salade, une salade aux champignons ou une salade d'endives?
CLIENT: Voyons... Eh bien, je vais prendre la salade aux champignons.

SCÈNE 7: LE DESSERT

SERVEUR: Et pour finir, vous voulez du fromage? des fruits? du gâteau au chocolat? Avec du café? Un digestif° peut-être?
CLIENT: Comme dessert, j'aimerais bien des fruits et un café.

UTILISATION

ACTIVITÉ 2: Reread the scenes and find the following types of expressions.

1. How many courses are there? In what order are they served?
2. Find the expressions the server uses to inquire about each course.
3. In what ways does the customer ask the server's advice?
4. How does the customer tell what foods he likes? does not like?
5. How does he state what he will order? And what he will not order?

Because servers in France don't always come to the table to ask if everything is OK, French people traveling in the U.S. are usually surprised by this practice. Similarly, Americans traveling in France may think service is lax because servers don't come to check on things. Diners who have a request or problem need to call the server.

À VOUS!

Working with a partner, use some of the following questions to prepare a short role-play between a server and a customer who wants to order a complete dinner for two. Be careful—some of the questions are appropriate to the server while others are likely to be used by the customer.

1. Vous voulez commander à la carte ou vous préférez le menu à prix fixe?
2. Qu'est-ce que vous prenez comme apéritif (hors-d'œuvre, entrée, plat principal, salade, dessert)?
3. Qu'est-ce que vous me conseillez comme hors-d'œuvre?
4. Et la spécialité de la maison?
5. Vous voulez des escargots?
6. Je voudrais... (S'il vous plaît,... J'aimerais...)
7. Quelle est la spécialité ce soir? (Vous avez toujours...? Est-ce qu'il y a...?)
8. Vous avez un plateau de fromages? (Vous avez autre chose?)
9. Voulez-vous un digestif?
10. L'addition, s'il vous plaît.

le plat *dish* **le steak au poivre** *pepper steak* **le coq au vin** *chicken in red wine* **le digestif** *after-dinner drink*

Structure

Le Partitif au négatif

In the preceding section, you learned to use partitive articles in affirmative sentences. Read and role-play the mini-dialogue with your instructor, paying particular attention to the forms of these articles in the negative. Then answer these questions.

A. What two things does the customer not want to order?

B. How do negative sentences differ from affirmative sentences?

Approach: (1) Use the introductory questions to preview the material. (2) Model the mini-dialogue several times. (3) Have students look for patterns and answer questions A and B with a partner. (4) Elicit their observations. (5) Present the grammatical explanations as a means of confirming and extending students' hypotheses.

–Tu veux **des** fruits de mer?
–Non, je ne veux pas **de** fruits de mer. Je n'aime pas **les** fruits de mer.
–Bon, alors tu veux **du** pâté?
–Non, je ne veux pas **de** pâté. Je déteste **le** pâté.
–Alors, qu'est-ce que tu vas commander comme hors-d'œuvre?

The negative partitive

All forms of the partitive article become **de** (**d'**) in the negative.

Affirmative	Negative
Vous voulez **du** vin?	Je **ne** veux **pas de** vin aujourd'hui.
Prenez-vous **de la** salade?	Non, je **ne** prends **pas de** salade.
Tu veux **de l'**eau?	Merci, **pas d'**eau pour moi.
Tu veux **des** carottes?	Je **ne** veux **pas de** carottes.

Recall that in the negative, the definite article does not change.

J'aime **les** fruits de mer. — Je **n'**aime **pas les** fruits de mer.
Je déteste **le** pâté. — Je **ne** déteste **pas le** pâté.

Utilisation

Activité 3: Offer the following items from the **menu à prix fixe** in the *C'est-à-dire* section as well as other items of your choice. Your partner will accept or refuse each one. Keep track of his or her order and repeat it back when he or she has finished ordering.

Modèle: des escargots
—Vous voulez des escargots?
—Oui, des escargots, s'il vous plaît.
ou: *—Non, merci. Je ne veux pas d'escargots.*

1. des crudités
2. une salade d'endives
3. du pâté
4. des fruits de mer
5. de la glace au chocolat
6. de la quiche lorraine
7. de l'eau minérale
8. du coq au vin

ACTIVITÉ 4: Work with a partner. One of you is a customer in a restaurant and the other is the server. This restaurant has several exceptional specialties; however, each evening the chef prepares only a small number of them. The customer should ask about the specialties; the server should decide which six or seven of the specialties are not available.

MODÈLE: —***On me dit** (I'm told) **que le pâté est merveilleux. Vous avez du pâté ce soir?***
—***Désolé(e), madame (monsieur/mademoiselle). Il n'y a pas de pâté ce soir.***

1. On me dit que la salade aux champignons est merveilleuse.
2. On me dit que les crudités sont superbes.
3. On me dit que le gâteau aux amandes est extraordinaire.
4. On me dit que le steak au poivre est merveilleux.
5. On me dit que les escargots sont délicieux.
6. On me dit que la quiche lorraine est excellente.

À VOUS!

Using the menu shown below, work with a partner to determine exactly which of the ingredients you want on your sandwich or pizza.

MODÈLE: ***–Tu aimes les tomates?***
–Oui, beaucoup! Mettons *(Let's put on)* ***des tomates.***
ou: ***–Non, pas du tout. Je n'aime pas les tomates. Ne mettons pas de tomates.***

Menu

le sandwich

le jambon	*l'oignon*	*le bifteck*
la mayonnaise	*le pâté*	*le poulet*
la laitue	*la moutarde*	*le thon*

la pizza

les champignons	*le fromage*	*les épices°*
les tomates	*les anchois°*	*le jambon*
l'oignon	*les olives noires ou vertes*	*la viande hachée*

---

les anchois *anchovies* **les épices** *spices*

La Langue écrite

Faire un plan

In the last chapter, you learned to organize a composition of several paragraphs by following these steps:

Step 1: Prepare a title and write a topic sentence or sentences, stating the main idea and previewing the ideas discussed in the ensuing paragraphs.

Step 2: Develop each idea in a single paragraph that begins with a topic sentence, then presents the information itself, and ends with a concluding sentence.

Step 3: End the composition with a concluding sentence or paragraph that reviews the points made in the body and restates the topic sentence.

The body of the composition in ***Chapitre 5*** was structured to tell what, where, when, and how. Another way to provide strong internal structure for the body of a composition is to develop and write from an outline like the one on the right:

Additional writing practice is provided at the end of the corresponding ***Cahier*** chapter. If ***système-D*** is available to your students, they may wish to use it as they complete the writing exercise.

TITLE
I. Introductory paragraph
II. Main point 1
   A. Detail 1
   B. Detail 2
   C. Detail 3
III. Main point 2
   A. Detail 1
   B. ...
IV. Conclusion

Sujet de composition

Write a restaurant review by following these steps.

1. Brainstorm about your topic and write down your ideas.
2. Organize your ideas using the outline form above. You may want to consider some of the following ideas.

   Where you normally dine: **Normalement, je dîne...**
   What kinds of menus are available: **Il y a un menu...**
   What the house specialties are: **Les spécialités sont...**
   What you normally order: **Comme apéritif, je commande...**
   How you like the dish: **Le plat est...**
   How the service is: **Le service est...**

3. Write a first draft. You may find it helpful to select from the following adjectives to describe the food and the service.

GRANDE QUALITÉ	QUALITÉ MOYENNE	MAUVAISE QUALITÉ
formidable	intéressant	médiocre
excellent	assez bon	affreux *(awful)*
très bon	fade *(tasteless)*	infect *(very bad)*
succulent	passable	mauvais *(bad)*

   Remember that **bon** and **mauvais** usually precede the noun.

4. Invite a partner to read your draft; incorporate his or her suggestions as appropriate.
5. Rewrite and polish your composition.

Suggestion: If you have a French restaurant in your city, organize **un déjeuner au restaurant français**.

Lexique

Expressions

Ordering

Server

Qu'est-ce que je vous sers?
Vous désirez?
Vous voulez boire (prendre, commander) quelque chose?
Qu'est-ce que vous voulez boire (prendre, commander)?
Qu'est-ce que vous prenez (voulez commander) comme apéritif?

Customer

Je voudrais commander (prendre, boire)...
Vous avez... ?
Comment sont les... ce soir?

Expressing preferences

j'aime
j'aime bien
j'aime beaucoup
je préfère
j'aime mieux
je n'aime pas
je déteste

Asking for something

je veux
je veux bien
je voudrais
je prends
je commande
j'achète
il me faut

Expressions of quantity

General measures of quantity: quelques, plusieurs, une tranche de, une (demi-)douzaine de, peu de, assez de, beaucoup de, trop de

Weights: 250 grammes de, un kilo de, une livre de

Liquids: une bouteille de, une carafe de, une tasse de, un verre de, un demi-(litre) de

Vocabulaire

Drinks

un jus de fruits
un Orangina
un Coca
un citron pressé
une eau minérale
une limonade
un cidre
un café crème
un café au lait
un express
un vin rouge (blanc, rosé)
une bière (blonde, brune, importée, domestique, à la pression)
un diabolo menthe
une menthe à l'eau

FRUITS

la banane
la pomme
la cerise
l'abricot *(m.)*
le melon
la pêche
la framboise
la fraise
l'orange *(f.)*
la poire

PASTRIES

le gâteau
l'éclair *(m.)*
le petit-four
la tarte aux pommes
la tarte aux fraises
la tartelette
le mille feuille
le pain au chocolat
le biscuit

VEGETABLES

la laitue
la carotte
le céleri
le haricot
le champignon
l'oignon *(m.)*
la tomate
le petit pois
la pomme de terre

AT THE BUTCHER SHOP

le poulet
le bifteck
la viande hachée
le jambon
le veau
la côtelette

AT THE BAKERY

la baguette
la brioche
le croissant
le pain de campagne

AT THE GROCERY

la farine
le sucre
le café
les tomates en boîte
les céréales *(f. pl.)*
la moutarde
le sel
le poivre
la mayonnaise
le thon

AT THE DAIRY STORE

le yaourt
le beurre
la crème
le lait
les œufs
le gruyère
le camembert
le brie
le roquefort
le chèvre

MEALS

l'apéritif
le hors-d'œuvre
l'entrée
le plat principal
la salade
le dessert
le café
le digestif

VERBES IRRÉGULIERS

boire	*(to drink)*	je **bois**	nous **buvons**
		tu **bois**	vous **buvez**
		il/elle/on **boit**	ils/elles **boivent**
prendre	*(to take, to have)*	je **prends**	nous **prenons**
		tu **prends**	vous **prenez**
		il/elle/on **prend**	ils/elles **prennent**
servir	*(to serve)*	je **sers**	nous **servons**
		tu **sers**	vous **servez**
		il/elle/on **sert**	ils/elles **servent**

VERB WITH SPELLING CHANGES

acheter	*to buy*	j'**achète**	nous **achetons**
		tu **achètes**	vous **achetez**
		il/elle/on **achète**	ils/elles **achètent**

IN THIS CHAPTER, YOU WILL LEARN HOW TO TALK ABOUT YOUR PREFERENCES, YOUR TALENTS AND ABILITIES, AND YOUR CAREER INTENTIONS.

chapitre

7

JE CHERCHE DU TRAVAIL

Tranche 1

Je voudrais un emploi

Au travail

Avant de parler

ACTIVITÉ 1: Prepare responses to the following questions. Then role-play with your partner an interview at a career placement agency for one of the jobs advertised below.

This activity reviews expressing likes, dislikes, and preferences; speaking about possessions; and describing temperament.

Follow-up: Have students work with new partners to present and practice the interview.

1. Préférez-vous travailler seul(e) *(alone)* ou en groupe? sous la direction d'un(e) patron(ne) *(boss)* ou indépendamment?
2. Êtes-vous souvent malade? absent(e)? Est-ce que vous fumez *(smoke)*?
3. Êtes-vous calme? amical(e) *(friendly)*? conformiste? honnête? sociable?
4. Êtes-vous ambitieux(-se)? souvent malheureux(-se)? nerveux(-se)?
5. Préférez-vous travailler dans un bureau? un magasin ou une boutique? une usine? une société?
6. Parlez-vous français? anglais? allemand? chinois? japonais?
7. Avez-vous une voiture? un ordinateur? une machine à écrire? un téléphone? un appareil photo?
8. Aimez-vous lire? regarder la télé? voir des films? aller au théâtre? assister *(attend)* à des concerts?
9. Quels sports préférez-vous? Préférez-vous pratiquer des sports ou regarder des sports à la télé? Préférez-vous les sports individuels ou les sports d'équipe?
10. Quels divertissements préférez-vous?

CHAUFFEURS DE FRANCE

location et recrutement
de chauffeurs professionnels
Maître et Direction

7 r. Lincoln
75008 PARIS

(1) 47 23 65 78
(1) 43 59 30 59
(1) 42 25 04 00

→ consultez l'Annuaire Électronique

11 Nom CHAUFFEURS DE FRANCE
Loc PARIS
Dept 75

Bank Services

Nos
Cadres Supérieurs de Banque
Vous Fourniront
du Personnel Temporaire
Hautement Qualifié
de Formation Bancaire
Immédiatement Opérationnel
Rigoureusement Sélectionné
Rodé aux Techniques et Habitué
à la Confidentialité de Rigueur
dans Notre Profession

Votre Métier est la Banque
C'est aussi le Nôtre

71. r. de Dunkerque
75009 PARIS
(1) 48 78 47 43

CABINET
THIERRY DORFSMAN
(1) 64 97 36 22

→ consultez l'Annuaire Electronique

11 Nom Thierry Dorfsman
Loc EVRY
Dept 91

CONSEIL EN GESTION DES RESSOURCES HUMAINES
RECRUTEMENT ET
SELECTION DE PERSONNEL
Suivi et Soutien
Motivation et Formation
Organisation et Stratégie
Séminaires et Méthodes
B.P. 204 - 91007 EVRY CEDEX

S.a.r.l. CABINET THIERRY DORFSMAN au capital de 180 000 F - Siège Social: 11, rue de Sion - Champs Élysées - 91007 EVRY CEDEX
Membre du groupement syndical des praticiens de la psychologie, psychothérapie, psychoanalyse PsyG: ddepuis 1976

INTERIM ADMINISTRATIF DE HAUT NIVEAU.

- Assistant de direction.
- Bureaucratique.
- Secrétariat bilingue.
- Hôtesses.
- Compatibilité.
- Banque.
- Bourse.
- Informatique.

21, avenue de l'Opéra, 75001 Paris. (1) 42 61 42 61

Agence Informatique:
6, rue du Hanovre, 75002 Paris, (1) 47 42 40 02

HAUT INTÉRIM

JE VOUDRAIS AVOIR UN BON MÉTIER

Approach: (1) Have students tell their job aspirations. What expressions do we use in English? (2) Go over questions A and B. (3) Play the dialogue on the *Student Tape* (or role-play it yourself). (4) Have students answer questions A and B. (5) Play the dialogue again. Then have students act it out twice, the second time using their own names. Students may want to review chapter 3, where professions and workplaces are first introduced.

In this dialogue, Joël and Marianne are talking about career goals. Before reading it, complete these activities.

A. Make a list in French of professions and places of work, following this model: **Joël est peut-être... dans un...**

B. Think about these questions as you read and practice the conversation.
   1. How is Joël currently employed? To what extent is he satisfied with his job?
   2. What is the difference between **un travail** and **un métier**?

MARIANNE: Alors, ça ne va pas?

JOËL: Non. Je voudrais avoir un bon métier.

MARIANNE: Tu travailles toujours dans un bistrot,° n'est-ce pas?

JOËL: Oui, mais ce n'est pas la même chose.° J'ai un travail, mais je veux un métier!

MARIANNE: Oh, c'est sérieux, ça! Bon, je vais t'aider.° On va trouver quelque chose.° Qu'est-ce que tu aimes faire?

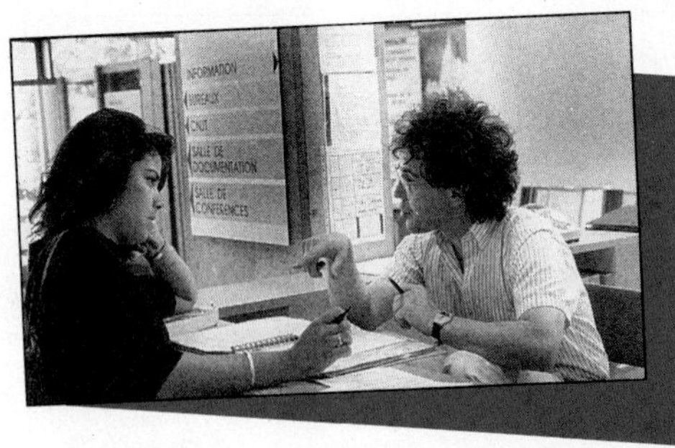

JOËL: Voyons un peu... J'aime bien parler aux gens.°

MARIANNE: Mais qu'est-ce que tu sais faire?

JOËL: Eh bien... j'aime les sciences et je suis fort en maths.

MARIANNE: Et quelles conditions de travail veux-tu?

JOËL: D'abord, je ne veux pas avoir de patron sur le dos.° Je suis trop indépendant pour ça. Et puis, bien sûr, je veux être bien payé.

MARIANNE: Tu aimerais voyager?

JOËL: Ah oui! J'aimerais bien voyager.

MARIANNE: Hmmm... un métier dans les sciences où on voyage mais où on n'a pas de patron... Tu es difficile! Tiens, ça y est...° j'ai une idée: représentant° pour une société pharmaceutique. Il n'y a pas de patron, on fait des voyages, on parle avec des gens et on est bien payé!

JOËL: Formidable! Tu es un génie! Tu as un journal?°

---

le bistrot *café* **la même chose** *the same thing* **aider** *to help*
quelque chose *something* **les gens** *people* **le dos** *back* **ça y est** *that's it*
le représentant *salesperson* **le journal** *newspaper*

Compréhension

ACTIVITÉ 2: Identify the important characteristics and the main idea of the dialogue.

1. The tone of the dialogue is (a) formal and stiff, (b) informal and friendly.
2. The dialogue is about (a) finding a career, (b) getting a raise, (c) strategies for promotion, (d) a business merger.
3. In this dialogue . . .
   a. Joël is trying to decide on a career and Marianne is eager to help him.
   b. Marianne is trying to decide on a career and Joël is helping her.
   c. Joël is trying to decide on a career, but Marianne suggests that he should be happy with the position he has.

ACTIVITÉ 3: Décrivez les talents de Joël et le genre de métier qu'il veut.

1. Décrivez ce qu'il aime ou n'aime pas faire.
2. Décrivez les conditions de travail qu'il recherche dans un nouveau métier.
3. Décrivez ce qu'il sait faire ou ce qu'il est capable de faire.

ACTIVITÉ 4: For each of Marianne's questions, find at least two answers for Joël. Then role-play the scene, using these questions and answers as well as those of your choice.

MARIANNE

1. Tu as un travail, n'est-ce pas?
2. Qu'est-ce que tu sais faire?
3. Qu'est-ce que tu aimes faire?
4. Les conditions de travail sont importantes?

JOËL

a. J'adore voyager.
b. Je suis doué en maths.
c. Oui, je travaille au bistrot.
d. Bien sûr, le salaire est important.
e. Mais ce n'est pas une carrière, ça!
f. J'aime beaucoup parler aux gens.
g. Je préfère travailler indépendamment.
h. Je suis fort en sciences.

La Journée de travail en France

Aux États-Unis la journée de travail est bien établie: de neuf heures à dix-sept heures. En France, par contre, la journée de travail commence le plus souvent entre sept heures et demie et huit heures et demie. La plupart *(most)* des salariés *(salaried employees)* commencent vers sept heures et demie; les non-salariés commencent un peu plus tard, vers huit heures et demie. La plupart des salariés terminent vers dix-sept heures trente (deux sur trois ouvriers terminent à cette heure-là), mais les non-salariés travaillent d'habitude plus tard. Les cadres *(managers)* et les membres des professions intellectuelles sont souvent des « travaille-tard » (vingt heures trente).

Si on compare la durée *(length)* hebdomadaire de travail, la France se trouve dans la moyenne: environ quarante heures de travail par semaine. Il faut noter que dans la plupart des pays industrialisés, la durée hebdomadaire de travail a tendance à diminuer. Mais si on compare la quantité de travail annuelle, la France se trouve en position privilégiée grâce au grand nombre de congés: il y a onze jours fériés légaux *(legal holidays)*, cinq semaines de congés payés et une moyenne de cinq ponts *(extended weekends)* par an. ⬣

Comparez la durée de travail annuelle dans quelques pays (en heures):

République Fédérale Allemande	1 697
Belgique	1 748
France	1 767
Italie	1 768
Grande-Bretagne	1 778
Grèce	1 840
Espagne	1 840
Irlande	1 864
États-Unis	1 912
Portugal	2 025
Japon	2 149

Les jours fériés en France sont le Jour de l'An (le 1er janvier), le lundi de Pâques, le 1er mai (fête du travail), le 8 mai (anniversaire de la victoire de 1945), l'Ascension (en mai), le lundi de Pentecôte, le 14 juillet (fête nationale), l'Assomption (en août), la Toussaint (le 1er novembre), le 11 novembre (armistice de 1918) et Noël (le 25 décembre).

⬣ **Un pont**, literally "a bridge," is an extra day off between a weekend and a holiday. A **pont** includes either a Friday or a Monday.

DISCUTER DES PROFESSIONS

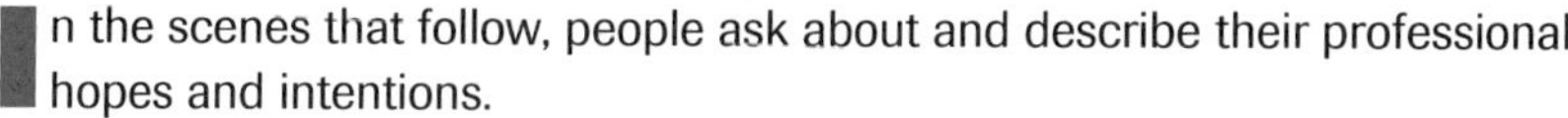

In the scenes that follow, people ask about and describe their professional hopes and intentions.

A. Practice the vocabulary with your instructor.

B. Role-play the scenes with your instructor and again with a partner, combining the questions from one scene with the professions and responses from another.

Approach: (1) Preview the material, focusing on the title. (2) Go over the introduction. (3) Role-play the mini-dialogues and have students practice first with you, then in pairs. (4) Model the additional vocabulary and have students practice the mini-dialogues, substituting the new expressions.

Suggestion: Have students analyze the mini-dialogues and find ways to ask questions, express professional plans, state preferences, and speak about talents. List answers in columns on the board and create dialogues by mixing and matching expressions.

QUELQUES PROFESSIONS

–Je voudrais faire un métier artistique: artiste, peintre *(painter)*, acteur(-trice), musicien(ne), danseur(-se), écrivain *(writer)*.

–Je veux travailler dans une compagnie: homme (femme) d'affaires *(businessperson)*, comptable *(accountant)*, acheteur(-se) *(buyer)*, représentant(e), vendeur(-se), agent de voyages (d'assurances), secrétaire, sténodactylo *(typist)*.

–Je veux avoir un poste dans les services publics: pompier *(fire fighter)*, agent de police.

–Je veux une profession de (d'): avocat(e) *(lawyer)*, professeur, banquier(-ière), instituteur(-trice) *(teacher)*, ingénieur, dentiste, médecin, infirmier(-ière) *(nurse)*, pharmacien(ne).

SCÈNE 1

—Qu'est-ce que tu veux être plus tard?

—Je veux être peintre, actrice ou bien professeur de musique.

SCÈNE 2

—Où est-ce que tu veux travailler?

—Je compte travailler dans un hôpital. Je voudrais être infirmier ou médecin. J'aimerais soigner° les gens.

---

soigner *to care for*

CARRIÈRES ET EMPLOIS

Laboratoire pharmaceutique, U.S., CLICHY
cherche
COMPTABLE
1er ÉCHELON
— Expérience minimum 2 ans.
TEL. 270-54-54.

SUNLIGHT
recherche
MANNEQUINS
FEMMES et HOMMES
11, rue Henri-Murger
75019 PARIS. Tél 80-27-02-83.

CENTRALE D'ACHATS PARIS
recherche
2 ACHETEUSES
référence 2.347,
25, av. Matignon, 75008 Paris.

URGENT
recherchons
RESPONSABLE DES VENTES
Envoyer C.V. à
PROJECT ASSISTANCE,
73, rue des Grands-Champs,
75020 Paris.

LYCÉE RÉGION PARISIENNE
recherche
PROF MATH
bonne rémunération • Tél. 62-44-84-88

Clinique Geoffroy-St-Hilaire
59, r. Geoffroy-St-Hilaire,
75005 Paris. 570-15-89
recherche
INFIRMIÈRES
JOUR ET NUIT.

GALERIES LAFAYETTE
recherchent
STÉNODACT.
DACTYLOS CONFIRMÉES (ÉS)
26, rue de la Chaussée-d'Antin,
75009 PARIS, 7e étage,
de 10 à 12 h et de 14 à 16 h.

SCÈNE 3

—Qu'est-ce que tu veux faire° dans la vie?°
—Je veux poursuivre une carrière dans l'aérospatiale.
—Tu es bonne en maths, j'espère.°*
—Oui, c'est vraiment mon fort.
—Tu veux être astronaute, alors?
—Non, j'espère être ingénieur.

SCÈNE 4

—Quel métier t'intéresse?
—J'ai l'intention d'être professeur.
—Tu espères travailler dans une université?
—Non, je préfère enseigner dans un lycée.

UTILISATION

ACTIVITÉ 5: Reread the scenes and find the following types of expressions.

1. Find the professions listed in the scenes. Then categorize them under one of the following headings.
   C'est un métier intellectuel. **C'est un métier artistique.**
2. Find four ways to inquire about hopes and intentions.
3. Find one way to ask about someone's talents and capabilities.
4. Find several ways to state plans, including four ways to express preferences and three ways to express intention or hope.

ACTIVITÉ 6: Lisez les annonces d'emploi à gauche et répondez à ces questions.

MODÈLE: Quelles sortes de personnes les Galeries Lafayette recherchent-elles?
Les Galeries Lafayette recherchent des sténodactylos et des dactylos confirmées.

Quelles sortes de personnes recherche(nt)...

1. Sunlight?
2. les Galeries Lafayette?
3. la clinique Geoffroy-Saint-Hilaire?
4. le Laboratoire U.S., Clichy?
5. la Centrale d'achats Paris?
6. un lycée de la région parisienne?

faire *to do* **la vie** *life* **espérer** *to hope*

* The complete conjugation of the verb **espérer** is given in the *Verbes irréguliers* at the end of the chapter. Note that **espérer**, like **préférer**, is a regular verb with accent changes.

ACTIVITÉ 7: Tell what the following people want to be. Use the illustrations to say something about their career plans and where they want to work.

MODÈLE:

Elle veut être professeur. Elle veut travailler dans une université.

1. 

3. 

5. 

7. 

2. 

4. 

6. 

À VOUS!

Imagine you are a career counselor. Ask a partner in which areas he or she would like to work and how interested he or she is in each one.

POUR POSER LA QUESTION

Qu'est-ce que vous voulez être?
Où est-ce que vous comptez travailler?
Qu'est-ce que vous voulez faire dans la vie?
Quelle profession vous intéresse?

POUR RÉPONDRE

j'aimerais (j'ai l'intention de)	travailler comme...
je veux (voudrais)	trouver un poste dans...
j'espère (compte)	poursuivre une carrière dans...
je préfère	travailler dans...

RAISONS

parce que j'aime aider les gens
je suis fort(e) en maths
j'ai des talents artistiques
j'aime enseigner

STRUCTURE

Approach: (1) Use the introductory questions to preview the material. (2) Model the dialogue several times. (3) Have students look for patterns and discuss answers to questions A and B with a partner. (4) Elicit their observations. (5) Present the grammatical explanations as a means of confirming and extending students' hypotheses.

LES VERBES VOULOIR, POUVOIR, SAVOIR ET LA CONSTRUCTION INFINITIVE

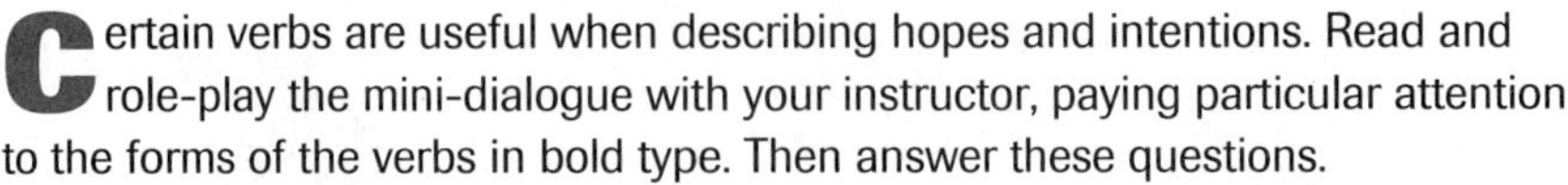

Certain verbs are useful when describing hopes and intentions. Read and role-play the mini-dialogue with your instructor, paying particular attention to the forms of the verbs in bold type. Then answer these questions.

A. One person is skeptical about the other's career choice. Why? Do you think either career is particularly realistic?

B. Which of the verbs in bold type would you associate with the infinitive **vouloir?** with **pouvoir?** with **savoir?**

–Alors, tu **veux** vraiment être astronaute?
–Oui, pourquoi pas? Il y a beaucoup de gens qui **veulent** être astronautes. L'aéronautique est une carrière très intéressante. Et toi, ça t'intéresse?
–Non! C'est du rêve, tu **sais**… Très peu de gens **peuvent** exercer cette profession. Je compte choisir une carrière plus réaliste, par exemple directeur d'une société.
–Tu trouves *(find)* que c'est réaliste, ça?

1. THE VERBS VOULOIR, POUVOIR AND SAVOIR

The verbs **vouloir** *(to want)*, **pouvoir** *(to be able to)*, and **savoir***(to know, to know how)* are irregular in French. Here are their present-tense forms.

vouloir				**pouvoir**				**savoir**			
je	**veux**	nous	**voulons**	je	**peux**	nous	**pouvons**	je	**sais**	nous	**savons**
tu	**veux**	vous	**voulez**	tu	**peux**	vous	**pouvez**	tu	**sais**	vous	**savez**
il/elle/on	**veut**	ils/elles	**veulent**	il/elle/on	**peut**	ils/elles	**peuvent**	il/elle/on	**sait**	ils/elles	**savent**

● To make a polite request, use the conditional mood of the verbs **vouloir** and **pouvoir.**

Je **voudrais** poursuivre une carrière dans les affaires (*I* ***would like*** *to pursue a career in business).*

Tu **pourrais** m'aider à trouver un emploi (***Could*** *you help me to find a job)?*

2. THE INFINITIVE CONSTRUCTION ●

Like the verbs **aimer, aimer mieux, préférer, détester,** and **aller,** the verbs **vouloir, pouvoir,** and **savoir,** as well as the verbs **espérer** *(to hope)* and **compter** *(to count on),* are often followed by an infinitive, resulting in the following word order: *subject* + (**ne**) + *verb* + (**pas**) + *infinitive.*

Vous **voulez être** médecin.
Qu'est-ce que tu **sais faire?**
Je **peux** exercer cette profession.

Note that **vouloir** and **savoir** may also be followed by a noun.

Elle **veut** un poste à plein temps. Je **sais** ma leçon.

UTILISATION

ACTIVITÉ 8: Look over the following table and fill in responses for yourself on the last line of each column. Then tell what you and each candidate can and cannot do. Also state if each person is qualified to be a bilingual secretary and whether he or she wants the job.

MODÈLE: Jean-Luc Martin? Il...
Jean-Luc Martin? Il sait parler anglais et allemand, il sait taper à la machine et il est capable de faire des traductions. À mon avis, il est qualifié, mais il ne veut pas le poste.

	Anglais	Allemand	Taper	Faire des traductions	Vouloir le poste
Jean-Luc Martin	oui	oui	oui	oui	non
Simon Dugras	oui	non	non	non	oui
Nicole Bonterre	oui	oui	non	oui	oui
Marie-Claude Lasovey	oui	oui	oui	oui	non
Claire Gouyon	oui	oui	non	oui	oui
Sophie Robert	non	oui	oui	oui	non
Yves Dubonnet	non	non	oui	non	non
Et vous?	____	____	____	____	____

1. Simon Dugras? Il...
2. Et toi, Marie-Claude, tu...
3. Monsieur Dubonnet, vous..., n'est-ce pas?
4. Et vous? Je...
5. Claire Gouyon et Nicole Bonterre? Elles...
6. Sophie Robert? Elle...
7. Jean-Luc Martin et Marie-Claude Lasovey? Ils...

À VOUS!

Interview a partner about his or her special talents; some suggestions are provided below. On the basis of what you learn, propose a profession for your partner.

1. programmer un ordinateur
2. parler espagnol
3. jouer au tennis
4. réparer un ordinateur
5. jouer du piano
6. danser le cha-cha-cha
7. réparer une voiture
8. faire la cuisine
9. skier
10. préparer des spécialités chinoises
11. préparer une omelette
12. installer une chaîne stéréo
13. amuser des enfants *(children)*
14. interpréter des statistiques

Tranche 2

Le Pour et le contre

Au travail

Avant d'écouter

Activité 1: Discutez avec un(e) camarade du genre de travail que vous voulez faire pendant les vacances. Parlez ensuite du genre de métier que vous voulez faire dans la vie.

1. Quel genre de travail cherches-tu?
   Je cherche un travail...
   a. manuel (physique) / intellectuel / artistique / de bureau
   b. à plein-temps / à mi-temps / pour quelques heures par semaine (à temps partiel)
   c. avec beaucoup de responsabilités / avec peu de responsabilités
   d. varié / routinier

2. Comment est-ce que tu préfères travailler?
   Je préfère travailler...
   a. indépendamment / en groupe / sous la direction d'un(e) patron(ne)

3. Quand est-ce que tu aimes mieux travailler?
   a. pendant la journée *(daytime)* / la nuit / le week-end

4. Où est-ce que tu comptes travailler?
   J'ai l'intention de travailler...
   a. dans une banque, un bureau, une boutique,... / pour une société / en plein air *(outdoors)*

5. Les conditions de travail sont-elles importantes pour toi?
   Bien sûr! Je compte avoir...
   a. de nombreux avantages sociaux *(benefits)* / un bon salaire / un avancement rapide
   b. beaucoup de vacances / des responsabilités / des occasions de voyager
   c. des collègues sympathiques / un(e) patron(ne) dynamique / un(e) associé(e) sympa

Le Poste d'Henri

The pictures below illustrate what happens in the conversation on your student tape.

A. Look the pictures over. Then answer the following questions.
   1. How does Henri feel about his work?
   2. How does he get along with his colleagues?
   3. What does Henri dream of doing?

B. Here are some key words you might find helpful in understanding the conversation.

s'ennuyer *to be bored*
j'ai des ennuis *I've got trouble*
pourtant *nevertheless*
je rends *I turn in*
tu es exigeant *you are demanding*
se plaindre *to complain*

C. Before listening to the passage, consider the questions in ***Activités 2, 3,*** and ***4***. Then listen to the passage and complete the activities.

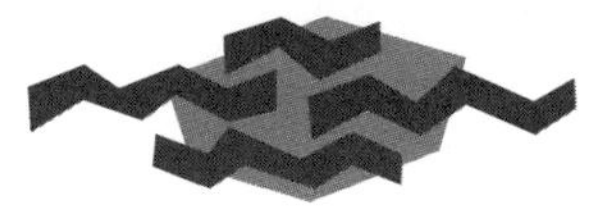

Pre-listening: (1) Preview the material by focusing on the title and art. Have students hypothesize about what they will hear. (2) Preteach new vocabulary.

Listening: Students may listen to the tape outside of class. Remind them to listen for answers to the introductory questions the first time. Stress that they will need to listen several times and should focus on different information and details each time.

COMPRÉHENSION

ACTIVITÉ 2: Identify the characteristics and the main idea of the listening selection.

1. The listening passage is about (a) a job interview, (b) assessing someone's talents for a new position, (c) someone's complaints about a job, (d) a demanding boss.
2. Choisissez les phrases qui représentent le mieux la situation d'Henri.
   a. Il cherche de meilleures conditions de travail.
   b. Il n'est pas fort en comptabilité.
   c. Il trouve que son poste n'est pas idéal.

ACTIVITÉ 3: Répondez aux questions suivantes. Donnez des détails à propos du poste d'Henri.

1. Qu'est-ce qu'il fait comme métier?
2. Pour quelle société est-ce qu'il travaille?
3. Comment est-ce qu'il trouve les heures de travail?
4. Est-ce que le patron apprécie son travail?
5. Comment est-ce qu'il trouve ses collègues?
6. Comment sont les avantages sociaux?

ACTIVITÉ 4: Quels sont les avantages et les désavantages du poste d'Henri? Identifiez le côté positif et le côté négatif de son poste en employant des phrases *Il n'aime pas vraiment...* et *Il aime...*

1. le patron
2. les possibilités d'avancement
3. la comptabilité
4. les collègues
5. la solitude
6. les heures
7. le salaire
8. les avantages sociaux

PRONONCIATION

The letters **ou** in French are pronounced like the long *u* in the English word *boot.* Keep your lips rounded when you pronounce the French **ou.** Practice the words and expressions that follow with your instructor or on your student tape.

je tr**ou**ve   je v**ou**drais   une b**ou**tique   un **ou**vrier   p**ou**voir   v**ou**loir   p**ou**r

Tu v**ou**drais travailler dans une b**ou**tique **ou** comme **ou**vrier?

P**ou**rquoi travaillez-v**ou**s seul?

V**ou**lez-v**ou**s un poste au Pér**ou**?

Notes culturelles

Les Étudiants et les jobs

- Les universités françaises sont gratuites, même les plus prestigieuses. Il n'existe pas d'universités privées qui coûtent cher comme aux États-Unis.
- La plupart des universités sont situées dans les plus grands centres urbains et n'ont pas de campus élaborés avec des dortoirs, des résidences et des maisons d'étudiants, comme aux États-Unis.

En général, les étudiants français n'ont pas d'emploi à temps partiel comme beaucoup d'étudiants américains. Les Français ne sont pas plus paresseux que les Américains. C'est plutôt que les circonstances sont différentes.

Les étudiants habitent souvent chez leurs parents pendant qu'ils vont à l'université. Comme ils déjeunent généralement au restaurant universitaire (où la nourriture est fade, mais les prix modérés) et que les études sont presque gratuites, ils n'ont pas besoin de beaucoup d'argent pour vivre. Voilà pourquoi, relativement peu d'entre eux ont un job (serveur dans un café, dans un fast-food, etc.)—seuls ceux qui veulent de l'argent de poche *(pocket money)*, qui veulent être indépendants de leurs parents ou qui doivent absolument travailler pour survivre.

Faites un sondage auprès de vos camarades. Posez les questions suivantes.

1. Combien d'entre eux ont un job de moins de dix heures par semaine? à mi-temps? à temps complet?
2. Où habitent-ils? Combien habitent chez leurs parents? dans une résidence d'étudiants? Combien partagent *(share)* un appartement avec des ami(e)s? ont un appartement à eux seuls?

IL A UN JOB AVEC FOUR STAR PIZZA.

Cultural Note: France has few private universities. Among the most famous are **l'Institut catholique de Paris** and **la Faculté libre de philosophie comparée.**

C'EST-À-DIRE

DONNER LE POUR ET LE CONTRE

Approach: (1) To preview the material, ask students what English terms they use to give the pros and the cons of a job. (2) Go over the introductory guidelines. (3) Role-play the mini-dialogues and have students repeat with you, then practice in pairs, first as written, and finally with variations.

In these scenes, you will learn to list and discuss a job's strengths and weaknesses.

A. Practice the scenes with your instructor.

B. Read the scenes to your partner, using appropriate expression and pauses to emphasize relationships among phrases.

SCÈNE 1

J'aime bien mon poste. C'est un poste idéal. J'adore ma patronne, mes collègues et les clients, et en plus, les heures sont fantastiques. De plus,° je trouve mon travail passionnant. En somme,° je suis très content(e).

SCÈNE 2

Je n'aime pas du tout ce poste. J'ai des ennuis avec mon boulot.° D'abord, le salaire n'est pas acceptable et puis, je n'aime pas travailler seul(e). De plus, le patron est trop exigeant. Bref,° je vais chercher un autre poste.

SCÈNE 3

Je ne sais pas quoi dire° de ce poste. J'aime bien mes collègues et mon patron, mais, je voudrais avoir l'occasion de voyager. Néanmoins,° la boîte° est super, sauf que° je voudrais un meilleur salaire et de meilleures conditions de travail. Par contre,° les heures sont idéales, mais je voudrais des responsabilités plus importantes. Alors,° je ne sais pas quoi faire. Qu'est-ce que tu en penses?

De plus *Furthermore* **En somme** *In all* **le boulot** *job (colloquial)*
Bref *In brief* **Je ne sais pas quoi dire** *I don't know what to say*
Néanmoins *Nevertheless* **la boîte** *company (colloquial)* **sauf que** *except that*
Par contre *On the other hand* **Alors** *So*

UTILISATION

ACTIVITÉ 5: Reread the scenes and find the following types of expressions.

1. Find the words that show that an idea is similar to the previous one.
2. Find the words that indicate a contrasting point of view.
3. Find the words that introduce a concluding statement.

ACTIVITÉ 6: Organize the ideas in the scenes into two lists: one of positive aspects and one of negative aspects. Then use your lists to describe the working conditions as well as the pros and cons of a former, current, or hypothetical job.

MODÈLE:

POUR	CONTRE
J'aime bien mon poste.	*Le salaire n'est pas acceptable.*

ACTIVITÉ 7: Faites semblant *(Pretend)* d'occuper un poste que vous aimez beaucoup. Votre partenaire, au contraire, prétend occuper un poste qu'il (elle) déteste. Discutez de vos emplois et expliquez pourquoi vous aimez ou détestez votre travail.

À VOUS!

When considering a job, it is necessary to analyze the bad points as well as the good points. For each position advertised below, give your opinion of the type of work, the hours, and the benefits. Would you accept any of these positions?

MODÈLE: ***En ce qui concerne*** *(Regarding)* ***cette offre d'emploi pour le restaurant Duclos, j'aimerais bien travailler dans un restaurant sauf que je déteste le travail physique ou manuel et que je n'aime pas travailler pour un salaire minimum. De plus, je ne veux pas aller au travail à six heures du matin. En somme, je vais chercher un autre emploi.***

Le Restaurant Duclos	**La Boutique Lamodèle**	**Le Bureau du docteur Ganat**
garçon/serveuse	vendeur/vendeuse	réceptionniste
6 h -16 h	10 h - 20 h	9 h - 6 h
Salaire minimum	Commission sur les ventes *(sales)*	Anglais indispensable
Pourboires *(Tips)*	Assurance médicale	Deux ans d'expérience

Les Adverbes

Approach: (1) Use the introductory questions to preview the material. (2) Model the mini-dialogue several times. (3) Have students look for patterns and answer questions A and B with several other students. (4) Elicit their observations. (5) Present the grammatical explanations as a means of confirming students' hypotheses.

Adverbs are useful in describing how actions take place. Read and role-play the mini-dialogue with your instructor, paying particular attention to the actions and the ways they are described. Then answer these questions.

A. How does the person feel about the new job?

B. What adverbs are used? What adverb ending often appears?

–Comment est-il, ton nouveau poste?
–Il est **vraiment**° bien. Tout le monde travaille **sérieusement**. De plus, la compagnie veut **toujours** servir les clients **convenablement**° et puis, le patron est sympa. Bref, c'est un poste super.
–Alors, tu vas **certainement** rester.
–**Malheureusement**,° le salaire n'est pas bon. Si je n'obtiens pas de promotion assez **vite**, je vais chercher ailleurs.°

1. Formation of Adverbs

An adverb modifies a verb by describing the action. You can form many adverbs by adding **-ment** to the corresponding adjective.

a. Many adverbs are based on the feminine form of an adjective, or on the masculine form if it ends in a vowel.

lent	Elle répond **lentement.**
sérieux	Tout le monde travaille **sérieusement.**
attentif	Elle écoute **attentivement.**
vrai	C'est un poste **vraiment** intéressant.

b. When an adjective ends in **-ant** or **-ent,** replace the ending with **-amment** or **-emment.**

constant	Il travaille **constamment.**
patient	Elle fait son travail **patiemment** et bien.

c. Many frequently used adverbs do not correspond to adjectives. These include the following.

bien	On travaille **bien** aujourd'hui.
mal	Je comprends **mal** la description de ce poste.
peu	Tu fais **peu** pour obtenir une entrevue.
beaucoup	Nous pensons **beaucoup** à nos qualifications.
presque	Elle a **presque** l'expérience nécessaire pour ce poste.
assez	Vous travaillez **assez** sur ce projet.
trop	Ils pensent **trop** à ce nouveau poste.

vraiment *really* **convenablement** *appropriately*
Malheureusement *Unfortunately* **ailleurs** *elsewhere*

2. PLACEMENT OF ADVERBS

a. In the present tense, an adverb usually follows the verb it modifies.

Elle fait **rapidement** les choses. Elle travaille **bien.**

In the negative, an adverb follows **pas.**

Il ne travaille pas **bien.** Il ne comprend pas **intuitivement.**

b. In the immediate future with **aller**, an adverb generally follows the infinitive.

Je vais travailler **consciencieusement.**

However, some frequently used adverbs may come between **aller** and the infinitive.

Nous allons **bien** travailler demain.

Je vais **vraiment** prendre la décision.

UTILISATION

ACTIVITÉ 8: How should the perfect employee conduct himself or herself? Select the positive adjectives from the following list. Then make them into adverbs and use them to give advice to a new colleague. When you have finished with your advice, select the three traits you think are the most important and complete this sentence: **Le plus important, c'est de travailler...**

MODÈLE: attentif

L'employé idéal doit travailler attentivement.

MODÈLE

calme	honnête	lent	prudent
consciencieux	impatient	maladroit	rapide
constant	impoli	poli	sérieux
diligent	irrégulier	ponctuel	sensible

ACTIVITÉ 9: Different jobs require different levels of involvement. Describe the jobs seen on the right, using adverbs based on the adjectives listed.

MODÈLE: ***Dans cette société, on ne travaille ni très attentivement, ni très consciencieusement.***

lent	actif	calme	constant	intelligent
attentif	poli	sérieux	rapide	patient
intuitif	discret	consciencieux	régulier	brillant

1. 

2. 

3. 

À VOUS!

Use adverbs to tell a partner how you do the following things.

1. écouter mes amis
2. faire le travail que je n'aime pas
3. faire le travail que j'aime beaucoup
4. aller à des soirées
5. préparer des rapports

Tranche 3

Donnez-moi des conseils

Au travail

Avant de lire

ACTIVITÉ 1: Before reading the passage, do the following activities.

1. Make a list in French of the features that are most sought and least desired in a job.
2. Now take a poll of at least five classmates to find out which of the job features you listed are most important. Tally your results and be prepared to report them to the class.

MODÈLE: —*Quels aspects du travail sont les plus importants? Le patron? Le salaire? Les heures?*
—*Pour moi, le patron,... sont les plus importants.*

POUR MIEUX LIRE

Using context clues

In chapters 3 through 6, you focused on understanding the meaning of cognates, close cognates, and borrowed words, and you analyzed word families, looking specifically at root words and common prefixes and suffixes. Although such word-analysis strategies can help you figure out the meaning of many new words, they do not work in all cases.

Words derive much of their meaning from their context. Consider, for example, the following pair of sentences: *That summer there was a plethora of oysters. They were everywhere. You could buy them very cheaply.* The word *plethora* is not common in English, yet on the basis of the sentence that immediately follows it, you probably understood its meaning. If you had stopped to look up the word *plethora,* you would have wasted your time, since its meaning could easily be derived from context. As you read the job announcement, position descriptions, and letter of application that follow, pay particular attention to the contexts in which unfamiliar words are used.

DEUX POSTES

The director of the Mode de Paris has written a letter to Jeanne Fatoix, offering her a choice of the jobs described in the margin below. Before reading the job descriptions and the accompanying response from Jeanne Fatoix, look over the main idea and detail questions in ***Activités 2*** and ***3***.

Paris, le 3 décembre 1993

Monsieur le Directeur, ●

Je viens de recevoir l'annonce des deux postes vacants et je m'empresse° d'y répondre. Je voudrais poser ma candidature pour le poste de Lyon. Je me sens particulièrement qualifiée pour ce poste pour les raisons suivantes: Je suis originaire de Lyon, comme vous le savez. Je serai donc très heureuse de retrouver mon ancien territoire. De plus, le marché de Lyon est déjà établi, tandis que New York représente une situation moins stable. Le poste de New York demande des connaissances de l'anglais que, malheureusement, je ne possède pas à présent. Néanmoins, la situation à New York est plus attrayante° du point de vue financier; c'est une aventure et l'occasion pour le candidat de prouver ses qualités et ses talents.

À Lyon, par contre, notre stabilité va nous permettre de mieux saisir les occasions qui vont se présenter à la suite de l'établissement de la Communauté européenne. Je me considère non seulement plus expérimentée dans le domaine des affaires européennes mais je crois que mes connaissances de la langue et de la culture allemande vont aussi nous donner un avantage dans ce marché. Bref, je suis persuadée que mes qualifications sont plus conformes aux demandes du poste de Lyon.

En espérant que ces raisons obtiennent votre approbation, je vous prie d'agréer, Monsieur le Directeur, l'expression de mes sentiments les plus distingués.°

Jeanne Fatoix

Responsable des ventes—Lyon
De solides connaissances du marché de l'habillement° sportif
Voiture de fonction°
Supervision de trois représentants
Salaire: 190 000 F
3% de commission
Poste basé à Lyon
Excellentes conditions de travail
Cinq semaines de congés payés
Informatique° et statistique indispensables

Responsable des ventes—New York
Maîtrise° parfaite du marché de l'habillement sportif
Logement° de fonction
Supervision de sept représentants
Salaire: $60 000
1% de commission
Poste basé à New York
Assurances médicales
Deux semaines de congés payés
Anglais lu et parlé indispensable

s'empresser *to hurry, to rush* **attrayant** *attractive* **distingué** *distinguished*
l'habillement ***(m.)*** *clothes* **de fonction** *as part of the job*
l'informatique ***(f.)*** *computer skills* **la maîtrise** *mastery* **le logement** *housing*

Pre-reading: (1) Focus on the title and have students hypothesize about the content of the text. (2) Read the introductory line. Remind students to read only for the answers to ***Activités 2*** and ***3*** the first time through. Stress that they will need to read the text several times and should focus on different information and details each time.

Cultural Note: Ask students what they would include in an American letter of application. How would the letter be presented? Are American letter-writing formulas as elaborate as French formulas? Why might this be true?

● In France, job-application letters are usually handwritten because many companies use handwriting analysis to assess a candidate's personality. Only résumés and letters of reference are typed.

COMPRÉHENSION

ACTIVITÉ 2: Identify the characteristics and the main ideas of the letter and position descriptions.

1. The tone of the letter is (a) formal and stiff; (b) formal and business-like; (c) informal and friendly; (d) familiar.
2. The reading passage is about (a) a job interview, (b) assessing someone's talents for a new position, (c) a complaint.
3. Quelle(s) phrase(s) explique(nt) le mieux la décision de Jeanne Fatoix?
   a. Je ne veux pas me déplacer à New York.
   b. Je me trouve trop inexpérimentée pour le poste à New York.
   c. J'aime mieux l'aventure du poste à Lyon.

ACTIVITÉ 3: Several factors influenced Jeanne Fatoix's decision to apply for the position in Lyon. Which of the statements below describe the position in Lyon (L) and which describe the position in New York (NY)? Which describe neither position (?)?

1. Le salaire est plus élevé.
2. La commission est moins satisfaisante.
3. Les transports sont payés.
4. Le marché est déjà établi.
5. On doit parler et lire anglais.
6. C'est le poste le plus intéressant.
7. On a plus de vacances.
8. Le poste nécessite une connaissance profonde de l'informatique.
9. On doit diriger le travail de moins de représentants.
10. La candidate a des qualifications plus conformes aux demandes du poste.
11. On doit avoir des connaissances plus approfondies du marché de l'habillement sportif.
12. C'est une vraie aventure.

ACTIVITÉ 4: Would you have made the same decision as Jeanne Fatoix? Complete the following sentence with at least three reasons explaining your decision: **Moi, j'aimerais avoir le poste à... parce que...**

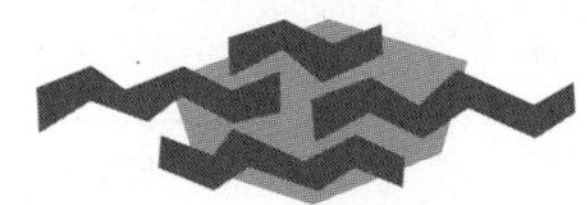

C'EST-À-DIRE

DEMANDER ET DONNER DES CONSEILS

In the scenes that follow, people ask for and give advice. Note especially the way in which jobs are compared and contrasted.

A. Practice the scenes with your instructor.

B. Role-play them again, substituting cities of your choice and replacing one response with another.

Approach: (1) Go over the introductory guidelines. (2) Model the mini-dialogues and have students practice first with you, then in pairs.

Suggestion: Have students find the ways to ask for advice and list answers on the board. Then have students create dialogues and present them to the class.

SCÈNE 1

—À votre avis, quel poste est plus intéressant?

—Il est certain que le salaire à New York est plus avantageux, mais le coût de la vie° à New York est aussi plus élevé. Alors, je ne sais pas ce que vous devez faire.

SCÈNE 2

—Comment choisir?

—Je trouve que les responsabilités du poste à New York sont plus importantes. Je vous conseille donc de prendre le poste à New York.

—Mais non! Le poste à Lyon est sans doute plus intéressant.

SCÈNE 3

—Alors, quel poste est-ce que je devrais° accepter?

—Je trouve que les avantages sociaux à Lyon sont moins satisfaisants, ● mais les conditions de travail sont aussi° ou même° plus avantageuses. La commission à New York est moins attrayante. Vous devriez° donc accepter le poste à Lyon.

—Je suis tout à fait d'accord.

● By law, medical insurance is automatically included in any French job. **La Sécurité Sociale** provides many benefits that must be negotiated separately in the U.S.

le coût de la vie *cost of living* **je devrais** *I should* **aussi** *as* **même** *even*
vous devriez *you should*

UTILISATION

ACTIVITÉ 5: Reread the scenes and find the following types of expressions.

1. Find several ways to ask for advice.
2. Find words used to compare and contrast job descriptions.
3. Find three different ways in which the advisor concludes her or his advice and states the point of view.
4. Find two different reactions on the part of the advisee. Which shows agreement? Which shows disagreement?

ACTIVITÉ 6: Ask your partner for advice about an appropriate field of employment, following these steps.

1. Explain what you are good at and describe your talents.
   Je suis doué(e) en... Je peux...
   Je sais... Je suis capable de...
2. Ask for advice.
   À ton avis, qu'est-ce que je dois faire?
   Quel genre d'emploi est-ce que je dois chercher?
   Comment choisir une carrière?
3. Your partner will give advice.
   À mon avis, tu devrais...
   Je te conseille de...
   Je ne sais pas exactement, mais tu pourrais...
4. Agree or disagree with his or her suggestions.
   Je suis tout à fait d'accord! Absolument pas!
   Bonne idée! Pas du tout! Mais non!

À VOUS!

Ask your partner's advice about these two employment opportunities. When your partner gives advice, react to it with an expression of agreement or disagreement. Some aspects of the position that you might consider in your questions and answers are listed below.

MODÈLE: le salaire / plus (moins) élevé
—Qu'est-ce que tu penses du salaire?
—Le salaire est plus élevé à Marseille.
—Je suis d'accord. J'aimerais avoir ce poste à Marseille.

1. la spécialisation / plus (moins) intéressante
2. l'environnement / plus (moins) pittoresque
3. les connaissances / plus (moins) sophistiquées
4. les occasions de voyager / plus (moins) grandes
5. les avantages sociaux / plus (moins) satisfaisants
6. les responsabilités / plus (moins) grandes
7. le coût de la vie / plus (moins) élevé
8. les possibilités d'avancement / plus (moins) fréquentes

Avocat(e): spécialiste en droit de la famille
Succursale de Grenoble
De bonnes connaissances du droit français
Prestations: voiture de fonction, déplacements en France et à l'étranger
Salaire: 400 000 F
Cinq semaines de congés payés

Avocat(e): spécialiste en affaires internationales
Succursale de Marseille
De bonnes connaissances du droit international
Prestations: logement et voiture de fonction
Salaire: 650 000 F
Six semaines de congés payés

LE COMPARATIF DES ADJECTIFS, DES ADVERBES ET DES NOMS

In this section, you will learn how to compare and contrast people and things. Read and role-play the mini-dialogue with your instructor, paying particular attention to the words immediately preceding and following what is being compared. Then answer these questions.

A. On what basis are the two friends comparing the old mechanic with the new one?

B. How do they make comparisons? What key words often appear in their comparisons?

Approach: (1) Go over the introductory questions. (2) Model the dialogue. (3) Have students look for patterns and discuss answers to questions A and B with several classmates. (4) Elicit their observations. (5) Present the grammatical explanations as a means of confirming and expanding students' hypotheses.

—J'aime bien le vieux mécanicien au Service Européen, mais il travaille **plus** lentement et il n'est pas **aussi** au courant° **que** le nouveau.
—Tu plaisantes! Le vieux, c'est un vrai perfectionniste. Il a **plus** d'intuition et il travaille **plus** soigneusement **que** le nouveau.
—Oui, tu as peut-être raison.
—Et son travail est beaucoup **moins** cher. Tu mélanges° tout, mon ami. Discute **plus** sérieusement!

1. COMPARATIVE OF ADJECTIVES

Comparisons of adjectives follow the pattern below. The adjective agrees in number and gender with the first object of comparison.

plus / **aussi** / **moins**	+ *adjective* + **que (qu')**...

plus... que	Ces associées sont beaucoup **plus douées que** leurs patrons.
aussi... que	Cette serveuse est **aussi diligente que** le garçon.
moins... que	Cette assistante est **moins attentive que** les autres.

Note that the comparative forms of **bon(ne)(s)** and **mauvais(e)(s)** are irregular.

plus + bon = **meilleur**	Cette comptable est **meilleure que** l'autre.
plus + mauvais = **pire**	Ma patronne est **pire que** la patronne de Jean.

au courant *knowledgeable* **mélanger** *mix up*

2. COMPARATIVE OF ADVERBS

Adverbs may be compared in the following way. Recall that there is never agreement between a subject and an adverb.

plus **aussi** **moins**	+ *adverb* + **que (qu')**...

plus... que	Elle comprend **plus rapidement que** son patron.
aussi... que	Elle travaille **aussi sérieusement que** son collègue.
moins... que	Elles travaillent **moins vite qu'**avant parce qu'elles ne comprennent pas le nouveau système.

Note that the comparative form of **bien** is irregular.

plus + bien = **mieux** Cette serveuse travaille **mieux que** ce serveur.

3. COMPARATIVE OF NOUNS

Comparisons of nouns follow this pattern.

plus de (d') **autant de (d')** **moins de (d')**	+ *noun* + **que (qu')**...

plus de... que	Tu sers **plus de clients que** Chantal.
autant de... que	Il gagne **autant d'argent que** son collègue.
moins de... que	Bravo, tu fais **moins d'erreurs que** les autres!

In all cases (with adjectives, adverbs, and nouns), the second part of a comparison may be omitted.

Cet employé tape à la machine **plus rapidement.** (**que l'autre** *is understood*)

Ils discutent **plus souvent** avec le chef de service. (**qu'avant** *or* **que les autres** *is understood*)

UTILISATION

ACTIVITÉ 7: You and a partner are thinking of taking on a special project and want to know the extent to which your talents are complementary. Each of you should compare yourselves on the following traits. After you've finished, see if the two of you agree.

MODÈLE: sérieux *Je suis moins sérieuse que toi.*
ou: *Toi, tu es plus sérieux que moi.*
ou: *Nous sommes aussi sérieux l'un(e) que l'autre.*

1. ambitieux	3. optimiste	5. conformiste	7. timide
2. calme	4. organisé	6. négatif	8. diligent

ACTIVITÉ 8: Now that you've established the extent to which your personalities are complementary, analyze your working styles. Be sure to change each adjective into an adverb.

MODÈLE: lent — ***Je travaille moins lentement que toi.***
ou: ***Toi, tu travailles plus lentement que moi.***
ou: ***Nous travaillons aussi lentement l'un(e) que l'autre.***

1. rapide
2. constant
3. consciencieux
4. patient
5. fréquent
6. attentif
7. sérieux
8. indépendant

ACTIVITÉ 9: Comparez les résultats des agents d'assurances dans la liste suivante.

MODÈLES: Charles et Denise / assurances vie
Charles a vendu** (sold) **moins d'assurances vie que Denise.
Denise et Charles / total des ventes
Denise a vendu plus d'assurances que Charles.

	Assurances vie	Assurances maladie	Assurances chômage *(Unemployment Insurance)*	Total des ventes
Charles	6	11	2	62 300 F
Denise	9	5	8	86 600 F
Étienne	6	5	2	52 200 F

1. Charles et Étienne / assurances vie
2. Charles et Denise / assurances maladie
3. Étienne et Denise / assurances chômage
4. Charles et Étienne / assurances maladie
5. Charles et Étienne / total des ventes
6. Charles et Denise / total des ventes
7. Denise et Étienne / assurances vie
8. Denise et Charles / assurances chômage

À VOUS!

Look at the following want ads. Interview several partners, then compare your classmates' qualifications to find the best candidate.

L.E.R.S.
Société de recherche pharmaceutique recherche pour son département de Recherches Toxicologiques des

Techniciens biologistes

Envoyer lettre et CV sous réf 5920, à Media System, 104 rue Réaumur, 75002 Paris.

HILL AND KNOWLTON
premier groupe mondial
de relations publiques
recherche immédiatement
UNE SECRÉTAIRE BILINGUE ANGLAIS
CONFIRMEE
POSTE STABLE
Tél. pour rendez-vous à
Jacqueline GIBAULT
739-32-20
de 10 à 13 heures
et de 14 à 17 heures.

Tranche 4

Je te félicite!

AU TRAVAIL

ACTIVITÉ 1: Read the advertisement on this page, then complete the activites.

1. Answer the following questions.
   a. What type of position is advertised?
   b. What qualifications and talents are needed?
   c. Where will the job be performed?
   d. What are the benefits and advantages to the position?
   e. Are there disadvantages?
   f. Is this a good job for you?
2. Decide which, if any, of the following people is most qualified for the position. Discuss your choice with a partner.
   a. Je m'appelle Pierre Dupont et je cherche un poste dans les transports publics. J'aime bien la clientèle et je voudrais un emploi stable. J'adore conduire.
   b. Je m'appelle Jean-Philippe Fédoux et je suis intéressé par le poste de conducteur. J'aime bien conduire, mais je veux un poste à horaires réguliers. Je n'aime pas particulièrement parler avec la clientèle.
   c. Je m'appelle Suzanne Martin. Je suis une personne sérieuse et compétente et j'ai trois ans d'expérience dans les transports publics. J'aime bien conduire et je cherche un poste stable. J'aimerais mieux avoir un poste à horaires réguliers, mais ce poste de conductrice m'intéresse beaucoup.
   d. Je m'appelle Danielle Lagarde. Je suis réaliste, sérieuse, sympathique et j'adore le contact avec la clientèle. J'aime beaucoup conduire et je cherche un poste stable.

Adresse: Boîte postale 243, 112 avenue du Maréchal Foch, Lyon

La Direction du Personnel des Transports publics lyonnais recherche des candidats pour les postes de **conducteur/conductrice.**° ●

- Vous aimez conduire.°
- Vous appréciez le contact avec la clientèle.
- Vous voulez un poste à horaires° irréguliers.
- Vous cherchez un emploi stable et d'excellentes prestations sociales.
- Vous êtes sérieux(-se) et vous désirez acquérir° une solide expérience dans les services publics.

ÉCRIVEZ-NOUS.
Le poste de **conducteur/conductrice** m'intéresse. Prière de m'envoyer la documentation au nom et à l'adresse suivante.
Nom ____________________
Adresse ____________________
____

● **Un(e) conducteur(-trice)** is a driver of public transportation (train, bus, metro), while **un chauffeur** drives private transportation (taxi, truck).

le conducteur *driver* **conduire** *to drive* **les horaires** *hours* **acquérir** *to acquire*

C'est-à-dire

Féliciter et exprimer ses regrets

In these scenes, people congratulate and commiserate with each other.

A. Practice them with your instructor.

B. Role-play them again with a partner substituting one reaction for another.

Approach: (1) Use the introductory guidelines to preview the material. (2) Role-play the mini-dialogues and have students repeat with you, practice with a partner, and incorporate personal variations. Remind students to use appropriate intonation as they respond.

Note: The scenes contain the **passé composé**, which will be introduced in chapter 8. Students are not expected to produce new forms of this tense independently.

SCÈNE 1

—J'ai gagné le premier prix!

—Bravo! Je te félicite!° Tu es sans doute la plus originale!

SCÈNE 2

—Je suis l'employé du mois!

—Félicitations!° Je suis content(e) pour toi! Tu es certainement le plus doué.

SCÈNE 3

—Nous avons perdu le match!

—Quel dommage! Vous n'avez vraiment pas de chance.

SCÈNE 4

—On a choisi Martine comme première danseuse.

—Ma pauvre! Comme je regrette! Pourtant, tu as plus d'expérience qu'elle.

féliciter *to congratulate* **Félicitations!** *Congratulations!*

UTILISATION

Suggestion: Ask students to find a comparison and several superlative expressions.

ACTIVITÉ 2: Reread the scenes and find the following types of expressions.

1. Find the conversations in which good news is shared.
2. Find the conversations in which bad news is communicated.
3. Find the expressions of congratulations or commiseration.

Activité 3: More than one response will be appropriate for each sentence.

ACTIVITÉ 3: Pour chacune des phrases suivantes, choisissez une réponse appropriée.

1. J'ai reçu une promotion!	a. Quel dommage!
2. On ne m'a pas choisi(e).	b. Je suis content(e) pour toi (vous).
3. Je n'ai pas obtenu le poste.	c. Je regrette, mon (ma) pauvre.
4. Nous avons gagné à la loterie!	d. Je te (vous) félicite! C'est super!
5. J'ai perdu le match.	e. Je suis vraiment désolé(e).
6. J'ai gagné un voyage en Europe!	f. Bravo!
7. Nous avons perdu le contrat.	g. Félicitations! C'est merveilleux!
8. On m'a offert le grand prix.	h. Je ne comprends pas du tout.

ACTIVITÉ 4: Répondez à un(e) camarade en employant une expression de félicitations ou de regrets, selon le cas.

MODÈLE: J'ai obtenu un nouveau poste.
Je te félicite! Tu es certainement le (la) plus intelligent(e).

1. On m'a nommé(e) le (la) meilleur(e) employé(e) du mois.
2. On a offert la promotion à un(e) autre collègue.
3. J'ai obtenu une augmentation de salaire!
4. Jeanne-Marie a obtenu le poste que je voulais aux Galeries des vacances.
5. On a nommé Georges au poste de chef de service.
6. Le (La) patron(ne) m'a offert le poste de directeur(-trice).

À VOUS!

Share some personal news with several classmates and solicit their reactions. Some suggestions are listed below.

MODÈLES: ***—Tu sais, j'ai gagné un prix pour mon travail.***
—Vraiment? Tu es certainement le (la) plus imaginatif(-ive).

—J'ai beaucoup de travail cette semaine… un examen, deux devoirs…
—Mon (Ma) pauvre!

J'ai réussi à *(passed)* l'examen de…	J'ai échoué à *(failed)* l'examen de…
J'ai un rendez-vous avec…	Je me suis disputé(e) *(argued)* avec…
J'ai acheté…	J'ai un rhume *(cold)* depuis deux semaines.
Je vais voyager à…	J'ai démissionné de *(quit)* mon poste.
	Je ne peux pas aller…

Le Superlatif des adjectifs, des adverbes et des noms

In this conversation, the speaker explains the benefits of his new position. Read and role-play the mini-dialogue with your instructor, paying particular attention to the way in which the speaker contrasts his new position with his previous ones. Then answer these questions.

A. How does the job compare with the speaker's previous positions?
B. How does the speaker state those relationships?

—Alors, Georges, qu'est-ce que tu penses de ton nouveau poste?
—Formidable! C'est **le meilleur** poste de ma carrière, et aussi **le plus** intéressant. Les conditions de travail sont excellentes! Je m'entends *(get along)* **le mieux** du monde avec ma patronne. C'est une personne très sympa. En tout cas, c'est la patronne **la plus** progressiste de la boîte.
—Je te félicite, mon vieux. Tu as fait un bon choix.

Approach: (1) Use the introductory questions to preview the material. (2) Model the mini-dialogue several times. (3) Have students look for patterns and answer questions A and B with a partner. (4) Elicit their observations. (5) Present the grammatical explanations as a means of confirming students' hypotheses.

1. Superlative of adjectives

The superlative construction of an adjective follows the pattern below. The definite article (**le, la, les**) and the adjective agree with the noun being described. Superlative forms of **bon** and **mauvais** are irregular.

le (la/les) plus... + *adjective*
le (la/les) moins... + *adjective*

Il offre les avantages sociaux **les plus complets.**
Le moins aimable de la boîte, c'est le directeur.
C'est **la meilleure** candidate, mais **la pire** solution.

2. Superlative of adverbs

The superlative construction with adverbs follows the pattern below. No agreement is ever made between a noun and an adverb. The superlative form of **bien** is irregular.

le plus... + *adverb*
le moins... + *adverb*

Je discute **le plus souvent** avec la directrice.
Il répond **le moins poliment** de tous.
Madame Dupont paie **le mieux.**

3. Superlative of nouns

Superlatives of nouns follow this pattern.

le plus de (d')... + *noun*
le moins de (d')... + *noun*

Il a vendu **le plus de maisons.**
Nous avons **le moins d'argent.**

Suggestion: Note that a reference group may be used in a superlative construction: C'est le meilleur poste **de ma carrière**. C'est la patronne la plus progressiste **du groupe.**

AUX GALERIES DES VACANCES
POSTES VACANTS
Chef de sécurité
Vendeur(-se) d'équipement de haute-fidélité
Vendeur(-se) de vêtements pour femmes
Caissier(-ière)
Chef de publicité
Technicien(ne)—planches à voile, bateaux, canoës
Concierge
Vendeur(-se) d'équipement de tennis
Programmeur(-se)

UTILISATION

ACTIVITÉ 5: This large specialty store, which sells leisure clothing and equipment, is offering several job opportunities. With a partner, use the expressions **le moins...** and **le plus...** to give your opinion of each position.

MODÈLE: intéressant
—Quel est le poste le plus (le moins) intéressant?
—À mon avis, le poste de chef de publicité est le plus (le moins) intéressant.
—Moi, je ne suis pas tout à fait d'accord. Pour moi, le poste de programmeur(-se) est le plus (le moins) intéressant.

1. intellectuel
2. dangereux
3. frustrant
4. satisfaisant
5. ennuyeux
6. fatigant
7. attrayant
8. difficile
9. routinier
10. facile

ACTIVITÉ 6: The following people are being considered for a promotion. Their strengths and weaknesses have been rated in this personnel report. Discuss their relative strengths in each area. Based on these ratings, which candidate would you promote?

MODÈLE: patience
Derriet a le plus de patience. Lamartine a autant de patience que Samuel, et Legros a le moins de patience des quatre.

très bien 1	bien 2	moyen 3	faible 4	très faible 5
	Derriet	**Legros**	**Lamartine**	**Samuel**
1. patience	1	5	3	3
2. tact	2	2	4	3
3. ambition	3	2	5	1
4. talent	2	4	2	1
5. expérience	5	3	1	2

À VOUS!

Discutez avec un(e) partenaire. Donnez votre avis sur les compagnies américaines et leurs produits.

MODÈLE: grande
La plus grande compagnie, c'est Exxon.

1. écologique
2. stable
3. qualité de produits
4. rentable *(profitable)*
5. nombre d'employés
6. produits innovateurs
7. qualité du service
8. technologique
9. importante

La Langue écrite

Écrire une lettre d'affaires

Quand vous écrivez une lettre d'affaires, vous pouvez écrire à la compagnie sans connaître le nom de la personne, ou bien vous pouvez connaître votre correspondant(e). Voici les formules qu'il faut employer.

This activity may be prepared outside of class. Additional writing practice is provided at the end of the corresponding ***Cahier*** chapter. If ***système-D*** is available to your students, they may wish to use it as they complete the writing exercise.

À une compagnie ou à une personne que vous ne connaissez pas

Paris, le 4 décembre 1993

Messieurs (Madame, Monsieur),

[La lettre doit être formelle; employez **vous**.]

Veuillez agréer, Messieurs (Monsieur, Madame), l'expression de mes sentiments (les plus) distingués (respectueux).

À une personne que vous connaissez assez bien

New York, le 2 janvier 1994

Cher Monsieur (Chère Madame, Cher [Chère] Collègue),

[La lettre doit être formelle; employez **vous**.]

Je vous prie d'accepter, Monsieur (Madame), l'expression de mes sentiments distingués (respectueux, dévoués).

Sujet de composition

Write a business letter applying for a position that was advertised in a newspaper. (Use the advertisements on p. 206 for descriptions of some positions or create a description of your own.) Write about your qualifications and talents and tell why you should get the position.

Lexique

Expressions

Speaking about one's intentions and aspirations

Qu'est-ce que vous voulez être?
Qu'est-ce que vous voulez faire dans la vie?
Où est-ce que vous comptez travailler?
Quelle carrière vous intéresse?

Telling about one's intentions

j'aimerais	j'espère
je préfère	je compte
je veux	je vais
je voudrais	j'ai l'intention de

Discussing one's talents

je peux	je suis fort(e) en
je sais	je suis doué(e) en
je suis capable de	

Expressing pros and cons

et (de plus, et aussi)
mais (pourtant, néanmoins, sauf que)
en somme (bref, alors)

Making comparisons

Adjectives

Ce candidat est plus (aussi, moins) ____ que les autres.
Il est meilleur que les autres.
Cette candidate est plus (aussi, moins) ____ que les autres.
Elle est meilleure que les autres.
C'est le plus (le moins) ____ du groupe. C'est le meilleur (le pire) du groupe.
C'est la plus (la moins) ____ du groupe. C'est la meilleure (la pire) du groupe.

Adverbs

Il travaille plus (moins, aussi) ____ que l'autre employé.
C'est l'employé qui travaille le plus (le moins) ____ de tous.

Nouns

Elle a plus de (autant de, moins de) ____ que ____.
Elle a le plus de (le moins de) ____.

Congratulating and commiserating

Bravo!	Je ne comprends pas du tout.
Félicitations!	Je regrette!
Je te (vous) félicite!	Mon (ma) pauvre!
Je suis content(e) pour toi (vous)!	Tu n'as vraiment pas de chance.
	Dommage!

VOCABULAIRE

PROFESSIONS

acheteur(-se)
acteur(-trice)
agent de police
agent de voyages
agent d'assurances
artiste
avocat(e)
banquier(-ère)
comptable
danseur(-se)
dentiste
écrivain
homme (femme) d'affaires
infirmier(-ère)
ingénieur
instituteur(-trice)
médecin
musicien(ne)
peintre
pharmacien(ne)
pompier
professeur
représentant(e)
secrétaire
sténodactylo
vendeur(-se)

CONDITIONS OF WORK

un poste stable
un poste important
un travail manuel
un travail intellectuel
un travail artistique
à temps partiel
à plein-temps
à mi-temps
un travail indépendant
sous la direction d'un(e) patron(ne)

avec de bonnes conditions de travail
des collègues intéressant(e)s
un(e) patron(ne) dynamique
un bon salaire
des responsabilités
de nombreux avantages sociaux
l'occasion de faire des voyages
un avancement rapide

VERBES IRRÉGULIERS

vouloir *(to want)*	je **veux**	nous **voulons**
	tu **veux**	vous **voulez**
	il/elle/on **veut**	ils/elles **veulent**
pouvoir *(to be able to)*	je **peux**	nous **pouvons**
	tu **peux**	vous **pouvez**
	il/elle/on **peut**	ils/elles **peuvent**
savoir *(to know how to)*	je **sais**	nous **savons**
	tu **sais**	vous **savez**
	il/elle/on **sait**	ils/elles **savent**

VERB WITH SPELLING CHANGES

espérer *(to hope, to wish)*	j'**espère**	nous **espérons**
	tu **espères**	vous **espérez**
	il/elle/on **espère**	ils/elles **espèrent**

IN THIS CHAPTER, YOU WILL LEARN TO REPORT WHAT'S NEW AND TO REACT TO WHAT YOU'VE HEARD.

chapitre 8

QUOI DE NEUF?

Tranche 1

Quelles sont les dernières nouvelles?

Au travail

Avant de parler

Activité 1: Imagine that you and a partner have just run into each other after a long time; exchange greetings and find out what's new.

1. Dites bonjour.
2. Demandez comment ça va.
3. Demandez les dernières nouvelles *(news)*.
   Tu as des nouvelles?
   Quoi de neuf *(new)*?
4. Donnez les dernières nouvelles.
   Rien *(Nothing)* de spécial.
   Pas grand-chose. Et toi?
   J'ai de bonnes (mauvaises) nouvelles!
   J'ai un nouveau poste...
   J'ai un(e) nouvel(le) ami(e). Il (Elle) s'appelle... Il (Elle) est...
   J'ai trop de travail ces jours-ci. J'ai... cours et je travaille...
5. Réagissez aux nouvelles.
   Félicitations!
   C'est formidable! Elles sont formidables, tes nouvelles!
   Quel dommage!
   Oh, là, là!
6. Dites au revoir.

Approach: Have students find how to ask for news, report news, and react. Organize answers in columns on the board and save for later use.

J'ai un nouveau poste...

UN ANCIEN AMI

Approach: (1) Go over the introductory questions. (2) Play the dialogue on the *Student Tape* (or role-play it yourself). (3) Have students answer questions A–C. (4) Have students repeat the dialogue with you, practice with each other, and incorporate personal variations.

In this dialogue, Claudine and Isabelle discuss the latest news about a mutual acquaintance. Before reading it, complete these activities.

A. Make a list in French of the words and expressions Claudine and Isabelle might use to describe the friend's appearance and character.

MODÈLE: ***–Tu te souviens de** (remember)**..., n'est-ce pas?***
–Bien sûr. Il (Elle) est...

B. Look at the picture below.
   1. Whom do you think is described?
   2. How does Claudine feel about the news?
   3. Based on her reaction, what kind of news do you think Isabelle has told her?

C. Think about these questions as you read and practice the dialogue.
   1. How does Isabelle describe their mutual friend?
   2. Is the news good or bad?

CLAUDINE: Bonjour, Isabelle. Quoi de neuf?
ISABELLE: J'ai des nouvelles extraordinaires. Hier matin, je suis descendue en ville° pour faire des courses. Je suis arrivée au supermarché et une grande voiture de luxe, une Mercedes, s'est garée° juste à côté de ma voiture. Devine° qui est sorti° de la voiture!
CLAUDINE: Qui ça?
ISABELLE: Frank.
CLAUDINE: Frank... Qui est-ce?
ISABELLE: Frank, Frank Pourcel, mon ancien voisin. Tu te souviens de Frank! Le grand blond, le type qui a épousé° Marthe, la fille du prof de maths.
CLAUDINE: Ah, oui! Il y a six ans° de ça. Le chic type,° le gars° très poli et très gentil.

descendre en ville *to go to town* **se garer** *to park* **deviner** *to guess*
sortir *to get out* **épouser** *to marry* **l'an** *(m.) year*
le chic type *nice guy* **le gars** *guy*

ISABELLE: Oui, c'est ça. Eh bien, il n'est plus° pauvre comme avant. Il porte aujourd'hui des costumes° de chez Dior et il a une énorme voiture. Il m'a proposé de prendre un café avec lui. J'ai accepté et il m'a° raconté toute son histoire. Il a gagné beaucoup d'argent quand il a fondé une compagnie à Lyon. Ensuite, il a hérité de sa tante.°

CLAUDINE: Ce n'est pas vrai! Il est millionnaire, alors?

ISABELLE: Eh bien, oui. Mais l'argent a eu une mauvaise influence sur sa vie: il a abandonné Marthe avec un enfant.°

CLAUDINE: Non! Ce n'est pas possible!

ISABELLE: Si,° car° il dit qu'ils ne sont plus du même milieu.° Il a laissé Marthe à Lyon, il a confié la compagnie à son vice-président et il est rentré° à Paris. C'est ici qu'il va chercher le bonheur.°

CLAUDINE: Ah, pauvre Marthe. Quelle horrible histoire!

COMPRÉHENSION

ACTIVITÉ 2: Reread the dialogue and answer these questions about the characteristics and main idea of the conversation.

1. D'après la conversation, quelle est la relation entre Isabelle et Claudine?
   a. Elles sont de bonnes amies.
   b. Elles se connaissent *(know each other)* assez bien.
   c. Elles ne se connaissent pas bien.
2. Choisissez la phrase qui décrit le mieux l'idée principale de la conversation.
   a. Un ancien ami a gagné beaucoup d'argent et il a fait un voyage à Paris.
   b. Isabelle et Claudine parlent de Frank qui a abandonné sa femme à Lyon.
   c. Frank a réussi dans la vie et il habite à présent à Lyon avec sa femme et son enfant.

ACTIVITÉ 3: Lisez, puis corrigez les détails du paragraphe suivant selon le dialogue. Faites un résumé des nouvelles.

J'ai des nouvelles extraordinaires. J'ai rencontré Patrick devant la poste. Il est sorti d'une voiture modeste. Tu te souviens de Patrick, n'est-ce pas? C'est le petit brun qui a épousé Christine il y a dix ans. Il porte aujourd'hui des blue-jeans et des tee-shirts. Il est technicien dans une compagnie à Bordeaux. Il a gagné beaucoup d'argent à la loterie et ne travaille plus.

ACTIVITÉ 4: Using the dialogue and *Activité 3* as models, create a similar story of six or seven lines and tell it to your partner, to your small group, or to your class.

---

ne... plus *no longer* **le costume** *suit* **me** *to me* **la tante** *aunt*
l'enfant *child* **Si** *Yes* **car** *because* **le milieu** *social class*
rentrer *to return* **le bonheur** *happiness*

Notes culturelles

La Vie moderne

La Panoplie des loisirs: Évolution de l'équipement de loisirs des ménages (*households*) (en % de ménages concernés)

	1973	1988
Téléviseur	86	96
Magnétoscope	*	25
Chaîne hi-fi	8	56
Électrophone	53	31
Magnétophone	15	40
Appareil photo	72	83
Baladeur	*	32
Livres	73	87
Disques	62	74
Disques compacts	*	11
Cassettes	*	70
Cassettes vidéo	*	24

* La question n'avait pas été posée.

On dit que la société moderne est « la société des loisirs ». Pourtant, si on fait l'analyse détaillée du temps libre dont disposent les Français par jour, voici ce qu'on trouve:

Travail	8 heures
Sommeil	8 heures
Transports	2 heures
Loisirs	6 heures

Parmi les six heures de loisirs, il faut compter les « loisirs obligatoires » tels que les trois repas, la toilette, etc. Le temps réellement libre est donc d'environ trois heures par jour.

Quelles distractions est-ce que les Français préfèrent? La diffusion des équipements audiovisuels a beaucoup progressé, ainsi que les pratiques s'y rattachant (télévision, vidéo, musique), au détriment de l'écrit, en particulier du livre. Mais l'importance des loisirs à domicile n'empêche pas les Français d'avoir plus d'activités à l'extérieur de chez eux (restaurants, discothèques, vie associative). La culture tend à être plus diversifiée, surtout parmi les jeunes. Tels *(Such)* sont les principaux enseignements de la grande enquête *(poll)* réalisée par le ministère de la Culture sur les pratiques culturelles des Français en 1988–1989. Elle permet de mesurer les évolutions qui se sont produites depuis 1973, la date de l'enquête précédente.

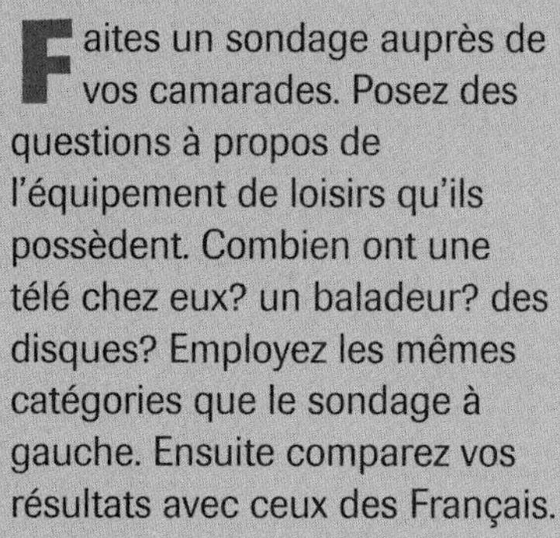
Faites un sondage auprès de vos camarades. Posez des questions à propos de l'équipement de loisirs qu'ils possèdent. Combien ont une télé chez eux? un baladeur? des disques? Employez les mêmes catégories que le sondage à gauche. Ensuite comparez vos résultats avec ceux des Français.

VOUS ACHETEZ DES DISQUES?

C'EST-À-DIRE

RAPPORTER DES NOUVELLES PERSONNELLES

Approach: (1) Use the introductory guidelines to preview the material. (2) Role-play the mini-dialogues and have students repeat with you, practice with a partner, and incorporate personal variations. (3) Have students expand the table begun on the board, including two new categories: how to report activities completed in the past and how to show that one is listening. Then have students work in pairs to create original mini-dialogues.

In the scenes that follow, people ask about and report what's new in their lives.

A. Practice the scenes with your instructor.

B. Role-play them again with a partner. Then create new mini-dialogues by mixing and matching the different questions and answers.

SCÈNE 1

—Tu as fait quelque chose d'intéressant samedi dernier?
—Oui, j'ai fait beaucoup de choses. Le matin, j'ai joué au tennis avec Jacques. Ensuite, j'ai visité le nouveau centre commercial et j'ai acheté des disques compacts. Le soir, j'ai regardé un match de football à la télé.

SCÈNE 2

—Qu'est-ce que tu as fait hier?
—Pas grand-chose. Hier matin, j'ai écouté une émission à la radio. Ensuite, j'ai préparé le déjeuner. J'ai déjeuné, puis j'ai rencontré Lise au café à trois heures. Le soir, j'ai étudié. Voilà, c'est tout.°
—Ah bon?

SCÈNE 3

—Quoi de neuf, Marthe?
—Rien de spécial, sauf que° j'ai beaucoup travaillé hier.
—Tu n'as pas beaucoup de temps libre!

UTILISATION

ACTIVITÉ 5: Reread the scenes and find the following types of expressions.

1. Find three ways to ask someone what's new.
2. List the activities that are reported.
3. Find two ways to react to someone's news.

Activité 5, Numéro 2: Point out to students that these verbs are in the **passé composé**, a tense that will be studied in this chapter.

tout *all* **sauf que** *except that*

ACTIVITÉ 6: Discuss your plans for today with a partner. If you worked yesterday, plan to go out today. If you went out yesterday, stay home and work today. Practice different responses using an item from each column. Then go around the class, asking and answering similar questions.

MODÈLE: *—Tu sors* cet après-midi?*
—Non. Hier soir, j'ai regardé le match de football; alors cet après-midi, je dois travailler.

HIER SOIR		CET APRÈS-MIDI
j'ai regardé le match de football	alors	je dois travailler
j'ai rencontré des ami(e)s au café		j'ai l'intention d'étudier
j'ai visité le nouveau centre commercial		j'aimerais bien sortir
j'ai travaillé		
j'ai fait les courses		
j'ai étudié		

À VOUS!

Working with a partner, ask and answer questions about your activities last weekend. Keep track of your partner's responses and be prepared to comment on his or her life-style using lines from the **Commentaires** at the end of the exercise.

MODÈLE: ***–Est-ce que tu as étudié ce week-end?***
–Oui.

LES ÉTUDES

1. Est-ce que tu as étudié?
2. Est-ce que tu as terminé tous tes devoirs?

LES ACHATS ET LE TRAVAIL

3. Est-ce que tu as travaillé? Où? Avec qui?
4. Est-ce que tu as fait les courses?

LES DIVERTISSEMENTS

5. Est-ce que tu as passé du temps avec des ami(e)s?
6. Est-ce que tu as dîné au restaurant?
7. Est-ce que tu as préparé un bon dîner à la maison?
8. Est-ce que tu as regardé la télé? Quelles émissions?
9. Est-ce que tu as assisté à un concert? à une pièce de théâtre? Tu as vu* *(saw)* un film?
10. Est-ce que tu as parlé avec tes parents? avec tes ami(e)s?
11. As-tu fait du sport? du tennis? du football? du basket-ball?

COMMENTAIRES

Tu as une vie tranquille.
Tu aimes bien les divertissements.
Tu consacres trop de temps aux études (aux sports, au travail).
Tu ne consacres pas assez de temps aux études (aux sports, au travail).
Tu passes trop de temps avec tes ami(e)s.
Tu ne passes pas assez de temps avec tes ami(e)s.

---

* The complete conjugations of the irregular verbs **sortir** *(to go out),* and **voir** *(to see)* are given in the *Verbes irréguliers* at the end of the chapter.

* The complete conjugation of the irregular verb **voir** *(to see)* is given in the *Verbes irréguliers* at the end of the chapter.

STRUCTURE

LE PASSÉ COMPOSÉ

Asking about and reporting what's new requires the use of the past tense. Read and role-play the mini-dialogue with your instructor, paying particular attention to the forms of the verbs. Then answer these questions.

A. How would you rate the weekend?

B. How is the past tense expressed? How do the verb forms change from person to person?

Approach: (1) Use the introductory questions to preview the material. (2) Model the mini-dialogue several times. (3) Have students look for patterns and answer questions A and B with a partner. (4) Elicit their observations. (5) Present the grammatical explanations as a means of confirming and extending students' hypotheses.

—Qu'est-ce que tu **as fait** ce week-end?
—Beaucoup de choses: d'abord, j'**ai** beaucoup **travaillé** et j'**ai terminé** tous mes devoirs vendredi soir. Ensuite, samedi nous **avons organisé** une soirée. Le matin, nous **avons acheté** des provisions,° l'après-midi, nous **avons préparé** des plats° et le soir, nous **avons dansé**!
—Et dimanche?
—J'**ai dormi**° toute la journée.

1. FORMATION OF THE PASSÉ COMPOSÉ

The **passé composé** is used to report what happened in the past. It is formed with the present tense of an auxiliary verb (**avoir** or **être**) and a past participle.

subject + *auxiliary verb* (**avoir** or **être**) + *past participle*

a. The auxiliary verb **avoir** is used to form the **passé composé** of most verbs. It is conjugated to agree with the subject. (Verbs that use **être** are discussed in ***Tranche 3*** of this chapter.)

b. The past participle of a regular **-er, -ir,** or **-re** verb is formed by dropping the infinitive ending and adding the appropriate participle ending.

-er verbs	achet~~er~~	+**-é**	→	**acheté**
-ir verbs	chois~~ir~~	+**-i**	→	**choisi**
-re verbs	attend~~re~~	+**-u**	→	**attendu**

Study the conjugations of **-er, -ir,** and **-re** verbs in the **passé composé** (on page 242).

les provisions *food* **le plat** *dish* **dormir** *to sleep*

Acheter	Choisir	Attendre
J'ai **acheté** des bonbons. Tu **as acheté** un micro-ordinateur? Elle **a acheté** un vélomoteur. Nous **avons acheté** un téléviseur couleurs. Vous **avez acheté** une radio. Ils **ont acheté** des disques compacts.	J'**ai choisi** des bonbons. Tu **as choisi** un micro-ordinateur. Elle **a choisi** un vélomoteur. Nous **avons choisi** un téléviseur couleurs. Vous **avez choisi** une radio. Ils **ont choisi** un disque compact.	J'**ai attendu** le métro. Tu **as attendu** le directeur des ventes. Elle **a attendu** le reçu *(receipt)*. Nous **avons attendu** la vendeuse. Vous **avez attendu** le vendeur. Ils **ont attendu** à la caisse *(cash register)*.

2. PLACEMENT OF ADVERBS WITH THE PASSÉ COMPOSÉ

a. In the **passé composé,** most adverbs are placed after the past participle or after the direct object.

Tout le monde a travaillé **sérieusement**.

J'ai attendu le reçu **patiemment**.

b. Certain high-frequency adverbs, such as **bien, mal, peu, beaucoup, vraiment, presque, assez, trop, souvent,** and **vite** directly precede the past participle.

Elle a **bien** travaillé.

Nous avons **beaucoup** aimé le concert.

UTILISATION

ACTIVITÉ 7: Rapportez les nouvelles suivantes.

MODÈLE: Jean / inviter Nathalie à dîner chez ses parents
Jean a invité Nathalie à dîner chez ses parents.

1. Vous / passer de bonnes vacances
2. Moi, je / acheter un disque compact
3. Émilie et moi / bavarder au café
4. Simon / assister à *(to attend)* une conférence
5. Marc et Léon / jouer au golf tous les *(every)* après-midis
6. Christine / travailler
7. Anne et Marie / regarder le nouveau film anglais
8. Et toi? Tu / faire du ski dans les Alpes?

ACTIVITÉ 8: Pour compléter l'entrevue avec Roé, chanteur de rock, remplissez les blancs avec le passé composé des verbes entre parenthèses. ●

—Et comment as-tu pris contact avec la musique?
—Vers dix-huit ans, j' ____ (écouter) un disque d'Otis Redding. C'est là que ça ____ (commencer). Plus tard, j' ____ (gagner) ma vie comme musicien et ensuite, j' ____ (former) mon premier groupe: Nightrider.
—Et quand est-ce que tu ____ (enregistrer) ton premier disque?
—J' ____ (commencer) par un premier quarante-cinq tours intitulé « Hombre ». Un fiasco. J' ____ (changer) de maison de disques. Celle-ci m' ____ (donner) la possibilité d'enregistrer un album. Et voilà.

● Roé is a rock singer. Born in Spain, he sings in French and occasionally incorporates Spanish rhythms and lyrics in his songs.

ACTIVITÉ 9: Regardez la liste des activités du samedi. Travaillez avec un(e) partenaire et dites qui a fait quoi, et avec qui.

MODÈLE: Qui a joué au tennis ce week-end?
Christine et Élise ont joué au tennis.

CHRISTINE	**LISE**	**ROBERT**
jouer au tennis avec Élise	nettoyer *(to clean)* l'appartement	regarder un match à la télé
regarder un match à la télé	visiter le musée avec Marc	jouer au basket
étudier	regarder un film avec David	rencontrer Jean au café ●
MARC	**ÉLISE**	**DAVID**
jouer au basket	jouer au tennis	parler avec M. Dupont
étudier	retrouver Jean au café	regarder un film à la télé
visiter le musée	parler avec le directeur	nettoyer l'appartement

● The verb **rencontrer** is used to indicate a chance meeting. The verb **retrouver** is used to indicate a planned meeting.

1. Qui a regardé un film à la télé?
2. Qui a regardé un match à la télé?
3. Qui a nettoyé l'appartement?
4. Qui a joué au basket?
5. Qui a parlé avec des amis au café?
6. Qui a parlé au téléphone avec le directeur?
7. Qu'est-ce que Marc a fait ce week-end?
8. Qu'est-ce qu'Élise a fait ce week-end? Avec qui a-t-elle passé du temps ce week-end?
9. Comment est-ce que Robert a passé ce week-end?

À VOUS!

Select six items from the following list that describe what you did last weekend. Then, working with a partner, take turns asking and answering questions about your weekend activities.

1. étudier beaucoup
2. acheter des disques
3. retrouver mes ami(e)s
4. travailler sérieusement
5. jouer au basket-ball
6. bavarder beaucoup au café
7. assister à une conférence
8. écouter beaucoup de disques
9. jouer au tennis
10. finir vite ma composition
11. assister au concert
12. travailler trop

Tranche 2

Qu'en pensez-vous?

Au travail

Avant d'écouter

Suggestion: Have students take notes about their partners' opinions.

Follow-up: Have several students report their partners' opinions to the class.

ACTIVITÉ 1: Lisez les manchettes *(headlines)* à un(e) camarade. Il (Elle) va donner son opinion.

MODÈLE: Découverte° d'un remède-miracle
À mon avis, c'est formidable (très intéressant, merveilleux, remarquable, génial).
ou: *À mon avis, c'est bien (assez intéressant, assez ordinaire, banal).*
ou: *À mon avis, c'est horrible (terrible, sans intérêt, insupportable, ridicule).*

LA VIE QUOTIDIENNE
Les Contrôleurs du métro sont en grève°

Le Taux° d'inflation atteint 12%

La Technologie
La Première Station spatiale européenne est lancée

Les Beaux-Arts
Les Rénovations du Louvre sont terminées

LES SPORTS
Un Nouveau Stade ouvre à Bordeaux

Les Belges remportent le championnat d'Europe de football

Un Deuxième Désastre nucléaire a lieu

La Politique
Le président de la République est gravement malade

15 Candidats se présentent aux élections présidentielles

---

la découverte *discovery* **la grève** *strike* **le taux** *rate*

UN ÉVÉNEMENT ARTISTIQUE

The pictures below illustrate what happens in the conversation on your student tape.

A. Look the pictures over. Then answer the following questions.
1. What event do you think is being discussed?
2. What purpose does this project serve?
3. What would you think of such a project?

Approach: (1) Preview the conversation by focusing on the title and art. (2) Preteach new vocabulary.

B. Here are some key words you might find helpful in understanding the conversation.

le Pont-Neuf ● *a bridge in Paris* **génial** *marvelous, wonderful*
envelopper *to wrap* **un gaspillage** *a waste*
une toile colorée *colored cloth*

● The wrapping of the Pont-Neuf was one of Christo's more famous large-scale projects. Since then he has done others, including a dual project in California and Japan that featured huge, colorful umbrellas.

C. Before listening to the passage, consider the main idea and detail questions in ***Activités 2*** and ***3***. Then listen to the passage and complete the activities.

COMPRÉHENSION

ACTIVITÉ 2: Identify the characteristics and the main idea of the conversation.

1. The listening passage is about (choose all that apply) (a) demolition of an old bridge, (b) moving a bridge, (c) an artistic project, (d) people's opinions of the project.
2. Choisissez la (les) phrase(s) qui représente(nt) le mieux le passage.
   a. Christo a réalisé un projet artistique que tout le monde apprécie.
   b. Le projet artistique a provoqué des réactions positives, négatives et neutres.
   c. Les projets de Christo sont toujours des projets appréciés.

ACTIVITÉ 3: Using this outline as a guide, tell a partner about the Pont-Neuf project.

Tu as vu ____? L'artiste ____ a terminé sa création. Il a enveloppé ____ d'une toile. C'est ça, d'une ____ colorée. Ses ____ ont travaillé pendant ____. Allons voir son œuvre ce soir!

Culture note: Jacques Tati was a French film director whose film, *Mon Oncle*, tells the story of a bumbling, absent-minded man.

ACTIVITÉ 4: Donnez votre opinion sur les œuvres artistiques et culturelles suivantes. Employez les expressions de l'***Activité 1***.

1. *la Joconde* (Mona Lisa)
2. la musique des Beatles
3. la tour Eiffel
4. la musique de Bach
5. le Pont-Neuf
6. l'Arc de Triomphe
7. la musique de Debussy
8. les films de Jacques Tati
9. le jazz de la Nouvelle-Orléans

ACTIVITÉ 5: Donnez votre opinion des activités sur les images. Ensuite, donnez votre opinion sur d'autres activités de votre choix.

PRONONCIATION

The pronunciation of the letters **eu** in French has no equivalent in English. The sound is pronounced with the lips rounded and the tip of the tongue against the lower teeth. Practice the words and expressions that follow with your instructor or on your student tape.

je v**eu**x merveill**eu**x affr**eu**x séri**eu**x monsi**eu**r

Je trouve que c'est merveill**eu**x.

Je v**eu**x exprimer mon opinion: C'est affr**eu**x.

Christo, il n'est pas séri**eu**x.

DONNER SON OPINION

In these scenes, you will learn how to express your opinions about what you like and do not like.

A. Practice the scenes with your instructor.

B. Role-play them again with a partner, mixing and matching questions and answers.

Approach: (1) Use the introductory guidelines to preview the material. (2) Role-play the mini-dialogues and have students practice first with you, then in pairs. (3) Have students analyze the dialogues and find ways to ask for and state an opinion. List answers in columns on the board and have students create original dialogues by mixing and matching.

SCÈNE 1

SCÈNE 2

SCÈNE 3

● *Georges Simenon was a very prolific Belgian writer of mystery novels. Many of his mysteries feature Inspecteur Maigret, a super-sleuth.*

SCÈNE 1

—Tu as aimé le match de foot hier soir à la télé?

—Oui! Ça m'a beaucoup plu.° J'ai beaucoup aimé le jeu de l'équipe de Nantes.

SCÈNE 2

—Tu as vu le nouveau clip° de Michael Jackson?

—Fantastique comme clip! J'ai trouvé la chanson° géniale.

SCÈNE 3

—Tu as lu° ce roman de Simenon?

—Oui.

—Ça t'a plu?

—Pas tellement. J'ai beaucoup apprécié l'intrigue,° mais je n'ai pas aimé les personnages.°

Suggestion: Bring books on sculpture, painting, and architecture to class, show some works, and ask students their opinions.

UTILISATION

ACTIVITÉ 6: Reread the scenes and find the following types of expressions.

1. Find several ways to ask about a cultural event.
2. Find several reactions to the questions.
3. Find several expressions that provide details about what you liked.

Ça m'a beaucoup plu. *I liked it a lot.* **le clip** *video* **la chanson** *song*
lire *to read* **l'intrigue** *plot* **le personnage** *character*

ACTIVITÉ 7: Demandez à votre partenaire de donner son opinion sur les choses suivantes, puis changez de rôles.

MODÈLE: ***—Est-ce que tu as aimé l'exposition de tableaux de Renoir?***
—Oui, ça m'a beaucoup plu. J'adore les tableaux de Renoir.

Est-ce que tu as aimé...	le film de Truffaut ⬢	Ça m'a beaucoup plu.
Tu as vu...	la pièce de Shakespeare	J'ai trouvé ça formidable.
Tu as lu...	la création de Christo	J'ai beaucoup apprécié.
Comment as-tu trouvé...	la chanson de Michael Jackson	J'ai beaucoup aimé.
Tu as entendu...		J'ai détesté.
		Ça ne m'a pas plu.
		J'ai trouvé ça affreux.

⬢ François Truffaut was a very famous French film director. His films include *Jules et Jim*, *Le dernier métro*, and *L'homme qui aimait les femmes*.

À VOUS!

Choisissez une chanson, un film, une pièce de théâtre et demandez à vos camarades ce qu'ils pensent de votre choix. Rapportez les opinions à la classe.

MODÈLE: ***—Tu as entendu le nouveau disque de Père Ubu?***
—Bien sûr!
—Ça t'a plu?
—Oh, oui! J'ai beaucoup aimé ce disque.

FILMS

LA BATAILLE DE MILAGRO
De Robert Redford. Avec Chick Vennera, Christopher Walken, Melanie Griffith, Sonia Braga.

Rien d'étonnant à ce que Robert Redford, défenseur de l'environnement et des droits de l'homme (au sens américain, il n'est pas un dangereux révolutionnaire...), ait contre vents et marées tenu à adapter le roman de John Nichols. Fable politique, *La Bataille de Milagro* raconte comment une communauté de fermiers du Nouveau-Mexique, privés d'eau par de richissimes propriétaires, détournèrent celle-ci pour irriguer leurs champs. La guerre ne tardera pas. Comédie et allégorie tout à la fois, il aura fallu plusieurs années pour scénariser *Milagro* (un nom qui signifie miracle), et de longs mois pour venir à bout d'un tournage tourmenté, contrecarré par une météo capricieuse et un budget à bout de souffle.

THÉÂTRE

POTINIÈRE, 7 rue Louis-Le-Grand, 42.61.44.16. **Agatha,** de Marguerite Duras, mise en scène de Pierre Tabard, avec Fabienne Perineau et Samuel Labarthe, du mardi au samedi à 19h, dimanche à 17h30, jusqu'à fin mai. **Et puis j'ai mis une cravate et je suis allé voir un psychiatre**, d'après Howard Buten, mise en scène de Jean-Pierre Carasso et Jean-Claude Sussfeld, du mardi au samedi à 21h, jusqu'à fin mai.

TLP DEJAZET, 41 bd du Temple, 48.87.97.34. **Gémaux Croisés**, mise en scène de Viviane Théophilidès, avec Pauline Julien et Anne Sylvestre, du mardi au samedi à 20h30, dimanche 16h, du 10 au 22/5.

ROCK ET CHANSONS

OLYMPIA, 28 bd des Capucines, 75009, 47.42.25.49. **Font et Val**, *humour corrosif et un tantinet vulgaire*, à partir du 26/4 à 20h30. **Malavoi**, *pour swinguer sur des rythmes tropicaux*, du 5 au 8/5 à 20h30. **Jean-Jacques Goldman**, *pour nous conter fleurette*, les 10 et 11/5 à 20h. **Quartato negro**, *au cœur du jazz et de gospel*, le 16/5 à 20h30.

REX CLUB, 3 bd Poisonnière, 75009, 42.36.83.98. **Père Ubu**, *le représentant typique d'une certaine musique dadaïste...*, le 30/4 à 20h. **Eric Morena**, *pour les amateurs de sensations kitsch*, le 11/5 à 20h. **Willy Loco Alexander Dramarama**, *une folle soirée avec le délirant Willy Loco*, le 19/5 à 20h. **Tav Falco's Panther Burns**, *rock-blues et poésie alternative avec ce combo résolument moderne*, le 14/5 à 20h. **Léonard Cohen**, *un créateur à tendance poétique et méditative*, les 27 et 28/5 à 20h.

STRUCTURE

LA NÉGATION ET L'INTERROGATION AU PASSÉ COMPOSÉ

Questions, affirmative sentences, and negative sentences are useful when reporting actions. Read and role-play the mini-dialogue with your instructor, paying particular attention to the different sentence structures. Then answer these questions.

A. What events are reported?
B. How is the negative expressed in the **passé composé?**
C. How are questions in the **passé composé** formed?

Approach: (1) Use the introductory questions to preview the material. (2) Model the mini-dialogue several times. (3) Have students look for patterns and answer questions A–C with a partner. (4) Elicit their observations. (5) Present the grammatical explanations as a means of confirming and extending students' hypotheses.

–**Est-ce que** tu as regardé le film à la télé hier soir?
–Non, malheureusement, je **n'**ai **pas** regardé le film.
–Pourquoi?
–Je **n'**ai **pas** eu le temps… trop de travail. Et toi, tu l'as regardé?
–Oui, mais je **n'**ai **pas** aimé l'histoire.

1. NEGATION IN THE **PASSÉ COMPOSÉ**

The negative of the **passé composé** is formed as follows:

subject	+	**ne (n')**	+	*auxiliary verb*	+	**pas**	+	*past participle*

Je **n'**ai **pas** regardé le film. Je **n'**ai **pas** eu le temps.

2. QUESTIONS IN THE **PASSÉ COMPOSÉ**

Like the interrogative of the present tense, the interrogative of the **passé composé** can be formed in four ways.

a. Using rising intonation. Tu as vu le film?
b. Using **est-ce que.** **Est-ce que** tu as aimé l'histoire?
c. Using **n'est-ce pas** to confirm information you have.
Tu as travaillé hier soir, **n'est-ce pas?**
d. Using inversion (in more formal situations).
- When inversion is used, the pronoun and the auxiliary verb are inverted.
  As-tu aimé le film?
- When the subject is a noun, a pronoun is added.
  Jeanne a-t-elle regardé la télévision hier soir?
  Quand **Jean a-t-il fini** son travail?
- A hyphen is used between the auxiliary verb and the subject pronoun. Note that **-t-** is added between **a** and **il, elle,** or **on.**

UTILISATION

Approach: (1) Set a time limit and have students work in pairs. (2) Have students report the characters' likes and dislikes.

Variation: Substitute names and events of personal interest to your students.

ACTIVITÉ 8: Use the chart below and the ratings illustrated in the models to report each person's preferences for each event. Then select the most popular event(s).

MODÈLES: 3 = ***Denis a beaucoup aimé l'exposition de photographies.***
2 = ***Denis n'a pas d'opinion sur la collection de sculptures.***
1 = ***Denis n'a pas aimé l'exposition de Manet.***

	Janine	Denis	Lise	Michel
l'exposition de Manet	3	1	3	1
l'exposition de photographies	2	3	3	1
la collection de sculptures d'avant-garde	1	2	1	1
la conférence sur l'architecture moderne	2	1	2	3

ACTIVITÉ 9: Ask a partner about the things he or she did during the weekend.

MODÈLE: assister à un concert de musique classique
—Est-ce que tu as assisté (As-tu assisté) à un concert de musique classique?
—Non, je n'ai pas assisté à un concert de musique classique, mais j'ai vu un film.

Suggestion: Ask students to provide physical descriptions using terms from ***Chapitre 3***.

Follow-up: Have some students report their results to the class: **Susan a visité la tour Eiffel et elle a trouvé ça formidable.**

ACTIVITÉ 10: Work in small groups. Choose a singer or an actor whom you really admire. Other members of the group should use the **passé composé** to try to guess who it is. Some useful questions are provided below:

A-t-il (elle) joué dans une émission à la télé (dans un film, dans une pièce)?
A-t-il (elle) joué dans le film...?
A-t-il (elle) chanté du rock (des chansons populaires, du jazz, du reggae)?
A-t-il (elle) chanté dans le groupe...?

À VOUS!

As a class, establish a list of artistic and cultural activities in which students may have participated. Then circulate among your classmates and find a person who has done any of the activities. Record each person's name and his or her opinion of the experience. Be ready to report your findings to the class.

Sample Activities: **jouer d'un instrument de musique, visiter la tour Eiffel, voyager au Canada...**

Tranche 3

Voici les nouvelles

Au travail

Avant de lire

ACTIVITÉ 1: These newspaper articles report a burglary. Before reading them, answer the following questions. ●

1. What details do you expect to find in a burglary report? Imagine the following details: (a) motive for the burglary, (b) means of entry, (c) items stolen, (d) condition of the place after the burglary is discovered.
2. What comes to mind when you think about a militant animal rights organization? What motives would the organization have to commit a burglary? What tactics would its members employ?

● France has a wide range of newspapers, all with different political viewpoints. One finds both local newspapers and national ones, such as *Le Figaro* (rightist), *Le Monde* (considered the most objective), *Le Matin* (socialist), and *L'Humanité* (communist).

POUR MIEUX LIRE

Using context clues

In the last chapter, we noted the importance of guessing the meaning of unknown words from the context, or surrounding words and ideas. In reading the following newspaper articles, you will come across words and acronyms you do not know. Take a few minutes to practice guessing meaning from context by following these steps.

Step 1: Look for clues. When you come across an unfamiliar word, do not stop reading. Read to the end of that sentence and continue with the sentence that follows, if they are not too long. By continuing to read, you have the opportunity to look for clues (examples, definitions, names, and titles, . . .) to the meaning of the unknown word.

Step 2: Identify important words. For example, read the first sentence of the newspaper article and focus on the word **constaté**.

La police a constaté un cambriolage hier soir dans les laboratoires de la société pharmaceutique Réaumur-Nelson.

a. Reread the sentence and make a list of everything you already know (when, where, whom, . . .).

b. Determine if your understanding of the gist of the sentence will be significantly improved by understanding the word **constaté**. If not, the word is not critical to the text and can safely be ignored.

Step 3: Focus on important words. Return to the first sentence, this time focusing on the word **cambriolage.**

a. Reread the first sentence and make a list of everything you already know (when, where, whom, . . .).
b. Determine if your understanding of the gist of the sentence is incomplete without an understanding of the word **cambriolage**. If so (and it probably is), follow steps c, d, and e.
c. Determine the part of speech: If the word is preceded by an article and/or modified by adjectives, it is probably a noun. If you recognize verb endings, the word probably expresses an action.
d. Organize what you know. In this case, you know that:
   - **Un cambriolage** is a noun.
   - It represents something that police would be involved in and that would be reported in the newspaper the next day.
   - It took place in a pharmaceutical laboratory named Réaumur-Nelson.
e. Based on what you know, guess the meaning!
f. **Un cambriolage** is *a burglary*. It comes from the verb **cambrioler** and belongs to the same family as the noun **un cambrioleur**. How close was your guess?

As you can see from this example, when guessing meaning from context, read enough to determine if the understanding of an unknown word is essential to comprehension of the text. If so, analyze the word's surroundings for clues to its meaning.

Lecture

Un Cambriolage hier soir

The first news story below reports a break-in. Was the crime vandalism? Was anything taken? The follow-up story gives additional details and a new perspective. Who claimed responsibility for the burglary? What was the motive? Before reading these articles, review the main idea and detail questions in ***Activités 2*** and ***3***.

Paris, le 10 octobre—La police a constaté un cambriolage hier soir dans les laboratoires de la société pharmaceutique Réaumur-Nelson. Le malfaiteur° est entré dans l'établissement par une fenêtre° du deuxième étage.° La police a confirmé qu'il est monté avec une échelle° à l'étage supérieur où il a cassé° une vitre.° Ensuite, il est descendu au rez-de-chaussée° et a causé beaucoup de dégâts° dans les salles de laboratoire. Il est sorti par la porte principale. Le détective Buisson de la police judiciaire° a dit: « J'ai l'impression que c'est une histoire de drogues ».

Un représentant de la compagnie affirme que le malfaiteur a volé plusieurs bouteilles de produits pharmaceutiques qui pourraient° avoir une valeur « commerciale ». À part° les bouteilles et quelques animaux de laboratoire, le représentant a déclaré: « La perte° n'est pas considérable ».

Paris, le 11 octobre—Trois membres du Cadre Anti-vivisection pour la Protection des Animaux (CAPA), un groupe inconnu jusqu'à présent, ont revendiqué la responsabilité° du cambriolage hier soir des Laboratoires Réaumur-Nelson dans la banlieue de Paris. Le CAPA a dénoncé les expériences « barbares » sur les animaux sans défense. Ils ont déclaré aux journalistes: « Nous avons libéré seize animaux et nous avons détruit° une grande quantité de produits pharmaceutiques nocifs° ».

Compréhension

ACTIVITÉ 2: Identify the tone and the main idea of the articles.

1. The tone of the articles is (a) formal, (b) stiff, (c) business-like, (d) informal, (e) familiar.
2. The reading passage is about (a) police brutality, (b) political infighting, (c) a political action.
3. Vous êtes un reporter. Donnez les détails essentiels de l'histoire.

(a) Où? (b) Quand? (c) Comment est-il rentré? (d) Qui? (e) Comment est-il sorti? (f) Quoi?

ACTIVITÉ 3: Répondez aux questions suivantes au sujet du cambriolage.

1. Combien de malfaiteurs sont entrés dans le laboratoire?
2. Qu'est-ce que c'est que le CAPA?
3. Qu'est-ce que le CAPA a dénoncé?
4. Qu'est-ce qu'ils ont fait avec les bouteilles? et avec les animaux?

le malfaiteur *thief* **la fenêtre** *window* **le deuxième étage** *third floor* **l'échelle** *(f.) ladder* **casser** *to break* **la vitre** *window pane* **le rez-de-chaussée** *ground floor* **les dégâts** *damage* **judiciaire** *investigative* **pourraient** *could* **À part** *Besides* **la perte** *loss* **revendiquer la responsabilité** *to assume responsibility* **détruire** *to destroy* **nocif** *noxious*

RAPPORTER UNE SÉRIE D'ACTIONS

Pre-reading: (1) Preview the material by having students think about how objective news can be. Do two articles on the same subject always convey the same message? (2) Go over the introductory material, reminding students to read primarily for this information the first time through. Stress that they will need to read the text several times and should focus on different information and details each time.

Reading: The reading and comprehension activities may be done outside of class. Additional reading practice is provided in ***Tranche 3*** of the corresponding ***Cahier*** chapter.

Approach: (1) Use the introductory guidelines to preview the material. (2) Present the news and have students repeat with you, practice with a partner, and incorporate personal variations. (3) Have students list the expressions used to sequence information.

The two news articles that follow report two accounts of similar criminal activity.

A. Read the articles aloud.

B. Read them to a partner, changing several details. Your partner will comment on your report.

Il est arrivé à la banque à 10 h 05. D'abord, il est entré par la porte principale et il est resté quelques minutes au rez-de-chaussée. Puis, il est monté au deuxième étage et il est rentré dans le bureau du président, un revolver à la main. Ensuite, il est descendu avec le président dans la salle des coffres.° Alors, il a pris° l'argent et finalement il est sorti de la banque à 10 h 24. Après, il est allé directement à l'aéroport.

Elle est arrivée à la bijouterie° à 16 h 30. Tout d'abord, elle est entrée par la porte de derrière et elle est restée quelques minutes au rez-de-chaussée. Après, elle est montée au troisième étage et elle est rentrée dans le bureau de la présidente. Puis, elle est descendue avec elle dans la salle des coffres. Alors, elle a pris les bijoux° et enfin, elle est sortie de la bijouterie à 16 h 45. Ensuite, elle est allée directement à l'aéroport.

UTILISATION

ACTIVITÉ 4: Reread the two news stories and find the following types of expressions.

1. Find the adverbs of sequence that indicate in which order events occurred.
2. Find the action verbs that advance the plot.

ACTIVITÉ 5: Fabriquez des nouvelles. Complétez les phrases suivantes avec deux éléments différents.

1. Il (Elle) est arrivé(e) à Paris (Lyon, Marseille, Londres,...) en voiture (train, moto, avion,...).
2. Il (Elle) est entré(e) dans la banque (la bijouterie, le musée,...) par la porte principale (la porte de derrière, la porte de devant, la fenêtre,...).
3. Il (Elle) est monté(e) au premier (deuxième, troisième) étage avec un grand sac (avec un revolver à la main, avec des ami(e)s,...).

le coffre *safe* **pris** *past participle of* ***prendre*** **la bijouterie** *jewelry store*
le bijou *jewel*

4. Il (Elle) a pris de l'argent (des bijoux, de l'argent et des bijoux,...) du bureau du directeur (de la salle des coffres, de la caisse).
5. Il (Elle) est sorti(e) tout de suite après (quelques heures plus tard, avec le directeur (la directrice),...) sans être arrêté(e) (par la fenêtre du troisième étage, par la porte du rez-de-chaussée).

ACTIVITÉ 6: Retell the story in ***Activité 5***, adding adverbs of sequence: **d'abord, puis, ensuite, après, alors, finalement, enfin.**

ACTIVITÉ 7: Working with a partner, retell the story of the burglary in the Réaumur-Nelson laboratories. This time, tell it from the point of view of the members of CAPA, the anticruelty group that perpetrated the break-in. You may want to report your story using **je** forms (**Je suis arrivé(e)...**) or **nous** forms (**Nous sommes arrivé(e)s...**). Don't forget to use adverbs of sequence in your story.

À VOUS!

Tell your partner about an artistic, cultural, or news event of your choice.

1. Give details such as when it occurred and at what time.
2. Tell what took place during the event.
3. Conclude your report and express your opinion.

Your partner will react to your story and then tell you about his or her experience.

Alternative: Ask students to write a short news story about the Picasso exhibit seen in the photo below.

EST-CE QUE VOUS AIMEZ PICASSO?

Structure

Approach: (1) Use the introductory questions to preview the material. (2) Model the text several times. (3) Have students look for patterns and answer questions A–C with a partner. (4) Elicit their observations. (5) Present the grammatical explanations as a means of confirming and extending students' hypotheses.

Le Passé composé avec être

This explanation provides additional details on the formation of the **passé composé**. Read the description with your instructor, paying particular attention to the verbs. Then answer these questions.

A. What were the "perpetrators" after?

B. What is new about the auxiliary verbs used in this description?

C. How does the spelling of the past participle relate to the subject pronoun in each sentence?

Les « cambrioleurs » **sont arrivés** avec une échelle. Ils **sont entrés** dans la maison par une fenêtre du deuxième étage. Ils **sont descendus** au rez-de-chaussée où ils ont pris les clefs *(keys)* de la maison. Ils **sont sortis** par la porte principale. Un des cambrioleurs a déclaré: « Je ne vais plus jamais oublier *(forget)* mes clefs ».

1. The passé composé with être

The **passé composé** of certain verbs of motion or state of being is formed with the auxiliary verb **être** rather than **avoir**, following this pattern.

subject + *auxiliary verb* (**être**) + *past participle*

Les cambrioleurs **sont entrés** dans la maison.
Nous **sommes sorti**(e)s tout de suite après.

2. Verbs conjugated with être

The following story recounts a suspicious series of events. Note that the verbs in bold type in this report are all conjugated with **être** in the **passé composé.** These verbs constitute a fairly complete list of verbs conjugated with **être**.

retourner	Hier soir, Anne-Marie et ses amies **sont retournées** du concert avec une histoire intéressante.
aller	Anne-Marie **est allée** au concert avec Lise et Hélène.
arriver	Les jeunes filles **sont arrivées** à la salle de concert à l'heure. Devant la salle de concert, elles ont vu plusieurs hommes suspects.
entrer	Les amies **sont entrées** dans la salle de concert par la porte principale.
rentrer	Deux hommes **sont rentrés** dans la salle de concert par la porte de service
rester	et trois autres **sont restés** devant la porte pour surveiller la rue.

monter	Un homme **est monté** au deuxième étage.
descendre	Puis il **est** vite **descendu** au rez-de-chaussée.
tomber	Il **est** presque **tombé** avant de prendre sa place au premier rang *(row)*.
venir	La chanteuse **est venue** devant l'assistance *(audience)* et le concert a commencé.
passer	À la fin du concert, l'homme du premier rang **est** vite **passé** derrière le rideau *(curtain)*.
sortir	Ensuite, il **est sorti** par la porte de derrière avec trois autres.
partir*	Ils **sont partis** sans rien dire.
mourir*	Mais non! Personne *(No one)* n'**est mort** ce soir-là! Le président de la République assistait au concert et les hommes étaient des agents du président.
naître*	Par une étonnante coïncidence, le fils *(son)* du président **est né** le soir même.

3. AGREEMENT OF THE PAST PARTICIPLE

The past participle of a verb conjugated with **être** agrees in number and gender with the subject of the sentence.

Je **suis allé(e)** au concert.	Nous **sommes allé(e)s** à la conférence.
Tu **es allé(e)** au cinéma.	Vous **êtes allé(e)(s)** au musée.
Robert **est allé** au spectacle.	Marc et Jean **sont allés** à l'opéra.
Denise **est allée** à l'exposition.	Martine et Isabelle **sont allées** au théâtre.

Note that **vous** may refer to one or to many people.

Robert, **êtes-vous arrivé** seul ou avec Chantal?
Chantal, **vous êtes arrivée** avec Robert?
Messieurs, **vous êtes arrivés** en retard.
Mesdames, **vous êtes arrivées** juste à l'heure.

UTILISATION

ACTIVITÉ 8: You have left your passport on a table in a restaurant. Upon returning, you find the restaurant locked. You enter through an open window in the basement and . . . Explain to the restaurant staff how you got in!

MODÈLE: retourner à l'hôtel sans mon passeport
Je suis retourné(e) à l'hôtel sans mon passeport. Alors,...

1. retourner au restaurant
2. aller à la porte principale: fermée *(closed)*
3. aller à la porte de derrière: fermée aussi
4. entrer par une fenêtre ouverte
5. descendre au sous-sol *(basement)*
6. monter au rez-de-chaussée
7. passer par la cuisine
8. arriver ici: alors, me voilà et voilà mon passeport

---

* The complete conjugations of the irregular verbs **partir** *(to leave)*, **mourir** *(to die)*, and **naître** *(to be born)* are given in the ***Verbes irréguliers*** at the end of the chapter.

ACTIVITÉ 9: Use the following log to report on the work of each member of the sales group. Tell where they went, when they returned, with whom they talked, and whether or not they got the contract.

MODÈLE: ***Charles est parti en Suisse. Il est allé à Genève. Il a parlé avec le directeur des ventes** (sales). **Il est rentré hier. Il a décroché** (won) **le contrat.***

QUI	OÙ	AVEC QUI	QUAND	DÉCROCHER UN CONTRAT
Charles	en Suisse à Genève	le directeur des ventes	hier	oui
Annette	en Grèce à Athènes	le président de la société	ce matin	oui
Marc et moi, nous	en Italie à Rome	le chef de service	hier	non
Irène et Judith	en Chine à Canton	la directrice des ventes	ce week-end	oui

ACTIVITÉ 10: You have been assigned to report on an awards ceremony. Look over the scenes on the right and use them in any order you choose to create your story. Be sure to include a physical description of the winners (you might want to refer to chapter 3) and provide a detailed account of their activities. Use the verbs below the pictures in your account.

ARRIVER/ DESCENDRE DE

ALLER

ARRIVER/ENTRER

MONTER SUR SCÈNE

ACCEPTER LE PRIX

SORTIR/RENTRER

À VOUS!

You have just spent a long weekend in and around Paris. With a small group, prepare an activity log of at least 15 activities you did and did not do. Some suggestions are provided below. Be prepared to report your itinerary to the class, who will then vote on the most interesting trip. Remember that some verbs require **avoir** in the **passé composé** while others require **être**.

MODÈLE: ***Nous sommes parti(e)s pour le week-end.***

bavarder au café	descendre dans le métro	travailler
aller au Louvre	monter à la tour Eiffel	visiter Notre-Dame
regarder la télé	partir pour le week-end	acheter des souvenirs
aller à Chartres	passer par les Tuileries	rentrer très tard le soir
rencontrer des amis	sortir chaque soir	voir une exposition

Ce n'est pas vrai!

AU TRAVAIL

ACTIVITÉ 1: Ask several of your classmates what they did last weekend. Compile a list of the most frequent activities and then report to the class. Use the advertisements and announcement to ask about sports, parties, films, concerts, etc.

MODÈLES: *Tu a joué au base-ball ce week-end?*
Tu as assisté à un concert de rock?
Tu es allé(e) à une fête?

GASTON CHAISSAC
Galerie Louis Carré et Cie, 10, av. de Messine, 8e. 45.62.57.07. Du 19 mai au 16 juillet.

Approach: (1) Use the introductory guidelines to preview the material. (2) Role-play the mini-dialogues and have students repeat with you, practice with a partner, and incorporate personal variations. (3) Have students list ways to react to other people's news.

DONNER SA RÉACTION

In these scenes, people react to each other's news.

A. Practice the scenes with your instructor.

B. Role-play them again, mixing and matching the news and the responses.

SCÈNE 1

—Tu as entendu? L'équipe de Nantes a remporté° le championnat.
—Super! C'est formidable! C'est extraordinaire! Quelle bonne nouvelle!

SCÈNE 2

—Je viens d'apprendre° qu'on a trouvé une cure pour le cancer.
—Vraiment? Tu plaisantes! Mais c'est tout à fait incroyable, ce que tu dis!

SCÈNE 3

—Tu sais ce que je viens d'entendre? Le gouvernement a testé une autre bombe atomique.
—Ça, c'est complètement sans intérêt. Ça m'est égal et je m'en moque.

SCÈNE 4

—Il y a eu un tremblement de terre° au Pérou. Il y a eu huit mille morts.
—Oh, là, là! Quelle catastrophe! Quelle mauvaise nouvelle! Mais ce n'est pas possible!

remporter *to win* **apprendre** *to learn* **le tremblement de terre** *earthquake*

UTILISATION

ACTIVITÉ 2: Reread the scenes and find the following types of expressions.

1. Find three ways to introduce a piece of news.
2. Find several expressions of surprise.
3. Find several expressions that indicate approval.
4. Find the expressions that show indifference.
5. Find the expressions that indicate disapproval.

ACTIVITÉ 3: The following news items are just in. Work with a partner, announcing the news and giving your reactions.

Il y a eu un accident sur la Route nationale 20: un mort, vingt blessés

L'équipe de France a remporté la coupe internationale de football

Un vin français de Lafitte-Rothschild a remporté la médaille d'or

Un attentat° terroriste a fait deux morts

On a volé une douzaine de tableaux célèbres du Louvre

Une femme met au monde° des jumeaux° dans la station spatiale

Une nouvelle technologie permet aux automobilistes de dormir° au volant°

Un enfant de cinq ans gagne le championnat international d'échecs°

À VOUS!

Tell a partner news about your life and get his or or her response. Use some of the topics listed below, or make up your own.

MODÈLE: ***—J'ai quatre examens cette semaine.***
—Non, ce n'est pas vrai. C'est impossible, ça!

LES ÉTUDES
J'ai... examen(s) cette semaine.
J'ai (beaucoup, trop, peu) de devoirs à faire.
J'ai... exposé(s) à préparer.
Le week-end dernier, je suis allé(e)...

LE TRAVAIL
Je dois travailler... heures cette semaine.

LES VACANCES
Je vais à... *(une ville)*
Je suis allé(e) à... *(une ville)*
Ce week-end, je vais...

---

l'attentat *attack* **mettre au monde** *to give birth* **les jumeaux** *twins*
dormir *to sleep* **le volant** *wheel* **les échecs** *chess*

Participes passés irréguliers

Approach: (1) Use the introductory questions to preview the material. (2) Model the text several times. (3) Have students look for patterns and answer questions A and B with a partner. (4) Elicit their observations. (5) Present the grammatical explanations as a means of confirming and extending students' hypotheses.

Some French past participles do not follow the regular patterns of formation. Read and role-play the mini-dialogue with your instructor, paying particular attention to the forms of the verbs. Then answer these questions.

A. Henri has had many strange experiences. What are they?

B. Can you tell which infinitives are linked to the participles in bold?

J'**ai appris** une nouvelle surprenante: Henri **a fait** beaucoup de choses extraordinaires dans sa jeunesse. Par exemple, il était dans les services d'espionnage et il **a appris** le chinois. Il a voyagé en Chine où il **a été** attaché culturel à l'ambassade. Il **a** même **eu** l'occasion de discuter avec Mao.

Verbs with irregular past participles

Some verbs have irregular past participles in French.

avoir	**eu**	Vous n'**avez** pas **eu** tort!
être	**été**	Ils **ont été** en retard pour le rendez-vous.
faire	**fait**	Il **a fait** des choses étranges dans sa jeunesse.
lire	**lu**	Elle **a lu** son article dans le journal.
prendre	**pris**	Je n'**ai** pas **pris** ces nouvelles au sérieux.
venir	**venu**	Pourquoi n'**es**-tu pas **venu** quand je t'ai appelé?
voir	**vu**	Nous **avons vu** une actrice avec lui dans son bureau.

Que serait
une vie sans histoires ?
folio

AS-TU JAMAIS LU UN LIVRE FRANÇAIS?

UTILISATION

ACTIVITÉ 4: Use the **passé composé** to tell the following story to a partner. He or she should react to the news.

> L'année dernière, il y ____ (avoir) beaucoup de cambriolages dans notre rue. Alors, nous avons vite appelé un spécialiste en systèmes de sécurité. Il ____ (venir) et il ____ (faire) le tour de la maison *(house)*. Il ____ (être) très consciencieux: il ____ (prendre) beaucoup de notes et de photos pour son rapport. Il n' ____ (voir) de grands problèmes de sécurité et il est donc parti. Plus tard, j'____ (lire) dans le journal que ce « spécialiste » était *(was)* lui-même un cambrioleur! Incroyable, vous ne trouvez pas?

ACTIVITÉ 5: File this on-the-scene radio report from the site of flooding in the Camargue region near Marseille. Be prepared to write at least one listener's reaction at the end of your report.

Use the map on page 478 to point out La Camargue, near Marseille in the delta of the Rhône River.

> **UNE INONDATION A CAUSÉ L'ÉVACUATION DE 500 HABITANTS**
> Ici Claudine Feldoine, en direct des Saintes-Maries-de-la-Mer en Camargue. Chers auditeurs, comme vous le savez déjà, ils ____ (avoir) de terribles inondations *(floods)* ici. J'____ (faire) le voyage de Paris hier. Ce matin, j'____ (être) en ville et j'____ (prendre) des photos. J'____ (apprendre) que les évacuations allaient *(were going to)* continuer jusqu'à ce soir. J'____ (voir) la région, qui est très basse *(low lying)* et j'____ (comprendre) pourquoi on a tant de *(so many)* problèmes d'inondation ici. Maintenant, à vous! Qu'est-ce que vous pensez de la situation actuelle aux Saintes-Maries-de-la-Mer?

Follow-up: Have students work in groups, with one taking the role of the radio announcer and the others playing callers who offer their reactions. Encourage callers to offer opinions on other topics: the announcer must handle such digressions.

À VOUS!

Alone, with a partner, or in a small group, create the details of a story to fit the following news headline or another of your choice. Specify what actually happened, to whom it happened, how it happened, and be ready to report your news to the class.

On a retrouvé les douze tableaux volés du Louvre

Variations: (1) Have students do this activity outside of class. (2) Have students tell the story to partners and have the partners react. (3) Have students report details to the class and encourage the class to react.

La Narration: Rapporter une série d'événements

Additional writing practice is provided at the end of the corresponding ***Cahier*** chapter. If ***système-D*** is available to your students, they may wish to use it as they complete the writing exercise.

Quand vous faites un reportage, il faut faire attention au temps des verbes. On emploie souvent deux temps dans un article: le présent pour ce qui se passe maintenant et le passé composé pour rapporter les événements au passé. Par exemple:

Temps présent: En ce moment, la police **interroge** les témoins.
Je vous **décris** la situation après l'accident.

Passé composé: Il y **a eu** un grave accident sur l'autoroute.
Un autobus **a plongé** dans le ravin.

Quand vous employez le passé composé, faites attention aux verbes qui emploient le verbe *avoir* et à ceux qui emploient le verbe *être*. Faites attention à l'accord du participe passé avec le verbe *être*. Révisez la liste des verbes qui emploient *être* dans la section ***Verbes irréguliers***.

Suggestion: Tell students that you will select the best articles for publication in a newspaper that will be distributed to the whole class. Have students type their texts and sign the articles in preparation for publication.

Sujet de composition

Prepare a newspaper editorial on (1) an artistic event; (2) an item of local, national, or international news; or (3) an event in your life that would be of interest to others. Be sure to tell what happened, when, and to whom, and include your reactions and evaluations.

Lexique

Expressions

Asking and telling what's new

Tu as des nouvelles à me raconter? — Rien de spécial.
Quoi de neuf? — Pas grand-chose.
Qu'est-ce que tu as fait hier? (hier matin? hier après-midi? hier soir? le week-end dernier? la semaine dernière? vendredi soir? samedi matin?)

Expressing approval

C'est formidable!
remarquable!
extraordinaire!
intéressant!
bien!
merveilleux!
super!
Quelle bonne nouvelle!

Expressing surprise

Vraiment?
Mais c'est tout à fait incroyable!
Oh, là, là! Ce n'est pas possible.
Comment ça?
Mais non...
C'est (vraiment) surprenant (étonnant).
Ce n'est pas vrai!
Tu plaisantes!

EXPRESSING INDIFFERENCE

C'est très ordinaire.
Ça, c'est complètement sans intérêt.
C'est ennuyeux.
Ça m'est complètement égal.
Je m'en moque.

EXPRESSING DISAPPROVAL

C'est insupportable.
C'est affreux.
Ce n'est pas possible!
Quelle catastrophe!
Quelle mauvaise nouvelle!

VOCABULAIRE

VERBS TO DESCRIBE ACTIONS

acheter	chanter	dormir	jouer	recevoir
aller	choisir	écouter	lire	regarder
apprendre	commencer	enregistrer	monter	rencontrer
arriver	danser	entendre	nettoyer	retrouver
assister	déclarer	entrer	parler	sortir
attendre	déjeuner	étudier	passer	terminer
bavarder	dénoncer	faire	plaire	travailler
casser	détruire	former	prendre	visiter
changer	donner	gagner	préparer	voir

VERBES IRRÉGULIERS

lire *(to read)*	je **lis**	nous **lisons**
past participle: **lu**	tu **lis**	vous **lisez**
	il/elle/on **lit**	ils/elles **lisent**
mourir *(to die)*	je **meurs**	nous **mourons**
past participle: **mort**	tu **meurs**	vous **mourez**
	il/elle/on **meurt**	ils/elles **meurent**
naître *(to be born)*	je **nais**	nous **naissons**
past participle: **né**	tu **nais**	vous **naissez**
	il/elle/on **naît**	ils/elles **naissent**
partir *(to leave)*	je **pars**	nous **partons**
past participle: **parti**	tu **pars**	vous **partez**
	il/elle/on **part**	ils/elles **partent**
sortir *(to get out)*	je **sors**	nous **sortons**
past participle: **sorti**	tu **sors**	vous **sortez**
	il/elle/on **sort**	ils/elles **sortent**
voir *(to see)*	je **vois**	nous **voyons**
past participle: **vu**	tu **vois**	vous **voyez**
	il/elle/on **voit**	ils/elles **voient**

VERBS CONJUGATED WITH ÊTRE IN THE PASSÉ COMPOSÉ

aller	entrer (rentrer)	naître	rester	tomber
arriver	monter	partir	retourner	venir (devenir, revenir)
descendre	mourir	passer	sortir	

RÉVISION: QU'EST-CE QU'ON FAIT?

ACTIVITÉ 1: LE CENTRE COMMERCIAL. You have been hired to design a large shopping facility housing a variety of stores and services. Work with a partner to make a list of important stores (**la pâtisserie**) and services (**la banque**). Prepare a layout, telling where each would be located (**Pourquoi pas mettre la ____ pas très loin de la ____? Mettons le ____ à droite de ____.**). Develop an announcement to advertise the opening.

ACTIVITÉ 2: LE DÎNER. You are planning a dinner for several important guests. Decide what you will serve and make a list of the ingredients you will need to buy. Be sure to consider the likes and dislikes of your guests.

ACTIVITÉ 3: LES VINS DE FRANCE. Lisez cet article sur les vins de France. Rapportez à un(e) camarade trois choses intéressantes mentionnées dans cet article.

Il existe aujourd'hui quatre catégories de vins français:

- **Les vins V.D.Q.S. (Vins délimités de qualité supérieure).** Ce sont les grands vins célèbres, produits dans des conditions très spéciales.
- **Les vins A.O.C. (Appellation d'origine contrôlée).** Ces vins sont soumis° à une réglementation° très stricte: la méthode de production, la région de production et le degré d'alcool sont contrôlés.
- **Les vins de pays.°** Ces vins sont produits dans une région spécifique, mais peuvent être faits d'un mélange° de plusieurs° vins.
- **Les vins de table.** Ces vins peuvent être faits d'un mélange de plusieurs vins de plusieurs régions et de plusieurs qualités.

Les principales régions vinicoles° françaises sont:

la Champagne (le champagne)
le Val de Loire (le muscadet)
l'Alsace (le riesling)
la Bourgogne (le côte de Beaune)
le Rhône (le beaujolais)
la Vallée du Rhône (le côtes du Rhône)
le Languedoc-Roussillon (le côtes du Roussillon)
le Bordelais (le bordeaux)

soumis *submitted* **la réglementation** *regulation* **le pays** *countryside*
le mélange *mixture* **plusieurs** *several* **vinicole** *wine-producing*

ACTIVITÉ 4: LA FRANCE, PAYS DES FROMAGES. Lisez cet article sur les fromages de France. Rapportez à un(e) camarade trois choses intéressantes mentionnées dans cet article.

Les Français sont les premiers consommateurs de fromage au monde: 20 kg par an et par personne. Cette tradition fromagère fait qu'ils sont très exigeants° quant à° la qualité et la variété des assortiments proposés° en magasin. Cette richesse, qui fait de la France le pays des 400 fromages, est due (1) à la diversité géographique et aux facteurs naturels: climat ou nature du sol,° exposition,° flore° naturelle, variétés végétales cultivées, races animales élevées...° et (2) à l'affirmation° et au développement de l'originalité des produits: procédés de fabrication, de transformation et de conservation.

C'est ainsi que depuis° la découverte de la pasteurisation, l'industrie fromagère française a su° se développer jusqu'à devenir le premier producteur européen et l'un des premiers exportateurs mondiaux.° Sa production annuelle (chiffre 1986) est de l'ordre de 1 284 000 tonnes.

ACTIVITÉ 5: LE POSTE. You have just heard about two fantastic jobs with a new company. The positions are only available, however, to two people who know each other. Approach a friend with this opportunity. Describe the positions and the benefits. Your friend should be skeptical.

ACTIVITÉ 6: QUELLE EST MA PROFESSION? Play **Quelle est ma profession?** with your classmates. One student is chosen to be interrogated. He or she chooses a profession that the other students must guess. Each participant in turn asks a **oui/non** question about the profession. A **oui** answer allows the questioner to ask another question. The first person to guess the correct profession is the winner.

ACTIVITÉ 7: DES AUTO-PORTRAITS. Read the following short autobiographies and choose the person you like best. Then tell a partner why you like the person you chose and what you found interesting about the autobiography.

Geneviève: Je suis étudiante en droit; j'habite à Paris. Je voudrais devenir avocate. À présent, ma vie est difficile: je n'ai pas beaucoup d'argent et je ne peux pas acheter les choses que je veux, mais je suis optimiste et je suis sûre que les choses vont changer dans l'avenir.

Roger: Je suis chef de service dans une grande société de produits chimiques. Ma vie est plutôt agréable. J'aime bien mon poste, mais j'aime aussi mes heures de loisirs.° J'ai une grande passion: c'est le vol à voile.° Chaque° week-end, quand il fait beau, je vais sur le terrain d'aviation° pour faire quelques heures de planeur.° Je trouve le calme et la tranquillité dans l'air.

---

exigeant *demanding* **quant à** *about* **proposé** *offered* **le sol** *soil*
l'exposition *exposure (to the sun)* **la flore** *plant life* **élevé** *raised*
l'affirmation *recognition* **depuis** *since* **su** *past participle of* **savoir**
mondial *world-wide* **les loisirs** *free time* **le vol à voile** *gliding*
chaque *each* **le terrain d'aviation** *airfield* **le planeur** *glider*

François: J'ai un bon poste chez Renault. Je suis bien vu par le chef d'équipe.° Le syndicat° va bientôt obtenir des augmentations° importantes pour nous. Et alors, j'achèterai° un petit pavillon° près de l'usine. Ça sera° plus grand que le H.L.M.° et les distances seront° plus courtes.°

Anne-Claire: Je suis médecin dans une clinique à Rouen. J'ai un poste très intéressant. Nous menons° une vie agréable, mon mari et moi. Nous avons beaucoup d'amis. Je travaille aussi à l'hôpital. J'aime bien soigner° les gens.

Jacques: Je suis grand et fort. J'aime beaucoup le football. On dit que° je suis athlétique. À présent, je joue au football avec l'équipe de l'association sportive. Je compte devenir joueur professionnel, mais la compétition entre joueurs est dure,° et il me faut beaucoup d'expérience. J'ai un poste à temps partiel comme commis° dans un bureau.

Mahmoud: Je m'appelle Mahmoud et j'habite à Alger. Je parle français et arabe. Je suis étudiant à l'université. J'étudie le journalisme. Je compte trouver un poste intéressant dans un journal. J'espère devenir reporter. J'ai toutes les qualités qu'il faut pour devenir un bon reporter: je suis ambitieux, curieux et surtout,° j'aime le travail.

le chef d'équipe *team leader* **le syndicat** *union* **l'augmentation** *raise* **j'achèterai** *I will buy* **le pavillon** *house* **sera** *will be* **le H.L.M.** *housing project* **seront** *will be* **court** *short* **mener** *to lead* **soigner** *to take care of* **on dit que** *people say that* **dur** *hard* **le commis** *office help* **surtout** *above all*

UNITÉ 3

MES RELATIONS SOCIALES

CHAPITRE 9 DÎTES, RACONTEZ-MOI UNE HISTOIRE!

CHAPITRE 10 ÊTRE EN FORME

CHAPITRE 11 LES LOISIRS

CHAPITRE 12 LES CONVENTIONS SOCIALES

IN THIS CHAPTER, YOU WILL LEARN TO DESCRIBE THINGS YOU USED TO DO, PEOPLE YOU HAVE KNOWN, AND PLACES YOU HAVE BEEN. YOU WILL ALSO LEARN TO REMINISCE AND TO TELL STORIES.

chapitre 9

DITES, RACONTEZ-MOI UNE HISTOIRE!

Tranche 1

Souvenirs d'enfance

Au travail

Avant de parler

ACTIVITÉ 1: Demandez à plusieurs camarades ce qu'ils (elles) ont fait pendant les dernières vacances (réelles ou imaginaires). Ils (Elles) vous répondent. Inspirez-vous des listes qui suivent. Inversez ensuite les rôles. Alors, qui a passé les vacances les plus intéressantes?

Remind students that most verbs use the auxiliary **avoir** in the **passé composé**, but that some verbs in the list use **être**. This activity reviews sequencing, asking what's new, and talking about past activities.

Demander: Qu'est-ce que tu as fait pendant les vacances? Tu as fait quoi pendant les vacances? Quoi de neuf? Tu as des nouvelles à me raconter?

Dire quand: pendant les vacances... la semaine (l'année dernière, le week-end dernier)...

Dire où: rester chez moi à... aller chez... à... voyager à...

Dire quoi: travailler... étudier... voir le film... acheter... visiter... rendre visite à... jouer au... assister à (un concert, une pièce de théâtre...)

Réagir: Quelles bonnes (mauvaises,...) vacances! Quelles vacances merveilleuses (intéressantes, ennuyeuses,...)!

QU'EST-CE QUE TU AS FAIT PENDANT LES VACANCES?

For the benefit of teachers and students beginning with the second half of ***PREMIERS ÉCHANGES,*** all descriptive annos are repeated in ***Chapitre 9.***

ENCORE UNE HISTOIRE DE PIQUE-NIQUE?

Dans ce dialogue, Sébastien, un garçon de dix ans, parle avec son grand-père qui lui raconte une histoire du bon vieux temps *(good old days).* Avant de lire le dialogue, complétez les activités suivantes. ⬣

⬣ The activities before the dialogue are designed to present the subject of the dialogue and point out key features to look for.

A. Regardez la scène à droite.
   1. Où est-ce que l'histoire a lieu?
   2. De quoi s'agit-il?

B. Lisez le dialogue et pensez aux questions suivantes.
   1. D'habitude, est-ce que le garçon aime les histoires de son pépé?
   2. Cette fois-ci, est-ce qu'il aime cette histoire? ⬣

⬣ A grandfather in France may be called either **pépé** or **papy**, a grandmother, **mémé** or **mamy**.

Approach: Each chapter's ***Dialogue (Tranche 1), À l'écoute (Tranche 2)*** and ***Prononciation*** section are recorded on the *Student Tape.* (1) Go over the introductory questions and remind students to listen primarily for this information the first time through. (2) Play the dialogue on the *Student Tape* (or role-play it yourself). (3) Have students answer questions A and B. (4) Play the dialogue again. (5) Have students repeat with you and practice with each other, taking different roles and personalizing the exchange by changing words or expressions. (6) Remind students that they will have to review the material several times to complete the other comprehension activities. The dialogue and comprehension activities may be done outside of class.

—Alors, Papy, tu vas me° raconter une histoire? J'aime bien les histoires du bon vieux temps.

—Tu veux une histoire, hein, Sébastien? Eh bien, écoute un peu, je vais t'en raconter une° belle.

—Super! Alors, commence, vite.

—Eh bien, j'avais ton âge en ce temps-là. C'était un dimanche. On faisait un pique-nique tous les dimanches à la campagne. Et ce jour-là, il faisait beau.

—Oh, non, pas une autre histoire de pique-nique!

—Attends un peu, sois sage.° Alors, où est-ce que j'en étais avec mon histoire? Ah, oui, le pique-nique. Je jouais au ballon avec ma sœur quand tout à coup,° nous avons entendu un bruit° incroyable. C'était un bruit de machine, mais très, très fort.

—C'était une locomotive?

—Mais non! Nous étions très loin de la voie ferrée.° Ça venait du ciel.°

—Alors, c'était une soucoupe volante...° C'est bien ça, j'ai deviné.°

—Ne dis pas de bêtises!° C'était un avion.° J'ai vu mon premier avion ce jour-là. C'était fantastique. Il a survolé° l'endroit° où nous faisions notre pique-nique.

—C'est tout? Un avion! Ce n'était pas une fusée,° pas une soucoupe volante, seulement un avion? Papy, je n'ai pas aimé ton histoire, cette fois-ci!

me *to me* **t'en raconter une** *tell you one* **sage** *nice*
tout à coup *all of a sudden* **le bruit** *noise* **la voie ferrée** *railroad tracks*
le ciel *sky* **la soucoupe volante** *flying saucer* **deviner** *to guess*
Ne dis pas de bêtises! *Don't be silly!* **l'avion** *airplane* **survoler** *to fly over*
l'endroit *place* **la fusée** *rocket*

COMPRÉHENSION

ACTIVITÉ 2: Pour décrire la conversation et identifier l'idée principale, relisez le dialogue et répondez aux questions suivantes.

1. À votre avis, Sébastien a-t-il de bons ou de mauvais rapports avec son grand-père? Faites une liste de mots et d'expressions qui justifient vos conclusions.
2. Pourquoi le grand-père raconte-t-il l'histoire à son petit-fils? Dans quelle mesure est-ce pour…
   a. l'amuser?
   b. enseigner une leçon de morale?
   c. expliquer les différences entre la vie moderne et la vie d'autrefois?
   d. décrire un événement intéressant?
3. Choisissez la phrase qui représente le mieux l'idée principale du dialogue.
   a. Le grand-père explique que la vie d'autrefois n'était pas très intéressante.
   b. Le grand-père explique que la vie a beaucoup changé depuis sa jeunesse.
   c. Le grand-père explique que chaque génération trouve les inventions de son époque intéressantes.

ACTIVITÉ 3: Chaque élément des colonnes de droite complète un élément de la colonne de gauche. Trouvez le bon ordre et faites des phrases complètes. (Le nombre de conclusions possibles pour chaque phrase est indiqué entre parenthèses.)

1. C'était un dimanche et… (5)
2. Ce n'était pas… (3)
3. C'était un avion. Il… (2)

a. une locomotive.
b. faisait un bruit incroyable.
c. il faisait un temps parfait.
d. j'ai entendu un bruit.
e. j'ai vu mon premier avion.
f. nous faisions un pique-nique.
g. une soucoupe volante.
h. nous étions à la campagne.
i. a survolé l'endroit où nous faisions notre pique-nique.
j. une fusée.

ACTIVITÉ 4: Mettez les phrases suivantes dans le bon ordre, puis lisez le dialogue obtenu. Jouez ensuite la scène avec un(e) camarade.

1. J'ai entendu un grand bruit.
2. D'accord. C'était un dimanche et on faisait un pique-nique à la campagne.
3. Ce n'était pas un train. Nous étions loin de la voie ferrée.
4. C'était seulement un avion? Je n'ai pas aimé ton histoire cette fois-ci!
5. Le bruit venait du ciel.
6. Je jouais au ballon avec ma sœur.
7. Il a survolé notre pique-nique.
8. Ce n'était pas une soucoupe volante.
9. C'était un avion.
10. Raconte-moi une histoire du bon vieux temps!

Notes culturelles

L'Évolution de la société française

Le rôle des grands-parents

La famille française a beaucoup évolué *(evolved)* au cours du vingtième siècle. Autrefois, les grands-parents vivaient dans la famille et ils donnaient une sorte de « plus-value » à l'éducation des enfants. Les grands-parents d'aujourd'hui habitent de moins en moins *(less and less)* avec leurs enfants et petits-enfants. Conséquence: les enfants profitent moins de l'expérience de leurs grands-parents, et la vision qu'ils ont de la vie *(life)* vient presque exclusivement de leurs parents. Aussi les jeunes comprennent-ils moins bien ces générations antérieures *(preceding)* dont ils ne connaissent plus très bien l'histoire. L'image du grand-père racontant ses exploits de la guerre de 1914 ou l'apparition des premières automobiles appartient malheureusement au passé.

L'évolution sociale

- **La population française devient de plus en plus urbaine.** En 1860, 25 pour cent des Français vivaient en ville et 75 pour cent vivaient à la campagne. Aujourd'hui, la répartition de la population est très différente: 85 pour cent des Français vivent en ville et 15 pour cent vivent à la campagne.
- **Les gens vivent plus longtemps.** En 1900, la longévité des hommes était de 43,4 ans, tandis que celle des femmes était de 47,0 ans. Aujourd'hui, les hommes vivent en moyenne 71,3 ans et les femmes 79,4 ans.
- **Le concept de la famille évolue.** Il y a dix fois plus de divorces en France aujourd'hui qu'au début *(beginning)* du siècle et moins de naissances qu'en 1940. La majorité des femmes travaillent. En 1948, 45 pour cent des femmes de 25 à 54 ans avaient un emploi; aujourd'hui, 65 pour cent des femmes du même âge travaillent.
- **L'économie évolue de façon surprenante.** Au siècle dernier, 75 pour cent de la population travaillait dans le secteur agricole, contre seulement 6,9 pour cent à l'heure actuelle, et 27,3 pour cent travaillait dans le secteur tertiaire *(service industries)*, contre 62,4 pour cent aujourd'hui.

PARIS AVANT LA GUERRE

Faites un sondage auprès de vos camarades. Posez-leur les questions ci-dessous. Comparez ensuite les réponses avec les ***Notes culturelles***. Dans quelle mesure est-ce que les résultats sont similaires en France et aux États-Unis?

1. Est-ce que vos grands-parents habitent avec vous? Est-ce que vous parlez souvent avec eux?
2. Est-ce qu'ils vous racontent des histoires?
3. Combien d'étudiants habitent en ville? Et à la campagne?
4. Combien de parents travaillent dans le secteur tertiaire? agricole? industriel?

DÉCRIRE LES ÉVÉNEMENTS AU PASSÉ

In the scenes that follow, people ask about and tell what they used to do when they were younger.

A. Practice the scenes with your instructor.

B. Role-play them as written in groups of two. Then role-play them again, selecting and adjusting the answers to describe your own childhood experiences. ⬢

⬢ *Vary the scenes by substituting details of your choice and by replacing the given expressions by similar expressions. Here, for example, you can vary the comments to reflect your own childhood experiences.*

SCÈNE 1

—Où habitais-tu quand tu étais plus jeune?

—Quand j'étais plus jeune, j'habitais dans une grande ville. Et toi?

—Moi, j'habitais dans une petite ville.

SCÈNE 2

—Quand tu étais petit(e), comment allais-tu en classe?

—Moi, j'allais en classe à pied ou à vélo. Et toi?

—Moi, j'allais en classe en voiture ou bien je prenais l'autobus.

Approach: (1) Use the introductory guidelines to preview the material. (2) Present the scenes, having students repeat with you and practice with a partner. The target expressions are underlined in the *Instructor's Annotated Edition.*

SCÈNE 3

—Quand tu étais plus jeune, que faisais-tu pendant le week-end?

—J'allais au cinéma, j'étudiais, je jouais au football, je jouais du piano, je regardais la télé et je jouais avec mes ami(e)s.

SCÈNE 4

—Que faisais-tu pendant les vacances?

—On habitait dans une grande ville; alors, on passait les vacances à la campagne, à la montagne ou à la mer. Et toi?

—Nous, nous habitions à la campagne; alors, nous passions les vacances à la ville à visiter des musées, à assister à des concerts et à faire des courses dans les grands magasins.

Activities like this follow each ***C'est-à-dire*** section.

● You will be asked to locate sets of expressions like this throughout each chapter. Each set is used to accomplish a particular language task. For example, the expressions here are all used to describe past events. The expressions in each set are not entirely interchangeable, but they will help you broaden your vocabulary and vary your conversations. You may find it helpful to underline the expressions in your book or to make a separate list of them for ongoing reference.

● These activities ask you to apply what you have learned in a realistic situation.

UTILISATION

ACTIVITÉ 5: Relisez les questions et les réponses des scènes précédentes, puis répondez aux questions suivantes. ●

1. Est-ce que les questions se rapportent à l'avenir, au présent ou au passé?
2. Est-ce que les actions décrites ont eu lieu juste une fois ou de manière continue, sur une période prolongée?
3. Quelles actions sont associées à la vie à la campagne?
4. Quelles actions sont associées à la vie en ville?
5. Quelles actions sont associées aux deux?

ACTIVITÉ 6: Posez les questions des *Scènes 1* à *4* à votre partenaire. Est-ce que votre enfance était similaire à l'enfance de votre partenaire? Avez-vous des points communs?

MODÈLE: ***—Quand tu étais petit(e), où habitais-tu?***
—J'habitais dans une grande ville. Et toi?
—Moi aussi, j'habitais dans une grande ville.

ACTIVITÉ 7: Un(e) camarade vous demande si vous aimiez faire les choses suivantes quand vous étiez petit(e). Vous répondez. Inversez ensuite les rôles.

MODÈLE: aller à l'école
—Est-ce que tu aimais aller à l'école?
—Oui, j'aimais aller à l'école.
ou: ***—Je n'aimais pas aller à l'école.***

1. jouer dehors *(outside)*
2. aller en colonie de vacances *(summer camp)*
3. regarder les dessins animés *(cartoons)* à la télé
4. jouer au tennis avec des amis
5. aller au cinéma
6. rendre visite aux cousins et aux grands-parents
7. faire du scoutisme
8. voyager beaucoup
9. avoir des ami(e)s intimes *(close)*
10. faire du vélo

À VOUS!

●

Décrivez votre enfance. Commencez votre description avec « Quand j'étais petit(e)..., » puis complétez les phrases suivantes en ajoutant vos propres idées.

Quand j'étais petit(e)...

j'habitais... j'allais souvent... j'aimais... j'étais...
je jouais... ***je n'aimais pas beaucoup...*** j'avais...
je faisais... **je détestais...**

STRUCTURE

LA FORMATION ET L'EMPLOI DE L'IMPARFAIT

Approach: (1) Use the introductory questions to preview the material. (2) Present the mini-dialogue several times. (3) Have students look for patterns and answer questions A and B with a partner. (4) Elicit their observations. (5) Present the grammatical explanations as a means of confirming and extending students' hypotheses.

To report a completed action or a sequence of completed actions that took place in the past, the **passé composé** is used in French**.** To reminisce about and describe the way things were, another past tense, called the imperfect, is used. Read and role-play the mini-dialogue with your instructor, paying particular attention to the verb forms in bold type. Then answer these questions.

A. What could people do in the olden days? What are the differences with today?

B. How does the verb tense used in this description differ from the **passé composé**? ⬢

⬢ At the beginning of each ***Structure*** section, we ask you to hypothesize about how the French language works. This should help you to understand the grammatical explanations that follow.

—Qu'est-ce que vous **faisiez** en ce temps-là?
—On **pouvait** faire presque tout ce qu'on fait aujourd'hui. On **allait** au cinéma, on **partait** en vacances, on **écoutait** la radio,...
—Oui, mais le cinéma n'**était** pas en couleurs, vous **voyagiez** en train, pas en avion, et vous **aviez** la radio, mais pas la télé.
—Ce ne sont que des détails, rien que des détails!

1. FORMATION OF THE IMPERFECT

Unlike the **passé composé**, the imperfect is a simple tense consisting of only one word. To form the imperfect, follow these steps.

a. To obtain the stem, drop the **-ons** ending from the present-tense **nous** form:

nous racont~~ons~~	→	racont-
nous attend~~ons~~	→	attend-
nous finiss~~ons~~	→	finiss-

b. Add the endings **-ais, -ais, -ait, -ions, -iez, -aient.**

RACONTER	ATTENDRE	FINIR
je **racontais**	j'**attendais**	je **finissais**
tu **racontais**	tu **attendais**	tu **finissais**
il/elle/on **racontait**	il/elle/on **attendait**	il/elle/on **finissait**
nous **racontions**	nous **attendions**	nous **finissions**
vous **racontiez**	vous **attendiez**	vous **finissiez**
ils/elles **racontaient**	ils/elles **attendaient**	ils/elles **finissaient**

2. IRREGULARITIES AND SPELLING CHANGES IN THE IMPERFECT

a. Many verbs that are irregular or have spelling changes in other tenses are conjugated like regular verbs in the imperfect tense. Find the stem from the **nous** form and add the appropriate endings.*

avoir	nous **av**~~ons~~	→	j'**avais**
aller	nous **all**~~ons~~	→	j'**allais**
prendre	nous **pren**~~ons~~	→	je **prenais**

b. **Être** is the only verb that has an irregular imperfect stem: **ét-**.

j'**étais**	nous **étions**
tu **étais**	vous **étiez**
il/elle/on **était**	ils/elles **étaient**

3. USES OF THE IMPERFECT

The imperfect tense is used to describe events that happened habitually, regularly, or over a continuous period of time in the past. It corresponds to the English expression *I used to*. Other uses of the imperfect are presented later in the chapter. Study the uses of the imperfect in the following conversation.

—Est-ce que tu **regardais** la télé tous les soirs quand tu **étais** jeune?
—Mais non, il n'y **avait** pas de télévision!
—Et alors, qu'est-ce que vous **faisiez** chaque soir?
—D'habitude, nous **écoutions** la radio.
—Dis donc, la vie n'**était** pas très intéressante en ce temps-là!

UTILISATION

Approach: (1) Give students a few minutes to prepare the activity individually. Then have partners compare answers. (2) Have students develop a personal exchange using item 4.

ACTIVITÉ 8: Combinez les éléments suivants pour faire des phrases complètes.

MODÈLE: Quand je travaillais au McDonald's des Champs-Élysées, je...
a. parler avec beaucoup de touristes américains.
Quand je travaillais au McDonald's des Champs-Élysées, je parlais avec beaucoup de touristes américains.

1. Quand je travaillais comme secrétaire, je...
   a. parler toujours aux clients.
   b. répondre au téléphone.
   c. taper des lettres à la machine. Il n'y avait pas d'ordinateurs en ce temps-là!
   d. préparer le café du patron (de la patronne).
   e. ne pas aimer le travail. Alors, j'ai quitté ce poste après six semaines.

---

* For verbs with spelling changes like **voyager** and **commencer**, see the *Verbes irréguliers* at the end of the chapter.

2. Quand nous travaillions au café, nous…
   a. travailler de longues heures.
   b. être toujours très fatigué(e)s.
   c. gagner beaucoup d'argent.
   d. bavarder avec les clients.
   e. dîner sans payer. Nous avons gardé ce poste pendant trois ans!
3. Quand mon ami travaillait comme chef, il…
   a. préparer de bons plats.
   b. être sale tout le temps.
   c. manger un tas de frites chaque jour.
   d. grossir trop.
   e. aller au café très tôt le matin et rentrer très tard le soir. Alors, il a cherché un autre poste après quelques mois.
4. Et vous? (Répondez aux questions suivantes.)
   a. Est-ce que vous travailliez quand vous étiez plus jeune?
   b. Que faisiez-vous comme travail?
   c. Est-ce que vous aimiez votre emploi?
   d. Gagniez-vous beaucoup d'argent?

ACTIVITÉ 9: Réfléchissez un peu à votre vie. En quoi a-t-elle changé depuis que vous êtes à l'université? Décrivez au moins huit choses que vous faisiez avant d'entrer à l'université et que vous ne faites plus aujourd'hui et vice versa.

MODÈLES: ***Autrefois, je regardais toujours la télé. Maintenant, je n'ai plus le temps.***
Autrefois, je n'allais pas très souvent au théâtre…

LES LOISIRS

voir des films
déjeuner/dîner au restaurant
rencontrer de nouveaux amis
jouer au football dans le parc
danser en boîte
rendre visite aux ami(e)s
rentrer tard
assister à des matchs de football
avoir des rendez-vous à deux heures du matin
voyager
inviter des ami(e)s à dîner chez moi
aller au café après les cours
parler avec tout le monde

LES ÉTUDES ET LE TRAVAIL

étudier toute la nuit
beaucoup travailler
préparer les repas
faire le ménage *(to do the housework)*
assister à des conférences
assister aux cours
faire les provisions *(to do the grocery shopping)*
faire la lessive *(to do the laundry)*

À VOUS!

Imagine that you are meeting friends and classmates at your ten-year college reunion. Reminisce about things you all used to do together at the university.

MODÈLE: ***—Il y a dix ans, nous habitions à Jones Hall. Chaque vendredi soir, nous allions ensemble à la discothèque et nous dansions jusqu'à deux heures du matin. C'était amusant, non?***
—Oui, et le samedi matin, nous dormions jusqu'à midi!

Tranche 2

Décris-moi la scène

Cultural Note: Explain that popular beach areas for French vacations include **la Côte d'Azur, Biarritz,** and **la Bretagne.** Also point out that many French people have second homes in the country **(des résidences secondaires)**. During the winter and spring, when students have one week off in February and two weeks off for Easter, ski vacations are popular, particularly in **les Alpes** and **les Pyrénées.** A brief discussion about skiing will lead into the ***À l'écoute***.

Au travail

Avant d'écouter

Activité 1: Work in small groups to plan a get-together at an interesting vacation spot. Each person should suggest and describe the place where he or she usually spent vacations. Then vote on which place seems best.

Modèle: ***Quand j'étais plus jeune, je passais toujours les vacances au bord de la mer. J'allais souvent à la plage. C'était formidable.***

Dire quand: pendant les vacances de Noël (les vacances de printemps, les vacances d'été,...), fréquemment (d'habitude, toujours), quand j'étais plus jeune...

Dire où: en ville (à Paris, à la campagne, dans la forêt, à la montagne, au bord du lac, au bord de la mer)

Dire quoi: faire du ski (du ski nautique, du golf, du tennis), aller à la plage (dans les grands magasins, au théâtre, à des concerts, au cinéma,...)

Évaluer: être sensationnel (formidable, intéressant, ennuyeux, génial, nul, affreux, sans intérêt,...)

Je passais toujours les vacances au bord de la mer.

À L'ÉCOUTE

La Météo dans les Alpes

The pictures below illustrate what happens in the listening passage on your student tape.

A. Look them over. Then answer the following questions. ⬣

1. The speaker is not shown in these scenes. Based on what is shown, what do you think the speaker's profession is?
2. What kinds of descriptions might the speaker of these scenes provide?

B. Here are some words you might find helpful in understanding the passage.

les skieurs	*skiers*
le vacancier	*vacationer*
le temps	*weather*
le bilan	*summary, wrap-up*
Il fait du brouillard et il pleut.	*It's foggy and it's raining.*
Il neige: la neige est poudreuse et abondante.	*It's snowing: the snow is powdery and abundant.*
Il fait beau; il fait chaud et il fait du soleil.	*The weather is nice; it's hot, and it's sunny.*
Il fait mauvais; il fait froid et il y a du vent. Le vent est fort. C'est une tempête.	*The weather is bad; it's cold and windy. The wind is strong. It's a storm.*

C. Before listening to the passage, consider the main idea and detail questions in ***Activités 2*** and ***3.*** Then listen to the passage and complete the activities.

⬣ Listen to the tape several times, each time focusing on different information and details. What you already know about a topic or situation plays an important role in your understanding. These activities help you to use prior knowledge to predict what might take place in the listening passage. As you listen, relate what you hear to your previous knowledge and experience.

Approach: (1) Preview the passage by focusing on the title and art. Have students hypothesize about what they will hear. (2) Preteach new vocabulary. (3) Go over the introductory material and tell students to listen for this information the first time through. Remind them that they will need to listen to the material several times and should focus on different information and details each time. The ***À l'écoute*** and comprehension activities may be done outside of class.

Compréhension

ACTIVITÉ 2: Écoutez le passage, puis complétez les phrases.

1. Le passage est (a) une description des sports d'hiver, (b) un bilan météorologique, (c) une description de vacances à la montagne.
2. L'homme qui parle (a) travaille dans une société, (b) est speaker à la radio, (c) est professeur à l'université.
3. Le passage décrit (a) la situation météo pour quatre jours, (b) le danger des avalanches en montagne, (c) comment faire du ski.

ACTIVITÉ 3: Choisissez la réponse correcte selon le passage.

1. Ici Roger Lebrun! Je vous parle en direct (a) de Paris, (b) de Chamonix, (c) de Grenoble.
2. C'est la semaine (a) de Noël, (b) des vacances de février, (c) de Pâques *(Easter)*.
3. La semaine a commencé (a) avec un très beau temps, (b) avec cinquante centimètres de neige, (c) avec des avalanches.
4. Après les trois premiers jours, il a commencé à (a) neiger, (b) faire un temps splendide, (c) pleuvoir.
5. À cause de la tempête, (a) cinq personnes sont mortes, (b) les routes étaient bloquées, (c) il y a eu beaucoup d'avalanches.
6. Maintenant, tout est rentré dans l'ordre. (a) Les vacanciers sont sur les pistes. (b) Les routes sont toujours bloquées. (c) Les conditions sont médiocres.

ACTIVITÉ 4: Jouez le rôle d'un météorologue et modifiez le bilan météo de Roger Lebrun pour faire un bilan météo de votre région. Utilisez les expressions de l'***Activité 3***.

PRONONCIATION

The letter combinations **an, am, en,** and **em** are pronounced as the same sound. This French sound is made by letting air pass through the nasal cavities and has no equivalent in English. There is no trace of the sound **n** or **m** in the French sound. Practice these words and the expressions with your instructor or on your student tape.

les vac**an**ces   les vac**an**ciers   une aval**an**che   le bil**an**
en direct   le v**en**t   le t**em**ps   une t**em**pête

Ici Fr**an**çois L**an**tier **en** direct de N**an**tes.

Il fait un t**em**ps spl**en**dide: le v**en**t est modéré.

Finalem**ent**, tout r**en**tre d**an**s l'ordre.

En Fr**an**ce, il y a souv**en**t du beau t**em**ps.

C'EST-À-DIRE

Approach: (1) Use the introductory guidelines to preview the material. (2) Present the texts and have students repeat with you and practice with a partner. (3) Have students list different ways to describe the weather and describe the weather in their towns. (4) Ask students to list some details they might use to describe people. If necessary, review the ***Vocabulaire et expressions*** at the end of chapter 3.

DÉCRIRE UNE SCÈNE AU PASSÉ

In the scenes that follow, you will learn to describe the weather, places, and people you remember from the past.

A. Practice the descriptions with your instructor.

B. Role-play them again with a partner, substituting details of your choice.

SCÈNE 1

—Où est-ce que tu passais les vacances?

—Nous allions tous les ans à la montagne dans un camping isolé. Il faisait toujours un temps splendide et le paysage était superbe. Le ciel était tellement bleu et si clair! Le matin, il faisait un peu frais° et il faisait souvent du brouillard, mais l'après-midi, il faisait chaud et nous nagions dans le lac tous les jours. C'était si paisible et la vue sur la vallée était magnifique.

—Quelles vacances! Tu as vraiment eu de la chance!

SCÈNE 2

—Tu te souviens de Mathilde qui habitait en face de chez nous?

—De qui?

—De Mathilde. Tu ne te souviens pas d'elle? Elle était canadienne. Elle avait la vingtaine; elle était très belle. Elle étudiait les maths à l'université et elle m'aidait tout le temps avec mes devoirs.

—Ah oui, la jeune fille blonde aux yeux bleus. Tu as de ses nouvelles?

—Oui, elle vient de se marier avec Jean, qui habitait aussi tout à côté.

France has a temperate climate with a limited temperature range. Brittany and Normandy tend to have an oceanic climate, with frequent rain and overcast skies. The Parisian area has more distinct seasons, while the Aquitaine region has hotter summers with more sunshine. In the Mediterranean area, it is sunny and dry, with greater extremes, more wind, and autumn storms. Find these areas on the map on page 478.

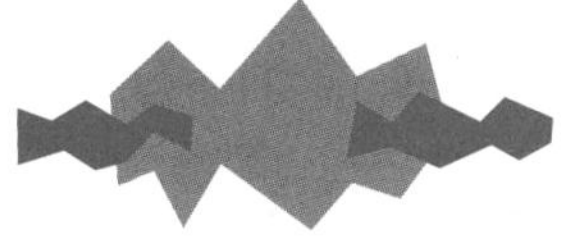

frais *brisk*

UTILISATION

ACTIVITÉ 5: Relisez les scènes, puis cherchez les expressions suivantes.

1. Trouvez dans chaque scène les expressions qui indiquent que les actions sont habituelles ou répétées. Ces expressions correspondent à *always, usually,...* en anglais.
2. Trouvez des descriptions du temps.
3. Trouvez des descriptions du paysage.
4. Trouvez plusieurs descriptions de l'apparence physique, de l'âge, de la nationalité ou de l'occupation de quelqu'un.

ACTIVITÉ 6: Pour chacune des scènes suivantes, faites une description détaillée du lieu, du temps et des gens.

MODÈLE:

Le lieu: *Et là, nous étions à Paris. La ville était très belle et il y avait beaucoup de monde dans les rues.*

Le temps: *Il faisait un temps splendide. Il faisait beau mais un peu frais. Le ciel était clair et il n'y avait pas de nuages.*

Les gens: *C'est mon ami Philippe. Il est très gentil et il a vraiment le sens de l'humour. Il était étudiant à l'université en même temps que moi.*

1.

2.

3.

À VOUS!

Décrivez trois personnes dont vous gardez un bon souvenir. Dans chaque description, choisissez plusieurs des éléments suivants.

Il (Elle) s'appelait...
Il (Elle) avait la vingtaine (vingt-neuf ans, environ cinquante ans...).
Il (Elle) était grand(e) (petit[e], de taille moyenne, mince, fort[e]...).
Il (Elle) avait les cheveux... (les yeux..., le nez..., le menton..., une barbe [une moustache], des lunettes, un tatouage...).
Il (Elle) était canadien(ne) (français(e), professeur, chanteur[se] d'opéra, employé[e] dans...).
Il (Elle) aimait beaucoup jouer au tennis (l'art moderne...).
Tout le monde pensait qu'il (elle) était brillant(e) (aimable...).

STRUCTURE

L'IMPARFAIT DESCRIPTIF

The imperfect tense is essential when describing weather, places, and people one remembers. Read and role-play the mini-dialogue with your instructor, paying particular attention to the uses of the imperfect tense. Then answer these questions.

A. How would you rate the cruise? What was the weather like?

B. For what kinds of information is the imperfect tense used in this passage?

Approach: (1) Use the introductory questions to preview the material. (2) Read the text several times. (3) Have students look for patterns and answer questions A and B with a partner. (4) Elicit their observations. (5) Present the grammatical explanations as a means of confirming and extending students' hypotheses.

Il **faisait** beau pendant notre voyage en bateau *(boat)*. La mer **était** calme et très bleue. La température **était** idéale et il y **avait** un beau soleil. Nous **passions** la journée à la piscine *(swimming pool)* et à jouer au tennis sur le pont *(deck)*. Le soir, on **allait** danser et quelquefois, on **allait** au cinéma. Pendant le voyage, j'ai fait la connaissance d'un jeune homme extraordinaire. Il **avait** les yeux bleus, les cheveux bruns et il **portait** une petite moustache à l'ancienne mode. Il **était** grand et beau. Il **disait** qu'il **était** de la famille royale autrichienne.

1. USES OF THE IMPERFECT TENSE

As noted previously, the imperfect tense is used to describe repeated or habitual actions in the past. It is also used to describe:

a. A setting or scene that existed in the past.

Il **faisait** très beau. Le ciel **était** bleu et le paysage **était** magnifique.

b. A physical characteristic, state, or emotion.

Il **était** blond et mince. Il **portait** une petite moustache à l'ancienne mode.

Il **avait** la trentaine.

J'**aimais** beaucoup mon grand-père.

2. EXPRESSIONS THAT CUE THE IMPERFECT TENSE

The imperfect tense is often accompanied by expressions like **tous les soirs,** or **d'habitude** that indicate a repeated action. The following expressions usually cue the imperfect tense.

souvent	tous les jours	chaque jour
toujours	tous les soirs	chaque soir
fréquemment	tous les matins	chaque matin
d'habitude	tous les ans	chaque année
autrefois		

UTILISATION

ACTIVITÉ 7: Complétez chacune des scènes suivantes avec la forme correcte d'un verbe de la liste. Mettez les verbes à l'imparfait et dites ensuite si chaque verbe décrit le temps, le paysage, les conditions ou l'apparence physique.

1. avoir, être, faire, jouer, lire, pleuvoir

—Tu as passé de bonnes vacances?

—Oui, assez bonnes. Nous ____ en Bretagne et il ____ un temps épouvantable. La mer ____ agitée et le ciel ____ gris et menaçant. Il ____ sombre et froid; il y ____ beaucoup de nuages et il ____ presque tous les jours. La plage ____ déserte.

—Alors, tu n'as rien fait à cause du mauvais temps?

—Pas du tout. Je ____ aux cartes l'après-midi et je ____ le soir. C'____ quand même de bonnes vacances.

2. avoir, connaître, être, faire, travailler

—On m'a parlé des frères Dupont qui ____ ici il y a quelques années. Tu les ____ ?

—Ils ____ employés de banque. Ils ____ dans la même banque depuis toujours. Les deux ____ minces; ils ____ le nez pointu et des lunettes rondes. Au travail, ils ____ sérieux et après le travail, on ne savait pas ce qu'ils ____.

Approach: Set a time limit and have students take turns describing the pictures to a classmate.

Follow-up: Have some students tell the class about their vacations.

À VOUS!

Bring in a picture of a place you have visited that includes a person you went with or met there. Describe (1) the location, weather, and scene; (2) when you used to go there; (3) what you used to do there; and (4) the people you went with or met there.

MODÈLE: ***C'était près de Nice. Il faisait du soleil tout le temps et la mer était belle. Il y avait toujours beaucoup de monde sur la plage, même très tard le soir et très tôt le matin. Nous passions toujours les vacances d'été là-bas. Nous allions souvent à la plage et nous nagions dans la mer. Tous les matins, nous faisions une promenade et cherchions des coquillages sur la plage. L'après-midi, nous jouions au volley-ball. Je passais beaucoup de temps avec mes ami(e)s. Ils (Elles) s'appelaient… et… et ils (elles) étaient très amusant(e)s.***

Tranche 3

QU'EST-CE QUI S'EST PASSÉ?

AU TRAVAIL

AVANT DE LIRE

ACTIVITÉ 1: Dans la lecture qui suit, vous allez lire une interview avec le jeune chanteur français François Feldman. Avant de lire l'interview, pensez aux questions suivantes. ⬢

1. Aimez-vous la musique?
   a. Quel genre de musique est-ce que vous aimez écouter quand vous êtes fatigué(e)? le matin? le soir? quand vous travaillez?
   b. Quel(le) est votre chanteur(-se) préféré(e)?
2. Imaginez que vous alliez interviewer votre chanteur(-se) préféré(e). Quel genre de questions lui poseriez-vous? Faites une liste de questions et comparez-la avec la liste de votre partenaire. Quelles sont les questions les plus intéressantes?

⬢ *Once again we ask you to think about prior experience and background knowledge because they are just as important in reading as they are in listening.*

POUR MIEUX LIRE

IDIOMATIC EXPRESSIONS

As you saw in the last two chapters, you can increase your understanding of a written text by making use of contextual clues and by identifying and focusing on key words. Sometimes, however, a group of words may have a special meaning that cannot be understood when the words are read one at a time. For example, in English we can *throw a baseball* and *throw a party.* A group of words whose collective meaning differs from its literal (word-by-word) meaning is called an *idiom,* or *idiomatic expression.* The following idiomatic expressions describe François Feldman. Match each idiomatic expression in the left column to its meaning in the right column. Then read the interview.

IDIOMATIC EXPRESSION	MEANING
1. Ce n'est pas une grosse tête.	a. Il aime faire la fête.
2. Il s'est lancé dans la musique.	b. Il n'aime pas les sujets académiques.
3. Il brûle la chandelle aux deux bouts.	c. La musique est devenue sa profession.

Pre-reading: (1) Preview the material by focusing on the title and having students hypothesize about the content. (2) Read the introductory material. (3) Remind students that they will need to read the text several times and should focus on different information and details each time.

UNE INTERVIEW AVEC FRANÇOIS FELDMAN

Le passage suivant est une interview avec François Feldman, jeune chanteur de musique populaire française. Dans l'interview, il nous parle de ce qu'il faisait quand il était plus jeune, de ses études, de ses vacances et de sa famille. Avant de lire l'article, lisez attentivement les questions au sujet de l'idée principale et des détails dans les ***Activités 2*** et ***3***.

Remember that you can read for the main ideas and most interesting details of the interview without understanding every word.

The **B.E.P. (le Brevet d'études professionnelles)** is a specialized degree. The **C. A.P. (le Certificat d'aptitude professionnelle),** on the other hand, is a technical certificate awarded after specific professional training.

MES ÉTUDES

Je n'étais ni bon ni mauvais, mais je ne me fatiguais pas. Je préférais les maths et la musique aux matières littéraires. D'ailleurs, j'ai toujours pensé que les maths et la musique étaient étroitement liés!° Je me suis arrêté après la troisième° et l'obtention du B.E.P. Au lieu d'aller en seconde, je suis entré à l'école de la fourrure° pendant deux ans. J'ai donc eu un C.A.P. de fourreur.

MES PREMIERS JOBS

Je n'étais pas passionné par ce métier, mais comme je ne voulais pas quitter l'école rapidement, je me suis orienté vers la même branche° que mon père... Jusqu'au jour où j'ai vraiment compris que la musique me prenait des journées entières... Je travaillais le matin chez mon père et je gardais l'après-midi pour travailler sur mes musiques.

MES VACANCES

Jusqu'à l'âge de 14–15 ans, on partait au mois d'août, avec mon père, en Bretagne, dans un petit village entre Dinard et Saint-Malo. Après, on allait plutôt sur la côte d'Azur. Je faisais de la voile...° Avec ma mère, nous aimions camper du côté de Mimizan-Plage et l'hiver, nous allions à la montagne. Je faisais beaucoup de ski l'hiver.

MES COPAINS

J'étais très entouré° durant mon adolescence. Des danseurs, des musiciens, une bande de jeunes qui aimaient la musique. J'allais beaucoup danser; j'étais très souvent en boum!°

MES FRÈRES

Nous avons grandi° ensemble et nous avons donc été très liés durant notre enfance et notre adolescence. J'étais le petit frère qui faisait de la musique. Aucun d'entre eux n'a suivi le même chemin que moi… Aujourd'hui, l'un est antiquaire, l'autre ingénieur en informatique° et le troisième, dessinateur° industriel…

lié *tied* **la troisième** *ninth grade* **la fourrure** *fur* **la branche** *occupation*
faire de la voile *to go sailing* **entouré** *surrounded* **la boum** *party*
grandir *to grow up* **l'informatique** *computer science* **le dessinateur** *drafter*

MON CARACTÈRE
À l'époque, j'étais beaucoup plus nerveux… Je me suis calmé avec l'âge. Très dragueur!° Je n'étais pas capricieux et dès que j'avais un problème, je m'enfermais dans ma chambre et je me mettais au piano. Dans ma chambre, il y avait un piano, un lit, un petit magnétophone à bande et un poster de James Brown. C'était tout simple... Je crois que j'étais un adolescent facile à vivre, mais pas intellectuel.

COMPRÉHENSION

ACTIVITÉ 2: Relisez l'article et identifiez les caractéristiques importantes et l'idée principale.

1. Le style du passage est (a) sérieux et littéraire, (b) léger et familier.
2. Choisissez la phrase (les phrases) qui décrit (décrivent) le mieux l'idée principale du passage.
   a. Le passage explique pourquoi François Feldman est si populaire.
   b. Le passage raconte les souvenirs d'enfance de François Feldman.
   c. Le passage explique ce qu'il faut faire pour devenir célèbre.

Post-reading: Have students do ***Activités 2*** and ***3*** and discuss their answers in small groups.

Additional reading practice is provided in ***Tranche 3*** of the corresponding ***Cahier*** chapter.

ACTIVITÉ 3: Relisez le passage, puis vérifiez les détails en répondant aux questions.

1. Pensez aux études de François Feldman, puis indiquez si les phrases suivantes sont vraies ou fausses. Expliquez celles qui sont fausses.
   a. Feldman était un des meilleurs étudiants de sa classe.
   b. Feldman pense qu'il y a un rapport entre les maths et la musique.
   c. Feldman a suivi des cours de musique à l'université.
2. Relisez la section sur ses jobs, puis complétez les phrases suivantes.
   a. Feldman a reçu un C.A.P. de…
   b. Après avoir terminé ses études, Feldman a travaillé avec…
   c. Pour gagner de l'argent, il travaillait… le matin et l'après-midi, il…
3. Où est-ce que la famille Feldman passait les vacances? À votre avis, où est-ce que la famille passait les vacances les plus intéressantes?
4. Relisez la section sur les ami(e)s et la famille, puis répondez aux questions suivantes.
   a. Décrivez les ami(e)s de François Feldman.
   b. Décrivez la famille (le nombre de frères et de sœurs, leurs professions, etc.).
5. D'après sa description, comment était François quand il était plus jeune? Que faisait-il quand il avait un problème? Et vous, que faites-vous?
6. Pensez à la jeunesse de François. D'après vous, est-ce que sa jeunesse était intéressante? amusante? comparable à la vôtre?

ACTIVITÉ 4: Imaginez que vous interviewez une célébrité de votre choix.

1. Écrivez une liste de questions que vous aimeriez lui poser.
2. Jouez les rôles du reporter et de la personne célèbre avec votre partenaire.

dragueur *flirt*

RACONTER UNE HISTOIRE

Approach: (1) Use the introductory guidelines to preview the material. (2) Present the text and have students repeat with you, practice with a partner, and incorporate personal variations.

In the scene that follows, the speaker describes a situation and reports what took place. Notice especially the way in which the storyteller switches back and forth between the imperfect and the **passé composé**, depending on whether he is describing settings, habitual or ongoing activities, people, and emotions, or giving facts that advance the plot of the story.

A. With your instructor, practice telling the story as it is written.

B. Repeat the story again, changing the time of day and at least five other details.

Tu sais bien qu'en ce temps-là, j'aimais beaucoup danser et j'allais souvent à la discothèque le soir après le travail. Alors un jour...

L'Heure	Description
22 h 37	Je suis sorti de mon appartement. Il faisait sombre et froid, mais il ne pleuvait pas. J'ai marché en direction de la discothèque.
22 h 41	J'ai vu un homme qui m'observait. Il était grand et il avait la quarantaine. Il avait une petite moustache. Il portait des lunettes de soleil,° à dix heures du soir.
22 h 43	J'ai tourné à droite dans la rue Pasteur. J'avais très peur.°
22 h 44	Je suis allé directement au commissariat de police° près de chez moi. Là, j'ai appris° que l'homme était un agent de police. Il me suivait parce qu'il pensait que j'étais un criminel.

les lunettes de soleil *sunglasses* **avoir peur** *to be afraid*
le commissariat de police *police station* **apprendre** *to learn*

UTILISATION

ACTIVITÉ 5: Relisez la scène et trouvez les expressions suivantes.

In this scene, the expressions are not underlined.

1. Trouvez six actions que le narrateur rapporte dans l'histoire. Est-ce que le narrateur rapporte ces actions au passé composé ou à l'imparfait? Pourquoi?
2. Trouvez une description des émotions du narrateur.
3. Trouvez deux descriptions de la scène ou du temps.
4. Est-ce qu'on mentionne les caractéristiques suivantes du « suspect » dans la scène? Si oui, trouvez les phrases où elles se trouvent.
   a. sa nationalité
   b. son apparence physique
   c. son âge
   d. sa profession

ACTIVITÉ 6: Complétez le paragraphe suivant pour écrire une nouvelle histoire.

Approach: Give students two or three minutes to create their stories, then have them present the stories to the class.

Je suis sorti(e) de... vers... heures et je suis allé(e)... Il faisait... et... Au premier carrefour *(intersection)*, j'ai tourné... et j'ai vu... immédiatement devant moi. Il (Elle) était..., ... et... J'avais très peur et j'étais très...; alors, j'ai couru *(ran)* à (au)... J'ai tout expliqué *(explained)* à... qui était très... C'était vraiment extraordinaire, non?

À VOUS!

Now write your own account of an interesting event, alternating actions and descriptions according to this general model.

MODÈLE:

Action 1:	***Ce matin, je suis sorti(e) de chez moi pour aller en ville.***
Description 1:	***Il faisait du soleil, mais il faisait frais. Le ciel était bleu.***
Action 2:	***Tout à coup, il y a eu un grave accident sur la route.***
Description 2:	***J'étais très nerveux(-se) et j'avais très peur.***
Action 3:	***Alors, j'ai téléphoné à la police et j'ai tout expliqué.***
Description 3:	***C'était affreux!***

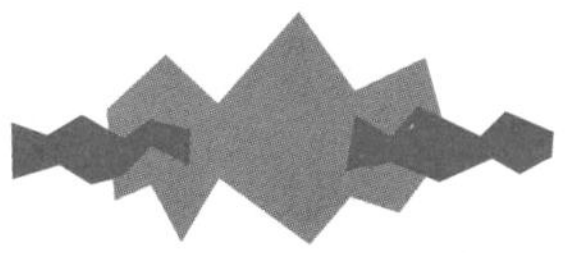

L'Imparfait et le passé composé

Approach: (1) Use the introductory questions to preview the material. (2) Present the text several times. (3) Have students look for patterns and answer questions A and B with a partner. (4) Elicit their observations. (5) Present the grammatical explanations as a means of confirming and extending students' hypotheses.

Expansion: Tell the class about five or six activities from last weekend, including a description of the activity or how you felt: **Le week-end dernier, je suis allé(e) au cinéma et le film était super.**

When telling a story, both the **passé composé** and the imperfect tense are used. This explanation contrasts their uses. Read and role-play this opening paragraph from a potentially best-selling novel with your instructor, paying particular attention to the use of each tense. Then answer these questions.

A. Who is Lémy Caution? Describe his latest client.

B. How are the **passé composé** and the imperfect used in this story?

Je m'appelle Lémy Caution. Je suis détective privé dans une de nos grandes villes. Ce jour-là, je **finissais** mon rapport sur l'affaire Martin quand tout à coup, le téléphone **a sonné**. C'**était** la voix d'une jeune femme. Elle **avait** l'air affolée. Elle **voulait** passer au bureau tout de suite. Elle **est arrivée** quelques minutes plus tard. Elle **était** très jolie et très élégante. C'**était** une femme du monde. Elle **a** tout de suite **raconté** son histoire. Et voilà comment **a commencé** ma nouvelle aventure.

1. Uses of the passé composé

The **passé composé** is used to express past events that happened only once and actions that advance the plot or story line.

> Je **suis allé**(e) en vacances. **J'ai vu** Rome et Athènes et ensuite, je **suis rentré**(e) en France et je **suis retourné**(e) au travail.

2. Uses of the imperfect tense

The imperfect refers to something that continued over a period of time, as opposed to something that happened at a specific point in time. The imperfect is used to describe:

a. The scene, circumstances, and conditions (including the weather) under which an event occurred.

> Il **faisait** très beau et les montagnes **étaient** magnifiques.

b. The participants (appearances, character, emotions, beliefs) in a past event.

> En ce temps-là, elle **avait** la vingtaine et elle **portait** toujours des blue-jeans. Elle **était** assez timide, mais tout le monde la **trouvait** très aimable.

c. Habitual, repeated, or ongoing actions in the past.

> Chaque année à Noël, nous **rendions** visite à mes grands-parents.

d. Simultaneous actions in the past.

> Il **travaillait** pendant *(while)* qu'elle **regardait** la télé.

3. USING THE **PASSÉ COMPOSÉ** AND THE IMPERFECT IN A SINGLE SENTENCE

When both an ongoing or unfinished action and a completed or interrupting action occur in the same sentence, the imperfect is used to express the ongoing or unfinished action and the **passé composé** is used for the completed or interrupting action.

Ils **faisaient** un pique-nique quand ils **ont vu** l'avion.
Quand tu **as téléphoné,** je **prenais** une douche.

UTILISATION

ACTIVITÉ 7: Faites la description d'un accident de voiture dont vous avez été témoin. Employez le passé composé ou l'imparfait du verbe entre parenthèses selon le cas.

Oui, Monsieur le Gendarme, je ____ (voir) cet accident. La voiture, je crois que c' ____ (être) une Citroën, ____ (arriver) de la droite. Elle ____ (aller) vite. La vieille dame, elle ____ (être) là-bas, au coin de la rue. Elle ____ (traverser) la rue quand elle ____ (voir) la voiture. Elle ____ (crier). Juste à ce moment, le chauffeur ____ (voir) la vieille dame. Il ____ (tourner) pour éviter *(avoid)* la dame et ____ (heurter *[to hit]*) la Renault en stationnement *(parked)*. Heureusement, il n'y ____ (avoir) personne dans la Renault.

ACTIVITÉ 8: Employez les éléments suivants pour écrire plusieurs phrases dans lesquelles un événement interrompt une situation.

MODÈLE: ***Je dînais chez moi quand, tout à coup, le téléphone a sonné.***

dîner chez moi	tout à coup le téléphone / sonner
être devant la mairie	soudain mon (ma) meilleur(e) ami(e) / arriver
finir mon travail	la concierge / crier
sortir de mon appartement	je / voir un accident de voiture dans la rue
prendre un verre de vin au café	une femme d'un certain âge / tomber devant moi

À VOUS!

In groups of four, write stories using the **passé composé** and the imperfect tense. Follow these steps and the sentence-by-sentence outline below. Each student begins a story by writing the first sentence called for in the outline. Each student passes his or her paper to the student on the left, who will read the first sentence and add a second sentence based on the outline. Students continue passing the stories to the left, reading the stories as they develop, and adding sentences until all steps in the outline have been completed. Return each story to the person who wrote its first sentence. He or she will edit the story and present it to the class.

1: Begin by stating when and where the story took place and naming the characters.
2: Describe the characters, telling three things about each person's physical appearance.
3: Report a sequence of two or three actions performed by the characters.
4: Describe the characters' physical conditions or feelings when those actions were completed.
5: Describe any person, place, or thing that has entered the story since the beginning.
6: Conclude the story by reporting one final event and providing one final description.

Tranche 4

C'EST UNE BELLE HISTOIRE

AU TRAVAIL

ACTIVITÉ 1: Saviez-vous que chaque année, 60 pour cent des foyers américains n'achètent pas un seul livre? Vous achetez des livres pour vos cours, bien sûr! Mais en achetez-vous pour le plaisir? Lisez-vous pendant vos heures de loisirs? Lisez les statistiques suivantes, puis répondez aux questions.

Genres de lectures	Nombre d'exemplaires (en millions)
romans, théâtre, poésie	128,0
livres pour la jeunesse	55,8
livres scolaires	67,5
livres de sciences humaines	18,1
livres pratiques	27,9
livres scientifiques et professionnels	7,1
beaux-arts et beaux livres	8,1
histoire et géographie	8,2
encyclopédies et dictionnaires	11,0
divers	27,7

J'AIME LIRE LES ROMANS.

1. D'après les statistiques, quels genres de lectures sont les plus populaires?
2. Quels genres de lectures aimez-vous? Pourquoi?
3. Quelles lectures vous intéressent le moins? Pourquoi?
4. Combien de temps lisez-vous par semaine pour vos cours? Pour vous divertir?
5. Préférez-vous raconter des histoires à vos ami(e)s, lire un roman, écouter une histoire à la radio ou bien regarder un feuilleton à la télévision? Justifiez votre réponse.

RACONTER UNE HISTOIRE (SUITE)

The story that follows is an excerpt from *le Petit Prince* by Antoine de Saint-Exupéry. Antoine de Saint-Exupéry (1900–1944) was a pioneer in commercial aviation and a celebrated French author. His more well-known adventure novels include *Courrier-Sud, Vol de nuit, Terre des hommes,* and *Pilote de guerre. Le Petit Prince* (1943) is one of his best-known and most loved works. In this scene, from the beginning of the book, a child describes the reaction he gets when he shows his drawing of a boa constrictor eating an elephant to grown-ups.

Approach: (1) Use the introductory guidelines to preview the material. (2) Have students read the material with you, then practice with a partner.

A. Read the excerpt with your instructor.

B. Read it again. Then retell it to a partner, including as many actions and descriptions as you can. How close to the original is your summary?

Lorsque j'avais six ans j'ai vu, une fois, une magnifique image... Ça représentait un serpent boa qui avalait° un fauve.° Voilà la copie du dessin. →

On disait dans le livre: « Les serpents boas avalent leur proie tout entière, sans la mâcher.° Ensuite ils ne peuvent plus bouger° et ils dorment pendant les six mois de leur digestion. »

J'ai alors beaucoup réfléchi sur les aventures de la jungle et, à mon tour, j'ai réussi, avec un crayon de couleur, à tracer mon premier dessin. Mon dessin numéro 1. Il était comme ça: →

J'ai montré mon chef-d'œuvre aux grandes personnes et je leur ai demandé si mon dessin leur faisait peur.

Elles m'ont répondu: « Pourquoi un chapeau° ferait-il peur? »

Mon dessin ne représentait pas un chapeau. Il représentait un serpent boa qui digérait un éléphant. J'ai alors dessiné l'intérieur du serpent boa, afin que les grandes personnes puissent comprendre. Elles ont toujours besoin d'explications. Mon dessin numéro 2 était comme ça: →

Les grandes personnes m'ont conseillé° de laisser de côté les dessins de serpents boas ouverts ou fermés, et de m'intéresser plutôt à la géographie, à l'histoire, au calcul et à la grammaire. C'est ainsi que j'ai abandonné, à l'âge de six ans, une magnifique carrière de peintre.°

avaler *to swallow* **le fauve** *wild animal* **mâcher** *to chew*
bouger *to move* **le chapeau** *hat* **conseiller** *to advise* **le peintre** *painter*

Utilisation

ACTIVITÉ 2: Reread the story and find the following types of expressions.

1. Find the action verbs in the passage.
2. Retell the story in the past tense, using these past participles in the order given.

a. vu	d. montré	g. dessiné l'intérieur
b. réfléchi	e. demandé	h. conseillé
c. réussi à tracer	f. répondu	i. abandonné

3. Find the descriptions in the scene.
   a. What scenes and events are described?
   b. What tense is used in these descriptions?

ACTIVITÉ 3: Relisez à nouveau l'histoire, puis répondez aux questions.

1. À votre avis, y a-t-il plus d'actions que de descriptions ou plus de descriptions que d'actions?
2. Trouvez-vous le passage facile à lire? Pourquoi ou pourquoi pas?
3. Quelle est votre opinion de l'histoire?
4. Cette histoire n'est qu'un extrait du roman. Si vous aviez le temps, aimeriez-vous le lire?

Notes culturelles, Follow-up: Have students report more fully on one of these famous French writers, on one of their literary works, or on another author of their choice.

Notes culturelles

Quelques auteurs français

Jean de La Fontaine (1621–1695) est né à Château-Thierry, en Champagne. Il fait des études médiocres. Il se marie jeune, mais, incapable de supporter aucune contrainte *(constraint)*, il abandonne sa femme et son fils. Il tombe sous la protection du surintendant des finances de Louis XIV, Fouquet, qui lui accorde *(grant)* une pension. Plus tard, c'est Madame de la Sablière qui devient sa protectrice. La Fontaine s'est inspiré d'Ésope pour écrire ses célèbres *Fables.*

Albert Camus (1913–1960) était journaliste et romancier. Il écrivait dans un style sobre et concis. Son roman *l'Étranger* est connu dans le monde entier. Il traite d'un meurtre et de ses conséquences. Camus a reçu le Prix Nobel en 1957.

ALBERT CAMUS

STRUCTURE

LE PRÉSENT, LE PASSÉ COMPOSÉ ET L'IMPARFAIT

Speakers and writers may report and describe past events using several combinations of tenses, including the present, the **passé composé**, and the imperfect.

In the following passage from *le Petit Prince*, a seed produces a flower unlike any other the little prince has seen on his small planet. Read the description of the ordinary flowers found on his planet and then the conversation between the prince and his newest flower, a rose. Pay particular attention to the forms of the verbs in bold type. Then answer these questions.

A. What do the ordinary flowers on the prince's planet look like? Based on what the rose says to the little prince, how would you describe her character?

B. What tenses do you recognize in this passage?

Approach: (1) Use the introductory remarks to preview the material. (2) Present the text. (3) Have students look for patterns and answer questions A and B with a partner. (4) Elicit their observations. (5) Present the grammatical explanations as a means of confirming and extending students' hypotheses.

Il y avait toujours eu, sur la planète du petit prince, des fleurs très simples, ornées d'un seul rang° de pétales, et qui ne **tenaient** point de place, et qui ne **dérangeaient**° personne. Elles **apparaissaient** un matin dans l'herbe, et elles **s'éteignaient** le soir. Mais celle-là avait germé° un jour, d'une graîne° apportée d'on ne sait où, et le petit prince avait surveillé de très près cette brindille° qui ne **ressemblait** pas aux autres brindilles.

Et elle [la rose], qui avait travaillé avec tant de précision, **dit** en bâillant:°

–Ah! je **me réveille** à peine... Je vous **demande** pardon... Je **suis** encore toute décoiffée.

Le petit prince, alors, ne put° contenir son admiration:

–Que vous **êtes** belle!

–N'est-ce pas, répondit° doucement la fleur. Et je **suis née** en même temps que le soleil...

USING THE PRESENT, THE PASSÉ COMPOSÉ, AND THE IMPERFECT

When describing past events, facts, and conditions the present, the **passé composé**, and the imperfect are often used together. The present is typically used to report current conditions and conversations. The **passé composé** generally reports short-term events that were completed in the past, while the imperfect describes conditions, settings, and events that were habitual, ongoing, or repeated. Reread the preceding passage from *le Petit Prince* and explain why each tense in bold type was used.

rang *row* **déranger** *to bother* **avait germé** *had sprouted* **la graine** *a seed*
la brindille *sprig* **bailler** *to yawn* **ne put** n'a pas pu **répondit** a répondu

Utilisation

ACTIVITÉ 4: « Le Corbeau et le renard » *(The Crow and the Fox)* est une fable de La Fontaine que tous les jeunes Français apprennent par cœur. Dans la fable, un renard qui a très faim parle à un corbeau qui a un morceau de fromage dans son bec. Lisez la fable et pensez à la morale du poème et aux temps des verbes en caractères gras.

LE CORBEAU ET LE RENARD

Maître Corbeau, sur un arbre perché,
  Tenait en son bec un fromage.
Maître Renard, par l'odeur alléché,°
  Lui tint° à peu près ce langage:
  Et bonjour, Monsieur du Corbeau.
Que vous **êtes** joli! que vous me **semblez** beau!
  Sans mentir, si votre ramage
  Se rapporte à votre plumage,
Vous **êtes** le Phénix des hôtes° de ces bois.
À ces mots, le Corbeau ne **se sent** pas de joie;°
  Et pour montrer sa belle voix,
Il **ouvre** un large bec, **laisse tomber** sa proie.°
Le Renard **s'en saisit,**° et **dit:** Mon bon Monsieur,
  Apprenez que tout flatteur
  Vit° aux dépens de° celui qui l'**écoute.**
Cette leçon **vaut**° bien un fromage, sans doute.
  Le Corbeau honteux et confus
Jura,° mais un peu tard, qu'on ne l'y prendrait plus.°

1. Répondez aux questions suivantes pour vérifier votre compréhension du passage.
   a. Où se trouve le Renard? Et le Corbeau?
   b. Qu'est-ce que le Corbeau tient dans son bec?
   c. Comment est-ce que le Renard flatte le Corbeau?
   d. Pourquoi est-ce que le Corbeau laisse tomber le fromage?
   e. Quelle est la morale de la fable?
2. Identifiez le temps des verbes en caractères gras.
   a. Quels verbes sont à l'imparfait? Expliquez l'emploi de ce temps.
   b. Quels verbes sont au présent?

alléché *enticed* **tint** *uttered* **les hôtes** *denizens* **la joie** *joy* **la proie** *prey*
se saisir de *to grab* **vit** *lives* **aux dépens de** *at the expense of* **vaut** *is worth*
jura *swore* **on ne l'y prendrait plus** *he wouldn't be tricked any more*

ACTIVITÉ 5: Ce passage est un extrait de *l'Étranger* d'Albert Camus. Lisez-le en faisant très attention au temps des verbes. Répondez ensuite aux questions.

> Hier, c'était samedi et Marie est venue, comme nous en étions convenus.° Nous avons pris un autobus et nous sommes allés à quelques kilomètres d'Alger, sur une plage resserrée° entre des rochers et bordée de roseaux° du côté de la terre. Le soleil de quatre heures n'était pas trop chaud, mais l'eau était tiède,° avec de petites vagues longues et paresseuses. Quand nous nous sommes rhabillés° sur la plage, Marie me regardait avec des yeux brillants. Je l'ai embrassée.° À partir de ce moment, nous n'avons plus parlé. Je l'ai tenue contre moi et nous avons été pressés de trouver un autobus, de rentrer.

1. Find one sentence telling the day or date.
2. Find the first actions to take place.
3. Find one sentence describing the weather and the setting in which the action took place.
4. Find an action that took place after the characters arrived at their destination.
5. Find a series of two more actions that move the story forward.
6. Review your answers to questions 1 and 3 above. In which verb tense(s) are these written?
7. Review the answers to questions 2 and 4. In which verb tense(s) are these written?
8. In your opinion, why does the author alternate between descriptions and actions? What effect does this have on the passage?

C'ÉTAIT SAMEDI ET NOUS SOMMES ALLÉS À LA PLAGE.

convenir *to agree* **resserré** *tucked in* **le roseau** *reed* **tiède** *lukewarm*
se rhabiller *to get dressed again* **embrasser** *to kiss*

La Langue écrite

Additional writing practice is provided at the end of the corresponding ***Cahier*** chapter. If ***système-D*** is available to your students, they may wish to use it as they complete the writing exercise.

La narration

Comme nous l'avons vu dans les chapitres 5 et 6, il est facile d'organiser un paragraphe et de lier plusieurs paragraphes pour en faire une rédaction. Pour bien raconter une histoire, il faut non seulement bien organiser chaque paragraphe, mais aussi leur donner un ordre chronologique. Par exemple, on peut suivre l'ordre suivant:

- dans le premier paragraphe, on peut identifier et décrire un problème passé,
- dans le deuxième paragraphe, on peut suggérer des remèdes au problème et,
- dans le troisième paragraphe, on peut décrire les conditions actuelles.

Votre composition aura les traits suivants.

	Contexte	Temps du verbe	Phrase principale
Paragraphe 1:	conditions passées	imparfait	Il y a quelques mois, j'avais...
Paragraphe 2:	remèdes	passé composé	J'ai donc décidé de résoudre le problème et j'ai...
Paragraphe 3:	situation actuelle	présent	À présent, la situation a beaucoup changé. Je suis...

Sujets de composition

1. Write the beginning of a mystery, adventure, or horror story. Review the outline above for some hints about how to begin.
2. Write a newspaper account for an event of local, national, or international interest. Be sure to describe the characters involved and to report their activities. Use the present, the **passé composé**, and the imperfect.

Lexique

Expressions

Describing the scene

Les montagnes étaient magnifiques.
Le ciel était bleu.
La mer était calme.

DESCRIBING THE WEATHER

Il faisait mauvais.
beau.
bon.
du vent.
chaud.
froid.
frais.
sombre.
un temps superbe.

Il y avait du brouillard.
du soleil.
La température était idéale.
Il neigeait (beaucoup).
Le vent soufflait.
Le ciel était couvert.
Il y avait beaucoup de nuages.

DESCRIBING PEOPLE IN THE PAST

Il (Elle) s'appelait...
Il (Elle) était grand(e).
sympathique.
français(e).
représentant(e).
de Paris.
Il (Elle) avait la quarantaine.
quarante ans.
les yeux bleus.
les cheveux bruns.
le nez pointu.

EXPRESSING FREQUENCY

souvent	tous les jours	chaque jour
toujours	tous les soirs	chaque soir
fréquemment	tous les matins	chaque matin
d'habitude	tous les ans	chaque année
autrefois		

DESCRIBING AND NARRATING IN THE PAST

Use the **passé composé** for past events that happened only once, past actions that advance the plot or story line, and past events that interrupted an ongoing action.
Use the imperfect to describe the weather, the scene and the conditions, the participants (appearances, character, emotions, beliefs), and habitual, repeated, or ongoing actions in the past.

VOCABULAIRE

DESCRIBING THE WEATHER

la neige	le nuage	la chaleur
le brouillard	la tempête	le froid
la pluie	le vent	le soleil

VERBES IRRÉGULIERS

VERBS WITH SPELLING CHANGES

VOYAGER *(TO TRAVEL)*

PRESENT		IMPERFECT	
je **voyage**	nous **voyageons**	je **voyageais**	nous **voyagions**
tu **voyages**	vous **voyagez**	tu **voyageais**	vous **voyagiez**
il/elle/on **voyage**	ils/elles **voyagent**	il/elle/on **voyageait**	ils/elles **voyageaient**

past participle: **voyagé**

COMMENCER *(TO START)*

PRESENT		IMPERFECT	
je **commence**	nous **commençons**	je **commençais**	nous **commencions**
tu **commences**	vous **commencez**	tu **commençais**	vous **commenciez**
il/elle/on **commence**	ils/elles **commencent**	il/elle/on **commençait**	ils/elles **commençaient**

past participle: **commencé**

IN THIS CHAPTER, YOU WILL LEARN HOW TO DESCRIBE YOUR DAILY ROUTINES, DISCUSS HEALTH, AND GIVE ADVICE.

chapitre 10

ÊTRE EN FORME

TRANCHE 1: VOUS ÊTES EN FORME?

Dialogue: Mais c'est Isabelle!

C'est-à-dire: Décrire ses habitudes quotidiennes

Culture: Métro-boulot-dodo

Structure: Les Verbes pronominaux

TRANCHE 2: ÇA NE VA PAS

À l'écoute: Un Remède miracle

Culture: Les Petits Maux

C'est-à-dire: Décrire ses problèmes de santé

Structure: Les Verbes pronominaux au négatif et les verbes pronominaux idiomatiques

TRANCHE 3: LES BONS CONSEILS

Lecture: La Santé

C'est-à-dire: Donner des conseils

Structure: Les Verbes pronominaux avec l'infinitif et à l'impératif

TRANCHE 4: POUR ÉCHAPPER À LA ROUTINE

C'est-à-dire: Rapporter ses habitudes quotidiennes

Structure: Les Verbes pronominaux au passé composé

La Langue écrite: L'Emploi du dictionnaire

Tranche 1

Vous êtes en forme?

Au travail

Avant de parler

Activité 1: Dites bonjour à un(e) camarade de classe. Si vous ne vous connaissez pas, demandez-lui son nom. Demandez-lui comment ça va et échangez les dernières nouvelles.

Approach: Have students work with several different partners to vary their dialogues.

Saluer:	Bonjour! (Bonsoir! Salut!)
Vérifier l'identité de quelqu'un:	Comment t'appelles-tu? (Tu t'appelles…, n'est-ce pas?)
Demander et dire comment ça va:	Ça va? (Comment ça va?) Pas mal. (Assez bien. Bien, merci.) Et toi?
Demander les dernières nouvelles:	Quoi de neuf? (Qu'est-ce qui se passe?)
Donner les dernières nouvelles:	Rien de spécial... et toi? (J'ai…, Je vais…)
Réagir aux nouvelles:	Pas possible! (C'est formidable! Vraiment? Quel dommage!)
Dire au revoir:	Au revoir! (À tout à l'heure! À bientôt! À la prochaine!)

Suggestion: Present the slogan **La forme, pas les formes** *(Fitness, not fatness)* and ask students to guess its meaning.

● One in three French people engages in individual sports, while only one in fifteen engages in team sports. The most popular sport is skiing (16.5%), followed by gymnastics (15.1%), bicycling (13.8%), swimming (13.0%), walking (10.7%), and tennis (8.3%).

Mais c'est Isabelle!

Dans ce dialogue, Régine rencontre une amie qu'elle n'a pas vue depuis longtemps. Avant de le lire, faites les activités suivantes.

A. Que faites-vous pour vous occuper de votre santé?
   1. Faites une liste de vos bonnes habitudes. ●
   2. Avez-vous de mauvaises habitudes?

B. Regardez le dessin à gauche. Est-ce qu'Isabelle donne (a) de bonnes nouvelles, (b) des nouvelles surprenantes, (c) de mauvaises nouvelles?

C. Pensez à ces questions en lisant le dialogue.
   1. Quels changements est-ce que Régine remarque?
   2. Que pense Régine du nouveau style de vie d'Isabelle?

RÉGINE: Mais ce n'est pas possible! C'est Isabelle!
ISABELLE: Oui, oui, c'est bien moi.
RÉGINE: Ça alors! Tu as l'air en pleine forme!° Tu es superbe! Je n'en reviens pas...°
ISABELLE: Tu trouves? Eh bien, j'ai enfin décidé de m'occuper° de ma santé.°
RÉGINE: Mais qu'est-ce que tu as fait? C'est un vrai miracle!
ISABELLE: C'est très simple: je suis au régime,° je fais de l'exercice et je me lève°* de bonne heure.° Résultat: je me porte° bien.
RÉGINE: La métamorphose est complète!
ISABELLE: En plus, j'ai suivi° des cours de mode° et de maquillage.° Je me coiffe° et je m'habille° selon° la dernière mode.
RÉGINE: Eh bien, bravo! Tu es toute belle! Tu veux prendre quelque chose avec moi au café du coin?
ISABELLE: Ça dépend. Le café et les boissons sucrées, c'est très mauvais pour la santé! Je suis fana de nutrition maintenant, tu sais!
RÉGINE: Quel malheur! Tu ne t'amuses plus, alors?

Approach: (1) Go over the introductory questions and remind students to listen primarily for the answers to items B and C the first time through. (2) Play the dialogue on the *Student Tape* (or role-play it yourself). (3) Have students answer items B and C. (4) Play the dialogue again. (5) Have students repeat with you and practice with each other, taking different roles and personalizing the dialogue.

Tu as l'air en pleine forme! *You look great!* **Je n'en reviens pas** *I can't get over it* **s'occuper** *to take care* **la santé** *health* **le régime** *diet* **se lever** *to get up* **de bonne heure** *early* **se porter** *to feel* **suivre** *to take* **la mode** *fashion* **le maquillage** *makeup* **se coiffer** *to comb one's hair* **s'habiller** *to dress* **selon** *according to*

* The complete conjugation of the verb **se lever** *(to get up)* is given in the section ***Verbes irréguliers*** at the end of the chapter.

Compréhension

ACTIVITÉ 2: Relisez le dialogue, puis répondez aux questions.

1. Quels genres de rapports Régine et Isabelle ont-elles? Trouvez des expressions qui justifient votre réponse.
2. Dans le dialogue, Isabelle cherche à (a) expliquer quelque chose, (b) persuader Régine de quelque chose, (c) amuser Régine.
3. Choisissez les phrases qui décrivent le mieux l'idée principale du dialogue.
   a. Depuis qu'elle a changé sa routine, Isabelle se porte bien.
   b. Isabelle explique son régime et Régine veut suivre le même programme.
   c. Quand on mange bien, on se sent bien.
4. Pensez au dialogue, puis répondez aux questions.
   a. D'après vous, est-ce qu'Isabelle va aller au café avec Régine? Pourquoi ou pourquoi pas?
   b. À votre avis, est-ce que Régine va suivre le même régime qu'Isabelle? Pourquoi ou pourquoi pas?

Note that these expressions are not underlined in the dialogue.

ACTIVITÉ 3: Pour chaque phrase, choisissez la description appropriée.

1. Il est au régime.
   a. Il mange beaucoup. b. Il mange de la salade.
2. Elle fait de l'exercice.
   a. Elle fait de l'aérobic. b. Elle se repose *(rests)*.
3. Il se lève de bonne heure.
   a. Il se lève à cinq heures et demie. b. Il se lève à onze heures.
4. Elle se porte bien.
   a. Elle est malade *(sick)*. b. Elle est en forme.
5. Il est en pleine forme.
   a. Il mange beaucoup. b. Il se porte bien.

Follow-up: After item 1, ask: **Qu'est-ce que vous mangez quand vous êtes au régime?** After 2: **Qui est-ce qui fait de l'exercice dans cette classe? Quelle sorte d'exercice est-ce que vous faites?** After 3: **Qui se lève de bonne heure? À quelle heure est-ce que vous vous levez?** After 4: **Qui se porte bien? Quel est votre secret pour bien vous porter?** After 5: **Que faites-vous pour rester en forme?**

ACTIVITÉ 4: Choisissez les phrases qui sont conformes *(in agreement)* ou non conformes *(not in agreement)* aux habitudes d'Isabelle, puis relisez la liste et indiquez les phrases qui sont conformes à vos habitudes à vous.

1. Je suis en pleine forme.
2. Je mange souvent des légumes et des fruits.
3. Je prends souvent des boissons pleines de caféine.
4. Je ne fais pas d'exercice.
5. Je ne dors *(sleep)* pas assez.
6. Je ne me porte pas très bien en ce moment.
7. Je me lève toujours à onze heures du matin.
8. Je fais attention à ma santé.
9. Je vais souvent à la pâtisserie!
10. Je prends très rarement des boissons sucrées.

C'est-à-dire

Approach: (1) Use the introductory guidelines to preview the material. (2) Role-play the mini-dialogues, having students repeat with you, practice with a partner, and incorporate personal variations. (3) Have students find expressions describing routines. List answers in columns on the board. Then have students work in pairs to create original mini-dialogues.

JE FAIS DU TENNIS AU PRINTEMPS, DE LA NATATION EN ÉTÉ, DU CYCLISME EN AUTOMNE ET DU BASKET-BALL EN HIVER.

JE FAIS DE LA GYMNASTIQUE, DE LA DANSE OU DE L'AÉROBIC.

JE FAIS DE LA MARCHE OU DE LA COURSE (À PIED) (DU JOGGING).

Décrire ses habitudes quotidiennes

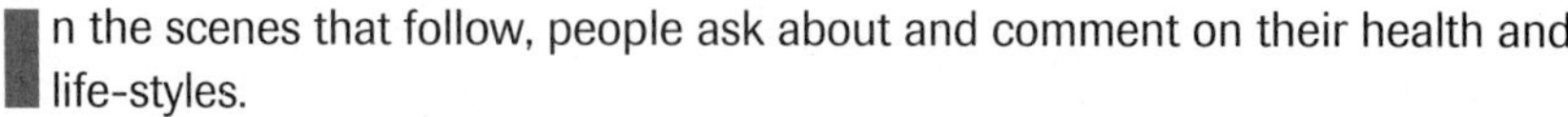

In the scenes that follow, people ask about and comment on their health and life-styles.

A. Practice the vocabulary and the scenes with your instructor.

B. Role-play them again with a partner, mixing and matching questions and responses.

Scène 1

—Ça va?
—Oui, très bien.
—Tu as bonne mine° aujourd'hui!
—Je ne fume° plus et je ne prends jamais° ni café ni alcool.
—Ah bon?
—Oui, je te jure, et je me porte bien!

Scène 2

—Tu as l'air en pleine forme!
—Oui, je me sens° bien. Je mange de la nourriture saine—par exemple, des légumes et des fruits frais—pour garder la ligne! ° Et je ne mange pas de viande rouge—c'est mauvais pour le cœur.° Et bien sûr, peu de desserts sucrés—ça fait grossir!
—Tu as vraiment bonne mine!

Scène 3

—Qu'est-ce que tu fais pour être en forme? Tu suis un nouveau programme?
—Oui! J'ai une routine quotidienne° très simple. Le matin, je me réveille° de bonne heure et je fais quelques exercices; ensuite, je m'habille pour le jogging et je fais à peu près cinq kilomètres. Après le jogging, je me prépare pour le travail. À l'heure du déjeuner, je me repose° un peu et souvent, je me promène.° Le soir, je prends un dîner léger.° Puis je me détends° et je me couche° avant onze heures et demie, sauf° le week-end, bien sûr!
—Ça se voit!° Tu es superbe!

avoir bonne mine *to look good* **fumer** *to smoke* **ne... jamais** *never* **se sentir** *to feel* **la ligne** *figure* **le cœur** *heart* **quotidien** *daily* **se réveiller** *to wake up* **se reposer** *to rest* **se promener** *to take a walk* **léger** *light* **se détendre** *to relax* **se coucher** *to go to bed* **sauf** *except* **Ça se voit!** *That's evident!*

UTILISATION

ACTIVITÉ 5: Relisez les scènes et trouvez les expressions suivantes.

1. Trouvez trois réponses qui indiquent votre opinion de la santé de quelqu'un.
2. Trouvez deux manières différentes de dire *I feel good.*
3. Trouvez les bonnes habitudes. Lesquelles sont typiques de votre routine quotidienne?

ACTIVITÉ 6: Interviewez un(e) partenaire concernant les détails de sa routine quotidienne et de sa santé.

Suggestion: Have students take notes on their partners' answers. Students may add their own questions to the ones provided.

1. Qu'est-ce que tu manges?
   Je prends souvent des légumes (des fruits, du poulet, du poisson, de la viande rouge, des desserts, des boissons sucrées,...).
2. Tu as de mauvaises habitudes?
   Je fume. Je mange trop. Je travaille trop.
   Je ne mange pas équilibré.
   Je prends souvent des boissons alcoolisées ou pleines de caféine.
   Je m'installe devant la télé (le micro-ordinateur, la machine à écrire) pendant des heures.
3. Comment est ta routine quotidienne?
   Je fais de l'exercice (du sport, de l'aérobic,...). ou: Je ne fais pas d'exercice (de sport, d'aérobic,...).
   Je (ne) me promène (pas) régulièrement.
   Je (ne) me lève (pas) de bonne heure.
   Je (ne) me repose (pas) pendant la journée.
   Je (ne) me détends (pas) régulièrement.
   Je (ne) me couche (pas) avant minuit le week-end.

ACTIVITÉ 7: Utilisez les questions suivantes pour demander à votre partenaire comment il (elle) va et s'il (si elle) s'occupe de sa santé. Inversez ensuite les rôles. Prenez des notes et comparez vos réponses avec les réponses de vos camarades.

1. Ça va?
2. Tu fais de l'exercice?
3. Tu te portes bien?
4. Tu te couches tard?
5. Tu es au régime?
6. Tu manges de la nourriture saine?
7. Tu te reposes souvent?

À VOUS!

Develop a health program appropriate to your physical condition and lifestyle. Select at least four health habits and physical activities that you would find most beneficial.

MODÈLE: ***Je dois faire très attention à ma santé; alors, voici mon programme: Je ne fume pas. Je me lève à sept heures du matin. Je fais du tennis...***

Notes culturelles

MÉTRO-BOULOT-DODO

Expansion: Explain that the expression **métro-boulot-dodo** is often used by the French. Have students explain in English what is meant by the expression. The term **le train-train** is used in the same sense.

La routine quotidienne devient *(becomes)* fatigante et monotone après quelques mois sans vacances. Par exemple, prenons le cas d'un employé (ou d'une employée) de bureau à Paris. Chaque jour, il (ou elle) se lève à la même heure, se lave et s'habille, prépare son petit déjeuner, prend le **métro** pour aller au travail, passe la journée au travail (au **boulot**), rentre chez lui (elle) et prend son repas du soir. La fin de la journée arrive très vite; la personne se couche tôt *(early)* pour être prête *(ready)* le lendemain. On fait **dodo**, comme disent les enfants *(children)*. Le cycle infernal métro-boulot-dodo se répète cinq fois par semaine. C'est pour cela que les Français attendent les vacances avec tellement *(so much)* d'impatience!

Le métro-boulot-dodo résume-t-il aussi votre situation? Est-ce que vous prenez assez de vacances? Est-ce que votre routine quotidienne laisse place aux loisirs? Comparez vos réponses avec les réponses de vos camarades.

ON PREND LE MÉTRO POUR ALLER AU TRAVAIL.

Les Verbes pronominaux

Pronominal verbs like **se lever** *(to get up)*, **se préparer** *(to get ready)*, and **s'habiller** *(to get dressed)* are often used to describe daily routines. Read and role-play the mini-dialogue with your instructor, paying particular attention to the forms of the verbs. Then answer these questions.

A. What daily routines are described? Which are typical of your daily routine?

B. What is different about the verbs that are used to describe these routines?

—Décris-moi ta routine quotidienne!
—Bon, alors… le matin, je **me lève**, je **me lave**° et je **me prépare** à aller au travail. Au travail, je ne **m'arrête**° pas une seconde. À six heures, je rentre chez moi. Je **me repose** un peu, puis je **me couche** pour recommencer la même chose le lendemain.°
—Tu as besoin de vacances!

Approach: (1) Use the introductory guidelines to preview the material. (2) Model the mini-dialogue several times. (3) Have students look for patterns and answer questions A and B with a partner. (4) Elicit their observations. (5) Present the grammatical explanations as a means of confirming and extending students' hypotheses.

Suggestion: With students' books closed, act out such daily activities as **je me réveille, je me lève, je me lave, je m'habille, je me brosse les cheveux, je me brosse les dents, je me maquille, je me dépêche** and have students state what you are doing: **vous vous réveillez, vous vous levez,** etc.

Pronominal verbs

Some verbs, called pronominal verbs, take a pronoun in addition to the subject pronoun.

1. Conjugating pronominal verbs

Pronominal verbs may be identified by the pronoun **se** in the infinitive (**se lever, se préparer, se téléphoner**) and by the reflexive pronouns **me, te, se, nous, vous** in the conjugated forms (**Je me prépare. Tu te lèves**). The reflexive pronoun occurs in all forms and tenses of the verb and varies with the subject. Pronominal verbs are conjugated as follows.

je	**me prépare**	nous	**nous préparons**
tu	**te prépares**	vous	**vous préparez**
il/elle/on	**se prépare**	ils/elles	**se préparent**

se laver *to wash* **s'arrêter** *to stop* **le lendemain** *the day after*

2. REFLEXIVE VERBS

There are two kinds of pronominal verbs: reflexive verbs and reciprocal verbs. A reflexive verb describes an action that is done to, or reflects back on, the subject of the sentence. The verb is always accompanied by a reflexive pronoun. Both the reflexive pronoun and the subject of the verb refer to the same person. Note the verbs and objects in this pair of sentences.

J'habille l'enfant pour le match.
Je m'habille pour le match.

In the first sentence, the verb is nonreflexive because its subject and object refer to two different people. In the second sentence, the verb is reflexive because the subject and object are the same person.

Other common reflexive verbs include:

- **se baigner** *to bathe*
- **se brosser les cheveux** *to brush one's hair*
- **se brosser les dents** *to brush one's teeth*
- **se coiffer** *to do one's hair*
- **se coucher** *to go to bed*
- **se dépêcher** *to hurry*
- **se détendre** *to relax*
- **s'entraîner** *to train*
- **se laver (les dents)** *to wash*
- **se lever** *to get up*
- **se maquiller** *to put on makeup*
- **se porter** *to feel, to be*
- **se préparer** *to get ready*
- **se raser** *to shave*
- **se reposer** *to rest*
- **se réveiller** *to wake up*

3. RECIPROCAL VERBS

A reciprocal verb describes an action that is mutually performed by two or more people. Reciprocal verbs occur only in the plural, and the reflexive pronoun and the subject refer to the same people. Note the difference in the verbs and objects used in this pair of sentences.

Nous vous téléphonons. ***We call you.***
Nous nous téléphonons. ***We call each other.***

Some pronominal verbs may be either reflexive or reciprocal, depending on the context.

Il se parle. ***He talks to himself.***
Ils se parlent. ***They talk to each other.***

To clarify meaning, reciprocal verbs are sometimes followed by an expression such as **l'un**(e) **l'autre** or **les un**(e)**s les autres** *(each other)*, **réciproquement, mutuellement, entre eux, entre elles.**

Nous nous voyons souvent **les uns les autres.**
Ils se rendent **mutuellement** des services.

Other common reciprocal verbs include:

- **s'aimer** *to love each other*
- **se comprendre** *to understand each other*
- **se connaître** *to know each other*
- **s'écrire** *to write each other*
- **s'embrasser** *to kiss*
- **se parler** *to speak to each other*
- **se quitter** *to part*
- **se serrer la main** *to shake hands*
- **se voir** *to see each other*

UTILISATION

ACTIVITÉ 8: Avec un(e) camarade, décrivez vos habitudes quotidiennes.

MODÈLE: ***—Est-ce que tu te lèves régulièrement avant dix heures du matin?***
—Oui, je me lève régulièrement avant dix heures du matin.
ou: ***—Qui? Moi? Non, pas souvent!***

1. Est-ce que tu te lèves avant dix heures du matin le week-end?
2. Est-ce que tu t'entraînes au moins *(at least)* trois fois par semaine?
3. Est-ce que tu te reposes chaque jour pendant au moins quinze minutes?
4. Est-ce que tu te promènes régulièrement?
5. Est-ce que tu te détends un peu chaque jour?
6. Est-ce que tu t'habilles bien quand il fait froid? Quand il pleut?
7. Est-ce que tu t'amuses *(enjoy yourself)* avec des ami(e)s le week-end?
8. Est-ce que tu t'énerves *(get upset)* souvent?
9. Est-ce que tu te portes *(feel)* bien?
10. Est-ce que tu te couches régulièrement avant onze heures du soir?

ACTIVITÉ 9: Complétez chacune des scènes suivantes par la forme correcte d'un verbe de la liste. Vous pouvez répéter le verbe si c'est nécessaire.

1. s'entraîner, se reposer, se réveiller, se coucher, se lever
   —Tu ____ toujours avant minuit?
   —Bien sûr, je ____ tôt.
   —Et le matin, est-ce que tu ____ immédiatement ou est-ce que tu ____ un peu?
   —Moi, je ____ de bonne heure, puis je ____ un peu.
2. s'habiller, se préparer
   —Elle ____ pour le match?
   —Oui, elle ____ maintenant.
3. se promener, se reposer
   —Est-ce que vous ____ à l'heure du déjeuner?
   —Mais non! Nous ____. Il faut garder la ligne!
4. se préparer, se faire, se brosser, se coiffer, se maquiller
   —Vous ____ pour le jogging ce matin?
   —Oui, et ensuite je ____, je ____ les dents, je ____ les ongles *(fingernails)* et je ____.

ACTIVITÉ 10: Voici la routine quotidienne de quelques membres d'un club sportif. Dites à quelle heure les personnes participent à chaque activité.

MODÈLE: ***Jean, Marie et Martine se lèvent à sept heures et quart, mais Anne-Marie se lève à dix heures et Robert se lève à neuf heures moins le quart.***

ACTIVITÉ	JEAN	MARIE	ANNE-MARIE	MARTINE	ROBERT
se lever	7 h 15	7 h 15	10 h 00	7 h 15	8 h 45
s'entraîner au gymnase	8 h 00	10 h 00	11 h 00	8 h 00	10 h 00
se promener dans le parc	10 h 30	11 h 30	11 h 30	10 h 30	10 h 30
se reposer	12 h 00	12 h 45	12 h 00	12 h 45	11 h 45
se préparer pour le jogging	2 h 15	3 h 00	2 h 15	3 h 00	2 h 15
se préparer pour les activités du soir	6 h 00	7 h 00	6 h 30	6 h 30	6 h 00
se coucher	10 h 30	10 h 30	minuit	10 h 30	11 h 30

À VOUS!

Vous êtes reporter pour un journal local. Hervé (Martine) Marcœur, champion(ne) de course à pied, est en ville pour participer à un grand concours. Interviewez-le (-la). Votre partenaire joue d'abord le rôle d'Hervé (de Martine) Marcœur, puis vous changez de rôles. Employez les questions suivantes pour commencer votre interview.

(Dites bonjour, présentez-vous.)
Quel est votre programme d'entraînement?
Est-ce que vous suivez un régime alimentaire spécial pour maintenir votre forme?
Quelle est votre routine quotidienne?
Vous sentez-vous en forme pour la compétition?
(Remerciez le [la] champion[ne]. Dites au revoir.)

Tranche 2

Ça ne va pas

Au travail

Avant d'écouter

ACTIVITÉ 1: Plaignez-vous *(Complain)* auprès d'un(e) camarade. ●

● While Americans usually answer the question "How are you?" with "Fine," the French are more likely to express what is wrong in their life.

Demander si ça va:
Ça va? Ça ne va pas?
Alors, c'est la forme?
Qu'est-ce qu'il y a?
Comment te portes-tu?
Qu'est-ce qui ne va pas?
Qu'est-ce que tu as?

Se plaindre:
J'ai trop de devoirs.
J'ai besoin de vacances, moi!
Je travaille trop ces jours-ci.
Je n'ai pas le temps de sortir ni de m'amuser.
Je me lève trop tôt le matin et je me couche trop tard le soir.
Je m'énerve facilement.
Je ne mange pas bien.
Je suis toujours fatigué(e) et je prends trop de caféine.

Réagir:
Eh bien, mon (ma) pauvre!
Ça se voit. Tu n'as pas bonne mine.
Oh, là, là! Ce n'est pas drôle *(funny)*.
C'est très mauvais, tout ça!
Ce n'est pas bon pour toi.

JE NE ME PORTE PAS BIEN.

UN REMÈDE MIRACLE

Approach: (1) Preview the passage by focusing on the title and art. (2) Preteach the new vocabulary. (3) Go over the introductory material and tell students to listen for this information the first time through.

The pictures below illustrate what happens in the listening selection on your student tape.

A. Look the pictures over. Then answer the following questions.
   1. What conditions and events may be described?
   2. What solution(s) is (are) proposed?

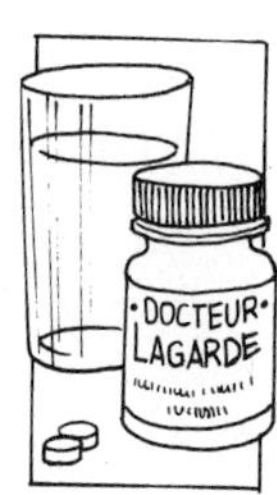

B. Here are some key words you might find helpful in understanding the selection.

un microbe	Je suis malade parce que j'ai attrapé **un microbe**.
des comprimés	Je prends **des comprimés** d'aspirine.
lutter	combattre
efficace	qui fait du bien
se nourrir	manger

C. Before listening to the selection, review the main idea and detail questions in ***Activité 2***. Then listen to the selection and complete the activities.

COMPRÉHENSION

ACTIVITÉ 2: Écoutez à nouveau le passage, puis identifiez l'idée principale.

1. Le passage est (a) un monologue dramatique, (b) un message publicitaire, (c) un discours politique.
2. La personne qui parle veut (a) nous expliquer quelque chose, (b) nous persuader, (c) nous amuser.
3. Choisissez la phrase qui représente l'idée principale du passage.
   a. Les comprimés du docteur Lagarde sont un remède miracle.
   b. Il faut faire de l'exercice avant de prendre les comprimés.
   c. Le docteur Lagarde est un médecin spécialisé en maladies contagieuses.

ACTIVITÉ 3: Choisissez les recommandations les plus similaires au « traitement Lagarde ». Attention: il y a plus d'une réponse possible pour chaque section.

1. Prenez deux comprimés toutes les vingt-quatre heures.
   un comprimé par heure.
   deux comprimés par jour.
   trois comprimés par jour.
2. Faites vos devoirs.
   de l'exercice tous les jours.
   de la gymnastique de temps en temps.
3. Prenez surtout un rendez-vous chez le médecin.
   des céréales et des fruits frais.
   du poisson et moins de boissons alcoolisées.
   les vitamines du docteur Lagarde.
   des pâtisseries comme dessert.

ACTIVITÉ 4: Pour chacune des scènes suivantes, choisissez la légende *(caption)* appropriée.

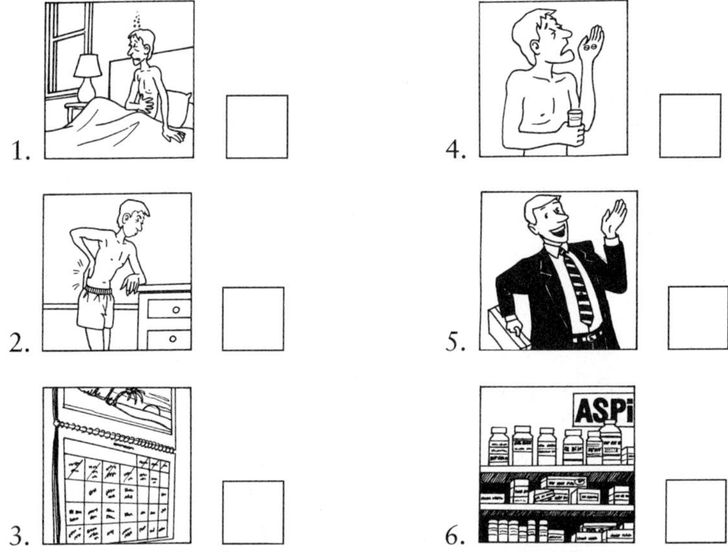

a. Prenez deux comprimés par jour.
b. Vous n'avez pas le temps de vous occuper de votre santé.
c. Vous ne vous réveillez pas en pleine forme.
d. Les comprimés sont en vente dans toutes les pharmacies.
e. Vous allez retrouver votre vitalité.
f. Vous avez mal au dos.

PRONONCIATION

The letter combinations **in** and **im** are pronounced as the same nasal vowel sound at the end of a word or when followed by a consonant other than **n** or **m**. This French sound is made by letting air pass through the nasal cavities. It is pronounced like a sound **è** with nasal resonance. This sound has no equivalent in English.
Practice these words and the expressions that follow with your instructor or on your student tape.

le mat**in**	pr**in**cipale	**in**viter
s'**in**staller	la f**in**	**in**diquer

Mart**in** s'**in**stalle devant la télé pendant c**in**q heures. C'est très malsa**in**.

Le médec**in** de Mme Rob**in** est m**in**ce et il a les cheveux châta**ins**.

Le mat**in**, j'ai fa**im**. À midi, j'ai mal aux ma**ins**. Le soir, je prends mon ba**in**.

Notes culturelles

Les Petits Maux

En France, on emploie des expressions intéressantes pour décrire les petits maux physiques. Par exemple, quand on ne supporte pas très bien les voyages en voiture, on dit: **« J'ai mal au cœur ».** Le voyageur n'a pas de maladie cardiaque, mais indique simplement qu'il a la nausée. Après un grand repas, on dit parfois: **« J'ai mal au foie** *(liver)* », ou bien: **« J'ai mal à l'estomac ».** Il ne s'agit pas d'une maladie grave, mais d'un malaise digestif, comme, par exemple, une indigestion. Après un travail physique, on peut dire: **« J'ai mal aux reins** *(kidneys)* **»,** ce qui indique simplement une douleur *(pain)* à la partie inférieure de la colonne vertébrale. Et quand on a trop bu *(drunk)* la veille *(the night before)* et qu'on a mal à la tête le lendemain, on a **la gueule de bois** *(wood).*

Connaissez-vous des expressions similaires en anglais? Lesquelles?

DÉCRIRE SES PROBLÈMES DE SANTÉ

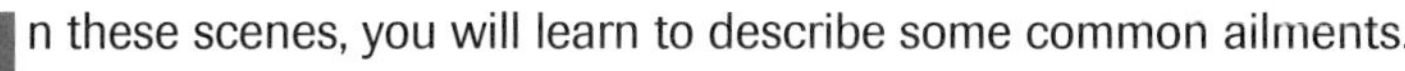

In these scenes, you will learn to describe some common ailments.

A. Practice the vocabulary with your instructor.

J'AI MAL...

À LA TÊTE
AUX YEUX (À L'ŒIL) (M.)
AUX OREILLES (F. PL.)
AU NEZ
AU COU
À LA BOUCHE
À LA GORGE
AUX DENTS (F. PL.)
AU BRAS
À LA MAIN
AU VENTRE, À L'ESTOMAC (M.)
AU DOS
AUX DOIGTS (M. PL.)
AU GENOU
AU PIED
À LA JAMBE

B. Practice the scenes with your instructor.

C. Role-play them again with a partner, substituting one complaint for another.

SCÈNE 1

—Qu'est-ce qui ne va pas?
—Je ne m'occupe pas assez de ma santé et maintenant, je suis malade.° J'ai attrapé un rhume° ou peut-être même la grippe.° J'ai de la fièvre,° j'ai des frissons° et j'ai le nez qui coule.°
—Oh, là, là!

SCÈNE 2

—Qu'est-ce que vous avez?
—J'ai mal à la gorge, j'ai mal aux oreilles et je tousse.°
—Il faut prendre rendez-vous chez le médecin!

SCÈNE 3

—Vous n'avez pas l'air en forme.
—Non, ça ne va pas. J'ai le nez bouché,° j'ai mal à la tête et j'ai une sinusite. Je ne me sens vraiment pas bien.
—Ça se voit!

malade *ill* **le rhume** *cold* **la grippe** *flu* **la fièvre** *fever*
les frissons *shivers* **qui coule** *runny* **tousser** *to cough* **bouché** *stuffed up*

Approach: (1) Use the introductory guidelines to preview the material. Ask: What complaints do you make in English when you are not feeling well? What reactions do you expect? (2) Role-play the mini-dialogues, having students repeat with you, practice with a partner, and incorporate personal variations. (3) Have students identify physical complaints and mental complaints, and reactions. Organize answers in columns on the board and have students work in pairs to create original mini-dialogues.

Expansion: Act out a variety of physical complaints and have students identify them: **vous avez mal aux dents, vous avez mal à la jambe**, etc.

SCÈNE 4

—Ça ne va pas? Tu es malade?

—Non, mais je m'énerve vite et je me mets souvent en colère. Je travaille trop, je ne me repose pas assez et je ne me soigne pas bien. Bref, je suis stressé(e).

—Tu as besoin de vacances!

UTILISATION

These are not underlined in the scenes.

ACTIVITÉ 5: Relisez les scènes et trouvez les expressions suivantes.

1. Trouvez plusieurs façons de demander comment va quelqu'un.
2. Trouvez au moins huit symptômes du rhume.
3. Trouvez plusieurs sujets de plaintes. Y en a-t-il qui décrivent votre santé actuelle?
4. Trouvez quatre façons de réagir à une plainte. Lesquelles sont les plus compatissantes?

Approach: Have students switch roles after doing the activity once. Using body language will add humor.

ACTIVITÉ 6: Avec un(e) camarade, jouez les rôles du médecin et du malade. Choisissez dans la liste suivante les symptômes de votre maladie imaginaire et dites à votre partenaire ce qui ne va pas. Inversez ensuite les rôles.

MODÈLE: *—Qu'est-ce qui ne va pas?*
—J'ai de la fièvre, je tousse...

1. La santé

____ Je ne me porte pas bien. ____ Je ne m'occupe pas de ma santé.
____ Je me sens fatigué(e). ____ Je ne me repose pas assez.

2. Les symptômes

____ J'ai de la fièvre. ____ J'ai le nez qui coule.
____ J'ai des frissons. ____ J'ai le nez bouché.
____ Je tousse.

3. Les maladies: J'ai mal...

____aux yeux	____aux oreilles	____au nez	____à la gorge
____à la bouche	____aux dents	____à la tête	____au cou
____au dos	____au bras	____à la main	____aux doigts
____à la jambe	____au pied	____à l'estomac	____au ventre

ACTIVITÉ 7: Interviewez votre partenaire, en utilisant le questionnaire suivant, pour décrire sa vie, sa santé et son moral. Inversez ensuite les rôles. À la fin de l'interview, additionnez les points. Qui s'occupe davantage de sa santé, vous ou votre partenaire?

QUESTIONNAIRE

5 points si cela t'arrive souvent
3 points si cela t'arrive de temps en temps
1 point si cela t'arrive rarement

La Vie

Tu es malade? ________ Tu ne t'occupes pas de ta santé? ________
Tu ne te soignes pas bien? ________ Tu ne te portes pas très bien? ________
Tu ne te reposes pas assez? ________ Tu te sens fatigué(e)? ________

20 à 30 points	Occupe-toi immédiatement de ta santé!
10 à 19 points	Attention! Prends des vitamines.
6 à 9 points	Tu t'occupes très bien de ta santé.

La Santé

Tu as mal à la tête? ________ à la gorge? ________ au dos? ________
Tu attrapes un rhume? ________ Tu tousses? ________
Tu as des frissons? ________ Tu as le nez qui coule? ________
Tu as le nez bouché? ________ Tu as de la fièvre? ________

30 à 45 points	Tu es presque toujours malade. Change de style de vie immédiatement.
20 à 29 points	Tu es malade comme tout le monde. Achète des aspirines et reste chez toi.
9 à 19 points	Tu te portes très bien.

Le Moral

Tu t'impatientes souvent? ________ Tu te mets souvent en colère? ________
Tu te trouves très anxieux(-se)? ________ Tu t'énerves facilement? ________

15 à 20 points	Il faut se détendre. Ne prends pas la vie aussi sérieusement.
9 à 14 points	Fais attention! Tu risques de perdre ta vitalité.
4 à 8 points	Tu es une personne assez calme.

À VOUS!

You have been invited out but are not feeling well. Create and act out a telephone conversation based on the model below in which you call your partner to say you cannot go out and give your reasons.

VOUS: Allô? C'est... à l'appareil. C'est bien toi,...?
VOTRE AMI(E): Oui, bonjour,... On a toujours rendez-vous à... heures à (au/aux)... ce soir?
VOUS: Écoute, je regrette, mais je ne peux vraiment pas... avec toi ce soir. Je ne suis pas...
VOTRE AMI(E): Ah bon? Mais qu'est-ce qui ne va pas?
VOUS: J'ai..., et puis je... et...
VOTRE AMI(E): Oh, là, là! ...! Alors, à un autre jour, peut-être. Soigne-toi *(Take care of yourself)* bien! Au revoir,...
VOUS: Au revoir,...

Suggestion: Encourage students to be spontaneous when completing the dialogue. Have them practice and present their dialogues to the class.

Structure

Les Verbes pronominaux au négatif et les verbes pronominaux idiomatiques

Approach: (1) Use the introductory questions to preview the material. (2) Model the mini-dialogue several times. (3) Have students look for patterns and answer questions A and B with a partner. (4) Elicit their observations. (5) Present the grammatical explanations as a means of confirming and extending students' hypotheses.

To express complaints often requires using specialized vocabulary and verbs in the negative. Read and role-play the mini-dialogue with your instructor, paying particular attention to the way in which pronominal verbs are negated. Then answer these questions.

A. What is this person concerned about?

B. Where are **ne** and **pas** placed in a pronominal construction?

—Qu'est-ce que tu as?

—Je travaille beaucoup ces temps-ci et je n'ai pas le temps de faire les choses comme il faut *(as they should be done)*. Je **ne** m'occupe **pas** de ma santé. Je **ne** me repose **pas**; je **ne** m'amuse **pas**; je m'inquiète; je **ne** me nourris **pas** bien; et par conséquent, je **ne** me porte **pas** bien.

—Oh, là, là! C'est sérieux, ça.

1. Negation of pronominal verbs

To negate a sentence containing a pronominal verb, use the following word order:

subject	+	**ne**	+	*reflexive pronoun*	+	*verb*	+	**pas**	+	...

Il **ne** se lève **pas** de bonne heure le matin.
Tu **ne** te soignes **pas** bien.
Nous **ne** nous reposons **pas** assez souvent.

2. Pronominal verbs with idiomatic meanings

Some pronominal verbs do not express either reflexiveness or reciprocity. These verbs are considered to be idiomatic expressions.

s'amuser *to have fun*	Je **m'amuse** quand je sors avec Michel.
s'appeler *to be named*	Tu **t'appelles** Jean.
s'arrêter *to stop*	Je **m'arrête** quand je suis fatigué(e).
se débrouiller *to manage*	Il **se débrouille** comme il peut.
se dépêcher *to hurry*	Elle **se dépêche** toujours le matin.
s'énerver *to be annoyed*	Depuis que je fais de l'exercice, je ne **m'énerve** plus.

s'entendre *to get along*	Nous **nous entendons** bien avec nos voisins.
se fâcher (contre, avec) *to be angry (with)*	Tu **te fâches** facilement quand tu es fatigué(e).
s'impatienter *to be impatient*	Il ne faut pas **s'impatienter.** C'est malsain.
se mettre en colère *to get mad*	Je ne **me mets** pas souvent **en colère,** moi.
s'occuper (de) *to take care of*	Vous **vous occupez de** votre santé.
se porter *to feel*	Elles **se portent** bien.

UTILISATION

ACTIVITÉ 8: Le médecin vous donne des conseils. Il (Elle) vous dit de changer vos habitudes.

Suggestion: Students may redo this activity using the **tu** form to give advice to a friend.

MODÈLE: s'amuser assez *Vous ne vous amusez pas assez!*

1. se reposer assez
2. se détendre assez
3. se nourrir bien
4. se coucher assez tôt
5. se divertir régulièrement
6. s'occuper de sa santé
7. s'habiller bien quand il fait froid
8. se promener tous les jours

ACTIVITÉ 9: Travaillez avec un(e) partenaire. Posez-lui des questions avec les expressions suivantes. Notez ses réponses, puis inversez les rôles. Rapportez les résultats à la classe.

Suggestion: Students may also direct questions to the entire class.

MODÈLE: s'occuper de sa santé
—Est-ce que tu t'occupes de ta santé?
—Oui, je m'occupe de ma santé.
ou: ***—Non, je ne m'occupe pas vraiment de ma santé.***

1. se porter bien la plupart du temps
2. se soigner bien
3. se sentir (tu te sens) bien maintenant
4. se lever de bonne heure chaque jour
5. se reposer chaque jour
6. s'amuser régulièrement avec des ami(e)s
7. se détendre chaque jour
8. se coucher avant minuit chaque jour
9. s'entraîner souvent
10. se fatiguer facilement
11. se nourrir (tu te nourris) bien
12. s'énerver souvent
13. s'impatienter souvent
14. se mettre (tu te mets) souvent en colère

À VOUS!

Select one of the ailments below and think of possible symptoms. Your partner will play the role of a doctor and try to diagnose the ailment based on your symptoms and complaints.

MODÈLE:

LE MÉDECIN: ***Vous ne vous portez pas bien?***

VOUS: ***Non, ça ne va pas. J'ai mal...***

LE MÉDECIN: ***Oh! (Vraiment? Hmmmm. Je vois.)***
Vous avez un rhume
la grippe
une angine
une congestion
une migraine
un ulcère
une appendicite
C'est certainement une infection aux oreilles (à la gorge...).
À mon avis, vous avez...

VOUS: ***C'est tout? Alors, ce n'est pas grave!***
Ce n'est pas possible (vrai)! C'est impossible!

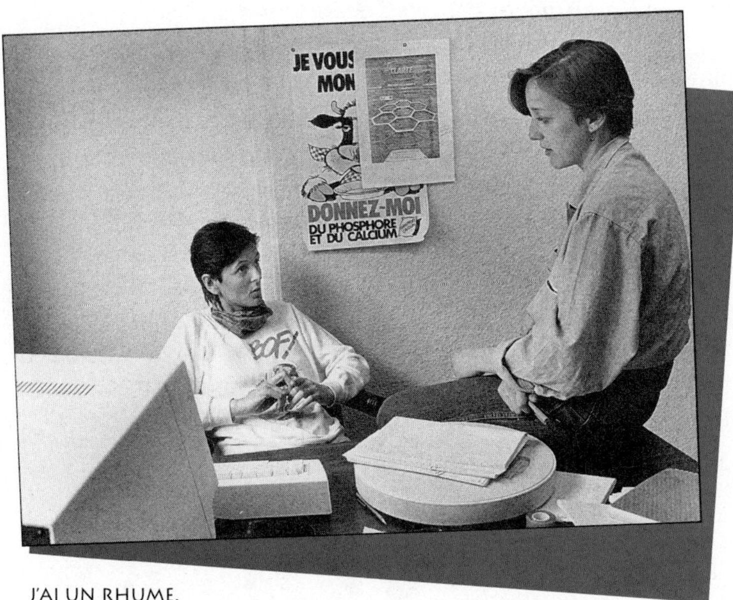

J'AI UN RHUME.

Tranche 3

Les Bons Conseils

Au travail

Avant de lire

Activité 1: Avant de lire cet extrait de la rubrique « Santé » du magazine *Elle*, pensez aux questions suivantes.

1. Faites-vous régulièrement de l'exercice? Pourquoi? Pourquoi pas?
2. Un(e) ami(e) veut commencer à faire de l'exercice. Faites une liste de suggestions pour cette personne.
3. Avez-vous souvent mal à la tête? mal au dos? Pourquoi? Pourquoi pas?
   a. Prenez-vous souvent des aspirines ou des antihistaminiques?
   b. À votre avis, est-ce qu'il y a un rapport entre l'heure à laquelle on prend un médicament et l'efficacité *(effectiveness)* du médicament?

Pour mieux lire

How to use the dictionary

In previous chapters, you learned a number of strategies for determining the meaning of an unknown French word. Of course, such strategies do not always work. Some words do need to be looked up in a dictionary. Students of foreign languages find two kinds of dictionaries helpful: a French-French dictionary in which terms are both listed and defined in French, and a bilingual, or French-English/English-French, dictionary that lists terms in one language and translates them into the other language. For now, you will probably find bilingual dictionaries most helpful.

Entries in the French side of a bilingual dictionary often include several kinds of information, as illustrated on the right.

As you read the following selection, try to determine the meanings of words you don't know using word-analysis strategies and contextual clues. Circle the words whose meanings you cannot determine at all. Select one or two words that seem to be most important to your understanding of the passage and look them up in a bilingual dictionary. Which of the elements listed in the box above are included in the entries for those words in your dictionary?

A bilingual dictionary entry

1. The word in French
2. Information about the word
   a. Pronunciation
   b. Part of speech
   c. Gender
   d. Alternative forms
3. Meaning(s) in English
4. Common expressions

Lecture

Pre-reading: (1) Preview the articles by focusing on the titles and having students hypothesize about the content. (2) Read the introductory material and remind students to read primarily for this information the first time through. Stress that students will need to read the text several times and should focus on different information and details each time.

Reading: The reading and comprehension activities may be done outside of class.

Post-reading: Have students do ***Activités 2*** and ***3*** and discuss their answers in small groups.

Addition reading practice is provided in ***Tranche 3*** of the corresponding ***Cahier*** chapter.

● Roland-Garros is a tennis stadium in Paris where many championships, including the French Open, are played each year.

La Santé

La santé est un sujet qui vous préoccupe? Vous soignez-vous bien? Dans les deux articles suivants, vous allez lire les résultats de récentes recherches et vous allez trouver des conseils pratiques pour améliorer votre santé. Avant de lire le passage, lisez les questions concernant l'idée principale et les détails dans les ***Activités 2*** et ***3***.

SURPOIDS ET EXERCICE PHYSIQUE

Le sport favorise la perte° de poids, c'est confirmé. Des travaux viennent en effet de démontrer que l'exercice physique—de longue durée—rend le tissu adipeux° plus sensible à l'action lipolytique (antigraisse) de certaines hormones. D'où l'intérêt d'associer régime et sport dans le cadre de l'amaigrissement.°

Et pour perdre des kilos, pensez au tennis! À Roland-Garros, la grande fête du tennis commence... Dans un livre, *Tennis et santé*, des spécialistes vous donnent de précieux conseils pour goûter° aux joies de ce sport, tout en évitant ses pièges.° Surtout, respectez ces impératifs. ●

1. À partir de la quarantaine, un examen cardio-vasculaire s'impose afin de s'assurer que l'on n'est pas atteint d'athérosclérose qui pourrait être une contre-indication à ce sport.
2. Choisissez un bon équipement, c'est-à-dire une raquette adaptée à votre âge et à votre morphologie,° des balles non dépareillées,° des chaussures qui amortissent° bien les chocs.
3. Échauffez-vous° pendant au moins dix minutes avant d'entamer° une partie pour éviter tout risque de claquage.°
4. Au cours de la partie, sous peine de déshydratation et de fatigue, buvez beaucoup.

MÉDICAMENTS: À CHACUN SON HEURE

Les biologistes l'ont prouvé il y a quelques années déjà: le fonctionnement de notre organisme et l'activité de nos cellules varient au cours de la journée. La connaissance de ces rythmes biologiques a incité° les chercheurs à s'interroger:

- Est-il possible d'utiliser ces variations de rythme pour mieux traiter les maladies?
- Peut-on rendre un médicament plus efficace et mieux toléré selon l'heure à laquelle il est administré?

Dans un livre qui vient de paraître, des spécialistes de chronobiologie font le point° sur les dernières recherches effectuées sur près d'une centaine de médicaments. En voici les principales conclusions.

1. Les antihistaminiques: ils ont une durée d'action plus longue s'ils sont absorbés à sept heures le matin.
2. L'aspirine: il est recommandé de la prendre de préférence le matin, à huit heures. À ce moment de la journée, elle se révèle beaucoup moins nocive° pour l'estomac.
3. Les anesthésiques locaux: Si une anesthésie pour des soins° dentaires est faite à quinze heures, son effet dure trois fois plus longtemps que si elle l'est à sept heures ou à dix-neuf heures.

la perte *loss* **le tissu adipeux** *fat* **l'amaigrissement** *weight loss*
goûter *to enjoy* **le piège** *trap* **la morphologie** *body size, weight*
dépareillé *used up* **amortir** *to absorb* **s'échauffer** *to warm up*
entamer *to begin* **le claquage** *muscle strain* **inciter** *to bring about*
faire le point *to sum up* **nocif** *noxious* **les soins** *care*

Compréhension

ACTIVITÉ 2: Relisez les articles et identifiez les caractéristiques importantes et l'idée principale.

1. Le style du passage est (a) sérieux, (b) léger, (c) scientifique, (d) formel, (e) familier.
2. Choisissez la phrase (les phrases) qui décrit (décrivent) le mieux l'idée principale du passage.
   a. Pour garder la forme, il faut régler sa routine quotidienne.
   b. Les biologistes continuent à découvrir des choses intéressantes en ce qui concerne la santé.
   c. Le corps est une chose miraculeuse dont on ne comprend pas totalement le fonctionnement.

ACTIVITÉ 3: Vérifiez les détails suivants qui se rapportent aux deux articles.

1. Trouvez dans le premier article, « Surpoids et exercice physique », les mots ou les phrases qui correspondent aux paraphrases suivantes.
   a. On perd du poids plus facilement si on fait du sport.
   b. Des savants ont fait des recherches.
   c. Les recherches indiquent que l'exercice physique a un effet sur le corps.
   d. Si on veut maigrir, il faut faire de l'exercice.
2. Dans le premier article, des spécialistes nous donnent des conseils. Trouvez ces conseils dans l'article, puis répondez aux questions.
   a. Si vous avez plus de quarante ans, qu'est-ce que l'auteur du passage vous conseille de faire?
   b. D'après l'auteur, quelles sont les caractéristiques d'un bon équipement?
   c. Pourquoi faut-il s'échauffer avant de faire du tennis?
   d. Pourquoi doit-on boire beaucoup pendant l'exercice?
3. Relisez le deuxième article, « Médicaments: à chacun son heure », puis vérifiez les détails.
   a. D'après le premier paragraphe, expliquez le concept des « rythmes biologiques ».
   b. Les biologistes se posent deux questions dans ce passage. Trouvez-les. Expliquez ces questions avec vos propres mots.
4. Pour chacun des médicaments de gauche, indiquez l'horaire approprié.

1. les antihistaminiques	a. Vous devez les prendre à huit heures du matin.
2. les comprimés d'aspirine	b. Il faut les administrer vers trois heures de l'après-midi.
3. les anesthésiques	c. Il vaut mieux les prendre vers sept heures du matin.

5. À votre avis, est-ce que ces conseils sont logiques?

DONNER DES CONSEILS

Approach: (1) Use the introductory guidelines to preview the material. (2) Role-play the scenes, having students repeat with you, practice with a partner, and incorporate personal variations. (3) Have students analyze the scenes and find ways to state a problem and give advice. List their answers in columns on the board. (4) Present some problems to your students: **J'ai mal à la tête, Je tousse**, etc. and have them give you advice. Then have students work in pairs to create original mini-dialogues.

In the scenes that follow, one person complains about his or her life and other people give advice about what to do.

A. Role-play the scenes with your instructor.

B. Role-play each complaint again with a partner, giving just the piece of advice that you feel is most appropriate.

SCÈNE 1

—Je suis souvent fatiguée.

—Je te conseille de te reposer. Et surtout, ne te lève pas trop tôt!

SCÈNE 2

—Je ne me porte pas bien. J'ai un rhume et une toux!°

—Tu ferais mieux° de prendre de l'aspirine et du sirop contre la toux. Nourris-toi bien et prends tout de suite rendez-vous chez le médecin. Soigne-toi!

SCÈNE 3

—Regarde comme je grossis!

—Voici mes conseils: Suis° un régime strict. Ne mange pas trop et fais un peu de sport, mais surtout, ne te fatigue pas trop.

SCÈNE 4

—Je travaille trop!

—Il faut se détendre un peu chaque jour. Amuse-toi avec tes ami(e)s pendant le week-end. Et quand tu es au travail, ne te mets pas en colère et surtout, ne t'énerve pas pour un oui ou pour un non.

la toux *cough* **faire mieux** *to do better* **suivre** *to follow*

UTILISATION

ACTIVITÉ 4: Relisez les scènes et trouvez les expressions suivantes.

1. Trouvez quatre sujets de plaintes. Lesquels illustrent le mieux votre routine quotidienne ou votre santé actuelle?
2. Dans les scènes, la plupart des conseils sont à l'impératif.
   a. Lesquels sont à l'impératif affirmatif?
   b. Lesquels sont à l'impératif négatif?
3. Dans certaines scènes, la personne qui donne des conseils utilise des expressions courtes qui correspondent aux expressions *I advise you to..., It would be better if you..., It is necessary that you...* Trouvez ces expressions en français.

Answers to question 2 are not underlined in scenes.

ACTIVITÉ 5: Pour chacun des problèmes suivants, trouvez le conseil le plus approprié, puis utilisez les phrases pour demander et donner des conseils avec un(e) partenaire.

Suggestion: Encourage students to add other problems and give other advice.

MODÈLE: J'ai mal à la tête.

a. Amuse-toi avec tes ami(e)s! b. ***Prends de l'aspirine et repose-toi.***

1. Je m'impatiente souvent.
   a. Fais du sport. Calme-toi! b. Ne mange pas trop!
2. Regarde comme je grossis!
   a. Repose-toi chaque après-midi! b. Mange de la bonne nourriture!
3. Je travaille trop!
   a. Nourris-toi bien. b. Détends-toi un peu!
4. J'ai mal au dos!
   a. Ne te mets pas en colère! b. Ne fais pas tant d'exercice!
5. Je me sens toujours fatigué(e).
   a. Ne te lève pas si tôt le matin! b. Suis ton régime!
6. J'ai de la fièvre et je tousse.
   a. Prends rendez-vous chez le médecin. b. Remets-toi vite au travail.

À VOUS!

Lisez l'article suivant, puis donnez des conseils aux gens qui fument mais qui veulent arrêter.

TABAC

Le 31 mai sera la Journée mondiale antitabagisme. Cette année, l'accent est mis sur les risques encourus par les fumeurs passifs:

- augmentation du risque du cancer du poumon *(lungs)* de 20 à 30%;
- augmentation du risque de maladies cardio-vasculaires; et
- pour les enfants dont les parents fument, augmentation des otites *(ear infections)* et des infections respiratoires.

Les Verbes pronominaux avec l'infinitif et à l'impératif

Approach: (1) Use the introductory guidelines to preview the material. (2) Model the mini-dialogue several times. (3) Have students look for patterns and answer questions A and B with a partner. (4) Elicit their observations. (5) Present the grammatical explanations as a means of confirming and extending students' hypotheses.

You may phrase advice in several ways. The most direct way is to use affirmative or negative commands. You may offer advice more politely by using an introductory expression followed by an infinitive. Read and role-play the mini-dialogue with your instructor, paying particular attention to the ways in which advice is stated. Then answer these questions.

A. What seem to be the consequences of not taking the advice seriously?

B. What constructions are used here for giving advice?

–Je ne me sens pas en forme. Je suis fatiguée et je n'ai pas d'énergie.
–Eh bien, alors, **soigne-toi**. **Je te conseille de te reposer** et **de prendre** des vitamines.
–Mais je ne peux pas me reposer; j'ai beaucoup de travail en ce moment.
–Alors, **ne te soigne pas** et tu vas te retrouver à l'hôpital avec quelque chose de grave.

1. Pronominal verbs in the infinitive form

When the infinitive form of a pronominal verb follows a verb like **aller, vouloir, devoir,*** or **pouvoir**, the reflexive pronoun is placed just before the infinitive.

Je **vais me coucher** de bonne heure ce soir.
Je **veux me reposer**.
Nous **devons nous reposer**.
Nous **pouvons nous coucher** de bonne heure ce soir.

In the negative, **ne** and **pas** surround the conjugated verb.

Je **ne** veux **pas** me coucher de bonne heure ce soir.
Nous **n'**allons **pas** nous coucher de bonne heure ce soir.

2. Pronominal verbs in the imperative

Suggestion: Remind students that the **tu** form in the imperative of *-er* verbs has no final *-s*.

Pronominal verbs retain the reflexive pronoun in the imperative.

a. In affirmative commands, note that the pronoun follows the verb and that **te** becomes **toi**.

Tu te couches.	**Couche-toi.**
Nous nous promenons.	**Promenons-nous.**
Vous vous reposez.	**Reposez-vous.**

* The complete conjugation of the verb **devoir** *(to owe, must)* is included in the *Verbes irréguliers* at the end of the chapter.

b. In negative commands, **ne** and **pas** are placed around the reflexive pronoun and the verb.

Tu te couches trop tard.	**Ne** te couche **pas** tard.
Nous nous fatiguons trop.	**Ne** nous fatiguons **pas** trop!
Vous vous impatientez.	**Ne** vous impatientez **pas.**

UTILISATION

ACTIVITÉ 6: Vous êtes le capitaine de votre équipe et dans quelques jours, il y a le championnat de course cycliste. Donnez des conseils à vos co-équipiers.

MODÈLES:

se coucher avant dix heures du soir	*Couchez-vous avant dix heures du soir.*
se fatiguer au gymnase	*Ne vous fatiguez pas au gymnase.*

1. se reposer avant la course
2. se lever tard le matin
3. s'entraîner chaque jour
4. se calmer
5. se soigner
6. s'impatienter
7. se nourrir sainement
8. se coucher après deux heures du matin
9. se promener de temps en temps

ACTIVITÉ 7: Donnez les mêmes conseils à votre petit frère qui est aussi membre d'une équipe. Employez la forme *tu* pour vos conseils.

MODÈLES:

se coucher avant dix heures du soir	*Couche-toi avant dix heures du soir.*
se fatiguer au gymnase	*Ne te fatigue pas au gymnase.*

ACTIVITÉ 8: Vous êtes médecin à l'hôpital. Vous donnez des conseils à un(e) malade que vous avez opéré(e).

MODÈLE: se coucher pendant les premiers jours / après
Pendant les premiers jours, couchez-vous avant huit heures du soir. Après, je vous conseille de vous coucher quand vous vous sentez fatigué(e).

1. se lever tard le matin / plus tôt
2. se soigner tous les jours / tous les deux jours
3. se nourrir sans sel / nourriture normale
4. se reposer beaucoup / normalement
5. se promener rarement / tous les jours
6. s'entraîner rarement / trois fois par semaine

À VOUS!

Describe to your partner or to a group of classmates a health problem you or a friend of yours is having. Your partner(s) will give you advice. React by commenting on it and asking for additional detail.

Approach: Give students 30 seconds to select a partner and a limited amount of time to create a dialogue, integrating as many target expressions as possible. Have students perform their work for the class.

Tranche 4

POUR ÉCHAPPER À LA ROUTINE

AU TRAVAIL

Follow-up: Have some students report about their partners' preferences and explain their advice using the expression **Je lui conseille de..., mais (et) il (elle) pense que c'est...**

ACTIVITÉ 1: Consult a travel agent (your partner) to find a vacation package just right for you. Follow these steps. Then change roles.

1. Dites ce qui ne va pas.
   Je ne me sens pas bien.
   Je suis fatigué(e).
   Je suis malade.
   J'ai mal...
   Je ne suis plus en forme.
   Je veux me remettre en forme.
   Je ne fais pas assez d'exercice.
   Je grossis.
   Je travaille trop.
   Je suis anxieux(-se) et déprimé(e).
   J'ai perdu ma vitalité.
   Je suis toujours trop pressé(e).

2. L'agent de voyages va vous proposer des vacances.
   Je vous conseille de passer des vacances à la campagne. Vous pourriez...
   Il vous faut des vacances à la mer! Vous pourriez...
   Pourquoi ne pas choisir des vacances à la montagne? Vous pourriez...
   Considérez des vacances à Paris. Vous pourriez...

3. Donnez votre opinion.
   Ah non, alors! Je trouve ça ennuyeux (sans intérêt).
   Pas question! Ça ne va pas du tout parce que...
   C'est exactement ce que j'aimerais faire!
   Excellente idée! C'est exactement ce qu'il me faut.

POURQUOI NE PAS CHOISIR DES VACANCES À LA MONTAGNE?

RAPPORTER SES HABITUDES QUOTIDIENNES

In this scene, Anne-Marie reports on her vacation in a postcard to a friend. ●

A. Practice the scene with your instructor.

B. Read it again to a partner, making at least five changes.

Chère Christine,

Tu savais peut-être que je m'ennuyais° au travail et que j'ai décidé de partir quelques semaines en vacances. Alors, me voilà° à Tahiti! Comme c'est beau! C'est magnifique! Ce matin, je me suis levée à 9 h 30 et je me suis promenée sur la plage. J'ai fait un petit peu d'exercice—un tout petit peu, bien sûr!

Cet après-midi, je me suis baignée° dans la mer et je me suis reposée près de la piscine. Oh… j'ai fait la connaissance° d'un garçon sensationnel! Nous nous retrouvons° chaque jour; nous nous téléphonons le matin; nous nous parlons à la piscine et hier, nous nous sommes donné rendez-vous pour ce soir! Comme la vie est belle à Tahiti!

Grosses bises,
Anne-Marie

● The French highly value vacations and often begin preparations early in the year. During August, the most popular vacation month, people leave the cities en masse. Typical destinations include the beaches near Biarritz and along **la Côte d'Azur**, the mountains, and small country villages. Spain, Greece, and Italy are also favorite vacation spots. The French have five weeks of paid vacation each year, plus many paid holidays.

Approach: (1) Use the introductory guidelines to preview the material. (2) Read the postcard, having students repeat with you, practice with a partner, and incorporate personal variations. Ask: **Quand vous allez en vacances, où allez-vous? Faites un sondage auprès de vos collègues pour trouver les endroits les plus populaires aux États-Unis. Combien de semaines de vacances avez-vous normalement? Posez la question à plusieurs de vos collègues pour obtenir des statistiques pour votre classe.**

UTILISATION

ACTIVITÉ 2: Relisez la scène et trouvez les détails suivants.

1. Trouvez les activités qu'Anne-Marie a aimées pendant ses vacances à Tahiti.
2. Trouvez plusieurs verbes pronominaux dans la scène.
3. Identifiez le temps des verbes dans la carte postale. Quels verbes sont à l'imparfait? au passé composé? au présent?

s'ennuyer *to be bored* **me voilà** *here I am* **se baigner** *to go for a swim*
faire la connaissance *to meet* **se retrouver** *to meet (a planned meeting)*

ACTIVITÉ 3: Pour chacune des scènes suivantes, trouvez une phrase appropriée sur la carte postale.

1.

2.

3.

4.

5.

6.

7.

8.

9.

À VOUS!

Suggestion: Ask students to bring postcards to class. Have students draw names and write a postcard to a partner. Each partner reads the card and writes a short note back expressing opinions and reactions.

Écrivez une carte postale. Choisissez parmi *(among)* les idées suivantes ou créez vos propres phrases.

J'ai décidé de passer quelques semaines…
Ce matin, je me suis levé(e) à… (vers…, après…) et je me suis baigné(e)…
Je me suis promené(e)…
Je me suis reposé(e)…
J'ai rencontré… qui …
Que les vacances sont…!

LES VERBES PRONOMINAUX AU PASSÉ COMPOSÉ

Pronominal verbs are used in the past tense to report daily routines. Read and role-play the mini-dialogue with your instructor, paying particular attention to the conjugation of the past tense and the spelling of the past participle. Then answer these questions.

A. Did everything go as planned?

B. How are past events recounted with reflexive verbs?

Approach: (1) Use the introductory questions to preview the material. (2) Read the text several times. (3) Have students look for patterns and answer questions A and B with a partner. (4) Elicit their observations. (5) Present the grammatical explanations as a means of confirming and extending students' hypotheses.

–Mais qu'est-ce qui est arrivé?

–C'est toute une histoire! J'ai décidé de passer les vacances à la montagne. Un matin, je **me suis préparée** pour une belle journée de ski. Je **me suis levée** de bonne heure et je **me suis habillée**. Je m'impatientais parce que la neige était parfaite! Je **me suis dépêchée,** mais je suis tombée devant le chalet et je **me suis cassé la jambe** avant même d'arriver à la station de ski! Je **me suis promis** de ne plus m'impatienter et de me détendre davantage!

1. PRONOMINAL VERBS IN THE PASSÉ COMPOSÉ

In the **passé composé,** all pronominal verbs are conjugated with **être.**

Je **me suis cassé** la jambe.	Nous **nous sommes cassé** la jambe.
Tu **t'es cassé** la jambe.	Vous **vous êtes cassé** la jambe.
Il/Elle/On **s'est cassé** la jambe.	Ils/Elles **se sont cassé** la jambe.

2. AGREEMENT OF PAST PARTICIPLES

a. The past participle of a pronominal verb agrees in gender and number with a preceding direct object. In the majority of cases, the direct object is the reflexive pronoun.

Je **me suis levé(e)** de bonne heure ce matin.
Nous **nous sommes promené(e)s** après le dîner.

b. When a direct object follows a pronominal verb, no agreement is made.

Elle **s'est lavée.**   Elle **s'est lavé les mains.**

c. When the reflexive pronoun is used as an indirect object, the past participle does not change.

Elle **s'est promis** de ne plus s'impatienter. (promettre à quelqu'un)
Nous **nous sommes téléphoné.** (téléphoner à quelqu'un)
Vous **vous êtes parlé.** (parler à quelqu'un)
Ils se **sont répondu.** (répondre à quelqu'un)
Elles se **sont écrit.** (écrire à quelqu'un)

UTILISATION

ACTIVITÉ 4: Qu'est-ce que les personnes suivantes ont fait pendant *(during)* les vacances?

MODÈLE: Élise / se baigner / se reposer sur la plage
Élise s'est baignée et s'est reposée sur la plage.

1. Je / s'entraîner / se promener
2. Elles / se téléphoner / se rencontrer au centre commercial
3. Toi, Élisabeth, tu / s'amuser avec les ami(e)s / se détendre
4. Jean-Louis a beaucoup travaillé. Il / se lever très tôt / se coucher très tard
5. Marie-Claire / s'occuper de son travail / se fatiguer
6. Nous / se parler / se donner rendez-vous au café tous les jours
7. Robert et David / se préparer pour un match de tennis / se mettre en forme
8. Louis et Alice, vous / se soigner / se mettre au régime

ACTIVITÉ 5: Décrivez vos vacances.

MODÈLES: Au Club Med: s'entraîner
Je me suis entraîné(e).

Au bord de la mer: se reposer au soleil
Mon ami(e) et moi, nous nous sommes reposé(e)s au soleil.

Suggestion: Model the scene using the expressions provided, then encourage students to use expressions of their choice.

AU CLUB MED

1. se mettre au régime
2. se coucher très tôt
3. se promener
4. se détendre près de la piscine
5. s'entraîner chaque matin

AU BORD DE LA MER

6. se lever très tard
7. s'amuser à la discothèque
8. se coucher très tard
9. se détendre
10. s'habiller en maillot de bain ou en short et en tee-shirt

À VOUS!

Tell your own before-and-after story.

1. Tell how you felt before getting away from your routine.
   J'étais fatigué(e) (malade).
   Je trouvais la vie ennuyeuse.
   Je me mettais souvent en colère et je n'aimais pas mon travail.
2. Tell what you did during your time off.
   Je suis allé(e) en vacances (à Paris, chez moi).
   Je me suis amusé(e) (détendu[e], remis[e] en forme).
   J'ai parlé avec mes ami(e)s (écouté de la musique).
3. Tell how you feel now.
   Maintenant, je me sens très bien.
   Je me porte bien. Je suis en pleine forme.

La Langue écrite

L'Emploi du dictionnaire

Additional writing practice is provided at the end of the corresponding ***Cahier*** chapter. If ***système-D*** is available to your students, they may wish to use it as they complete the writing exercise.

In *Tranche 3* of this chapter, you learned about the typical information provided in the French-English portion of a bilingual dictionary. Beginining language students may use the English-French portion of such dictionaries even more frequently to answer the question "How do you say ____ in French?"

Entries in the English side of a bilingual dictionary resemble those in the French-English side and often include:

1. The word in English
2. Information about the word
   a. Pronunciation b. Part of speech c. Alternative forms
3. Meaning(s) in English
4. Common, figurative, or idiomatic expressions that contain the word

Be careful when using the English-French portion of a bilingual dictionary. Notice particularly that a single English word may have several different meanings, may function as several different parts of speech, and thus may have several different translations in French. For example, the following translations of the English word *bark* may be offered in the English-French portion of a bilingual dictionary:

bark n. écorce *f.* (botanical)
bark n. aboiement *m.* (of a dog)
bark v. aboyer (*at*, après, contre)

Notice that the word *bark* appears in French as three different words.

1. Which translation is a verb?
2. What kind of bark does the verb represent?
3. Use your word-analysis skills to determine which word for *bark* is related to the verb. What part of speech is the related word? What kind of bark does this word represent?
4. To what does the French word **écorce** refer?

As you can see, when using the English-French portion of a bilingual dictionary, you need to consider the part of speech you are seeking and read all of the definitions. Once you have selected a French translation, cross-check it by looking it up in the French-English side of the dictionary to verify that it translates back to the English word you started with.

Suggestion: For homework, have each student write a letter to a classmate. As a pre-writing activity, have pairs of students talk about their vacations. Each should take notes about the other's comments and present a summary to the class.

Sujets de composition

1. Write a description of a real (or ideal) vacation. Tell what you did during your time off and how you feel now.
2. Pretend you are the parent of a college-age student. Write a letter to your son or daughter giving advice about how to spend time in college and what to do to be successful.

Lexique

Expressions

Inquiring about health

Ça va?
Ça ne va pas?
Qu'est-ce que tu as?
Qu'est-ce qui ne va pas?
Qu'est-ce qu'il y a?
Tu te portes bien?
Comment te portes-tu?

Describing health

Ça va bien!
J'ai bonne mine.
Je suis en pleine forme.
Je me sens bien.
Je m'occupe de ma santé.
Je me porte bien.
Je ne fume plus.
Je fais de l'exercice.
Je prends de la nourriture saine.
Je me nourris sainement.

Ça va mal! Je suis (toujours) fatigué(e) (malade).
Ça pourrait aller mieux.
Je ne suis pas en forme.
Je ne me sens pas bien.
Je ne m'occupe pas de ma santé.
Je ne me porte pas bien. Je me porte mal.
Je ne me repose pas assez (beaucoup, du tout).
J'ai attrapé un rhume (la grippe).
Je ne mange pas bien.
Je ne me nourris pas bien.

Describing symptoms

J'ai mal au cou (à la tête, au ventre, au foie, au cœur...).
J'ai de la fièvre.
J'ai des frissons.
Je tousse.
J'ai le nez qui coule.
J'ai le nez bouché.

Giving advice about health

Je te conseille de te reposer.
Tu dois te reposer.
Tu devrais te reposer.
Tu ferais mieux de te reposer.
Il faut te reposer.

Je vous conseille de vous reposer.
Vous devez vous reposer.
Vous devriez vous reposer.
Vous feriez mieux de vous reposer.
Il faut vous reposer.

Il faut prendre des comprimés (du thé, de la tisane, ce remède, des vitamines).
Vous allez vous fatiguer avec un programme d'exercice.
Lève-toi (Levez-vous, Levons-nous) de bonne heure!
Ne te lève pas... (Ne vous levez pas... Ne nous levons pas...)

Receiving advice about health

Bonne idée!
Comment ça?
J'ai trop de choses à faire.
D'accord.
Mais c'est impossible.
Mais quand est-ce que je vais faire ça?
C'est exactement ce qu'il me faut.
Je trouve ça ennuyeux.

VOCABULAIRE

DESCRIBING DAILY ROUTINES

se brosser les cheveux (dents)	se laver (les dents)	se préparer
se coiffer	se lever	se raser
se coucher	se maquiller	se réveiller
s'habiller		

DESCRIBING HABITS

s'amuser	s'énerver	se nourrir	se promener
se dépêcher	s'entraîner	s'occuper de sa santé	se reposer
se détendre	s'impatienter		

DESCRIBING PARTS OF THE BODY

la bouche	le dos	la main	le pied
le bras	l'estomac *(m.)*	le nez	la tête
le coude	le genou	l'œil *(m.)*	le ventre
la dent	la gorge	l'oreille *(f.)*	
le doigt	la jambe		

VERBES IRRÉGULIERS

devoir *(to owe, must)*	je **dois**	nous **devons**
	tu **dois**	vous **devez**
	il/elle/on **doit**	ils/elles **doivent**

past participle: **dû**

conditional (polite): je **devrais**, tu **devrais**, vous **devriez**

VERB WITH SPELLING CHANGES

se lever *(to get up)*	je **me lève**	nous **nous levons**
	tu **te lèves**	vous **vous levez**
	il/elle/on **se lève**	ils/elles **se lèvent**

past participle: **levé**

IN THIS CHAPTER, YOU WILL LEARN TO DESCRIBE YOUR LEISURE ROUTINES, STATE YOUR OPINIONS, AND REACT TO THE OPINIONS OF OTHER PEOPLE.

chapitre 11

LES LOISIRS

Tranche 1

Vous êtes fana des sports?

Au travail

Avant de parler

ACTIVITÉ 1: Saluez votre camarade, échangez les dernières nouvelles, puis invitez-le (la) à faire quelque chose ce week-end.

1. Vous deux: Dire bonjour et demander comment ça va.
2. Vous deux: Échanger les dernières nouvelles.
3. Vous: Inviter votre ami(e) à vous accompagner quelque part.
   Dis,... Il y a un(e)... ce (demain) soir. Tu veux y aller?
   Je vais... Tu viens avec moi?
4. Votre ami(e): Demander des détails.
   C'est à quelle heure? (À quelle heure est-ce que ça commence?)
   Où est-ce?
   Donne-moi des détails.
   Qui va venir?
5. Vous: Répondre à ses questions.
6. Votre ami(e): Accepter ou refuser.

   Oui: Formidable. Bonne idée!
   Avec plaisir! J'aime beaucoup...
   Je m'intéresse beaucoup à...

   Peut-être: Ça dépend. Je ne sais pas si je suis libre.

   Non: Merci, je regrette, mais je ne peux pas (je ne suis pas libre)... Peut-être un autre jour.
7. Vous: Terminer la conversation.
   Alors, à la prochaine!
   Alors, on se voit à huit heures!
   À ce (demain) soir!

Suggestion: In preparation, have students review vocabulary and expressions from ***Chapitre*** 4.

Follow-up: Have some students present their dialogues as skits.

TU JOUES AU TENNIS AVEC MOI?

LE SPORTIF

Dans ce dialogue, deux amis donnent leurs opinions sur plusieurs loisirs. Avant de le lire, faites les activités suivantes.

A. Qu'est-ce que vous aimez faire pendant vos heures de loisirs?

B. Regardez la photo à gauche.
   1. Qu'est-ce qu'on fait?
   2. Donnez votre opinion sur cette activité.

C. Réfléchissez à ces questions en lisant le dialogue.
   1. Quels loisirs est-ce que chaque personne aime?
   2. Est-ce qu'ils passent beaucoup de temps ensemble à faire du sport?

Approach: (1) Go over the introductory questions and remind students to listen primarily for the answers to item C the first time through. (2) Play the dialogue on the *Student Tape* (or role-play it yourself). (3) Have students answer item C. (4) Play the dialogue again. (5) Have students repeat with you and practice with each other, taking different roles and personalizing the dialogue. (6) Remind students that they will need to review the material several times to complete the other activities. The dialogue and comprehension activities may be done outside of class.

PIERRE: Elle est super, l'équipe° de Nantes, n'est-ce pas?
ROBERT: Bof! Tu sais, moi, le foot ne m'intéresse pas... Je trouve° ça barbare!
PIERRE: Quoi? Alors, qu'est-ce que tu fais* pour te détendre?
ROBERT: Eh bien, je vais au cinéma.
PIERRE: Moi aussi, j'y° vais. J'adore les films d'aventures. Mais à mon avis, le foot aussi, c'est de l'aventure et de l'action...
ROBERT: Pour moi, ça n'a vraiment aucun° intérêt. J'aime mieux lire des romans.
PIERRE: J'en° lis aussi, des romans, surtout de série noire.° Mais le vélo,° c'est plus intéressant.
ROBERT: Ah non, alors! C'est nul!° Moi, c'est l'art, le cinéma et la littérature que j'aime.
PIERRE: Tu ne fais pas du tout de sport, alors?
ROBERT: Si!° J'en fais! Je joue au golf et je fais de l'escrime.°
PIERRE: Tu plaisantes! Ce ne sont pas de vrais sports; ce sont des amusements. Avec le foot, le basket et le vélo, il y a la compétition entre équipes, de l'exercice, du danger... c'est génial!
ROBERT: J'ai horreur de ça!
PIERRE: Qu'est-ce que tu peux être ennuyeux! Tu n'aimes pas la pétanque° comme° sport, par hasard?°
ROBERT: Si, j'adore ça. Pourquoi?

l'équipe *team* **trouver** *to find* **y** *there* **ne... aucun** *no, none* **en** *them*
la série noire *police novels* **le vélo** *bicycle* **nul** *zero*
Si! *Yes! (in response to a negative statement)* **l'escrime** *fencing*
la pétanque *lawn bowling* **comme** *as a* **par hasard** *by any chance*

* The complete conjugation of the irregular verb **faire** *(to do, to make)* is given in the ***Verbes irréguliers*** at the end of the chapter.

COMPRÉHENSION

Follow-up: Have students give their personal opinions about each activity: **J'adore le cinéma, mais je déteste le football...**

ACTIVITÉ 2: Choisissez la phrase qui représente le mieux l'idée principale du dialogue. Justifiez votre choix.

a. Les différences d'opinion sont plutôt superficielles.
b. Robert et Pierrre n'ont presque rien en commun.
c. Robert préfère la compétition et le danger tandis que Pierre n'aime pas ce genre d'activités.

ACTIVITÉ 3: Jouez les rôles de Pierre et de Robert avec un(e) camarade. Inspirez-vous des opinions exprimées dans le dialogue.

MODÈLE: le foot PIERRE: ***J'aime beaucoup le foot.***
ROBERT: ***Je déteste le foot. J'aime mieux...***

1. le cinéma
2. les romans
3. l'art
4. le vélo
5. la littérature
6. l'escrime
7. le golf
8. les films d'aventures
9. la philosophie
10. la pétanque
11. le basket-ball
12. la compétition

ACTIVITÉ 4: Réfléchissez aux opinions exprimées dans le dialogue, puis décidez si vous êtes plutôt de l'avis de Robert ou de Pierre.

Notes culturelles

LA PÉTANQUE

Cultural Note: Horseshoes and shuffleboard are similar to **la pétanque**. Some Italian-Americans play *bocce*, which is a variant of **la pétanque** using wooden balls. Lacrosse, which has Indian origins, is one American specialty game.

La pétanque est un jeu de boules *(balls)* très ancien (il date de l'antiquité). Il est encore très populaire en France, surtout dans le Midi *(South)* et parmi les personnes âgées. On voit très couramment *(often)* des parties de pétanque organisées sur les parcs et sur les places publiques des petits villages provençaux.

Le but du jeu est de placer une des boules en acier *(steel)* le plus près possible de la petite boule en bois *(wood)* (le cochonnet). Pour commencer le jeu, on lance *(throw)* le cochonnet. On peut le lancer dans n'importe quelle direction, car il n'y a pas de terrain officiel pour la pétanque. Ensuite, on lance une des boules en acier pour marquer le point. Les autres joueurs doivent placer leurs boules plus près du cochonnet. Il faut beaucoup d'adresse pour les placer et pour marquer des points. On a le droit (1) de placer sa boule entre le cochonnet et les autres boules, (2) d'écarter *(knock away)* les autres boules ou bien (3) de déplacer le cochonnet. La boule la plus proche *(near)* du cochonnet gagne et les perdants *(losers)* du match paient les consommations *(drinks)*.

---

1. Connaissez-vous un jeu très proche de la pétanque? Lequel?
2. Est-ce que vous connaissez des jeux anciens ou régionaux? Est-ce que vous avez déjà joué à ces jeux?

C'EST-À-DIRE

DONNER SON AVIS

Approach: (1) Use the introductory guidelines to preview the material. (2) Role-play the mini-dialogues, having students repeat with you, practice with a partner, and incorporate personal variations. (3) Have students find ways to ask for and give an opinion. List answers in columns on the board. Then have students work in pairs to create original mini-dialogues.

In the scenes that follow, people ask about and state opinions.

A. Practice the scenes with your instructor.

B. Role-play them again with a partner, substituting an opinion of your choice.

SCÈNE 1

—Tu préfères le foot ou le basket?
—À mon avis, ce sont des sports ennuyeux! Qu'est-ce que tu en penses, toi?
—Le basket, je n'aime pas ça du tout, mais le foot m'intéresse beaucoup.

SCÈNE 2

—Tu aimes mieux l'association sportive ou le gymnase?
—J'aime beaucoup l'association sportive, mais des fois je vais au gymnase. Et toi?
—Je trouve que les gens à l'association sportive sont plus sympa; alors j'y vais souvent.

SCÈNE 3

—Tu aimes les sports individuels, toi?
—Qu'est-ce que tu veux dire?°
—Par exemple, est-ce que tu fais du patinage,° de la natation, du ping-pong, du golf, de l'escrime, du ski?
—Ah, tu veux dire les sports sans équipe! Oui, j'aime bien ces sports; j'en fais beaucoup, surtout° du ski et du tennis.

SCÈNE 4

—Qu'est-ce que tu penses du rugby?
—Le rugby? C'est un sport d'imbéciles! Je trouve ça violent et sans intérêt. Et toi, qu'est-ce que tu en penses?
—Moi, je m'intéresse beaucoup au rugby. C'est passionnant!

vouloir dire *to mean* **le patinage** *skating* **surtout** *especially*

ACTIVITÉ 5: Relisez les scènes et trouvez les expressions suivantes.

1. Trouvez cinq façons de demander l'opinion de quelqu'un.
2. Trouvez plusieurs opinions positives ou négatives.

ACTIVITÉ 6: Demandez l'opinion de votre partenaire en ce qui concerne les loisirs suivants. Notez les opinions que vous avez en commun.

POUR DEMANDER UNE OPINION

Tu aimes...? Tu préfères... ? Tu aimes mieux...?
Qu'est-ce que tu penses de... ? Que penses-tu de... ?

POUR DONNER SON OPINION

Très positif: J'aime beaucoup... Le (La)... me plaît beaucoup.
Positif: J'aime... J'aime bien... Je m'intéresse à... Le (La)..., ça m'intéresse. Je trouve ça intéressant (génial,...).
Négatif: Je n'aime pas beaucoup... J'aime mieux... Je préfère... Je trouve ça ennuyeux...
Très négatif: Je n'aime pas du tout... Je déteste... Je ne m'intéresse pas du tout à... Je trouve ça nul.

Les arts:	la danse moderne, le cinéma, la littérature, les films, le théâtre, la musique classique, le rock
Les sports individuels:	le vélo, le golf, l'escrime, le tennis, le ping-pong
Les sports d'équipe:	le football, le football américain, le basket-ball, le base-ball, le rugby

À VOUS!

Copiez la feuille de réponses ci-dessous, puis...

1. Écrivez votre loisir préféré.
2. Circulez parmi vos camarades de classe et demandez à plusieurs d'entre eux de donner leur opinion sur votre loisir.
3. Si vous trouvez un(e) camarade de la même opinion, invitez-le (la) à faire cette activité avec vous.
4. Votre partenaire va accepter ou refuser votre invitation. Écrivez sa réponse sur la feuille.
5. Faites un résumé des opinions de vos camarades et présentez ce résumé à toute la classe.

Loisir que j'aime ________

Nom	Aime	N'aime pas	Accepte	Refuse
____________	____	____	____	____
____________	____	____	____	____

STRUCTURE

LES PRONOMS Y ET EN

Approach: (1) Use the introductory questions to preview the material. (2) Model the mini-dialogue several times. (3) Have students look for patterns and answer questions A and B with a partner. (4) Elicit their observations. (5) Present the grammatical explanations as a means of confirming and extending students' hypotheses.

Pronouns are often used in explaining opinions and preferences. In this mini-dialogue two friends meet by chance in a sporting goods store. Read and role-play the mini-dialogue with your instructor, paying particular attention to the way in which nouns are replaced by the pronouns **y** *(there)* and **en** *(some)*. Then answer these questions.

A. Do these speakers have common interests?

B. What do the pronouns **y** and **en** replace?

—Qu'est-ce que tu fais ici? Tu t'intéresses au cyclisme, toi?
—Oh, oui, je m'**y** intéresse. Le vélo, je trouve ça super. Regarde les nouveaux modèles! Ils **en** ont beaucoup, non? Et ils sont bien, tu ne trouves pas?
—Euh... oui, pas mal...
—Mais alors, tu n'**en** fais pas, toi, du vélo?
—Ben... non, je n'aime pas ça. Ce que je cherche, c'est un jeu d'échecs. Tu n'**en** as pas vu dans le magasin?

1. THE PRONOUN Y

The pronoun y is often used to replace an expression of location.

a. It generally replaces **à** (**à la, à l', au, aux**) + *noun (place, thing, or idea).*

Nous allons **au stade.**	
Nous y allons.	Nous n'y allons pas.
Elle s'intéresse **à la natation.**	
Elle s'y intéresse.	Elle ne s'y intéresse pas.

b. Y may also replace other prepositions such as **chez, sur, dans, en** + *place.*

Je vais **chez mon amie.**	J'y vais.	Je n'y vais pas.
Ils sont **sur le court de tennis.**	Ils y sont.	Ils n'y sont pas.
Nous allons **en Europe.**	Nous y allons.	Nous n'y allons pas.

2. THE PRONOUN EN

a. The pronoun **en** replaces an expression introduced by **de, du, de la, de l'** or **des.**

Il fait **de la danse.**	Il **en** fait.	Il n'**en** fait pas.
Elle achète **des skis.**	Elle **en** achète.	Elle n'**en** achète pas.
Martin fait **du vélo.**	Martin **en** fait.	Martin n'**en** fait pas.

b. **En** may also replace a direct object modified by an expression of quantity or a number. Note that the expression of quantity or the number is retained.

D'habitude, je fais **trois kilomètres.**	D'habitude, j'**en** fais **trois.**
Il fait **beaucoup de gymnastique.**	Il **en** fait **beaucoup.**

3. PLACEMENT OF **Y** AND **EN**

a. **Y** and **en** are placed before the conjugated verb.

J'y vais. — Elles n'**en** parlent pas.

b. In infinitive constructions, **y** and **en** directly precede the infinitive.

Nous voulons aller **au stade.** — Nous voulons **y** aller.
Je vais faire **beaucoup de sports.** — Je vais **en** faire **beaucoup**.
Je ne sais pas faire **de ski.** — Je ne sais pas **en** faire.

c. In the imperative, **y** and **en** are placed after the verb in the affirmative and before the verb in the negative. Note the use of a hyphen in the affirmative. ⬢

Allons **au stade**! — Allons-**y**! — N'**y** allons pas!
Fais **du ski**! — Fais-**en**! — N'**en** fais pas!

⬢ A final **s** is added to the **tu** form of the imperative when a pronoun is used. For example, the normal form of the imperative of **aller** is **va**. When used with a pronoun, it becomes **vas: Vas-y!**

Suggestion: Encourage students to add other locations.

UTILISATION

ACTIVITÉ 7: Choisissez un des endroits suivants et demandez à plusieurs de vos camarades s'ils (si elles) y vont souvent et pourquoi. Faites un résumé des réponses et présentez-le à la classe entière.

MODÈLE: à la piscine

VOUS: ***Tu vas souvent à la piscine?***
VOTRE PARTENAIRE: ***Oui, j'y vais plusieurs fois par semaine.***
OU: ***Non, je n'y vais pas souvent.***
VOUS: ***Pourquoi?***
VOTRE PARTENAIRE: ***Parce que je (n') aime (pas) la piscine.***
OU: ***Parce que je (n') aime (pas) nager.***

1. à la piscine
2. au gymnase
3. au parc
4. au stade
5. au vélodrome *(bicycle racing stadium)*
6. au terrain de camping
7. à l'association sportive
8. au lac
9. à la patinoire
10. au court de tennis

ACTIVITÉ 8: Qu'est-ce que vous aimez faire pendant les vacances? Préférez-vous rester chez vous ou voyager? Pour chacune des questions suivantes, donnez votre opinion.

MODÈLE: —Est-ce que tu passes souvent tes vacances *à la plage*?
—Oui, j'y passe souvent mes vacances parce que j'aime nager et j'aime le soleil.

1. D'habitude, est-ce que tu passes tes vacances *au bord de la mer*?
2. Est-ce que tu vas *dans le Colorado* pour faire du ski?
3. Est-ce que tu aimes nager *dans la mer*?
4. Fais-tu du camping *à la montagne*?
5. Comptes-tu prendre des vacances *à la campagne* cet été?
6. Vas-tu *en Europe* cet été?
7. Voudrais-tu passer les vacances *au Québec*?
8. Aimes-tu passer les vacances *chez des ami(e)s*?

ACTIVITÉ 9: Vous avez du temps libre. Suggérez trois activités à plusieurs partenaires et invitez-les à vous y accompagner. Vos partenaires vont accepter ou refuser votre invitation en expliquant leur choix.

MODÈLE: *—Il y a un match de foot demain soir. Tu es libre?*
—Oui! Allons-y! J'adore le foot.
ou: *—Non! N'y allons pas. Le foot ne m'intéresse pas du tout.*

ACTIVITÉ 10: Utilisez la liste ci-dessous pour faire un inventaire de votre équipement de sport. Répondez en indiquant la quantité exacte ou approximative. Vous pouvez utiliser une expression de quantité comme **beaucoup de..., peu de..., assez de...** Ensuite, comparez vos résultats avec ceux d'un(e) partenaire.

MODÈLE: paires de chaussures de jogging
—Combien de paires de chaussures de jogging as-tu?
—Moi, j'en ai deux. Et toi?
—Je n'en ai pas.

1. tee-shirts
2. paires de bottes de ski
3. shorts
4. paires de patins à glace *(ice skates)*
5. maillots de bain *(swimming suits)*
6. ballons de basket
7. raquettes de tennis
8. vestes de judo

À VOUS!

Les Sports Pour Tous
★GRANDE PROMOTION!★
Rabais de 15 à 35%
★★★★
Tennis: chaussures, raquettes, balles
Ski: chaussures, skis, bâtons
Basket et foot: chaussures, maillots,° ballons, shorts
Hockey: crosses, rondelles,° casques,° patins°
Jogging: chaussures, survêtements°
3, rue Keller
Tél: 46.04.30.53

Vous avez décidé de faire un nouveau sport. Vous remarquez la publicité à gauche dans le journal. Téléphonez au magasin pour obtenir des renseignements sur l'équipement et les rabais. Travaillez avec un(e) partenaire et jouez et changez de rôle au moins trois fois.

MODÈLE: LE VENDEUR (LA VENDEUSE): ***Allô. Ici Les Sports pour Tous. Vous désirez?***
VOUS: ***Je m'intéresse à vos raquettes de tennis.***
LE VENDEUR (LA VENDEUSE): ***Oh, je regrette mais nous n'en avons plus*** *(no more).*
VOUS: ***Alors, vous avez toujours des skis?***
LE VENDEUR (LA VENDEUSE): ***Oui, nous en avons encore.***

Suggestion: Ask students to extend the discussion by asking for and giving prices or describing the items.

le maillot *jersey* **la rondelle** *puck* **le casque** *helmet* **les patins** *skates*
le survêtement *warm-up suit*

Tranche 2

Pour ou contre la télé

Au travail

Avant d'écouter

ACTIVITÉ 1: Il y a plusieurs genres d'émissions à la télévision. Donnez un exemple de chaque genre d'émission, puis faites un sondage d'opinion auprès de vos camarades. Quelles sont leurs émissions favorites?

MODÈLE: une comédie *Une comédie, c'est une émission comme « Extravagante Luci » (I Love Lucy).*
—Qu'est-ce que tu penses des comédies?
—Je trouve qu'elles sont amusantes.
—Quelle comédie préfères-tu?
—J'aime mieux...

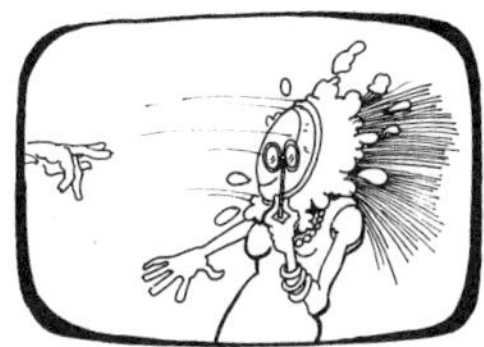

1. UNE COMÉDIE

2. UN FILM D'ÉPOUVANTE

3. UN WESTERN

4. UN JEU TÉLÉVISÉ

5. LES SPORTS TÉLÉVISÉS

6. LES INFORMATIONS

7. UN FEUILLETON

8. UN DESSIN ANIMÉ

9. LA MÉTÉO

À L'ÉCOUTE

● French people's television habits are both similar to and different from Americans' habits. For example, we know that Americans watch television very often. We also know that the number of hours Americans spend in front of the television is on the rise. The French do not watch television as much as Americans do, but the number of hours they spend in front of the screen is on the rise also: The number of minutes per household per day has risen from 233 in 1982 to 295 in 1989, a 25% increase in a few years.

There are, however, differences: The French can only get a few channels, which do not broadcast early in the morning. The French also watch many American programs while the Americans don't watch many French ones.

Approach: (1) Preview the material by focusing on the art and having students hypothesize about what they will hear. (2) Preteach the new vocabulary. (3) Go over the introductory material and tell students to listen for this information the first time through. Remind them that they will need to listen to the material several times to complete the other comprehension activities. The ***À l'écoute*** and comprehension activities may be done outside of class.

Votre Émission préférée ●

The pictures below illustrate what happens in the conversation on your student tape.

A. Look the pictures over. Then answer these questions.
   1. What kind of conversation do you expect to hear?
   2. How many people will be involved?
   3. What topics appear to be under discussion?

B. Here are some key words you might find helpful in understanding the conversation.

   un sondage *a survey*
   une émission *a show*
   le plein air Le golf et le football sont des sports de **plein air**.

C. Before listening to the passage, look over the main idea and detail questions in ***Activités 2*** and ***3***. Then listen to the conversation and complete the activities.

Compréhension

ACTIVITÉ 2: Répondez aux questions suivantes.

1. La conversation est à propos (a) de trois genres d'émissions à la télé, (b) des sports, des jeux et des feuilletons, (c) de l'importance des nouvelles.

2. Le niveau de langue employé dans la conversation est (a) formel, (b) familier.
3. En général, la personne interviewée a (a) des opinions positives, (b) des opinions négatives, (c) des opinions variées.
4. Choisissez la phrase qui représente le mieux l'idée principale de la conversation. Justifiez votre choix.
   a. L'interviewé aime les sports et les informations.
   b. L'interviewé n'a pas de préférence particulière.
   c. L'interviewé n'aime pas les sports.
   d. L'interviewé aime bien les jeux télévisés, mais il n'aime pas les informations.
   e. L'interviewé n'aime pas du tout la télévision.

Approach: If doing **Activité 3** in class, play the tape again and have students listen for more details. Have students answer while listening to the tape.

ACTIVITÉ 3: Quelle description représente le mieux l'opinion de l'interviewé? Attention: Plus d'une réponse peut être correcte.

1. Les sports télévisés
   a. C'est la compétition que j'aime.
   b. Ça ne m'attire pas du tout.
   c. Je trouve tout ça stupide et violent.
   d. En général, je les aime beaucoup.
2. Les informations
   a. C'est primordial.
   b. Je trouve ça ennuyeux.
   c. C'est essentiel.
   d. J'aime surtout la politique et la diplomatie.
3. Les jeux télévisés
   a. Ce n'est pas très intéressant.
   b. À mon avis, c'est super!
   c. Je les trouve passionnants.
   d. Je les aime et je les regarde quand je peux.

ACTIVITÉ 4: Donnez votre propre opinion des trois genres d'émissions mentionnées dans l'*Activité 3*, ainsi que d'autres émissions de votre choix. Variez les expressions d'opinion que vous utilisez. ●

MODÈLE: ***Les jeux télévisés? À mon avis, c'est super! Je les aime et je les regarde quand je peux.***

● There are five French TV channels, and viewers with special cable hook-ups can receive channels from other European countries. Commercials generally do not interrupt programs on French TV. Programs are much the same as those in the U.S., but there are more cultural programs and artistic and political discussions.

PRONONCIATION

The letter combinations **on** and **om** are pronounced as the same nasal vowel sound at the end of a word or when followed by a consonant other than **n** or **m**. This French sound is made by letting air pass through the nasal cavities. It is pronounced like a sound **o** with the lips rounded and with nasal resonance. This sound has no equivalent in English. Practice these words and expressions with your instructor or on your student tape.

un s**on**dage une émissi**on** un feuillet**on** une c**on**versati**on**

Rép**on**dez aux questi**ons** de ce s**on**dage, s'il vous plaît.
Notre **on**cle Lé**on** pense que c'est un b**on** feuillet**on**.
On va en vacances à la m**on**tagne.
Nous av**ons** **on**ze ball**ons** de basket.

DONNER SON AVIS (SUITE)

Approach: (1) Use the introductory guidelines to preview the material. (2) Role-play the mini-dialogues, having students repeat with you, practice with a partner, and incorporate personal variations. (3) Have students find ways to state personal opinions. List answers in columns on the board and have students to work in pairs to create original mini-dialogues.

In these scenes, you will learn to ask for and give opinions.

A. Practice the scenes with your instructor.

B. Role-play them again with a partner, substituting your opinions for those in each scene.

SCÈNE 1

—Comment trouvez-vous les jeux télévisés?

—Ça me plaît. En général, j'aime ça.

SCÈNE 2

—Qu'est-ce que vous pensez des sports télévisés?

—Des fois,° je les° aime, d'autres fois° je ne les aime pas. Ça dépend.

SCÈNE 3

—À votre avis, comment sont les émissions de variétés?

—Je ne les aime pas. À vrai dire, je les trouve assez ordinaires.

SCÈNE 4

—Regardez-vous souvent la météo?

—Mais oui. Je trouve que c'est indispensable!

—Et les informations?

—D'habitude, je les regarde après le dîner.

des fois *sometimes* **les** *them (pronoun)* **d'autres fois** *other times*

Utilisation

Activité 6, Expansion: Have students discuss what will actually be on TV tonight. Bring a program guide to class.

ACTIVITÉ 5: Relisez les scènes et trouvez les expressions suivantes.

1. Trouvez trois façons de demander une opinion.
2. Trouvez trois opinions favorables.
3. Trouvez deux réponses qui indiquent l'indifférence.
4. Trouvez deux opinions négatives.

ACTIVITÉ 6: Qu'est-ce qu'il y a à la télé ce soir? Donnez votre opinion sur chaque émission.

1. Il y a un documentaire sur l'Afrique ce soir!
   a. Super! Les documentaires, j'adore ça.
   b. Oh, vraiment?
   c. Bof! Les documentaires, je n'aime pas beaucoup ça.
2. Qu'est-ce que vous pensez des films de Bela Lugosi?
   a. Moi, je les aime beaucoup!
   b. Euh, moi, je les trouve assez ordinaires.
   c. Je les déteste. ou: je ne les connais pas.
3. Vous voulez regarder les sports télévisés ce soir?
   a. Bien sûr! Je les trouve passionnants!
   b. Si vous voulez.
   c. Pas du tout! Les sports télévisés, je n'aime pas ça.
4. Vous aimez les émissions de variétés?
   a. Super! Je les trouve toujours très amusantes.
   b. Non, pas vraiment.
   c. Vous savez bien que je les trouve très ennuyeuses.
5. Et ce reportage sur les élections présidentielles?
   a. Les élections, je trouve ça intéressant.
   b. Peut-être. Il y a un bon film?
   c. Euh... non. Je les trouve idiots, ces reportages.
6. Les films, ça vous intéresse, non?
   a. Oui, j'adore ça!
   b. Ça dépend. Quel genre de films?
   c. En général, non, je n'aime pas ça.

À vous!

Avec un(e) partenaire, lisez le programme à droite. Il (Elle) vous demande votre opinion sur plusieurs émissions, et vous lui répondez. Inversez ensuite les rôles. Choisissez au moins trois émissions que vous aimez tous (toutes) les deux.

MODÈLE: ***—Il y a un match de foot ce soir. Ça t'intéresse?***
—Oui, j'aime bien ça, les sports télévisés.
ou: ***—Non, je trouve ça ennuyeux, les sports télévisés.***

	TF1	A2	FR3	C+
20.30	20.35 **Football: Cannes/ Marseille**	20.40 **Metsor** (film)	20.35 **La marche du siècle : l'aventure**	20.30 **Ne réveillez pas un flic qui dort** (film)
21.00				
22.00			22.15 Journal	22.05 **Flash infos**
				22.10 **Le grand Bleu** (film)
	22.30 **Ciel, mon mardi!**	22.30 **Débat: le ciel peut-il nous tomber sur la tête?**	22.45 **Le vice et la vertu** (film)	
23.00				
		23.30 Journal		
		23.50 **Du côté de chez Fred**		
00.00	0.20 Journal			

Structure

Les Pronoms objets directs

Approach: (1) Use the introductory questions to preview the material. (2) Model the dialogue several times. (3) Have students look for patterns and answer questions A and B with a partner. (4) Elicit their responses. (5) Present the grammatical explanations as a means of confirming and extending students' hypotheses.

When asked an opinion, you often answer with a pronoun that replaces the noun in the question ("What do you think of this film?" "I like it."). Read and role-play the mini-dialogue with your instructor, paying particular attention to the way in which nouns in the questions are replaced by pronouns in the statements of opinion. Then answer these questions.

A. About what aspect of the TV program do the two people agree?

B. To what does the pronoun **l'** refer throughout the discussion?

–Est-ce que tu regardes « Dallas » à la télé?
–Tu sais, je **le** trouve simpliste, ce feuilleton. Et toi? Est-ce que tu **l'**aimes?
–Oui, moi, je **l'**adore, ce feuilleton. C'est justement parce qu'il est simpliste que je **le** trouve bien.

1. Direct objects

A direct object answers the question **qui?** or **quoi?** after a verb. Find the subjects, verbs, and direct objects in these sentences.

J'adore la vedette de ce feuilleton.
Je n'aime pas les sports télévisés.

2. Direct-object pronouns

Pronouns are words that may be used in place of nouns. Direct-object pronouns are substitutes for nouns used as direct objects. Locate the direct-object pronouns in the last lines of the following conversations and tell to which noun each refers.

—J'adore **la vedette** de ce feuilleton.
—Tu adores **qui?**
—**La vedette** de ce feuilleton, je l'adore. Pas toi?

—Je n'aime pas **les sports télévisés.**
—Tu n'aimes pas quoi?
—**Les sports télévisés**, je ne **les** aime pas. Je **les** trouve idiots!

The direct-object pronouns in French are:

me, m'	*me*	**nous**	*us*
te, t'	*you*	**vous**	*you*
le, l'	*him, it*	**les**	*them*
la, l'	*her, it*		

3. PLACEMENT OF DIRECT-OBJECT PRONOUNS

a. Direct-object pronouns precede the conjugated verb in all simple tenses.

Tu **nous** trouves tous enfantins, alors?
Aujourd'hui, je n'aime pas les dessins animés, mais quand j'étais jeune, je **les** aimais beaucoup.
Non, je ne **le** trouve pas, ton livre.

b. In infinitive constructions, direct-object pronouns directly precede the infinitive.

—Tu veux regarder le match de foot avec moi?
—Oui, je veux bien **le** regarder avec toi.

—Est-ce que nous allons inviter Paul et Henriette à assister au concert?
—Bien sûr que nous allons **les** inviter.

Note: Placement and agreement of pronouns in the **passé composé** are taught in ***Tranche 4*** of this chapter. Direct-object pronouns in the affirmative and negative imperative are presented in Chapter 12, ***Tranche 1***.

UTILISATION

ACTIVITÉ 7: Faites un sondage auprès de vos camarades. Demandez leurs opinions sur les émissions à la télévision. Si vous êtes d'accord avec un(e) camarade, écrivez son nom dans la colonne « d'accord ». Si vous n'êtes pas d'accord, écrivez son nom dans la colonne « pas d'accord ».

MODÈLE: les films d'épouvante
—Jean, qu'est-ce que tu penses des films d'épouvante?
—Je les trouve idiots.
—Moi aussi, je les trouve idiots. (Vous écrivez « Jean » dans la colonne « D'accord ».)

Approach: Have students circulate among their classmates. Encourage active participation by announcing that the first to complete the table will be the winner.

	D'accord	Pas d'accord
1. les films d'épouvante	________	________
2. les informations	________	________
3. les concerts de musique classique	________	________
4. les sports télévisés	________	________
5. les dessins animés	________	________
6. la gymnastique télévisée	________	________
7. les jeux télévisés	________	________
8. les émissions de variétés	________	________
9. les émissions de cuisine	________	________
10. les débats politiques	________	________

Follow-up: Have some students report their findings: **Carl adore les débats politiques; je le trouve très sérieux. Jennifer adore les débats politiques; je la trouve très sérieuse.**

ACTIVITÉ 8: Donnez votre opinion sur chaque genre d'émission à la télévision. D'après votre opinion, votre partenaire va faire une description de votre caractère. Employez le vocabulaire ci-dessous ainsi que d'autres expressions de votre choix.

MODÈLE: les débats politiques
—J'adore les débats politiques. Je les trouve très intéressants.
—Je te trouve sérieux(-se)!
—Tu me trouves sérieux(-se)? Vraiment?

enfantin(e)	bourgeois(e)	idiot(e)
sophistiqué(e)	intéressant(e)	sérieux(-se)
ennuyeux(-se)	violent(e)	simpliste

1. les débats politiques
2. les dessins animés
3. les films d'amour
4. les films d'épouvante
5. les informations
6. les comédies
7. les films classiques
8. les jeux télévisés
9. les sports
10. les feuilletons

À VOUS!

Approach: Encourage students to use as many different expressions as possible in their responses. Have some students report their findings to the class. Assign oral grades if desired.

Travaillez avec un(e) partenaire. Donnez vos opinions sur les émissions mentionnées dans *Télérama*. Faites ensuite une liste des émissions que vous aimez tous (toutes) les deux. Finalement, discutez votre liste avec plusieurs camarades et choisissez l'émission que tout le monde aime.

MODÈLE: ***–À mon avis, les feuilletons sont vraiment géniaux. Il y a « 21 Jumpstreet » ce soir. Tu veux le regarder?***
–Je le trouve idiot, ce feuilleton. Qu'est-ce que tu penses de « Hawaï Police d'état »?
–J'aime bien.
–Moi aussi.

17.00

Heure	Chaîne	Émission	Fin
17.15	TF1	21 JUMPSTREET *Série américaine.*	→ 18.05
17.15	A2	GIGA *Émission de Jean-François Bouquet.*	→ 18.30
17.15	M6	FLASH INFOS	→ 17.25
17.25	C+	CABOU CADIN	→ 18.15
17.25	M6	L'HOMME DE FER *Série américaine. Rediffusion.*	→ 18.15
17.30	FR3	AMUSE 3	→ 17.55
17.55	FR3	DENVER, LE DERNIER DINOSAURE *Dessin animé.*	→ 18.00

18.00

Heure	Chaîne	Émission	Fin
18.00	FR3	FLASH INFOS	→ 18.05
18.05	TF1	HAWAÏ POLICE D'ÉTAT *Série américaine. Rediffusion.*	→ 18.55
18.05	FR3	C'EST PAS JUSTE	→ 18.30
18.15	C+	ÇA CARTOON	→ 18.30
18.15	M6	L'AMI DES BÊTES *Série allemande. Rediffusion.*	→ 18.55
18.30	A2	DRÔLES DE DAMES *Série américaine.*	→ 19.25
18.30	FR3	QUESTIONS POUR UN CHAMPION	→ 19.00
18.30	C+	TOP 50	→ 19.20
18.55	TF1	AVIS DE RECHERCHE Avec **Marie-Christine Barrault.**	→ 19.05
18.55	M6	ALINE ET CATHY *Série américaine. Rediffusion.*	→ 19.25

Tranche 3

Les Goûts

AU TRAVAIL

AVANT DE LIRE

ACTIVITÉ 1: Les comptes rendus *(reviews)* suivants présentent et font la critique de quelques nouveaux ouvrages, y compris *(including)* la dernière bande dessinée de la série Gaston Lagaffe. Avant de lire les comptes rendus, répondez aux questions suivantes. ⬢

⬢ The Gaston Lagaffe series of comic strips is very popular. It presents the exploits of a very inventive and lazy office boy whose harebrained ideas always get him into trouble.

1. Quels genres de livres aimez-vous?
2. Aimez-vous les bandes dessinées? Avez-vous une bande dessinée préférée?
3. Réfléchissez à un personnage favori d'un roman, d'une bande dessinée ou bien d'un film. Décrivez son apparence physique et sa personnalité.

POUR MIEUX LIRE

ANALYZING THE STRUCTURE OF A TEXT: OUTLINING

To improve your comprehension of a passage, take a few moments to analyze its structure. Doing so will help you to understand the relationships among the sections and to remember the main ideas and significant details.

A quick way to determine the organization of a passage is to look over the title(s), main headings, and subheadings before you begin to read in depth. An author uses such headings to emphasize his or her main ideas and most significant points. Another easy way to analyze the internal structure of a text is to outline it.

Begin your outline with the title of the passage. Then identify main headings with roman numerals (I, II, III, …) and fill in the important points beneath each main heading. Be sure to indicate the relationships among subordinate ideas by using capital letters and numbers.

The following article is made up of several book reviews. As you read it, think about the way in which it is structured. Notice how titles and headings are used to make the passage easier to understand. Then outline the passage to determine its internal organization.

Lecture

Le Choix des lecteurs

Suggestion: Have students discuss American comics. Then tell them about some French comics, such as Tintin, Astérix, etc. If possible, bring samples to class.

Additional reading practice is provided in ***Tranche 3*** of the corresponding ***Cahier*** chapter.

Dans ces critiques, on offre des opinions positives et négatives sur quelques nouveaux livres. Avant de lire les critiques, examinez les questions dans les ***Activités 2*** et ***3*** à la page suivante.

Titre: Comme une amie
Genre: Roman
Auteur: Claudine Jardin

POUR: « J'ai aimé cette vivacité, cette spontanéité, ce style alerte avec lesquels Claudine Jardin parle de la vie présente et du passé de tous les membres de cette famille attachante° qui se rejoignent° et se séparent. »

CONTRE: « Cette évocation d'une famille gravitant autour de Madeleine et de Charles ne m'a pas touchée.° Je trouve ce roman trop touffu° avec toutes ces vies qui se croisent° et se séparent. »

Titre: L'Anniversaire
Genre: Roman
Auteur: Anne Guglielmetti

POUR: « Une œuvre admirable qui, au fil des mots, au rythme des phrases, nous fait penser à Rimbaud, à Proust, à Colette.° Et c'est, sous ma plume, un bel hommage à Anne Guglielmetti. »

CONTRE: « Ce livre ne laisse pas comme les anniversaires un souvenir inoubliable. Que veut nous démontrer l'auteur? Je n'ai pas compris. »

Titre: La France contre la France
Genre: Documentaire
Auteurs: Anne-Marie et Jean Mauduit

POUR: « Un document extra! Un rapport détaillé, une véritable instruction judiciaire, tout y est, le suspense, le souffle° des grands hommes. Passionnant de bout en bout.° Bravo! »

CONTRE: « Honnêtement j'ai eu un mal fou à poursuivre° la lecture de ce livre jusqu'à la fin... Le sujet a été d'une actualité° brûlante, mais cette bataille est dépassée° maintenant. »

Titre: Gaston, des gaffes et des dégâts
Genre: Bande dessinée
Auteur: Franquin

POUR: « Un nouveau livre de Gaston vient de paraître chez votre libraire. Ce dernier numéro continue les exploits de notre commis de bureau.° Tous les personnages y sont: le chat, la mouette,° le patron, et bien sûr Gaston lui-même, paresseux, inventif, impulsif et bricoleur.° Dans ce dernier numéro, vous allez retrouver toutes les situations typiques comme, par exemple, la suivante: le patron ordonne à Gaston de ne pas ouvrir* de boîtes de conserves° dans le bureau. Il lui confisque son ouvre-boîte. Gaston, qui veut donner des sardines à son chat, a un plan. Il téléphone à son ami et lui demande d'ouvrir sa boîte de sardines. Il va lui envoyer* la boîte fermée par l'ascenseur. L'ami va l'ouvrir au rez-de-chaussée et va la renvoyer par l'ascenseur. Malheureusement, le plan ne marche pas. Le grand patron utilise l'ascenseur, marche dans la boîte de sardines ouverte et se met en colère quand il se rend compte qu'il pue° la sardine.

Si vous êtes amateur de bandes dessinées, vous allez apprécier les aventures de Gaston. Je vous garantis aussi que ce dernier numéro de la série risque de vous métamorphoser en fanatique de Gaston. Attention, Gaston peut devenir une habitude! »

CONTRE: « À lire en petites doses. »

attachant *engaging* **se rejoindre** *to get together* **toucher** *to move, affect*
touffu *dense* **se croiser** *to cross* **Rimbaud, Proust, Colette** *French literary figures* **le souffle** *presence* **de bout en bout** *end to end*
poursuivre *to continue* **l'actualité** *timeliness* **dépassé** *old hat*
le commis de bureau *office boy* **la mouette** *seagull*
le bricoleur *do-it-yourself enthusiast* **la boîte de conserves** *can* **puer** *to stink of*

* The complete conjugations of the irregular verbs **ouvrir** *(to open)* and **envoyer** *(to send)* are given in the ***Verbes irréguliers*** at the end of the chapter.

COMPRÉHENSION

ACTIVITÉ 2: Les auteurs des quatre comptes rendus essaient de (a) nous convaincre que les livres sont tous bons; (b) nous persuader que les nouveaux livres sont sans intérêt; (c) nous donner leur opinion.

ACTIVITÉ 3: Relisez les revues et vérifiez les détails.

1. Lisez le compte rendu du roman *Comme une amie*, puis indiquez si les phrases suivantes sont vraies ou fausses.
   a. Il s'agit d'une famille dont les membres-vedettes s'appellent Madeleine et Charles.
   b. Il s'agit d'un roman de science-fiction.
   c. L'auteur du compte rendu trouve le style du roman spontané et vivant.
   d. L'auteur du compte rendu trouve l'histoire trop compliquée et pas très intéressante.
2. Relisez le compte rendu de *L'Anniversaire*, puis corrigez les phrases suivantes.
   a. *L'Anniversaire* est une collection de poèmes.
   b. C'est une œuvre du célèbre poète français Rimbaud.
   c. L'auteur du compte rendu n'aime pas beaucoup le style de l'œuvre.
   d. L'auteur du compte rendu trouve que l'histoire est claire, simple et touchante.
3. Relisez le compte rendu de *La France contre la France*, puis répondez aux questions.
   a. Quel est le genre de cette œuvre?
   b. Quel est son sujet?
   c. Comment est-ce que l'auteur du compte rendu exprime une opinion positive?
   d. Et une opinion négative?
4. Relisez le compte rendu de *Gaston*, puis répondez aux questions.
   a. L'auteur du compte rendu de Gaston essaie de (a) nous amuser, (b) nous persuader, (c) nous renseigner.
   b. Choisissez la phrase qui décrit le mieux Gaston.
      1. Gaston n'est pas un bon employé.
      2. Le patron de Gaston est trop exigeant *(demanding)* et n'a aucun sens de l'humour.
      3. Gaston est un peu étourdi *(harebrained)* et il aime s'amuser.
   c. Choisissez la phrase qui décrit (les phrases qui décrivent) le mieux l'idée principale du compte rendu de Gaston.
      1. Vous devez acheter le livre parce qu'il est très amusant.
      2. Il s'agit d'une nouvelle bande dessinée de la série Gaston Lagaffe.
      3. Les bandes dessinées sont populaires en France.
      4. Les bandes dessinées ne sont pas seulement pour les enfants.

d. Relisez la critique de la nouvelle bande dessinée, puis mettez les phrases suivantes dans le bon ordre d'après l'histoire.
   1. Gaston a une idée; il téléphone à son ami.
   2. Le patron marche dans la boîte de sardines ouverte.
   3. Le patron dit à Gaston de ne pas ouvrir de boîtes de sardines au bureau.
   4. Gaston met une boîte de sardines dans l'ascenseur.
   5. L'ami de Gaston renvoie la boîte ouverte par l'ascenseur.
   6. L'ami de Gaston prend un ouvre-boîte.
   7. Le patron de Gaston est irrité; il pue la sardine.

ACTIVITÉ 4: Recommandez un livre, une bande dessinée, un dessin animé ou un film à votre partenaire en utilisant quelques-unes des expressions suivantes ainsi que d'autres de votre choix.

Je viens de lire (voir)... *(titre)* de... *(auteur, directeur)* avec ... *(acteur/actrice)*.
À mon avis, c'est...
Les personnages principaux sont...
L'histoire est vraiment... D'abord,... Et puis... Et ensuite...
Je t'assure (Je suis certain[e]) que ...

Notes culturelles

La Presse en France

En général, aux États-Unis, les journaux adoptent un point de vue relativement « objectif », c'est-à-dire qu'ils donnent les faits, pèsent le pour et le contre et laissent aux lecteurs la liberté de tirer *(draw)* leurs propres conclusions. En France, par contre, les journaux et certains magazines et revues ont souvent une orientation politique particulière. On lit donc les articles en sachant *(knowing)* bien que les auteurs ont adopté un point de vue subjectif. Par exemple, on sait que tous les articles de la revue le *Nouvel Observateur* ont un point de vue de gauche et que les articles du *Point* sont de droite. Pour bien s'informer, on doit lire les deux revues.

Examinez un ou deux articles de magazines d'informations américains (*Time* ou *Newsweek*). Trouvez l'exemple d'un article impartial, c'est-à-dire qui pèse le pour et le contre sans imposer de point de vue particulier. Examinez par contre un article du *Nouvel Observateur*. Est-ce que l'article est totalement objectif? Expliquez.

FAIRE DES RECOMMANDATIONS

In the scenes that follow, people ask for and state recommendations.

A. Practice the scenes with your instructor.

B. Role-play them again with a partner, substituting other forms of entertainment and mixing and matching the recommendations.

SCÈNE 1

—Tu as lu la nouvelle bande dessinée de la série Astérix? ⬣

—Je viens de la lire ce week-end et je t'assure que c'est un des meilleurs livres de l'année. Je te garantis que tu vas aimer les exploits d'Obélix. Tu veux que je te le prête?°

—Oh, oui, s'il te plaît!

SCÈNE 2

—Que penses-tu des nouveaux clips de Michael Jackson?

—J'en ai vu ce week-end et je peux te dire* qu' ils sont vraiment géniaux!

—Ah bon?

⬣ The comic strip series of Astérix is also very popular. Set during the Roman occupation, it tells of a band of Gauls who have a magic potion that makes them invincible.

SCÈNE 3

—Vous avez vu le dernier film de Spielberg?

—Oui. Je vous jure° qu'il est excellent… Je vous conseille° d'arriver de très bonne heure pour trouver une place.

SCÈNE 4

—Qu'est-ce que tu as fait ce week-end?

—J'ai vu un spectacle de mime sur la place Beaubourg. Je te conseille d'aller le voir aussitôt que possible. Les mimes sont formidables. ⬣

⬣ The **place Beaubourg** is a busy square whose jugglers, mimes, and musicians attract crowds of spectators.

prêter *to lend* **jurer** *to swear* **conseiller** *to advise*

* The complete conjugation of the irregular verb **dire** *(to say, to tell)* is given in the ***Verbes irréguliers*** at the end of the chapter.

UTILISATION

ACTIVITÉ 5: Relisez les scènes et trouvez les expressions suivantes.

1. Trouvez les expressions qui permettent de demander une opinion. Quelles expressions utilise-t-on pour donner des recommandations?
2. Trouvez cinq expressions qui introduisent une recommandation, comme *I assure you… , I guarantee that…*
3. Trouvez deux façons de réagir à une recommandation.
4. Trouvez les recommandations positives, indifférentes, négatives.

Expansion: Have students recommend their favorite TV program, book, etc., adapting their comments accordingly.

ACTIVITÉ 6: Recommandez votre bande dessinée ou dessin animé préféré à un(e) ami(e) et dites pourquoi il (elle) va l'aimer. Donnez trois raisons et utilisez les expressions des listes ci-dessous. Vous pouvez aussi employer vos propres expressions.

MODÈLE: ***Tu vas beaucoup aimer le nouvel Astérix! Je t'assure que tu vas beaucoup t'amuser. Je te garantis que tu vas apprécier les dessins. Je te conseille de l'acheter immédiatement!***

je t'assure que	c'est vraiment génial
à vrai dire	c'est une des meilleures bandes dessinées de la série
je te jure que	tu vas beaucoup t'amuser
je te garantis que	c'est très drôle
je peux te dire que	tu vas apprécier les dessins

Expansion: Have students adapt the paragraph to recommend movies, videos, plays, operas, etc.

ACTIVITÉ 7: Il y a un nouveau film au Rex. Faites une recommandation à votre camarade. Dites pourquoi le film est bon et racontez un passage du film. Utilisez le paragraphe suivant comme guide.

Je viens de voir… Je vous assure que c'est… À vrai dire, c'est… et si vous aimez…, je vous assure que vous allez le trouver… Il y a une scène où… et je vous garantis que vous allez beaucoup l'aimer. C'est vraiment…! Je vous suggère d'assister à la prochaine séance !

À VOUS!

Suggestion: This activity may be done either orally in class or as a written homework assignment.

L'auteur du compte rendu du dernier Gaston Lagaffe donne généralement des opinions positives. Donnez un point de vue contraire; expliquez pourquoi on *ne va pas* aimer cette nouvelle bande dessinée.

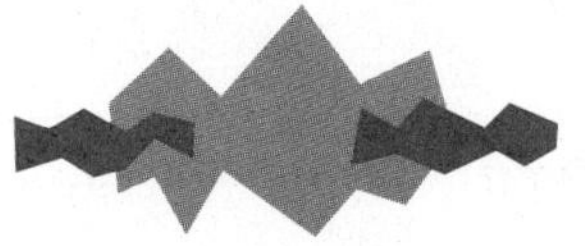

STRUCTURE

LES PRONOMS OBJETS INDIRECTS

In both stating opinions and making recommendations, you often use pronouns to avoid repeating a subject that has already been mentioned. Each of the following paragraphs describes a different point of view. Read them with your instructor, paying particular attention to the pronouns. Then answer these questions.

A. Which character is incorrigible? Which is repentant? Impatient?

B. To which characters do the pronouns in bold type refer?

Approach: (1) Use the introductory questions to preview the material. (2) Present the texts several times. (3) Have students look for patterns and answer questions A and B with a partner. (4) Elicit their observations. (5) Present the grammatical explanations as a means of confirming and extending students' hypotheses.

L'ami de Gaston dit: « Bon, d'abord il **me** téléphone et **me** demande d'ouvrir une boîte de sardines qu'il **m'**envoie par l'ascenseur. Alors, je **lui** ouvre sa boîte et je la **lui** renvoie par l'ascenseur. C'est tout! »

Le patron de Gaston dit : « Vous savez que cet individu **nous** cause des ennuis.° Je vous assure qu'il ne va pas continuer de cette manière. Je **lui** ai demandé d'arrêter° ce cirque° tout de suite. »

Gaston dit: « Bien sûr, je **leur** ai dit que je n'allais pas ouvrir de boîtes de sardines, mais… je vais trouver un moyen.° »

1. INDIRECT OBJECTS

An indirect object answers the question **à qui?** or **à quoi?** after a verb. Find the subjects, verbs, and indirect objects in these sentences.

Nous parlons à Gaston.
Le patron pose une question aux employés.

2. INDIRECT-OBJECT PRONOUNS

Indirect-object pronouns take the place of nouns used as indirect objects. Locate the indirect-object pronouns in the last line of each conversation. Decide to which noun each indirect-object pronoun refers.

—Nous parlons **à Gaston.**
—Vous parlez **à qui**?
—**À Gaston.** Nous **lui** parlons!

—Le patron pose une question **aux employés.**
—Il pose une question **à qui?**
—**Aux employés.** Le patron **leur** pose une question!

l'ennui *trouble* **arrêter** *to stop* **le cirque** *circus* **le moyen** *the means*

The indirect-object pronouns in French are:

me, m'	*to me*	**nous**	*to us*
te, t'	*to you*	**vous**	*to you*
lui	*to him, to her, to it*	**leur**	*to them*

3. PLACEMENT OF INDIRECT-OBJECT PRONOUNS

Note: Indirect-object pronouns in the affirmative and negative imperative are presented in Chapter 12, ***Tranche 1***.

a. Indirect-object pronouns precede the conjugated verb in simple tenses except in the affirmative imperative.

Tu **nous** donnes ton opinion sur le roman?
Jean **leur** parlait quand je suis arrivé(e).
D'habitude, elle ne **nous** pose pas de questions.

b. In infinitive constructions, indirect-object pronouns directly precede the infinitive.

Gaston veut **lui** demander son ouvre-boîte.
Je vais **vous** demander d'arrêter tout de suite!
Nous allons **te** téléphoner pour **te** donner les détails du concert.

UTILISATION

ACTIVITÉ 8: Vous téléphonez à plusieurs personnes. Répondez au (à la) secrétaire, demandez votre correspondant(e) et laissez-lui un message.

MODÈLE: Allô. Ici le bureau de Mme Robert.

a. Bonjour. Je voudrais parler à Mme Robert, s'il vous plaît.
Bonjour. Je voudrais lui parler, s'il vous plaît.

b. Je voudrais dire à Mme Robert que le nouveau roman est arrivé à la librairie.
Je voudrais lui dire que le nouveau roman est arrivé à la librairie.

1. Allô. Ici le bureau de M. Dupont.
   a. Bonjour. Je voudrais parler à M. Dupont, s'il vous plaît.
   b. Je voudrais dire à M. Dupont que j'ai ses réservations.
2. Allô. L'agence Legoff et Legoff.
   a. Bonjour. Je voudrais laisser un message aux Legoff.
   b. Je voudrais dire aux Legoff que j'ai fait des réservations Chez Charlot pour ce soir à vingt heures trente.
3. Allô. Ici la secrétaire de Mme Christelle à l'appareil.
   a. Je voudrais parler à Mme Christelle, s'il vous plaît.
   b. Je vais conseiller à Mme Christelle de voir la nouvelle exposition d'art d'avant-garde.
4. Allô. *Le Monde*, bureau des reporters.
   a. Je voudrais parler à Philippe Martin, s'il vous plaît.
   b. Je voudrais dire à Philippe Martin que Christo vient de terminer sa dernière création.

ACTIVITÉ 9: Pour chacun des scénarios suivants, imaginez une histoire. Répondez aux questions en donnant des détails. Suivez le modèle. Et bien sûr, utilisez des pronoms objets indirects.

MODÈLE: Le téléphone sonne. Christine répond. C'est un homme. Qu'est-ce que l'homme lui dit? Qu'est-ce que Christine lui répond?
L'homme s'appelle M. Gandouse. Il lui dit qu'il fait un sondage. Il lui parle des nouveaux feuilletons à la télé. Elle lui répond qu'elle n'aime pas les feuilletons à la télé.

1. Martin est en prison. Il me donne une feuille de papier pliée *(folded)*. Qu'est-ce que Martin me demande de faire?
2. Gisèle s'arrête dans la rue et parle avec un inconnu *(stranger)*. Qui est l'inconnu? Qu'est-ce que Gisèle lui dit?
3. Denise entre dans le bureau de poste et envoie un paquet à son patron. Pourquoi est-ce que Denise lui envoie ce paquet? Qu'est-ce qu'il y a dans le paquet?

À VOUS!

Lisez le compte rendu d'*Un violon sur le toit* de Norman Jewison. Avec un(e) partenaire, discutez du film. Donnez votre opinion et votre recommandation. Votre partenaire doit faire la même chose. Est-ce que vous aimez ce genre de film? Expliquez.

REPRISE

Vous souvenez-vous de cet air célèbre « Ah! si j'étais riche… »? Cherchez bien. C'était dans « Un violon sur le toit », la comédie musicale du réalisateur Norman Jewison qui remporta un grand succès à sa sortie en 1971. Ce film ressort sur les grands écrans et vous pourrez y retrouver tous les personnages (Chaim Topol, Norman Crane, Leonard Frey, Molly Picon) du paisible village d'Anatevka. Joyeux, enchanteur.

Une scène d'«Un violon sur le toit» de Norman Jewison

Tranche 4

J'AI DU TEMPS LIBRE!

AU TRAVAIL

ACTIVITÉ 1: Faites cette activité en trois étapes.

1. Lisez le programme d'activités et répondez aux questions suivantes.
   a. Il y a combien de cours de cuisine? d'arts martiaux?
   b. Dans quel cours est-ce qu'on fait de la natation et du saut à la corde?
   c. Pourquoi doit-on s'inscrire au cours de tai-chi? au cours de hatha yoga?
   d. Si on aime faire de la peinture ou de la sculpture, quel cours doit-on suivre?
2. Pensez à votre routine quotidienne, puis répondez aux questions suivantes.
   a. Quels cours voulez-vous suivre?
   b. Combien de temps libre avez-vous?
   c. Comment passez-vous votre temps libre?
3. Choisissez le cours qui vous intéresse le plus et recommandez-le à un(e) camarade de classe.

PROGRAMME D'ACTIVITÉS

La Gymnastique rythmique
pour développer le sens du rythme et de l'équilibre

L'Initiation au jogging
cours préliminaire de jogging pour débutants,° exercices musculaires

Le Judo
éléments de l'autodéfense

Hatha yoga
pour améliorer l'équilibre physique et mental pour un bien-être° intérieur

Le Conditionnement physique
un programme d'exercices, de jogging, de natation et de saut à la corde;° l'évaluation de la condition physique

Le Tai-chi
pour équilibrer le corps° et l'esprit°

Le Ballet-jazz
niveaux I, II, III, IV

L'Aérobic
niveaux I, II, pour améliorer la capacité de votre système cardio-vasculaire

La Cuisine
initiation à la cuisine: les marinades, les confitures,° les soupes, les légumes, les fondues

La Cuisine sans viande
les légumes, les produits laitiers, les œufs, les grains, l'utilisation du wok

Les Arts plastiques
l'introduction à la sculpture, à la poterie, à la peinture à l'huile°

le débutant *beginner* **bien-être** *well-being* **saut à la corde** *jump rope*
le corps *body* **esprit** *spirit* **la confiture** *preserves* **huile** *oil*

Être ou ne pas être d'accord

In these scenes, the first person states an opinion and several others agree or disagree with it.

A. Practice the scenes with your instructor.

B. Role-play them again with a partner, selecting just the responses that most appropriately reflect your opinions.

Approach: (1) Use the introductory guidelines to preview the material. (2) Role-play the mini-dialogues, having students practice with you, repeat with a partner, incorporate personal variations. (3) Have students find ways to express agreement or disagreement. List answers in columns on the board. Then have students work in pairs to create original mini-dialogues.

Scène 1

—Elle était intéressante, cette démonstration de wen-do, n'est-ce pas?

—Oui, je suis d'accord avec toi. Elle était super.

—Tu as raison.° Je l'ai bien aimée, cette démonstration.

—Eh bien, vous avez tort° tous les trois. Moi, je ne l'ai pas du tout appréciée! Je l'ai trouvée trop violente!

Scène 2

—Fantastiques, ces tours de prestidigitation!

—Je ne suis pas du tout d'accord avec toi. Je les ai trouvés nuls.

—Non, ce n'est pas vrai! Tu ne les as pas aimés? Moi, je les ai trouvés formidables.

—Quoi? Formidables? Tu plaisantes!° Ils étaient simplistes.

—Au contraire! Ils étaient très compliqués.

Scène 3

—Ce cours de cuisine… Ces desserts étaient vraiment infects, hein?

—C'est exact! Moi aussi, je les ai trouvés répugnants.

—Non, vous vous trompez!° Les tartes étaient très réussies!° Je les ai trouvées absolument délicieuses.

—Oui, moi aussi! Mais les autres desserts, je les ai trouvés vraiment horribles.

avoir raison *to be right* **avoir tort** *to be wrong* **Tu plaisantes!** *You're joking!* **se tromper** *to be mistaken* **réussi** *very good*

UTILISATION

ACTIVITÉ 2: Relisez les scènes et trouvez les expressions suivantes.

1. Trouvez plusieurs opinions positives.
2. Trouvez des opinions négatives.
3. Trouvez deux expressions qui indiquent qu'on est d'accord.
4. Trouvez deux expressions qui indiquent qu'on n'est pas d'accord.

ACTIVITÉ 3: Le Cercle gastronomique essaie de nouvelles recettes. Certaines des recettes sont très bonnes, d'autres ne sont pas réussies. Donnez votre opinion sur chaque recette.

MODÈLE: Je l'ai beaucoup aimée, cette tarte. Et vous?
Vous plaisantez, madame (monsieur). Elle était très mauvaise.

1. Je les ai beaucoup aimés, les escargots *(snails)* à la moutarde. Et vous?
2. Le vin rouge avec de la limonade, c'est fantastique, vous ne trouvez pas?
3. Je les ai beaucoup aimées, les tartelettes aux tomates. Et vous?
4. Le gâteau aux amandes *(almonds)* est vraiment infect, n'est-ce pas?
5. Je trouve que le vin blanc à la menthe, ce n'est pas très bon. Et vous?
6. Je l'ai trouvé horrible, le biftek aux champignons. Vous l'avez essayé?

À VOUS!

Les articles suivants viennent de paraître sur le marché. Travaillez avec un(e) partenaire et demandez-lui son opinion. Vous réagissez. Inversez ensuite les rôles.

MODÈLE: la montre bébé
—Vous trouvez qu'elle est belle, cette nouvelle montre?
—Ah, oui. Je la trouve très belle!
—Je ne suis pas d'accord! Je la trouve affreuse.

VÉLO DOROTHÉE

Le sport, chez Dorotennis, on en connaît un rayon… C'est sans doute pour cela qu'ils roulent pour nous à vélo. Il sera tout beau, tout blanc. (Dorotennis, 1 685 F, en vente courant 86, dépositaires Peugeot.)

MONTRE BÉBÉ

Ils faisaient des jouets. Mais de plus en plus ils s'intéressent à l'environnement de l'enfant. Après avoir créé un magnétophone, un tourne-disque, un appareil photo, voici la montre Fisher Price. Bracelet en Velcro pour les petits poignets, chronomètre et bien sûr antichoc… (120 F. Pas avant avril.)

MICKEY BAINS

Mickey aime les enfants propres. Voici la première ligne de salle de bains « Mickey look ». Un bain moussant, un shampooing, un lait de toilette. Le bouchon en forme d'oreilles de la petite souris est très excitant… (Mickey Mousse, entre 20 et 23 F, dans les hypermarchés.)

STRUCTURE

LES PRONOMS OBJETS ET LE PASSÉ COMPOSÉ

As you have seen in previous sections of this chapter, pronouns are often used in stating opinions and making recommendations. Read and role-play the mini-dialogue with your instructor, paying particular attention to pronoun placement and the agreement of past participles. Then answer these questions.

A. What was discussed? What opinions were offered? What embarrassing event occurred?

B. Where are pronouns placed in the **passé composé**?

C. What effect does the use of a pronoun have on the form of the past participle?

Approach: (1) Use the introductory questions to preview the material. (2) Present the text several times. (3) Have students look for patterns and answer questions A–C with a partner. (4) Elicit their observations. (5) Present the grammatical explanations as a means of confirming and extending students' hypotheses.

Lucie et moi, nous sommes allé(e)s à une soirée. Elle a goûté une tartelette aux escargots; elle **l'**a mangé**e.** Elle **l'**a trouvé**e** délicate et fine. Ensuite, elle **m'**a demandé de lui donner mon opinion. Je **l'**ai goûté**e** à mon tour et j'ai crié très fort: « Infect! ». Quelle situation embarrassante!

1. PLACEMENT OF OBJECT PRONOUNS IN THE PASSÉ COMPOSÉ

In the **passé composé**, direct- and indirect-object pronouns are placed before the auxiliary verb.

J'ai écouté **le nouveau disque.**	Je l'ai écouté.
J'ai donné le disque **à Jean.**	Je **lui** ai donné le disque.
Vous avez mangé sept **tartes**?	Oui, j'**en** ai mangé sept!
Tu as répondu **à la lettre**?	Oui, j'y ai répondu.

2. AGREEMENT WITH DIRECT OBJECTS IN THE PASSÉ COMPOSÉ

a. In the **passé composé**, a past participle agrees in number and gender with a preceding direct object.

Vous avez écouté **le disque**?	Je l'ai écouté.
J'ai observé **la réaction de Lucie.**	Je l'ai observ**ée.**
Tu as lu **les livres de cuisine**?	Tu **les** as lus?
J'ai mangé **les tartelettes aux tomates.**	Je **les** ai mang**ées.**

b. There is no agreement in the **passé composé** when the direct object follows the verb.

Quand as-tu **écouté cette musique?**
Où as-tu **mangé ces tartelettes?**

UTILISATION

ACTIVITÉ 4: Donnez votre opinion sur les styles de cuisine ou les plats suivants. Faites attention à l'accord entre le participe passé et le pronom objet direct.

MODÈLE: Tu as aimé la nourriture japonaise?
Oui, je l'ai beaucoup aimée.
ou: *Non, je ne l'ai pas beaucoup aimée.*

1. la nourriture italienne
2. la nourriture chinoise
3. les spécialités françaises
4. la nourriture allemande
5. les spécialités grecques
6. les spécialités mexicaines
7. le curry indien
8. les spaghettis
9. les saucisses américaines

ACTIVITÉ 5: Donnez votre opinion sur chacune des activités suivantes en employant un adjectif de votre choix. Faites attention à l'accord entre l'objet direct et le participe passé.

MODÈLE: Tu as aimé la comédie télévisée?
Oui, je l'ai trouvée formidable.

1. Tu as aimé les spectacles ce week-end?
2. Comment as-tu trouvé l'exposition d'art moderne?
3. Tu as aimé le spectacle de mime?
4. Comment as-tu trouvé les nouveaux albums de bandes dessinées?
5. Tu as aimé le match de foot?
6. Tu as aimé les débats télévisés?
7. Comment as-tu trouvé la soirée chez Alex?
8. Comment as-tu trouvé la course cycliste?

ACTIVITÉ 6: Répondez aux questions suivantes à l'affirmatif ou au négatif. Attention! Le participe passé ne s'accorde ni avec les pronoms objets indirects ni avec **y** et **en**.

MODÈLE: Tu as passé du temps au gymnase?
Oui, j'y ai passé du temps.
ou: *Non, je n'y ai pas passé de temps.*

1. Tu as parlé à tes ami(e)s ?
2. Tu as regardé du sport à la télé?
3. Tu as dansé à la discothèque?
4. Tu as parlé à ton professeur?
5. Tu as dîné au restaurant?
6. Tu as rendu visite à tes parents?
7. Tu es allé(e) au cinéma?
8. Tu as fait beaucoup d'aérobic?
9. Tu as écrit une lettre à un(e) petit(e) ami(e)?
10. Tu as lu deux romans?

À VOUS!

Interviewez votre partenaire. Pour commencer, employez les questions de ***l'Activité 6***, puis demandez-lui son opinion sur les activités mentionnées.

MODÈLE: ***—Tu as dansé à la discothèque?***
—Oui, vendredi dernier.
—Qu'est-ce que tu penses des discothèques?
—Je les aime beaucoup. J'aime danser le rock. Et toi?
—Oh, oui, moi aussi, j'aime bien danser.

La Langue écrite

Structurer un essai

When you communicate orally with a partner, you use many nonverbal cues, such as gestures, facial expressions, vocal emphases, intonation, and repetitions. These are regular features of oral communication that help carry much of your message. When you write, however, you cannot make use of all these features. Writing is, in some ways, a less "communicative" medium; that is, it has fewer features that help put the message across. On the other hand, writing makes up what it lacks in inflection and gestures by means of structure. Because writers have much more time than speakers, they can improve their communication by clarifying it, simplifying it, and making its content easier to understand.

One structural feature of writing is the way in which material is presented. Notice, for example, in the following book review how the title, type of writing, and author's name are set off from the rest of the paragraph. Notice also that the use of labels (**Pour** and **Contre**, for instance) improves readability.

Additional writing practice is provided at the end of the corresponding ***Cahier*** chapter. If ***système-D*** is available to your students, they may wish to use it as they complete the writing exercise.

Titre:	*La France contre la France*
Genre:	Documentaire
Auteurs:	Anne-Marie et Jean Mauduit
POUR:	« Un document extra ! Un rapport détaillé, une véritable instruction judiciaire, tout y est, le suspense, le souffle des grands hommes. Passionnant de bout en bout. Bravo! »
CONTRE:	« Honnêtement j'ai eu un mal fou à poursuivre la lecture de ce livre jusqu'à la fin… Le sujet a été d'une actualité brûlante, mais cette bataille est dépassée maintenant. "

Sujets de composition

1. Write a review (**un compte rendu**) of a book or a movie. Follow the structure of the review above.
2. Write a short letter telling a friend about some of the leisure activities you participated in during the last month. Describe the activities and tell why you liked or disliked them. Don't forget to structure your communication as an informal letter. Review informal letters, which were presented in ***Chapitre 4, Tranche 4, Sujets de composition.***

Lexique

Expressions

Asking for and giving an opinion

Tu aimes...? Comment trouvez-vous...? Qu'est-ce que tu penses de...?

Oui. C'est merveilleux!
Ça me plaît.
J'aime ça
Ça dépend.
Non, pas particulièrement! Pas du tout!
Je n'aime pas du tout ça!
Je trouve le... formidable.

Je préfère...
J'aime (beaucoup)...
Je pense (trouve) que...
Je trouve ça...
À mon avis, c'est...
Pour moi, c'est...
D'après moi, c'est...

Making a recommendation

Je vous assure que...
Je vous jure que...
Je vous garantis que...
Je peux vous dire que...
Je vous dis que...
Je vous sugggère de...
Je vous conseille de...

Agreeing or disagreeing with an opinion

If you agree
Je suis d'accord avec vous.
Vous avez raison!
C'est exact!
C'est bien ça.

If you don't agree
Je ne suis pas d'accord avec vous.
Au contraire!
Vous avez tort.
Non, ce n'est pas vrai.
Mais non, vous vous trompez.
Vous plaisantez!

Vocabulaire

Television programs

une comédie
un concert télévisé
un dessin animé
un feuilleton
un film
un film d'amour
un film d'aventures
un film d'épouvante
les informations *(f. pl.)*
un jeu télévisé
la météo
les sports télévisés

OPINIONS

amusant(e)	extraordinaire	passionnant(e)
assez bien	formidable	répugnant(e)
assez ordinaire	génial(e)	révoltant(e)
barbare	horrible	sans intérêt
bizarre	inacceptable	sensationnel(le)
dégoûtant(e)	inadmissible	simpliste
désagréable	monotone	super
détestable	nul(le)	violent(e)
ennuyeux(-se)	pas mal	

VERBES IRRÉGULIERS

dire *(to say)*	je **dis**	nous **disons**
	tu **dis**	vous **dites**
	il/elle/on **dit**	ils/elles **disent**

past participle: **dit**

faire *(to do, to make)*	je **fais**	nous **faisons**
	tu **fais**	vous **faites**
	il/elle/on **fait**	ils/elles **font**

past participle: **fait**

ouvrir *(to open)*	j'**ouvre**	nous **ouvrons**
	tu **ouvres**	vous **ouvrez**
	il/elle/on **ouvre**	ils/elles **ouvrent**

past participle: **ouvert**
like **ouvrir: offrir, souffrir**

VERB WITH SPELLING CHANGES

envoyer *(to send)*	j'**envoie**	nous **envoyons**
	tu **envoies**	vous **envoyez**
	il/elle/on **envoie**	ils/elles **envoient**

past participle: **envoyé**
like **envoyer: payer, essayer**

IN THIS CHAPTER, YOU WILL LEARN ABOUT ETIQUETTE AND SOCIAL ROUTINES IN FRANCE. YOU WILL LEARN HOW TO INTRODUCE PEOPLE AND RESPOND TO INTRODUCTIONS, OFFER AND ACCEPT GIFTS, APOLOGIZE, AND WRITE A SOCIAL LETTER.

chapitre 12

LES CONVENTIONS SOCIALES

Tranche 1

UN DÎNER EN FAMILLE

AU TRAVAIL

AVANT DE PARLER

ACTIVITÉ 1: Pour jouer les scènes suivantes, prétendez avoir une conversation téléphonique avec votre partenaire. Choisissez parmi les expressions données pour l'inviter quelque part. Il (Elle) va répondre à votre invitation.

Note: This activity reviews offering, accepting, and refusing invitations, and stating dates and times (both exact and approximate).

Expressions

Saluer: Allô? C'est... à l'appareil. Je voudrais parler avec... Un moment, s'il vous plaît. Ne quittez pas.

Inviter: Tu fais quelque chose de spécial... *(le jour/l'heure)*? Il y a... à... *(l'endroit)*. Ça t'intéresse? Je t'invite à... *(l'endroit/le jour/l'heure)*. Tu viens... *(l'endroit/le jour/l'heure)*? Tu veux aller... *(l'endroit/le jour/l'heure)*?

Vérifier la date et l'heure: C'est pour *(le jour)*? À... heures?

Accepter ou refuser: Avec plaisir! Merci. C'est très gentil, j'accepte. Peut-être un autre jour? Je regrette, mais...

Dire au revoir: Alors, on se voit à... *(l'endroit)*, vers... *(l'heure approximative)*. D'accord. Au revoir!

1. Vous téléphonez à un(e) ami(e) et vous l'invitez à un dîner en famille vendredi soir à neuf heures. Votre ami(e) est désolé(e), mais il (elle) ne peut pas venir.
2. Vous téléphonez à un(e) ami(e), mais quelqu'un d'autre répond. Vous demandez à parler à votre ami(e). Vous l'invitez à dîner le lendemain à sept heures et demie. Il (Elle) accepte.
3. Imaginez une autre situation et jouez les rôles avec un(e) camarade.

Chez les Dupont

Pierre est invité à dîner chez son amie Thérèse Dupont. Il arrive à l'heure avec un cadeau. Avant de lire le dialogue, faites les activités suivantes.

A. Imaginez-vous dans la même situation. Faites une liste de cadeaux à apporter et une liste de sujets de conversation à aborder.

B. Regardez le dessin à gauche. Qu'est-ce que Pierre apporte comme cadeau? Est-ce qu'il semble à l'aise dans cette situation?

C. Pensez à ces questions en lisant le dialogue.
   1. Quels membres de la famille est-ce que Pierre rencontre?
   2. De quels sujets est-ce que Pierre parle avec le père de Thérèse?

THÉRÈSE: Salut, Pierre, je suis heureuse de te voir. Tu es très chic, ce soir.

PIERRE: *(Il lui fait la bise.)* Merci, Thérèse. Toi aussi.

THÉRÈSE: Voilà, papa et maman, je vous présente Pierre. Pierre, je te présente mes parents. *(Ils se serrent la main.°)*

PIERRE: Enchanté de faire votre connaissance.°

MME DUPONT: Entrez, je vous en prie.° Donnez-moi votre manteau.

PIERRE: (*Il lui donne les fleurs.*) C'est pour vous, madame.

MME DUPONT: Oh! Il ne fallait pas.° C'est gentil! Elles sont magnifiques. Je vais les mettre tout de suite dans un vase. *(Les autres vont au salon.°)*

THÉRÈSE: Pierre, voici mon frère° Jean-Philippe et ma sœur° Marie.

PIERRE: Je suis heureux de faire votre connaissance.

M. DUPONT: Asseyez-vous,° je vous en prie. Qu'est-ce que je vous offre? Un Ricard?°

PIERRE: Merci, avec plaisir.

M. DUPONT: Alors, vous êtes un camarade de classe de ma fille?

PIERRE: Oui, monsieur. Je connais votre fille depuis deux ans. Nous suivons les mêmes cours à l'université.

THÉRÈSE: Oh, papa, tu ne vas pas faire un interrogatoire! Regarde, tu effraies° Pierre et tu ne le mets° pas à l'aise. Parlons d'autre chose. *(À sa mère, dans la cuisine.°)* Maman, qu'est-ce que tu nous as préparé pour le dîner?

---

se serrer la main *to shake hands* **faire la connaissance** *to make the acquaintance (of)* **je vous en prie** *please* **Il ne fallait pas.** *You shouldn't have.* **le salon** *living room* **le frère** *brother* **la sœur** *sister* **s'asseoir** *to sit down* **Ricard** *brand of aperitif* **effrayer** *to scare* **mettre** *to put* **la cuisine** *kitchen*

Compréhension

ACTIVITÉ 2: Relisez le dialogue et répondez aux questions suivantes. Justifiez vos réponses.

1. Choisissez la phrase qui décrit le mieux l'idée principale de la conversation.
   a. La première fois qu'il rencontre les parents de Thérèse, Pierre fait une erreur.
   b. L'art de la conversation est très important en France.
   c. Quand on rencontre quelqu'un pour la première fois, il y a certaines règles *(rules)* à observer.
   d. En France, on est toujours familier et détendu.
2. Pierre n'a pas les mêmes rapports avec Thérèse qu'avec M. Dupont. Trouvez des expressions dans le dialogue qui montrent cette différence.

ACTIVITÉ 3: Mettez-vous en groupes de trois ou quatre et jouez une scène semblable à celle entre Pierre, Thérèse et ses parents. D'abord, jouez le rôle de l'invité(e) qui ne connaît pas les parents; prétendez ensuite que vous vous connaissez depuis longtemps.

Suggestion: You might want to ask the following true/false questions to check on student comprehension.

1. Pierre est un vieil ami de la famille de Thérèse.
2. Thérèse et Pierre travaillent pour la même société.
3. Pierre et Thérèse suivent les mêmes cours.
4. Pierre et Thérèse se connaissent depuis un an.

Notes culturelles

Le Cadeau

Les Français observent beaucoup de règles et d'habitudes fixées par la tradition. Ces règles, qu'on enseigne *(teach)* dès l'enfance *(youth)*, font partie de ce qu'on appelle « le savoir-vivre ».

Une des règles les plus importantes du savoir-vivre français: toujours offrir un petit cadeau quand on est invité à déjeuner ou à dîner chez quelqu'un. On apporte souvent des fleurs; elles sont toujours de circonstance. Attention: Vous faites un faux pas *(mistake)* si vous offrez à votre hôtesse des roses ou des œillets *(carnations)* rouges (symbole de la passion et de l'amour), ou si vous lui donnez des chrysanthèmes (fleur typique des cimetières). Moins formel que les fleurs, le vin est un cadeau également acceptable, mais attention—n'apportez ni vin de table, ni vin ordinaire! (Ce serait mal vu...) Si vous connaissez bien la famille, un bon dessert (gâteau ou tartelettes de pâtissier) fait aussi toujours plaisir. D'autres idées de cadeaux acceptables: bonbons ou chocolats (surtout s'il y a des enfants), petit vase en cristal, petite bonbonnière *(candy dish)* en porcelaine ou joli cendrier *(ashtray)*.

Est-ce qu'on doit apporter quelque chose quand on est invité à dîner aux États-Unis? Si vous apportez quelque chose, qu'est-ce que vous apportez? Discutez la question en petits groupes. Les coutumes sont-elles différentes selon les régions? (Est-ce qu'on apporte quelque chose de spécifique dans l'Est, « le Middle West » ou le Sud?) Est-ce qu'on doit apporter des cadeaux différents selon l'occasion?

C'est-à-dire

Présenter quelqu'un; offrir et accepter un cadeau

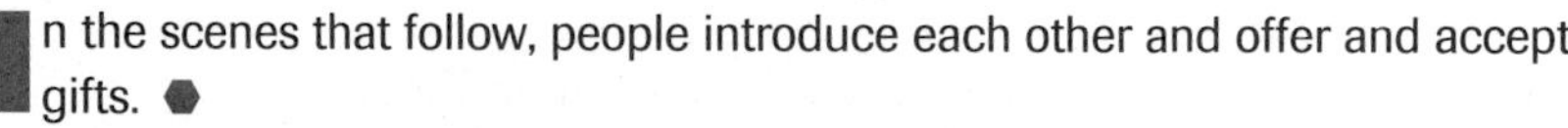

In the scenes that follow, people introduce each other and offer and accept gifts. ●

A. Role-play the scenes with your instructor.

B. Practice the roles of host and guest again with a partner, making several changes in each scene.

● When offered a gift, the French rarely just say **merci;** they express how they perceive the gesture. To the French, showing emotions when receiving a gift is part of being polite.

Scène 1

—Marie, tu connais* mon associé Georges Tantin, n'est-ce pas?
—Non, je regrette. Je n'ai pas eu le plaisir de faire sa connaissance.
—Alors, Marie, je te présente Georges. Georges, voici ma femme,° Marie Delarue.
—Bonjour, Monsieur Tantin. Je suis très contente de faire enfin votre connaissance. Mon mari° m'a beaucoup parlé de vous.
—Ça me fait plaisir° de vous rencontrer.

Scène 2

—Claire, viens que je te présente à la famille. Tante° Hermione et Oncle Ambroise, j'ai le plaisir de vous présenter Claire, ma fiancée. Françoise, Hervé, je vous présente Claire; Claire, voici ma cousine Françoise et mon cousin Hervé.
—Ravis de vous rencontrer, Claire.
—Enchantée.
—Claire, il y a encore deux personnes que tu ne connais pas. Ce sont mes grands-parents; mamy et papy,° je vous présente Claire, ma fiancée.
—Ah, c'est ta fiancée! Viens que je t'embrasse, ma fille.

Scène 3

—Voici un cadeau pour vous.
—Merci beaucoup. Vous êtes très gentil(le).

Scène 4

—Tenez, c'est pour vous.
—Des fleurs! Elles sont très belles!

Scène 5

—Je vous ai apporté quelque chose.
—Du vin? Mais il ne fallait pas.

Scène 6

—Ce sont des bonbons pour les enfants.
—C'est très gentil.

la femme *wife* **le mari** *husband* **ça me fait plaisir** *I am happy*
la tante *aunt* **mamy et papy** *grandma and grandpa*

* The complete conjugation of the irregular verb **connaître** *(to know)* is given in the ***Verbes irréguliers*** at the end of the chapter.

UTILISATION

ACTIVITÉ 4: Relisez les scènes et trouvez les expressions suivantes.

1. Trouvez les mots de vocabulaire qui désignent les membres de la famille. Connaissez-vous d'autres expressions qui appartiennent au vocabulaire de la famille?
2. Trouvez quatre expressions pour présenter quelqu'un.
3. Trouvez quatre façons de répondre à une présentation.
4. Trouvez quatre façons d'offrir un cadeau.
5. Trouvez quatre expressions qu'on emploie pour accepter un cadeau.

ACTIVITÉ 5: Comment s'appellent les membres de votre famille? Nommez-les et décrivez-les brièvement à un(e) camarade.

Suggestion: Draw a family tree on the board and introduce members of your own family.

MODÈLE: ma mère *Ma mère s'appelle Virginia. Elle est grande. Elle est avocate. Elle habite à Seattle.*

ma mère	mon père	ma tante	mon oncle	ma femme	mon mari
ma fille	mon fils	ma cousine	mon cousin	ma fiancée	mon fiancé
ma sœur	mon frère	ma grand-mère	mon grand-père		

ACTIVITÉ 6: Travaillez en groupes de trois ou quatre personnes. À tour de rôle, présentez un(e) camarade de classe au groupe. Les membres du groupe vont réagir d'une façon appropriée. Utilisez les expressions que vous avez trouvées dans l'*Activité 4.*

Variation: Have students role-play situations in which they introduce a friend, roommate, co-worker, etc., to their parents.

ACTIVITÉ 7: Complétez les conversations suivantes avec une expression appropriée. Jouez ensuite chaque scène avec un(e) camarade.

MODÈLE: —Voici un cadeau!
—Mais il ne fallait pas!

1. —Du vin pour vous.
   —...
2. —Je vous ai apporté des fleurs.
   —...
3. —Tenez, voici des bonbons!
   —...
4. —...
   —Mais c'est très gentil!
5. —...
   —Des fleurs? Elles sont très belles!
6. —...
   —Mais il ne fallait pas!

À VOUS!

Avec un(e) partenaire, jouez les scènes suivantes. N'oubliez pas d'utiliser *tu* dans les situations familières et *vous* dans les situations formelles.

Expansion: Have students draw slips of paper assigning roles to play. Divide the class into two or three groups and have students pretend to be at a family gathering, mingling and conversing in French.

STRUCTURE

LES PRONOMS OBJETS ET L'IMPÉRATIF

Approach: (1) Use the introductory questions to preview the material. (2) Model the mini-dialogue several times. (3) Have students look for patterns and answer questions A and B with a partner. (4) Elicit their observations. (5) Present the grammatical explanations as a means of confirming and extending students' hypotheses.

Rules of etiquette are most often expressed using the imperative mood. Read and role-play the mini-dialogue with your instructor paying particular attention to the form of the verb and the placement of the pronoun, then answer these questions.

A. How does the mother convey the rules of etiquette?

B. Where are pronouns placed in affirmative and negative commands?

–Alors, qu'est-ce que je fais?	→	–Vas-**y**,° donne-**lui** les fleurs!
–Tout de suite?°		–Mais oui, donne-**les-lui** tout de suite.
–Où est-ce que je mets le parapluie?°		–Surtout ne **le** mets pas sur le sofa!

1. OBJECT PRONOUNS IN AFFIRMATIVE COMMANDS

A pronoun is placed after the verb in an affirmative command. If there are two pronouns, the order is as follows:

verb	+	**le, l'**	+	**moi**
		la, l'		**lui**
		les		**nous**
				leur

Donne-**les-lui** tout de suite!
Explique-**moi** pourquoi tu as fait cela.
Eh bien, vas-**y**.

Note that a hyphen joins the verb and the pronoun(s) and that **me** becomes **moi** (**te** becomes **toi**) when it is in final position.
The pronouns **y** and **en** are rarely used with other object pronouns in the imperative.

2. OBJECT PRONOUNS IN NEGATIVE COMMANDS

In negative commands, object pronouns precede the verb and are sequenced as follows: ●

ne	+	**le**	+	**lui**	+	*verb*	+ pas
		la		**leur**			
		les					

or

ne	+	**me, m'**	+	**le**	+	*verb*	+ pas
		nous		**la**			
				les			

● Note that no more than two pronouns can be used at any given time.

Ne **lui** donne pas les bonbons!
Ne **les lui** donne pas!
Ne **m'**écris pas la lettre!
Ne **me l'**écris pas!

vas-y *go ahead* **Tout de suite?** *Right away?* **le parapluie** *umbrella*

UTILISATION

ACTIVITÉ 8: Donnez des conseils à votre petit frère ou à votre petite sœur selon les règles traditionnelles du savoir-vivre. Mettez les verbes à l'impératif et employez des pronoms à la place des mots en italique. Suivez le modèle.

MODÈLES: Je donne les fleurs *à sa mère?* — ***Oui, donne-lui les fleurs.***
Je donne *les fleurs* à son père? — ***Non, ne les donne pas à son père.***

1. Je parle *à son père* de mon travail?
2. Je dis bonjour *à sa mère?*
3. Je fais la bise *à Thérèse?*
4. Je fais *la bise* à sa mère?
5. J'arrive *chez elle* à l'heure?
6. Je parle *à son père* de mes opinions politiques?
7. Je donne *le cadeau* à son père?
8. Je prends *du pâté?*
9. Je prends beaucoup *de vin?*
10. Je dis merci *à ses parents?*

ACTIVITÉ 9: Vous donnez des conseils à un(e) ami(e) avant une réunion importante. Répondez aux questions à l'affirmatif ou au négatif, selon le cas. Remplacez les mots en italique par les pronoms appropriés.

MODÈLES: Je donne *les fleurs à sa mère?* — ***Oui, donne-les-lui!***
Je donne *les fleurs à son père?* — ***Non, ne les lui donne pas!***

1. J'offre *le cadeau à sa mère?*
2. J'apporte *le vin à ses parents?*
3. Je fais *la bise à son père?*
4. Je donne *les fleurs à ses petits frères?*
5. J'envoie *la lettre de remerciements à ses parents?*
6. Je serre *la main à son père?*
7. Je dis *« Je n'aime pas le pâté! » à sa mère?*
8. Je mets *les pieds sur le sofa?*

À VOUS!

You are the director of a new and very conservative school. The rules are so strict that just about everything is forbidden. A student who is unfamiliar with the rules asks your permission to do several things, and, of course, you respond in the negative.

MODÈLE: ***—Je peux fumer des cigarettes?***
—Non, n'en fume pas!

RÈGLES

Il est interdit de fumer des cigarettes et des cigares.
Il est interdit de manger des bonbons.
Il est formellement interdit de mettre les pieds sur les tables et les chaises.
Il est absolument interdit de donner des cadeaux aux professeurs.
Il est interdit de parler à des camarades en classe.
Il est interdit de mâcher *(to chew)* du chewing-gum.
Il est interdit de lire des magazines en classe.

Suggestion: Encourage students to add their rules of etiquette to this list.

Tranche 2

S'EXCUSER

Cultural Note: Remind students of the different courses of a French meal: **l'apéritif, les hors-d'œuvre, l'entrée, le plat principal, la salade, le dessert.**

Note: This activity reviews material from Chapter 7. If desired, review the use of the partitive and definite articles with food.

Follow-up: Have some groups act out their dialogues for the class.

AU TRAVAIL

AVANT D'ÉCOUTER

ACTIVITÉ 1: Avec un(e) partenaire, offrez, acceptez et refusez nourriture et boissons. Répétez les scènes plusieurs fois et variez les questions et les réponses. ●

● The expressions **avoir faim** and **avoir soif** mean "to be hungry" and "to be thirsty."

Offrir: Vous voulez prendre quelque chose? Je vous sers encore du poulet (du bifteck, du jambon, du poisson...)? Et encore des carottes (des tomates, des haricots, des petits pois, des asperges, des pommes de terre...)? Vous voulez du dessert? Prenez au moins un fruit (une pomme, une pêche, des cerises, une poire, des framboises...).

Accepter: Merci. Je prendrais bien un Ricard (un kir, un verre d'eau minérale, un verre de vin, un jus de fruits...). ● Merci beaucoup. Avec plaisir. Et je prendrais bien des pommes de terre.

● **Merci** means "Yes, I would like some." To refuse, say **Non, merci.**

Refuser: Ça a l'air délicieux, mais je n'ai vraiment plus faim *(I am no longer hungry)*. Pas de... pour moi, merci. Non, merci, vraiment.

JE VOUS SERS ENCORE DU POULET?

Les Excuses

The pictures below illustrate what happens in the conversation on your student tape.

A. Look the pictures over. Then answer the following questions.
   1. Is everyone happy in the scene?
   2. What blunders did the young man make?
   3. As a result of his series of errors, what should the young man do?

B. Here are some key words you might find helpful in understanding the conversation.

faire exprès	*on purpose*
le fauteuil	*armchair*
être désolé(e)	triste: Je **suis désolé(e)** d'avoir cassé le fauteuil.
Ce n'était pas de ma faute.	*It wasn't my fault.*
renverser	*to spill, to upset*
la nappe	*tablecloth*
se casser	*to break*

C. Before listening to the passage, review the main idea and detail questions in ***Activités 2*** and ***3***. Then listen to the passage and complete the activities.

Approach: (1) Preview the conversation by focusing on the art and having students hypothesize about what they will hear. (2) Preteach the new vocabulary.

Compréhension

ACTIVITÉ 2: Pierre a dîné chez son amie Thérèse hier soir. Écoutez à nouveau la scène, puis répondez aux questions suivantes.

1. Choisissez la phrase qui résume le mieux la conversation.
   a. La soirée chez Thérèse est très réussie.
   b. Les parents de Thérèse pensent que Pierre est timide et conservateur.
   c. Pierre a fait mauvaise impression.

2. Qu'est-ce qui s'est passé chez Thérèse? Attention! Plusieurs réponses peuvent être correctes.
   a. Pierre a offensé le père de Thérèse quand il (1) a parlé de son amour *(love)* pour Thérèse, (2) a parlé politique, (3) a raconté des blagues *(jokes)* de mauvais goût.
   b. Pierre a mis en colère la mère de Thérèse quand il (1) a cassé un verre précieux, (2) a cassé un fauteuil ancien, (3) a taché *(stained)* une nappe toute neuve.
   c. Il faut pardonner Pierre parce qu'il (1) n'a pas fait exprès, (2) va écrire* une lettre à la mère de Thérèse, (3) est sincèrement désolé.

Suggestion: Ask students to give the opinions of Thérèse, her father, and her mother regarding Pierre. Have them complete the following sentences:

1. Thérèse dit: « Pour moi, Pierre est un garçon… »
2. Mme Dupont dit: « Pierre, je le trouve… »
3. M. Dupont dit : « Moi, je pense qu'il est… »
4. Moi, je pense que Pierre est …

ACTIVITÉ 3: Comment est-ce que Thérèse a répondu à Pierre? Mettez les réponses suivantes dans le bon ordre selon la conversation téléphonique.

____ Ah oui. Il faut parler à ma mère, bien sûr.
____ Pierre, comment as-tu pu faire ça hier soir? C'était tout à fait inadmissible! Quel désastre!
____ Tu as fait exprès de renverser ton vin sur la nappe?
____ En tout cas, la soirée a été un vrai désastre. Tu n'as pas fait bonne impression.
____ Euh… je ne sais pas quoi lui dire. Je te conseille de lui écrire une lettre.
____ Moi aussi, je suis désolée et je te pardonne; mais en ce qui concerne mes parents, c'est une autre histoire. On va en reparler demain en classe.
____ Pas solide! Mais ce fauteuil date du XVIIIe siècle. Il est dans la famille depuis plus de deux cents ans!

PRONONCIATION

As explained in Chapters 9, 10, and 11, a vowel followed by the letter **n** or **m** is usually pronounced as a nasal vowel.

Letter Combinations	Pronounce As In
on, om	b**on**
in, im, ain, aim, ien	paris**ien**
an, am, en, em	la t**an**te

Practice these sentences with your instructor or on your student tape.

Je te dem**an**de pard**on**. Ce n'est vraim**en**t pas de ma faute.
Je voulais faire bonne **im**pressi**on**.
Pard**on**. C'était un accid**ent** c**om**plètem**en**t idiot.
C'est ça, j'ai r**en**versé m**on** verre de v**in**.
Et m**ain**ten**ant**, je dois m'excuser auprès de t**on** père.
Oui, c'était **un** fauteuil **ancien**.

* The complete conjugation of the irregular verb **écrire** *(to write)* is given in the *Verbes irréguliers* at the end of the chapter.

C'est-à-dire

Offrir et accepter des excuses

In these scenes, you will learn to excuse yourself.

A. Practice the scenes with your instructor.

B. Role-play them with a partner, first using them as written, then with variations.

Approach: (1) To preview the material, ask: In English, how do you apologize? How do you respond to an apology? (2) Go over the introductory guidelines. (3) Role-play the mini-dialogues, having students repeat with you, practice with a partner, and incorporate personal variations. (4) Have students find different ways to offer and accept apologies. List answers in columns on the board. Then have students work in pairs to create original dialogues.

Scène 1

—Oh, pardon! Excusez-moi.
—Ce n'est rien. Ce n'est pas de votre faute.

Scène 2

—Je suis vraiment désolé(e). Cela ne m'est jamais° arrivé.
—Ce n'est pas grave. Vous êtes tout excusé(e).

Scène 3

—Excusez-moi. Je ne l'ai pas fait exprès.
—Ça ne fait rien! Cela n'a pas d'importance.

Scène 4

—Je vous demande pardon; je ne voulais offenser personne.°
—Il n'y a pas de mal. Ne vous en faites pas.°

Utilisation

Activité 4: Relisez les scènes et trouvez les expressions suivantes.

1. Trouvez sept façons de s'excuser.
2. Trouvez huit manières de pardonner quelqu'un.

ne… jamais *never* **ne… personne** *no one* **Ne vous en faites pas.** *Don't worry.*

Approach: Remind students to use gestures and appropriate intonation.

ACTIVITÉ 5: Répétez les scènes suivantes avec un(e) camarade. Donnez plusieurs excuses pour chaque situation.

1. J'ai cassé un verre! Excusez-moi!
2. J'ai complètement oublié!
3. Oh, pardon! Je n'ai pas fait exprès de casser le vase.
4. Excuse(z)-moi! J'ai taché la nappe.
5. Je vous (te) prie de m'excuser. Il ne m'est jamais arrivé de dire des choses pareilles.
6. J'ai donné mon avis personnel et je voudrais m'excuser.
7. Je sais que je suis arrivé(e) très en retard et je suis vraiment désolé(e).

a. Ne vous en faites pas! (Ne t'en fais pas!)
b. Ce n'est pas grave!
c. Ce n'est rien.
d. Ce n'est pas de votre (ta) faute.
e. Il n'y a pas de mal.

ACTIVITÉ 6: Jouez chacune des scènes suivantes avec un(e) partenaire. Expliquez le problème et demandez-lui pardon; votre partenaire va décider de vous pardonner. Inversez ensuite les rôles.

MODÈLE:

La fête, c'est demain soir et pas ce soir? Je vous prie de m'excuser!
Il n'y a pas de mal! Alors, à demain!

1. Quoi? C'était hier, ton anniversaire? Non!

3. Ce verre à vin était à ta grand-mère?

2. Oh, là, là!... Et c'est ton pull-over préféré!

4. Permettez-moi de vous aider!

Approach: Go over the situation, set a time limit, and assign partners. Encourage students to integrate as many different expressions as possible, using appropriate intonation and gestures. Have some groups present their work to the class.

Expansion: Role-play: Your friend accuses you of having or not having done certain things. Defend and/or justify yourself. For example: **—Tu es arrivé(e) sans cadeau. —Ce n'est pas vrai. J'ai donné des fleurs à ta mère.**

À VOUS!

Votre ami(e) vous a invité(e) à dîner chez ses parents. Vous arrivez chez eux et vous remarquez que votre cadeau est endommagé (la bonbonnière est cassée, les chocolats ont fondu *[melted]*). Avec un(e) partenaire, jouez les rôles de l'invité(e) et de l'hôte: dites bonjour, présentez-vous et excusez-vous pour le cadeau.

LA NÉGATION

We often use negations when making excuses and apologizing for inappropriate behavior. Role-play the mini-dialogue with your instructor, paying particular attention to the way in which negations are used. Then answer these questions.

A. What happened?

B. How does the guest defend himself?

C. What negative expressions are used?

Approach: (1) Review what students know about negation. Use the introductory questions to preview the material. (2) Role-play the mini-dialogues several times. (3) Have students look for patterns and answer questions A–C with a partner. (4) Elicit their observations. (5) Present the grammatical explanations as a means of confirming and extending students' hypotheses.

–Pourquoi est-ce que tu as insulté mon père hier soir?
–Mais, je **n'**ai **jamais** voulu l'insulter.
–Tu as dit que tous les banquiers étaient malhonnêtes.
–Je te dis que je **ne** voulais insulter **personne**. Je ne savais pas qu'il était banquier.
–Il était furieux!
–Je regrette, je **ne** vais **plus**° le faire.
–C'est trop tard.
–Voyons, ça **ne** fait **rien,**° tu as vu qu'il s'est calmé!

1. NEGATION

The following expressions can be used to negate sentences.

ne... plus	*no more*	Tu vas le faire encore une fois? Non, je **ne** vais **plus** le faire.
ne... jamais	*never*	Tu **ne** m'apportes **jamais** de cadeau.
ne... rien	*nothing*	Il a dit quelque chose? Non, il **n'**a **rien** dit.
ne... personne	*no one*	Vous avez parlé à quelqu'un? Nous **n'**avons parlé à **personne**.

2. WORD ORDER IN NEGATION

Note that, in all cases, **ne** comes before the verb. The second part of the negative expression comes:

a. After the verb in a simple tense.

Je **n'**arrive **plus** sans cadeau.
Elle **n'**arrive **jamais** en retard.
Il **n'**apporte **rien** pour Élise.
Elle **n'**invite **personne** à dîner chez elle.

ne... plus *no longer* **ne... rien** *nothing*

b. After the auxiliary verb in a compound tense. One exception is **personne,** which comes after the past participle.

Je **ne** suis **plus** retourné chez elle.
Il **n'a jamais** insulté votre mère.
Je **n'**ai **rien** apporté pour Marianne.
Elle **n'**a invité **personne** à dîner chez elle.

c. Before the infinitive if one is used. Once again, an exception is **personne,** which comes after the infinitive.

Je **ne** vais **jamais** voyager là-bas.
Elle **ne** peut **plus** aller avec nous.
Je **ne** veux **rien** faire aujourd'hui.
Nous **ne** voulons insulter **personne.**

3. OTHER USES OF RIEN AND PERSONNE

Rien and **personne** may be used in other ways.

a. They may be used as a one-word answer to a question.

—Qui est là? —**Personne.**
—Qu'est-ce qui est arrivé? —**Rien** (du tout).

b. They may be used as the subject of a sentence.

Personne n'a fait ce travail!
Rien n'est arrivé, j'espère.

UTILISATION

ACTIVITÉ 7: Quelques mois plus tard, Thérèse et Pierre se souviennent de cette soirée désastreuse. Jouez les rôles de Thérèse et Pierre dans les scènes suivantes; utilisez l'expression *ne... plus* et suivez le modèle.

MODÈLE: Tu as parlé politique.
THÉRÈSE: ***Tu te souviens de cette soirée? Tu as parlé politique.***
PIERRE: ***Maintenant, je ne parle plus politique.***

1. Tu as apporté des chrysanthèmes.
2. Tu as renversé ton verre de vin.
3. Tu as oublié d'écrire une lettre de remerciements.
4. Tu as raconté une blague de mauvais goût.
5. Tu as insulté mon père.
6. Tu as mis les pieds sur le sofa.

ACTIVITÉ 8: Quelqu'un vous accuse injustement d'avoir commis un faux pas. Protestez et défendez-vous. Employez l'expression *ne... jamais.*

MODÈLE: Vous avez parlé la bouche pleine *(full).*
Ce n'est pas vrai. Je n'ai jamais parlé la bouche pleine.

1. Vous avez renversé une assiette *(plate)* de hors-d'œuvre.
2. Vous avez cassé la nouvelle chaise avant-garde.
3. Vous êtes arrivé(e) très en retard.
4. Vous avez oublié d'apporter un cadeau pour mes petits frères.
5. Vous avez parlé de vos idées féministes avec trop d'insistance.
6. Vous avez taché la nouvelle nappe.
7. Vous avez mangé trop de dessert.
8. Vous avez oublié d'écrire une lettre de remerciements.

ACTIVITÉ 9: Vous avez offensé les personnes suivantes. Dites que vous ne l'avez pas fait exprès ou que vous n'êtes pas responsable des catastrophes.

MODÈLES: Vous avez insulté mon frère.
Je n'ai insulté personne. Du moins, je ne l'ai pas fait exprès.

Vous avez cassé le verre ancien.
Je n'ai rien cassé!

1. Vous avez insulté ma mère.
2. Vous avez tutoyé tout le monde.
3. Vous avez intimidé mon petit frère.
4. Vous avez offensé mon oncle.
5. Vous avez offensé les militaires.
6. Vous avez insulté ma femme.
7. Vous avez renversé le plat de desserts.
8. Vous avez sali *(soiled)* le costume *(suit)* de mon père.
9. Vous avez déchiré *(tore)* le tableau.
10. Vous avez cassé le fauteuil.

ACTIVITÉ 10: Vous êtes un peu maladroit(e), mais vous ne voulez pas l'admettre. Niez les phrases suivantes. Employez des expressions négatives.

MODÈLE: Tu vas casser le vase!
Mais non, je ne vais rien casser!

1. Tu vas déchirer l'album de photos!
2. Tu vas tacher la nappe!
3. Tu renverses le verre d'eau!
4. Tu interromps la conversation!
5. Tu ignores ton ami(e)!
6. Tu vas renverser le fauteuil!
7. Tu vas insulter mon père!
8. Tu vas casser le vase!

À VOUS!

Georges is known for making social mistakes. The drawings below suggest some of the errors he has made in the past. Give him some advice, telling him what not to do next time. Work with a partner and use negatives in your advice.

MODÈLE: *Georges, tu ne dois pas mettre les pieds sur la table.*

Tranche 3

Les Règles du savoir-vivre

Au travail

Avant de lire

Activité 1: Vous avez fait un faux pas. Vous demandez des conseils à un(e) camarade. Expliquez un des problèmes suivants. Votre partenaire va vous donner des conseils. Inversez ensuite les rôles.

1. On m'a invité(e) à dîner et j'ai oublié d'apporter des fleurs. Qu'est-ce que je dois faire?
2. Catherine m'a invité(e) à dîner et j'ai cassé un verre, une assiette et une tasse. Je te jure que je n'ai pas fait exprès.
3. J'ai parlé de mes idées politiques avec trop d'insistance et j'ai offensé le père de mon ami(e).
4. J'ai mal compris et j'ai amené un(e) ami(e) chez Élisabeth. Il n'y avait pas assez de place à table et c'était très gênant pour tout le monde.
5. On m'a invité(e) à dîner et je suis arrivé(e) très en retard.
6. J'ai offensé la mère de mon ami(e) quand j'ai dit que je ne mangeais jamais de viande parce que c'était très mauvais pour la santé.

Pour mieux lire

Le genre

Writers prepare different types of texts for different reasons. When you identify the type of text and understand its purpose, you are better prepared to understand, enjoy, and remember its message. Alone, with a partner, in a small group, or with your entire class, add kinds of printed materials to the following list:

poems
newspaper articles

Each distinct category of writing is called a *genre.* Written texts in the same genre share similar communicative purposes, structures, and forms. This information may be useful in determining contexts and meanings within a text.

The following reading on etiquette in France consists of a pair of letters and a magazine article. Once you know the genre of the reading's three components, what can you predict about them? In what ways will the three selections be alike? How will they differ?

L'ÉTIQUETTE DU CADEAU

Pre-reading: (1) Preview the material by focusing on the title and the genre. Is this an article? a report? a letter? etc. (2) Read the introductory material and remind students to read primarily for this information the first time through. Stress that students will need to read the text several times and should focus on different information and details each time.

Reading: The reading and comprehension activities may be done outside of class.

Post-reading: Have students do ***Activités 2*** and ***3*** and discuss their answers in small groups.

Additional reading practice is provided in ***Tranche 3*** of the corresponding ***Cahier*** chapter.

Quand faut-il donner des cadeaux? Quels cadeaux faut-il choisir? À qui doit-on donner des cadeaux? Lisez les trois passages suivants pour répondre à ces questions. Le premier passage est la lettre d'une étudiante américaine qui demande des conseils à Marianne, spécialiste des règles du savoir-vivre. Le deuxième passage est la réponse de Marianne à l'étudiante. Enfin, le dernier passage est un article du magazine français *Modes et Travaux* qui vous donne des conseils à propos des cadeaux. Avant de commencer la lecture, lisez tout d'abord les questions des ***Activités 2*** et ***3***.

UNE LETTRE À MARIANNE

Chère Marianne,

Je suis une étudiante américaine. Je participe à un programme d'études° à l'étranger. Hier soir, j'étais invitée à dîner chez les parents de Marthe, qui est ma meilleure amie française. Elle m'a dit qu'il fallait apporter des fleurs dans ces circonstances. Je suis arrivée à la maison à l'heure avec un magnifique pot de chrysanthèmes. La soirée a été un vrai désastre! La mère de Marthe ne m'a pas bien reçue. Elle avait l'air choquée. Son mari, qui a essayé de la calmer toute la soirée, n'a pas réussi. Il y avait un grand malaise qui a gâché° toute la soirée. Est-ce que je suis arrivée trop tôt? Est-ce qu'il fallait dire quelque chose de spécial? Est-ce qu'il y a toujours des sentiments anti-américains en France? Aidez-moi à résoudre° ce problème.

Malheureuse à Nice

LA RÉPONSE DE MARIANNE

Chère Malheureuse,

Vous avez commis un faux pas assez grave: vous avez apporté des fleurs qui sont réservées aux occasions funèbres.° Les chrysanthèmes se donnent exclusivement aux enterrements. Ce faux pas explique clairement la réception que vous avez eue. Avec votre geste, vous avez certainement rappelé° la perte° d'un membre de la famille. La soirée est perdue, mais il faut quand même envoyer un mot de remerciements. Je sais qu'aujourd'hui, un coup de téléphone devient de plus en plus acceptable. Néanmoins, dans cette situation difficile, je vous conseille d'écrire un petit mot gentil.

Marianne

L'ÉTIQUETTE DES CADEAUX

C'est la coutume, une coutume très agréable, de distribuer des étrennes° pour fêter le début de l'année nouvelle. Mais à qui? Combien? Quand? Comme toujours, c'est une affaire d'habitudes, d'usages parfois locaux ou professionnels, mais aussi de cœur° et de relations personnelles avec ceux qui vous entourent.°

le programme d'études *course of study* **gâcher** *to spoil* **résoudre** *to solve*
funèbre *funeral* **rappeler** *to remind* **la perte** *loss*
l'étrenne *New Year's gift* **de cœur** *of the heart* **entourer** *to surround*

À qui les donner?

Cette liste n'est bien sûr pas exhaustive; les étrennes se donnent à tous ceux qui, au cours de l'année écoulée,° ont travaillé pour vous ou vous ont rendu service et à qui vous avez envie de faire plaisir. Notamment...

Aux concierges ou gardiens. Ils ont souvent un rôle important et peuvent nous simplifier—ou nous compliquer—la vie. En général, on pense que la bonne mesure° est de donner 10% du loyer mensuel mais...

- si vous leur laissez vos clés...
- s'ils prennent soin de vos plantes pendant vos vacances...
- si vous recevez beaucoup de monde...

Tout cela est à prendre en considération. Vous pouvez aussi joindre° un petit cadeau à la somme que vous leur donnez: bouteille de vin, friandises,...° Reconnaissons-le, ils sont bien gentils, nos concierges.

Au bureau. Selon le poste que vous occupez, il est courtois de faire un petit cadeau personnel à certains de vos collaborateurs. Une boîte de chocolats ou un petit billet° à la secrétaire, au coursier° ou au chauffeur, ainsi qu'au gardien de parking.

Comment les donner?

Glissez la somme dans une enveloppe; et pourquoi ne pas y ajouter une petite carte avec vos bons vœux,° c'est plus amical.

Quand les donner?

Le meilleur moment, c'est évidemment la veille de Noël, sinon entre Noël et le Jour de l'An ou, si vous êtes absent, dans les quelques jours qui suivent mais n'attendez pas trop longtemps: cela ferait un peu « réchauffé ».°

COMPRÉHENSION

ACTIVITÉ 2: Relisez les lettres, puis vérifiez l'idée principale et les autres détails.

1. Quelle réponse explique le mieux le faux pas de « Malheureuse à Nice »?
   a. Les Français préfèrent les bonbons.
   b. Quelques Français sont allergiques aux fleurs.
   c. Pour les Français, les chrysanthèmes ont une signification particulière.
2. Quelle réponse illustre le mieux les conseils de Marianne?
   a. Il vaut mieux apporter un bouquet simple sans chrysanthèmes.
   b. « Malheureuse à Nice » doit téléphoner pour s'excuser auprès de ses hôtes.
   c. Marianne lui conseille de ne rien apporter à une fête.

ACTIVITÉ 3: Relisez l'article du magazine *Modes et Travaux* et ensuite complétez les phrases suivantes avec les expressions ci-dessous. Le nombre de compléments possibles est indiqué entre parenthèses.

écoulé *past* **la bonne mesure** *appropriate thing* **joindre** *to join*
la friandise *sweet* **le billet** *bank note* **le coursier** *errand runner*
le vœu *wish* **réchauffé** *warmed over*

1. Les étrennes sont...(1)
2. Il vaut mieux donner des étrennes à...(6)
3. Comme cadeau, on donne d'habitude...(4)
4. Le meilleur moment de donner les étrennes, c'est...(3)

a. coursier ou secrétaire.
b. concierges ou gardiens.
c. la veille de Noël.
d. chauffeur.
e. une bouteille de vin.
f. gardien de parking.
g. gens qui vous ont rendu service.
h. entre Noël et le Jour de l'An.
i. des friandises.
j. des cadeaux qu'on donne pour fêter le nouvel an.
k. dans les quelques jours qui suivent Noël.
l. une boîte de chocolat.
m. gens qui ont travaillé pour vous.
n. un petit billet.

ACTIVITÉ 4: Et vous? Offrez-vous des cadeaux à l'occasion du nouvel an? À d'autres occasions? Expliquez ce que vous faites d'habitude en répondant aux questions suivantes.

1. À qui donnez-vous le plus souvent des cadeaux?
2. Quand donnez-vous des cadeaux?
3. Quand vous donnez des cadeaux, est-ce qu'ils coûtent cher? Sont-ils bon marché?
4. Y a-t-il des occasions spéciales lors desquelles (quand) vous donnez des cadeaux dans votre famille? Lesquelles?

Notes culturelles

L'ÉTIQUETTE DE LA TABLE

Les règles du savoir-vivre ne se limitent pas, bien sûr, au rituel du cadeau. La politesse et les bonnes manières s'apprécient partout, y compris *(including)* à table où les comportements suivants sont de règle:

- On attend généralement que votre hôte vous place à table. L'hôte place d'habitude le chef de la famille à la place privilégiée et l'invité(e) à sa droite.
- On attend que tout le monde soit servi avant de commencer à manger.
- On se sert toujours de sa serviette. On la met sur les genoux, jamais autour du cou.
- On ne demande jamais de boisson (ni de plat spécial), mais on accepte les plats et les boissons offerts. On ne demande pas, par exemple, de Coca ou de lait à boire.
- On ne parle pas la bouche pleine.
- On mange lentement, sans faire de bruit.
- On ne met pas les coudes *(elbows)* sur la table.
- On remercie toujours l'hôte ou l'hôtesse après le repas.

Comparez les règles de politesse qu'on vous a apprises avec les règles françaises. Y a-t-il des différences? des similarités? Discutez ce sujet avec un(e) partenaire.

LES LETTRES AMICALES

In the ***Sujets de composition*** of Chapter 4, you learned to begin and end an informal letter of invitation. The informal social letters that follow are written to accomplish a variety of different purposes.

A. Read them with your instructor and determine why each one was written.

B. Reread them to a partner, making several changes in each one.

Approach: (1) Use the introductory guidelines to preview the material. (2) Go over the notes, having students repeat with you, practice with a partner, and incorporate personal variations. (3) Have students find expressions they would use to write a letter to a friend. List answers in columns on the board. Then have students work in pairs to create original letters.

Ma chère Renée.

Je tiens à te remercier pour la gentille soirée que nous avons passée ensemble. Dis à ta mère que j'ai beaucoup aimé tout ce qu'elle a servi et que j'ai trouvé la tarte qu'elle a préparée absolument délicieuse.

Amitiés. Anne-Claude.

Chère Jeannine,

Je suis désolé à propos d'hier soir. La soirée a été gâchée à cause de mon faux pas. Tu sais bien que je n'ai pas voulu offenser ton père. Il avait l'air bien fâché; je ne l'ai pas fait exprès. Je ne voulais offenser personne. Je te prie de m'excuser.

Je t'embrasse

Jean-Marc

Paris, le 30 juin 1994

Mon cher Dominique,

Merci beaucoup pour le bouquet de fleurs que tu m'as apporté. Tu sais que j'adore les fleurs. Je me sens beaucoup mieux maintenant. La maladie qui me causait tant d'ennuis est presque terminée. Je crois que je vais quitter l'hôpital pour rentrer chez moi demain.

Grosses Bises

Christine.

tenir à *would like to* **tout ce qu'elle** *all that she*
à propos de *about* **fâché** *angry* **l'ennui** *trouble*

Utilisation

Activité 5: Relisez les lettres et trouvez les expressions suivantes.

1. Trouvez deux façons de saluer quelqu'un.
2. Trouvez trois façons de terminer une lettre amicale.
3. Trouvez deux façons de dire merci.
4. Trouvez deux façons de demander pardon.

Activité 6: Écrivez une lettre de remerciements (pour un beau cadeau ou pour un dîner en famille) ou une lettre d'excuses (pour une maladresse).

1. Donnez le lieu et la date.
2. Écrivez la salutation (Cher/Chère..., Mon cher/Ma chère...).
3. Écrivez le texte.
   Je voudrais te remercier pour... C'était...!
   Je suis désolé(e) à propos d'hier soir. Je n'ai pas...
   Merci beaucoup pour... J'aime beaucoup les surprises!...
4. Terminez la lettre (Amitiés, Je t'embrasse, Grosses bises,...).

À vous!

Employez le format de l'***Activité 6*** et écrivez une lettre à votre professeur, à un(e) camarade de classe ou à quelqu'un dans une autre classe de français.

STRUCTURE

LES PRONOMS RELATIFS QUI ET QUE

One way a writer or speaker can make communication more detailed is to use subordinate clauses. Read and role-play the mini-dialogue with your instructor, paying particular atttention to the way in which details are included in the sentences. Then answer these questions.

A. The conversation points out a difference between French and American cultures. What significance do the flowers have in each culture?

B. In what circumstances are **qui** and **que** used?

Approach: (1) Use the introductory questions to preview the material. (2) Model the mini-dialogue several times. (3) Have students look for patterns and answer questions A and B with a partner. (4) Elicit their observations. (5) Present the grammatical explanations as a means of confirming and extending students' hypotheses.

–J'ai une amie **qui** m'a apporté des chrysanthèmes comme cadeau; elle ne savait pas **qu'**on ne faisait pas ça, sauf° aux enterrements.
–L'amie **qui** a commis ce faux pas, elle n'est pas américaine, par hasard?
–Si, pourquoi?
–Tu sais bien **que** les chrysanthèmes sont des fleurs comme les autres en Amérique et **qu'**on les offre souvent en automne pour célébrer Thanksgiving!

1. THE RELATIVE PRONOUN QUI

Relative pronouns are used to join two clauses to form a complex sentence. The relative pronoun **qui** serves as the subject of the second, or relative, clause.

L'amie est américaine. **L'amie** a commis ce faux pas.
L'amie **qui a commis ce faux pas** est américaine.

2. THE RELATIVE PRONOUN QUE

The relative pronoun **que** is also used to join two sentences. It serves as the direct object of the relative clause.

Je n'aime pas **les chrysanthèmes.** Elle m'apporte **des chrysanthèmes.**
Je n'aime pas les chrysanthèmes **qu'elle m'apporte.**

3. USES OF QUI AND QUE

Both **qui** and **que** may refer to either people or things.

J'adore **les bonbons qu'**elle m'a apportés.
J'ai **une amie qui** est allée en Chine.

In the **passé composé,** the past participle agrees with the preceding direct object when the verb is conjugated with **avoir.** When the verb is conjugated with **être,** the past participle agrees with the subject of the relative clause.

sauf *except*

UTILISATION

ACTIVITÉ 7: Parlez avec votre partenaire des faux pas suivants. Votre partenaire va réagir en employant les expressions ci-dessous.

MODÈLE: J'ai une amie. Elle a oublié de dire merci après le repas.
—J'ai une amie qui a oublié de dire merci.
—Comme elle est mal élevée!

Oh, là, là!	Non! Ce n'est pas vrai!	Quelle horreur!
Tu plaisantes!	Comme il (elle) est mal élevé(e)!	Vraiment?

1. C'est mon associé Georges. Il comprend très mal les règles du savoir-vivre.
2. Voilà Jean Martin. Il raconte toujours des blagues de mauvais goût.
3. C'est la voisine du patron. Elle a insulté l'hôtesse.
4. Pierre Mazin est l'ami d'Hervé. Il est arrivé sans cadeau.
5. C'est Jean-Pierre Granot. Il a apporté une bouteille de vin déjà ouverte!
6. C'est Élise Fouquet. Elle est arrivée avec une heure de retard!

ACTIVITÉ 8: Écrivez les deux premières phrases d'une lettre de remerciements à un(e) ami(e). Suivez le modèle.

MODÈLE: J'aime bien les fleurs. Tu m'as donné des fleurs.
Je voudrais te remercier! J'aime bien les fleurs que tu m'as données.

1. J'adore les bonbons. Tu m'as apporté des bonbons.
2. J'ai beaucoup aimé la tarte. Ta mère a préparé la tarte.
3. J'ai toujours les roses. Tu m'as envoyé les roses quand j'étais malade.
4. J'aime beaucoup le petit livre. Tu m'as acheté ce petit livre.
5. Les enfants adorent les bandes dessinées. Tu as choisi ces bandes dessinées.
6. J'adore le cadeau. Tu m'as donné ce cadeau.

À VOUS!

Discutez des règles de politesse avec un(e) partenaire. Employez *qui* ou *que* pour compléter les phrases suivantes. Est-ce que les règles de politesse sont toujours observées aujourd'hui?

MODÈLE: Tu as un(e) ami(e)... / offre toujours un cadeau à ses hôtes?
—Tu as un ami qui offre toujours un cadeau à ses hôtes?
—Oui, mon ami Jean apporte toujours des fleurs.
ou: ***—Non, pas en ce moment.***

Tu as un(e) ami(e)...

1. écrit souvent des lettres de remerciements?
2. tu aimerais présenter à tes parents?
3. tu trouves très poli(e)?
4. se trouve souvent dans des situations gênantes?
5. n'insulte jamais personne?
6. tu voudrais inviter à sortir ce week-end?

Tranche 4

Les Faux Pas

Au travail

ACTIVITÉ 1: Dans les scènes suivantes, vous décrivez une maladresse que vous avez commise. Donnez autant de détails que possible. Votre partenaire va demander davantage de renseignements et va vous donner des conseils. Inversez ensuite les rôles.

1. Vous expliquez le problème.
   On m'a invité(e) à dîner et j'ai oublié de... Qu'est-ce que je dois faire?
   J'ai cassé... Je te jure que je ne l'ai pas fait exprès.
   J'ai mal compris et j'ai amené un(e) ami(e), et... C'était très gênant pour tout le monde.
   ...
2. Votre ami(e) demande davantage de renseignements.
   Attends, je n'ai pas bien compris. Qu'est-ce qui s'est passé?
   Comment? Explique-toi!
   Tu veux dire que tu as...?
   Qu'est-ce que tu as fait, au juste?
   ...
3. Votre ami(e) donne des conseils.
   Je te conseille de...
   À mon avis, tu devrais...
   Tu ferais mieux de...
   ...

C'EST-À-DIRE

DEMANDER DES EXCUSES; RÉAGIR AUX EXCUSES

Approach: (1) Use the introductory guidelines to preview the material. (2) Read the scenes, having students repeat with you, practice with a partner, and incorporate personal variations.

In **Tranche 2** of this chapter, you learned to accept apologies by minimizing the situation. In the scenes that follow, people ask for and react less graciously to an apology.

A. Role-play the scenes with your instructor.

B. Practice them again with a partner, making several changes in each scene.

SCÈNE 1

—Tu n'as pas demandé la permission à Jean, à qui le vélo appartient!
—Non, je regrette. J'ai fait cela sans réfléchir.
—Tu exagères! Il faut absolument lui demander pardon!
—Oui, je sais!

SCÈNE 2

—Tu as offensé Georges, chez qui nous dînons ce soir!
—Oh, oui! Je suis désolé(e).
—Tu pourrais t'excuser! Oh, là, là, que tu es insensible!

SCÈNE 3

—Vous avez insulté Pierre dont le père est mon patron! J'attends vos excuses!
—Pardon! J'ai fait une gaffe!
—Mais tout de même! C'est inadmissible!

UTILISATION

ACTIVITÉ 2: Relisez les scènes et trouvez les expressions suivantes.

1. Trouvez trois façons de demander des excuses.
2. Trouvez trois façons de s'excuser.
3. Trouvez cinq expressions pour réagir à des excuses.

ACTIVITÉ 3: Imaginez-vous dans les situations suivantes. Votre partenaire exige des excuses, vous lui demandez pardon, et votre partenaire accepte ou n'accepte pas vos excuses. Inversez ensuite les rôles.

DEMANDER DES EXCUSES	DEMANDER PARDON
Alors, demande pardon!	Je regrette, j'ai fait cela sans penser.
Tu pourrais t'excuser!	Je suis désolé(e)...
J'attends tes excuses!	Pardon, j'ai fait une gaffe!
Excuse-toi!	...
ACCEPTER LES EXCUSES	**REJETER LES EXCUSES**
Ne t'en fais pas! (Ne vous en faites pas!)	Tout de même!
	Oh, là, là!
Ce n'est pas grave!	Quelle catastrophe!
Ce n'est rien.	Quand même!
Ce n'est pas de ta (votre) faute.	C'est inadmissible!
Il n'y a pas de mal.	Franchement, tu exagères!

1. Tu as offensé Georges avec qui je travaille!
2. Tu n'as pas demandé la permission à Paul, à qui la voiture appartient!
3. Tu as insulté Martine chez qui nous dînons ce soir!
4. Ce n'est pas pour toi que j'ai apporté ce cadeau!
5. Tu as insulté Pierre dont le père est mon patron!

À VOUS!

Imagine a scenario in which your roommate, friend, parent, professor, or employer accuses you of having done something wrong and demands an apology. Role-play several variations on this scene, generally following these guidelines.

1. Your partner explains the problem and demands an apology.
2. You deny that you were responsible for the problem or admit that you were responsible and apologize.
3. Your partner accepts your response or refuses to accept your response and expresses concern.

Les Prépositions et le pronom relatif qui; le pronom relatif dont

Approach: (1) Use the introductory questions to preview the material. (2) Model the mini-dialogue several times. (3) Have students look for patterns and answer questions A and B with a partner. (4) Elicit their observations. (5) Present the grammatical explanations as a means of confirming and extending students' hypotheses.

As discussed in ***Tranche 3*** of this chapter, relative pronouns are used to link a subordinate clause with a main clause and to add detail to a sentence. Read and role-play the mini-dialogue with your instructor, paying particular attention to the prepositions. Then answer these questions.

A. Who is Georges? What happened to his car?

B. What relative pronouns are used in the two complex sentences?

–Tu connais Georges Dupont?
–Non, qui est-ce?
–C'est l'ami **chez qui** nous allons dîner ce soir… celui qui a la grosse voiture américaine.
–Tu veux dire la Ford noire?
–Oui, pourquoi?
–Georges est l'ami **dont** j'ai endommagé la voiture cet après-midi!
–Pas possible!

1. Prepositions and the relative pronoun qui

In a subordinate clause, when a person is the object of a preposition, the relative pronoun **qui** is used. Note that the preposition immediately precedes the relative pronoun. Study these examples from the scenes and the mini-dialogue.

à qui:	C'est **la jeune femme.** J'ai donné le cadeau **à la jeune femme.** C'est la jeune femme **à qui** j'ai donné le cadeau.
avec qui:	C'est **le professeur.** J'ai dîné **avec lui** hier soir. C'est le professeur **avec qui** j'ai dîné hier soir.
pour qui:	C'est **la voisine.** J'ai acheté ce livre **pour elle.** C'est la voisine **pour qui** j'ai acheté ce livre.
chez qui:	Voici **le jeune homme.** Nous allons dîner **chez lui** ce soir. Voici le jeune homme **chez qui** nous allons dîner ce soir.

2. THE RELATIVE PRONOUN DONT

When the verb in a relative clause takes the preposition **de,** the relative pronoun **dont** replaces **de** and its object. Note that **dont** may refer to people as well as things.

C'est **la personne.** Je t'ai parlé **d'elle** l'autre jour.
C'est la personne **dont** je t'ai parlé l'autre jour.

C'est **ce genre de faux pas.** J'ai peur **de ce genre de faux pas.**
C'est ce genre de faux pas **dont** j'ai peur.

UTILISATION

ACTIVITÉ 4: Marianne est chargée de la rubrique « Savoir-vivre » d'un magazine. Les règles de politesse, c'est son fort! Pour lui exposer votre problème, combinez les deux premières phrases avec *dont.*

Suggestion: Ask students to write Marianne's responses to these situations.

MODÈLE: Marc a une belle voiture de sport. J'ai besoin de sa voiture. C'est pour impressionner mon amie Jeannette.
Marc a une belle voiture de sport dont j'ai besoin. C'est pour impressionner mon amie Jeannette.

1. Marie est une fille. Je suis tombé amoureux de Marie. Malheureusement, ses parents ne m'aiment pas du tout.
2. Isabelle a de très bonnes manières. Elle est très fière de ses manières. On dit qu'elle est snob.
3. Paul est un homme très sportif. Tout le monde parle de Paul. Il a gagné le championnat de course cycliste.
4. Mon amie Christine porte toujours des vêtements très à la mode. J'ai envie de ses vêtements. Malheureusement, je n'ai pas beaucoup d'argent.
5. Je connais un homme chic et intéressant. On se méfie de cet homme. C'est parce qu'il a de longs cheveux noirs et un air mystérieux.

ACTIVITÉ 5: Le savoir-vivre, c'est la connaissance de certains usages qu'il faut pratiquer. Combinez les phrases suivantes avec une préposition + le pronom relatif *qui* ou bien avec le pronom relatif *dont,* selon le cas.

Suggestion: Ask students whether they agree with these descriptions and which ones they find most interesting.

1. Mon frère
   a. C'est un garçon. Je donne souvent des conseils à ce garçon.
   b. Il a emprunté le vélo. J'ai besoin de ce vélo maintenant.
   c. Il est la personne… J'enseigne les règles de politesse à cette personne.
   d. Les petits frères sont des personnes… Il faut se méfier de ces personnes.
2. Le nouveau collègue
   a. Avez-vous fait la connaissance du nouveau collègue? Je travaille avec lui.
   b. C'est l'homme… Nous allons dîner avec lui.
   c. Ce nouveau collègue est une personne… Je voudrais bien m'entendre avec elle.
   d. J'espère que c'est une personne… On ne va pas dire de mal d'elle.

ACTIVITÉ 6: On choisit et on juge ses ami(e)s d'après leur comportement vis-à-vis des autres. Cette description du comportement de l'ami(e) idéal(e) est tirée du livre *Évidences invisibles* par Raymonde Caroll. Complétez les phrases avec un pronom relatif ou avec une préposition et le pronom relatif *qui (à qui, avec qui, pour qui, sur qui, chez qui, dont,...)*. Attention: On n'emploie pas de prépositions avec certaines phrases.

Un(e) ami(e) est quelqu'un ____ j'aime comme un frère ou une sœur, ____ j'ai confiance, ____ j'aime la compagnie, ____ je peux compter, ____ me comprend, ____ je peux être moi-même et laisser tomber le masque, ____ ne me juge pas, ____ n'essaie pas de me changer, ____ me connaît et m'accepte comme je suis, ____ je peux me confier en toute sécurité.

À VOUS!

Work with two partners. One of your partners will introduce you to the second partner. By coincidence, you find a relationship with your new acquaintance. Exchange roles until each person has been introduced twice.

MODÈLE: ***—Jean, voici mon amie Kathy. Kathy, je te présente mon ami Jean.***
—Quelle coïncidence! Kathy est la jeune fille avec qui j'ai un cours de maths!

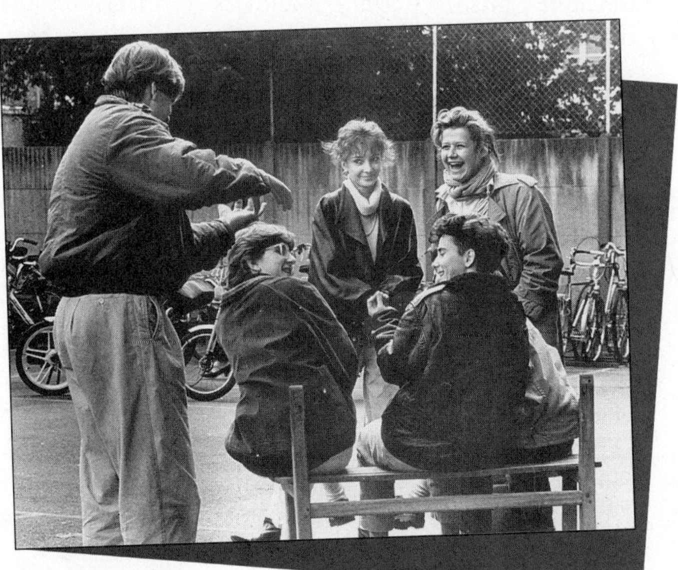

QUELLE COÏNCIDENCE! KATHY EST LA JEUNE FILLE AVEC QUI J'AI UN COURS DE MATHS!

La Langue écrite

Donner des conseils

As noted in the **Pour mieux lire** section of this chapter, a genre is a distinct type or category of writing. Written texts in the same genre have the same communicative purpose, are generally structured in the same way, and share some of the same forms. These commonalities help readers know what to expect in the work. As a writer, you should first analyze the genre to which your writing belongs and, then, as you write, make your work easy to understand by including those features that readers expect to find in your chosen genre.

The composition topics that follow ask you to write a short article, a pair of letters, or a short poem. Before selecting one of these topics, think about the genre each one represents. Then answer these questions.

- Even if these three compostions were to address the same topic, how would they differ?
- What features (for example, overall length, format, page layout, internal organization, sentence length) are associated with each genre?

Select one of the topics below. Then make a list of the conventions readers expect in a work of this genre and use it to make your writing more understandable to your audience.

Additional writing practice is provided at the end of the corresponding ***Cahier*** chapter. If ***système-D*** is available to your students, they may wish to use it as they complete the writing exercise.

Sujets de composition

1. Write an article on etiquette in particular social situations, including table manners and offering and accepting gifts.
2. Write a pair of short letters on matters of etiquette. Include both a letter to Marianne describing an etiquette problem and a response from Marianne suggesting an appropriate course of action.
3. Write a poem to or about an important person or event in your life. Follow this formula.
   Line 1: Name the topic.
   Line 2: List three adjectives that describe the topic.
   Line 3: List three verbs that describe the topic.
   Line 4: List three emotions you feel in response to the topic.
   Line 5: Give your opinion of the topic.
   Line 6: Write a concluding sentence that sums up your poem.

Lexique

Expressions

Introducing someone

Vous connaissez..., n'est-ce pas?
Vous vous connaissez?
Voici...
Je vous présente...
Permettez-moi de vous présenter...
J'ai le plaisir de vous présenter...

Responding to an introduction

Je regrette, je ne la (le, les, vous) connais pas.
Je n'ai pas eu le plaisir de faire votre (sa) connaissance.
Je suis ravi(e) (heureux[-se], content[e], enchanté[e]) de vous connaître.
Enchanté(e) de faire votre connaissance.
Ça me fait plaisir de vous rencontrer.

Offering a gift

Voilà, pour vous.
Je vous ai apporté un cadeau.
Je vous ai apporté des fleurs.
Tenez, c'est pour vous.

Accepting a gift

Vous êtes très gentil(le).
Merci beaucoup.
Oh, mais il ne fallait pas.
C'est très gentil.

Offering food or drink

Vous voulez boire (prendre) quelque chose?
Qu'est-ce que vous voulez boire?
Qu'est-ce que vous prenez?
Qu'est-ce que je vous offre?
Qu'est-ce que je vous sers?
Servez-vous, je vous en prie.
Vous prenez (encore) un peu de...?
Encore un peu de...?
Vous en voulez encore?

Accepting food or drink

Merci.
Ça a l'air délicieux!
C'est excellent (très bon, délicieux).
Volontiers!
Avec plaisir!

Refusing food or drink

Merci, rien pour moi.
Non, merci, je ne veux rien.
Peut-être plus tard.
Merci, mais je n'ai pas (plus) soif (faim).

Excusing oneself

Oh, pardon!
Excusez-moi.
Je suis vraiment désolé(e).
Cela ne m'est jamais arrivé.
Je ne l'ai pas fait exprès.
Je m'excuse.
Je ne voulais offenser personne.
Je vous prie de m'excuser.

Accepting an apology

Il n'y a pas de mal.
Ce n'est rien.
Ce n'est pas grave.
Ça ne fait rien.
Ne vous en faites pas.
Ce n'est pas de votre faute.
Vous êtes tout excusé(e).
Cela n'a pas d'importance.

Demanding an excuse

Il faut absolument demander pardon.
Vous pourriez vous excuser.
J'attends vos excuses.

Rejecting an excuse

Mais tout de même! C'est inadmissible!
Que vous êtes insensible!
Vous exagérez!

VOCABULAIRE

MEMBERS OF THE FAMILY, FRIENDS

ma mère (maman)	mon frère	mon oncle (tonton)	mon ami(e)
mon père (papa)	mon enfant	ma tante (tatie)	mon copain
mon (ma) fiancé(e)	ma fille	mon cousin	ma copine
ma femme	mon fils	ma cousine	mon (ma) collègue
mon mari	mon grand-père (papy)	ma nièce	mon (ma) camarade
ma sœur	ma grand-mère (mamy)	mon neveu	

VERBES IRRÉGULIERS

connaître *(to know)*	je **connais**	nous **connaissons**
	tu **connais**	vous **connaissez**
	il/elle/on **connaît**	ils/elles **connaissent**

past participle: **connu**
like **connaître: reconnaître**

écrire *(to write)*	j'**écris**	nous **écrivons**
	tu **écris**	vous **écrivez**
	il/elle/on **écrit**	ils/elles **écrivent**

past participle: **écrit**

RÉVISION: MES RELATIONS SOCIALES

ACTIVITÉ 1: UN FAIT DIVERS. Create the chronology of events and react to the following news item.

> Le président-directeur général de la société Condorcet, M. Étienne Longé, est mort à l'âge de 68 ans.

1. Où est-il allé hier soir? Décrivez l'établissement.
2. Avec qui est-il sorti? Décrivez ses compagnons.
3. Quand est-il rentré?
4. Quels événements ont précédé sa mort?

ACTIVITÉ 2: LE CRIME. You were a witness to a crime, and the police have asked you to describe the persons you saw leaving the scene. Describe exactly what you saw. Can you give any special characteristics?

ACTIVITÉ 3: LA PHOTO. Look at an old family photograph and try to describe how you felt and what you were thinking about on the day the photograph was taken. Write a short paragraph describing that day.

ACTIVITÉ 4: LE PASSÉ. Tell your partner about your childhood. Where did you live? What did you often do? Which of your daily habits do you especially cherish? Which ones would you like to change?

ACTIVITÉ 5: LA VEDETTE. A movie star is visiting your town. As a reporter for the campus paper, you have been assigned to write a story about him or her. Play the role of the reporter while your partner plays the role of the celebrity.

ACTIVITÉ 6: LA SUPER MAMAN. Lisez le passage ci-dessous, puis répondez aux questions suivantes.

> Ma maman est une SuperWoman. Elle part le matin à 8 h et rentre le soir à 19 h 30, si ce n'est parfois° même à 20 h. Je trouve qu'elle travaille trop. Il est vrai qu'elle gagne° bien sa vie, mais elle pourrait avoir plus d'argent pour ce qu'elle fait.° Elle est responsable d'édition pour une grande marque de cosmétiques. Elle peut s'acheter de beaux vêtements, et assez souvent. Malheureusement, elle est très fatiguée quand elle rentre du travail et se lève parfois à 5 h du matin pour travailler avant d'aller au bureau. Quand elle rentre, j'ai besoin qu'elle m'aide pour mes devoirs et elle doit en plus s'occuper du dîner. Elle

parfois *sometimes* **gagner** *to earn* **pour ce qu'elle fait** *for what she does*

aime beaucoup lire, mais elle a encore trop de choses à faire pour avoir du temps libre. De plus, nous n'avons pas de femme de ménage° et c'est maman qui fait le ménage le week-end au lieu de° se reposer. Moi, j'aimerais que maman travaille à temps partiel, pour que le matin je parte° avec elle (qu'elle m'accompagne en voiture à l'école) et que le soir elle soit° là quand je rentre. Je suis tout de même fière d'avoir une maman aussi active et qui a un travail aussi important. Si elle travaille moins, elle aura° moins d'argent. Quelle est la solution? Morgane, 11 ans.

1. Quelle est l'idée principale de ce passage?
   a. Morgane ne veut pas que sa maman travaille.
   b. Morgane comprend le dilemne de sa mère.
   c. Morgane voudrait être plus indépendante de sa mère.
   d. Morgane pense que les femmes doivent remplir leur rôle traditionnel de mère de famille.
2. Que fait la mère de Morgane chaque jour? Faites une liste de ses habitudes quotidiennes.
3. Être SuperWoman présente des avantages et des inconvénients. Faites-en la liste.

ACTIVITÉ 7: MON ADOLESCENCE. Lisez le passage ci-dessous, puis répondez aux questions suivantes.

Plusieurs maisons m'ont marqué. La première maison me rappelle ma toute petite enfance. C'était un appartement tout à fait modeste rue Clovis à Reims. De temps à autre, j'y retourne comme en pélerinage.° De cette maison, je garde un souvenir très fort, et je suis en même temps un peu frustré de savoir qu'elle ne m'appartient° plus.

---

la femme de ménage *cleaning lady* **au lieu de** *instead of*
que je parte *that I leave* **qu'elle soit** *that she be* **aura** *will have*
le pélerinage *pilgrimage* **appartenir** *to belong*

La deuxième maison me rappelle mon adolescence. Mes grands-parents habitaient juste au-dessous,° je rendais souvent visite à mon grand-père qui était poète.

Aujourd'hui, j'ai une troisième maison en Bretagne que j'aime passionnément. C'est un petit chalet où nous fuyons° le monde, où nous nous unissons° et où nous nous réunissons.° J'aimerais que cette maison imprègne° mes enfants, qu'elle leur donne des souvenirs aussi forts que mes souvenirs d'enfance.

1. Combien de maisons est-ce que le narrateur décrit?
2. Pouvez-vous dire où se trouvent les maisons?
3. Quels membres de la famille sont associés à chaque maison?
4. À quel âge est-ce que le narrateur habitait dans chaque maison?

ACTIVITÉ 8: L'AQUAGYM. Lisez l'article ci-dessous, puis répondez aux questions suivantes.

Pour renforcer les abdominaux.° Cet exercice consiste en trois mouvements dans l'eau. Répétez-les dix fois de suite.

1. Commencez avec les jambes devant vous.
2. Ouvrez et fermez rapidement les jambes.
3. Relevez les jambes d'un côté et ensuite de l'autre côté.

L'aquagym: une nouvelle gym? Pas vraiment. Cette discipline médicale est bien connue dans les centres de thalassothérapie.° Elle favorise° l'activité sportive dans l'eau. Elle « allège »° le corps qui bénéficie d'une meilleure oxygénation et ventilation pulmonaire.°

L'aquagym est aujourd'hui le sujet d'un guide° de Christiane Gourlaouen et Jean-Louis Rouxel. Les auteurs s'adressent particulièrement aux femmes. Chaque mouvement est illustré. L'utilisation des flotteurs° est expliquée.

1. Qu'est-ce que c'est que l'aquagym? Est-ce que c'est une nouvelle gym?
2. Quels sont les bénéfices de ce sport?
3. Où est-ce que vous pourriez trouver des renseignements sur l'aquagym?
4. Quel équipement utilise-t-on pour faire de l'aquagym?

au-dessous *below* **fuir** *to flee, to escape* **s'unir** *to unite*
se réunir *to reunite, to gather together* **imprégner** *to affect strongly*
les abdominaux *abdominal muscles* **la thalassothérapie** *water therapy*
favoriser *to promote* **alléger** *to lighten* **pulmonaire** *of the lungs*
le guide *book* **le flotteur** *float*

UNITÉ 4

MON PAYS ET LE MONDE

CHAPITRE 13 J'HABITE EN VILLE

CHAPITRE 14 LA SANTÉ ET LES PROBLÈMES DE SOCIÉTÉ

CHAPITRE 15 PARTONS EN VACANCES

CHAPITRE 16 L'AVENIR

IN THIS CHAPTER, YOU WILL LEARN HOW TO EXPRESS CERTAINTY, NECESSITY, DESIRE, AND DISSATISFACTION.

chapitre 13

J'HABITE EN VILLE

Il me faut un appartement

Au travail

Avant de parler

ACTIVITÉ 1: Vous avez l'intention de louer *(to rent)* un appartement avec un(e) camarade. Décrivez les caractéristiques de l'appartement idéal.

Suggestion: This activity reviews descriptions. Have students add qualities to the lists.

MODÈLE: le prix
—Il doit coûter assez cher.*
ou: *—Il doit être bon marché.*

Le Prix: être bon marché
coûter (assez) cher

Le Quartier: en ville
pas trop loin de la ville
en banlieue
à la campagne
près de mon travail
pas trop loin de l'université

La Description: assez grand
plutôt modeste
confortable
luxueux
avoir le téléphone
accepter les animaux domestiques
un parking
une belle vue
au rez-de-chaussée *(ground floor)*
une piscine
au premier *(second floor)* ou au deuxième étage

J'HABITE DANS CET IMMEUBLE.

* The complete conjugation of the irregular verb **devoir** *(to have to)* is given in the ***Verbes irréguliers*** at the end of the chapter.

DIALOGUE

Approach: (1) Go over the introductory questions and remind students to listen primarily for the answers to question B the first time through. (2) Play the dialogue on the *Student Tape* (or role-play it yourself). (3) Ask students to answer question B. (4) Play the dialogue again. (5) Have students repeat with you and practice with each other, taking different roles and personalizing the dialogue.

Expansion: True/false items: **1. L'appartement à Neuilly est trop loin pour Didier. 2. L'appartement Porte d'Italie n'est pas cher. 3. Comme par hasard, Jacques veut louer son appartement.**

LE NOUVEL APPARTEMENT

Didier a décidé de déménager *(to move out)* de chez ses parents et il cherche un appartement. Il discute quelques possibilités avec son amie Anne-Claire. Avant de lire le dialogue, répondez aux questions suivantes.

A. Avez-vous les moyens *(means)* de louer un appartement?
   1. Quels meubles *(furniture)* avez-vous?
   2. Pouvez-vous payer le loyer *(rent)* et les charges *(maintenance charges)*?
   3. Quel genre d'appartement pourriez-vous louer?

B. Regardez la photo, puis pensez à ces questions en lisant le dialogue.
   1. Didier cherche-t-il un grand appartement de luxe?
   2. Est-ce qu'il veut payer cher?

Didier lit le journal.

DIDIER: Voyons un peu… qu'est-ce qu'il y a de disponible?°

ANNE-CLAIRE: Qu'est-ce que tu cherches?

DIDIER: Je dois trouver un appart. Quelque chose de bien, pas trop cher, une chambre° en ville. Tiens, voilà: particulier° loue chambre de service,° sixième étage, eau, électricité, 1 000 francs par mois. Samedi, de neuf heures à treize heures. Ça a l'air bien, hein?

ANNE-CLAIRE: Oui, et le prix est raisonnable. Où est-ce que ça se trouve?

DIDIER: Ah, zut, alors! C'est à Neuilly, 105 avenue Roule. Je ne vais sûrement pas habiter à Neuilly; c'est trop loin. Il faut trouver quelque chose en ville. Écoute cette autre annonce: particulier loue studio 25 mètres carrés,° meublé,° Porte d'Italie.

ANNE-CLAIRE: Et le prix?

DIDIER: Aïe! 3 200 francs par mois plus l'électricité et le chauffage!° C'cst trop cher!

ANNE-CLAIRE: Dis-moi exactement ce que tu veux.

DIDIER: Il me faut quelque chose de pas cher… Tiens, comme l'appartement de Jacques. Ce serait l'idéal pour moi.

ANNE-CLAIRE: Il fallait° me le dire! Comme par hasard, Jacques cherche à le louer. Donnons-lui vite un coup de fil.°

DIDIER: Génial!

disponible *available* **une chambre** *one bedroom* **le particulier** *private party*
la chambre de service *maid's room* **le mètre carré** *square meter*
meublé *furnished* **le chauffage** *heating* **il fallait** *you should have*
le coup de fil *call*

Compréhension

Activité 2: Relisez le dialogue et répondez aux questions suivantes.

1. Le passage est (a) une conversation, (b) une publicité, (c) un discours politique.
2. Choisissez la phrase qui décrit le mieux l'idée principale de la conversation.
   a. Didier explique le genre d'appartement dont il a besoin.
   b. Didier persuade Anne-Claire que son appartement coûte trop cher.
   c. Didier explique à Anne-Claire pourquoi il veut habiter en ville.
3. Mettez les phrases dans le bon ordre d'après le dialogue.
   ____ Il trouve un autre appartement, mais c'est trop cher.
   ____ Didier cherche une chambre assez modeste.
   ____ Il décide de téléphoner à son ami Jacques.
   ____ Il regarde dans le journal.
   ____ Anne-Claire lui dit que Jacques veut louer son appartement.
   ____ Il trouve un petit appartement, mais il n'aime pas sa situation géographique.

Activité 3: Décrivez les deux appartements que Didier a trouvés dans le journal. N'oubliez pas de mentionner la situation géographique, la description, le loyer et les charges.

Suggestion: Ask students to look at their description of the apartments in ***Activité 3***.

Then ask them the following: **Quel appartement aimeriez-vous louer? Pourquoi? Quels sont les avantages et les inconvénients de chaque appartement?**

Notes culturelles

Les Français chez eux

Les Français ne déménagent pas aussi souvent que les Américains. Il n'y a que 29% des ménages permanents qui ont changé de logement entre 1979 et 1984. La population qui déménage le plus est celle des moins de 30 ans, des salariés *(salaried persons)* et des habitants des grandes villes. Les plus vieux, les habitants des petites villes et les ouvriers déménagent le moins.

Les dix dernières années en France peuvent se caractériser par l'explosion de l'électroménager *(household appliances)*. En effet, la cuisine *(kitchen)* est la pièce qui a subi *(has undergone)* le plus de changements dans la maison. Il existe à présent une grande quantité de machines qui rendent la vie plus facile: robots pour préparer la nourriture, fours à micro-ondes *(microwave ovens)*, sèche-linge *(clothes dryers)*, lave-vaisselle *(dishwashers)* et congélateurs *(freezers)*. La grande majorité des foyers *(households)* français ont un réfrigérateur (98,0%) et un lave-linge (87,4%). Les congélateurs et les lave-vaisselle, qui ont été introduits dans les années 70, sont aussi devenus populaires (43,8% et 30,5%).

Faites un sondage parmi vos camarades de classe. Combien d'entre eux ont déménagé l'année dernière (à part le déménagement pour venir à l'université)? D'après votre sondage, est-ce que le pourcentage de familles qui déménagent est plus grand aux États-Unis qu'en France?

Approach: (1) Use the introductory guidelines to preview the material. (2) Role-play the mini-dialogues, having students repeat with you, practice with a partner, and incorporate personal variations. (3) Have students find different ways to express certainty. List answers on the board. Then have students work in pairs to create original mini-dialogues.

EXPRIMER LA CERTITUDE

Dans les scènes suivantes, les personnages expriment des opinions et discutent des faits dont ils sont certains.

A. Répétez les scènes avec votre professeur.

B. Jouez à nouveau les scènes avec votre partenaire. Variez les expressions et les réponses dans chaque scène.

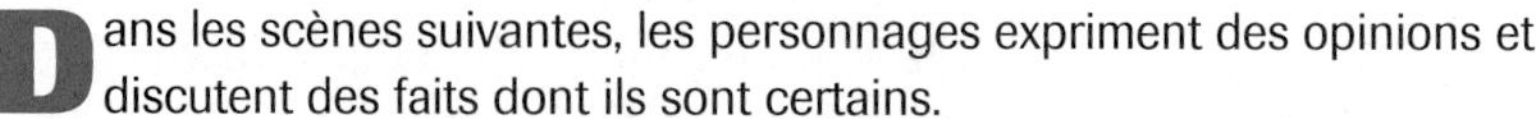

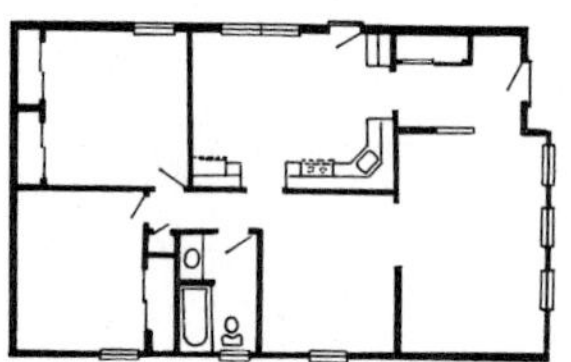

SCÈNE 1

—Nous cherchons un appartement en ville… quelque chose de confortable, avec deux chambres, un salon,° une salle de bains, une cuisine, une salle à manger… vous voyez un peu?

—Est-ce que vous cherchez quelque chose de modeste ou bien un appartement de luxe?

—Rien de prétentieux, mais confortable.

—Alors, je crois que vous allez aimer l'appartement rue de la Reine. Je vais vous le montrer tout de suite.

SCÈNE 2

—Qu'est-ce que vous cherchez?

—Je suis étudiant. Je cherche un petit studio. Il est évident que je ne peux pas payer trop cher.

—Nous avons un petit studio au cinquième étage d'un immeuble° en ville.

—Est-ce qu'il y a un ascenseur?

—Non, je suis certaine qu'il n'y en a pas. C'est un immeuble ancien.

SCÈNE 3

—Je voudrais un quatre pièces.

—Mais qu'est-ce que tu racontes? Les quatre pièces coûtent trop cher. Il est certain que tu n'as pas assez d'argent pour deux chambres. Il faut considérer autre chose.

—Bon, alors, un trois pièces avec chambre, salon et salle à manger.

—Non, non! Il est clair que tu ne me comprends pas. Tu dois penser sérieusement à ta situation financière. Tu peux louer un petit studio et c'est tout!

le salon *living room* **l'immeuble** *building*

UTILISATION

ACTIVITÉ 4: Relisez les scènes et trouvez les expressions suivantes.

1. Trouvez au moins quatre mots qui désignent les pièces d'une maison ou d'un appartement.
2. Trouvez des descriptions d'appartements (lieu, niveau de confort, prix).
3. Trouvez cinq expressions qui expriment la certitude.

ACTIVITÉ 5: Décrivez trois genres d'appartements. Choisissez les caractéristiques de la liste suivante. Décrivez ensuite votre appartement préféré.

1. Je voudrais…
   a. un appartement   b. un petit studio   c. une chambre
   a. en ville   b. en banlieue   c. près de mon travail / de l'université
2. Je cherche quelque chose…
   a. de luxueux   b. d'assez modeste   c. de très bon marché
   a. au rez-de-chaussée   b. au premier étage   c. au quatrième ou au cinquième étage
3. Il me faut…
   a. une chambre   b. deux ou trois chambres
   a. un grand salon   b. un salon modeste

ACTIVITÉ 6: « Décodez » les annonces pour les appartements suivants.
pces = pièces   ét.= étage   cft.= confortable   RER = *public transportation system*   réf. exig. = références exigées   s/séj. = salle de séjour *(family room)*

SAINT-CLOUD
Partic. loue appt., 5e ét.,
asc., 5 pces, s. de bns, cuis.
rénovée, 6 200F + ch.
Sur place, dimanche 13h–16h.

MODÈLE: ***Voici quelque chose d'intéressant. À Saint-Cloud, au 5e étage, avec un ascenseur, un appartement à cinq pièces avec salle de bains et cuisine rénovée, 6 200 francs par mois plus les charges. On peut le voir sur place le dimanche de treize heures à seize heures.***

FAUBOURG SAINT-DENIS
Partic. loue appt. 2e ét.
3 pces, gr. sal., cuis., s.
de bns, vue, 4 000F par
mois + ch. Tél.
42.46.54.60 après 18h.

NEUILLY, 105 AV.
ROULE
à louer, chbre de service,
6e ét., eau, élec.,
1 000F par mois. Sur
place, samedi 9h–13h.

83, RUE DES MOINES,
PARIS
Partic. loue 2 pces,
cuis., s. de bns, wc,
visite de 17h à 19h
réf. exig.

ALFORTVILLE
Partic. loue appt, 2 4
pces, cuis., s. de bains,
wc, s/séj., très cft., près
du RER, réf. exig., 3 200F
+ ch. Tél. 43.78.22.43.

Activité 6 Answers: 1. Dans le Faubourg Saint-Denis, il y a un 3 pièces à louer au 2e étage, avec un grand salon, une cuisine, une salle de bains et une (belle) vue. Le loyer est de 4 000 F par mois plus les charges. Pour se renseigner, on peut téléphoner au 42.46.54.60 après 18 h. 2. À Neuilly, au 105 avenue Roule, il y a une chambre de service à louer au 6e étage pour 1 000 F par mois. L'eau et l'électricité sont comprises. On peut la voir sur place le samedi entre 9 h et 13 h. 3. Il y a un 2 pièces à louer au 83, rue des Moines à Paris, avec cuisine, salle de bains et W-C. On peut le visiter de 17 h à 19 h. Références exigées. 4. Il y a un 4 pièces à louer à Alfortville, avec cuisine, salle de bains, W-C, salle de séjour. Très confortable, près du R.E.R., références exigées, 3 200 F par mois plus les charges. On peut se renseigner au 43.78.22.43.

ACTIVITÉ 7: Votre camarade s'intéresse aux appartements de l'*Activité 6.* Donnez-lui des conseils. Employez les expressions suivantes.

MODÈLE: —*J'aime bien cet appartement-ci… deux pièces,…*
—*Oui, c'est parfait! Je pense que c'est exactement ce que tu cherches.*

C'EST PARFAIT!

Je suis sûr(e) que (qu')…	c'est exactement ce que tu cherches.
Tu dois aller le visiter…	il a l'air vraiment bien.
Je pense que (qu')…	c'est un très bon quartier.
On dirait que (qu')…	tu pourrais payer le loyer sans problème.
Il est clair que (qu')…	

MAIS QU'EST-CE QUE TU RACONTES?

Je crois que…	tu devrais réexaminer la question.
Si tu veux mon avis…	tu ne peux pas payer si cher que ça.
Je dirais que…	c'est trop luxueux.
Il est certain que…	tu ne comprends pas ta situation financière.
Il est évident que…	

À VOUS!

Lisez les annonces suivantes et choisissez un appartement. Puis expliquez à votre partenaire dans quelle mesure cet appartement vous convient. Il (Elle) va vous donner des conseils.

Paris 18e, métro J.-Joffrin, CHAMBRE semi-meublée indép., douche, chauf. cent. Libre le 1er juin. **1.580 F c.c.** C.P.P. 42.41.58.00.

Paris 11e, métro Parmentier, CHAMBRE MEUBLÉE INDÉP. Pas de douche. Libre de suite. **1.500 F c.c.** C.P.P. 42.41.58.00.

Plaine-Saint-Denis (93), CHAMBRE MEUBLÉE dans appart. Accès au confort. Loué pour trois mois jusqu'à juil. 90. **750 F c.c.** C.P.P. 42.41.58.00.

Neuilly-sur-Marne (93), prox. R.E.R. N.-Plaisance, STUDIO MEUBLÉ, ref. à neuf. Tout confort, cuis. équipée, s. d'eau. Libre le 1er juin. **2.500 F c.c.** C.P.P. 42.41.58.00.

Paris 17e, métro Brochant, STUDETTE MEUBLÉE, tout confort, cuis. équip., douche amovible. Libre le 15 juin. **2.000 F c.c.** C.P.P. 42.41.58.00.

Pantin (93), métro 4-Chemins, STUDIO, tout confort, cuis., s. d'eau, cave. Libre de suite. 2.800 F c.c. C.P.P. 42.41.58.00.

Paris 13e, métro Nationale, STUDIO MEUBLÉ, tout confort, kitchen. équipée, s. d'eau, chauf. cent. Libre le 31 mai. **2.400 F c.c.** C.P.P. 42.41.58.00.

Paris 17e, métro Rome, STUDIO MEUBLÉ, tout confort, kitchen. équipée, s. d'eau. Libre de suite. **2.350 F c.c.** C.P.P. 42.41.58.00.

Paris 19e, Buttes-Chaumont, STUDIO tout confort, cuis., s. d'eau, cheminée, balcon, libre de suite. 2.600 F c.c. C.P.P. 42.41.58.00.

Pavillons-sous-Bois (93), F2 tout confort, cuis., s. de b., chauf. cent. Libre de suite. **3.530 F c.c.** C.P.P. 42.41.58.00.

424325A A LOUER vacances PORTUGAL 3 pièces tout confort à 50m de la mer cote ouest, 12km de LEIRIA, MAI 3.500F - JUIN/SEPT 4.000F - JUILL 5.000F TEL 43.00.53.47

424257A A LOUER beau studio LIVRY quartier CHANZY, entrée, cuisine, SDB, séjour, cave, parking, grand confort PX 2.500F + 450F charges TEL 43.30.29.11

STRUCTURE

LES SUBORDONNÉES

On utilise souvent une phrase complexe pour exprimer la certitude. Lisez le mini-dialogue et jouez les rôles avec votre professeur. Faites attention à la forme des verbes dans chaque phrase, puis répondez aux questions.

A. Décrivez le problème. Quelle solution est-ce qu'on propose?

B. Notez bien qu'il y a deux verbes dans chaque phrase. Dans quelles phrases y a-t-il deux sujets?

Approach: (1) Use the introductory questions to preview the material. (2) Model the mini-dialogue several times. (3) Have students look for patterns and answer questions A and B with a partner. (4) Elicit their observations. (5) Present the grammatical explanations as a means of confirming and extending students' hypotheses.

–**Je voudrais trouver** un appartement. **J'hésite à payer** 2 500 francs par mois et **je refuse de partager** une chambre.

–**Je crois que tu devrais** encore réfléchir… **Il me semble que tu devrais** rester chez tes parents.

1. VERBS PLUS INFINITIVES: REVIEW

As you know, some verbs are followed directly by an infinitive. Other verbs require the preposition **à** or **de** before an infinitive. Note that all of the following sentences refer to a single person and have a single subject.

Je voudrais trouver un appartement.
J'hésite à payer 2 500 francs par mois.
Je refuse de partager une chambre. ●

● Remember that the French do not like sharing apartments. The idea of having a roommate is so foreign that the American concept of "roommate" is difficult to translate into French.

2. SENTENCES WITH TWO SUBJECTS

Two clauses, each containing its own subject and conjugated verb, may be joined by **que.**

Je sais	**que**	**vous allez** aimer cet appartment.
Je pense	**que**	**tu aimerais** ce quartier.
Je crois	**que**	**tu dois** réexaminer la question.
Je suis sûr(e)	**que**	**tu es** trop optimiste à propos de tes finances.
Je suis certain(e)	**que**	**vous allez** être heureux(-se).
Je ne doute pas	**que**	**l'appartement est** beau.

3. SENTENCES WITH THE IMPERSONAL PRONOUN IL

In the following expressions, **il** refers to no specific person. These expressions are often followed by a clause containing a different subject and a conjugated verb. **Que** is used to link the two clauses.

Il est certain	**que**	**tu** ne **peux** pas payer aussi cher que ça.
Il est sûr	**que**	**tu** ne **peux** pas habiter si loin de l'université.
Il est évident	**que**	**tu** ne **comprends** pas ta situation financière.

Il est vrai	que	**c'est** un bel appartement.
Il me semble	que	**c'est** exactement ce que tu cherches.
Il est clair	que	**c'est** vraiment bien.
Il paraît	qu'	**il y a** trois chambres.

UTILISATION

Suggestion: Have students speak about their own choices—e.g., **Il est sûr que je vais aimer vivre seul(e).**

ACTIVITÉ 8: Vous envisagez de *(are planning to)* louer un appartement en ville. Pesez le pour et le contre. Choisissez parmi les éléments ci-dessous ou bien employez vos propres mots.

MODÈLES: ***Il est certain que je vais aimer la solitude.***
Il est sûr que je ne vais pas nettoyer la chambre.

Il est certain	aimer la solitude	nettoyer *(to clean)* la chambre
Il est sûr	aimer l'indépendance	faire les lits
Il est évident	organiser des fêtes	faire la lessive *(to do the laundry)*
Il est vrai	payer les charges	faire les achats
Il me semble	faire le ménage *(to do the housework)*	
Il est clair		
Il paraît		

ACTIVITÉ 9: Complétez les phrases suivantes avec des observations personnelles concernant votre logement, vos activités, vos projets, vos ami(e)s ou la qualité de votre vie.

MODÈLE: ***Je sais que mon (ma) camarade de chambre va louer un appartement l'année prochaine.***

1. Je sais que...
2. Il est évident que...
3. Je suis certain(e) que...
4. Je ne doute pas que...
5. Il est sûr que...
6. Je crois que...
7. Je pense que...
8. Il me semble que...

À VOUS!

Votre ami(e) est très impulsif(-ve) et prend des décisions facilement. Vous, vous êtes plus raisonnable. Donnez-lui des conseils sur le logement. Jouez les rôles avec un(e) camarade. Inversez ensuite les rôles.

MODÈLE: ***—Je vais habiter dans un appartement de huit pièces.***
—Mais non, je suis sûr(e) que tu ne comprends pas ta situation financière. Tu dois louer un studio.

1. Je voudrais habiter au Sahara.
2. Je vais habiter dans la rue (dans une station de métro).
3. Je vais prendre un studio avec quatre camarades.
4. Nous allons déménager à New York.
5. Je vais habiter à la montagne (dans une grotte [*cave*]).

Tranche 2

Il faut que j'achète des meubles

Au travail

Avant d'écouter

ACTIVITÉ 1: Lisez ces publicités sur l'électroménager moderne, puis jouez les rôles du vendeur (de la vendeuse) et du client (de la cliente) qui cherche à acheter un four à micro-ondes ou un petit frigo. Employez les expressions ci-dessous.

Suggestion: Have students pretend they are radio announcers while reading the material.

EXPRESSIONS UTILES

Bonjour ...! Je pourrais vous aider?
Vous cherchez un modèle particulier?
C'est le dernier modèle... Il est...
Nous avons des rabais de 25 à 35% sur...
Vous payez par chèque, avec une carte de crédit ou en espèces *(cash)*?

Le Micro-ondes Molineux

Le micro-ondes Molineux est un produit véritablement révolutionnaire. Il permet une cuisine° plus moderne et beaucoup plus rapide que le four ordinaire. Avec le micro-ondes Molineux, vous pouvez cuire,° réchauffer° ou décongeler° vos plats° en un temps record. Molineux, c'est la révolution dans votre cuisine!

Le Petit Frigo Bonus

Achetez le petit frigo Bonus pour votre studio. Vous êtes fatigué(e) de la cuisine du restaurant universitaire? Vous avez faim le soir? Alors, achetez un petit frigo Bonus pour votre chambre. Il est petit mais efficace,° et surtout il ne fait pas de bruit.° Ajoutez un petit réchaud° Bonus, et vous avez une cuisine complète! Soyez sûr(e) de la qualité, achetez Bonus.

la cuisine *cooking* **cuire** *to cook* **réchauffer** *to reheat* **décongeler** *to defrost*
le plat *dish* **efficace** *efficient* **le bruit** *noise* **le réchaud** *hot plate*

La Promotion de meubles à la Maison Bréguet

Approach: (1) Preview the conversation by focusing on the art and having students hypothesize about what they will hear. (2) Preteach the new vocabulary. (3) Go over the introductory material and tell students to listen for this information the first time through. Remind them that they will have to listen to the conversation several times to complete the other comprehension activities. The ***À l'écoute*** and comprehension activities may be done outside of class.

Vous allez entendre une publicité à la radio, puis une conversation entre Didier et Anne-Claire. Les dessins ci-dessous représentent ce qui va se passer dans la scène. Avant d'écouter le passage, faites les activités suivantes.

A. Regardez les dessins, puis répondez aux questions suivantes.
   1. Quel genre de publicité est-ce que Didier entend à la radio?
   2. Qu'est-ce qu'il veut acheter?
   3. Est-ce qu'il va acheter des meubles neufs ou d'occasion?

B. Le vocabulaire et les expressions qui suivent vous seront peut-être utiles.

des meubles	une table, une lampe, une chaise, un lit, un matelas
des meubles neufs	Ce sont de nouveaux meubles.
des meubles d'occasion	Ils ne sont pas nouveaux.
des soldes	Quand un magasin offre des rabais, il y a **des soldes**.

C. Avant d'écouter le passage, lisez rapidement les questions des ***Activités 2*** and ***3***. Écoutez ensuite le passage et faites les activités suivantes.

COMPRÉHENSION

ACTIVITÉ 2: Écoutez à nouveau le passage, puis répondez aux questions suivantes.

1. Le langage de la publicité est (a) formel, (b) familier.
2. Le ton de la publicité est (a) léger *(light)*, (b) poli et respectueux, (c) sérieux, (d) familier.
3. La conversation entre Didier et Anne-Claire est (a) formelle, (b) familière.
4. Le ton de la conversation est (a) léger, (b) poli et respectueux, (c) sérieux, (d) familier.
5. Choisissez la phrase qui décrit le mieux l'idée principale de la conversation.
   a. Anne-Claire ne veut pas aider Didier.
   b. On peut acheter des meubles d'occasion chez Bréguet.
   c. Didier a besoin d'une table, de chaises et d'un lit.

ACTIVITÉ 3: Vérifiez votre compréhension. Faites un résumé de l'annonce à la radio, puis lisez le paragraphe à deux ou trois camarades.

Tu as entendu l'annonce? La... Bréguet... sa grande... annuelle. Il y a des soldes... sur toutes sortes de... Ils ont des meubles... et... On dit qu'il y a des... incroyables. Le magasin est... de la Reine à Boulogne. Tu veux y aller avec moi?

ACTIVITÉ 4: Faites une annonce à la radio pour un magasin de votre choix, basé sur le modèle de l'***Activité 3***, ci-dessus.

PRONONCIATION

The pronunciation of the letter **r** in French has no equivalent in English. The French sound is made by arching the back of the tongue toward the palate and keeping the tip of the tongue firmly behind the bottom front teeth. A sound of friction is made as the air passes between the tongue and the palate at the back of the mouth.

Practice the words and expressions that follow with your instructor or on your student tape.

une p**r**omotion   p**r**ofiter   la maison B**r**éguet   inc**r**oyable   g**r**and

p**r**emiè**r**e   fiè**r**e   des étagè**r**es   un bu**r**eau

Tu veux veni**r** avec moi choisi**r** des meubles?
Il y a une g**r**ande p**r**omotion chez B**r**éguet.
Fo**r**midable. Je viens te che**r**che**r**? J'y vais ve**r**s deux heu**r**es.
Je voud**r**ais acheter des étagè**r**es, un bu**r**eau et une g**r**ande a**r**moi**r**e.
Alo**r**s, à tout à l'heu**r**e.

Approach: (1) Use the introductory guidelines to preview the material. (2) Role-play the mini-dialogues, having students repeat with you, practice with a partner, and incorporate personal variations. (3) Have students find different ways to express necessity. List answers on the board. Then have students work in pairs to create original mini-dialogues.

● While most rooms in France have closets, many people still use wardrobes—large pieces of furniture which serve a very similar function.

EXPRIMER LA NÉCESSITÉ

Dans les scènes qui suivent, vous allez apprendre à exprimer la nécessité.

A. Répétez les scènes avec votre professeur.

B. Jouez les rôles dans les scènes encore une fois avec votre partenaire. Variez les expressions et les réponses dans chaque scène. Employez le vocabulaire suivant pour varier vos réponses.

un buffet *(sideboard)*	un lit *(bed)*	une armoire *(wardrobe)* ●
un matelas *(mattress)*	une étagère *(shelves)*	une chaise
un bureau *(desk)*	un canapé *(sofa)*	une commode *(dresser)*
un fauteuil	une table	

SCÈNE 1

—Nous devons acheter des meubles pour le salon.
—Il faut que nous achetions une voiture.
—Mais il nous faut absolument un canapé.
—Je suis d'accord, mais la voiture est plus importante. Il est essentiel que nous cherchions une voiture d'abord.

SCÈNE 2

—Tu viens avec moi au magasin de meubles?
—Pour quoi faire?
—Il faut que nous choisissions une nouvelle table.
—Pourquoi?
—L'ancienne table est cassée et elle fait mauvaise impression quand on a des invités.
—Qu'est-ce tu vas faire de l'ancienne?
—Il faudrait que tu la donnes à ton frère.

UTILISATION

ACTIVITÉ 5: Relisez les scènes et trouvez les expressions suivantes.

1. Trouvez plusieurs mots qui désignent des meubles.
2. Trouvez cinq expressions pour exprimer la nécessité.

ACTIVITÉ 6: Regardez la publicité à la page suivante. Nommez les meubles en promotion et aussi les rabais sur les articles.

MODÈLE: ***Il y a une réduction (un rabais) de quinze pour cent sur les buffets.***

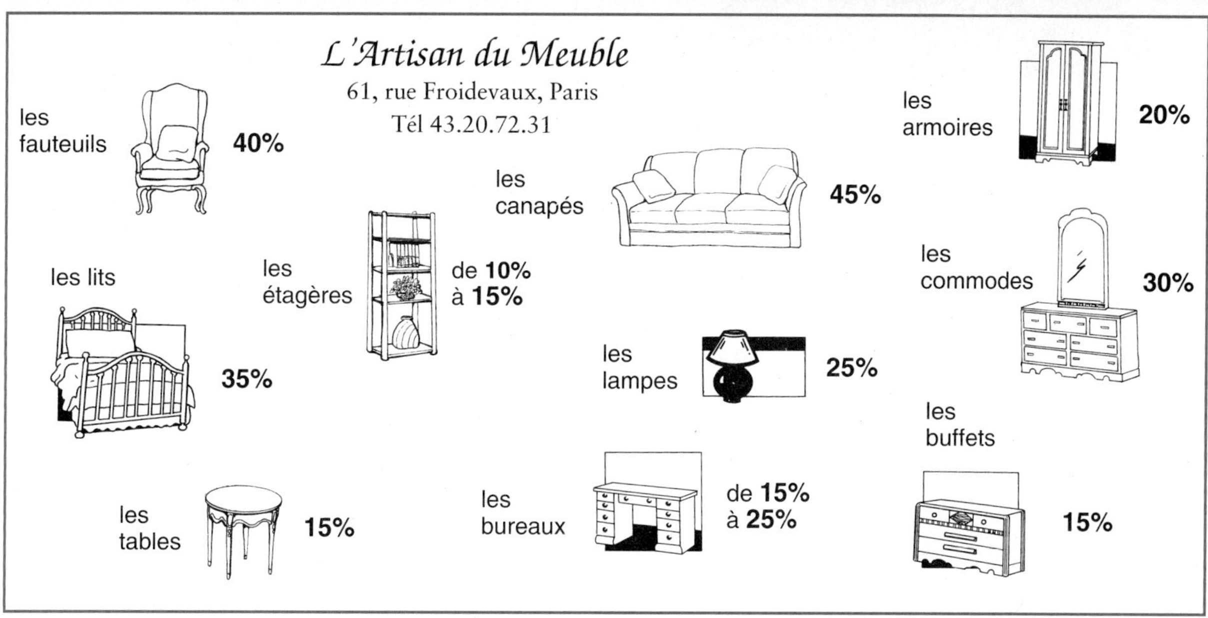

L'Artisan du Meuble
61, rue Froidevaux, Paris
Tél 43.20.72.31
les fauteuils
40%
les armoires
20%
les canapés
45%
les lits
les étagères
de 10% à 15%
les commodes
30%
35%
les lampes
25%
les buffets
les tables
15%
les bureaux
de 15% à 25%
15%

1. les canapés
2. les commodes
3. les bureaux
4. les fauteuils
5. les armoires
6. les tables
7. les buffets
8. les étagères
9. les lits
10. les lampes

Suggestion: Have students make up advertisements for different styles of furniture.

ACTIVITÉ 7: De quoi avez-vous besoin pour votre chambre d'étudiant(e)? Votre partenaire et vous n'avez pas du tout les mêmes idées! Jouez la scène selon le modèle suivant.

MODÈLE: ***—À mon avis, il faut que nous choisissions un fauteuil.***
—Mais non, il est nécessaire que nous achetions d'abord un micro-ordinateur.

VOUS: À mon avis, il faut que nous choisissions... (une lampe, une table, une table de nuit, une étagère, une chaise, une commode, une armoire, un buffet, un fauteuil, un bureau, un canapé).

VOTRE AMI(E): Mais non, il est nécessaire que nous achetions d'abord... (une voiture, une chaîne stéréo, un lecteur laser, un micro-ordinateur, un magnétoscope, un téléviseur couleurs, un petit frigo, un four à micro-ondes).

Suggestion: Have partners pretend they are or will be roommates. Encourage them to argue about what to buy first.

À VOUS!

Travaillez avec un(e) partenaire. Faites une liste des meubles que vous avez. Ne montrez pas votre liste à votre partenaire. Comparez ensuite vos listes. Dites à votre partenaire qu'il (elle) a besoin des choses qu'il (elle) n'a pas et que vous avez. Votre partenaire va essayer de vous convaincre d'acheter les choses que vous n'avez pas.

MODÈLE: ***—Il est nécessaire que tu achètes un lecteur laser.***
—Mais non, je n'ai pas besoin de lecteur laser.

Suggestion: Encourage students to incorporate the following functions: expressing an opinion, expressing certainty, expressing necessity.

Structure

Le Subjonctif

Approach: (1) Use the introductory questions to preview the material. (2) Model the mini-dialogue several times. (3) Have students look for patterns and answer questions A and B with a partner. (4) Elicit their observations. (5) Present the grammatical explanations as a means of confirming and extending students' hypotheses.

On utilise souvent une phrase complexe pour exprimer la nécessité. Cette phrase comprend d'habitude une expression de nécessité, le mot **que**, un sujet et un autre verbe. Lisez et jouez les rôles du mini-dialogue avec votre professeur, puis répondez aux questions.

A. De quel équipement électroménager la première personne a-t-elle besoin? Décrivez le problème.

B. Comment est-ce que les deux personnes expriment la nécessité?

–Bon, alors, **il faut que je trouve** un frigo.
–Un quoi?
–Un frigo. Il me faut un peu de confort dans l'appartement, n'est-ce pas?
–Bien sûr... **Est-il nécessaire que tu trouves** une cuisinière°?
–**Il vaut mieux que je cherche** aussi un four à micro-ondes.
–C'est tout?
–Non, **il faudrait que je choisisse** un lave-vaisselle et un lave-linge.
–Si tu crois que tout cela va rentrer° dans un studio, tu rêves, mon vieux!

1. Tenses and Moods

In French, verbs vary in two different ways: *tense* (past, present, future) and *mood* (the point of view that the verb conveys). There are four moods in French, each of which conveys a different perspective.

- The *indicative mood* is used to express facts about the past, present, or future.
  Je **vais acheter** un four à micro-ondes.
- The *imperative mood* is used to give commands, directions, and suggestions.
  Bon, alors, **achète** un four à micro-ondes.
- The *conditional mood* is used to make hypotheses. You will learn how to do this in Chapter 16.
  J'**achèterais** *(would buy)* un four Molineux en promotion.
- The *subjunctive mood* is used to express feelings, beliefs, or opinions.
  Il est important que vous **choisissiez** un four en promotion.

So far, you have learned to use the indicative and the imperative moods.

la cuisinière *stove* **rentrer** *to fit*

2. THE PRESENT SUBJUNCTIVE

The present subjunctive (the present tense in the subjunctive mood) is used in a subordinate clause following an expression of necessity.

Il faut que j'**achète** un frigo.	*It is necessary that I **buy** a refrigerator.*
Il vaut mieux que je **choisisse** un lave-vaisselle.	*It's better that I **choose** a dishwasher.*
Il est important que tu **trouves** un appartement en ville.	*It is important that you **find** an apartment in town.*
Il est essentiel que vous **téléphoniez** à l'agent immobilier.	*It is essential that you **phone** the real estate agent.*

Note that these sentences reflect perceived needs rather than absolute facts. It is the distinction between absolute fact and personal opinion that governs the use of the indicative and the subjunctive moods.

3. FORMATION OF THE PRESENT SUBJUNCTIVE

To conjugate regular verbs in the present subjunctive:

a. Find the stem of a regular **-er, -ir,** or **-re** verb by dropping the letters **-ent** from the third-person plural form.

ils **cherch~~ent~~** ils **choisiss~~ent~~** ils **vend~~ent~~**

b. Add the endings **-e, -es, -e, -ions, -iez, -ent** to the stem.

CHERCHER		CHOISIR		VENDRE	
que je	**cherche**	que je	**choisisse**	que je	**vende**
que tu	**cherches**	que tu	**choisisses**	que tu	**vendes**
qu'il/elle/on	**cherche**	qu'il/elle/on	**choisisse**	qu'il/elle/on	**vende**
que nous	**cherchions**	que nous	**choisissions**	que nous	**vendions**
que vous	**cherchiez**	que vous	**choisissiez**	que vous	**vendiez**
qu'ils/elles	**cherchent**	qu'ils/elles	**choisissent**	qu'ils/elles	**vendent**

Il faut que je **cherche** un bureau.
Il vaut mieux que nous **choisissions** une grande table.
Il est nécessaire que vous **vendiez** votre vieux fauteuil.

UTILISATION

ACTIVITÉ 8: Dites à votre camarade les choses qu'il faut faire pour aménager *(to furnish)* un appartement.

MODÈLE: trouver un frigo
—Il faut que tu trouves un frigo?
—Oui, il est nécessaire que je trouve un frigo.
ou: ***—Non, j'ai déjà un frigo.***

1. emprunter *(to borrow)* un four à micro-ondes
2. chercher un téléviseur et des étagères
3. trouver une cuisinière
4. trouver un lave-linge
5. choisir un micro-ordinateur et un bureau
6. choisir un lit et une commode
7. chercher des lampes
8. emprunter une petite table

ACTIVITÉ 9: Didier et Anne-Claire sont à la Maison Bréguet. Qu'est-ce qu'ils disent?

MODÈLE: Didier dit: « Il faut que je... » a. trouver un lit
Il faut que je trouve un lit.

1. Didier dit: « Il faut que je... »
   a. chercher un lit b. trouver une petite table c. choisir des chaises
2. Anne-Claire répond: « Il faudrait aussi que tu... »
   a. trouver un lave-linge b. examiner les cuisinières c. regarder ces lampes
3. Didier continue: « Il vaut mieux que je... »
   a. choisir une table b. trouver le lit c. partir tout de suite
4. Anne-Claire ne s'intéresse ni aux tables ni aux lits. Elle répond: « Il est essentiel que tu... »
   a. vendre ton ancien téléviseur b. choisir une chaîne stéréo c. trouver un beau canapé
5. Didier s'impatiente. Il dit à Anne-Claire: « Il est nécessaire que je... »
   a. choisir un lit b. trouver des meubles c. cesser de perdre du temps
6. Anne-Claire dit: « Oui, je sais, mais il est aussi important que nous... »
   a. visiter d'autres magasins b. choisir bien c. trouver des choses convenables

ACTIVITÉ 10: Pour tout mettre dans votre appartement, il faut remplacer vos meubles par des meubles plus petits ou bien il faut se débarrasser de *(to get rid of)* quelques meubles.

MODÈLE: moi / vendre ce gros fauteuil / choisir une petite chaise
Il vaut mieux que je vende ce gros fauteuil et que je choisisse une petite chaise.

1. toi / vendre toutes ces vieilles lampes / choisir une autre pour le salon
2. il / rendre cet ordinateur à son frère / ne plus se disputer avec lui
3. elles / rendre cette grande commode à leurs parents / choisir une commode plus petite
4. moi / vendre ces vieux canapés / choisir un canapé plus confortable
5. vous / rendre cette chaise ancienne à votre sœur / trouver une autre chaise
6. nous / vendre ce grand bureau / choisir un petit bureau pour notre ordinateur

À VOUS!

Votre partenaire veut louer un appartement. Quel genre de meubles va-t-il (elle) acheter? Donnez-lui des conseils.

MODÈLE: ***Il faudrait que tu loues un deux pièces.***
Il vaut mieux que tu trouves un téléviseur couleurs.

Tranche 3

Je veux qu'on me rembourse

Au travail

Avant de lire

ACTIVITÉ 1: Vous voulez acheter une des choses suivantes. Posez des questions à vos camarades de classe pour voir (a) s'ils (si elles) possèdent un objet semblable, (b) de quelle marque *(brand)* il s'agit et (c) s'ils (si elles) aiment la chose en question.

un four à micro-ondes	un baladeur	une chaîne stéréo
un lecteur laser	un vélo/une moto	une voiture

1. Tu as un(e)...?
2. De quelle marque?
3. Tu l'as depuis longtemps?
4. Il/Elle marche bien?
5. Il/Elle te plaît?
6. Pourquoi te plaît-il/elle?
7. Tu as eu des réparations à faire?
8. Qu'est-ce que tu me conseilles?

Note: This activity reviews how to give advice and express opinions.

Pour mieux lire

Defining Point of View

When referring to a written work, the term *point of view* is used to refer to two different concepts.

Character's Point of View. The term *point of view* may refer to the perspective from which a sequence of events is told. For example, the story of a car accident told by the vehicle's driver may differ from the story told by a passenger in the vehicle or by a witness on the scene. ●

Author's Point of View. The term *point of view* may also refer to the author's attitude toward the subject of the passage. For example, the author may be supportive, sympathetic, amusing, neutral, thoughtful, serious, or critical. An author with a sympathetic point of view will portray the characters and their situation differently from an author who disagrees with the characters' values, beliefs, and actions. ●

What specific writing strategies (choice of words and expressions, direct commentary, descriptions, actions) does the author use to convey his or her point of view? As you read the following documents, consider both the point of view of the letter writer and the point of view of the company to which the letter is addressed, France Télécom.

● As you analyze the point of view in a passage, think about these questions: From whose perspective are the events reported? How would the report differ if told by another person?

● As you analyze an author's point of view, think about how the author feels about each character. Cite examples to support your conclusions.

UNE LETTRE DE RÉCLAMATION

Claude écrit une lettre de réclamation *(complaint)* qui accompagne un paquet qu'elle envoie au fabricant *(manufacturer).* Avant de lire la lettre et la réponse, lisez tout d'abord les questions des ***Activités 2*** et ***3***.

Paris, le 30 avril 1993
Madame/Monsieur,

J'ai une réclamation à faire. Le téléphone que je vous envoie dans ce paquet ne fonctionne pas. Je l'ai acheté lundi dernier aux Galeries Herman et je l'ai branché chez moi le soir même. Dès la première communication, il y a eu des parasites° et depuis, l'appareil ne marche plus du tout. Je l'ai ramené° le lendemain° aux Galeries Herman où j'ai parlé au responsable du service d'après-vente du bureau des réclamations. Il m'a dit qu'il préférait que je vous envoie l'appareil moi-même et il a souligné° que les Galeries Herman n'étaient pas responsables.

Je voudrais absolument que vous remplaciez ou que vous répariez ce produit défectueux.° Je souhaite° également que vous me remboursiez° mes frais d'envoi.° Je veux bien croire que les Galeries Herman ne sont pas tout à fait responsables de cet incident, mais je ne vois pas pourquoi c'est à moi de vous envoyer l'appareil.

Je sais que votre marchandise est généralement de très bonne qualité. J'espère donc que vous pourrez remplacer ou réparer cet article défectueux et rembourser mes frais d'envoi dans les plus courts délais.

Veuillez agréer, Madame, Monsieur, l'expression de mes salutations distinguées.

Claude Lagarde

Deux semaines plus tard, elle reçoit une réponse du fabricant. La lettre suivante se trouve dans le paquet qui contient un nouvel appareil.

Paris, le 15 mai 1993
Madame,

Nous avons bien reçu votre lettre du 30 avril et nous nous empressons° d'y répondre. L'appareil que vous nous avez envoyé était en effet défectueux. Vous trouverez ci-joint° un appareil d'échange. Nous vous prions de l'accepter et espérons que vous en serez° satisfaite. Veuillez également trouver un chèque de 32 francs en dédommagement° de vos frais d'envoi.

Avec toutes nos excuses, nous vous prions d'agréer, Madame, l'expression de nos sentiments les plus respectueux.

Henri Deferre
Réclamations

les parasites *static* **ramener** *to bring back*
le lendemain *the next day* **souligner** *to emphasize* **défectueux** *defective*
souhaiter *to wish* **rembourser** *to refund*
les frais d'envoi *shipping costs*
s'empresser *to rush, to hurry*
ci-joint *enclosed* **serez** *will be*
le dédommagement *refund*

Dans la lettre, Claude trouve aussi le dépliant suivant.

LA SÉCURITÉ AVANT TOUT

TÉLÉPHONE

• Ne téléphonez pas sous la douche,° ni dans une baignoire° (danger de décharge électrique).

• En cas d'orage° violent, ne téléphonez que pour une urgence. Malgré toutes les précautions prises par FRANCE TÉLÉCOM, votre ligne peut être touchée par la foudre.° ●

• En cas de fuite° de gaz: ne téléphonez surtout pas dans le local où vous avez détecté cette fuite.

MATÉRIEL AGRÉÉ

Si vous utilisez du matériel non agréé,° celui-ci pourrait nuire° à la sécurité de certains services (utilisant notamment la radio). Vous seriez alors responsable des dérangements° occasionnés.

TRAVAUX

Afin d'éviter de détériorer nos câbles souterrains, appelez le service spécialisé de FRANCE TÉLÉCOM—le SOVTEL—. Son numéro figure en rubrique « Conseils pratiques » dans les pages bleues de l'annuaire.° Vous pouvez aussi le trouver sur Minitel.

ACCÈS À VOTRE DOMICILE

Les agents de FRANCE TÉLÉCOM possèdent une carte d'identité professionnelle. Vous pouvez leur demander de vous présenter cette carte avant de les autoriser à pénétrer dans votre domicile. Ne remettez° les clés de votre logement,° en votre absence, qu'à des personnes de confiance.

COMPRÉHENSION

● France Télécom is the company that provides and services France's telecommunication equipment.

ACTIVITÉ 2: Relisez les lettres et le dépliant, puis vérifiez l'idée principale et les autres détails.

1. Le passage est (a) formel, (b) familier.
2. Choisissez la phrase qui décrit le mieux l'idée principale de la correspondance.
   a. Claude a fait une réclamation auprès du fabricant.
   b. Il est dangereux de téléphoner dans une baignoire.
   c. Les Galeries Herman ne sont pas responsables.
   d. Le fabricant a été injuste dans cette affaire.

ACTIVITÉ 3: Vérifiez votre compréhension.

1. Indiquez si les phrases suivantes sont vraies ou fausses. Justifiez vos réponses.
   a. Claude a fait une réclamation auprès des Galeries Herman.
   b. Les Galeries Herman ont refusé de lui parler.
   c. Le fabricant lui a envoyé un nouvel appareil.
   d. On ne lui a pas remboursé les frais d'envoi.
2. Relisez les lettres, puis préparez un résumé de cette correspondance; utilisez le vocabulaire suivant comme point de départ.

a. acheter un appareil	e. ramener aux Galeries Herman
b. utiliser l'appareil	f. dire de l'envoyer chez le fabricant
c. y avoir des parasites	g. remplacer ou réparer immédiatement
d. marcher	h. envoyer un nouvel appareil, un chèque et un dépliant

la douche *shower* **la baignoire** *bathtub* **l'orage** *storm* **la foudre** *lightning* **la fuite** *leak* **non agréé** *nonapproved* **nuire** *to be detrimental* **le dérangement** *disruption* **l'annuaire** *telephone book* **remettre** *to give* **le logement** *housing*

3. Complétez le paragraphe suivant selon les renseignements dans le dépliant.

Il est dangereux de… S'il y a un orage… S'il y a une fuite de gaz… Il ne faut pas employer de matériel non agréé car il… Les agents de France Télécom possèdent…

ACTIVITÉ 4: Vous avez les mêmes problèmes avec un appareil de téléphone. Vous êtes au bureau du service après-vente et vous parlez au responsable. Répondez à ses questions.

1. Comment vous appelez-vous?
2. Et qu'est-ce que vous avez acheté? Un téléphone?
3. L'avez-vous acheté dans ce magasin-ci?
4. Quand l'avez-vous acheté?
5. Quel est le sujet de votre plainte?
6. Vous dites qu'il y avait des parasites et que maintenant, cet appareil ne marche plus?
7. Nous ne pouvons pas réparer cet appareil. Il faut que vous l'envoyiez au fabricant. Qu'est-ce que vous voulez que je fasse?
8. Voulez-vous que j'accepte la responsabilité de la réparation? Impossible.

Notes culturelles

LE MINITEL

Le Minitel, un service des Postes et Télécommunications, est un terminal qui se branche sur un ordinateur central. Il permet à l'abonné de se renseigner sur plusieurs sujets. Il est possible, par exemple, d'avoir accès à des renseignements sur les autres abonnés (nom, adresse, numéro de téléphone) et sur les services téléphoniques (tarifs, numéros d'urgence, etc.). On peut aussi recevoir des informations et des renseignements sur la vie pratique et on peut jouer à des jeux électroniques.

Voici quelques renseignements supplémentaires sur le Minitel:

- La France possède 90% du parc *(total number)* mondial de terminaux télématiques, ce qui fait de France Télécom un modèle au plan international.
- Tout abonné au téléphone a droit à un appareil gratuit: il suffit de le demander à son agence commerciale de télécommunication.
- Il y a plusieurs sortes de Minitels, allant du modèle de base au modèle le plus sophistiqué. L'abonnement au mois varie de 0 (pour le modèle de base) à 273F et le prix de minute d'utilisation varie également (de 0,13F à 9,06F).
- Le Minitel permet non seulement de consulter toute une multitude de banques de données (annuaire électronique, horaire de trains, etc.), mais aussi de converser avec d'autres abonnés.

C'est-à-dire

Se plaindre

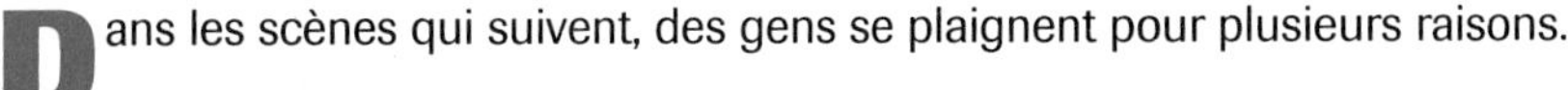

Dans les scènes qui suivent, des gens se plaignent pour plusieurs raisons.

A. Répétez les scènes avec votre professeur.

B. Jouez à nouveau les scènes avec votre partenaire. Variez les expressions et les réponses dans chaque scène.

Suggestion: (1) Use the introductory guidelines to preview the material. (2) Role-play the mini-dialogues, having students repeat with you, practice with a partner, and incorporate personal variations. (3) Have students find different ways to lodge a complaint. List answers on the board. Then have students work in pairs, to create original mini-dialogues.

SCÈNE 1

—Vous désirez?
—J'ai une réclamation à faire. J'ai acheté cette télé ici ce matin. Elle ne marche pas. Je voudrais que vous la remplaciez, s'il vous plaît.
—Tout de suite, mademoiselle. Est-ce que vous avez votre reçu?°
—Voilà.

SCÈNE 2

—J'ai acheté cette cassette ici hier et elle ne marche pas. J'aimerais que vous me remboursiez.
—Je regrette, monsieur. Nous ne pouvons pas vous rembourser, mais nous pouvons vous échanger la cassette.
—D'accord, je veux bien que vous me l'échangiez, mais je voudrais que vous essayiez la cassette avant de me la donner.
—Comme vous voulez.

Utilisation

ACTIVITÉ 5: Relisez les scènes et trouvez les expressions suivantes.

1. Trouvez une façon de dire *I want to make a complaint.*
2. Trouvez et décrivez les problèmes dont on se plaint.
3. Trouvez trois expressions de volonté *(will).*

le reçu *receipt*

ACTIVITÉ 6: Choisissez un élément de chaque colonne et faites plusieurs réclamations. Votre partenaire doit réagir.

MODÈLE: —***Puis-je vous aider?***
—***Oui, j'ai une réclamation à faire… Mon nouveau… ne marche pas et…***
—***Alors… Que souhaitez-vous que je fasse?***
—***Je souhaiterais que vous me remboursiez immédiatement.***
—…

Je voudrais absolument	que	vous remplaciez la marchandise.
Je voudrais		vous répariez ce (cet, cette)…
J'aimerais		vous échangiez ce (cet, cette)…
Je préférerais		vous me remboursiez immédiatement.
J'exige *(demand)* ●		vous régliez ce problème.
Je souhaiterais		vous acceptiez la responsabilité.

● Note that **j'exige** is very strong in French; it is almost rude.

ACTIVITÉ 7: Vous avez les problèmes suivants. Qu'est-ce que vous comptez faire? Utilisez le modèle pour dire où vous comptez aller, à qui vous allez faire une réclamation et ce que vous allez dire.

MODÈLE: J'ai acheté cette bicyclette hier et elle marche très mal.
Tu sais, j'ai acheté cette bicyclette hier et elle marche très mal. Je vais aller au magasin et je vais demander de parler au responsable du service après-vente. Je vais lui dire que je ne suis pas satisfait(e) et que je voudrais qu'on m'échange tout de suite la bicyclette.

1. J'ai acheté cette machine à écrire ce week-end et j'ai des difficultés avec les A, R, J et D.
2. J'ai acheté cette table, mais elle est trop grande et elle ne rentre pas dans ma cuisine.
3. On m'a offert ce grand fauteuil pour mon anniversaire, mais il n'est pas très confortable.
4. J'ai acheté cette lampe hier et elle ne marche pas.
5. On m'a donné ce pull-over, mais ce n'est pas la bonne taille; en plus, je n'aime pas la couleur.

À VOUS!

Dites à un(e) partenaire ce que vous aimeriez changer dans votre vie quotidienne d'étudiant(e). Utilisez bien sûr, des expressions de volonté. Votre camarade réagit. Inversez ensuite les rôles.

MODÈLE: –***J'aimerais que les profs donnent moins de travail.***
–***Je suis d'accord avec toi, et j'aimerais aussi…***

Le Subjonctif et les expressions de volonté

Pour exprimer la volonté, on utilise souvent une phrase complexe. Lisez le mini-dialogue et jouez les rôles avec votre professeur. Faites attention à la forme des verbes dans chaque phrase, puis répondez aux questions.

A. De quoi s'agit-il?

B. Quelles expressions est-ce qu'on utilise pour exprimer la volonté? Quel mode du verbe est-ce qu'on doit utiliser?

Approach: (1) Use the introductory questions to preview the material. (2) Model the mini-dialogue several times. (3) Have students look for patterns and answer questions A and B with a partner. (4) Elicit their observations. (5) Present the grammatical explanations as a means of confirming and extending students' hypotheses.

–**Je veux que tu fasses**° une réclamation pour moi.
–Quoi?
–**J'aimerais que tu rendes** le téléviseur que j'ai acheté.
–Et tu ne peux pas y aller toi-même?
–**J'aimerais que tu** le **fasses! Je préfère que le magasin** ne **comprenne** pas que c'est pour moi.
–Mais c'est complètement idiot, ce que tu dis là!
–Non, **je voudrais que tu** leur **dises** que le téléviseur est à toi.
–Tu n'es pas fou (folle),° par hasard?

The subjunctive after expressions of will

The present subjunctive is normally used after an expression of will when there is a change of subject.

Preference:	**Il préfère que vous** le **remboursiez** immédiatement. **Elles préfèrent que vous** leur **donniez** les renseignements tout de suite.
Want or Desire:	**J'aimerais que vous** m'**aidiez** à envoyer ce paquet. **Nous voulons bien qu'il remplace** la marchandise tout de suite. **Elle exige qu'on** lui **réponde** le plus vite possible. **Mme Lebon voudrait que vous discutiez** cela avec le responsable du service après-vente. **Je souhaite que vous acceptiez** la responsabilité.

fasses *subjunctive of* faire   fou *crazy*

UTILISATION

ACTIVITÉ 8: Vous avez une réclamation à faire au magasin où vous avez acheté un lecteur laser. Dites au chef des réclamations que vous voulez qu'on résolve votre problème. Faites des phrases avec les éléments suivants.

MODÈLE: Je voudrais que vous... rembourser l'argent.
Je voudrais que vous me remboursiez l'argent.

1. J'exige que la compagnie... payer les frais d'envoi.
2. Je souhaite que vous... remplacer la marchandise.
3. J'aimerais que le magasin... réparer le lecteur laser.
4. Je préfère que la compagnie... accepter la responsabilité.
5. Je veux que vous... répondre le plus vite possible.
6. Je voudrais que vous... aider à envoyer le paquet.

Suggestion: Assign this activity as written homework. Then have pairs of students exchange letters and write responses.

ACTIVITÉ 9: Complétez la lettre suivante. Ajoutez des détails convenables.

Madame/Monsieur,

J'ai une réclamation à faire. J'ai acheté le (la)... dans ce paquet... et il (elle) ne marche pas. Je l'ai ramené(e) au magasin où j'ai parlé au responsable du service après-vente. Il préfère

1. que je / correspondre directement avec vous,
2. que je / vous rendre ce paquet
3. et que je / vous demander de vous en occuper.

En plus, il voudrait

4. que vous / réparer la marchandise
5. ou que vous / la remplacer.

Personnellement, je voudrais absolument

6. que vous / vous occuper de cela immédiatement
7. et que vous / me rembourser les frais d'envoi.
8. que quelqu'un / s'occuper de mon cas.

Salutations distinguées.

À VOUS!

Imaginez que vous soyez un(e) client(e) et que votre partenaire soit le (la) responsable du service après-vente dans un magasin. Faites une réclamation et votre partenaire va essayer de résoudre le problème. Écrivez un dialogue que vous pourrez présenter à la classe. Vous pouvez employer le vocabulaire et les idées de l'***Activité 9***.

Tranche 4

IL FAUT QU'ON BRANCHE L'ÉLECTRICITÉ

AU TRAVAIL

ACTIVITÉ 1: Vous venez de louer un nouvel appartement et vous avez besoin de contacter plusieurs compagnies de services publics: l'eau (la Société Générale des Eaux), l'électricité (Électricité de France), le téléphone (Postes et Télécommunications), le gaz (Gaz de France) et la télévision câblée (Paris-Câble). Travaillez avec un(e) partenaire pour prendre rendez-vous avec chaque compagnie. Votre partenaire va répondre au téléphone. Employez les questions suivantes dans votre conversation. Prenez rendez-vous à une date et une heure précises.

Note: This activity reviews how to set dates and times, make appointments, and give or confirm details.

Allô. Gaz de France. Ne quittez pas, s'il vous plaît.
Allô. Vous êtes toujours à l'appareil? Que puis-je faire pour vous? *(May I help you?)*
Vous voulez qu'on vous branche *(connect)* le gaz?
C'est où, ça... euh... votre adresse, s'il vous plaît.
Vous pouvez répéter?
Très bien. Et vous voulez qu'on l'installe quand?
Je suis désolé(e), mais c'est impossible! Il nous faut au moins quinze jours.
Alors, quinze jours, ça fait le... Vous êtes chez vous pendant la journée?
Le matin ou l'après-midi? Il faut que vous parliez avec le chef des techniciens.
Alors, c'est décidé? Au revoir.

JE VOUDRAIS QU'ON INSTALLE LE TÉLÉPHONE.

EXPRIMER LE MÉCONTENTEMENT

Approach: (1) Role-play the mini-dialogues, having students repeat with you, practice with a partner, and incorporate personal variations. While modeling the scenes, use a very upset tone. (2) Have students find different ways to express dissatisfaction. List answers on the board. Then have students work in pairs to create original mini-dialogues.

Dans les scènes suivantes, vous allez apprendre à exprimer le mécontentement.

A. Répétez les scènes avec votre professeur.

B. Jouez à nouveau les scènes avec votre partenaire. Variez les expressions et les réponses.

SCÈNE 1

—Mais ce n'est pas croyable! C'est absolument inadmissible!
—Qu'est-ce qu'il y a?
—J'ai demandé à ce qu'on me branche l'électricité dans mon appartement et j'attends encore! On devait venir aujourd'hui-même.
—Il faut que tu les rappelles.°
—Je l'ai déjà fait.
—Alors, il est nécessaire que tu fasses une réclamation.
—Tu crois que ça va servir à quelque chose?

SCÈNE 2

—J'en ai vraiment assez!°
—Qu'est-ce qui se passe?
—Le mois dernier, j'ai fait une réclamation à propos de ma facture de téléphone.
—Et alors?
—Eh bien, ils ont corrigé° la faute et maintenant, ils veulent que je paie les deux factures: l'ancienne et la nouvelle!
—Mais c'est inadmissible, ça!

UTILISATION

ACTIVITÉ 2: Relisez les scènes et trouvez les expressions suivantes.

1. Décrivez le problème dans chaque scène.
2. Trouvez trois expressions pour encourager quelqu'un à parler.
3. Trouvez quatre expressions pour exprimer le mécontentement.

rappeler *to call again* **j'en ai assez** *I've had enough* **corriger** *to correct*

ACTIVITÉ 3: Expliquez les problèmes ci-dessous, puis exprimez votre mécontentement à un(e) camarade en employant les expressions suivantes. Votre partenaire va vérifier le problème et va réagir.

Suggestion: Have students add current problems on campus or in the city. Have partners react accordingly.

MODÈLE: ***—J'en ai assez! Mon voisin prend toujours mon courrier (mail) et il me le rend trois jours plus tard.***
—Tu veux dire qu'il prend ton courrier et te le rend trois jours après?
—Oui, c'est ça.
— Mais c'est incroyable! Il faut parler de ça à quelqu'un.

Ce n'est pas croyable!	C'est absolument inadmissible!
J'en ai vraiment assez!	Mais c'est inadmissible, ça!
Ça alors!	Je n'en reviens pas!
C'est incroyable!	Il faut parler de ça à quelqu'un.
Il faut te plaindre.	Il faut que tu les rappelles.
Tu lui en as parlé?	Il faut en parler au directeur (à la directrice).

1. Il faut que je parle avec mon prof de maths aujourd'hui et ça fait quatre heures que ça sonne *(rings)* occupé.
2. On allait réparer mon téléviseur ce matin. Il est cinq heures du soir et j'attends toujours.
3. Le chauffage ne marche pas, mais on ne peut pas envoyer de technicien avant la semaine prochaine.
4. Je dois m'occuper tout de suite de mon permis de conduire, mais on m'a donné rendez-vous dans dix jours.
5. J'ai un devoir à rendre demain et mon micro-ordinateur ne marche plus. Il faut un mois pour remplacer l'écran.

À VOUS!

Les mini-dialogues suivants font allusion aux habitudes de vos voisins. Complétez-les avec vos propres mots.

MODÈLE: –Il a une moto qui fait beaucoup de bruit. Il me réveille tous les jours à six heures du matin.
–Mais c'est inadmissible. Il faut lui parler de ça!

1. –C'est la troisième fois que leur chien *(dog)* se couche dans mon jardin *(garden)*.
   – ...
2. – ...
   –Il faut que tu les rappelles!
3. –Il joue de la musique très fort vers minuit.
   – ...
4. – ...
   –C'est inadmissible, ça! Tu t'es plaint(e)?
5. –C'est la deuxième fois qu'ils ont fait la fête toute la nuit.
   – ...
6. – ...
   –Il faut leur téléphoner ou bien il faut en parler au directeur.

STRUCTURE

LE SUBJONCTIF ET LES VERBES À DEUX RADICAUX

Approach: Use the introductory questions to preview the material. (2) Model the mini-dialogue several times. (3) Have students look for patterns and answer questions A and B with a partner. (4) Elicit their observations. (5) Present the grammatical explanations as a means of confirming and extending students' hypotheses.

Quand on s'exprime au subjonctif, on utilise souvent une phrase complexe. Lisez le mini-dialogue et jouez les rôles avec votre professeur. Faites attention à la forme des verbes dans chaque phrase, puis répondez aux questions.

A. Pourquoi est-ce que la femme demande à ce qu'on répare l'électricité?

B. Quels verbes sont réguliers? irréguliers?

—Il est absolument nécessaire que vous **veniez** réparer l'électricité tout de suite.
—Notre technicien peut passer après-demain, madame.
—Mais non, vous ne comprenez pas. Il faut qu'il **vienne** aujourd'hui-même.
—Madame, il faut que je vous **dise** que votre cas n'est pas unique. Il y a beaucoup d'autres personnes qui sont sans électricité.
—Mais les autres, est-ce qu'il faut qu'ils **prennent** un bain avant de se marier?

VERBS WITH TWO STEMS

Many irregular verbs have two stems in the present indicative: for example, **venir** → **nous *ven*ons, ils *vienn*ent.** The present subjunctive of these verbs is also irregular and is formed from both stems.

Il faut que je **vienne** chez vous immédiatement.
Il est nécessaire que vous **veniez** réparer mon téléviseur.

To form the present subjunctive of **venir**, use **vienn-** as the stem for the **je, tu, il/elle/on** and **ils/elles** forms and **ven-** as the stem for the **nous** and **vous** forms. Use the same subjunctive endings as with regular verbs. Here is the complete conjugation in the present subjunctive of **venir**.

VENIR			
que je	**vienne**	que nous	**venions**
que tu	**viennes**	que vous	**veniez**
qu'il/elle/on	**vienne**	qu'ils/elles	**viennent**

Here are other common verbs with two stems.

Infinitive	Stems	
	je, tu, il/elle/on, ils/elles	nous, vous
acheter	**achèt-**	**achet-**
boire	**boiv-**	**buv-**
croire	**croi-**	**croy-**
devoir	**doiv-**	**dev-**
envoyer	**envoi-**	**envoy-**
payer	**pai-**	**pay-**
prendre	**prenn-**	**pren-**
recevoir	**reçoiv-**	**recev-**
voir	**voi-**	**voy-**

Il faut que j'**achète** un nouveau téléviseur et que je le **paie** avec une carte de crédit.

Il est nécessaire que tu **envoies** le paquet tout de suite.

Je préfère que vous **voyiez** le produit avant de l'acheter.

J'aimerais qu'il me **croie** quand je dis que le téléphone ne marche pas.

UTILISATION

ACTIVITÉ 4: Demandez à quelqu'un de vous aider.

MODÈLE: Il faut que vous / venir tout de suite
Il faut que vous veniez tout de suite.

1. Je voudrais que tu / venir chez moi voir ce qu'ils ont fait dans le salon
2. J'aimerais que le responsable du service après-vente / venir constater le problème le plus vite possible
3. Il faut que vous / venir ce week-end pour réparer le téléphone
4. J'exige qu'ils / venir immédiatement
5. J'aimerais que l'agent de la compagnie d'assurances / venir inspecter les dégâts *(damage)*
6. Il faut que je / venir voir ce qui ne va pas

ACTIVITÉ 5: Demandez une confirmation des instructions suivantes.

MODÈLE: Je dois attendre le technicien toute la journée?
Oui, il faut que vous attendiez le technicien.

1. Je dois envoyer ça au fabricant?
2. Je dois payer les deux factures?
3. Je dois prendre rendez-vous avec le responsable du service après-vente?
4. Je dois reprendre l'appareil?
5. Je dois croire le vendeur?
6. Je dois voir la directrice?

À VOUS!

Travaillez avec un(e) partenaire pour faire une réclamation. Vous êtes déçu(e) par la qualité d'un article et vous allez vous plaindre. Employez autant des verbes suivants que possible: **acheter**, **croire, devoir**, **envoyer, payer, prendre, recevoir, voir.**

LA LANGUE ÉCRITE

FAIRE UN RÉSUMÉ

Additional writing practice is provided at the end of the corresponding ***Cahier*** chapter. If ***système-D*** is available to your students, they may wish to use it as they complete the writing exercise.

A summary (**un résumé**) is a short restatement of a text. Although a summary retains the main ideas, the relationships among the ideas, and the significant details of the original passage, it conveys the message briefly, eliminating less important material and using fewer words. Most conversations, news reports, and descriptions of events are actually presented as summaries rather than word-for-word accounts. Effective summary writing is based on a careful evaluation of the story, followed by selection and paraphrasing of the main ideas and important details.

To write a good summary, keep the main idea (the topic sentence or theme sentence). Then present only as many illustrative examples or details as necessary to reconstruct the story. Eliminate unnecessary adjectives, adverbs, subordinate clauses, and the like. For example, compare the original France Télécom advertisement and the summary that appears to the right of it.

Original Advertisement

Aujourd'hui, dans un monde en mouvement, la vraie liberté de communication est essentielle. Pour que chacun d'entre nous puisse appeler ou être appelé comme il veut, où il veut et surtout quand il veut, il y a maintenant LES MOBILES DE FRANCE TÉLÉCOM. Avec Radiocom 2000, service de radiotéléphone qui couvre l'ensemble du territoire national, vous êtes en direct avec le monde entier. Et très bientôt, le service de radio-téléphone numérique vous ouvrira les frontières de l'Europe. Grâce au téléphone dans le T.G.V., confirmez vos rendez-vous d'affaires à l'aide d'une simple télécarte ou de votre carte Pastel. Avec Alphapage, recevez vos messages en toutes lettres dans les principales villes de France, quel que soit l'endroit où vous vous déplacez. Il suffit d'un téléphone ou d'un Minitel pour vous joindre instantanément. Eurosignal, un bip vous prévient, partout en France, en R.F.A. et en Suisse, que l'un de vos correspondants désire vous contacter. Et puis le téléphone portatif personnel Pointel, ainsi que le téléphone dans les avions, les radiocommunications par satellites, vous offriront plus largement encore l'espace de la communication. Avec LES MOBILES DE FRANCE TÉLÉCOM, le rêve devient réalité; vous bougez et le monde vous suit.

Résumé

Il est aujourd'hui essentiel de pouvoir communiquer quand et où on veut. France Télécom offre plusieurs services: Radiocom 2000 est un service de radiotéléphone qui couvre la France entière et bientôt toute l'Europe. Alphapage permet de recevoir des messages détaillés dans les grandes villes de France. Eurosignal vous prévient qu'un de vos correspondants désire vous contacter en France, en R.F.A., ou en Suisse. Le téléphone portatif Pointel est un autre moyen de rester en contact avec le monde.

SUJETS DE COMPOSITION

1. Write a summary of the correspondence between Claude and the telephone company.
2. Write a letter to a manufacturer complaining that the television set you just bought does not work properly. Complain also that the store does not want to rectify the situation. Then write a short letter summarizing the problem to your friend.

Lexique

Expressions

Expressing certainty (followed by indicative)

Je sais que...
Je pense que...
Je crois que...
Je suis sûr(e) que...
Je suis certain(e) que...
Je ne doute pas que...
Il paraît que...
Il est certain que...
Il est sûr que...
Il est évident que...
Il est vrai que...
Il me semble que...
Il est clair que...

Expressing necessity (followed by subjunctive)

Il faut que...
Il faudrait que...
Il est nécessaire que...
Il est important que...
Il est essentiel que...

Expressing dissatisfaction

Ce n'est pas croyable!
C'est absolument inadmissible!
J'en ai vraiment assez!
Mais c'est inadmissible, ça!
C'est incroyable!
Ça alors!
Je n'en reviens pas!
Il faut parler de ça à quelqu'un.
Il faut se plaindre.
Il faut en parler au directeur (à la directrice).
Il faut que tu les rappelles.

Vocabulaire

Describing an apartment

un petit studio
un appartement en ville
en banlieue
près de mon travail
au rez-de-chaussée
au premier étage
à deux chambres
avec un ascenseur
le salon
la salle de séjour
la salle de bains
la cuisine
la salle à manger
l'ascenseur

Furniture

l'armoire *(f.)*
le buffet
le bureau
le canapé
la chaise
la commode
l'étagère *(f.)*
le fauteuil
la lampe
le lit
la table

Verbes irréguliers

devoir: *(to have to)*	je **dois**	nous **devons**
	tu **dois**	vous **devez**
	il/elle/on **doit**	ils/elles **doivent**

past participle: **dû**

Verbs with two stems in the subjunctive

acheter	**achèt-**	**achet-**
boire	**boiv-**	**buv-**
croire	**croi-**	**croy-**
devoir	**doiv-**	**dev-**
envoyer	**envoi-**	**envoy-**
payer	**pai-**	**pay-**
prendre	**prenn-**	**pren-**
recevoir	**reçoiv-**	**recev-**
voir	**voi-**	**voy-**

IN THIS CHAPTER, YOU WILL LEARN HOW TO EXPRESS VARIED EMOTIONS, REASSURE SOMEONE, AND DEVELOP AND PRESENT A POSITION ON AN ISSUE.

chapitre 14

LA SANTÉ ET LES PROBLÈMES DE SOCIÉTÉ

TRANCHE 1: JE CRAINS QUE CE NE SOIT SÉRIEUX!

Dialogue: Je suis malade

Culture: Les Français et la Sécurité sociale

C'est-à-dire: Exprimer de l'inquiétude et rassurer quelqu'un

Structure: Quelques Verbes irréguliers au subjonctif

TRANCHE 2: CE N'ÉTAIT RIEN

À l'écoute: La Maladie de Marthe

C'est-à-dire: Exprimer ses sentiments

Structure: Le Subjonctif et les expressions d'émotion

TRANCHE 3: LA SANTÉ AVANT TOUT

Lecture: Thérapies

C'est-à-dire: Exprimer la certitude et le doute

Structure: Le Subjonctif et le doute

TRANCHE 4: LES GRANDS PROBLÈMES

C'est-à-dire: Exprimer son point de vue

Structure: Le Subjonctif (révision)

La Langue écrite: Persuader quelqu'un

Tranche 1

Je crains que ce ne° soit sérieux!

Suggestion: Encourage as many dialogues as possible. Have students suggest additional advice.

AU TRAVAIL

AVANT DE PARLER

● When an acquaintance asks **Comment ça va?** the French are more likely than Americans to say exactly what is going on in their lives.

ACTIVITÉ 1: Comment allez-vous aujourd'hui? Utilisez les expressions suivantes et d'autres expressions de votre choix pour discuter de votre santé et de votre moral avec un(e) partenaire.

Demander comment ça va:	Ça va? ●	Comment ça va?
	Tu te sens bien?	Tu vas bien?
	Tu es en forme?	Alors, c'est la forme?
Décrire sa condition générale:	Je vais bien (assez bien, très bien).	
Décrire son moral:	Je m'impatiente.	Je me mets toujours en colère.
	Je travaille trop.	J'ai le moral à zéro.
Décrire sa santé:	J'ai de la fièvre et des frissons.	Je ne me sens pas bien.
	J'ai le nez qui coule.	J'ai mal à la tête (au dos,...)
Donner des conseils:	Je crois que tu as la grippe (une sinusite,...)	
	Tu dois rentrer chez toi.	
	Il faut immédiatement aller chez le médecin.	
	te reposer pendant deux ou trois jours.	
	partir en vacances.	
Réagir aux conseils:	C'est une bonne idée.	
	C'est impossible, je suis trop occupé(e).	

J'AI LE MORAL À ZÉRO.

° Note that with expressions of fear, the word **ne** is used: **Je crains qu'il *ne* m'arrache la dent.** In this case, **ne** has no negative meaning.

JE SUIS MALADE

Dans ce dialogue, Thérèse parle avec son amie Marthe. Avant de le lire, faites les activités suivantes.

A. Êtes-vous souvent malade? fatigué(e)? ●
   1. Y a-t-il des jours où vous vous sentez plus fatigué(e) que d'habitude?
   2. Que faites-vous quand vous ne vous sentez pas bien?

B. Regardez la photo et réfléchissez aux questions suivantes pendant que vous lisez le dialogue.
   1. Depuis quand est-ce que Marthe ne se sent pas en forme?
   2. Qu'est-ce qu'elle compte faire?

● When a person is sick, as in the case of Marthe, a doctor may be called to come over. House calls are very common in France. Doctors often reserve mornings or at least a couple of hours a day for house calls.

Another name for the main **hôpital** of a town is **l'Hôtel-Dieu.**

THÉRÈSE: Qu'est-ce qu'il y a?

MARTHE: Tu sais, je ne me sens pas bien depuis quelques jours. Je suis fatiguée et je manque° d'énergie. En plus, j'ai mal à l'estomac de temps en temps, mais les symptômes ne durent pas.

THÉRÈSE: C'est sans doute la grippe; ça va passer. Prends de l'aspirine et bois du thé.

MARTHE: Mais non, ce n'est pas ça. Je crois que c'est plus sérieux. J'ai d'horribles migraines et j'ai souvent la tête qui tourne.° Ça va et ça vient sans raison. Je ne suis vraiment pas en forme. J'ai peur d'avoir quelque chose de grave.

THÉRÈSE: Je regrette que tu ne te sentes pas bien, mais il me semble que ce n'est rien de grave... sans doute un petit virus ou une sinusite.

MARTHE: Je crois que tu te trompes. J'ai l'impression que c'est beaucoup plus grave que ça.

THÉRÈSE: Si tu crois que c'est sérieux, il faut aller voir le médecin. Tu as pris rendez-vous?

MARTHE: Oui, je vais le voir cet après-midi. Tu sais... j'ai peur° d'y aller.

THÉRÈSE: Écoute... il ne faut pas paniquer comme ça. Je suis triste que tu sois° dans cet état, mais tu vas voir, tout va s'arranger.

MARTHE: J'espère que tu as raison. J'ai quand même° peur.

manquer *to lack* **la tête qui tourne** *dizziness* **avoir peur** *to be afraid*
que tu sois *that you are* **quand même** *all the same*

Approach: (1) Go over the introductory questions and remind students to listen primarily for this information. (2) Play the dialogue on the *Student Tape* (or role-play it yourself). (3) Ask students to answer question B. (4) Play the dialogue again. (5) Have students repeat with you and practice with each other, taking different roles and personalizing the dialogue by changing words or expressions.

COMPRÉHENSION

ACTIVITÉ 2: Relisez le dialogue, puis répondez aux questions.

1. Quels sont les rapports entre Marthe et Thérèse? Sont-elles amies? Trouvez des expressions qui justifient votre réponse.
2. Dans le dialogue, Marthe cherche à (a) expliquer quelque chose, (b) persuader Thérèse de quelque chose, (c) amuser Thérèse.
3. Utilisez les expressions suivantes pour faire le résumé de l'idée principale du dialogue.

Marthe dit:		**Thérèse répond:**	
	se sentir bien		la grippe
	plus sérieux		rien de grave
	avoir peur		voir le médecin
			s'arranger

ACTIVITÉ 3: Vérifiez votre compréhension.

1. Qu'est-ce que Marthe va dire au médecin? Choisissez les symptômes qui décrivent sa maladie.
   a. J'ai le nez bouché.
   b. J'ai souvent la migraine.
   c. Je me sens très fatiguée.
   d. Je crois que c'est un virus.
   e. Je ne me porte pas bien du tout.
   f. J'ai la tête qui tourne.
   g. Je suis anxieuse.
   h. J'ai de la fièvre et des frissons.
   i. J'ai des symptômes graves.
   j. J'ai mal au ventre. ⬢
2. Marthe et Thérèse ne sont pas d'accord. Qu'est-ce qu'elles pensent?
   a. Marthe ne se sent pas en forme.
      Elle pense qu'elle...
      Thérèse pense que Marthe...
      1. doit se calmer.
      2. est gravement malade.
      3. a de la fièvre.
   b. Marthe dit qu'elle se sent faible et qu'elle a mal à l'estomac.
      Elle pense qu'elle...
      Thérèse pense que Marthe...
      1. doit faire de l'exercice.
      2. doit prendre de l'aspirine et du thé.
      3. a quelque chose de grave.
   c. Marthe dit qu'elle a des migraines et qu'elle a la tête qui tourne.
      Elle pense qu'elle...
      Thérèse pense que Marthe...
      1. a une maladie grave.
      2. a la grippe, un petit virus ou une sinusite.
      3. doit faire de l'exercice.
   d. Marthe dit qu'elle a pris rendez-vous chez le médecin.
      Elle dit qu'elle...
      Thérèse dit que Marthe...
      1. ne doit pas s'inquiéter.
      2. travaille trop.
      3. a peur d'y aller.

⬢ The expressions **avoir mal à l'estomac** and **avoir mal au ventre** are roughly equivalent. Both mean "to have a stomachache." The expression **avoir mal au foie,** on the other hand, means "to have indigestion" or "to be sick due to overeating or drinking."

ACTIVITÉ 4: Qu'en pensez-vous? Répondez aux questions suivantes.

1. Connaissez-vous des gens comme Marthe?
2. D'après vous, est-ce que la réaction de Marthe est normale?
3. Et vous? Avez-vous peur d'aller voir le médecin? Expliquez.

Notes culturelles

Les Français et la Sécurité sociale

Les Français bénéficient d'un système de protection sociale très développé. Ils versent *(pay)* une cotisation, c'est-à-dire une partie de leur salaire, à la Sécurité sociale et en retour, ils sont « assurés »: ils ont droit aux couvertures suivantes:

1. **L'Assurance maladie.** En cas de problème de santé, maladie ou accident, les soins *(care)* et les médicaments sont remboursés à environ 75%. Si la personne malade est incapable de travailler, elle touche *(is paid)* des prestations *(benefits)* journalières.
2. **L'Assurance invalidité.** Si l'employé(e) ne peut plus travailler pour des raisons médicales, l'état lui paie une grande partie de son salaire.
3. **L'Assurance vieillesse.** Quand l'employé(e) prend sa retraite, le gouvernement lui garantit une pension.
4. **L'Assurance maternité.** L'employée a non seulement droit au remboursement des frais d'hospitalisation, mais aussi à un congé de maternité.
5. **L'Assurance chômage.** Dès qu'une personne perd son emploi, elle reçoit pendant un certain temps (cinq ans maximum) des indemnités *(payments)* équivalentes à environ 75% de son dernier salaire.
6. **Les Allocations familiales.** Les familles de deux enfants ou plus touchent une somme mensuelle proportionnelle au nombre d'enfants dans la famille.

Travaillez avec un(e) partenaire pour comparer les systèmes médicaux en France et aux États-Unis. Quelles différences y a-t-il?

L'ASSURANCE MALADIE VA ME REMBOURSER.

EXPRIMER DE L'INQUIÉTUDE ET RASSURER QUELQU'UN

Dans les scènes qui suivent, vous allez apprendre à exprimer votre inquiétude et à rassurer quelqu'un.

A. Répétez les scènes avec votre professeur.

B. Jouez à nouveau les scènes avec votre partenaire. Variez les expressions et les réponses dans chaque scène.

Approach: (1) Use the introductory guidelines to preview the material. (2) Role-play the mini-dialogues, having students repeat with you, practice with a partner, and incorporate personal variations. (3) Have students find different ways to express concern and reassurance. List answers in columns on the board. Then have students work in pairs to create original mini-dialogues.

SCÈNE 1

—Aïe!
—Qu'est-ce qu'il y a?
—J'ai mal à la cheville.° Je ne peux pas la bouger.°
—J'ai très peur que tu aies quelque chose de cassé.
—Mais non, ne t'inquiète pas! Ce n'est certainement pas grave. Regarde, je peux marcher.
—Heureusement!

SCÈNE 2

—Qu'est-ce qui ne va pas? Tu n'as pas bonne mine.
—J'ai une carie.° Ça me fait mal.
—Tu vas voir le dentiste?
—Ben, oui. ⬢ Mais l'idée d'aller chez le dentiste, ça aussi, ça me fait mal. Je crains qu'il ne m'arrache° la dent.
—Ne t'en fais pas.° Je t'assure que ce n'est rien. Les caries, ça se soigne sans problèmes.

⬢ The expression **ben, oui** is colloquial and should not be used in writing.

SCÈNE 3

—J'ai mal au ventre!
—Rassure-toi. Ça va passer.
—Non, j'ai très mal au ventre. Je suis inquiet; j'ai peur que ce ne soit une appendicite.
—Ça te fait encore plus mal quand tu appuies° sur ton ventre?
—Non.
—Alors, ce n'est pas une appendicite.
—Mais ça fait mal!
—Allons, aie plus de courage. Ne fais pas l'enfant!°

la cheville *ankle* **bouger** *to move* **la carie** *tooth cavity* **arracher** *to pull out*
Ne t'en fais pas. *Don't worry.* **appuyer** *to press* **faire l'enfant** *to act like a baby*

UTILISATION

ACTIVITÉ 5: Relisez les scènes et trouvez les expressions suivantes.

1. Décrivez le problème dans chaque scène.
2. Trouvez deux expressions pour demander comment ça va.
3. Trouvez trois manières d'exprimer l'inquiétude.
4. Trouvez six façons différentes de rassurer quelqu'un.

ACTIVITÉ 6: Lisez les expressions suivantes, puis dites si chaque phrase est (a) une expression d'inquiétude, (b) une expression de réconfort ou (c) une remontrance *(admonition)*.

1. J'ai très peur que tu aies quelque chose de cassé.
2. Ne t'inquiète pas.
3. Ce n'est certainement pas grave.
4. Je crains qu'il m'arrache la dent.
5. Ne t'en fais pas.
6. Je t'assure que ce n'est rien.
7. Rassure-toi.
8. Je suis inquiet(-ète).
9. Allons, aie du courage.
10. N'aie pas peur.
11. Ne fais pas l'enfant!
12. Je regrette que tu ne te sentes pas bien.
13. Ça va aller.
14. Ne fais pas le bébé.
15. Ça va passer.
16. C'est dommage que tu sois malade.

ACTIVITÉ 7: Votre camarade exprime son inquiétude à propos de plusieurs choses. Réagissez en utilisant les expressions de l'*Activité 6*.

MODÈLE: ***—J'ai mal aux dents. J'ai très peur que le dentiste trouve une carie!***
—Rassure-toi. Ça va aller.
ou: ***—Ne fais pas le bébé!***

1. J'ai très peur que ce ne soit une appendicite.
2. J'ai peur d'avoir quelque chose de cassé.
3. J'ai peur que le médecin ne m'opère.
4. J'ai peur que ce ne soit une pneumonie.
5. J'ai peur que ce ne soit une crise cardiaque.
6. Je crains que le dentiste ne m'arrache la dent.
7. Je crains d'avoir une carie.
8. Je crains que ce ne soit quelque chose de grave.
9. Je crains que ce ne soit une grippe.
10. J'ai peur que ce ne soit la mononucléose.

À VOUS!

Avec un(e) partenaire, parlez de vos problèmes personnels. Votre partenaire va réagir à vos problèmes avec une expression d'inquiétude, une expression de réconfort ou une remontrance.

MODÈLES: ***—Ma voiture ne marche plus.***
—C'est dommage! Je suis sûr(e) que ce n'est rien.

STRUCTURE

QUELQUES VERBES IRRÉGULIERS AU SUBJONCTIF

On utilise souvent une phrase complexe pour exprimer son inquiétude et pour rassurer quelqu'un. Lisez et jouez les rôles du mini-dialogue avec votre professeur. Faites attention à la forme des verbes dans chaque phrase, puis répondez aux questions.

A. Pourquoi est-ce qu'Yvette est en retard à son rendez-vous?

B. Donnez l'infinitif de chaque verbe en caractères gras dans le mini-dialogue. Est-ce que ces verbes sont réguliers ou irréguliers au subjonctif?

Approach: (1) Use the introductory questions to preview the material. (2) Model the mini-dialogue several times. (3) Have students look for patterns and answer questions A and B with a partner. (4) Elicit their observations. (5) Present the grammatical explanations as a means of confirming and extending students' hypotheses.

—J'ai rendez-vous avec le docteur Marcelin.

—Je crains que vous ne **soyez** très en retard, mademoiselle.

—Je sais, mais j'ai un peu peur de cette visite; je crains d'avoir quelque chose de grave.

—Ne vous en faites pas. Tout va très bien se passer.

—Je l'espère, mais j'ai toujours peur. Il faut que j'**aille** chez le dentiste immédiatement après cette visite.

IRREGULAR SUBJUNCTIVE FORMS

The verbs **aller** and **vouloir** have irregular conjugations in the present subjunctive. These verbs use one stem in the **je, tu, il/elle/on,** and **ils/elles** forms and another in the **nous** and **vous** forms. Here are the complete conjugations in the present subjunctive of **aller** and **vouloir.**

ALLER				**VOULOIR**			
que j'	**aille**	que nous	**allions**	que je	**veuille**	que nous	**voulions**
que tu	**ailles**	que vous	**alliez**	que tu	**veuilles**	que vous	**vouliez**
qu'il/elle/on	**aille**	qu'ils/elles	**aillent**	qu'il/elle/on	**veuille**	qu'ils/elles	**veuillent**

The verbs **avoir** and **être** are also conjugated with two stems in the present subjunctive. Note the irregularities in the endings of some of the forms.

AVOIR				**ÊTRE**			
que j'	**aie**	que nous	**ayons**	que je	**sois**	que nous	**soyons**
que tu	**aies**	que vous	**ayez**	que tu	**sois**	que vous	**soyez**
qu'il/elle/on	**ait**	qu'ils/elles	**aient**	qu'il/elle/on	**soit**	qu'ils/elles	**soient**

Est-il nécessaire que vous **alliez** chez le chiropracteur?
C'est dommage qu'elles ne **veuillent** pas nous aider.
Ils ne pensent pas que je **sois** contagieuse.

The verbs **faire, savoir,** and **pouvoir** each have a single irregular stem in the present subjunctive to which the regular subjunctive endings are added.

Infinitive	Stem
faire	**fass-**
savoir	**sach-**
pouvoir	**puiss-**

Il faut que je **fasse** une analyse de sang.
Il vaut mieux que nous **sachions** la vérité à propos de sa maladie.
Je crains que nous ne **puissions** pas lui rendre visite.

UTILISATION

ACTIVITÉ 8: Pour chacune des situations suivantes, donnez votre diagnostic en utilisant *Je doute que…* et *J'ai peur que…*

MODÈLE: vous / avoir la grippe / être plus malade que ça
Je doute que vous ayez la grippe. J'ai peur que vous ne soyez plus malade que ça.

1. vous / avoir un mal de tête / être myope *(nearsighted)*
2. il / avoir un virus / être anémique
3. elles / avoir une bronchite / être tuberculeuses
4. tu / avoir une maladie du cœur / être moins malade que ça
5. nous / avoir des allergies / être vraiment contagieux(-ses)
6. elle / avoir un problème digestif / être diabétique

ACTIVITÉ 9: Dites ce que chacune des personnes suivantes doit faire. Utilisez *Il faut que…*

MODÈLE: Elle s'est cassé la jambe. (aller tout de suite)
Elle s'est cassé la jambe. Il faut qu'elle aille tout de suite à l'hôpital.

1. Elle a une migraine. (aller voir)
2. Nous devons voir le médecin. (aller)
3. Elles ont mal aux dents. (aller)
4. Vous avez la tête qui tourne. (aller)
5. Il a très mal au ventre. (aller consulter)
6. Tu t'es cassé un doigt. (aller faire)
7. Ils ont des douleurs au cœur. (aller chez)
8. Je suis fatigué(e). (aller)

À VOUS!

Vous êtes médecin et vous rédigez *(write)* un rapport comme celui qui suit concernant vos malades. Faites un commentaire sur chaque cas. Employez des expressions suivant le modèle.

MODÈLE: ***Je suis content(e) que vous vouliez perdre du poids.***

Voici encore trois conseils possibles: manger moins de viande rouge; prendre des médicaments; commencer un programme d'exercices.

Tranche 2

Ce n'était rien

Au travail

Avant d'écouter

ACTIVITÉ 1: Vous appelez le cabinet *(office)* du docteur Melvin pour fixer un rendez-vous. Le (La) réceptionniste vous répond. Décrivez vos symptômes et confirmez la date et l'heure du rendez-vous. Inversez ensuite les rôles.

1. Ici le cabinet du docteur Melvin. Que puis-je faire pour vous?
2. Vous ne vous portez pas bien?
3. Pouvez-vous me donner des renseignements plus précis?
4. Et vous voulez voir le médecin tout de suite?
5. Cet après-midi à deux heures et quart ou vers dix-sept heures?
6. D'accord. Alors, à cet après-midi?

Note: This activity reviews how to confirm details.

Suggestion: Have students phone each other outside of class to practice this activity before doing the activity in class.

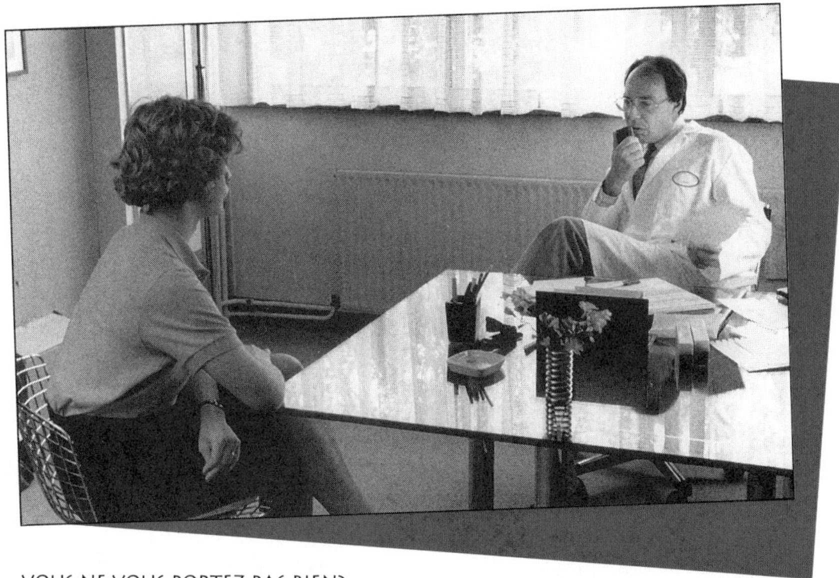

VOUS NE VOUS PORTEZ PAS BIEN?

La Maladie de Marthe

Approach: (1) Preview the conversation by focusing on the art and having students hypothesize about what they will hear. (2) Preteach the new vocabulary. (3) Go over the introductory material and tell students to listen for this information the first time through. Remind them that they will have to listen to the conversation several times to complete the other comprehension activities. The ***À l'écoute*** and comprehension activities may be done outside of class.

Vous allez entendre une conversation entre Marthe et Thérèse. Les dessins ci-dessous représentent ce qui se passe dans la scène. Avant d'écouter le passage, faites les activités suivantes.

A. Regardez les dessins, puis répondez aux questions suivantes.
   1. Est-ce que Marthe est allée à son rendez-vous chez le médecin?
   2. Pourquoi est-ce que Marthe ne se sentait pas en forme?
   3. Est-ce qu'elle est encore inquiète?

B. Avant d'écouter le passage, lisez rapidement les questions des ***Activités 2*** et ***3***. Écoutez ensuite le passage et faites les activités.

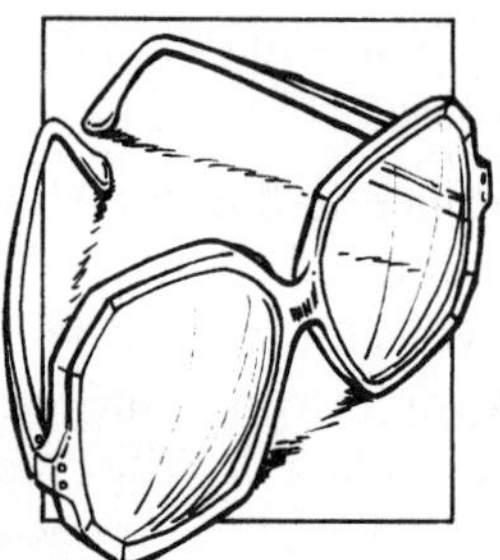

Compréhension

ACTIVITÉ 2: Écoutez de nouveau le passage pour répondre aux questions suivantes.

1. Le ton de la conversation est (a) léger, (b) poli et respectueux, (c) sérieux, (d) familier.
2. Trouvez dans le passage plusieurs expressions qui indiquent que Marthe et Thérèse sont de bonnes amies.

3. Choisissez la phrase qui décrit le mieux l'idée principale de la conversation.
   a. Marthe n'a rien de grave.
   b. Marthe n'aime pas son médecin.
   c. Marthe a besoin d'une paire de lunettes.
4. Indiquez si les phrases suivantes sont vraies ou fausses.
   a. Marthe a mal à la tête parce qu'elle fume trop.
   b. Le docteur Lagarde est un très mauvais docteur.
   c. Pour fêter la bonne nouvelle, Marthe et Thérèse vont au cinéma.

ACTIVITÉ 3: Mettez les répliques de Marthe dans le bon ordre selon la conversation téléphonique.

____ J'ai de bonnes nouvelles. Tu avais raison. Il n'y a rien de grave.
____ Exactement. Je sais que je lis trop... Le docteur Lagarde m'a vite rassurée. C'est un médecin sensationnel.
____ Oui, c'est moi.
____ Disons... vers huit heures. Et nous allons faire un bon repas!
____ Je dois porter des lunettes. C'est ça, le problème!
____ Allons au Pied de Cochon.
____ Écoute, je veux sortir ce soir pour fêter cette bonne nouvelle.

ACTIVITÉ 4: Téléphonez à un(e) partenaire et annoncez-lui de bonnes nouvelles concernant votre santé, vos cours, votre travail, vos ami(e)s, votre famille ou votre vie en général. Votre partenaire va demander davantage de renseignements et va réagir aux nouvelles.

PRONONCIATION

The pronunciation of the letters **oi** in French is similar to that of the letters *wa* in the English word *water.* Practice the words and expressions that follow with your instructor or on your student tape.

t**oi** m**oi** s**oi**r f**oi**s dev**oi**r sav**oi**r pouv**oi**r

Il faut que Franç**ois** s**oi**t à l'heure pour son rendez-vous avec m**oi** ce s**oi**r.

Si tu cr**oi**s que c'est sérieux, il faut v**oi**r le médecin.

Je vais le v**oi**r ce s**oi**r. Tu cr**oi**s que c'est grave?

Exprimer ses sentiments

Approach: (1) Use the introductory guidelines to preview the material. (2) Role-play the mini-dialogues, having students repeat with you, practice with a partner, and incorporate personal variations. (3) Have students find different ways to express feelings. List answers on the board. Then have students work in pairs to create original mini-dialogues.

Dans les scènes qui suivent, vous allez apprendre à exprimer vos sentiments.

A. Répétez les scènes avec votre professeur.

B. Jouez à nouveau les scènes avec votre partenaire. Variez les expressions et les réponses dans chaque scène.

Scène 1

—J'ai une dent cariée. Et cela m'a donné un mal de tête horrible!

—C'est incroyable, ça! Les caries peuvent causer des maux de tête?

—Oui. Je suis étonné que ce soit possible, mais le médecin vient de me le dire.

Scène 2

—Je crains que Christine ne soit opérée de l'appendicite ce matin.

—Quel dommage. Je suis triste qu'elle passe Noël à l'hôpital.

Scène 3

—Tu sais, on m'a nommée infirmière du mois!

—Je suis très content pour toi. Je suis heureux qu'on reconnaisse tes mérites!

Scène 4

—Ah! Je suis furieuse! Je suis vraiment en colère! J'ai attendu trois heures chez le médecin, puis il est parti à l'hôpital pour un cas d'urgence.°

—Hein?

—Bref, on a annulé mon rendez-vous. Et j'ai attendu tout l'après-midi! Je suis exaspérée qu'on me traite de la sorte.°

l'urgence *emergency* **de la sorte** *in that way*

UTILISATION

ACTIVITÉ 5: Relisez les scènes et trouvez les expressions suivantes.

1. Trouvez deux façons d'exprimer la surprise.
2. Trouvez une expression de crainte.
3. Trouvez deux façons d'exprimer la joie et une façon d'exprimer la tristesse.
4. Trouvez trois façons d'exprimer la colère et la frustration.

ACTIVITÉ 6: Pour chaque phrase de la colonne de gauche, trouvez une réaction appropriée dans la colonne de droite.

1. Je suis content(e) que tu te remettes *(are recovering)* si vite.
2. Je suis furieux(-se) que le médecin ne réponde pas à tes questions.
3. Je suis désolé(e) que tu aies des complications à cause de l'opération.
4. Je crains que ce ne soit plus sérieux que je ne le pensais.
5. Je suis heureux(-se) que tu n'aies pas besoin de physiothérapie.
6. Je suis surpris(e) que le médecin ne te donne pas d'antibiotiques.

a. On dit que je dois passer la semaine entière à l'hôpital.
b. Je suis allergique aux antibiotiques.
c. Moi aussi.
d. Calme-toi.
e. Mais il est très occupé.
f. Oui, ça va beaucoup mieux.

Follow-up: Have students close their books and spontaneously exchange news and reactions.

À VOUS!

Il vous est arrivé trois choses formidables. Dites à votre partenaire ce qui est arrivé (gagner la loterie, avoir une bonne note, parler avec un(e) ancien(ne) ami(e), etc.). Votre partenaire va réagir en exprimant ses sentiments. Inversez ensuite les rôles.

MODÈLE: ***—Je viens de recevoir une bonne note en psychologie!***
—Je suis très content(e) pour toi!

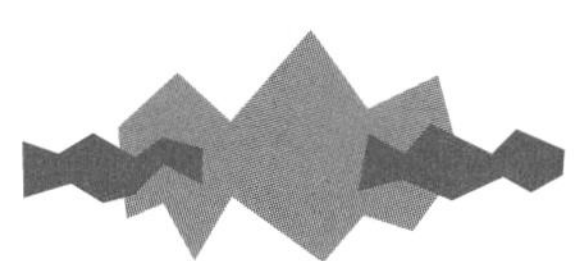

Le Subjonctif et les expressions d'émotion

Approach: (1) Use the introductory questions to preview the material. (2) Model the mini-dialogue several times. (3) Have students look for patterns and answer questions A and B with a partner. (4) Elicit their observations. (5) Present the grammatical explanations as a means of confirming and extending students' hypotheses.

On utilise souvent une phrase complexe pour exprimer ses sentiments. Cette phrase comprend d'habitude une expression de vos sentiments, *que,* un sujet et un autre verbe. Lisez et jouez les rôles du mini-dialogue avec votre professeur, puis répondez aux questions.

A. Pourquoi est-ce que Solange refuse d'abord d'aller à la fête? Pourquoi est-ce qu'elle accepte enfin?

B. Quel mode est-ce qu'on utilise après une expression d'émotion?

—Allô? Solange? Alors, tu viens?
—Non, je ne peux pas. J'ai mal à la tête.
—Oh, non! **Je regrette que tu** ne **te sentes** pas bien, mais André va venir. Fais un petit effort.
—Tu veux dire André Certois, le grand blond?
—Oui.
—Je me sens beaucoup mieux tout à coup!
—Alors, tu viens? Oh, comme **je suis contente que tu viennes!** Tu vas voir, nous allons nous amuser.

1. Expressions of emotion and the subjunctive

Use the subjunctive after an expression of emotion when the subject of the subordinate clause differs from the subject of the main clause.

Happiness:	je suis heureux(-se) que	je suis ravie que
	je suis content(e) que	je suis fier(-ère) que

Je suis contente que tu ne **sois** pas malade.
Jean Durand est fier que son fils **soit** médecin.

Sadness:	je suis triste que	je suis déçu(e) *(disappointed)* que
	je suis malheureux(-se) que	j'ai honte *(ashamed)* que
	je suis désolé(e) que	je regrette que
	je suis mécontent(e) que	

Je suis triste que tu ne **te sentes** pas bien.
Elle est désolée que vous ne **veniez** pas la voir à l'hôpital.
Nous regrettons que tu ne **sois** pas en forme.

Surprise:	je suis surpris(e) que	il est choquant que
	je suis choqué(e) que	il est incroyable que
	il est surprenant que	

Il est surprenant qu'elle **doive** aller immédiatement à l'hôpital.
Je suis choquée que tu **aies** une maladie grave.

Irritation:	je suis irrité(e) que	je suis fâché(e) que
	je suis furieux(-se) que	cela m'exaspère que

Vous êtes furieuse que je ne **vienne** pas?

2. EXPRESSIONS OF EMOTION AND THE INFINITIVE

Use an infinitive after an expression of emotion when the subject of the dependent clause is the same as the subject of the main clause.

J'ai peur d'**avoir** une maladie grave.
Il regrette d'**être** en retard pour la visite médicale.

UTILISATION

ACTIVITÉ 7: Vous avez reçu une carte postale d'un(e) ami(e). Répondez aux nouvelles avec une expression d'émotion.

MODÈLE: Cher Philippe, salut! J'ai enfin l'occasion de faire du ski à Chamonix. Mais quelles nouvelles! Ce matin, je ne me sens pas bien.
Je suis content(e) que tu sois à Chamonix, mais je suis désolé(e) que tu ne te sentes pas bien.

1. Chère Diane, me voici dans les Alpes. Le paysage est magnifique mais, quel désastre, je suis allergique aux fleurs des Alpes!
2. Cher Papa, tout va bien ici en Angleterre mais en ce moment, j'ai une sinusite qui me gêne.°
3. Chère Françoise, tu sais, cette opération de chirurgie esthétique que je voulais depuis vingt-cinq ans? Eh bien, j'ai un nouveau nez maintenant!
4. Cher Jean, je voulais te dire que mon père se remet bien de sa crise cardiaque et qu'il va beaucoup mieux.
5. Chère Lucie, je voulais passer te voir, mais hier, j'ai joué au tennis pendant trois heures et j'ai des courbatures.°
6. Cher Robert, j'écris pour te dire que je ne peux pas venir ce week-end. Je suis malade et le médecin m'a recommandé le repos.

gêner *bother* **courbatures** *muscle aches*

ACTIVITÉ 8: Donnez votre réaction aux nouvelles suivantes.

MODÈLE: L'alpiniste perdu depuis trois jours est toujours vivant.
Je suis heureux(-se) que l'alpiniste perdu depuis trois jours soit toujours vivant.

1. Le président se remet de son opération ce matin.
2. Mireille Dubois, chanteuse, annule son concert à cause d'une laryngite.
3. Jean-Jacques Mathieu, danseur célèbre, est malade et il ne peut pas danser pendant deux semaines.
4. La princesse Anne-Marie donne naissance à une fille.
5. Le premier ministre souffre d'une appendicite. Il annule son voyage en Russie.
6. Seize cyclistes du Tour de France sont victimes d'un accident dans les Alpes.

ACTIVITÉ 9: Combinez les propositions suivantes avec *que + le subjonctif* ou *de + l'infinitif*, selon le cas.

MODÈLES: Vous êtes heureux(-se) / vous avez rendez-vous chez la dentiste
Vous êtes heureux(-se) d'avoir rendez-vous chez la dentiste.

Vous êtes heureux(-se) / les enfants ont rendez-vous chez la dentiste
Vous êtes heureux(-se) que les enfants aient rendez-vous chez la dentiste.

1. Vous êtes heureux(-se) / grand-mère se sent mieux
2. Je suis triste / je passe le week-end à l'hôpital
3. Elle est surprise / elle va avoir des jumeaux
4. Tu as peur / tu as une appendicite
5. Nous regrettons / vous ne pouvez pas venir
6. Je suis choqué(e) / j'ai une infection sérieuse
7. Jeanne est furieuse / le médecin est très en retard
8. Nous sommes content(e)s / nous sommes en forme

À VOUS!

Vous revenez malade d'un voyage dans les Alpes. Décrivez vos symptômes à un(e) partenaire. Votre partenaire va vous donner des conseils. Inversez ensuite les rôles.

Tranche 3

La Santé avant tout

Au travail

Avant de lire

Activité 1: Les articles suivants donnent des conseils santé à des lecteurs(-trices) qui ont posé des questions concernant l'hygiène dentaire, des lentilles colorées et la consommation de caféine. Avant de lire ces articles, répondez aux questions suivantes.

1. Que faites-vous pour vous occuper de vos dents? Allez-vous régulièrement chez le dentiste? Que faites-vous tous les jours?
2. Portez-vous des verres de contact? Quels conseils pouvez-vous donner à une personne qui veut en porter? Sont-ils utiles? élégants? faciles à utiliser?
3. Buvez-vous du café? Avez-vous peur des conséquences de trop de caféine? Quels sont les avantages et les inconvénients de la caféine?

Pour mieux lire

Expository and Persuasive Writing

Writers write for many different reasons and, as we have noted earlier, it is important to understand an author's intent and consider the content of a passage in light of those intentions.

Explanatory, journalistic reporting seeks to inform, to give facts, to allow readers to draw their own conclusions. Such writing is generally neither for nor against any point of view; it is neutral.

Persuasive writing encourages readers to take action or adopt a new point of view. It gives and interprets facts and tries to influence readers by drawing conclusions and reinforcing them with illustrations, analogies, and examples. Such writing takes and supports a position.

While we can generally state that advertising is persuasive and news reports are expository, this categorization is subject to evaluation. For instance, the fairness and lack of bias of newspaper reporting is always subject to debate.

THÉRAPIES

Pre-reading: (1) Preview the material by focusing on the title and question-answer format and having students hypothesize about the content. (2) Read the introductory material and remind students to read primarily for the answers to ***Activités 2*** and ***3*** the first time through. Stress that students will need to read the text several times and should focus on different information and details each time.

Reading: The reading and comprehension activities may be done outside of class.

Additional reading practice is provided in ***Tranche 3*** of the corresponding ***Cahier*** chapter.

Trois éditeurs donnent des conseils santé dans trois domaines: l'hygiène dentaire, les yeux et le cœur.

Faut-il donner du fluor à ma fille de quatre ans pour éviter qu'elle ait des caries? Et sous quelle forme?

Donner du fluor? Certainement. Ce corps gazeux a une action anticaries reconnue et chiffrée.° On sait, par exemple, que les eaux de boissons fluorées peuvent faire baisser de 50% le taux de caries… Comment agit le fluor? Il augmente la dureté de l'émail° superficiel de la dent et inhibe le développement de la bactérie sur la plaque dentaire, donc la formation de caries. Où trouver du fluor? Première source de fluor: le dentifrice, moyen simple et économique qui permet de maintenir chaque jour une bonne concentration de fluor au niveau de l'émail des dents. Il existe, en France, des dentifrices à basse teneur° en fluor (150 mg/100 g). Mais aussi des pâtes dentaires, dites thérapeutiques, dont la teneur en ions fluor est plus élevée (plus de 150 mg/100 g), donc plus actives contre les caries. À trouver en pharmacie. L'important n'est pas seulement le dentifrice mais le brossage° en lui-même. Habituez votre enfant à se brosser les dents deux fois par jour et si possible pendant trois minutes. Pour empêcher votre enfant d'avoir des caries, il faut veiller à son alimentation. Grand fabricant de caries: le sucre. Évitez de donner à votre fille le goût des friandises.° Et surtout jamais de bonbons le soir au coucher, ou alors suivi d'un brossage vigoureux!

Des yeux bleus, vraiment bleus… mon rêve! Les miens sont bleu-gris, clairs mais sans éclat.° Or, une amie m'a parlé de lentilles de contact pouvant modifier réellement la couleur des yeux. Cela me tente beaucoup. Je précise que je suis assez myope. Pourrais-je continuer à porter mes lunettes correctrices?

Votre rêve peut parfaitement être réalisé: les lentilles colorées qui changent la teinte de l'iris existent bel et bien. Vous pouvez même les faire adapter à votre vue, ce qui vous permettra de vous passer de° lunettes de correction! Bien entendu, l'utilisation des lentilles colorées entraîne des précautions d'hygiène, afin d'éviter tout risque d'irritation de l'œil et de destruction de la matière relativement fragile des lentilles. Mais l'opticien, qui se chargera de vous apprendre à les poser, vous donnera tous les bons conseils d'emploi.

Je consomme huit tasses de café par jour. On me dit que c'est trop. Est-ce réellement dangereux?

Le café a de bons côtés: il stimule le psychisme, augmente la vigilance, chasse momentanément la fatigue. Mais pris à doses excessives, il peut être néfaste° et notamment rendre irritable, provoquer des angoisses, des tremblements, perturber le sommeil, voire° entraîner des

chiffré *documented* **l'émail** *enamel* **la teneur** *content*
le brossage *brushing* **les friandises** *candy, treats* **l'éclat** *sparkle*
se passer de *to do without* **néfaste** *harmful* **voire** *even*

troubles du rythme cardiaque (extrasystoles). Des études récentes ont mis en évidence que les sujets souffrant d'anxiété deviennent particulièrement sensibles aux effets anxiogènes° de la caféine. Si c'est votre cas, mieux vaut supprimer le café tout à fait. Sinon, restez absolument au-dessous de la dose de caféine considérée comme intoxicante, soit 600 milligrammes, ce qui représente huit tasses de café, par jour!... Mais on peut être intoxiqué avant, tout dépend des individus! La dose vraiment raisonnable: 150 à 300 milligrammes par jour.

Compréhension

ACTIVITÉ 2: Relisez les lettres et les réponses, puis vérifiez l'idée principale et les autres détails.

1. Les articles essaient de (a) convaincre, (b) donner des faits.
2. Ils sont (a) formels, (b) familiers.
3. Choisissez la phrase qui décrit le mieux l'idée principale des articles.
   a. La santé est une chose importante; il faut bien se renseigner avant de prendre une décision.
   b. La science et la technologie actuelles arrivent à résoudre la majorité des problèmes de santé.
   c. On doit faire confiance aux médecins en ce qui concerne l'hygiène et la santé.

ACTIVITÉ 3: Vérifiez votre compréhension.

1. Indiquez si les phrases suivantes sont vraies ou fausses. Corrigez les phrases qui sont fausses.
   a. Le fluor a une action anticaries reconnue. Il permet aux enfants de manger des bonbons avant d'aller au lit.
   b. Pour ne pas avoir de caries, il faut se brosser les dents au moins deux fois par jour pendant trois minutes.
   c. Les lentilles colorées sont disponibles, mais on ne peut pas les recommander aux gens myopes.
   d. Il faut surtout faire très attention à l'emploi des lentilles colorées afin d'éviter l'irritation de l'œil.
   e. La caféine est recommandée aux gens qui sont sensibles à ses effets anxiogènes.
   f. La caféine est intoxicante à 100 milligrammes par jour.
2. Complétez les phrases suivantes.
   a. Pour ne pas avoir de caries, il faut...
   b. On peut porter des lentilles de contact colorées si on...
   c. Il ne faut pas boire plus de... parce que...

ACTIVITÉ 4: Travaillez avec un(e) partenaire. Donnez-lui des recommandations en ce qui concerne le fluor, les verres de contact et le café. Inspirez-vous des lettres précédentes et de votre expérience personnelle. Inversez ensuite les rôles.

---

anxiogène *anxiety-creating*

C'EST-À-DIRE

EXPRIMER LA CERTITUDE ET LE DOUTE

Approach: (1) Use the introductory guidelines to preview the material. (2) Role-play the mini-dialogues, having students repeat with you, practice with a partner, and incorporate personal variations. (3) Have students find different ways to express certainty, probability, and doubt. List answers in columns on the board. Then have students work in pairs to create original mini-dialogues.

Dans les scènes qui suivent, vous allez apprendre à exprimer la certitude et le doute.

A. Répétez les scènes avec votre professeur.

B. Jouez à nouveau les scènes avec votre partenaire. Variez les expressions et les réponses dans chaque scène.

SCÈNE 1

—Crois-tu que le patron accepte mon excuse?
—Bien sûr.
—Comment le sais-tu? Est-ce que tu lui as déjà parlé de mon accident?
—Non, mais je suis convaincu qu'il va l'accepter parce qu'il était témoin° de l'accident.

SCÈNE 2

—Comment va Marthe?
—Je ne sais pas exactement, mais je ne crois pas que sa maladie soit grave.
—Crois-tu qu'elle aille à l'hôpital?
—Mais non, je doute que sa maladie soit si grave que ça.

SCÈNE 3

—Mais où est Jean? Son rendez-vous est dans quelques minutes.
—Sans doute qu'il s'est perdu.
—Ce n'est pas possible!
—Je suis certaine qu'il s'est perdu. Il se perd tout le temps.
—Mais non, il est clair qu'il a peur et qu'il ne va pas venir.

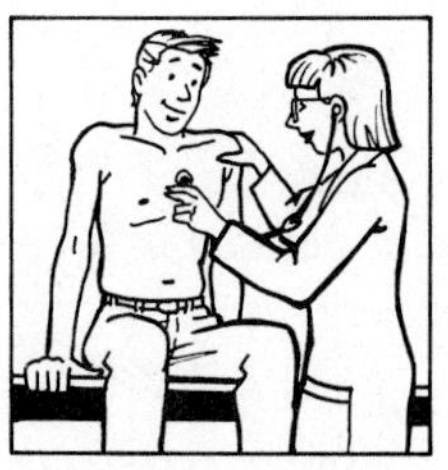

SCÈNE 4

—Qu'est-ce que vous en pensez, docteur?
—Je pense que vous êtes en bonne santé; il est évident que la maladie n'est pas grave.
—Mais, ma migraine?
—Je ne pense pas que ce soit sérieux. Je doute qu'elle soit le symptôme d'un problème grave.

le témoin *witness*

UTILISATION

ACTIVITÉ 5: Relisez les scènes et trouvez les expressions suivantes.

1. Trouvez plusieurs façons d'exprimer le doute.
2. Trouvez cinq façons d'exprimer la certitude.

ACTIVITÉ 6: Les assurances couvrent certains frais d'hospitalisation, mais pas tous! Pour chacune des dépenses suivantes, donnez votre opinion en utilisant une des expressions ci-dessous.

Note: Be sure students use the indicative after expressions of certainty and the subjunctive after expressions of doubt.

MODÈLE: la location *(rental)* de téléviseur
Je suis certain(e) que la location de téléviseur est remboursée.
ou: ***Je doute que la location de téléviseur soit remboursée.***

LA CERTITUDE	LE DOUTE
Je suis certain(e) que…	Je doute que…
Je suis convaincu(e) que…	Je ne pense pas que…
Je pense que…	Il est peu probable que…
Il est évident que…	Je ne crois pas que…
Il est clair que…	
Il est sûr que…	

1. les notes de téléphone
2. les frais de soin
3. les chambres privées
4. les services du psychiatre
5. les régimes végétariens
6. les médicaments
7. les frais de transport en ambulance
8. les tisanes *(herbal tea)*
9. les frais de parking à l'hôpital
10. les opérations de chirurgie esthétique

À VOUS!

Qu'est-ce que vous savez du système de protection sociale en France? Indiquez si les phrases suivantes sont vraies ou fausses en utilisant les expressions *Je suis sûr(e) que…* et *Je ne suis pas certain(e) que…*

MODÈLE: Le système français est plus juste que le système américain.
Je suis sûr(e) que le système français est plus juste que le système américain.
ou: ***Je ne suis pas certain(e) que le système français soit plus juste que le système américain.***

1. On donne de l'argent aux familles nombreuses.
2. Tous les travailleurs ont droit à la Sécurité sociale.
3. Les frais médicaux sont largement couverts en France.
4. Les travailleurs ont droit à une indemnité en cas de chômage.
5. Les frais de maternité sont couverts.
6. La retraite est garantie en France.
7. Les familles touchent une somme proportionnelle au nombre d'enfants dans la famille.
8. La Sécurité sociale ne coûte rien aux travailleurs. ●

● Answers: 1. vrai 2. vrai 3. vrai 4. vrai 5. vrai 6. vrai 7. vrai 8. faux.

Le Subjonctif et le doute

Approach: (1) Use the introductory questions to preview the material. (2) Model the mini-dialogue several times. (3) Have students look for patterns and answer questions A and B with a partner. (4) Elicit their observations. (5) Present the grammatical explanations as a means of confirming and extending students' hypotheses.

On utilise souvent une phrase complexe pour exprimer le doute. Lisez le mini-dialogue et jouez les rôles avec votre professeur. Faites attention à la forme des verbes dans chaque phrase, puis répondez aux questions.

A. Quel est le problème?

B. Quel mode est-ce qu'on utilise après les expressions de doute?

–Tu as rempli les formulaires de la Sécurité sociale?
–**Je ne crois pas que ce soit** nécessaire.
–Comment? **Tu doutes que ce soit nécessaire?** Tu ne veux pas qu'on te rembourse les médicaments?
–Si, mais ça se fait automatiquement. **Je ne suis pas sûr que je doive** les remplir.
–Tu rêves,° mon vieux.

1. Expressing certainty and doubt

The indicative is used to express certainty. The subjunctive is used to express doubt.

Indicative: Il est certain qu'il **se sent** mieux.
Subjunctive: Je doute qu'il **se sente** mieux.

The expressions **je pense que** and **je crois que** express certainty when used in the affirmative. The same expressions express doubt when used in the negative or interrogative.

Indicative: **Je pense que c'est** grave.
Subjunctive: **Je ne pense pas que ce soit** grave.
Penses-tu que ce soit grave?

2. Summary

Study this summary of expressions of certainty and doubt.

Indicative	Subjunctive	Indicative	Subjunctive
Je ne doute pas que…	Je doute que…	Il est certain que…	Il n'est pas certain que…
Je pense que…	Je ne pense pas que…	Il est vrai que…	Il n'est pas vrai que…
	Pensez-vous que…?	Il est sûr que…	Il n'est pas sûr que…
Je crois que…	Je ne crois pas que…	Il est évident que…	Il n'est pas évident que…
	Croyez-vous que…?	Sans doute que…	Il est possible que…
Je suis certain(e) que…	Je ne suis pas certain(e) que…	Il me semble que…	Il est peu probable que…
Je suis sûr(e) que…	Je ne suis pas sûr(e) que…		

rêver *to dream*

UTILISATION

ACTIVITÉ 7: Exprimez le doute à propos des choses suivantes.

MODÈLE: Je doute / le médecin est à l'heure
Je doute que le médecin soit à l'heure.

1. Je ne crois pas / c'est considéré comme un cas d'urgence
2. Il n'est pas sûr / le médicament est couvert par l'assurance
3. Je ne suis pas certain(e) / tu es assez malade
4. Je ne pense pas / la patronne accepte mon excuse
5. Il n'est pas évident / c'est la fin de ce virus
6. Il est possible / nous allons faire une autre réclamation
7. Je doute / les assurances remboursent les notes de téléphone
8. Il est peu probable / on rembourse les médicaments

ACTIVITÉ 8: Posez des questions à votre partenaire concernant les statistiques suivantes. Il (Elle) va vous répondre en disant s'il (si elle) pense que les statistiques sont vraies ou fausses.

MODÈLE: Il y a davantage d'accidents du travail que d'accidents de voiture.
—*Crois-tu qu'il y ait davantage d'accidents du travail que d'accidents de voiture?*
—*Je crois qu'il y a davantage d'accidents du travail que d'accidents de voiture.*
ou: —*Je ne crois pas qu'il y ait davantage d'accidents du travail que d'accidents de voiture.*

1. Il y a plus de morts à la suite d'accidents du travail que d'accidents d'automobile.
2. Les accidents d'avion sont plus fréquents maintenant qu'en 1962.
3. Le nombre de décès *(deaths)* causés par l'alcool est plus élevé maintenant qu'en 1960.
4. Le plus grand nombre d'accidents mortels dans les Alpes est causé par les accidents de ski et d'alpinisme.
5. Il y a plus de morts à la suite d'accidents routiers que d'accidents de train ou d'accidents aériens.
6. Les fumeurs ont davantage d'accidents du travail que les non-fumeurs.
7. Les accidents à la maison sont beaucoup plus fréquents que les accidents du travail.
8. Le nombre d'accidents de la route diminue. ⬣

⬣ Answers: 1. vrai 2. faux 3. faux 4. faux 5. vrai 6. vrai 7. vrai 8. vrai

À VOUS!

Travaillez avec un(e) partenaire. Posez-lui des questions et demandez-lui de vous faire des recommandations en ce qui concerne un problème de santé ou d'hygiène. Utilisez des expressions de certitude et de doute. Inversez ensuite les rôles.

Tranche 4

LES GRANDS PROBLÈMES

AU TRAVAIL

Note: This activity reviews how to express opinions and how to agree and disagree, and previews how to develop an argument.

Suggestion: Have students circulate and make a survey. Have several students report their results to the class.

ACTIVITÉ 1: Quel problème de la liste suivante pose le plus grand danger à la société moderne? Soyez prêt(e) à expliquer votre choix et à indiquer si vous êtes d'accord ou pas avec vos camarades de classe.

MODÈLE: Quelle est la menace la plus grave?
—Pour moi, il est certain que la menace des centrales nucléaires est la plus grave.
—Je suis tout à fait d'accord.
—Je ne suis pas d'accord. Je ne pense pas que les centrales nucléaires soient dangereuses. La famine est le problème le plus sérieux.
—C'est peut-être vrai, mais il faut aussi considérer la pollution.

les centrales nucléaires	le cancer	le tabac	l'alcoolisme
la pollution	le SIDA *(AIDS)*	la famine	la malaria
la natalité *(birthrate)*	la drogue		

1. Quel est le problème le plus sérieux?
2. Quel est le problème le moins sérieux?
3. Quelle est la menace la plus grave?
4. Quelle est la menace la moins grave?
5. Quel problème est le plus difficile à résoudre?
6. Quel problème est le plus facile à résoudre?

SELON LA LOI N° 91.32

FUMER PROVOQUE DES MALADIES GRAVES

C'est-à-dire

Exprimer son point de vue

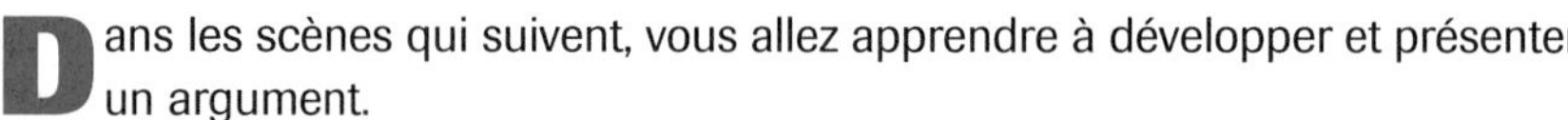

Dans les scènes qui suivent, vous allez apprendre à développer et présenter un argument.

A. Répétez les scènes avec votre professeur.

B. Jouez à nouveau les scènes avec votre partenaire. Variez les expressions et les réponses dans chaque scène.

Approach: (1) Role-play the mini-dialogues, having students repeat with you, practice with a partner, and incorporate personal variations. (2) Have students find different ways to develop an argument. List answers on the board. Then have students work in pairs to create original mini-dialogues.

SCÈNE 1

—Qu'est-ce que tu penses de l'énergie nucléaire? ⬣
—Moi, je ne sais pas. D'un côté,° je pense que ce n'est pas bien, mais d'un autre côté,° je ne pense pas que ce soit vraiment dangereux. Tu n'es pas d'accord?
—Je suis parfaitement d'accord.

SCÈNE 2

—Est-ce que tu crois qu'on doive instaurer un système de transports électriques? L'automobile est une grande source de pollution.
—Non, je ne suis pas d'accord. Je ne pense pas que ce soit le cas. On a beaucoup fait pour améliorer° les voitures.
—Mais beaucoup de recherches montrent que la pollution cause des tas de maladies dans nos centres urbains.
—Il est vrai que l'automobile joue un rôle dans ce problème, mais je ne crois pas que son influence soit très importante.

⬣ Because France has very few energy resources, the government has embarked on a very ambitious nuclear power program. More than 70% of the electricity used comes from nuclear power, making France the world's leading user of this resource.

Utilisation

ACTIVITÉ 2: Relisez les scènes et trouvez les expressions suivantes.

1. Trouvez deux façons de demander l'opinion de quelqu'un.
2. Trouvez une façon d'indiquer qu'on est d'accord.
3. Trouvez une façon de dire qu'on est indécis.
4. Trouvez une façon d'indiquer qu'on n'est pas d'accord.

Note: These expressions are not underlined, but are located in the first line of each scene.

ACTIVITÉ 3: Formez trois groupes de plusieurs personnes: un groupe « pour », un groupe « contre » et un groupe « indécis ». Le groupe « pour » et le groupe « contre » expriment leur point de vue sur les centrales nucléaires, et le groupe « indécis » prend des notes et juge les

d'un côté *on one hand* **d'un autre côté** *on the other hand*
améliorer *to improve*

arguments des deux autres groupes. Utilisez les arguments ci-dessous. Vous pouvez, bien sûr, ajouter d'autres arguments à ceux qui vous sont fournis.

1. Nous avons besoin d'électricité.
2. Il ne reste plus beaucoup de pétrole dans le monde.
3. Les centrales nucléaires sont dangereuses.
4. Les accidents n'ont jamais été trop graves mais la probabilité d'un accident catastrophique existe.
5. Les centrales nucléaires d'aujourd'hui sont beaucoup moins dangereuses qu'avant.
6. Le maintien des centrales est un grand problème.
7. L'énergie nucléaire est une forme d'énergie moderne.
8. Il faut aussi penser au problème des déchets *(waste)* nucléaires.

ACTIVITÉ 4: Dites que vous êtes d'accord, indécis(e) ou pas d'accord avec les affirmations suivantes. Utilisez les expressions de la liste ci-dessous ou bien d'autres de votre choix.

QUELQUES FAÇONS DE RÉPONDRE À UN ARGUMENT

D'accord:	Parfaitement.	Exactement.
	Moi, je suis (tout à fait) d'accord.	C'est tout à fait correct.
	C'est (tout à fait) vrai.	Je crois que c'est vrai.
	Absolument!	C'est exactement ce que je pense.
Indécis:	Je ne suis pas sûr(e).	Ce n'est pas complètement vrai.
	C'est en partie vrai, mais...	D'un côté, oui, mais de l'autre, non.
	Je n'en sais rien.	Je ne peux pas vraiment dire.
Pas d'accord:	Je ne suis pas (du tout) d'accord.	À mon avis, ce n'est pas vrai.
	Je ne pense pas que ce soit le cas.	Je doute que ce soit correct.
	Absolument pas!	Pas du tout!

1. Il faut réduire les heures de travail.
2. La Sécurité sociale est absolument nécessaire dans une société moderne.
3. On doit nationaliser les hôpitaux et les médecins aux États-Unis.
4. Il nous faut cinq semaines de congés payés.
5. Les centrales nucléaires sont trop dangereuses. Il faut les éliminer.
6. Il faut développer le réseau de transport ferroviaire *(rail)* aux États-Unis.
7. Le danger d'une guerre *(war)* nucléaire est trop grand. Il faut limiter la course aux armements.
8. L'alcoolisme et la drogue sont des problèmes sociaux très graves.

À VOUS!

Formez deux groupes de deux ou trois personnes. Un groupe va représenter le « pour » et l'autre le « contre » du problème suivant: la nécessité de l'automobile dans notre société. Préparez vos arguments et présentez-les à l'autre groupe qui va faire la même chose. Considérez les choses suivantes: (1) la pollution de l'atmosphère, (2) l'encombrement des rues, (3) les accidents, (4) la liberté personnelle, (5) le côté pratique de la voiture, (6) le confort.

STRUCTURE

LE SUBJONCTIF (RÉVISION)

Pour développer et présenter un argument, il est important de varier les phrases. On utilise l'indicatif pour rapporter des choses dont on est certain. On utilise le subjonctif pour exprimer la volonté, la nécessité, le doute et les sentiments. Lisez et jouez les rôles du mini-dialogue avec votre professeur. Faites attention à la forme des verbes dans chaque phrase, puis répondez aux questions.

A. Quel est le problème? Quels arguments est-ce qu'on présente pour soutenir son point de vue?

B. Dans quels cas est-ce qu'on utilise le subjonctif?

Approach: (1) Use the introductory questions to preview the material. (2) Model the mini-dialogue several times. (3) Have students look for patterns and answer questions A and B with a partner. (4) Elicit their observations. (5) Present the grammatical explanations as a means of confirming and extending students' hypotheses.

–Il faut absolument que le gouvernement aborde° la question de l'alcoolisme.
–Je suis d'accord. **Il est certain que c'est** un problème majeur aujourd'hui.
–Absolument. Imagine le problème… une famille sur la route un soir… Tout à coup voilà un ivrogne° au volant. **J'ai peur que la situation** ne **fasse** quelques morts!°
–Et d'un autre côté, **il faut** aussi **penser** à l'absentéisme causé par l'acoolisme… et **je voudrais** aussi **qu'on considère** le grand nombre de familles affectées par cette maladie!
–En effet, le problème est grave. **Il est nécessaire de passer** à l'action à présent. Faisons quelque chose.

1. MOOD

A speaker's attitude is expressed in the mood of the verb he or she selects.

a. To express certainty, use the indicative.
Il est certain que c'**est** un problème majeur.

b. Use the subjunctive to express perceived needs, feelings, or opinions.
J'ai peur que la situation ne **fasse** quelques morts.

2. USE OF THE SUBJUNCTIVE

Certain expressions reflect a speaker's perceptions rather than actual fact. These expressions are normally followed by the subjunctive.

Necessity:	**Il faut que le gouvernement fasse** quelque chose.
Wish, Desire:	**Je voudrais que vous considériez** le nombre de familles affectées.
Doubt:	**Je doute que le problème soit** facile à résoudre.
Possibility:	**Il est possible que nous nous organisions.**

aborder *to address* **l'ivrogne** *drunk* **faire des morts** *causes death*

Regret:	**Je regrette que nous** ne **puissions** pas faire davantage.
Surprise:	**Il est incroyable que le problème soit** si important.
Irritation:	**Je suis furieux(-se) que nous** ne **manifestions** pas!
Sadness:	**Je suis triste que l'alcoolisme pose** un si grand danger.
Happiness:	**Je suis heureux(-se) que nous travaillions** là-dessus.

3. USE OF THE INFINITIVE

When the subject of the subordinate clause is the same as the subject of the main clause, an infinitive is used.

Je voudrais passer à l'action à présent.

UTILISATION

ACTIVITÉ 5: Indiquez si les expressions suivantes introduisent un fait (suivi de l'indicatif) ou bien une perception (suivie du subjonctif). Complétez ensuite les phrases avec vos propres mots.

1. Il faut que...
2. Il me semble que...
3. Je crains que...
4. Je veux que...
5. Il est certain que...
6. Je doute que....
7. Il est nécessaire que...
8. J'aimerais que...
9. Il est important que...
10. Je ne pense pas que...
11. Il est peu probable que...
12. Il vaut mieux que...
13. Je voudrais que...
14. J'ai peur que...
15. Je sais que...

ACTIVITÉ 6: Considérez ce fait: Neuf pour cent des accidents de la route sont causés par un taux d'alcoolémie *(alcohol level)* trop élevé. Exprimez les opinions suivantes concernant ce fait en utilisant l'indicatif, l'infinitif ou le subjonctif, selon le cas. Choisissez ensuite les deux ou trois phrases de la liste qui expriment le mieux vos propres idées.

MODÈLE: Je suis désolé(e) / le chauffeur est à l'hôpital
Je suis désolé(e) que le chauffeur soit à l'hôpital.

1. J'ai très peur / je suis dans un accident de voiture
2. Je ne pense pas / ce problème est spécifique à la culture française
3. Je veux / on enlève *(take away)* le permis de conduire *(driver's license)* à tous les chauffeurs en état d'ivresse *(drunkenness)*
4. Je suis choqué(e) / il y a tant de morts
5. Il est nécessaire / on organise une campagne pour lutter contre l'alcool au volant
6. Il faut / le gouvernement fait quelque chose tout de suite
7. Je ne pense pas / la situation est vraiment grave
8. Je suis heureux(-se) / j'écris une lettre pour exprimer mon opinion

ACTIVITÉ 7: Complétez la lettre suivante destinée à l'éditeur d'un journal. Utilisez les verbes ci-dessous à l'indicatif, à l'infinitif ou au subjonctif, selon le cas.

arrêter	enlever	faire
avoir	être	répondre
devoir	exprimer	résoudre

Monsieur,

Je voudrais ____ mon opinion en ce qui concerne l'alcool au volant. Il ____ absolument nécessaire que le gouvernement ____ quelque chose pour ____ le problème. Je pense que les autorités ____ montrer qu'elles trouvent le problème important. À mon avis, il faut ____ tous les chauffeurs qui ont trop bu. Il faut leur ____ le permis de conduire et leur donner une forte amende *(fine)*.

Veuillez agréer, Monsieur, l'expression de mes sentiments distingués.

Roger Lafitte

À VOUS!

Avec un(e) partenaire, écrivez une lettre à l'éditeur concernant votre point de vue politique sur un des sujets suivants: (1) la protection des espèces animales en voie de disparition (baleines *[whales]*, etc.), (2) la forêt amazonienne, (3) la diminution *(loss)* de la couche d'ozone, (4) les prisonniers politiques dans le monde. Échangez votre lettre avec un autre groupe. Répondez à cette nouvelle lettre.

La Langue écrite

Persuader quelqu'un

Additional writing practice is provided at the end of the corresponding ***Cahier*** chapter. If ***système-D*** is available to your students, they may wish to use it as they complete the writing exercise.

To persuade someone to do something or to take a new position requires the use of several strategies, including:

- Proposing logical arguments.
  While it is true that nuclear power has provided safe, clean energy, the possibility of a catastrophic accident cannot be eliminated.
- Using evidence in the form of data or statistics.
  The use of fluoride in the water has reduced the number of cavities by more than 50 percent.
- Providing testimonials or endorsements from experts.
  According to experts, alcohol plays a part in the majority of automobile accidents.
- Using illustrations (photos or other visual aids) to show benefits.
  Most persuasive writers use one or more of these strategies.

Sujets de composition

1. Design an advertisement that persuades the reader to buy a specific product or use a specific service. As a corollary, you may want to write a radio script for a product or a service.
2. Write a letter to the editor expressing your opinions about a current health or social issue. Follow the model in ***Activité*** 7 or write your own.

Lexique

Expressions

Expressing concern and reassurance

Ne t'inquiète pas.	Rassure-toi.
Ne t'en fais pas.	N'aie pas peur.
Aie du courage.	Ça va passer (aller).
Ce n'est certainement pas grave.	Ne fais pas l'enfant.
Je t'assure que ce n'est rien.	Ne fais pas le bébé.

Expressing emotion

Fear: J'ai peur que... Je crains que...
Happiness: Je suis heureux(-se) (content[e], ravi[e], fier[-ère]) que...
Sadness: Je suis triste (malheureux[-se], désolé[e], mécontent[e], déçu[e]) que...
J'ai honte que...
Je regrette que...

Surprise: Je suis surpris(e) (étonné[e], désolé[e], choqué[e]) que...
Il est surprenant (choquant, incroyable) que...

Irritation: Je suis irrité(e) (exaspéré[e], furieux[-se]) que...

EXPRESSING CERTAINTY

Je suis convaincu(e) que...
C'est sûr.
Il est évident (sûr) que...
Il est vrai que...
Il est clair (certain) que...
Je suis certain(e) que...
Je ne doute pas que...
Je crois (pense) que...

EXPRESSING DOUBT

Croyez-vous que...?
Je ne crois (pense) pas que...
Il est peu probable que...
Je ne suis pas certain(e) (sûr[e]) que...
Je doute que...
Tu crois que...?
Il n'est pas vrai (évident) que...
Il n'est pas certain (sûr) que...

COUNTERING AN ARGUMENT

Agreeing: Parfaitement.
Moi, je suis (tout à fait) d'accord.
C'est (tout à fait) vrai.
Absolument!
Exactement.
C'est tout à fait correct.
Je crois que c'est vrai.
C'est exactement ce que je pense.

Undecided: Je ne suis pas sûr(e).
C'est en partie vrai.
Ce n'est pas complètement vrai.
D'un côté, oui, mais de l'autre, non.

Disagreeing: Je ne suis pas (du tout) d'accord.
Je ne pense pas que ce soit le cas.
Absolument pas!
À mon avis, ce n'est pas vrai.
Je doute que ce soit correct.
Pas du tout!

VOCABULAIRE

PAIN AND ILLNESS

l'appendicite *(f.)*
la bronchite
la carie
la crise cardiaque
la migraine
la mononucléose
la pneumonie

VERBES IRRÉGULIERS

IRREGULAR VERBS IN THE SUBJUNCTIVE

aller	que j'**aille**	que nous **allions**	avoir	que j'**aie**	que nous **ayons**
	que tu **ailles**	que vous **alliez**		que tu **aies**	que vous **ayez**
	qu'il/elle/on **aille**	qu'ils/elles **aillent**		qu'il/elle/on **ait**	qu'ils/elles **aient**
vouloir	que je **veuille**	que nous **voulions**	être	que je **sois**	que nous **soyons**
	que tu **veuilles**	que vous **vouliez**		que tu **sois**	que vous **soyez**
	qu'il/elle/on **veuille**	qu'ils/elles **veuillent**		qu'il/elle/on **soit**	qu'ils/elles **soient**

VERBS WITH IRREGULAR SUBJUNCTIVE STEMS

INFINITIVE	STEM	INFINITIVE	STEM	INFINITIVE	STEM
faire	fass-	savoir	sach-	pouvoir	puiss-

IN THIS CHAPTER, YOU WILL LEARN HOW TO STALL FOR TIME WHILE THINKING OF WHAT TO SAY, EXPRESS ASTONISHMENT OR DISBELIEF, INQUIRE ABOUT AND CONFIRM DETAILS, AND MAKE A CHOICE.

chapitre 15

PARTONS EN VACANCES

Tranche 1

En voyage

Au travail

Avant de parler

Activité 1: Employez la carte *(map)* à la page 478 pour choisir une ville ou une région où vous aimeriez passer vos vacances, puis invitez un(e) partenaire à vous y accompagner. Employez les expressions suivantes dans votre conversation.

Note: This activity reviews making, accepting, and refusing invitations; stating places and times; and making vacation plans.

INVITER QUELQU'UN

Je vais	passer les vacances	à…	Ça t'intéresse?
Je pense	passer une semaine	près de…	Tu es libre?
Je voudrais	passer deux semaines	pas loin de…	Tu veux m'(y) accompagner?
J'ai l'intention de	passer un mois	en forêt	Ça te va?
Je compte	passer quelques jours	à la montagne	Tu veux y aller avec moi?
		à la plage	

DEMANDER DAVANTAGE DE RENSEIGNEMENTS

Quand est-ce que tu pars?
Qu'est-ce que tu vas faire là-bas?
Où est-ce que tu comptes aller?
C'est où, exactement?

ACCEPTER

C'est très gentil de ta part.
Formidable! Quand est-ce que nous partons?
Avec plaisir!

REFUSER

Je regrette, mais ce n'est pas possible.
J'ai déjà promis à… de… pendant cette semaine.
Je suis désolé(e). Une autre fois, peut-être.

OÙ EST-CE QUE TU COMPTES ALLER?

LES RÉSERVATIONS

Renée et Étienne ont l'intention de passer les vacances à Biarritz. Dans ce dialogue, Renée revient de l'agence de voyages. Avant de le lire, faites les activités suivantes. ⬣

A. Répondez à ces questions.
   1. Quels préparatifs faut-il faire pour un voyage en train?
   2. À qui faut-il s'adresser pour faire des réservations?

B. Pensez à ces questions en lisant le dialogue.
   1. Est-ce que Renée a réussi à faire les réservations?
   2. Quelle est la réaction d'Étienne?

⬣ Biarritz is a tourist town on the west coast of France, near the Spanish border (see map on page 478).

Approach: (1) Go over the introductory questions and remind students to listen primarily for the answers to question B the first time through. (2) Play the dialogue on the *Student Tape* (or role-play it yourself). (3) Ask students to answer question B. (4) Play the dialogue again. (5) Have students repeat with you and practice with each other, taking different roles and personalizing the dialogue. (6) Remind students that they will need to review the material several times to complete the other comprehension activities. The dialogue and comprehension activities may be done outside of class.

Expansion: Have students use their lists of questions to role-play scenes at the travel agent's office.

ÉTIENNE: Alors, tu les as, ces réservations?

RENÉE: Euh... c'est-à-dire que... voilà, il faut que je t'explique. Comme tu me l'as demandé, j'ai parlé à l'agent de voyages, tu sais. J'ai demandé des réservations en deuxième classe, mais il n'y en avait plus pour ce jour-là.

ÉTIENNE: Quoi? Qu'est-ce que tu racontes? Plus de places? Alors, nos vacances sont annulées?°

RENÉE: Mais non, voyons, ne t'énerve pas. Écoute une minute. Il faut choisir une autre date, c'est tout.

ÉTIENNE: Tu es sûre que tu leur as bien expliqué la situation?

RENÉE: Mais oui, je la leur ai bien expliquée.

ÉTIENNE: Alors, raconte-moi de nouveau° ce qui s'est passé.

RENÉE: Eh bien, je suis allée à l'agence. J'ai demandé deux aller-retour° pour Biarritz pour le 8 avril en train express, avec deux suppléments couchettes.° L'agent a cherché et m'a dit qu'il n'y en avait pas pour ce jour-là. Voilà, c'est tout, tu es satisfait?

ÉTIENNE: Est-ce que tu lui as demandé de chercher une correspondance à Lyon? Nous pouvons prendre le T.G.V.° jusqu'à Lyon, et puis changer pour Biarritz.

annulé *cancelled* **de nouveau** *again* **un aller-retour** *round-trip ticket*
la couchette *sleeping berth* **le T.G.V.** le Train à grande vitesse, *high-speed train*

RENÉE: Non, je n'y ai pas pensé.
ÉTIENNE: Mais, voyons, il fallait° le faire!
RENÉE: *(en colère)* Alors, écoute, tu n'as qu'à faire les réservations toi-même!
ÉTIENNE: Je te demande pardon, je ne voulais pas te mettre en colère. Tu vois bien que j'ai besoin de vacances. Je suis une vraie boule de nerfs.°

COMPRÉHENSION

ACTIVITÉ 2: Relisez le dialogue, puis répondez aux questions.

1. Comment est la conversation?
   a. Le langage est (1) formel, (2) familier.
   b. Le ton de la conversation est (1) léger, (2) poli et respectueux, (3) sérieux, (4) frustré.
2. D'après la conversation, quels sont les rapports entre Renée et Étienne?
3. Préparez un résumé de l'idée principale en utilisant les expressions suivantes.
   a. Renée: demander des réservations, plus de places, choisir une autre date, essayer de trouver d'autres solutions
   b. Étienne: vacances sont annulées, se fâcher avec, s'énerver facilement, demander pardon

ACTIVITÉ 3: Choisissez les options correctes pour décrire le voyage d'Étienne et de Renée.

1. Étienne et Renée veulent (a) un aller simple *(one-way ticket)*, (b) un aller-retour, (c) un retour.
2. Ils comptent réserver des places dans un (a) T.G.V., (b) train avec couchettes, (c) train express.
3. Ils ont l'intention de réserver des (a) places de première classe, (b) places de deuxième classe, (c) repas.
4. Renée a demandé des réservations pour (a) deux correspondances, (b) deux enfants, (c) deux couchettes.
5. Le voyage est à destination de (a) Biarritz, (b) Lyon, (c) Paris.
6. Finalement, (a) Renée propose une solution, (b) Étienne fait des excuses, (c) les vacances sont définitivement annulées.

ACTIVITÉ 4: Il y a au moins deux solutions au problème des réservations de train. Relisez le dialogue et trouvez-les.

MODÈLE: ***On pourrait** (could)**... ou bien, on pourrait...***

---

il fallait *you should have* **la boule de nerfs** *bundle of nerves*

Notes culturelles

La Géographie de la France

Regardez la carte de France. Remarquez tout d'abord que la France a la forme d'un hexagone et qu'elle est située en Europe de l'ouest. C'est un petit pays comparé aux États-Unis; la France et le Texas ont à peu près la même superficie. Mais comparé aux autres pays d'Europe de l'ouest, c'est le plus grand.

1. **Les Frontières:** La France a des frontières avec plusieurs pays. Pouvez-vous les nommer?
2. **Les Côtes:** Deux étendues marines bordent les côtes françaises. Pouvez-vous les nommer?
3. **Les Villes:** Paris est la capitale de la France et aussi la ville la plus importante. Nommez cinq autres villes françaises.
4. **Les Fleuves** (*Rivers*)**:** La Seine est le fleuve qui passe par Paris. Nommez les autres grands fleuves et au moins une ville sur chacun de ces fleuves.
5. **Les Montagnes:** Il y a plusieurs chaînes de montagnes en France. Nommez-en au moins trois.

Réponses:

1. l'Espagne, l'Italie, la Suisse, l'Allemagne, le Luxembourg, la Belgique
2. la mer Méditerranée, l'océan Atlantique, la Manche, la Mer du Nord
3. Lyon, Marseille, Bordeaux, Toulouse, Reims, Lille, Strasbourg, Nancy, Dijon, Grenoble, Nice, etc.
4. la Loire et ses villes: Nantes, Tours et Orléans; la Garonne et ses villes: Bordeaux et Toulouse; le Rhône et ses villes: Avignon et Lyon; le Rhin et la ville de Strasbourg
5. les Pyrénées (entre la France et l'Espagne), les Alpes (entre la France, l'Italie et la Suisse), le Jura (entre la France et la Suisse), les Vosges (entre la France et l'Allemagne), le Massif central (au centre de la France)

GAGNER DU TEMPS

Dans les scènes qui suivent, vous allez apprendre à gagner du temps.

A. Répétez les scènes avec votre professeur.

B. Jouez à nouveau les scènes avec votre partenaire. Variez les expressions et les réponses dans chaque scène.

Approach: (1) Use the introductory guidelines to preview the material. (2) Role-play the mini-dialogues, having students repeat with you, practice with a partner, and incorporate personal variations. Remind them to use proper intonation and body language. (3) Have students find different ways to stall for time. List answers on the board. Then have students work in pairs to create original mini-dialogues.

SCÈNE 1

—Comment est-ce que tu as fait pour perdre l'appareil photo?

—Eh bien... c'est-à-dire que... je ne sais pas comment c'est arrivé. J'ai laissé° l'appareil photo au guichet,° tu sais, je l'ai mis là, quand j'achetais mes billets.

—Et alors?

—Eh bien, voilà... j'ai écrit mon chèque, hein? Euh... et j'ai parlé à l'employé, tu comprends... ●

—Continue.

—Quand j'ai eu les billets, il n'y était plus... Je n'y comprends rien, moi.

—Mais c'est impossible!

SCÈNE 2

—Vous voulez faire des réservations?

—Euh, oui... vous savez, des réservations pour demain... enfin... non, pas pour demain, mais pour ce week-end.

—Vous partez quand?

—Eh bien, c'est-à-dire que... vous comprenez, je ne suis pas certain. Qu'est-ce que vous avez le matin... ou bien l'après-midi?

—Monsieur, je vous conseille de consulter d'abord l'horaire et de revenir ensuite au guichet.

—Mais il faut que je vous explique ça... vous voyez... Écoutez une minute...

—Monsieur, il y a d'autres personnes qui attendent. Consultez l'horaire, puis revenez m'en parler.

● Never use the expressions **euh** and **hein** in writing.

laisser *to leave* **le guichet** *ticket window*

UTILISATION

ACTIVITÉ 5: Relisez les scènes et trouvez les expressions suivantes.

1. Trouvez dix expressions pour gagner du temps.
2. Quelles expressions sont plutôt formelles?
3. Quelles expressions sont plutôt familières?

Follow-up: Have some groups perform their dialogues for the class.

ACTIVITÉ 6: Votre camarade va vous poser des questions. Choisissez parmi les réponses des colonnes de droite pour gagner du temps et vous justifier.

MODÈLE: *—Tu as téléphoné pour les réservations?*
—Eh bien, euh…j'étais très occupé(e) et tu sais… Tu vois, hein…avec le travail et tout le reste, j'ai complètement oublié.

Eh bien, euh…	J'étais très occupé(e).
Bon, alors…	J'ai pensé à ça hier soir, mais…
Voilà…	Je ne suis pas certain(e)…
Tu vois, hein…	Avec le travail et tout le reste…
Voyons…	J'ai complètement oublié.
Tu sais…	Il faut que je t'explique ça.

1. Tu as les billets?
2. Tu n'as pas oublié ton passeport?
3. On peut bien partir le 2 août?
4. On a toujours les deux couchettes?
5. Ta mère ne vient pas avec nous cette année?

ACTIVITÉ 7: Pendant le mois d'août, le mois de vacances préféré des Français, les trains sont généralement complets. Employez la carte de France à la page 478 pour trouver un autre itinéraire. N'oubliez pas d'utiliser des expressions pour gagner du temps pendant que vous réfléchissez.

MODÈLE: Paris–Montpellier
Voilà, on pourrait aller de Paris à Dijon, euh… et puis de Dijon à… voyons… Attends une minute… de Paris à Dijon, puis de Dijon à… Montpellier. Voilà.

1. Paris–Brest
2. Paris–Nice
3. Paris–Grenoble
4. Paris–Perpignan
5. Paris–Biarritz
6. Paris–Dunkerque

À VOUS!

Avec votre partenaire, jouez les rôles du voyageur (de la voyageuse) et de l'agent de voyages et faites des réservations de Paris à une ville de votre choix. Utilisez les expressions ci-dessous. N'oubliez pas d'employer des expressions pour gagner du temps pendant que vous réfléchissez.

Vous voulez un billet pour quelle destination?
Première ou deuxième classe?
Aller-retour ou aller simple?
Pour combien de personnes?
Et vous partez quand?
Et vous revenez le combien?
Vous pourriez partir un autre jour?
C'est tout? Alors ça fait… francs.

STRUCTURE

L'Ordre des pronoms objets

Quand on répète une idée ou un sujet dont on a déjà parlé, on remplace souvent le nom (l'idée, l'objet ou la personne) par un pronom. Lisez et jouez les rôles du mini-dialogue avec votre professeur. Faites attention aux noms et aux pronoms qui les remplacent, puis répondez aux questions.

A. Qu'est-ce que la personne devrait *(ought to)* faire?

B. Quels objets ou quelles personnes est-ce que les pronoms remplacent dans ce mini-dialogue?

Approach: (1) Use the introductory questions to preview the material. (2) Model the mini-dialogue several times. (3) Have students look for patterns and answer questions A and B with a partner. (4) Elicit their observations. (5) Present the grammatical explanations as a means of confirming and extending students' hypotheses.

—Alors, tu **lui en** as parlé?
—Bien sûr. J'ai tout fait comme tu **me l'**as demandé.
—Et qu'est-ce qu'elle a répondu?
—Eh bien, elle m'a dit qu'il n'**y en** avait plus.
—Ah, quel désastre! Sans réservations, nos vacances sont annulées.
—Mais non, je **lui en** reparlerai.°

1. Multiple object pronouns

You have already used two object pronouns with imperatives in Chapter 12. With other tenses, when two object pronouns are used in the same sentence, two patterns are used.

a.

(ne)	+	**le (l')** **la (l')** **les**	+	**lui** **leur**	+	**y**	+	**en**	+	*verb*	+	(pas)

- Present and other simple tenses:
  Marthe envoie **la carte à son amie.** — Marthe **la lui** envoie. Marthe ne **la lui** envoie pas.
- **Passé composé:**
  Il a donné **le billet à Yvette.** — Il **le lui** a donné. Il ne **le lui** a pas donné.

reparlerai *will speak again*

b.

(ne)	+	me (m') te (t') nous vous	+	le (l') la (l') les	+	y	+	en	+	*verb*	+	(pas)

- Present and other simple tenses:
  Elle **te** pardonne **ta faute.** — Elle **te la** pardonne.
  Elle ne **te la** pardonne pas.
- **Passé composé:**
  Tu **m'**as demandé **le renseignement.** — Tu **me** l'as demandé.
  Tu ne **me** l'as pas demandé.

Note that a sentence does not ordinarily contain more than two object pronouns. In addition:

- **Le, la, les** are often paired with **lui, leur.**
- **Me, te, se, nous, vous** are often paired with **le, la, les.**
- **Y** and **en** always follow the other pronouns.

2. AGREEMENT IN THE PASSÉ COMPOSÉ

Recall that in the **passé composé,** the past participle always agrees with a preceding direct-object pronoun.

Je t'ai donné **les billets.**	Je te **les** ai donnés.
Tu lui as demandé **les renseignements?**	Tu **les** lui as demandés?
Jean a envoyé **la carte** à sa mère.	Jean **la** lui a envoy**ée.**

ACTIVITÉ 8: Dites si les options suivantes étaient toujours possibles quand vous avez fait vos réservations.

MODÈLE: Il y avait des places pour Marseille? (oui)
Oui, il y en avait pour Marseille.

1. Il y avait des places pour Cherbourg? (oui)
2. Il y avait des couchettes? (non)
3. Il y avait des places en deuxième classe? (non)
4. Il y avait une voiture-restaurant? (non)
5. Il y avait beaucoup de places en première classe? (oui)*
6. Il y avait deux réservations aller-retour? (non)

* Make sure to keep the expressions of quantity in items 5 and 6.

ACTIVITÉ 9: À la gare, les voyageurs ont l'habitude de porter eux-mêmes leurs valises. À l'aéroport, ils sont souvent surpris quand les agents s'occupent des bagages. Imaginez-vous à la gare ou à l'aéroport, et répondez aux questions suivantes. Attention à l'accord du participe passé!

MODÈLE: Tu as donné les valises à l'agent?
Bien sûr, je les lui ai données. On est à l'aéroport.
ou: ***Bien sûr que non, je ne les lui ai pas données. On est à la gare.***

1. Tu as donné *le grand sac à dos à l'agent?*
2. Tu as remis *les valises aux agents?*
3. Il a noté *le numéro du vol (flight) sur les valises?*
4. Il a mis *les skis dans l'avion?*
5. Tu as donné *l'appareil photo au chef de service?*

ACTIVITÉ 10: Les voyageurs achètent des billets et paient avec un chèque de voyage de cinq cents francs. Calculez combien d'argent l'agent va leur rendre. Suivez le modèle.

MODÈLE: Jean-Philippe demande un aller simple Dijon–Bordeaux.
L'agent le lui donne et lui rend deux cent vingt francs.

	Paris	Grenoble	Bordeaux	Strasbourg	Nice	Caen	Aix-en-Provence
aller simple							
Dijon	135 F	165 F	280 F	180 F	235 F	275 F	365 F
aller-retour							
Dijon	250 F	350 F	500 F	350 F	400 F	490 F	750 F

1. Toi, Martine, tu achètes deux allers simples Dijon–Strasbourg.
2. Moi, j'achète un aller-retour Dijon–Grenoble.
3. Nous achetons deux allers simples Dijon–Nice.
4. Annie-Marie et Brigitte achètent un aller simple Dijon–Aix-en-Provence.
5. Vous achetez un aller-retour Dijon–Caen.
6. Étienne achète un aller-retour Dijon–Strasbourg.

À VOUS!

Vous êtes à la gare et vous allez partir en voyage. Travaillez avec un(e) partenaire pour décrire ce que vous faites. Utilisez les expressions suivantes. N'oubliez pas d'employer des pronoms dans votre description.

demander des renseignements à l'agent
acheter des billets
payer les billets avec une carte de crédit
aller au quai et attendre le train
donner les billets au contrôleur
le contrôleur / composter *(to stamp)* nos billets
le contrôleur / rendre nos billets
prendre les billets et mettre les billets dans nos portefeuilles *(wallets)*

Tranche 2

UN CHANGEMENT DE PROJETS

Activité 1, Note: This activity reviews how to ask for travel information and previews how to confirm details.

AU TRAVAIL

AVANT D'ÉCOUTER

● The **S.N.C.F.** is **la Société nationale des chemins de fer français,** the French national railroad.

ACTIVITÉ 1: Vous allez faire un voyage en train. Vous téléphonez à la S.N.C.F. pour faire des réservations. Choisissez les répliques de la colonne de droite pour rétablir la conversation. Jouez ensuite chaque rôle avec un(e) camarade. ●

RÉSERVER LA PLACE

1. Allô. S.N.C.F. réservations.
2. Vous avez dit un aller simple Paris–Nice?
3. Quand comptez-vous partir?
4. Oui, et il y a un train à huit heures dix-sept. Vous revenez quand?
5. Alors, le soir, il y a un train vers vingt heures. Ça vous convient?
6. Ça fait 385 francs. Vous pouvez payer quand vous venez à la gare. Je fais la réservation à quel nom?
7. Voilà, c'est fait et bonnes vacances!

a. Le 2 août, au matin, avant neuf heures, si possible. Il y a des places en seconde?
b. Oui, c'est parfait. Et ça fait combien?
c. Non, madame. Un aller-retour pour Biarritz.
d. Bien. Merci, madame.
e. Bonsoir, madame. Je voudrais réserver un aller-retour Paris–Biarritz.
f. Je reviens le 29 août, le plus tard possible.
g. Sophie Goutal: G-O-U-T-A-L.
h. Merci, madame. Au revoir!

CONFIRMER LA RÉSERVATION

1. Allô. S.N.C.F. réservations.
2. Vous allez où?
3. Et vous vous appelez comment?
4. Ah voilà, c'est un aller-retour avec couchette, n'est-ce pas?
5. C'est confirmé. Bon voyage.

a. Merci, monsieur. Au revoir.
b. Boursinne. B-O-U-R-S-I-deux N-E. Jean Boursinne.
c. Bonjour, monsieur. Je voudrais confirmer ma réservation pour le 24 juillet.
d. Oui, c'est bien ça, un aller-retour avec couchette.
e. J'ai une réservation à destination de Perpignan.

UN CHANGEMENT DE PROJETS

Écoutez l'annonce à la gare et le dialogue qui suit entre Guy et Martine. Les dessins ci-dessous représentent ce qui va se passer dans la scène. Avant d'écouter le passage, faites les activités suivantes.

Approach: (1) Preview the conversation by focusing on the drawings. (2) Preteach the new vocabulary. (3) Go over the introductory material and tell students to listen for the answers to ***Activités 2*** and ***3*** the first time through. Remind them that they will need to listen to the conversation several times to complete the other comprehension activities.

A. Regardez les dessins, puis répondez aux questions suivantes.
   1. Est-ce que leur train part à l'heure? Expliquez.
   2. Est-ce que le voyage est annulé?

B. Voici des expressions que vous trouverez peut-être utiles.

annuler	*to cancel*
la voie	les rails que suit le train
le guichet	l'endroit où on parle à un agent et où on achète les billets
un malentendu	vous comprenez mal ce que quelqu'un dit; du mot **entendu** *(understood),* + le préfix **mal** *(mis-)*

C. Avant d'écouter le passage, lisez rapidement les questions des ***Activités 2*** and ***3***. Écoutez ensuite le passage et faites les activités.

PRENONS LE T. G. V. POUR ALLER À LYON.

COMPRÉHENSION

ACTIVITÉ 2: Écoutez de nouveau l'enregistrement pour répondre aux questions suivantes.

1. Le ton de l'annonce est (a) léger, (b) poli et respectueux, (c) sérieux, (d) familier.
2. Le ton de la conversation entre Guy et Martine est (a) léger, (b) poli et respectueux, (c) sérieux, (d) familier.
3. Choisissez la phrase qui décrit le mieux l'idée principale de la conversation.
   a. Les vacances sont annulées parce que les employés de la S.N.C.F. sont en grève *(on strike).*
   b. Il faut attendre un autre train parce que la voie est bloquée.
   c. Le train pour Grenoble n'est pas à l'heure à cause d'un accident sur la voie.
4. Quelle est la réaction de Guy? Et celle de Martine?

ACTIVITÉ 3: Vérifiez les détails.

1. Indiquez si les phrases suivantes sont vraies ou fausses. Justifiez votre choix.
   a. Guy et Martine prennent le train pour Paris.
   b. Le train pour Grenoble a été annulé à cause d'un accident.
   c. Il y a un autre train pour Grenoble plus tard dans la journée.
   d. Les voyageurs sont obligés de réserver une chambre d'hôtel.
2. Complétez les détails de cette annonce.
   Passagers à destination de...! Le train... de... a été annulé. Il y a... sur la voie. Vous êtes priés de vous... au guichet... ... pour... des places dans le train de...

ACTIVITÉ 4: Utilisez le modèle pour annoncer les changements suivants, puis créez et annoncez des changements de votre choix.

MODÈLE: Bordeaux / 15 h 48 / des travaux / guichet 15 / 19 h 34
Passagers à destination de Bordeaux! Le train express de quinze heures quarante-huit a été annulé. Il y a des travaux sur la voie. Vous êtes priés de vous rendre au guichet numéro quinze pour réserver des places dans le train de dix-neuf heures trente-quatre.

1. Biarritz / 8 h 15 / un accident / guichet 15 / 10 h 23
2. Perpignan / 18 h 52 / une panne *(breakdown)* / guichet 21 / 22 h 17
3. Caen / 6 h 33 / des travaux / guichet 3 / 9 h 42
4. Nantes / 20 h 41 / une grève / guichet 17 / 23 h 05
5. Grenoble / 13 h 10 / une avalanche / guichet 35 / 17 h 26

STUDENT TAPE

PRONONCIATION

French intonation patterns vary according to the type of sentence. Most sentences have falling intonation: the pitch of the voice begins relatively high and falls to its lowest at the end. The following types of sentences have falling intonation.

Declarative Sentences: Nous avons des réservations.

Information Questions: Où se trouve la sortie?

Commands: Donnez-moi votre billet.

Yes-no questions have rising intonation. The voice begins at a relatively low pitch and rises to its highest at the end.

Yes-No Questions: Vous avez votre billet?

Practice the sentences that follow with your instructor or on your student tape. Use rising or falling intonation as appropriate.

Notre train vient d'être annulé.
Est-ce que nos billets sont aussi annulés?
Il n'y a pas de problème.
Qu'est-ce que c'est que cette histoire?

Notes culturelles

Le T.G.V.

Le T.G.V. (Train à grande vitesse) a réussi à attirer des centaines de millions de voyageurs. C'est un succès commercial éclatant. Voilà pourquoi la S.N.C.F. a inauguré (en 1989) le service T.G.V. Atlantique qui s'ajoute au T.G.V. Lyon.

Le T.G.V. Atlantique vous conduit de Paris à Bordeaux en deux heures et cinquante-huit minutes, à Rennes en deux heures et quatre minutes, atteignant une vitesse de pointe de 400 kilomètres à l'heure en tout confort et en sécurité. La décoration et les services du T.G.V. Atlantique ont été étudiés pour vous donner un vrai sentiment de bien-être. Il y a des voitures de première classe avec un décor très raffiné, et même les voitures de seconde ont été pensées dans le but de vous offrir le plus grand confort. Vous trouverez aussi dans le T.G.V. Atlantique un restaurant et un bar où vous pourrez commander un repas complet ou acheter une gamme variée de sandwichs, des produits chauds et des boissons chaudes ou froides. Le téléphone vous mettra *(will put)* en contact avec vos correspondants en France, en Europe et dans le monde entier. Dans le T.G.V. Atlantique, la S.N.C.F. n'a pas oublié les tout-petits et leurs parents. L'espace Nurserie met à leur disposition un service qui leur est réservé.

Discutez avec un(e) partenaire des moyens de transport en France et aux États-Unis. Quelles différences y a-t-il? Quelle est l'importance du train en France par rapport aux États-Unis? Quelle est l'importance de l'avion?

C'EST-À-DIRE

EXPRIMER LA SURPRISE

Approach: (1) Use the introductory guidelines to preview the material. (2) Role-play the mini-dialogues, having students repeat with you, practice with a partner, and incorporate personal variations. (3) Have students find different ways to express astonishment and disbelief. List their answers in columns on the board. Then have students work in pairs to create original mini-dialogues.

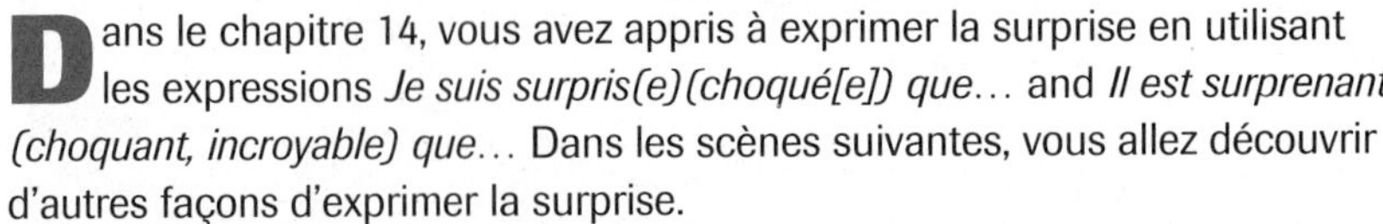

Dans le chapitre 14, vous avez appris à exprimer la surprise en utilisant les expressions *Je suis surpris(e) (choqué[e]) que…* and *Il est surprenant (choquant, incroyable) que…* Dans les scènes suivantes, vous allez découvrir d'autres façons d'exprimer la surprise.

A. Répétez les scènes avec votre professeur.

B. Jouez à nouveau les scènes avec votre partenaire. Variez les expressions et les réponses dans chaque scène.

SCÈNE 1

—Il n'y a plus de chambres disponibles à cet hôtel pour cette date.
—Comment? Ce n'est pas possible! Tu en es sûre?
—Eh bien, oui. On vient de me le dire.
—Ça m'étonne° beaucoup. Cet hôtel n'est pas si populaire que ça.

SCÈNE 2

—Chérie! Ton patron nous a donné deux billets d'avion pour ta réunion à New York.
—Quoi? Tu rigoles.° ●
—Mais si,° je t'assure.
—Je n'en reviens pas!° Ça doit être une erreur. Je dois lui en parler.

● The expression **quoi** is familiar and should not be used frequently.

SCÈNE 3

—Il y a eu un éboulement° sur la route. Elle est complètement coupée.
—Ce n'est pas croyable!° Tu es sûre de ce que tu dis?
—Oh, oui, il n'y a pas d'erreur. La route est coupée.
—Je ne te crois pas. Je vais aller me renseigner.

étonner *to surprise* **rigoler** *to joke* **si** *yes*
Je n'en reviens pas! *I can't believe it!* **un éboulement** *a rockslide*
croyable *believable*

UTILISATION

ACTIVITÉ 5: Relisez les scènes et trouvez les expressions suivantes.

1. Trouvez dix façons d'exprimer la surprise.
2. Quelles expressions sont plutôt formelles?
3. Quelles expressions sont plutôt familières?

ACTIVITÉ 6: On vient d'annoncer des changements de dernière minute. Utilisez les expressions suivantes pour donner votre réaction.

Suggestion: Encourage students to use proper intonation and body language.

MODÈLE: On a annulé le train pour Grenoble.
Mais c'est impossible! Tu en es sûr(e)?

Comment?	Comment ça?	Mais non… vraiment?
Ce n'est pas possible!	Ce n'est pas vrai!	Ce n'est pas croyable!
Ça ne peut pas être vrai!	Pas possible!	Je n'en reviens pas!
C'est impossible!	C'est incroyable!	Ça doit être une erreur!
Ça m'étonne beaucoup!	Je ne te crois pas!	Je vais aller me renseigner!
Tu es sûr(e) de ce que tu dis?	Quoi?	Tu rigoles!

1. On a annulé notre train de retour.
2. On ne peut pas payer les billets de train avec une carte de crédit.
3. Le train de dix-huit heures trente-cinq a un retard de trois heures. Il arrive à vingt et une heures quarante-cinq.
4. Il y a un accident qui bloque la voie principale.
5. On n'a pas de confirmation pour nos places dans le train de treize heures seize.
6. Il n'y a plus de couchettes dans ce train.

À VOUS!

Lisez les petits articles suivants concernant les transports en France, puis racontez au moins cinq choses intéressantes à votre partenaire. Il (Elle) va réagir en exprimant sa surprise.

La Voiture. La proportion de familles qui possèdent au moins deux voitures augmente en France. En 1979, 16,7 pour cent des familles avaient au moins deux voitures, contre 25 pour cent en 1991.

Le Train. Le train est un moyen de transport très employé en France. Il y a en moyenne 13 900 trains qui circulent chaque jour en France—beaucoup plus qu'aux États-Unis. Saviez-vous qu'en France, il y avait 54 496 voyageurs par kilomètre récemment? Comparez avec 17 695 voyageurs par kilomètre aux États-Unis. En moyenne, plus de 45 100 voyageurs prennent le T.G.V. chaque jour. En 1914, il fallait six heures cinquante-six minutes pour faire le trajet Paris–Lyon en train. Actuellement, le T.G.V. parcourt les 427 kilomètres entre Paris et Lyon en deux heures à une vitesse d'à peu près 215 kilomètres à l'heure.

L'Avion. L'avion, par contre, est un moyen de transport assez peu employé en France. Ceci est dû sans doute au fait que la France est un pays relativement petit. Il est clair que les Américains voyagent beaucoup par avion: en France, il y avait récemment 25 938 voyageurs par kilomètre, contre 82 639 voyageurs par kilomètre aux États-Unis.

Les Pronoms objets et l'infinitif

Approach: (1) Use the introductory questions to preview the material. (2) Model the mini-dialogue several times. (3) Have students look for patterns and answer questions A and B with a partner. (4) Elicit their observations. (5) Present the grammatical explanations as a means of confirming and extending students' hypotheses.

Quand on répète une idée ou un sujet dont on a déjà parlé, on remplace souvent le nom par un pronom. Lisez et jouez les rôles du mini-dialogue avec votre professeur. Faites attention aux noms et aux pronoms qui les remplacent, puis répondez aux questions.

A. Quel est le sujet du malentendu?

B. Où est-ce qu'on met les pronoms dans la construction infinitive?

—Je regrette, monsieur, il est interdit de fumer° dans ce compartiment.
—Comment? Ce n'est pas possible! Je ne peux pas fumer? Où est le contrôleur? Je veux **lui en** toucher deux mots.°
—Vous pouvez **lui en** parler si vous voulez, mais il est interdit de fumer dans ce compartiment.
—Bon, j'ai compris. Je vais **me** passer de° cigarettes pendant ce voyage.

Pronouns and the infinitive construction

In an infinitive construction, object pronouns directly precede the infinitive.

Je vais **lui en** parler.
Tu vas **me** l'envoyer, cette lettre?
Il veut **lui en** toucher deux mots.
Elle ne va pas **vous les** donner.

Utilisation

ACTIVITÉ 7: Pour chacune des phrases de gauche, trouvez l'équivalent dans la colonne de droite.

1. Je vais donner les billets au chef de train.
2. Je vais donner un Europass au passager.
3. Je vais te donner ton billet.
4. Je vais donner la monnaie à l'agent.
5. Je vais donner le billet au contrôleur.
6. Je vais vous donner les réservations.
7. Je vais donner le passeport aux douaniers.
8. Je vais vous donner beaucoup d'argent.

a. Je vais le leur donner.
b. Je vais le lui donner.
c. Je vais les lui donner.
d. Je vais vous les donner.
e. Je vais vous en donner beaucoup.
f. Je vais lui en donner un.
g. Je vais la lui donner.
h. Je vais te le donner.

fumer *to smoke* **toucher deux mots** *tell a thing or two*
se passer de *to do without*

ACTIVITÉ 8: Quels sont les services offerts au public dans les gares de France? Décrivez-les d'après les phrases suivantes. Remplacez les expressions en italique par les pronoms appropriés.

MODÈLE: Vous allez apporter vous-même *vos bagages dans le train.*
Vous allez les y apporter vous-même.

1. Vous n'allez pas trouver *d'eau potable dans les toilettes.*
2. Vous allez trouver *les services pour les handicapés à la gare.*
3. Bien sûr, vous n'allez pas trouver *de téléphone public dans le train.*
4. Vous devez donner *votre billet au contrôleur.*
5. Vous pouvez vous coucher *sur une couchette.*

ACTIVITÉ 9: Vous rappelez-vous du dialogue entre Renée et Étienne au début du chapitre? De quelles façons est-ce qu'on pourrait résoudre leurs problèmes? Répondez aux questions en remplaçant les expressions en italique par des pronoms appropriés.

MODÈLE: Tu vas expliquer *l'importance de ce voyage au responsable des réservations?*
Oui, je vais la lui expliquer.

1. Tu vas parler *de notre problème à l'agent?*
2. Tu comptes *t'*occuper *des billets* tout de suite?
3. Tu veux donner *à l'agent des suggestions pour d'autres itinéraires?*
4. Tu comptes nous réserver *deux couchettes?*
5. Tu *me* téléphones *au bureau* si tu as des questions?
6. Tu comptes payer *les billets à l'agence de voyages?*
7. Tu vas envoyer *une lettre de remerciements à l'agent de voyages?*

À VOUS!

Avec un(e) camarade, parlez de vos vacances. Commencez par les questions ci-dessous, ajoutez d'autres questions et préparez des réponses intéressantes.

1. On m'a dit que tu partais demain en vacances.
2. Où vas-tu? C'est où exactement?
3. Tu prends la voiture? On m'a dit qu'il y avait beaucoup de circulation *(traffic).*
4. Tu y vas avec ta famille?
5. Et tu passes tout le mois là-bas?
6. Que comptes-tu faire?

Tranche 3

Il nous faut une chambre d'hôtel

Au travail

Avant de lire

Activité 1: Dans le passage qui suit, Lise Montherland fait des réservations d'hôtel. Avant de lire la brochure publicitaire et la lettre de Lise, répondez aux questions suivantes.

1. Si on veut faire un voyage de tourisme ou un voyage d'affaires, on a le choix entre plusieurs formules d'hébergement *(lodging)*. Par exemple, on peut réserver une chambre dans un petit hôtel pas cher, faire du camping ou bien descendre dans un grand hôtel de luxe. Travaillez avec un(e) partenaire et faites une liste des différentes formules d'hébergement possibles.
2. Donnez votre opinion sur les formules d'hébergement ci-dessous, puis dites quelle formule vous préférez quand vous partez en voyage.

un terrain de camping	une auberge de jeunesse *(youth hostel)*
un hôtel pas cher	une chambre chez l'habitant
une auberge *(inn)*	un grand hôtel de luxe

3. Quand vous lisez une publicité pour des voyages, à quel genre de renseignements vous attendez-vous? Travaillez avec un(e) partenaire et faites une liste de ces renseignements.

POUR MIEUX LIRE

ORGANIZATION

Suggestion: Point out that maps, drawings, and the like may enhance the organization and clarity of a written message. A letter may contain copies of documents, references to other correspondence, etc.

Many features contribute to the clarity of a reading passage. How many can you think of? Working with a partner, make a list of features that make written materials easy to read and understand.

In the reading passages that follow, different features are used to improve readability. In the advertisement for train and hotel packages, look at the use of titles and bullets. Also note how illustrations and logos enhance the message. In the letter, the salutation, closing, and organization all contribute to clarity and understandability.

What other features might an advertisement include to increase clarity? How could organization and other means be used to clarify a letter?

UNE CHAMBRE D'HÔTEL

Lise Montherland, directrice des ventes pour la société Laclos, se sert d'un dépliant *(brochure)* publicitaire pour faire des réservations pour un voyage d'affaires. Après avoir téléphoné à l'agent de voyages, elle confirme ses réservations par lettre.

Train + Hôtel

Voyages à la Carte

FORMULE FORFAITAIRE°

créée par Frantour Tourisme pour des voyages individuels en France et vers l'étranger.

Pour vos voyages d'affaires ou de loisirs, ou encore pour vos vacances, vous choisissez vous-même:

- votre gare S.N.C.F. de départ (en France continentale);
- votre jour de départ;
- les trains empruntés° en 1re ou 2e classe (réservation des places non incluse);
- une des 52 destinations en France et à l'étranger;
- votre durée de séjour sur place (à condition de respecter le minimum de nuits indiqué en regard de chaque tableau de prix°);
- un des 400 hôtels proposés par Train + Hôtel et classés selon plusieurs catégories;
- un type de séjour (chambre et petit déjeuner, demi-pension,° pension complète ou location) selon les destinations.

LE FORFAIT *Train + Hôtel* COMPREND:

- un billet de train aller et retour en 1re ou 2e classe, avec possibilité de partir de n'importe quelle gare de la France continentale (un prix par département, quelle que soit° la gare de départ);
- le séjour à destination: en hôtel ou location selon le cas;
- l'assurance « rapatriement ».°

Formule avantageuse

proposée par Frantour Tourisme pour vos voyages en train, parce que:

- SIMPLE: une seule démarche pour obtenir le billet de train et le logement à destination;
- PRATIQUE: vente dans toutes les gares S.N.C.F. et les agences de voyages du Réseau Frantour soit 2 500 points de vente;
- ÉCONOMIQUE: s'agissant d'un forfait, vous payez moins cher et vous gagnez du temps;
- LIBRE: vous organisez vous-même votre séjour sur place en toute liberté, selon vos aspirations;
- VARIÉE: par les destinations et la gamme° des prix proposées;
- ÉPROUVÉE par une expérience de plusieurs années et par un million et demi de clients.
- LOCATION DE VOITURES: promotion AVIS Train + Auto

Les clients Train + Hôtel bénéficient:
—de 20% de réduction en France métropolitaine;
—du tarif « SuperValue » en Europe.

NOUVEAUTÉS

- Informations et réservations par Minitel: **3615 code TH.**
- Toutes destinations proposées « à la Carte », y compris en haute saison.
- Catégorie Prestige: les plus belles chambres des plus prestigieux hôtels pour certaines destinations.
- Logement chez l'habitant à Londres.

forfaitaire *travel package* **emprunter** *to take (a train)*
le tableau de prix *price schedule* **la demi-pension** *some meals included*
quelle que soit *whatever* **le rapatriement** *return home* **la gamme** *variety*

Société Laclos 28 rue Hébert
Lyon 69002

Lyon, le 10 avril 1995

Monsieur,

Suite à° notre conversation téléphonique, je désire confirmer mes réservations. Je dois me rendre à Paris pour un voyage d'affaires et je voudrais le forfait Train + Hôtel suivant: Je partirai de la gare de Lyon-Perrache le 3 mai à destination de Paris. Je voudrais un billet aller-retour en première classe en T.G.V. La durée de mon séjour à Paris sera de trois jours. La chambre d'hôtel (quatre étoiles, catégorie Prestige) en demi-pension à Paris sera conforme aux conditions suivantes: Il me faut une chambre avec un lit° au premier étage. Je voudrais si possible une chambre calme avec vue sur la cour.°

Je voudrais aussi engager les services d'une sténodactylo pour le 4 mai. Des compétences en langue anglaise sont nécessaires. Je vous prie de bien vouloir communiquer ces détails au directeur de l'hôtel.

Je vous remercie d'avance de votre bienveillance.° Veuillez agréer, Monsieur, l'expression de mes sentiments distingués.

Lise Montherland
Directrice des ventes
Société Laclos

COMPRÉHENSION

ACTIVITÉ 2: Relisez les documents précédents, puis vérifiez les idées principales et les autres détails.

1. Choisissez la phrase qui décrit le mieux l'idée principale de la publicité Train + Hôtel.
   a. On peut réserver un voyage en train et une chambre d'hôtel à Paris seulement.
   b. Les voyages Train + Hôtel sont pratiques, mais chers.
   c. Le forfait Train + Hôtel comprend le billet de train, le séjour à l'hôtel et l'assurance.
2. Choisissez la phrase qui décrit le mieux l'idée principale de la lettre de Lise Montherland.
   a. Lise Montherland fait des réservations d'hôtel.
   b. Elle confirme des réservations qu'elle a faites au téléphone.
   c. Elle veut une chambre d'hôtel, mais pas de billet de train.

suite à *as a follow-up to* **le lit** *bed* **la cour** *courtyard*
la bienveillance *kindness*

ACTIVITÉ 3: Vérifiez votre compréhension.

1. Indiquez si les phrases suivantes sont vraies ou fausses. Corrigez les phrases qui sont fausses.
   a. Les voyages Train + Hôtel sont simples. Il ne faut faire qu'une seule démarche pour obtenir le billet de train et le logement à destination.
   b. On n'a pas beaucoup de choix dans le forfait. On doit partir de certaines gares et accepter certains hôtels.
   c. Le voyage doit commencer pendant le week-end.
   d. Il faut prendre une chambre d'hôtel pour un minimum de sept jours dans les grandes villes.
   e. Lise Montherland confirme une réservation dans un hôtel à Bruxelles.
   f. Elle veut engager une secrétaire trilingue anglais-allemand-espagnol.
   g. Elle voudrait une chambre à un lit avec vue sur la rue.
2. Complétez la fiche d'accueil *(registration card)* à droite selon la lettre de Lise Montherland.

Hôtel Molière
21, rue Molière
75001 Paris
42.96.22.01

Date: ....
Nom: ....
Nationalité: ....
Employeur: ....
Chambre: .... lit(s) ....
Autre: ....
Suppléments: ....
Services professionnels: ....

ACTIVITÉ 4: Dictez à un(e) camarade une lettre similaire à la lettre de Lise Montherland. Adressez votre lettre à un hôtel près de votre campus ou à un autre hôtel de votre choix.

Notes culturelles

Les Hôtels en France

Le gouvernement français classe les hôtels en cinq catégories pour aider le public à faire un choix informé. Chaque catégorie correspond à un certain standing. Dans un hôtel de grand luxe, on s'attend à trouver un niveau de confort très élevé. Un hôtel quatre étoiles est qualifié comme hôtel de première classe par le gouvernement, tandis qu'un hôtel trois étoiles est très confortable. Un hôtel deux étoiles est confortable, et finalement, un hôtel une étoile est de bonne qualité, avec un confort moyen. Les prix des hôtels sont fixés par le gouvernement selon le confort, sauf les hôtels de grand luxe où les chambres peuvent atteindre des prix exorbitants.

Le Guide Michelin utilise un système de six classifications (qui n'ont rien à voir avec les classifications gouvernementales). *Le Guide Michelin* décrit les hôtels comme grand luxe, luxe, très confortable, de bon confort, assez confortable et simple mais confortable.

Comment est-ce qu'on sait qu'un hôtel est de grand luxe aux États-Unis? Est-ce qu'il y a un système de classification? Est-ce que le gouvernement fixe le prix des chambres d'hôtel aux États-Unis? Comparez le système français et américain.

CONFIRMER LES DÉTAILS

Approach: (1) Use the introductory guidelines to preview the material. (2) Role-play the mini-dialogues, having students repeat with you, practice with a partner, and incorporate personal variations. (3) Have students find different ways to handle details when reserving a hotel room. List answers on the board. Then have students work in pairs to create original mini-dialogues.

Dans les scènes qui suivent, vous allez apprendre à demander des renseignements et à confirmer les détails de votre réservation.

A. Répétez les scènes avec votre professeur. Attention! Vous devez imaginer les répliques, car on ne voit qu'un des rôles dans chacune des scènes suivantes.

B. Jouez chaque scène avec votre partenaire. Variez les expressions et les réponses.

SCÈNE 1

—Allô? Oui? Je voudrais réserver une chambre d'hôtel pour le 12 avril. *(pause)* C'est ça, le 12 avril. Je voudrais une chambre à deux lits. *(pause)* Vous en avez une au troisième étage? Très bien. J'espère que l'hôtel a un ascenseur.° *(pause)* Bien. Est-ce que le petit déjeuner est compris? *(pause)* Non? Alors, quel est le supplément?

SCÈNE 2

—Je voudrais des renseignements sur vos chambres d'hôtel. Est-ce que les chambres sont climatisées? *(pause)* Bon, alors, est-ce qu'il y a une télé dans les chambres? *(pause)* Et un téléphone direct? *(pause)* Est-ce que le parking est gratuit?° *(pause)* Avez-vous des chambres disponibles au rez-de-chaussée? *(pause)* C'est très bien. Je voudrais une chambre avec un grand lit pour le 23 août.

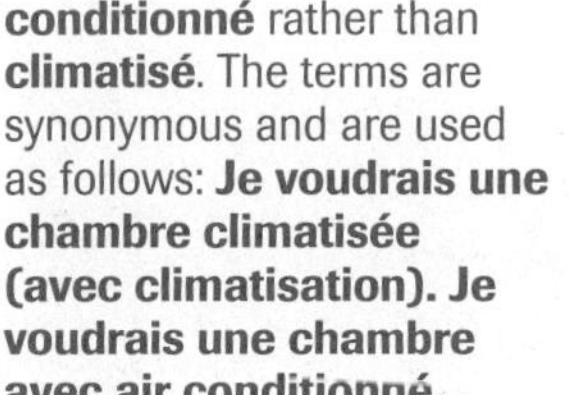

Note: The *Guide Michelin* uses the term **air conditionné** rather than **climatisé**. The terms are synonymous and are used as follows: **Je voudrais une chambre climatisée (avec climatisation). Je voudrais une chambre avec air conditionné.**

UTILISATION

ACTIVITÉ 5: Relisez les scènes et trouvez les expressions suivantes.

1. Trouvez deux expressions pour engager la conversation avec un(e) employé(e) d'hôtel.
2. Trouvez plusieurs expressions qui décrivent les hôtels (un parking,...).
3. Trouvez plusieurs expressions qui décrivent les chambres d'hôtel (à un lit,...).

l'ascenseur *elevator* **gratuit** *free*

ACTIVITÉ 6: Trouvez le nom, l'adresse, le numéro de téléphone et la classe des hôtels suivants.

Victoria Palace 6 r. Blaise-Desgoffe (6e) 45 44 38 16, Télex 270557, Fax 45 49 23 75 – TV AE VISA L11
R 145-**110 ch** 800/1300

Relais Christine M sans rest, 3 r. Christine (6e) 43 26 71 80, Télex 202606, Fax 43 26 89 38, Bel aménagement intérieur – TV – 25. AE VISA
80 — **34 ch** 1200/1600, 17 duplex 1600/2200. J14

De l'Odéon sans rest, 13 r. St-Sulpice (6e) 43 25 70 11, Télex 206731, Fax 43 29 97 34, «Maison du 16e siècle» – TV AE VISA 39-**29 ch.** 500/740. K13

Avenir sans rest, 65 r. Madame (6e) 45 48 84 54, Télex 200428, Fax 45 49 26 80 — TV AE VISA 30-**35 ch.** 400/510. L12

Gd H. des Principautés Unies sans rest, 42 r. Vaugirard (6e) 46 34 11 80 – cuisinette TV VISA K13
fermé août — 28 — **28 ch** 405/425.

Le choix
d'un hôtel, d'un restaurant

CATÉGORIES

	Grand luxe et tradition	XXXXX
	Grand confort	XXXX
	Très confortable	XXX
	De bon confort	XX
	Assez confortable	X
	Simple mais convenable	
M	Dans sa catégorie, hôtel d'équipement moderne	

sans rest. L'hôtel n'a pas de restaurant
Le restaurant possède des chambres avec ch.

AGRÉMENT ET TRANQUILLITÉ

à	Hôtels agréables
XXXXX à X	Restaurants agréables
«Parc fleuri»	Élément particulièrement agréable
	Hôtel très tranquille ou isolé et tranquille
	Hôtel tranquille
mer	Vue exceptionelle
	Vue intéressante ou étendue.

L'installation

30 ch	Nombre de chambres
	Ascenseur
	Air conditionné
TV	Télévision dans la chambre
	Établissement en partie réservé aux non-fumeurs
	Téléphone dans la chambre relié par standard
	Téléphone dans la chambre, direct avec l'extérieur
	Chambres accessibles aux handicapés physiques
	Repas servis au jardin ou en terrasse
	Salle de remise en forme
	Piscine : de plein air ou couverte
	Plage aménagée — Jardin de repos
	Tennis à l'hôtel
25 à 150	Salles de conferences : capacité des salles
	Garage dans l'hôtel (généralement payant)
P	Parking réservé à la clientèle
	Accès interdit aux chiens (dans tout ou partie de l'établissement)
Fax	Transmission de documents par télécopie
mai-oct.	Période d'ouverture, communiquée par l'hôtelier
sais.	Ouverture probable en saison mais dates non précisées. En l'absence de mention, l'établissement est ouvert toute l'année.

ACTIVITÉ 7: Lisez les légendes du *Guide Michelin* et répondez aux questions suivantes concernant les hôtels de l'***Activité 6.***

1. Quels hôtels ont un ascenseur?
2. Quels hôtels ont un garage?
3. Quels hôtels n'acceptent pas les chiens?
4. Quels hôtels n'ont pas de restaurant?
5. Combien de chambres y a-t-il dans l'hôtel Avenir?
6. Quel hôtel dispose de salles de conférences?

À VOUS!

Approach: Give students a time limit. Then have them perform their scenes for the class, using proper intonation and body language. Grade the presentations, if desired.

Avec un(e) camarade, jouez les rôles du (de la) réceptionniste et du voyageur (de la voyageuse). Posez les questions suivantes. Votre camarade va y répondre. Inversez ensuite les rôles.

MODÈLE: Voulez-vous une chambre pour deux personnes?
Oui, je voudrais une chambre pour deux personnes.

1. Voulez-vous une chambre pour deux personnes?
2. C'est pour combien de nuits?
3. J'ai des chambres pour deux personnes avec un grand lit ou avec deux lits jumeaux *(twin)*. Qu'est-ce que vous préférez?
4. Voulez-vous une vue sur la montagne, sur le parc ou sur la cour?
5. À quel étage?
6. Avez-vous besoin d'autres services? une salle de conférence? un parking? un téléphone direct? des réservations pour le tennis?

L'HÔTEL A UN BON RESTAURANT.

Structure

Les Verbes et l'infinitif

Pour demander et confirmer des détails, il est souvent nécessaire d'utiliser une phrase qui contient un infinitif. Lisez et jouez les rôles du mini-dialogue avec votre professeur. Faites attention aux infinitifs et à leurs prépositions, puis répondez aux questions.

A. Décrivez le problème. Comment est-ce qu'on résoud le problème?

B. Quels verbes emploient une préposition devant l'infinitif? Quels verbes sont accompagnés de la préposition *à?* Et de la préposition *de?*

Approach: (1) Use the introductory questions to preview the material. (2) Model the mini-dialogue several times. (3) Have students look for patterns and answer questions A and B with a partner. (4) Elicit their observations. (5) Present the grammatical explanations as a means of confirming and extending students' hypotheses.

–Monsieur?
–J'ai des réservations. C'est au nom de Tarzini.
–Je **vais vérifier**. *(Il cherche.)* Je **regrette de** vous **dire** que nous n'avons pas de réservations à votre nom.
–Mais c'est impossible! J'**ai demandé à ma secrétaire de** me **faire** des réservations. Je suis certain qu'elle n'**a** pas **oublié de réserver.** C'est Tarzini: T-A-R-Z-I-N-I.
–Vous avez bien dit Tarzini. *(Il cherche encore.)* Ah, voilà, Darzini; je crois qu'il y a eu une erreur.
–Heureusement que vous **avez réussi à trouver** l'erreur. Je **commençais à m'inquiéter.**

1. Verbs followed directly by an infinitive

You have already seen that when an infinitive is used after a verb, the infinitive usually follows directly.

Je **voudrais confirmer** ma réservation pour ce soir.
Non, monsieur, je ne **peux** pas **attendre**; je suis pressé(e).
Je **compte assister** au congrès et je **voudrais confirmer...**
J'ai entendu dire qu'il **fallait réserver** bien à l'avance pendant l'été.

2. Verbs that take the preposition à before the infinitive

Some verbs require the preposition **à** when they are followed by an infinitive.

hésiter à	chercher à	réussir à

J'hésite à vous le **dire,** mais l'hôtel est complet.
Vous **avez cherché à confirmer** ces réservations plusieurs fois?
Ah voilà! Heureusement que j'**ai réussi à trouver** votre réservation.

3. VERBS THAT TAKE THE PREPOSITION DE BEFORE THE INFINITIVE

● The verbs **commencer** and **continuer** may be followed by either **à** or **de** and an infinitive.

Other verbs require the preposition **de** when followed by an infinitive. ●

regretter de	essayer de	refuser de	prier de
décider de	choisir de	oublier de	avoir l'intention de

Je **regrette de** vous **dire** que nous n'avons pas ces réservations.
Si j'**essayais de** vous **trouver** une chambre dans un autre hôtel?
Vous dites que vous **refusez de changer** d'hôtel?
Monsieur, je vous **prie de** vous **calmer**.

4. VERBS THAT TAKE THE PREPOSITIONS À AND DE BEFORE THE INFINITIVE

Still other verbs take **à** before a person and **de** before the infinitive.

demander à (quelqu'un) de	proposer à (quelqu'un) de
promettre à (quelqu'un) de	dire à (quelqu'un) de

J'ai **demandé à Lise de faire** les réservations.
Il **a proposé au client de changer** d'hôtel.
Nous **avons promis au directeur de** lui **donner** la meilleure chambre.

UTILISATION

ACTIVITÉ 8: Combinez un verbe de la colonne de gauche avec une expression de la colonne de droite, et faites des phrases complètes. Vous découvrirez quelques problèmes de réservations. N'oubliez pas d'employer la préposition *à* ou *de*, selon le cas. Votre camarade va répondre avec une des expressions suivantes.

MODÈLE: ***—Je regrette de vous dire que l'hôtel est complet.***
—Je n'en reviens pas!

Comment cela?	Vraiment?	Ce n'est pas possible!
Je n'en reviens pas!	Mais non!	C'est impossible!
Ça m'étonne beaucoup!	Vous en êtes sûr(e)?	

1. Je regrette	vous dire qu'il n'y a plus de chambres
2. J'hésite	parler avec le directeur
3. J'ai décidé	réserver une chambre avec téléphone direct
4. Je refuse	vous informer que l'hôtel est complet
5. J'ai l'intention	confirmer ces réservations

6. Je cherche	payer le supplément pour le petit déjeuner
7. J'essaie	réserver un court de tennis pour demain matin
8. J'ai réussi	changer d'hôtel
9. Je vous prie	demander une chambre sans salle de bains
10. J'ai choisi	dire que cette vue ne me va pas du tout

ACTIVITÉ 9: Racontez une histoire de réservations. Faites attention à l'emploi des prépositions.

MODÈLE: J'ai dit / ma secrétaire / téléphoner à Monsieur Fouquet
J'ai dit à ma secrétaire de téléphoner à Monsieur Fouquet.

1. J'ai proposé / le directeur / avoir la conférence près de Saint-Malo
2. J'ai demandé / ma secrétaire / préparer les brochures pour la conférence
3. J'ai dit / l'agent de voyages / faire les réservations
4. L'agent a demandé / Monsieur Fouquet / réserver trente chambres pour deux personnes pour ces dates
5. Monsieur Fouquet a promis / le directeur / réserver les chambres
6. J'ai demandé / ma secrétaire / confirmer ces réservations
7. Monsieur Fouquet a demandé / le directeur / payer la somme de 10 000 francs
8. Le directeur a promis / Monsieur Fouquet / envoyer un chèque le plus vite possible

ACTIVITÉ 10: Vous vous trouvez à la réception d'un hôtel et vous voulez vérifier vos réservations. Complétez les phrases suivantes. N'oubliez pas d'utiliser les prépositions nécessaires.

1. Je regrette...	3. J'ai demandé...	5. Je voudrais...	7. J'ai l'intention...
2. J'ai décidé...	4. J'ai essayé...	6. Je refuse...	8. J'ai promis...

À VOUS!

Jouez les rôles du (de la) réceptionniste et du voyageur (de la voyageuse). Le voyageur (La voyageuse) demande des renseignements concernant une réservation de chambre d'hôtel. Le (La) réceptionniste trouve un problème (l'hôtel est complet, il [elle] ne trouve pas la réservation, etc.).

Tranche 4

Petits Problèmes de voyage

AU TRAVAIL

ACTIVITÉ 1: Avant de partir en vacances, vous devez aller dans une agence de voyages pour acheter des billets de train et pour réserver une chambre d'hôtel. Vous devez ensuite faire des achats. Jouez les scènes suivantes avec un(e) partenaire.

1. Acheter un billet.
   a. Donnez à l'agent vos dates de départ et de retour, la destination et le genre de billet que vous voulez.
   b. Demandez s'il y a d'autres trains à d'autres heures.
   c. Réservez et payez les billets.

2. Réserver une chambre d'hôtel.
   a. Décrivez ce que vous voulez comme chambre.
   b. Réservez la chambre d'hôtel.
   c. Demandez l'adresse de l'hôtel et la route pour y parvenir.

3. Faire des achats aux Galeries Lafayette.
   a. Demandez le prix de plusieurs articles (un sac, un short, un tee-shirt, un pull-over, un jean, des sandales).
   b. Dites ce que vous voulez acheter.
   c. Expliquez comment vous allez payer (à crédit, par chèque, en espèces *(cash)*, avec des chèques de voyage).
   d. Fournissez une pièce d'identité (une carte d'identité, un permis de conduire, un passeport).

FAIRE UN CHOIX

Dans les scènes qui suivent, vous allez apprendre à expliquer un problème et à faire un choix.

A. Répétez les scènes et le vocabulaire avec votre professeur.

B. Jouez à nouveau les scènes avec votre partenaire. Variez le vocabulaire, les expressions et les réponses dans chaque scène.

Approach: (1) Use the introductory guidelines to preview the material. (2) Role-play the mini-dialogues, having students repeat with you, practice with a partner, and incorporate personal variations. (3) Have students find different ways to announce and explain a problem. List answers in columns on the board. Then have students work in pairs to create original mini-dialogues.

VOCABULAIRE ESSENTIEL

LES VÊTEMENTS DE DAME

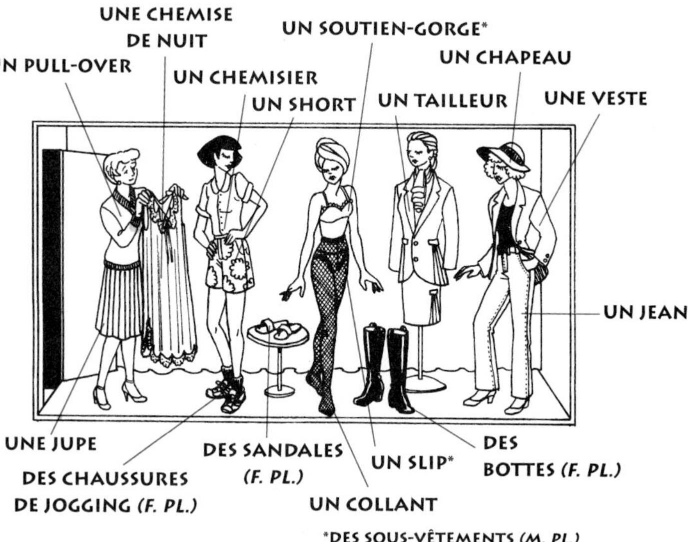

LES VÊTEMENTS D'HOMME

UN IMPERMÉABLE
UN ANORAK
UN PYJAMA
UNE CHEMISE
UNE VESTE
UN COSTUME
DES CHAUSSURES (F. PL.)
DES APRÈS-SKI (M. PL.)
UN TEE-SHIRT
UN PARDESSUS
UN SLIP
DES CHAUSSETTES (F. PL.)
UN PANTALON
UNE CRAVATE

SCÈNE 1

—C'est un voyage d'affaires ou bien est-ce que tu pars en vacances?

—Les deux. J'ai une réunion avec le patron vendredi à Marseille, mais après, Jacques et moi, nous allons à Val-d'Isère pour faire un peu de ski.

—Alors, tu devrais emporter de différentes tenues°.

—Oui. J'ai besoin d'un tailleur, d'un chemisier et de chaussures élégantes pour la réunion, et d'un jean, d'un pull-over, d'un anorak, de tennis et d'un pantalon de ski pour le ski.

SCÈNE 2

—Votre pointure?°

—Je chausse° du 36.

—Désolé. Nous n'avons pas ce modèle en 36.

—Zut, alors! C'est exactement ce que je cherche pour mon voyage. Pourriez-vous téléphoner à une succursale? Ou bien, pourriez-vous me les commander?

—Je vais demander au chef de rayon, et je vais voir ce que nous pouvons faire.

SCÈNE 3

—Tu m'avais dit que tu allais passer les vacances soit en Italie, soit en Espagne...

—C'est vrai, mais malheureusement, les trains sont en grève; alors, nous allons chez mes parents à la campagne, près de Strasbourg.

—Et qu'est-ce que tu vas faire de toutes les robes d'été et des maillots de bains que tu as achetés! Il fait des fois frais en Alsace en cette saison!

—Nous allons refaire les valises. Nous devrons y mettre* des vestes et des pull-overs pour Strasbourg.

UTILISATION

ACTIVITÉ 2: Relisez les scènes et trouvez les expressions suivantes.

1. Trouvez le problème dans chaque scène.
2. Trouvez la solution à chaque problème.
3. Trouvez les expressions qui indiquent un choix et qui correspondent à *either... or* et *both... and* en anglais.

ACTIVITÉ 3: Vous allez passer des vacances à un des endroits suivants. Dites ce que vous comptez faire et pourquoi vous aimez l'endroit, puis faites une liste de vêtements à emporter.

MODÈLE: ***Je voudrais aller à Nice, sur la Côte d'Azur, parce que j'aimerais me faire bronzer sur la plage et nager dans la mer et aussi parce que j'aime les fruits de mer. J'adore cette région parce qu'il fait très beau là-bas. Je compte emporter un maillot de bain, des robes d'été, un pantalon, des sandales et des lunettes de soleil.***

la tenue *outfit* **la pointure** *shoe size* **chausser** *to wear* (shoes)

* The complete conjugation of the irregular verb **mettre** *(to put, to place, to wear)* is given in the ***Verbe irrégulier*** at the end of the chapter.

1. à Québec (Canada)
2. à Dakar (Sénégal)
3. à Chamonix (France)
4. à Athènes (Grèce)
5. à Cannes (France)
6. à Papeete (Tahiti)

ACTIVITÉ 4: Qu'est-ce que les personnes suivantes vont porter?

MODÈLE: Je dois faire un discours important.
Je vais mettre quelque chose de chic. Je vais porter ma chemise blanche, mon costume gris et ma cravate bleue.

1. Hélène va à un mariage.
2. Vous avez une interview à la banque.
3. Je prends le train pour Marseille.
4. Nous allons au restaurant pour célébrer notre anniversaire de mariage.
5. Je vais en ville faire des achats.
6. J'ai un cours à l'université.
7. Tu te prépares pour un match de tennis.
8. Laurent et Michèle vont faire du jogging.

À VOUS!

Il y a au moins deux façons d'acheter des vêtements: on peut soit aller au magasin, soit passer ses commandes par téléphone, à l'aide d'un catalogue. Jouez les rôles de l'acheteur(-se) et du (de la) représentant(e) au téléphone. Utilisez les questions suivantes pour placer votre commande à La Redoute et indiquer vos choix. ●

● *La Redoute* is the name of a store, whose catalogue is used by the French to shop by phone.

1. Je peux vous aider?
2. Votre nom? Votre adresse? Votre numéro de téléphone?
3. Qu'est-ce que vous voulez commander? (Malheureusement, cet article n'est plus disponible. Voulez-vous en choisir un autre?)
   La taille? (Je regrette, mais l'article n'est pas disponible dans cette taille.)
   La couleur? (Je regrette, mais nous n'avons plus cette couleur.)
4. Vous voulez commander autre chose?
5. Quel est le numéro de votre carte de crédit? (Votre carte de crédit n'est plus valable.)

COULEURS

jaune *(yellow)*
rouge
vert(e)
bleu(e)
orange
violet(te)
blanc (blanche)
gris(e) *(gray)*
noir(e)
marron

TISSUS

du coton
de la soie *(silk)*
de la laine *(wool)*

DAMES						
Tailles françaises	38	40	42	44	46	48
Tailles américaines	8	10	12	14	16	18
Pointures° françaises	35	36	37	38	39	40
Pointures américaines	4	5	6	7	8	9
HOMMES						
Tailles françaises	46	48	50	52	54	56
Tailles américaines	36	38	40	42	44	46
Pointures françaises	41	42	43	44	45	46
Pointures américaines	7½	8½	9	10	11	12

la pointure *shoe size*

Structure

Prépositions et noms géographiques

Quand on parle de vacances à l'étranger, on emploie d'habitude des noms de villes et de pays. Lisez et jouez le mini-dialogue avec votre professeur. Faites attention aux prépositions et aux noms de villes et de pays, puis répondez aux questions suivantes.

A. Quel est le malentendu?

B. Quelles prépositions est-ce qu'on utilise devant les noms de villes? Et de pays?

—Qu'est-ce que tu vas emporter pour tes vacances?
—Un maillot de bain, des lunettes de soleil, des sandales et un chapeau.
—Comment? Tu emportes des vêtements de plage pour aller à la campagne?
—À la campagne? Nous allons **à** Alger!
—Ah! Je croyais que tu allais **à** Angers, **dans le** Val de Loire!
—Mais non! **À** Alger, **en** Algérie.

1. Naming a country, continent, or state

Like all nouns in French, the names of countries, continents, and states are either masculine or feminine. Note that most countries ending with the letter **e** are feminine.

2. Describing an itinerary

a. Going to a country or continent:
   en + *feminine name:* Je suis allé(e) **en France, en Angleterre** et **en Asie.**
   au + *masculine name:* Ils voyagent **au Portugal.**
   aux + *plural name:* Nous allons **aux États-Unis.**

b. Returning from a country or continent or telling where you are from:
   de + *feminine name:* Je rentre **d'Angleterre.** Je suis **de Suède.**
   du + *masculine name:* Il revient **du Portugal.**
   des + *plural name:* Ils reviennent **des Pays-Bas.**

c. Going to a city:
   à + *name of city or town:* Je vais d'abord **à Paris** et ensuite **à Montréal.**

d. Returning from a city or telling where you are from:
   de + *name of city or town:* Je rentre **de Paris** dans deux semaines. Je suis **de Nice.**

Continents and Some Countries

L'Europe *(f.)*
l'Allemagne *(f.)*
l'Angleterre *(f.)*
la Belgique
le Danemark
l'Espagne *(f.)*
la France
la Grèce
l'Irlande *(f.)*
l'Italie *(f.)*
le Luxembourg
les Pays-Bas *(m. pl.)*
le Portugal
la Russie
la Suède
la Suisse

L'Afrique *(f.)*
l'Algérie *(f.)*
le Cameroun
la Côte-d'Ivoire
le Mali
le Maroc
le Niger
le Sénégal
le Zaïre

L'Amérique du nord *(f.)*
le Canada
les États-Unis *(m. pl.)*
le Mexique

L'Asie *(f.)*
la Chine
l'Inde *(f.)*
le Japon
le Viêt-nam

UTILISATION

ACTIVITÉ 5: Choisissez les vacances de vos rêves parmi les dix voyages ci-dessous. Votre partenaire va essayer de deviner votre choix en vous posant des questions, suivant le modèle. Quand il (elle) a deviné, inversez les rôles et jouez encore une fois. Faites très attention aux prépositions devant les noms de pays.

MODÈLE: *—Vous comptez aller en Angleterre?* → *—Non.*
—Vous voulez aller en France? *—Oui.*
—Et vous aimeriez voyager en Suisse? *—Oui.*
—Et en Allemagne? *—Non.*
—En Italie? *—Oui.*
—Alors, c'est le voyage numéro 9! *—Oui! Je vais en France, en Suisse et en Italie.*

Nº 1	**Nº 2**	**Nº 3**	**Nº 4**	**Nº 5**
Danemark	France	Mali	Pays-Bas	Danemark
Angleterre	Suisse	Espagne	France	Pays-Bas
Italie	Pays-Bas	Côte-d'Ivoire	Angleterre	Suisse
Nº 6	**Nº 7**	**Nº 8**	**Nº 9**	**Nº 10**
France	Sénégal	Angleterre	Italie	Senégal
Sénégal	Côte-d'Ivoire	Pays-Bas	France	Espagne
Espagne	Mali	Danemark	Suisse	Côte-d'Ivoire

ACTIVITÉ 6: Parlez avec un(e) partenaire de vos projets de vacances. Répondez aux questions suivantes et ajoutez-en d'autres de votre choix pour décrire votre voyage.

1. Où voulez-vous aller? En quelle saison?
2. Quand partez-vous? Pour combien de jours?
3. Pourquoi voulez-vous y aller?
4. Avec qui allez-vous voyager?
5. Par quel moyen de transport y allez-vous?
6. Quel temps fait-il là-bas en cette saison?
7. Qu'est-ce que vous comptez faire là-bas?
8. Qu'est-ce que vous comptez emporter dans vos valises?

À VOUS!

Où aimeriez-vous partir en vacances? Travaillez avec un(e) partenaire. Décrivez votre itinéraire, ce que vous allez faire là-bas et les vêtements que vous allez emporter. Utilisez les destinations suivantes.

1. Nice 2. Madrid 3. Miami 4. Londres 5. Tokyo

La Langue écrite

Écrire un dépliant publicitaire

Additional writing practice is provided at the end of the corresponding ***Cahier*** chapter. If ***système-D*** is available to your students, they may wish to use it as they complete the writing exercise.

The purpose of an advertising brochure is to persuade someone to do something, namely to buy the goods or services it advertises. To write an advertising brochure, you must fully describe the goods or services you are advertising. Then describe the benefits the goods or services provide. Finally, tell the reader where to get the goods or services or where to get additional information.

For example, look at the **Train + Hôtel** brochure in the reading selection of ***Tranche 3***. The first paragraph includes a complete description of the travel package, under the heading ***Voyage à la Carte***. The next section, entitled ***Formule avantageuse***, describes the benefits of the travel package. Then, under ***Nouveautés***, the reader is given a source of further information. Finally, note the effective use of large type and bullets throughout the brochure.

Sujets de composition

1. Write a brochure describing a vacation package. Model it after the **Train + Hôtel** brochure. You may also want to add drawings or photographs to illustrate your vacation package.
2. Write a letter to a hotel to reserve two rooms for June 9 and 10. You are looking for a room with a double bed (**un grand lit**) and a room with two single beds (**deux lits jumeaux**). You would like a room with a view on the street, the other without private bath. According to the *Guide Michelin*, there are rooms of this type for 200–250 francs per night. You would also like to reserve a car and the services of a guide for both days. Review business letter styles in Chapter 7.
3. Write an essay on a vacation you have taken, describing the location, the season when you went, the weather, and the reason you like to go there. Also describe the type of clothes you took on your vacation.

Lexique

Expressions

Stalling for time

Eh bien, c'est-à-dire que… euh…
Bon, alors…
Voilà…
Tu vois (Vous voyez), hein…
Voyons…
Tu sais (vous savez)…
Tu comprends (Vous comprenez)…
Écoute (Écoutez) une minute…

EXPRESSING ASTONISHMENT AND DISBELIEF

Comment?
Ce n'est pas possible!
Ça ne peut pas être vrai!
C'est impossible!
Ça m'étonne beaucoup!
Tu es sûr(e) de ce que tu dis?
Comment ça?
Ce n'est pas vrai!
Pas possible!
C'est incroyable!
Je ne te crois pas!
Quoi? *(colloquial)*
Mais non... vraiment?
Ce n'est pas croyable!
Je n'en reviens pas!
Ça doit être une erreur!
Tu rigoles!

MAKING A CHOICE

C'est soit..., soit...
Tu vas en France, ou bien en Italie?

VOCABULAIRE

HOTEL SERVICES

une chambre d'hôtel pour deux personnes
une chambre climatisée (avec air conditionné)
à un (deux) lit(s)
avec (sans) salle de bains
au rez-de-chaussée (premier/deuxième/troisième étage)
un téléphone direct
une télé dans la chambre
des salles de conférences disponibles
le parking gratuit

CLOTHES

un costume, un tailleur, une veste, une jupe, une robe, un maillot de bain
une cravate, un sac, un chapeau
des sous-vêtements *(m. pl.)*, un slip, un soutien-gorge
un pyjama, une chemise de nuit
des chaussettes *(f. pl.)*, un collant
un pantalon, un jean, un short
un pull-over, un tee-shirt, une chemise, un chemisier
un pardessus, un anorak, un imperméable
des sandales *(f. pl.)*, des bottes *(f. pl.)*, des après-ski *(m. pl.)*, des chaussures de jogging *(f. pl.)*

SOME COUNTRIES

L'Europe *(f.)*
l'Allemagne *(f.)*
l'Angleterre *(f.)*
la Belgique
le Danemark
l'Espagne *(f.)*
la France
la Grèce
l'Irlande *(f.)*
l'Italie *(f.)*
le Luxembourg
les Pays-Bas *(m. pl.)*
le Portugal
la Russie
la Suède
la Suisse

L'Afrique *(f.)*
l'Algérie *(f.)*
le Cameroun
la Côte-d'Ivoire
le Mali
le Maroc
le Niger
le Sénégal
le Zaïre

L'Amérique du nord *(f.)*
le Canada
les États-Unis *(m. pl.)*
le Mexique

L'Asie *(f.)*
la Chine
l'Inde *(f.)*
le Japon
le Viêt-nam

VERBE IRRÉGULIER

mettre *(to put, to place, to wear)*	je **mets**	nous **mettons**
	tu **mets**	vous **mettez**
	il/elle/on **met**	ils/elles **mettent**

past participle: **mis**

IN THIS CHAPTER, YOU WILL LEARN HOW TO EXPRESS YOUR PERSONAL HOPES AND GOALS FOR THE FUTURE AND HYPOTHESIZE ABOUT YOUR VISION OF THE WORLD.

chapitre

16

L'AVENIR

TRANCHE 1: C'EST LA VOITURE DE MES RÊVES

Dialogue: La Super Turbo

Culture: La Voiture

C'est-à-dire: Expliquer ses projets pour l'avenir

Structure: Le Futur

TRANCHE 2: ÊTES-VOUS HEUREUX?

À l'écoute: L'Avenir

C'est-à-dire: Envisager ses options

Structure: Le Conditionnel présent

TRANCHE 3: UNE VISION DE L'AVENIR

Lecture: Ils ont marché sur Mars

C'est-à-dire: Faire des hypothèses

Structure: L'Emploi des temps après *quand, dès que, lorsque, aussitôt que* et *si*

C'EST LA VOITURE DE MES RÊVES

AU TRAVAIL

AVANT DE PARLER

ACTIVITÉ 1: Vous cherchez à acheter ou bien à louer un véhicule. Lisez les phrases ci-dessous, puis jouez les rôles du client (de la cliente) et du vendeur (de la vendeuse) avec votre partenaire.

Vous cherchez quelque chose? (Je peux vous aider?)
Une moto, peut-être? une voiture? une mobylette? une voiture de sport?
Pour combien de personnes?
La vitesse est importante? la consommation d'essence? le luxe? le confort?
Quelque chose de neuf *(new)* ou d'occasion *(used)?*
Vous pouvez réparer le moteur si vous êtes fort(e) en mécanique.
Celle-ci *(This one)* est une bonne affaire *(good deal)*.
Je pourrais vous montrer les nouveaux modèles?

VOUS CHERCHEZ QUELQUE CHOSE DE NEUF OU D'OCCASION?

LA SUPER TURBO

Marie et Charles sont au Salon de l'auto. Ils regardent la publicité de la nouvelle Super Turbo sur vidéo. Ils discutent. Avant de lire la publicité et le dialogue, faites les activités suivantes.

A. Faites une liste de moyens de transport.
   1. Comparez votre liste avec celle de vos camarades.
   2. Quel moyen de transport est le plus (moins) pratique? économique? rapide?

B. Avez-vous une voiture? Si oui, comment est-elle?

C. Quel genre de voiture préférez-vous?

D. Regardez le dessin et pensez aux questions suivantes en lisant le dialogue.
   1. Qui a l'intention d'acheter une voiture?
   2. Est-ce que la Super Turbo est une bonne affaire?

Mesdames et messieurs, nous avons l'honneur de vous présenter le nouveau modèle Lotus: la Super Turbo. Remarquez ses lignes pures, sa forme aérodynamique et son élégance raffinée. La Lotus Super Turbo, bien que confortable et luxueuse, est une voiture de sport très performante qui séduira° tous les amateurs de vitesse. La Lotus Super Turbo, une voiture grand luxe et grand sport!

MARIE: Alors, qu'est-ce que tu en penses?

CHARLES: Oh, elle est formidable!

MARIE: Oui, c'est vraiment la voiture de mes rêves. Mais tu as vu un peu le prix?

CHARLES: Trois cent quatre-vingt mille francs! Ce n'est pas possible. C'est drôlement cher!

MARIE: C'est le prix. En tout cas, elle est bien au-dessus de mes moyens. Quand j'aurai trente-cinq ans, je serai plus riche et je pourrai peut-être m'acheter cette voiture. En attendant, je ferai mieux de regarder un modèle plus modeste.

CHARLES: Mais tu as vu? Il a un moteur de trois litres! C'est une vraie fusée!°

MARIE: Un moteur comme ça, ça doit consommer énormément d'essence.

CHARLES: Et tu as vu les sièges? Ils sont en cuir.°

MARIE: Le cuir, c'est très désagréable en été, quand il fait chaud.

CHARLES: Toi, tu n'aimes rien.

MARIE: Au contraire, je suis réaliste. Je ne pourrai pas m'acheter cette voiture, donc je ne me torturerai pas. De toute façon, même si je réussis à avoir une voiture pareille un jour, ça ne veut pas forcément dire que je serai heureuse!

---

séduira *will interest* **la fusée** *rocket* **en cuir** *(made of) leather*

COMPRÉHENSION

ACTIVITÉ 2: Relisez le dialogue, puis répondez aux questions.

1. Comment sont le langage et le ton de la publicité et du dialogue?
2. D'après la conversation, quels sont les rapports entre Marie et Charles?
3. Quelle est l'idée principale de la publicité?
4. Dans quelle mesure chaque phrase explique-t-elle l'idée principale de la conversation?
   a. La Super Turbo est la voiture que Charles achètera.
   b. La Super Turbo est très belle, mais elle coûte trop cher.
   c. Marie n'aime pas la voiture.

ACTIVITÉ 3: Décrivez la voiture que Charles et Marie ont admirée au Salon de l'auto. Choisissez les éléments suivants pour faire votre description.

1. La marque: C'est (a) une Citroën, (b) une Renault, (c) une Lotus.
2. Le modèle: C'est (a) une voiture familiale, (b) une voiture de sport, (c) une voiture économique.
3. La publicité: La voiture est renommée pour (a) son élégance et sa performance, (b) sa faible consommation d'essence, (c) le nombre de places.
4. Le prix: Elle coûte (a) 380 000 F, (b) 80 000 F, (c) 180 000 F.
5. Le moteur: Il est (a) très puissant *(powerful)*, (b) petit et économique, (c) très pratique.
6. Les détails: Regardez bien (a) cet intérieur en cuir, (b) ces gros pneus *(tires)*, (c) ce coffre *(trunk)* spacieux.
7. En somme, c'est une voiture (a) très ordinaire, (b) de luxe, (c) très économique.

ACTIVITÉ 4: Répondez aux questions suivantes d'après la conversation.

1. Est-ce que vous comptez acheter une voiture comme la Super Turbo un jour? Quand?
2. Des deux jeunes gens, qui est le plus réaliste? Êtes-vous plutôt comme Charles ou comme Marie?
3. Pour vous, quelles sont les qualités essentielles d'une voiture?

la consommation d'essence	le prix	le modèle
le nombre de places	la marque *(make)*	le style et la ligne
la couleur	le confort	la fiabilité *(reliability)*

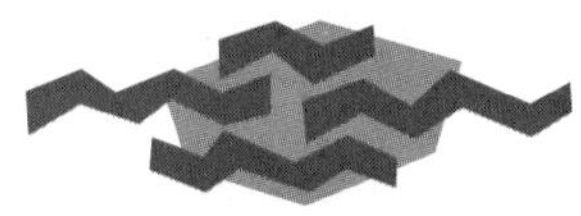

Notes culturelles

La Voiture

Trois marques de voitures dominent l'industrie automobile française: Renault, Citroën et Peugeot comptent pour environ 70% des voitures. Les marques moins connues, comme Talbot et les marques étrangères, ne représentent que 30% du marché. Parmi les marques étrangères, la Ford allemande et la Fiat italienne sont très vendues en France, mais les marques américaines ne se voient pas beaucoup dans les rues et sur les autoroutes françaises. Elles ont la réputation d'être belles et confortables, mais de coûter très cher et de consommer beaucoup d'essence.

Il y a trente ans, la voiture était un luxe. Aujourd'hui, plus de 76% des familles en possèdent une; 25% en ont au moins deux. Elle devient une nécessité de la vie moderne, mais en même temps, son achat *(purchase)* et son entretien *(upkeep)* entament *(cut into)* une grande partie du budget. Car tout a augmenté: les modèles coûtent plus cher, l'assurance aussi, le prix de l'essence devient astronomique et la vignette *(registration)* a augmenté ainsi que le prix des réparations. En même temps, le contrôle gouvernemental devient plus strict: la vitesse est limitée, il est obligatoire de porter la ceinture de sécurité et les amendes *(fines)* sont plus élevées. Malgré tout cela, les Français continuent à aimer leurs voitures.

Quel est le rôle de la voiture dans la société américaine? Comparez ce rôle à celui de la voiture en France. Y a-t-il des similarités? des différences?

La voiture est une nécessité de la vie moderne.

EXPLIQUER SES PROJETS POUR L'AVENIR

Dans les scènes qui suivent, vous allez apprendre à expliquer vos projets pour l'avenir.

A. Répétez les scènes avec votre professeur.

B. Jouez à nouveau les scènes avec votre partenaire. Variez les expressions et les réponses dans chaque scène.

Approach: (1) Use the introductory guidelines to preview the material. (2) Role-play the mini-dialogues, having students repeat with you, practice with a partner, and incorporate personal variations. (3) Have students find different ways to talk about the future. List answers on the board. Then have students work in pairs to create original mini-dialogues.

SCÈNE 1

—Je ne vais pas acheter cette voiture.
—Pourquoi?
—Je mettrai cette somme de côté et je prendrai l'autobus. J'ai l'intention de m'occuper davantage de l'écologie.

SCÈNE 2

—Tu comptes accepter le poste de représentant?
—Oui, mais il faudra que je m'achète une nouvelle voiture.
—Qu'est-ce que tu espères acheter?
—Je ne sais pas encore.
—Quand tu décideras, tu me le diras. Je pourrai t'accompagner chez le concessionnaire. ●

● In France, new car dealers do not offer cars for immediate purchase. Instead, a customer selects options (color, interior, accessories, etc.) and places an order for a car that is delivered at a later date.

SCÈNE 3

—Tu as fini de réparer ta vieille voiture?
—Pas encore; je crois que j'aurai fini dans quelques jours.
—Et après, qu'est-ce que tu feras?
—Je la vendrai et je m'achèterai quelque chose qui consommera moins d'essence et qui sera plus fiable.

UTILISATION

ACTIVITÉ 5: Relisez les scènes et trouvez les expressions suivantes.

1. Trouvez deux manières différentes d'exprimer le futur.
2. Trouvez trois façons différentes d'exprimer ses intentions, ses espoirs ou ses désirs.

ACTIVITÉ 6: Travaillez avec un(e) partenaire et décrivez-lui vos projets pour l'avenir. Pour commencer, employez les expressions suivantes dans votre description. Employez ensuite des expressions de votre choix. Votre partenaire va raconter ses propres projets.

Je vais...	acheter une voiture d'occasion
Je compte...	s'occuper de l'écologie
J'espère...	réparer sa vieille voiture
Je pense...	trouver un bon poste
J'ai l'intention de...	aller habiter en Californie
	devenir un(e) artiste célèbre
	lutter *(to fight)* contre l'injustice

À VOUS!

Travaillez avec deux partenaires. Posez-vous les questions suivantes et répondez-y d'une façon personnelle.

1. Avez-vous pensé à votre avenir? Comment vous voyez-vous dans cinq ans?
2. Dans quelle région allez-vous habiter?
3. Quel métier allez-vous faire?
4. Qu'est-ce que vous allez faire pendant vos loisirs?
5. Allez-vous travailler pour un parti politique? un parti écologique? Allez-vous lutter contre le racisme?
6. Allez-vous beaucoup voyager? Si oui, où allez-vous voyager?

PEUGEOT 905
1RE ET 3E AUX 24 H DU MANS
ESSO

LA PEUGEOT 905 EST UNE VOITURE DE COURSE.

STRUCTURE

LE FUTUR

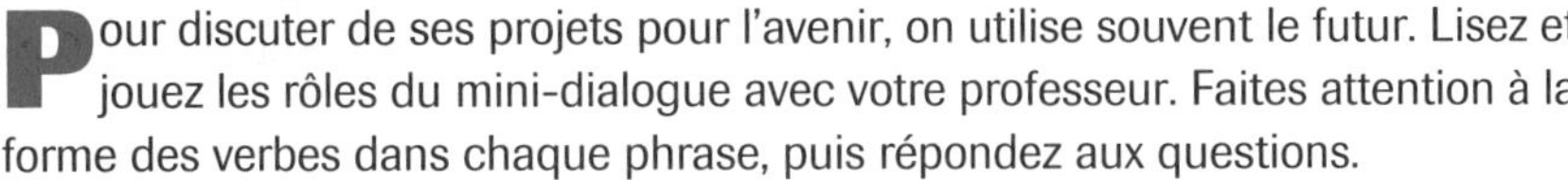

Pour discuter de ses projets pour l'avenir, on utilise souvent le futur. Lisez et jouez les rôles du mini-dialogue avec votre professeur. Faites attention à la forme des verbes dans chaque phrase, puis répondez aux questions.

A. Qu'est-ce que la première personne veut faire? D'après son ami(e), est-ce que c'est une bonne idée? Expliquez.

B. Donnez l'infinitif de chaque verbe dans le mini-dialogue. Est-ce que les verbes sont réguliers ou irréguliers?

Approach: (1) Use the introductory questions to preview the material. (2) Model the mini-dialogue several times. (3) Have students look for patterns and answer questions A and B with a partner. (4) Elicit their observations. (5) Present the grammatical explanation as a means of confirming and extending students' hypotheses.

—Je vais acheter la Super Turbo.
—Quoi? Tu n'**auras** plus d'argent si tu achètes cette voiture.
—Oui, je sais, mais tout le monde m'**enviera**.°
—Peut-être, mais comment est-ce que tu **paieras** le loyer? Qu'est-ce que tu **mangeras**? Tu ne **sortiras** plus parce que tu n'**auras** plus d'argent! Tu **voudras** vite la revendre, ta Lotus.
—Ça m'est égal.° C'est une voiture superbe!
—Je suis certain(e) qu'au bout de quelques mois, tu ne l'**aimeras** plus, cette voiture!

1. EXPRESSING FUTURE TIME

In most conversational situations, the French use the present or the immediate future to describe future actions. In more formal contexts and after certain expressions, they also use the future tense.

PRESENT

Tu **viens** m'aider à choisir une voiture?	*Are you **coming** to help me choose a car?*
Tu l'**achètes** ce week-end?	*Are you **buying** it this weekend?*

IMMEDIATE FUTURE

Je **vais choisir** une voiture d'occasion.	***I am going to choose** a used car.*
Tu **vas acheter** une moto ou une voiture?	*Are you **going to buy** a motorcycle or a car?*

FUTURE

Qu'est-ce que tu **choisiras**?	*What **will** you **choose**?*
Je **déciderai** après avoir consulté mes parents.	*I **will decide** after discussing it with my parents.*

---

envier *to envy* **Ça m'est égal.** *I don't care.*

2. THE FUTURE TENSE OF REGULAR VERBS

To form the future tense of a regular verb, follow these steps.

a. Use the infinitive as the stem. If the infinitive ends in **-e**, drop the final **e**.

parler → **parler-** finir → **finir-** attendre → **attendr-**

b. Add the endings **-ai, -as, -a, -ons, -ez, -ont.**

PARLER		FINIR		ATTENDRE	
je	**parlerai**	je	**finirai**	j'	**attendrai**
tu	**parleras**	tu	**finiras**	tu	**attendras**
il/elle/on	**parlera**	il/elle/on	**finira**	il/elle/on	**attendra**
nous	**parlerons**	nous	**finirons**	nous	**attendrons**
vous	**parlerez**	vous	**finirez**	vous	**attendrez**
ils/elles	**parleront**	ils/elles	**finiront**	ils/elles	**attendront**

Nous **discuterons** des détails avec le concessionnaire.
Tu **regarderas** tous les modèles?
Mais non, je **choisirai** vite.
J'espère que vous n'**attendrez** pas longtemps.

3. THE FUTURE TENSE OF VERBS WITH SPELLING CHANGES

To form the future tense of verbs with spelling changes, follow these steps.

a. Use the infinitive as a stem. If the infinitive ends in **-e**, drop the final **e**.

b. For the verbs **acheter, lever, mener** (**amener, emmener**), change **e** to **è**.

acheter → **achèter-** lever → **lèver-** mener → **mèner-**

For verbs with **l** or **t** in the stem (**appeler, jeter**), change **l** to **ll** and **t** to **tt.**

appeler → **appeller-** jeter → **jetter-**

For verbs with **y** in the stem (**payer, essayer**), change **y** to **i.**

payer → **paier-** essayer → **essaier-**

c. Add the endings **-ai, -as, -a, -ons, -ez, -ont.**

Où est-ce que tu **achèteras** ta voiture?
D'abord, j'**appellerai** mon ami(e).
Et comment la **paierez**-vous?

4. THE FUTURE TENSE OF IRREGULAR VERBS

A few verbs have irregular stems in the future. The most common ones appear in the following table.

Verb	Future Stem	Verb	Future Stem
aller	**ir-**	pouvoir	**pourr-**
avoir	**aur-**	savoir	**saur-**
être	**ser-**	venir	**viendr-**
faire	**fer-**	voir	**verr-**
falloir	**faudr-**	vouloir	**voudr-**

Tu **seras** prêt(e) à acheter la voiture?
J'**irai** chez le concessionnaire avec toi.
Tu **viendras** m'aider avec les détails?
Nous **pourrons** parler au directeur des ventes.
Il **saura** sûrement le prix définitif.

UTILISATION

ACTIVITÉ 7: Que vont faire les personnes suivantes? Quels problèmes vont-elles résoudre? Employez le futur dans chaque réponse.

1. Jean / acheter une nouvelle voiture et / vendre sa vieille voiture
2. Marie et Claire / regarder tous les modèles et / choisir un modèle économique
3. Vous / parler au vendeur et / discuter le prix
4. Toi, tu / parler à la banque et tu / emprunter de l'argent
5. Nous / considérer nos finances et / décider après
6. Je / finir de payer mon ancienne voiture et ensuite j'en / choisir une autre

ACTIVITÉ 8: Combien d'argent auront-ils s'ils mettent de côté la somme indiquée? Après un an, est-ce qu'ils pourront acheter la moto d'occasion, le vélo ou la voiture?

MODÈLE: Je / 15 F par semaine
Je mettrai de côté quinze francs par semaine et à la fin de l'année, j'aurai sept cent quatre-vingt francs. Je pourrai acheter le vélo.

1. Jean-Louis / 35 F toutes les deux semaines
2. Toi, André, tu / 175 F par mois
3. Vous / 25 F par semaine
4. Moi, je / 100 F deux fois par mois
5. Élise et moi, nous / 100 F par semaine mois
6. Richard et David / 150 F tous les 15 jours
7. Elles / 130 F par
8. Marianne / 80 F par semaine

ACTIVITÉ 9: Chacune des personnes suivantes veut acheter un véhicule. Choisissez au moins deux possibilités pour chaque personne.

MODÈLE: ***Anne fera des économies et elle pourra acheter une voiture de sport.***

1. Georges	a. faire des économies
2. Moi, je	b. avoir une voiture modeste
3. Vous	c. aller à la banque faire un emprunt
4. Elle	d. vouloir sortir dans la Super Turbo
5. Ils	e. savoir réparer une voiture d'occasion
6. Tu	f. pouvoir acheter une voiture de sport
7. Nous	g. être content(e)(s) d'acheter une voiture économique
8. Elles	h. voir les nouveaux modèles demain
	i. essayer une voiture d'occasion
	j. venir nous aider

ACTIVITÉ 10: En lisant les petites annonces dans le journal, vous avez trouvé une voiture d'occasion qui vous intéresse. Préparez des questions en utilisant les éléments donnés, puis préparez des réponses à ces questions. Jouez ensuite les rôles du vendeur (de la vendeuse) et du client (de la cliente) avec un(e) partenaire. Soyez prêt(e) à dire si vous achèterez la voiture ou non.

MODÈLE: On / pouvoir / essayer la voiture demain soir?
On pourra essayer la voiture demain soir?

1. On / venir / vers dix-huit heures?
2. Vous / être là? Vous / être libre à cette heure?
3. Vous / avoir tous les papiers?
4. Nous / faire un petit tour ensemble?
5. Nous / aller parler au garagiste qui a réparé la voiture?
6. Il / falloir payer en espèces?
7. Je / pouvoir payer par chèque?
8. Je / savoir demain si la banque m'a accordé le prêt.
9. Alors, on / se voir demain vers dix-huit heures, c'est bien ça?

À VOUS!

Travaillez avec un(e) partenaire et prédisez son avenir. Dites-lui ce qu'il (elle) sera, ce qu'il (elle) aura et s'il (si elle) sera heureux(-se). Inversez ensuite les rôles. Faites preuve d'imagination dans vos prédictions!

Tranche 2

Êtes-vous heureux?

Au travail

Avant d'écouter

ACTIVITÉ 1: Qu'est-ce que vous pensez de votre vie? Qu'est-ce qui vous rend heureux(-se)? Quels aspects de votre vie voudriez-vous changer?

1. Dans quelle mesure êtes-vous satisfait(e) de votre vie actuelle?
2. Qu'est-ce qui vous rend heureux(-se)? malheureux(-se)? Quand êtes-vous particulièrement heureux(-se)? malheureux(-se)?
3. Pensez-vous que vous serez plus, aussi ou moins heureux(-se) dans dix ans? dans vingt-cinq ans? Pourquoi?
4. Quels sont vos objectifs professionnels? Quelle carrière vous intéresse? Est-ce que le salaire est important pour vous? Que comptez-vous faire dans dix ans?
5. Quelle importance a pour vous la vie familiale? Pensez-vous vous marier un jour? Avez-vous l'intention d'avoir des enfants? Combien? Quand?
6. Quels sont vos buts matériels? Êtes-vous matérialiste? Quel train de vie *(life-style)* désirez-vous? Quel genre de voiture voulez-vous?
7. En somme, quand vous vous imaginez dans dix ans, que voyez-vous? Qui serez-vous?

ÊTES-VOUS MATÉRIALISTE?

L'Avenir

Approach: (1) Preview the conversation by focusing on the art and having students hypothesize about what they will hear. (2) Preteach the new vocabulary. (3) Go over the introductory material and tell students to listen for this information the first time through. Remind them that they will need to listen to the conversation several times to complete the other comprehension activities. The ***À l'écoute*** and comprehension activities may be done outside of class.

Dans cette scène, un jeune homme parle de son avenir avec un ami. Avant d'écouter le passage, faites les activités ci-dessous.

A. Regardez les dessins, puis répondez aux questions suivantes.
   1. Comment est-ce qu'il envisage *(foresee)* son avenir?
   2. Est-ce que ses rêves correspondent à vos rêves?

B. Voici des mots de vocabulaire que vous trouverez peut-être utiles.

la gestion	le management
le vœu	*wish*
le P.-D. G.	le président-directeur général; le chef d'une société
une société	une entreprise (une compagnie)
un pied-à-terre	*a home base, a retreat*
le génie	*genie*
la chance	*luck*

C. Avant d'écouter le passage, lisez rapidement les questions des ***Activités 2*** et ***3***. Écoutez ensuite le passage et faites les activités.

Compréhension

ACTIVITÉ 2: Écoutez la scène, puis répondez aux questions.

1. Comment sont le langage et le ton de la conversation?
2. D'après la conversation, quels sont les rapports entre Raoul et Gérard?
3. Préparez un résumé de l'idée principale de la conversation.

ACTIVITÉ 3: Vérifiez les détails.

1. Quelles choses font partie des rêves de Raoul?

a. le mariage	e. un château	i. une grande maison
b. un avion	f. un grand chien	j. un voyage à Tahiti
c. un chauffeur	g. de bons amis	k. une belle voiture
d. un bon poste	h. des enfants	l. une maison de vacances

2. Décrivez Raoul. Quels adjectifs le représentent le mieux?

ambitieux	dynamique	timide	réaliste
matérialiste	idéaliste	égoïste	motivé
arrogant	méchant	socialiste	capitaliste

Expansion: Have students compare their character with that of Raoul.

ACTIVITÉ 4: Faites la liste des cinq ingrédients essentiels au bonheur. Servez-vous de la liste de l'*Activité 3* ou créez vos propres réponses.

MODÈLE: *À mon avis, être motivé est capital. Il est aussi très important d'avoir de la chance...*

PRONONCIATION

In the previous chapter, you saw that French intonation patterns vary according to sentence type. Longer sentences are broken into segments, all with rising intonation except the last one. The last segment has falling intonation if it is part of a declarative sentence, an information question, or a command, or rising intonation if it ends a yes-no question.

The segments are usually based on grammatical functions. The three typical patterns are:

- Subject segments of three words or more
- Verb segments that include the verb and its complements
- Prepositional segments that include a preposition, nouns, and their modifiers

Sentences are also broken at commas and conjunctions. Subjects shorter than three words are grouped with the verb segment. In the following sentences, the segments are marked by double lines.

Jean, Paul et Marie // sont allés ensemble //
chez le concessionnaire Renault.

Je voudrais une belle voiture, // une grande maison et //
un pied-à-terre quelque part // où il fasse beau.

Practice breaking up and saying the sentences that follow with your instructor or on your student tape.

J'aimerais entrer dans le commerce.
Peut-être que si je suivais un tas de cours, si je travaillais dur, j'y arriverais un jour.
Quand j'aurai trente-cinq ans, je serai plus riche et je pourrai peut-être m'acheter cette voiture.
Le cuir, c'est très désagréable en été, quand il fait chaud.
Je ne pourrai pas m'acheter cette voiture, donc je ne me torturerai pas.

ENVISAGER SES OPTIONS

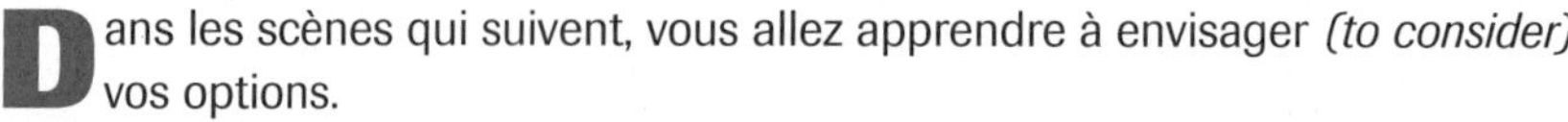

Dans les scènes qui suivent, vous allez apprendre à envisager *(to consider)* vos options.

A. Répétez les scènes et le vocabulaire avec votre professeur.

B. Jouez à nouveau les scènes avec votre partenaire. Variez les expressions et les réponses dans chaque scène et décrivez votre programme d'études et ce que vous recherchez comme carrière.

VOCABULAIRE ESSENTIEL

Les Arts: la musique, la peinture, la sculpture, l'art dramatique
Les Lettres: la littérature (les études littéraires), les langues, la philosophie
Les Sciences humaines: l'anthropologie, la géographie, l'histoire, la psychologie, la sociologie
Le Droit et les sciences politiques
Les Sciences économiques et commerciales: la comptabilité, la gestion, le marketing, la publicité, les relations publiques
Les Sciences: la biologie, la botanique, la chimie, la géologie, l'électronique, les études d'ingénieur, l'informatique°, les maths, la physique, la médecine, la pharmacie, les études de médecine dentaire

LA SCULPTURE

LES MATHS

LA CHIMIE

LA GESTION

SCÈNE 1

—Quels cours est-ce que tu suis en ce moment?
—Moi? Je fais un peu de tout. Je ne sais pas ce que je veux faire plus tard.
—Si j'étais à ta place, je ferais° la même chose. Choisir une carrière prend beaucoup de temps.

SCÈNE 2

—Tu aimes tes cours?
—Pas particulièrement. Avant, je m'intéressais à la politique—j'allais changer le monde, tu sais—mais ça ne m'intéresse plus. Si je pouvais recommencer à zéro, je suivrais des cours de musique.

SCÈNE 3

—C'est quoi, ta spécialisation?
—Histoire, avec anglais comme matière secondaire.
—Tu as beaucoup de travail cette année?
—Ah oui, alors! Si j'avais le temps, j'aimerais bien prendre une semaine de vacances! J'en ai besoin!

l'informatique *(f.)* *computer science* **ferais** *would do*

UTILISATION

ACTIVITÉ 5: Relisez les scènes et trouvez les expressions suivantes.

1. Trouvez la construction qu'on utilise pour envisager ses options. Quel mot est-ce qu'on utilise pour considérer son choix? Quel temps du verbe suit ce mot?
2. Pour chaque option, il y a une conséquence. Trouvez les conséquences. Reconnaissez-vous le temps du verbe? Est-il pareil à celui du début de la phrase?

ACTIVITÉ 6: Répondez aux questions suivantes.

1. Qu'est-ce que vous comptez faire dans la vie?
2. Avez-vous déjà choisi une spécialisation?
3. Quels cours obligatoires suivez-vous à présent?
4. Quels cours facultatifs *(elective)* suivez-vous en ce moment?
5. Si vous pouviez créer votre programme d'études, quels cours obligatoires comprendrait-il?

ACTIVITÉ 7: Tell in which fields of study one would need expertise for the following careers and give your opinion of the social benefits of each.

MODÈLE: pharmacie
Pour une carrière en pharmacie, il faudrait se spécialiser en biologie et en chimie. À mon avis, cette carrière est très importante; elle a une grande valeur sociale.

1. les services sociaux
2. la médecine
3. le droit
4. les affaires
5. la chimie
6. l'astronomie
7. l'informatique
8. les arts ou les lettres
9. l'architecture

À VOUS!

Avec un(e) partenaire, discutez de vos projets pour l'année prochaine. Commencez votre discussion par les questions suivantes et continuez avec d'autres questions de votre choix.

À quoi t'intéresses-tu?
Quel(s) cours est-ce que tu suis en ce moment?
Quels cours sont facultatifs? obligatoires?
Qu'est-ce que tu penses de tes cours?
Tu as déjà pensé à tes cours du semestre (de l'année) prochain(e)?
As-tu déjà choisi une carrière?
As-tu déjà changé de spécialisation ou de carrière?
Penses-tu trouver le poste de ton choix à la fin de tes études?

Le Conditionnel présent

Approach: (1) Use the introductory questions to preview the material. (2) Model the mini-dialogue several times. (3) Have students look for patterns and answer questions A and B with a partner. (4) Elicit their observations. (5) Present the grammatical explanations as a means of confirming and extending students' hypotheses.

Pour discuter de ses projets pour l'avenir et pour exprimer des hypothèses et des conditions, on utilise souvent le conditionnel. Lisez et jouez les rôles du mini-dialogue avec votre professeur. Faites attention à la forme des verbes dans chaque phrase, puis répondez aux questions suivantes.

A. Est-ce que le professeur est content de sa carrière? Qu'est-ce qu'il aime en particulier? Que pensez-vous du métier de professeur?

B. Regardez bien le radical *(stem)* et les terminaisons des verbes en caractères gras. Dans quelle mesure est-ce qu'ils vous sont familiers?

–Est-ce que je **pourrais** vous poser quelques questions? Je **voudrais** savoir pourquoi vous avez choisi une carrière dans l'enseignement.°
–Parce que c'est une carrière qui me laisse beaucoup de liberté; je peux faire ce qui° m'intéresse, voyager en été.
–Est-ce qu'il y **aurait** une autre raison?
–J'aime beaucoup enseigner. J'aime le contact avec les étudiants.
–**Seriez**-vous heureux(-se) si vous faisiez autre chose?
–C'est difficile à dire. Je ne sais pas.

1. Tenses and moods

As you learned in Chapters 13 and 14, verbs in French vary in two different ways: *tense* (past, present, future) and *mood* (the point of view that the verb conveys). There are four moods in French; each conveys a different perspective.

a. The *indicative mood* is used to express facts about the past, present, or future.

Je **vais acheter** une voiture.	***I am going to buy** a car.*

b. The *imperative mood* is used to give commands, directions, and suggestions.

Bon, alors, **achetez** une voiture confortable.	*Well, then, **buy** a comfortable car.*

c. The *subjunctive mood* is used to express feelings, beliefs, or opinions.

Il faut que vous **achetiez** une voiture économique.	*You **must buy** an economical car.*

d. The *conditional mood* is used to make hypotheses.

Si j'étais riche, j'**achèterais** une voiture de luxe.	*If I were rich, I **would buy** a luxury car.*

l'enseignement *teaching* **ce qui** *what*

2. THE PRESENT CONDITIONAL OF REGULAR VERBS

To form the present conditional tense of a regular verb, start with the future stem and add the endings of the imperfect: **-ais, -ais, -ait, -ions, -iez, -aient.**

AIMER		FINIR		ATTENDRE	
j'	**aimerais**	je	**finirais**	j'	**attendrais**
tu	**aimerais**	tu	**finirais**	tu	**attendrais**
il/elle/on	**aimerait**	il/elle/on	**finirait**	il/elle/on	**attendrait**
nous	**aimerions**	nous	**finirions**	nous	**attendrions**
vous	**aimeriez**	vous	**finiriez**	vous	**attendriez**
ils/elles	**aimeraient**	ils/elles	**finiraient**	ils/elles	**attendraient**

Aimeriez-vous voyager beaucoup?
Je **finirais** si j'avais le temps.
S'il y avait une bonne raison, il **attendrait** longtemps.

3. THE PRESENT CONDITIONAL OF VERBS WITH SPELLING CHANGES

The present-conditional stem of a verb with spelling changes is the same as the future stem. Simply add the imperfect endings to the appropriate stem.

Est-ce que tu **achèterais** une voiture de luxe?
Paieriez-vous avec un chèque?

4. THE PRESENT CONDITIONAL OF IRREGULAR VERBS

A verb that has an irregular stem in the future uses the same stem in the conditional.

Verb	Conditional Stem	Verb	Conditional Stem
aller	**ir-**	pouvoir	**pourr-**
avoir	**aur-**	savoir	**saur-**
être	**ser-**	venir	**viendr-**
faire	**fer-**	voir	**verr-**
falloir	**faudr-**	vouloir	**voudr-**

À ta place, j'**irais** en voyage.	*In your place, I **would** travel.*
Il **faudrait** continuer tes études.	*You **should** continue your studies.*
Pourriez-vous nous donner des conseils?	***Could** you give us some advice?*

5. USES OF THE PRESENT CONDITIONAL

The conditional is used in the following circumstances:

a. To make polite requests or statements, usually with the verbs **pouvoir, vouloir,** and **aimer**.

Aimeriez-vous voyager beaucoup?	***Would*** *you* ***like*** *to travel a lot?*
Pourriez-vous être heureux(-se) dans cette profession?	***Could*** *you be happy in this profession?*

b. To make a conjecture.

Il **serait** président aujourd'hui.	*He* ***would be*** *president today.*
Je **finirais** probablement mes études.	*I* ***would*** *probably* ***finish*** *my studies.*

c. To talk about future actions with reference to the past.

Quand j'étais jeune, je disais que je **deviendrais** pompier.	*When I was young, I said that I* ***would become*** *a firefighter.*
Elle disait qu'elle **serait** belle et riche.	*She said she* ***would be*** *beautiful and rich.*

d. In hypotheses with **si**.

Si tu avais une lampe magique, quel vœu **ferais**-tu?	*If you had a magic lamp, what wish* ***would*** *you* ***make****?*
Si je suivais un tas de cours, j'y **arriverais** un jour.	*If I took a lot of courses, I* ***would get*** *there one day.*

UTILISATION

ACTIVITÉ 8: Quelles professions ont attiré *(attracted)* les personnes suivantes quand elles étaient jeunes?

MODÈLE: Je / être agent de police
Quand j'étais jeune, je disais que je serais agent de police.

1. Je / être médecin
2. Mes amies et moi, nous / être professeurs
3. Jean-Pierre et Luc / obtenir une bonne carrière
4. Anne-Claire et Simone / être infirmières
5. Ma sœur / devenir astronaute
6. Vous / travailler dans une banque
7. Toi, tu / être joueur de football
8. Françoise / écrire des livres

ACTIVITÉ 9: Vous dites à un(e) ami(e) de ne pas accepter un poste. Donnez des raisons pour justifier vos conseils.

Variation: Have students work with partners to respond to each piece of advice.

MODÈLE: Je / ne pas accepter le poste
Je n'accepterais pas le poste. Tu ne gagnerais pas beaucoup d'argent.

1. Je / refuser le poste
2. Il / falloir penser à ton diplôme
3. Ce / ne pas être une solution à long terme
4. Ce poste / être moins avantageux que ton poste actuel
5. Tu / faire une erreur grave
6. Tu / devoir d'abord finir tes études
7. Tu / pouvoir trouver une meilleure situation
8. Tu / avoir moins d'avantages sociaux

ACTIVITÉ 10: Les trois paragraphes suivants présentent trois points de vue différents. Complétez chacun des paragraphes avec la forme correcte du conditionnel des verbes entre parenthèses. Dites ensuite si vous êtes d'accord ou non avec chaque point de vue exprimé.

Suggestion: Point out that **cultiver son jardin** (in number 3) is a reference to Voltaire's *Candide.* The expression means to make the most of what one has.

1. Si j'étais jeune aujourd'hui, j'____ (étudier) et ____ (travailler) beaucoup pour me former l'esprit et bien préparer mon avenir. J'____ (avoir) une famille et je ____ (participer) activement à des causes humanitaires.

2. Si j'étais adulte aujourd'hui, je ne ____ (se plaindre) pas! Je ____ (pouvoir) bénéficier d'un tas de choses qui rendent la vie facile et agréable: la télévision, le Minitel, la voiture, l'avion… Je ____ (être) très content(e) de mon sort *(fate)*.

3. Si j'étais vieux (vieille) aujourd'hui, je ____ (remercier) la France pour le système de Sécurité sociale—un système qui me ____ (permettre) de vivre sans avoir peur de tomber malade. Je ____ (prendre) tranquillement ma retraite dans le Midi et je ____ (passer) mon temps à cultiver mon jardin.

À VOUS!

Dites à votre partenaire ce qu'il (elle) pourrait faire s'il (si elle) avait les qualités suivantes. Inversez ensuite les rôles.

MODÈLE: Si tu savais chanter comme Elvis Presley (Madonna),…
Si tu savais chanter comme Elvis Presley (Madonna), tu serais très célèbre, tu aurais beaucoup d'amis et tu voyagerais dans le monde entier.

1. Si tu étais doué(e) en sciences comme Albert Einstein,…
2. Si tu étais aussi charitable que la mère Teresa,…
3. Si tu étais aussi riche que Rockefeller,…
4. Si tu étais aussi puissant(e) *(powerful)* que le président de la République,…
5. Si tu étais aussi aventureux(-se) que Jacques Cousteau,…
6. Si tu avais autant de talent que Picasso,…

Tranche 3

UNE VISION DE L'AVENIR

AU TRAVAIL

AVANT DE LIRE

ACTIVITÉ 1: Pouvez-vous prédire l'avenir? Comment la vie sera-t-elle dans cinquante ou cent ans? Donnez votre opinion sur chaque prédiction, puis répondez aux questions qui suivent.

MODÈLE: Dans l'avenir, il n'y aura plus d'autos.
Oui, je suis d'accord. Les autos polluent l'air. On trouvera un moyen de transport plus écologique.

1. Dans dix ans, on pourra visiter plusieurs planètes de notre système solaire. (a) Est-ce que l'exploration des planètes est importante? (b) Voulez-vous visiter des planètes? (c) Est-ce que vous vous intéressez à ce genre de voyage?
2. Dans l'avenir, nous n'aurons plus besoin de travailler. (a) Est-ce qu'il est nécessaire de travailler? (b) Est-ce que le travail remplit *(fills)* une fonction sociale? (c) Est-ce que le travail est important?
3. Si nous parlions la même langue, il n'y aurait plus de guerres. (a) Quelle langue proposez-vous comme langue universelle? (b) Qui va choisir la langue universelle? (c) Est-ce que les langues sont importantes dans le monde?

POUR MIEUX LIRE

SUMMARY OF READING STRATEGIES

You have used many different reading strategies throughout this text. You have also read many types of documents on a range of topics, including letters, advertisements, and magazine articles. Despite the variation in text types and topics, you have been able to apply the same set of reading strategies.

- Think about the topic and what you already know about it.
- Read the titles and look for key organizational features.
- Read for the main idea.
- Read for more detailed understanding, using what you know about the French language, cognates, structure, etc.
- Think about how the topic relates to you as a person.

Follow these five steps as you read the following magazine article.

ILS ONT MARCHÉ SUR MARS

Le passage suivant décrit l'exploration future de Mars. Qu'est-ce qui vous vient à l'esprit quand vous réfléchissez à l'exploration de l'espace?

Pre-reading: (1) Preview the material by focusing on the title and having students hypothesize about the content. (2) Tell students to read primarily for the answers to ***Activités 2*** and ***3*** the first time through. Students will need to read the text several times and should focus on different information and details each time.

Reading: The reading and comprehension activities may be done outside of class.

Additional reading practice is provided in ***Tranche 3*** of the corresponding ***Cahier*** chapter.

Qui? Des Américains et des Russes voyagent de concert.°
Quand? Demain, vers 2015...
Un rêve? Non, un projet dont discutent déjà les milieux politiques et les scientifiques.

Ils viennent d'apparaître sur l'écran, engoncés° dans leur scaphandre.° Ensemble. L'Américain, le Russe, le Japonais, l'Européen se tiennent par la main, comme des enfants prudents. Derrière eux, on devine la poussière,° le désert rouge, omniprésent... L'image a voyagé pendant vingt minutes avant de parvenir sur les récepteurs. Des milliards de Terriens la regardent, émus, unis dans une communion planétaire. « Ceci n'est pas la victoire d'une nation. Mais celle de l'humanité tout entière... » La voix de l'astronaute est étonnamment claire. Pour peu, on croirait à de la fiction. Mais non... Un savant panoramique découvre l'horizon: en arrière plan naît une lueur bleutée,° un astre qui se lève lentement, la Terre. Telle que la voient ses émissaires à 300 millions de kilomètres de là. Ce sera la photo symbole du IIIe millénaire. Pour la première fois dans l'Histoire, l'homme aura marché sur Mars.

Mars. La planète des mythes et des chroniques de science-fiction, celle de la Guerre des mondes et des petits hommes verts. Mars vraiment conquise? Le scénario n'est pas seulement plausible. Il est envisagé, discuté, étudié aux États-Unis et en Russie par des ingénieurs, des hommes politiques, des astronautes, des chercheurs. L'homme ne fera sans doute pas ses premiers pas sur Mars avant l'an 2015. Mais il pourrait être précédé, à la fin des années 90, par des engins automatiques.

Les Russes, annoncent-ils, envisageraient d'explorer Mars au plus tôt. Ils iraient d'abord sur Phobos, l'une de ses deux lunes, où on peut se poser en douceur,° sans utiliser trop de carburant,° en raison de sa faible gravité. « La Russie y sera avant la fin du siècle! » s'exclame James Oberg, ingénieur à la NASA, et auteur d'un livre, *Mission sur Mars*. Les Russes sur la planète rouge? Les fonctionnaires du Pentagone en font des cauchemars. Les spécialistes, eux, se déclarent très sceptiques. Mais, après tout, les Russes ne l'ont jamais caché: s'ils multiplient les séjours de longue durée en orbite, c'est aussi parce qu'ils ont très envie d'aller faire un tour loin de la planète mère. Réaction logique à Washington: « Les États-Unis ne doivent plus attendre que la Russie se trace un chemin vers

de concert *together* **engoncé** *bundled up* **le scaphandre** *space suit*
la poussière *dust* **bleuté** *bluish* **en douceur** *smoothly* **le carburant** *fuel*

Mars. Nous devons, nous aussi, y aller! » déclare Thomas Paine, ancien responsable de la NASA.

Et l'Europe ? « Pas question de laisser seules les deux superpuissances! Si une exploration de Mars est decidée, l'Europe doit absolument y participer! » dit déja Roger Bonnet, directeur du programme scientifique de l'Agence spatiale européenne. « L'exploration humaine de Mars est aussi inévitable que la découverte de l'Amérique », dit Roger Bonnet. Désormais,° ce n'est plus une idée. C'est un projet.

Compréhension

Activité 2: Relisez l'article, puis dites dans quelle mesure chacune des phrases décrit l'idée principale.

a. Les Américains et les Russes vont explorer Mars ensemble.
b. L'article décrit la concurrence entre les États-Unis et la Russie en ce qui concerne l'exploration de l'espace.
c. Les Russes sont déjà allés sur Mars; ils ont établi une base là-bas.
d. Les superpuissances sont les seuls pays à vouloir explorer les autres planètes de notre système solaire.

Activité 3: Vérifiez votre compréhension.

1. Indiquez si les phrases suivantes sont vraies ou fausses. Corrigez les phrases qui sont fausses.
   a. Le scénario de l'exploration de Mars est de la pure science-fiction. On ne pourra jamais aller sur cette planète car l'environnement est très hostile.
   b. Les Russes envisagent d'explorer Phobos avant d'aller sur Mars.
   c. Les Américains n'ont aucun intérêt à se lancer dans l'exploration de Mars. Le projet coûterait trop cher.
   d. Les Européens, par contre, vont participer à l'exploration de Mars. Ils ont déjà établi une base spatiale près de la planète.
2. Complétez le résumé suivant.
   Le scénario de l'exploration de Mars n'est pas seulement plausible, il...
   Les Russes vont d'abord explorer Phobos...
   Les spécialistes américains...
   Et l'Europe...

Activité 4: Donnez votre opinion sur l'exploration de Mars. Est-il nécessaire d'envisager un tel projet? Expliquez. Pour commencer la discussion, répondez aux questions suivantes.

1. Croyez-vous que l'exploration de Mars soit nécessaire?
2. Est-ce important du point de vue scientifique? du point de vue humain?
3. Est-ce qu'on pourrait dépenser l'argent d'une façon plus utile?
4. Est-ce qu'on pourrait arrêter ce progrès?

---

désormais *from now on*

FAIRE DES HYPOTHÈSES

Dans les scènes qui suivent, vous allez apprendre à faire des hypothèses en ce qui concerne l'avenir.

A. Répétez les scènes avec votre professeur.

B. Jouez à nouveau les scènes avec votre partenaire. Variez les expressions et les réponses dans chaque scène.

Approach: (1) Use the introductory guidelines to preview the material. Role-play the mini-dialogues, having students repeat after you, practice with a partner, and incorporate personal variations. (2) Have students find different ways to express hypotheses composed of conditions and consequences. List answers on the board. Then have students work in pairs to create original mini-dialogues.

Suggestion: Point out that **si** has three meanings. (1) In hypotheses, it means "if." (2) In evaluations, it means "so": **Je ne te croyais pas si cynique.** (3) In response to a negative question, it means "yes": **—Tu ne viens pas au cinéma avec nous? —Si.**

SCÈNE 1

—Si nous n'étions pas si matérialistes, le monde n'en serait que meilleur...
—Oui, c'est ça, dès que le genre humain cessera° d'être humain, les choses s'amélioreront!
—Tu crois vraiment que le matérialisme est un trait typiquement humain?
—Absolument!
—Je ne te croyais pas si cynique que ça.

SCÈNE 2

—Tu sais, si j'étais très riche, je donnerais beaucoup d'argent aux pauvres.°
—Mais puisque° tu n'es pas riche...
—Eh bien, lorsque je serai riche, je donnerai de l'argent aux pauvres.

SCÈNE 3

—Êtes-vous heureuse?
—Si j'avais une belle famille, un travail intéressant et une grande maison, oui, je serais heureuse.
—Et seriez-vous quand même heureuse si vous saviez qu'il existe des malheureux?
—Oh, là, là! Vous me posez de ces questions!

cesser *to stop, to cease* **les pauvres** *poor people* **puisque** *since*

UTILISATION

ACTIVITÉ 5: Relisez les scènes et trouvez les expressions suivantes.

1. Trouvez quatre hypothèses.
2. Les hypothèses sont composées d'une condition et d'un résultat. Trouvez les conditions. Trouvez les résultats. Identifiez le temps du verbe dans chaque partie de l'hypothèse.
3. Trouvez les phrases dans lesquelles on trouve les mots *dès que* et *lorsque*. Identifiez le temps du verbe qui suit chacune de ces expressions.

ACTIVITÉ 6: Avez-vous une conscience sociale développée? Choisissez les phrases qui reflètent votre opinion.

1. Si on me disait que j'étais matérialiste,...
   a. je dirais oui, c'est vrai.
   b. je dirais non, c'est faux.
   c. je dirais que c'est la faute de notre société.
2. Si j'étais très riche,...
   a. je donnerais de l'argent aux pauvres.
   b. je donnerais de l'argent au gouvernement pour la recherche scientifique.
   c. je garderais l'argent pour moi.
3. Si on me demandait de faire du volontariat,...
   a. je le ferais.
   b. je ne le ferais pas.
   c. je réfléchirais à *(would think about)* la proposition.
4. Si on me demandait de cotiser *(to donate)* pour sauver les éléphants d'Afrique,...
   a. je dirais que c'est du fanatisme.
   b. je donnerais de l'argent.
   c. je dirais que cette cause ne m'intéresse pas.
5. Si on me demandait de donner du sang *(blood)*,...
   a. je le ferais avec plaisir.
   b. je dirais non.
   c. je le ferais peut-être.

À VOUS!

Complétez les hypothèses suivantes avec un(e) partenaire. Attention! Il y a plusieurs façons de répondre. Utilisez votre imagination.

1. Si la couleur verte cessait d'exister,...
2. Si la loi de la gravité ne marchait plus,...
3. Si les rôles de l'homme et de la femme étaient renversés,...
4. Si l'argent n'avait plus de valeur,...
5. Si des extraterrestres nous rendaient visite,...

STRUCTURE

L'EMPLOI DES TEMPS APRÈS QUAND, DÈS QUE, LORSQUE, AUSSITÔT QUE ET SI

Pour discuter de ses projets et de ses prédictions pour l'avenir et pour exprimer des hypothèses, on utilise souvent des conjonctions. Lisez et jouez les rôles du mini-dialogue avec votre professeur. Faites attention au temps des verbes, puis répondez aux questions.

A. De quelles façons est-ce qu'on explique le malheur?

B. Regardez bien le temps des verbes. Quel temps est-ce qu'on utilise pour prédire l'avenir? pour faire des hypothèses?

Approach: (1) Use the introductory questions to preview the material. (2) Model the mini-dialogue several times. (3) Have students look for patterns and answer questions A and B with a partner. (4) Elicit their observations. (5) Present the grammatical explanations as a means of confirming and extending students' hypotheses.

—Je crois que nous sommes malheureux parce que le monde est instable. S'il y **avait** plus de stabilité dans le monde, nous **serions** tous heureux. Par exemple, s'il n'y **avait** pas de chômage°, je **me sentirais** plus en sécurité.

—Peut-être, mais tu **te sentiras**° plus en sécurité dès que tu **atteindras**° un certain équilibre mental.

—Tu rêves, mon vieux!

—Pas du tout. Si tu **veux** être heureux, **soucie-toi**° des choses que tu peux changer.

1. SEQUENCES OF FUTURE EVENTS

The future tense is used after **quand** *(when)*, **dès que** *(as soon as)*, **lorsque** *(when)*, and **aussitôt que** *(as soon as)* when expressing a future action. Note that the future tense is also used in the main clause.

Tu te sentiras plus en sécurité **dès que tu atteindras** un certain équilibre mental.

Lorsque tu termineras tes études, tu pourras commencer ta carrière.

2. HYPOTHESIZING

When making hypotheses, the conjunction **si** is often used. Several different sequences of tenses may be used in hypotheses, depending on meaning. The following chart summarizes them.

***Si* Clause**	**Main Clause**
si + present	present , future, immediate future, imperative
si + imperfect	conditional

Notice that neither the conditional nor the future tense is used in the **si** clause.

le chômage *unemployment* **se sentir** *to feel* **atteindre** *to reach*
se soucier *to worry*

a. Si + present ⟶ present.

Si on fait la grève, **on obtient** une augmentation.

Vous pouvez remplir le formulaire **si vous avez** vingt et un ans.

b. Si + present ⟶ future.

Si tu t'inquiètes, tu seras malheureux.

On ira ensemble **si tu veux.**

c. Si + present ⟶ immediate future.

Si elle se fait des amis, **elle va être** heureuse.

Je vais t'envoyer des renseignements **si cela t'intéresse.**

d. Si + present ⟶ imperative.

Si tu veux être heureux, **soucie-toi** des choses que tu peux changer.

Ne changez pas de carrière **si vous voulez** avancer.

e. Si + imperfect ⟶ conditional.

Si j'étais toi, **je changerais** de carrière.

Elle se sentirait en sécurité **si elle avait** un emploi stable.

UTILISATION

ACTIVITÉ 7: Si vous étiez le (la) président(e), que feriez-vous? Répondez aux questions suivantes en utilisant l'imparfait dans la phrase subordonnée (avec *si*) et le conditionnel dans la phrase principale. Caractérisez ensuite votre régime. Seriez-vous un(e) président(e) socialiste, militariste, orienté(e) vers le commerce, conservateur(-trice)?

MODÈLE: réduire le budget militaire
Si j'étais président(e), je réduirais le budget militaire.
ou: ***Si j'étais président(e), je ne réduirais pas le budget militaire.***

1. augmenter le budget militaire
2. subventionner la recherche nucléaire
3. augmenter les taxes à l'importation
4. réparer les routes nationales
5. réduire les bénéfices sociaux
6. réduire les impôts
7. éliminer le déficit budgétaire
8. restaurer les monuments historiques

ACTIVITÉ 8: Travaillez avec un(e) partenaire et complétez les hypothèses suivantes de plusieurs façons différentes. Utilisez le présent dans la phrase subordonnée (avec *si*) et le futur dans la phrase principale.

MODÈLE: Si / ne pas avoir assez d'argent pour payer mes frais d'inscription le semestre prochain,...
Si je n'ai pas assez d'argent pour payer mes frais d'inscription le semestre prochain, je chercherai un poste à temps partiel.
ou: ***Si je n'ai pas assez d'argent pour payer mes frais d'inscription le semestre prochain, je demanderai de l'argent à mes parents.***

1. Si / décider de changer de spécialisation,...
2. Si / terminer mes études en avance,...
3. Si / réussir dans tous mes cours,...
4. Si / trouver un bon poste,...
5. Si / ne pas trouver le poste de mes rêves,...
6. Si / gagner un bon salaire,...

ACTIVITÉ 9: Travaillez avec un(e) partenaire et trouvez au moins deux façons de compléter chacune des phrases suivantes. Attention au temps!

1. Quand je finirai mes études,...
2. Lorsque je chercherai une carrière,...
3. Dès que la situation économique sera meilleure,...
4. Aussitôt que nous trouverons une solution au problème de la pollution,...
5. Quand les pays du monde vivront en paix,...
6. Quand il n'y aura plus de maladies,...

ACTIVITÉ 10: Vous êtes reporter et vous interviewez un personnage célèbre. Posez-lui ces questions concernant son avenir et ce qu'il (elle) aime faire. Votre partenaire vous répond. Inversez ensuite les rôles.

1. Si vous pouviez changer votre vie, que feriez-vous?
2. Si vous aviez le temps d'aider les autres, qui aideriez-vous?
3. Si votre ami(e) avait besoin de vos conseils, combien de temps lui accorderiez-vous?
4. Si vous deviez choisir un autre métier, lequel choisiriez-vous?
5. Si un(e) ami(e) vous demandait de l'argent, combien d'argent lui accorderiez-vous?
6. Si vous pouviez changer une loi *(law)*, laquelle changeriez-vous?

À VOUS!

Faites un sondage auprès de vos camarades de classe et trouvez une personne qui ferait les choses suivantes. Est-ce que votre classe a tendance à réagir d'une manière activiste ou passive?

MODÈLE: manifester contre la vivisection
Manifesterais-tu contre la vivisection?

1. donner 10% de son salaire aux pauvres
2. travailler pour la Croix-Rouge
3. manifester contre l'armement
4. être un(e) ambassadeur(-drice) de la paix
5. distribuer des tracts politiques *(leaflets)*
6. s'engager dans le Peace Corps
7. donner des cours aux étudiants handicapés
8. aider le mouvement féministe
9. s'engager dans un mouvement politique
10. protester contre le terrorisme international

Lexique

Expressions

Explaining future plans

Je vais...	Je compte...
J'espère...	Je pense...
J'ai l'intention de...	
Je travaillerai...	

Hypothesizing

Si clause		**Main clause**
si + present	→	present, future, immediate future, imperative
si + imperfect	→	conditional

Je voyagerais...

Vocabulaire

Courses

Les Arts *(m. pl.)*: la musique, la peinture, la sculpture, l'art dramatique
Les Lettres *(f. pl.)*: la littérature (les études *[f. pl.]* littéraires), les langues *(f. pl.)*, la philosophie
Les Sciences *(f. pl.)* **humaines**: l'anthropologie *(f.)*, la géographie, l'histoire *(f.)*, la psychologie, la sociologie
Le Droit et les sciences politiques
Les Sciences économiques et commerciales: la comptabilité, la gestion, le marketing, la publicité, les relations *(f. pl.)* publiques
Les Sciences: la biologie, la botanique, la chimie, la géologie, l'électronique *(f.)*, les études d'ingénieur, l'informatique *(f.)*, les maths *(f. pl.)*, la physique, la médecine, la pharmacie, les études de médecine dentaire

Verbes irréguliers

Verbs with irregular future and conditional stems

Verb	**Stem**	**Verb**	**Stem**
être	**ser-**	voir	**verr-**
aller	**ir-**	vouloir	**voudr-**
avoir	**aur-**	pouvoir	**pourr-**
venir	**viendr-**	savoir	**saur-**
faire	**fer-**	falloir	**faudr-**

RÉVISION: MON PAYS ET LE MONDE

ACTIVITÉ 1: À LA GARE. You work for the S.N.C.F. Role-play this scene with a classmate.

A client comes in wanting to make train reservations to one of the cities included in this schedule. Inquire about destination, dates of departure and return, preferred traveling time, type of ticket (first- or second-class, round-trip or one-way, supplements such as sleeping berths or meals). Get the client's name and credit card number and make the reservation.

	X	X	X				
PARIS-Gare de Lyon	10 00	12 06	13 23	17 00	18.50	21 32	22 59
DIJON	7 48	9 61	10 54	14 48	15 58	18 48	20 25
BESANÇON	6 58	*8 33*	9 42	*13 09*	14 36	17 48	*19 04*

	28	22	25	26	23		24
PARIS-Gare de Lyon	6 09	6 33	6 30	7 45	8 19	8 22	8 25
DIJON		3 20		4 21	5 17		5 29
LYON-Perrache	1 04	1 20					
VALENCE	23 59	0 08					
AVIGNON	22 48	23 02		23 59			
MARSEILLE	21 38	21 49		22 35			23 53
TOULON	20 38	20 47	21 48	...		23 15	22 58
NICE	18 40	18 17	19 55	...	21 15	21 22	20 45

	X	X	X	X	X	X	X
PARIS-Gare de Lyon	14 14	16 57	19 10	19 37	20 47	22 20	23 30
DIJON		14 31	16 42				
LYON-Perrache	10 22	12 57	15 00				
VALENCE	9 24	11 50	13 58	16 00	17 10	18 43	19 48
AVIGNON	8 19	10 47	12 55	14 59	16 09	17 38	18 47
MARSEILLE	7 06	9 34	11 47	13 58	15 09	16 37	17 41
TOULON	*5 38*	8 36	10 58	*12 56*	*14 12*	*15 38*	*16 21*
NICE	...	6 52	8 45	*11 20*	*12 33*	*13 55*	*14 41*

ACTIVITÉ 2: À L'HÔTEL. Read these hotel descriptions from the *Guide Michelin.* Select a hotel. Find the telephone number and call to reserve a room for yourself and three friends. Inquire about facilities (parking, meals) and prices. Confirm the type of room (**avec salle de bains, en demi-pension**). Explain what additional services you will need (babysitter, secretary, guide, chauffeur). Spell your name, tell how many nights you will be staying, and give your credit card number.

Sanotel sans rest, 16 quai St Laurent ☏ 38 54 47 65, Télex 783684, Fax 38 62 05 91 – TV ☎ ♿ P – 100. AE ① GB DZ **q**
30 – **50 ch** 292/360.

St-Aignan sans rest, 3 pl. Gambetta ☏ 38 53 15 35, Télex 783587 – TV ☎ AE ① GB DY **k**
30 – **29 ch** 250/320.

Les Cèdres sans rest, 17 r. Mar. Foch ☏ 38 62 22 92, Télex 782314, Fax 38 81 76 46 – TV ☎ AE GB DY **a**
32 – **34 ch** 185/370.

Urbis M sans rest, 17 r. Paris ☏ 38 62 40 40, Télex 760080, Fax 38 77 13 59 TV ☎ ♿ P GB EY **s**
32 – **66 ch** 290/320.

Orléans sans rest, 6 r. A. Crespin ☏ 38 53 35 34, Télex 760235, Fax 38 53 68 20 – TV ☎ AE ① GB EY **t**
35 – **18 ch** 260/370.

ACTIVITÉ 3: UN APPARTEMENT. You and your friends are looking for a furnished apartment. From the four ads below, select the apartment that most closely meets your needs and fits your price range. Call to inquire about specific features (furnishings, number of bathrooms, size of rooms, appliances provided). Then make an appointment to view the apartment.

FAUBOURG ST-DENIS Partic. loue appt, 2e ét. 3 pces, gr. sal., cuis., s. de bns., vue, 4.000F par mois + ch. Tél. 42.46.54.60 après 18h.	NEUILLY, 105, AV. ROULE à louer, chbre de service, 6e ét., eau, élec., 1.000F par mois. Sur place, samedi 9h – 13h.	83, RUE DES MOINES, PARIS Partic. loue 2 pièces, cuis., s. de bns, wc, visite de 17h à 19h réf. exig.	ALFORVILLE Partic. loue appt, 2, 4 pces, cuis., s. de bains, wc, s/séj., très cft, près du RER, réf. exig., 3.200F + ch. Tél 43.78.22.43

ACTIVITÉ 4 : DES MEUBLES EN PROMOTION. Find out as much as you can about the furniture in the following ad by calling the store for details.

Le savoir-faire « tapissier »
De lignes élégantes, dans le respect de la tradition, sièges et canapés sont réalisés dans notre atelier, selon votre choix, de tissus des meilleurs éditeurs.
Artisan du Meuble
Une tradition de qualité depuis 1955
255, faubourg Saint-Antoine – 75011 PARIS
Tél. 43.72.07.06 – Métro et R.E.R. Nation Fermé le lundi
A. et H. DEBEURÉ conseils

ACTIVITÉ 5 : AUX GALERIES LAFAYETTE. You are going shopping at Les Galeries Lafayette. Make a list of at least three items of clothing and footwear you want to purchase. Note the size, preferred color, and fabric. Play the role of the customer in each department while a classmate plays the role of the salesperson. Pay for each purchase in a different way (cash, credit, check, travelers checks).

ACTIVITÉ 6: LA CONFÉRENCE. You are a famous sociologist who has been invited to give a lecture to a large group of students. Tell what you perceive to be the most compelling world concerns and what fields of study students should pursue to solve these problems.

ACTIVITÉ 7: LA LETTRE. Write a letter to your French pen pal telling him or her about your career plans, family plans, and what you hope to accomplish in the near future. Also write about what you think the future will hold.

ACTIVITÉ 8: PARLEZ-VOUS FRANGLAIS? Lisez le passage ci-dessous, puis répondez aux questions suivantes.

« Ce week-end, nous partons avec notre camping-car au bord de la mer,° et après le déjeuner dans un fast-food, nous ferons du shopping. » Halte-là! Mais comment parlez-vous? Et notre belle langue française? Qu'est-ce qu'ils diraient, nos vénérables académiciens?° Rectifions et traduisons le paragraphe.

« Cette fin de semaine, nous partons avec notre auto-caravane, et après le déjeuner dans un prêt-à-manger, nous ferons des courses. » Eh oui, c'est ainsi° que vous devriez parler!

1. Trouvez l'équivalent en français « correct ».
   a. le week-end
   b. le camping-car
   c. le fast-food
   d. le shopping
2. Make a list of French words acceptable in standard English—for example, **résumé**.
3. To what extent do you think these words enrich or weaken the language?
4. Based on this short article, do you think the French are more likely or less likely to accept American words in their standard vocabulary?
5. How would you feel if an official body legislated correct English usage and banned certain words of foreign origin?

ACTIVITÉ 9: LES VACANCES. Lisez cet article sur les vacances en France. Résumez les idées principales et lisez votre résumé à un(e) camarade.

La France est un pays dont l'histoire, le climat, les plages et les stations de ski en font une destination touristique de premier choix.

- Son passé est à la fois riche et pittoresque. On trouve beaucoup de très vieux monuments en France, même des monuments qui datent du temps des Romains.
- Son climat tempéré attire° des vacanciers de tous pays.
- Ses côtes, bordées par trois mers (la Manche, la Méditerranée et la mer du Nord) et un océan (l'Atlantique) offrent beaucoup de variété—petits ports de pêche,° plages de sable fin ou de galets,° relief paisible° ou découpé.°
- Enfin, le nombre et la qualité de ses stations de sports d'hiver en font la destination préférée des skieurs, devant° la Suisse et l'Autriche. Les célèbres stations de Courchevel, Val-Thorens, Méribel et les Menuires, avec leurs 500 km de pistes° et 190 remontées mécaniques, représentent le plus grand domaine skiable du monde.

---

au bord de la mer *on the seashore* **les académiciens** *members of the French Academy* **ainsi** *thus, so* **attirer** *to attract* **la pêche** *fishing* **le galet** *smooth pebble* **paisible** *peaceful* **découpé** *ragged* **devant** *in front of* **la piste** *ski run*

Verb Charts

Verbes réguliers: temps simples

Infinitif et participe passé	Indicatif			Conditionnel	Impératif	Subjonctif
1ER GROUPE	Présent	Imparfait	Futur Simple	Présent	Présent	
parler	je parle	je parlais	je parlerai	je parlerais		que je parle
(to speak)	tu parles	tu parlais	tu parleras	tu parlerais	parle	que tu parles
parlé	il parle	il parlait	il parlera	il parlerait		qu'il parle
	nous parlons	nous parlions	nous parlerons	nous parlerions	parlons	que nous parlions
	vous parlez	vous parliez	vous parlerez	vous parleriez	parlez	que vous parliez
	ils parlent	ils parlaient	ils parleront	ils parleraient		qu'ils parlent

Infinitif et participe passé	Indicatif			Conditionnel	Impératif	Subjonctif
2^E GROUPE	Présent	Imparfait	Futur Simple	Présent	Présent	
finir	je finis	je finissais	je finirai	je finirais		que je finisse
(to finish)	tu finis	tu finissais	tu finiras	tu finirais	finis	que tu finisses
fini	il finit	il finissait	il finira	il finirait		qu'il finisse
	nous finissons	nous finissions	nous finirons	nous finirions	finissons	que nous finissions
	vous finissez	vous finissiez	vous finirez	vous finiriez	finissez	que vous finissiez
	ils finissent	ils finissaient	ils finiront	ils finiraient		qu'ils finissent

Infinitif et participe passé	Indicatif			Conditionnel	Impératif	Subjonctif
3^E GROUPE	Présent	Imparfait	Futur Simple	Présent		
rendre	je rends	je rendais	je rendrai	je rendrais		que je rende
(to return)	tu rends	tu rendais	tu rendras	tu rendrais	rends	que tu rendes
rendu	il rend	il rendait	il rendra	il rendrait		qu'il rende
	nous rendons	nous rendions	nous rendrons	nous rendrions	rendons	que nous rendions
	vous rendez	vous rendiez	vous rendrez	vous rendriez	rendez	que vous rendiez
	ils rendent	ils rendaient	ils rendront	ils rendraient		qu'ils rendent

Verbes irréguliers et avec changement orthographique

Infinitif	Présent	Imparfait	Futur	Conditionnel	Impératif	Subjonctif
acheter	achète	achetais	achèterai	achèterais		achète
(to buy)	achètes	achetais	achèteras	achèterais	achète	achètes
acheté	achète	achetait	achètera	achèterait		achète
	achetons	achetions	achèterons	achèterions	achetons	achetions
	achetez	achetiez	achèterez	achèteriez	achetez	achetiez
	achètent	achetaient	achèteront	achèteraient		achètent

Verbs like **acheter: amener** *(to bring [someone])*, **élever** *(to raise)*, **emmener** *(to take away [someone])*, **enlever** *(to remove)*, **peser** *(to weigh)*

Infinitif	Présent	Imparfait	Futur	Conditionnel	Impératif	Subjonctif
aller	vais	allais	irai	irais		aille
(to go)	vas	allais	iras	irais	va	ailles
allé	va	allait	ira	irait		aille
	allons	allions	irons	irions	allons	allions
	allez	alliez	irez	iriez	allez	alliez
	vont	allaient	iront	iraient		aillent
appeler	appelle	appelais	appellerai	appellerais		appelle
(to call)	appelles	appelais	appelleras	appellerais	appelle	appelles
appelé	appelle	appelait	appellera	appellerait		appelle
	appelons	appelions	appellerons	appellerions	appelons	appelions
	appelez	appelez	appellerez	appelleriez	appelez	appeliez
	appellent	appelaient	appelleront	appelleraient		appellent

Verbs like **appeler: épeler** *(to spell)*, **jeter** *(to throw)*, **rappeler** *(to recall, to call back)*, **rejeter** *(to reject)*

Infinitif	Présent	Imparfait	Futur	Conditionnel	Impératif	Subjonctif
avoir	ai	avais	aurai	aurais		aie
(to have)	as	avais	auras	aurais	aie	aies
eu	a	avait	aura	aurait		ait
	avons	avions	aurons	aurions	ayons	ayons
	avez	aviez	aurez	auriez	ayez	ayez
	ont	avaient	auront	auraient		aient
boire	bois	buvais	boirai	boirais		boive
(to drink)	bois	buvais	boiras	boirais	bois	boives
bu	boit	buvait	boira	boirait		boive
	buvons	buvions	boirons	boirions	buvons	buvions
	buvez	buviez	boirez	boiriez	buvez	buviez
	boivent	buvaient	boiront	boiraient		boivent
commencer	commence	commençais	commencerai	commencerais		commence
(to start)	commences	commençais	commenceras	commencerais	commence	commences
commencé	commence	commençait	commencera	commencerait		commence
	commençons	commencions	commencerons	commencerions	commençons	commencions
	commencez	commenciez	commencerez	commenceriez	commencez	commenciez
	commencent	commençaient	commenceront	commenceraient		commencent

Verbs like **commencer: annoncer** *(to announce)*, **avancer** *(to move forward)*, **effacer** *(to erase)*, **lancer** *(to throw, to launch)*, **menacer** *(to threaten)*, **placer** *(to put, to set, to place)*, **remplacer** *(to replace)*, **renoncer** *(to give up, to renounce)*

Infinitif	Présent	Imparfait	Futur	Conditionnel	Impératif	Subjonctif
conduire	conduis	conduisais	conduirai	conduirais		conduise
(to lead)	conduis	conduisais	conduiras	conduirais	conduis	conduises
conduit	conduit	conduisait	conduira	conduirait		conduise
	conduisons	conduisions	conduirons	conduirions	conduisons	conduisions
	conduisez	conduisiez	conduirez	conduiriez	conduisez	conduisiez
	conduisent	conduisaient	conduiront	conduiraient		conduisent
connaître	connais	connaissais	connaîtrai	connaîtrais		connaisse
(to be acquainted)	connais	connaissais	connaîtras	connaîtrais	connais	connaisses
	connaît	connaissait	connaîtra	connaîtrait		connaisse
connu	connaissons	connaissions	connaîtrons	connaîtrions	connaissons	connaissions
	connaissez	connaissiez	connaîtrez	connaîtriez	connaissez	connaissiez
	connaissent	connaissaient	connaîtront	connaîtraient		connaissent

Infinitif	Présent	Imparfait	Futur	Conditionnel	Impératif	Subjonctif
courir	cours	courais	courrai	courrais		coure
(to run)	cours	courais	courras	courrais	cours	coures
couru	court	courait	courra	courrait		coure
	courons	courions	courrons	courrions	courons	courions
	courez	couriez	courrez	courriez	courez	couriez
	courent	couraient	courront	courraient		courent
croire	crois	croyais	croirai	croirais		croie
(to believe)	crois	croyais	croiras	croirais	crois	croies
cru	croit	croyait	croira	croirait		croie
	croyons	croyions	croirons	croirions	croyons	croyions
	croyez	croyiez	croirez	croiriez	croyez	croyiez
	croient	croyaient	croiront	croiraient		croient
devoir	dois	devais	devrai	devrais		doive
(to have to, to owe)	dois	devais	devras	devrais	dois	doives
	doit	devait	devra	devrait		doive
dû	devons	devions	devrons	devrions	devons	devions
	devez	deviez	devrez	devriez	devez	deviez
	doivent	devaient	devront	devraient		doivent
dire	dis	disais	dirai	dirais		dise
(to say, to tell)	dis	disais	diras	dirais	dis	dises
dit	dit	disait	dira	dirait		dise
	disons	disions	dirons	dirions	disons	disions
	dites	disiez	direz	diriez	dites	disiez
	disent	disaient	diront	diraient		disent
dormir	dors	dormais	dormirai	dormirais		dorme
(to sleep)	dors	dormais	dormiras	dormirais	dors	dormes
dormi	dort	dormait	dormira	dormirait		dorme
	dormons	dormions	dormirons	dormirions	dormons	dormions
	dormez	dormiez	dormirez	dormiriez	dormez	dormiez
	dorment	dormaient	dormiront	dormiraient		dorment
Verbs like **dormir: partir** *(to leave)*, **se sentir** *(to feel)*, **servir** *(to serve)*, **sortir** *(to go out, to leave)*						
écrire	écris	écrivais	écrirai	écrirais		écrive
(to write)	écris	écrivais	écriras	écrirais	écris	écrives
écrit	écrit	écrivait	écrira	écrirait		écrive
	écrivons	écrivions	écrirons	écririons	écrivons	écrivions
	écrivez	écriviez	écrirez	écririez	écrivez	écriviez
	écrivent	écrivaient	écriront	écriraient		écrivent
envoyer	envoie	envoyais	enverrai	enverrais		envoie
(to send)	envoies	envoyais	enverras	enverrais	envoie	envoies
envoyé	envoie	envoyait	enverra	enverrait		envoie
	envoyons	envoyions	enverrons	enverrions	envoyons	envoyions
	envoyez	envoyiez	enverrez	enverriez	envoyez	envoyiez
	envoient	envoyaient	enverront	enverraient		envoient

Infinitif	Présent	Imparfait	Futur	Conditionnel	Impératif	Subjonctif
être	suis	étais	serai	serais		sois
(to be)	es	étais	seras	serais	sois	sois
été	est	était	sera	serait		soit
	sommes	étions	serons	serions	soyons	soyons
	êtes	étiez	serez	seriez	soyez	soyez
	sont	étaient	seront	seraient		soient
faire	fais	faisais	ferai	ferais		fasse
(to do, to make)	fais	faisais	feras	ferais	fais	fasses
fait	fait	faisait	fera	ferait		fasse
	faisons	faisions	ferons	ferions	faisons	fassions
	faites	faisiez	ferez	feriez	faites	fassiez
	font	faisaient	feront	feraient		fassent
lire	lis	lisais	lirai	lirais		lise
(to read)	lis	lisais	liras	lirais	lis	lises
lu	lit	lisait	lira	lirait		lise
	lisons	lisions	lirons	lirions	lisons	lisions
	lisez	lisiez	lirez	liriez	lisez	lisiez
	lisent	lisaient	liront	liraient		lisent
manger	mange	mangeais	mangerai	mangerais		mange
(to eat)	manges	mangeais	mangeras	mangerais	mange	manges
mangé	mange	mangeait	mangera	mangerait		mange
	mangeons	mangions	mangerons	mangerions	mangeons	mangions
	mangez	mangiez	mangerez	mangeriez	mangez	mangiez
	mangent	mangeaient	mangeront	mangeraient		mangent

Verbs like **manger: arranger** *(to fix, to arrange)*, **changer** *(to change)*, **corriger** *(to correct)*, **déménager** *(to move one's residence)*, **déranger** *(to disturb)*, **diriger** *(to manage, to run)*, **nager** *(to swim)*, **négliger** *(to neglect)*, **obliger** *(to oblige)*, **partager** *(to share)*, **plonger** *(to dive)*, **protéger** *(to protect)*, **ranger** *(to put in order, to put away)*, **songer à** *(to think of)*, **voyager** *(to travel)*

Infinitif	Présent	Imparfait	Futur	Conditionnel	Impératif	Subjonctif
mettre	mets	mettais	mettrai	mettrais		mette
(to put)	mets	mettais	mettras	mettrais	mets	mettes
mis	met	mettait	mettra	mettrait		mette
	mettons	mettions	mettrons	mettrions	mettons	mettions
	mettez	mettiez	mettrez	mettriez	mettez	mettiez
	mettent	mettaient	mettront	mettraient		mettent
mourir	meurs	mourais	mourrai	mourrais		meure
(to die)	meurs	mourais	mourras	mourrais	meurs	meures
mort	meurt	mourait	mourra	mourrait		meure
	mourons	mourions	mourrons	mourrions	mourons	mourions
	mourez	mouriez	mourrez	mourriez	mourez	mouriez
	meurent	mouraient	mourront	mourraient		meurent
ouvrir	ouvre	ouvrais	ouvrirai	ouvrirais		ouvre
(to open)	ouvres	ouvrais	ouvriras	ouvrirais	ouvre	ouvres
ouvert	ouvre	ouvrait	ouvrira	ouvrirait		ouvre
	ouvrons	ouvrions	ouvrirons	ouvririons	ouvrons	ouvrions
	ouvrez	ouvriez	ouvrirez	ouvririez	ouvrez	ouvriez
	ouvrent	ouvraient	ouvriront	ouvriraient		ouvrent

Verb like **ouvrir: offrir** *(to offer)*

Infinitif	Présent	Imparfait	Futur	Conditionnel	Impératif	Subjonctif
payer	paie	payais	paierai	paierais		paie
(to pay)	paies	payais	paieras	paierais	paie	paies
payé	paie	payait	paiera	paierait		paie
	payons	payions	paierons	paierions	payons	payions
	payez	payiez	paierez	paieriez	payez	payiez
	paient	payaient	paieront	paieraient		paient

Verbs like **payer: employer** *(to use, to employ),* **ennuyer** *(to bore, to annoy),* **envoyer** *(to send)* (except in future and conditional), **essayer** *(to try),* **essuyer** *(to wipe),* **nettoyer** *(to clean)*

Infinitif	Présent	Imparfait	Futur	Conditionnel	Impératif	Subjonctif
plaire	plais	plaisais	plairai	plairais		plaise
(to please)	plais	plaisais	plairas	plairais	plais	plaises
plu	plaît	plaisait	plaira	plairait		plaise
	plaisons	plaisions	plairons	plairions	plaisons	plaisions
	plaisez	plaisiez	plairez	plairiez	plaisez	plaisiez
	plaisent	plaisaient	plairont	plairaient		plaisent
pouvoir	peux, puis	pouvais	pourrai	pourrais		puisse
(to be able)	peux	pouvais	pourras	pourrais		puisses
pu	peut	pouvait	pourra	pourrait		puisse
	pouvons	pouvions	pourrons	pourrions		puissions
	pouvez	pouviez	pourrez	pourriez		puissiez
	peuvent	pouvaient	pourront	pourraient		puissent
préférer	préfère	préférais	préférerai	préférerais		préfère
(to prefer)	préfères	préférais	préféreras	préférerais	préfère	préfères
préféré	préfère	préférait	préférera	préférerait		préfère
	préférons	préférions	préférerons	préférerions	préférons	préférions
	préférez	préfériez	préférerez	préféreriez	préférez	préfériez
	préfèrent	préféraient	préféreront	préféreraient		préfèrent

Verbs like **préférer: célébrer** *(to celebrate),* **espérer** *(to hope),* **inquiéter** *(to worry),* **posséder** *(to own),* **protéger** *(to protect),* **répéter** *(to repeat),* **sécher** *(to dry),* **suggérer** *(to suggest)*

Infinitif	Présent	Imparfait	Futur	Conditionnel	Impératif	Subjonctif
prendre	prends	prenais	prendrai	prendrais		prenne
(to take)	prends	prenais	prendras	prendrais	prends	prennes
pris	prend	prenait	prendra	prendrait		prenne
	prenons	prenions	prendrons	prendrions	prenons	prenions
	prenez	preniez	prendrez	prendriez	prenez	preniez
	prennent	prenaient	prendront	prendraient		prennent
recevoir	reçois	recevais	recevrai	recevrais		reçoive
(to receive)	reçois	recevais	recevras	recevrais	reçois	reçoives
reçu	reçoit	recevait	recevra	recevrait		reçoive
	recevons	recevions	recevrons	recevrions	recevons	recevions
	recevez	receviez	recevrez	recevriez	recevez	receviez
	reçoivent	recevaient	recevront	recevraient		reçoivent

Infinitif	Présent	Imparfait	Futur	Conditionnel	Impératif	Subjonctif
savoir	sais	savais	saurai	saurais		sache
(to know)	sais	savais	sauras	saurais	sache	saches
su	sait	savait	saura	saurait		sache
	savons	savions	saurons	saurions	sachons	sachions
	savez	saviez	saurez	sauriez	sachez	sachiez
	savent	savaient	sauront	sauraient		sachent
suivre	suis	suivais	suivrai	suivrais		suive
(to follow)	suis	suivais	suivras	suivrais	suis	suives
suivi	suit	suivait	suivra	suivrait		suive
	suivons	suivions	suivrons	suivrions	suivons	suivions
	suivez	suiviez	suivrez	suivriez	suivez	suiviez
	suivent	suivaient	suivront	suivraient		suivent
venir	viens	venais	viendrai	viendrais		vienne
(to come)	viens	venais	viendras	viendrais	viens	viennes
venu	vient	venait	viendra	viendrait		vienne
	venons	venions	viendrons	viendrions	venons	venions
	venez	veniez	viendrez	viendriez	venez	veniez
	viennent	venaient	viendront	viendraient		viennent
Verbs like **venir: devenir** *(to become)*, **obtenir** *(to obtain)*, **retenir** *(to retain)*, **revenir** *(to come back)*, **tenir** *(to hold, to keep)*						
vivre	vis	vivais	vivrai	vivrais		vive
(to live)	vis	vivais	vivras	vivrais	vis	vives
vécu	vit	vivait	vivra	vivrait		vive
	vivons	vivions	vivrons	vivrions	vivons	vivions
	vivez	viviez	vivrez	vivriez	vivez	viviez
	vivent	vivaient	vivront	vivraient		vivent
voir	vois	voyais	verrai	verrais		voie
(to see)	vois	voyais	verras	verrais	vois	voies
vu	voit	voyait	verra	verrait		voie
	voyons	voyions	verrons	verrions	voyons	voyions
	voyez	voyiez	verrez	verriez	voyez	voyiez
	voient	voyaient	verront	verraient		voient
vouloir	veux	voulais	voudrai	voudrais		veuille
(to wish, to want)	veux	voulais	voudras	voudrais		veuilles
	veut	voulait	voudra	voudrait		veuille
voulu	voulons	voulions	voudrons	voudrions		voulions
	voulez	vouliez	voudrez	voudriez	veuillez	vouliez
	veulent	voulaient	voudront	voudraient		veuillent

VOCABULAIRE

Français/Anglais

A

a		in, at, to
les abdominaux	*(m. pl.)*	abdominal muscles
abondant(e)		abundant, plentiful
l'abonné(e)	*(m., f.)*	subscriber
aborder		to address
l'abricot	*(m.)*	apricot
l'académicien(ne)	*(m., f.)*	member of the French Academy
accepter		to accept
accorder		to grant
l'achat	*(m.)*	purchase;
faire les---s		to go shopping
acheter		to buy
l'acheteur(-se)	*(m., f.)*	buyer
l'acier	*(m.)*	steel
acquérir		to acquire
actif(-ive)		active
l'actualité	*(f.)*	timeliness
actuellement		at the present time
adorer		to adore, to love
adoucir		to soften, to sweeten
l'adresse	*(f.)*	address
l'aérobic	*(m.)*	aerobics
l'aérospatiale	*(f.)*	aerospace industry
l'affaire	*(f.)*	deal;
la bonne ---		good deal;
les ---s		business, things
affectueusement		affectionately
l'affiche	*(f.)*	poster
l'affirmation	*(f.)*	recognition
affreux(-se)		awful
afin de		in order to
africain(e)		African
l'âge	*(m.)*	age
l'agence	*(f.)*	agency, company;
l'--- de publicité		advertising company;
l'--- de voyages		travel agency
l'agent	*(m.)*	agent;
l'--- d'assurances		insurance agent;
l'--- de police		police officer;
l'--- de voyages		travel agent
agréable		nice
aider		to help
ailleurs		elsewhere
aimer		to love;
s'---		to love each other
ainsi		thus;
--- que		as well as
l'air: avoir l'--- de		to seem:
en plein ---		outdoors
air conditionné		air-conditioned
ajouter		to add
l'album	*(m.)*	album, record
l'alcoolémie	*(f.)*	alcohol level
alcoolisé(e)		alcoholic
l'Algérie	*(f.)*	Algeria
algérien(ne)		Algerian
alimentaire		pertaining to food
allécher		to entice
alléger		to lighten
l'Allemagne	*(f.)*	Germany
allemand(e)		German
aller		to go;
Allons-y!		Let's go!
l'aller -retour	*(m.)*	round-trip ticket
alors		then
l'alpinisme	*(m.)*	mountain climbing
l'amaigrissement	*(m.)*	weight loss
l'amande	*(f.)*	almond
ambitieux(-se)		ambitious
améliorer		to improve
l'amende	*(f.)*	fine
amener		to bring along
américain(e)		American
l'ami(e)	*(m., f.)*	friend
amical(e)		friendly
amicalement		in a friendly way
amortir		to absorb
l'amour	*(m.)*	love
amuser		to amuse, to entertain;
s'---		to have fun, to enjoy oneself
l'an	*(m.)*	year
l'analyse	*(f.)*	analysis
l'anchois	*(m.)*	anchovy
ancien(ne)		former, old, antique
l'angine	*(f.)*	sore throat
anglais(e)		English
l'Angleterre	*(f.)*	England
l'animateur(-trice)	*(m., f.)*	master (mistress) of ceremonies
l'anniversaire	*(m.)*	birthday
annoncer		to announce
l'annuaire (des abonnés)	*(m.)*	telephone directory
annuler		to cancel
l'anorak	*(m.)*	ski jacket
antérieur(e)		preceding
l'anthropologie	*(f.)*	anthropology
anxiogène		anxiety-creating
août		August
l'apéritif	*(m.)*	before-dinner drink
l'appareil	*(m.)*	machine, apparatus;
l'--- photo		camera;
à l'---		on the (telephone) line
l'apparition	*(f.)*	appearance
l'appartement	*(m.)*	apartment
appartenir à		to belong to
l'appauvrissement	*(m.)*	loss
s'appeler		to be named
l'appendicite	*(f.)*	appendicitis
apporter		to bring
apprendre		to learn
l'après-midi	*(m.)*	afternoon
les après-ski	*(m. pl.)*	light ski boots
l'architecture	*(f.)*	architecture
l'argent	*(m.)*	money;
l'--- de poche		pocket money
l'armement	*(m.)*	armament
l'armoire	*(f.)*	wardrobe
arracher		to pull out
arrêter		to stop
arriver		to arrive
l'arrondissement	*(m.)*	administrative district of Paris
l'art	*(m.)*	art
l'article	*(m.)*	item, article
l'ascenseur	*(m.)*	elevator
l'Asie	*(f.)*	Asia
l'asperge	*(f.)*	asparagus
s'asseoir		to sit down
assez		enough
l'assistant(e)	*(m., f.)*	assistant
assister à		to attend
l'association sportive	*(f.)*	sports club
l'associé(e)	*(m., f.)*	associate
l'assortiment	*(m.)*	assortment
l'astre	*(m.)*	star, heavenly body
attachant(e)		engaging
l'attaque	*(f.)*	assault
attendre		to wait
l'attentat	*(m.)*	attack
attentivement		attentively
attirer		to attract
attrayant(e)		attractive
l'auberge	*(f.)*	inn;
l'--- de jeunesse		youth hostel
aucun; ne... ---		no, none
l'augmentation	*(f.)*	raise
aujourd'hui		today
au revoir		good-bye
aussitôt que		as soon as
l'auto	*(f.)*	car;
en ---		by car
l'automne	*(m.)*	fall, autumn
l'autoroute	*(f.)*	freeway
autrefois		in other times
les autres	*(m., f. pl.)*	others
avaler		to swallow
l'avancement	*(m.)*	promotion, advancement
avant		before
les avantages sociaux	*(m. pl.)*	benefits
avec		with
l'avenir	*(m.)*	future
aventurier(-ère)		adventurous
l'avenue	*(f.)*	avenue
l'avertissement	*(m.)*	announcement
l'avion	*(m.)*	airplane
l'avocat(e)	*(m., f.)*	lawyer
avoir		to have
avril		April

B

la baguette		long loaf of French bread
se baigner		to bathe
la baignoire		bathtub
bailler		to yawn
le baladeur		Walkman, personal stereo
la baleine		whale
le ballet		ballet
le ballon		ball;
le --- de foot		football
la banane		banana
la banlieue		suburbs
le/la banquier(-ère)		banker
le bar		bar
la barbe		beard
le basket-ball (le basket)		basketball
le bâtard		long loaf of French bread
bavarder		to chat
beau/bel(belle)		beautiful
la Belgique		Belgium
le besoin		need;
avoir --- de		to need
le beurre		butter
la bibliothèque		library
la bicyclette		bicycle
bien		well
le bien-être		well-being
bientôt		soon;
À ---.		See you soon.
la bienveillance		kindness

la bière		beer;
la --- à pression		draft beer
le bifteck		steak
le bijou		jewel
la bijouterie		jewelry store
le bilan		summary, wrap-up
le billet		ticket;
le --- de banque		banknote
la biologie		biology
la biscotte		cracker
le biscuit		cookie
la bise		kiss
le bistrot		bistro, restaurant
la blague		joke
blanc (blanche)		white
bleu(e)		blue
bleuté(e)		bluish
blond(e)		blond
le boa		boa constrictor
boire		to drink
le bois		wood
la boisson		drink;
la --- gazeuse		soft drink
la boîte		can;
la --- de nuit		nightclub
la bombe atomique		atomic bomb
le bonbon		candy
la bonbonnière		candy dish
le bonheur		happiness
bonjour		hello
bonsoir		good evening, goodnight
le bord de la mer		seashore
la borne		kiosk
la botanique		botany
les bottes	*(f. pl.)*	boots
la bouche		mouth;
la --- de métro		metro entrance
boucher		to plug up, to stuff up
la boucherie		butcher shop
bouger		to move
la boulangerie		bakery
la boule de nerfs		bundle of nerves
le boulevard		boulevard
le boulot	*(fam.)*	job
la boum		party
le bout: de --- en ---		end to end
la bouteille		bottle
la boutique		shop
la branche		occupation, branch
brancher		to connect
le bras		arm
bref(-ève)		brief, short
le/la bricoleur(-se)		do-it-yourselfer
le brie		brie cheese
la brindille		sprig
la brioche		light, sweet bread
la bronchite		bronchitis
le brossage		brushing
brosser: se --- les cheveux		to brush one's hair,
se --- les dents		to brush one's teeth
le brouillard		fog
le bruit		noise
le buffet		sideboard
le bureau		desk, office
le bus		bus;
en ---		by bus

C

ça		that;
--- va?		How's it going?;
Ça va.		I'm fine.
le cadeau		gift
le/la cadre		manager
le café		coffee, coffee house;
le --- au lait		coffee with milk;
le --- crème		coffee with cream
la caféine		caffeine
la caisse		cashier, box
le/la caissier(-ère)		cashier
la calculatrice		calculator
calme		calm
le/la camarade		friend, comrade
le cambriolage		burglary
le camembert		Camembert cheese
le Cameroun		Cameroon
le Canada		Canada
canadien(ne)		Canadian
le canapé		sofa
le cancer		cancer
le/la candidat(e)		candidate
la candidature		candidacy
car		because
le carburant		fuel
la carie		tooth cavity
la carotte		carrot
le carrefour		intersection
la carrière		career
la carte téléphonique		telephone card
le casque		helmet
la casse		breakage
casser		to break;
se ---		to break
la cassette		cassette
le cauchemar		nightmare
la ceinture noire		black belt in martial arts
le cendrier		ashtray
la centrale nucléaire		nuclear power station
le centre		center;
le --- auto		automotive center;
le --- commercial		commercial center, mall;
le --- jardinier		garden center
les céréales	*(f. pl.)*	cereal
la cerise		cherry
la certitude		certainty
cesser		to stop, to cease
la chaîne stéréo		stereo system
la chaise		chair, seat
la chaleur		heat
la chambre		room, bedroom;
la --- de service		maid's room
le champignon		mushroom
la chance		luck
la chanson		song;
la --- populaire		popular song
chanter		to sing
le chapeau		hat
chaque		each
chaud(e)		warm, hot
le chauffage		heating
chausser		to wear (shoes)
la chaussette		sock
la chaussure		shoe
le chef		leader;
le --- d'équipe		team leader;
le --- de rayon		department manager;
le --- de service		manager
le chemin		way, path
la chemise		shirt;
la --- de nuit		nightshirt
le chemisier		shirt
le chèque		check
cher(-ère)		expensive
chercher		to look for
les cheveux	*(m. pl.)*	hair
la cheville		ankle
le chèvre		goat cheese
chez		at the home of
chiffré(e)		documented
la chimie		chemistry
la Chine		China
chinois(e)		Chinese
le choc		shock
le chocolat		chocolate
choisir		to choose
le choix		choice
la chose		thing
le chrysanthème		chrysanthemum
le ciel		sky
la cigarette		cigarette
le cinéma		cinema, movie house
la cinquantaine		about 50 years old
le cirque		circus
le citron pressé		lemonade
le claquage		muscle strain
classique		classic
le clavier		keyboard
la clientèle		customers
climatisé(e)		air conditioned
le clip		video
le Coca		Coca-Cola
le cœur		heart
le coffre		trunk, safe
se coiffer		to comb one's hair
le/la coiffeur(-se)	*(m., f.)*	hairdresser
le collant		panty hose, tights
le/la collègue		colleague
combien		how much;
C'est --- ?		How much is it?
la comédie		comedy
la commande		order
commander		to order
commencer		to begin
comment		how
le commis		office help;
le --- de bureau		office boy
le commissariat de police		police station
la commode		dresser
la compagnie d'assurances		insurance company
comprendre		to understand
se ---		to understand each other
le comprimé		tablet, pill
la comptabilité		accounting
le/la comptable		accountant
le compte rendu		review
compter (sur)		to count, to rely (on)
le concert		concert;
de ---		together
le/la concierge		apartment superintendent
les conditions de travail	*(f. pl.)*	working conditions
le/laconducteur(-trice)		driver
conduire		to drive
la conférence		lecture
la confiture		preserves, jam
conforme (à)		in accordance (with)
le congélateur		freezer
la connaissance		acquaintance;
faire la --- de		to meet;
les ---s		knowledge
connaître		to know
se ---		to know each other
le conseil		advice
conseiller		to advise
la consommation		drink, consumption
constamment		constantly
constater		to ascertain a fact

consulter to consult
contagieux(-se) contagious
continuer to continue
contre against;
par --- on the other hand
le contrôleur ticket agent
convenablement conveniently
convenir (à) to agree (with)
le copain/la copine friend
le coq au vin chicken in red wine
cordialement cordially
le cornet de glace ice cream cone
le corps body
le/la correspondant(e) correspondent, addressee
corriger to correct
le costume suit
la côte coast
la Côte-d'Ivoire Ivory Coast
la côtelette rib steak
le cou neck
se coucher to go to bed
la couchette sleeping berth
le coude elbow
couler to run, to sink
le country country music
le coup de fil call
la cour courtyard
courageux(-se) courageous, brave
couramment often
la courbature muscle ache
le cours course, class
la course automobile car race
les courses *(f. pl.)* errands
le coursier errand runner
court(e) short
le coût de la vie living expenses
coûter to cost
la cravate tie
la crise cardiaque heart attack
croire to believe
se croiser to cross
le croissant crescent roll
croyable believable
les crudités *(f. pl.)* raw vegetables
cuir leather;
en --- made of leather
cuire to cook
la cuisine kitchen
cuisiner to cook
la cuisinière range
la cure diet, cure
le cyclisme cycling

D

d'accord agreed, OK
la dame lady
la dance-musique popular dance music
le Danemark Denmark
danser to dance
la date date
le débat politique political debate
se débrouiller to manage
le début beginning
le/la débutant(e) beginner
décembre December
le décès death
le déchet waste
déchirer to tear
décongeler to defrost
découpé(e) ragged
la découverte discovery
décrire to describe
décrocher to pick up
déçu(e) disappointed
le dédommagement refund
défectueux(-se) defective
les dégâts *(m. pl.)* damage
le délit crime
demain tomorrow
demander to ask for, to demand
la demi-pension some meals included
la démonstration demonstration
la dent tooth
le dentifrice toothpaste
le/la dentiste dentist
dépareillé(e) used up
dépassé(e) old hat
se dépêcher to hurry
le déplacement journey, displacement
depuis since
déranger to bother
désagréable unpleasant
descendre to go down, to stay in a hotel;
--- en ville to go to town
la description description
le design design, style
désirer to want, to desire
désolé(e) sorry
désormais from now on
dès que as soon as
le dessert dessert
le dessin animé cartoon
le/la dessinateur (-trice) drafter
la destination destination
se détendre to relax
détester to hate
détruire to destroy
devant in front of
devenir to become
deviner to guess
devoir to owe, to have to
les devoirs *(m. pl.)* homework
faire les --- to do homework
le diabolo menthe mint-flavored carbonated water
le digestif after-dinner drink
dimanche Sunday
dîner to dine
dire to tell, to say
le/la directeur(-trice) director
la discothèque disco
la disparition disappearance
disponible available
le disque record;
le --- compact compact disc
distingué(e) distinguished
le divertissement amusement
le doigt finger
Dommage! Too bad!
dormir to sleep
le dos back
la dose dose
doter to endow
douceur: en --- smoothly
la douche shower
la douleur pain
le doute doubt
la douzaine dozen
le/la dragueur(-se) flirt
le droit right, law
la droite right;
à --- on the right
drôle funny
dur(e) hard
la durée length
dynamique dynamic

E

l'eau *(f.)* water;
l'--- minérale mineral water
écarter to separate
s'échauffer to warm up
les échecs *(m. pl.)* chess
l'échelle *(f.)* ladder
l'éclair *(m.)* eclair (pastry); lightning bolt
l'éclat *(m.)* sparkle
économe frugal
écouler to pass (time)
écouter to listen (to)
écrire to write;
s'--- to write each other
l'écrivain *(m.)* writer
efficace efficient
l'efficacité *(f.)* effectiveness
effrayer to scare
s'égarer to get lost
égoïste egotistical
l'électroménager *(m.)* household appliances
électronique electronic
l'électronique *(f.)* electronics
élégant(e) elegant
élevé(e) raised
l'émail *(m.)* enamel
l'embouteillage *(m.)* traffic jam
embrasser to kiss
l'émissaire *(m.)* envoy
l'émission *(f.)* broadcast
l'emploi *(m.)* job
l'employé(e) de banque *(m., f.)* bank employee
s'empresser to rush, to hurry
emprunter to borrow
en in, at, to;
--- ce qui concerne regarding; en
somme in all
en some, any, them, of them
Enchanté(e). Glad to meet you.
l'endive *(f.)* endive
l'endroit *(m.)* place
énergique *(adj.)* energetic
s'énerver to get upset
l'enfant *(m., f.)* child;
faire l'--- to act like a baby
enfantin(e) childish
enfin finally
engoncé(e) bundled up
enlever to take away
l'ennui *(m.)* trouble;
avoir des ---s to have problems
s'ennuyer to be bored
enregistrer to record
l'enregistreur *(m.)* recorder
l'enseigne *(f.)* sign
l'enseignement *(m.)* teaching
ensemble together
ensuite then
entamer to cut into, to begin
entendre to hear;
s'--- to get along
entourer to surround
s'entraîner to train
l'entrée *(f.)* entrance, course served between soup and meat
entrer to enter
l'entretien *(m.)* maintenance
l'entrevue *(f.)* interview
envelopper to wrap
envier to envy

environ		about
l'environnement	*(m.)*	environment
envisager		to plan
envoyer		to send
l'épicerie	*(f.)*	grocery store
les épices	*(f. pl.)*	spices
éplucher		to peel
épouser		to marry
l'équipe	*(f.)*	team
l'escargot	*(m.)*	snail
l'escrime	*(f.)*	fencing
l'Espagne	*(f.)*	Spain
espagnol(e)		Spanish
espèce:		
en ---		cash
espérer		to hope, to wish
l'esprit	*(m.)*	spirit
l'essence	*(f.)*	gas
l'estampe	*(f.)*	print
esthétique		esthetic
l'estomac	*(m.)*	stomach
et		and
l'étagère	*(f.)*	shelves
l'étang	*(m.)*	pond
l'état	*(m.)*	state;
l'--- d'ivresse	*(m.)*	drunkenness
les États-Unis	*(m. pl.)*	United States
l'été	*(m.)*	summer
l'étiquette	*(f.)*	etiquette, good behavior
étonner		to surprise
étourdi(e)		harebrained
être		to be
l'étrenne	*(f.)*	New Year's gift
l'étude	*(f.)*	study;
les ---s dentaires	*(f. pl.)*	dentistry
étudier		to study
l'Europe	*(f.)*	Europe
européen(ne)		European
l'événement	*(m.)*	event
éviter		to avoid
évoluer		to evolve
l examen	*(m.)*	exam
l'excuse	*(f.)*	excuse
exigeant(e)		demanding
exiger		to demand
l'expert(e)	*(m., f.)*	expert
l'exposition	*(f.)*	exposition
l'express	*(m.)*	espresso

F

le fabricant		manufacturer
la fac		faculty, university
fâché(e)		angry
se fâcher		to be angry
la facture		bill
facultatif(-ive)		optional
fade		tasteless
la faim		hunger;
avoir ---		to be hungry
faire		to do, to make;
--- des morts		to cause deaths;
--- exprès		to do on purpose;
--- semblant		to pretend
la famille		family
fanatique (fana)		fanatic
le Fanta		brand of soft drink
la farine		flour
le fast-food		fast-food restaurant
se fatiguer		to become tired
le fauteuil		armchair
le fauve		wild animal
le faux pas		mistake
favoriser		to promote
Félicitations!		Congratulations!
féliciter		to congratulate
la femme		woman, wife;
la --- d'affaires		businesswoman;
la --- de ménage		cleaning person
la fenêtre		window
la fente		slot
fermer		to close
le festival		festival
la fête		party
fêter		to celebrate
le feuilleton		television series
février		February
la fiabilité		reliability
le/la fiancé(e)		fiancé(e)
le fiasco		fiasco, unsuccessful event
le fichier		file
la fièvre		fever
le filet		shopping net
la fille		girl, daughter
le film		film;
le --- d'horreur		horror film
le fils		son
finir		to finish
la fleur		flower
le fleuve		river
la flore		plant life
le flotteur		float
le fluor		fluoride
le foie		liver
la fonction:		
de ---		as part of the job
fonctionner		to function
fondre		to melt
le football		soccer, football
la forêt		forest
le forfait		travel package
formidable		great
la formule		form
fort(e)		strong
fou (folle)		crazy
la foudre		lightning
le four à micro-ondes		microwave oven
fournir		to furnish
la fourrure		fur
le foyer		household
frais (fraîche)		fresh
les frais *(m. pl.)* **d'envoi**		shipping costs
fraise		strawberry red
la fraise		strawberry;
la tarte aux ---s		strawberry tart
la framboise		raspberry
français(e)		French
la France		France
la francophonie		French-speaking countries
fréquemment		frequently
le frère		brother
la friandise		candy, treat
frisé(e)		curly
le frisson		shiver
le froid		cold
le fromage		cheese
le fruit		fruit;
les --- s de mer		seafood
fuir		to flee, to escape
la fuite		leak
fumer		to smoke
funèbre		funereal
la fusée		rocket

G

gâcher		to spoil
le/la gagnant(e)		winner
gagner		to earn, to win
la galerie		gallery
le galet		smooth rock
la gamme		variety, selection
le/la gardien(ne)		superintendent
se garer		to park
le gars		guy
le gaspillage		waste
le gâteau		cake
la gauche		left;
à ---		on the left
la gendarmerie		police station
gêner		to bother
généreux(-se)		generous
génial(e)		great, marvelous, wonderful
le génie		genie
le genou		knee
les gens	*(m. pl.)*	people
la géographie		geography
la géologie		geology
la gestion		management
la glace		ice cream, ice
le golf		golf
la gorge		throat
goûter		to enjoy, to taste
la graîne		seed
grand(e)		big, large
la grand-mère		grandmother
le grand-père		grandfather
grandir		to grow up
gratuit(e)		free
graviter		to gravitate
grec(que)		Greek
la Grèce		Greece
la grève		strike
la grippe		flu
gris(e)		gray
grossir		to gain weight
la grotte		cave
le gruyère		Gruyère cheese
la guerre		war
la gueule de bois		hangover
le guichet		ticket window
le guide		guide, guidebook
la guitare		guitar
le gymnase		gymnasium

H

l'habillement	*(m.)*	clothes
s'habiller	*(m.)*	to get dressed
habiter		to live
handicapé(e)		handicapped
le haricot		bean
le hasard		chance;
par ---		by chance
le haut-parleur		speaker
hésiter		to hesitate
l'heure	*(f.)*	time hour
À quelle ---?		At what time?
À tout à l'---.		See you soon;
de bonne ---?		early
heureux(-se)		happy
heurter		to hit
l'histoire	*(f.)*	history
l'hiver	*(m.)*	winter
le H.L.M.		housing project
l'homme d'affaires	*(m.)*	businessman
la honte		shame;
avoir ---		to be ashamed
l'hôpital	*(m.)*	hospital
l'horaire	*(m.)*	hours, schedule
le hors-d'œuvre		hors d'oeuvre

l'hôte/l'hôtesse	*(m., f.)*	host, hostess
l'huile	*(f.)*	oil
l'hypermarché	*(m.)*	very large store

I

idéaliste		idealist
l'imbécile	*(m., f.)*	imbecile
l'immeuble	*(m.)*	building
impatient(e)		impatient
l'imperméable	*(m.)*	raincoat
imprégner		to affect strongly
imprimé(e)		printed
imprimer		to print
impulsif(-ive)		impulsive
inciter		to bring about
l'Inde	*(f.)*	India
l'indemnité	*(f.)*	payment
indiquer		to point someone out
individualiste		individualistic
infecte		very bad
l'infection	*(f.)*	infection
l'infirmier(-ière)	*(m., f.)*	nurse
influer		to influence
les informations	*(f. pl.)*	news
l'informatique	*(f.)*	computer science
l'infrarouge	*(m.)*	infrared
l'ingénieur	*(m.)*	engineer
l'inondation	*(f.)*	flood
insérer		to insert
insister		to insist
linstituteur(-trice)	*(m., f.)*	teacher
s'intégrer (dans)		to integrate (in)
l'interrogation	*(f.)*	quiz
l'interview	*(f.)*	interview
interviewer		to interview
l'intrigue	*(f.)*	plot
l'invitation	*(f.)*	invitation
inviter		to invite
l'Irlande	*(f.)*	Ireland
l'Italie	*(f.)*	Italy
italien(ne)		Italian
l'itinéraire	*(m.)*	itinerary
l'ivrogne	*(m., f.)*	drunk

J

jamais: ne... ---		never
la jambe		leg
le jambon		ham
janvier		January
le Japon		Japan
japonais(e)		Japanese
la jaquette de judo		judo jacket
le jardin		garden
jaune		yellow
le jazz		jazz
le jean		jean
le jeu		game;
le --- de boules		game of bowls, bocce ball;
le --- télévisé		game show
jeudi		Thursday
jeune		young
le job		small job
le jogging		jogging
la joie		joy
joindre		to join
joli(e)		pretty
jouer		to play
le jour		day;
le --- férié		legal holiday
le journal		newspaper
le/la journaliste		journalist
la/journée		day
judiciaire		investigative
juillet		July
juin		June
les jumeaux	*(m. pl.)*	twins
la jupe		skirt
jurer		to swear
le jus de fruit		fruit juice
jusqu'à		until, up to
juste		just
juteux(-se)		juicy

K

le karaté		karate
le kilogramme (le kilo)		kilogram (kilo)
le kir		drink

L

le lac		lake
laisser		to leave
le lait		milk
la laitue		lettuce
la lampe		lamp
lancer		to send out, to throw
la langue	*(f.)*	language
le lave-linge		clothes washer
le lave-vaisselle		dishwasher
se laver		to wash
le lecteur laser		compact-disc player
léger(-ère)		light
le légume		vegetable
le lendemain		the day after
lentement		slowly
la lettre		letter;
la --- de remerciements		thank-you note
la lessive:		
faire la ---		to do the laundry
se lever		to get up
libre		free
le libre-service		self-service
lier		to tie
le lieu		place;
au --- de		instead of
la ligne		figure, line
la limonade		carbonated lemon flavored drink
lire		to read
lisible		legible
le lit		bed;
les --- jumeaux		twin beds
le litre		liter
la littérature		literature
le livre		book
la locomotive		locomotive
le logement		housing
la loi		law
loin de		far from
les loisirs	*(m. pl.)*	free time
lorsque		when
lundi		Monday
la lune		moon
les lunettes	*(f. pl.)*	glasses;
les --- de soleil		sunglasses
lutter		to fight
le Luxembourg		Luxembourg
le lycée		high school

M

mâcher		to chew
la machine à écrire		typewriter
madame		Mrs., madam
mademoiselle		Miss, Ms.
le magasin		store;
le --- de vêtements		clothes store;
le --- de vins		wine store
le magnétoscope		VCR
mai		May
maigrir		to lose weight
le maillot		jersey;
le --- de bain		swimming suit
mais		but
la maison		house
la maîtrise		mastery
mal		bad;
pas ---		not bad
malade		sick
le malentendu		misunderstanding
le malfaiteur		thief
malheureusement		unfortunately
malheureux(-se)		unfortunate
le Mali		Mali (African country)
mamy		grandma
le mannequin		model
manquer		to lack
le manteau		coat
le maquillage		makeup
marché: bon marché		inexpensive, cheap
la marche à pied		walking
mardi		Tuesday
le mari		husband
le marketing		marketing
le Maroc		Morocco
marocain(e)		Moroccan
la marque		brand
marron		brown
mars		March
le match		game;
le --- de football		soccer game, football game
le matelas		mattress
matérialiste		materialist
les mathématiques (les maths)		mathematics (math)
le matin		morning
mauvais(e)		bad;
il fait ---		bad weather
le mécontentement		unhappiness
la médaille		medal
le médecin		doctor
la médecine		health sciences
le médicament		medicine, medication
médiocre		mediocre
meilleur(e)		better;
le/la ---		the best
le mélange		mixture
le melon		melon
même		even
mémé		grandma
le ménage: faire le ---		to do the housework
la menthe à l'eau		mint-flavored drink
le menton		chin
le menu		menu;
le --- à la carte		a la carte menu;
le --- à prix fixe		one-price menu
merci		thanks
mercredi		Wednesday
la météo		weather forecast
le métier		job
le mètre		meter;
le --- carré		square meter
le métro		Paris subway;
en ---		by metro
mettre		to put;
--- au monde		to give birth
--- en marche		to turn on;
se --- en colère		to get angry
le meuble		furniture
meublé(e)		furnished
mexicain(e)		Mexican
le Mexique		Mexico

le microbe		bacterium, microbe
le micro-ordinateur		microcomputer
le microphone (le micro)		microphone
le Midi		South of France
mieux		better;
le ---		best;
au ---		at best
la migraine		headache
le milieu		social class, surroundings
le mille-feuille		French pastry
le millénaire		millenium
mince		thin
la mine:		
avoir bonne ---		to look good
la mineure		minor subject
le mini-casque		headphones
le Minitel		Minitel (French telephone service)
la mobylette (la mob)		moped;
à ---		by moped
la mode		fashion
le modèle		model, item
moderne		modern
les mœurs	*(f. pl.)*	traditions
moins		less, minus;
de --- en ---		less and less
mondial(e)		world-wide
la monnaie		coins
monotone		monotonous
monsieur		sir, Mr.
la montagne		mountain
monter		to go up
la montre		watch
le morceau		piece, bit
la morphologie		body size, body weight
la motocyclette (la moto)		motorcycle
la mouette		seagull
mourir		to die
la moustache		mustache
la moutarde		mustard
le moyen		means;
le --- de transport		means of transportation
le muscle		muscle
musclé(e)		muscular
le musée		museum
le music-hall		music hall
le/la musicien(ne)		musician
la musique		music

N

nager		to swim
naïf(-ïve)		naive
naître		to be born
la nappe		tablecloth
la natalité		birthrate
la natation		swimming
la nationalité		nationality
néanmoins		nevertheless
néfaste		harmful
la neige		snow
nettoyer		to clean
neuf(-ve)		new
le neveu		nephew
le nez		nose;
sous le ---		at hand
ni… ni…		neither… nor…
la nièce		niece
le Niger		Niger
nocif(-ive)		noxious
noir(e)		black
non		no;
--- plus		neither
nostalgique		nostalgic
se nourrir		to eat, to nourish oneself
la nourriture		food, nourishment
nouveau/nouvel (nouvelle)		new;
de ---		again
les nouvelles	*(f. pl.)*	news
novembre		November
nuire		to be detrimental
nul(le)		zero
le numéro		number
le --- de téléphone		telephone number
obligatoire		required
l'occasion *(f.)*;		
d'---		second-hand
occupé(e)		occupied, busy
s'occuper (de)		to take care (of), to be concerned (about)
octobre		October
l'œil	*(m.) (pl.* **les yeux***)*	eye
l'œillet	*(m.)*	carnation
l'œuf		egg
offrir		to offer
l'oignon	*(m.)*	onion
l'olive	*(f.)*	olive
l'oncle	*(m.)*	uncle
l'ongle	*(m.)*	fingernail
l'opéra	*(m.)*	opera
l'opérette	*(f.)*	operetta, Broadway show
l'opinion	*(f.)*	opinion
optimiste		optimist
l'orage	*(m.)*	storm
orange		orange
l'orange	*(f.)*	orange
l'Orangina	*(m.)*	brand of soft drink
l'ordinateur	*(m.)*	computer
l'oreille	*(f.)*	ear
organisé(e)		organized
organiser		to organize
originaire: être --- de		to be from (country)
ou		or
où		where
l'ouverture	*(f.)*	opening, overture
l'ouvre-boîte	*(m.)*	can opener
l'ouvrier(-ière)	*(m., f.)*	worker
ouvrir		to open

P

le pain		bread;
le --- au chocolat		chocolate pastry;
le --- de campagne		thick-crusted French bread;
le petit ---		dinner roll
paisible		peaceful
le panier		basket
la panne		breakdown
le pantalon		pants
papy		grandpa
le paragraphe		paragraph
le parapente		hang gliding
le parapluie		umbrella
les parasites	*(m. pl.)*	static
le parc		park
parce que		because
le pardessus		overcoat
paresseux(-se)		lazy
parfois		sometimes
parier		to bet
parisien(ne)		from Paris, Parisian
parler		to speak
parmi		among
partager		to share
le/la partenaire		partner
le particulier		private party
partir		to leave
la partition		music
passable		OK, passable
passer		to pass;
se --- de		to do without
passionnant(e)		interesting
le pâté		pâté, French appetizer
patiemment		patiently
le patinage		skating
la patinoire		skating rink
les patins *(m. pl.)* **à glace**		ice skates
la pâtisserie		pastry
la patrie		homeland
le/la patron(ne)		boss
le/la pauvre		poor person
le pavillon		house
payer		to pay
le pays		country
les Pays-Bas	*(m. pl.)*	Netherlands
le P. - D. G. (le président-directeur général)		CEO, company president.
la pêche		fishing
le peintre		painter
la peinture		painting
le pélerinage		pilgrimage
pendant		while
pépé		grandpa
le/la perdant(e)		loser
perdre		to lose
perfectionner		to perfect
le permis de conduire		driver's license
persistant(e)		persistent
le personnage		character
personne: ne… ---		no one
persuader		to persuade
la perte		loss
pessimiste		pessimistic
la pétanque		game of bowls
petit(e)		small, short
le petit-four		small pastry
les petits pois	*(m. pl.)*	peas
le pétrole		oil, gas
la peur		fear;
avoir --- (de)		to be afraid (of)
peut-être		maybe
la pharmacie		drug store, pharmacy
le/la pharmacien(ne)		druggist
la philosophie		philosophy
la physique		physics
pianoter		to type
la pièce d'identité		identification papers
le pied		foot;
à ---		on foot
le pied-à-terre		home base, retreat
le piège		trap
la pile		battery
le ping-pong		ping-pong
le pique-nique		picnic
pire		worse;
le/la ---		the worst
la piscine		swimming pool
pistache		pistachio-colored
la piste		ski run
la place		place, seat, town square
la plage		beach
se plaindre		to complain
plaisanter		to joke
le plaisir		pleasure;
avec ---		with pleasure
le plan		map
la planche à voile		surf sailing
le planeur		glider

planifier	to plan
le plat	dish;
le ––– principal	main dish, entree
le plateau	platter
plein(e)	full
la pluie	rain
la plume	pen
la plupart	most
plus: ne... –––	no longer;
de –––	furthermore
la pneumonie	pneumonia
la poche	pocket
le point: faire le –––	to bring up to date
pointu(e)	pointy, sharp
la pointure	shoe size
la poire	pear
le poisson	fish
le poivre	pepper
la pollution	pollution
la pomme de terre	potato
le pompier	firefighter
le pont	extended weekend
portable	portable
portatif(-ive)	portable
se porter	to feel
le Portugal	Portugal
positif(-ive)	positive
le poste	job, post;
le ––– de paiement	cashier
le pot de crème	pudding
la poterie	pottery
poudreux(-se)	powdery
le poulet	chicken
pour	for
le pourboire	tip
le pourcentage	percentage
pourquoi	why;
––– pas	Why not?
poursuivre	to continue
pourtant	nevertheless, however
la poussière	dust
pouvoir	to be able to
préférer	to prefer
premièrement	first
prendre	to take, to have food or drink
le prénom	first name
se préparer	to get ready
près de	near
se présenter	to introduce oneself
presque	almost
la presse	press
les prestations *(f. pl.)*	benefits
la prestidigitation	magic
prétentieux(-se)	pretentious
prêter	to lend
le printemps	spring
le prix	price
prochain(e)	next;
À la –––.	See you next time.
proche	near
le professeur (le/la prof)	teacher, professor
la profession	profession
le programme d'études	course of study
progressiste	progressive
la proie	prey
le projet	plan
se promener	to take a walk
la promotion	promotion, sale
propos:	
à –––	about
proposé(e)	offered
les provisions *(f. pl.)*	food;
faire les –––s	to do grocery shopping
la psychologie	psychology
la publicité	advertisement
puer	to stink of
puisque	since
puissant(e)	powerful
le pull-over	sweater
pulmonaire	of the lungs
le punk	punk music
le pyjama	pajamas

Q

le quai	platform
quand	when;
––– même	anyway, all the same
quant à	about
la quarantaine	about 40 years old
quel(le)	what;
À ––– le heure?	At what time?
quelqu'un	someone
quelque	some;
––– chose	something
la question	question
la quiche lorraine	quiche
quitter	to leave;
se –––	to part
quoi	what;
––– de neuf?	What's new?
quotidien(ne)	daily

R

le rabais	reduction
raccourcir	to shorten
raccrocher	to hang up
le racisme	racism
raconter	to tell a story
la radio	radio
raide	straight (hair)
la raison	reason;
avoir –––	to be right
rallonger	to lengthen
ramener	to bring back
la randonnée	walk, day trip
le rang	row, rank
le rap	rap music
le rapatriement	return home
rappeler	to remind, to call again
rapporter	to report
la raquette de tennis	tennis racquet
se raser	to shave
rassurer	to reassure
la R.A.T.P.(la Régie autonome des transports parisiens)	Paris transportation company
ravir	to please
le rayon	aisle, department:
le ––– de légumes	vegetable aisle
réagir	to react
réaliste	realistic
le réchaud	hot plate
réchauffé(e)	warmed over
réchauffer	to heat
le récital	recital
la réclamation	complaint
la recommandation	recommendation
le reçu	receipt
la réduction	reduction, sale
refuser	to refuse
regarder	to watch
le régime	diet;
au –––	on a diet
la règle	rule
la réglementation	regulation
regretter	to regret
le rein	kidney
se rejoindre	to get together
les relations publiques *(f. pl.)*	public relations
rembourser	to refund, to reimburse
le remède	remedy, cure
remettre	to give
se remettre	to recover
la remontrance	admonition
remplacer	to replace
remplir	to fill
remporter	to win
rencontrer	to meet;
se –––	to meet
le rendez-vous	meeting
rendre	to return;
––– visite à	to visit (a person)
se ––– à	to get to (a place)
les renseignements *(m. pl.)*	information
rentrer	to return
renverser	to spill, to upset
réparer	to repair
reparler	to speak again
le repas	meal
répéter	to repeat
le répondeur	answering machine
répondre	to answer
se reposer	to rest
le/la représentant(e)	salesperson
répugnant(e)	repulsive
le R. E. R. (le Réseau express régional)	Paris regional train system
la réservation	reservation
résistant(e)	resistant
résoudre	to solve
la responsabilité	responsability
resserrer	to tuck in, to tighten
le restaurant	restaurant;
le ––– universitaire	university dining hall
rester	to stay
retourner	to return
la retraite	retirement
la réunion	reunion, meeting
se réunir	to reunite, to gather together
réussi(e)	successful
le rêve	dream
se réveiller	to wake up, to get up
revendiquer	to assume responsibility
rêver	to dream
le rez-de-chaussée	ground floor
se rhabiller	to get dressed again
le rhume	cold
rien: ne...–rien	nothing
rigoler	to joke
le rock	rock music
le roman	novel
romantique	romantic
rond	round
la rondelle de hockey	hockey puck
le roquefort	Roquefort cheese
le roseau	reed
rouge	red
la rue	street
le rugby	rugby
la Russie	Russia

S

le sac à dos	backpack
sage	nice
se saisir de	to grab
la salade	salad;

la --- composée	mixed vegetable salad;
la --- niçoise	salad with potatoes, tuna, and olives
le salami	salami
le/la salarié(e)	salaried employee
salir	to stain, to soil
la salle	room;
la --- de bains	bathroom;
la --- de concert	concert hall
le salon	living room;
le --- de thé	tearoom
salut	hi
samedi	Saturday
les sandales *(f. pl.)*	sandals
le sang	blood
la santé	health
la sardine	sardine
la saucisse	hotdog
le saucisson	sausage
sauf	except;
--- que	except that
le saut à la corde	jump rope
savoir	to know
le scaphandre	space suit
les sciences politiques *(f. pl.)*	political science
la sculpture	sculpture
la séance	showing
le sèche-linge	dryer
le/la secrétaire	secretary
le secteur	local electrical circut;
le --- tertiaire	service industries
la Sécurité sociale	social security
séduire	to interest
le sel	salt
sélectionner	to select
le self-service	self-service restaurant
selon	according to
le Sénégal	Senegal
sénégalais(e)	Senegalese
sensationnel(le)	sensational
sentimental(e)	sentimental
se sentir	to feel
septembre	September
la série noire	series of police novels
sérieusement	seriously
sérieux(-se)	serious
le serpent	snake
se serrer la main	to shake hands
le service public	public service
servir	to serve
seul(e)	alone
le shake	milk shake
le shopping	shopping
le short	shorts
si	yes, if
le SIDA	AIDS
le signe particulier	distinguishing feature
simpliste	simplistic
le ski	ski
le/la skieur(-se)	skier
le slip	briefs, underwear
snob	snob
sociable	sociable
la société	company
la sociologie	sociology
la sœur	sister
la sofa	sofa, couch
la soif	thirst;
avoir ---	to be thirsty
soigner	to take care of;
se ---	to take care of oneself
le soin	care
le soir	evening, night
la soixantaine	about 60 years old
le sol	soil
le soleil	sun
solide	solid
solitaire	solitary, alone
le sondage	poll
sonner	to ring
la sortie	exit
sortir	to go out, to leave
la soucoupe volante	flying saucer
le souffle	presence, breath
souhaiter	to wish
souligner	to underline, to emphasize
soumis(e)	submitted
la soupe	soup
la souris	mouse
les sous-vêtements *(m. pl.)*	underwear
le soutien-gorge	brassiere
le souvenir	souvenir, remembrance
souvent	often
les spaghettis *(m. pl.)*	spaghetti
la spécialisation	specialization, major
la spécialité	specialty;
la --- de la maison	specialty of the house
le spectacle	spectacle
sportif(-ive)	athletic
les sports télévisés *(m. pl.)*	televised sports
le spot	radio or television advertisement
le square	town square
le stade	stadium
la station	station;
la --- de métro	metro stop
le stationnement	parking
le steak au poivre	pepper steak
le/la sténodactylo *(m., f.)*	stenographer
le studio	studio apartment
succulent(e)	succulent, delicious
le sucre	sugar
la Suède	Sweden
suggérer	to suggest
la Suisse	Switzerland
suite à	as a follow-up to
suivre	to take (a course), to follow
super	fantastic
le supermarché	supermarket
le surf	surf sailing
surtout	above all, especially
le survêtement	warm-up suit
survoler	to fly over
sympathique	nice, agreeable
le syndicat	union

T

la table	table
le tableau	board;
le --- de bord	dashboard;
le --- de prix	price schedule
tacher	to stain
la taille	size
le tailleur	suit, tailor
la tante	aunt
taper à la machine	to typewrite
la tarte	tart, pie;
la --- aux fraises	strawberry tart;
la --- aux pommes	apple tart
la tartelette	small tart
le tas	loads, much
la tasse	cup
le tatouage	tattoo
le taux	rate
le tee-shirt	T-shirt
la teinte	tint, color
la télécommande	remote control
le téléphone	telephone
le téléviseur	television set
la télévision (la télé)	television
le témoin	witness
le tempérament	temperament
la température	temperature
la tempête	storm
le temps	weather
la teneur	content
tenir à	to want to
le tennis	tennis
le terrain	field
le --- d'aviation	airfield
le --- de camping	camp ground
la terrasse	terrace
le terrorisme	terrorism
la tête	head
le T. G. V. (le Train à grande vitesse)	high-speed French train
la thalassothérapie	water therapy
le thé	tea
le théâtre	theater
la thérapie	therapy
le thon	tuna
tiède	lukewarm
timide	timid, shy
tirer	to draw, to pull
le tiroir	drawer
le tissu adipeux	fat
la toile	cloth
tolérant(e)	tolerant
la tomate	tomato
tomber	to fall
le tort: avoir ---	to be wrong
tôt	early
toucher	to affect, to touch, to be paid
touffu(e)	dense
toujours	always
tourner	to turn
tous	everybody
tousser	to cough
tout	everything;
--- à coup	all of a sudden;
--- d'abord	first;
--- de suite	right away;
--- droit	straight ahead
la toux	cough
la tragédie	tragedy
le train	train;
le --- de vie	life-style
le traitement de texte	word processing
le trajet	travel, itinerary
la tranche	slice
le transistor	transistor radio
le travail	work;
au ---!	Let's get to work!
travailler	to work
travailleur(-se)	hard-working
traverser	to cross
le tremblement de terre	earthquake
la trentaine	about 30 years old
très	very
se tromper	to be mistaken
trop	too much
trouver	to find;
se ---	to be located
tunisien(ne)	Tunisian

tutoyer		to use the **tu** form

U

l'ulcère	*(m.)*	ulcer
s'unir		to unite
l'université	*(f.)*	university
l'urgence	*(f.)*	emergency
l'usine	*(f.)*	factory

V

le/la vacancier(-ère)		vacationer
la valise		luggage
valoir		to be worth
vanille		vanilla-colored
vaniteux(-se)		vain
les variétés	*(f. pl.)*	variety, popular music
Vas-y.		Go ahead.
le vase		vase
le veau		veal
la veille		the day before
le vélo		bicycle
le vélodrome		bicycle-racing stadium
le/la vendeur(-se)		seller
vendre		to sell
vendredi		Friday
venir		to come
le vent		wind
la vente		sale
le ventre		belly, stomach
vérifier		to check
le verre		glass;
les --- de contact		contact lenses
vert(e)		green
la veste		vest, coat
le vêtement		clothes
la viande		meat;
la --- hachée		ground meat
la vidéocassette		videocassette
la vie		life
vieillir		to age, to become old
le Viêt-nam		Vietnam
vieux/vieil(vieille)		old
la vignette		registration sticker
la ville		town
le vin		wine
la vingtaine		about 20 years old
vinicole		wine-producing
violet(te)		violet, purple
visiter		to visit
la vitre		window
la vivacité		vivacity, liveliness
la vivisection		vivisection
le vœu		wish
voici		here is
la voie ferrée		railroad tracks
la voile		sail;
faire de la ---		to go sailing
voir		to see;
se ---		to see each other
voire		even to
le/la voisin(e)		neighbor
la voiture		car
le vol		theft, flight;
le --- à voile		gliding
le volant		steering wheel
vouloir		to want to;
--- dire		to mean
vouvoyer		to use the **vous** form
le voyage		trip
voyager		to travel
Voyons…		Let's see…
vraiment		really, truly

W

le wagon		car
le week-end		weekend
le western		western (movie)

Y

y		there
le yaourt		yogurt
les yeux *(sing.* **l'œil***)*		eyes

Z

le Zaïre		Zaire

Anglais/Français

A

abdominal muscles	*(m. pl.)*	les abdominaux
able: to be ---		pouvoir
about		à propos, quant à, environ;
--- 50 years old		la cinquantaine;
--- 40 years old		la quarantaine;
--- 60 years old		la soixantaine;
--- 30 years old		la trentaine;
--- 20 years old		la vingtaine;
above all		surtout
to absorb		amortir
abundant		abondant(e)
to accept		accepter
accordance: in --- (with)		conforme (à)
according to		selon
accountant		le/la comptable
accounting		la comptabilité
to acquire		acquérir
to act like a baby		faire l'enfant
active		actif(-ive)
to add		ajouter
to address		aborder
address	*(f.)*	l'adresse
addressee		le/la correspondant(e)
admonition		la remontrance
to adore		adorer
advancement	*(m.)*	l'avancement
adventurous		aventurier(-ère)
advertisement		la publicité;
television ---		le spot
advertising company		l'agence *(f.)* de publicité
advice		le conseil
to advise		conseiller
aerobics	*(m.)*	l'aérobic
aerospace industry	*(f.)*	aérospatiale
to affect		toucher;
to --- strongly		imprégner
affectionately		affectueusement
afraid: to be ---		avoir peur
African		africain(e)
after-dinner drink		le digestif
afternoon	*(m.)*	l'après-midi
again		de nouveau
to age		vieillir
age	*(m.)*	l'âge
agreeable		sympathique
to agree		être d'accord
agreed		d'accord
AIDS		le SIDA
air conditioned		climatisé(e), air conditionné
airfield		le terrain d'aviation
airplane	*(m.)*	avion
aisle		le rayon
album	*(m.)*	l'album
alcoholic		alcoolisé(e)
alcohol level	*(f.)*	alcoolémie
Algeria	*(f.)*	Algérie
Algerian		algérien(ne)
all		tout
--- of a sudden		tout à coup;
--- the same		quand même;
in ---		en somme
almond	*(f.)*	l'amande
almost		presque
alone		seul(e), solitaire
always		toujours
ambitious		ambitieux(-se)
American		américain(e)
among		parmi
to amuse		amuser
amusement		le divertissement
analysis	*(f.)*	l'analyse
anchovy	*(m.)*	l'anchois
and		et
angry		fâché(e);
to be ---		se fâcher
to get ---		se mettre en colére
ankle		la cheville
to announce		annoncer
announcement	*(m.)*	l'avertissement
to answer		répondre
answering machine		le répondeur
anthropology	*(f.)*	l'anthropologie
anxiety-creating		anxiogène
anyway		quand même
apartment	*(m.)*	l'appartement
--- superintendent		le/la concierge
aperitif	*(m.)*	l'apéritif
apparatus	*(m.)*	l'appareil
appearance	*(f.)*	l'apparition
appendicitis	*(f.)*	l'appendicite
apple tart		la tarte aux pommes
apricot	*(m.)*	l'abricot
April		avril
architecture	*(f.)*	l'architecture
arm		le bras
armament	*(m.)*	l'armement
armchair		le fauteuil
to arrive		arriver
art	*(m.)*	l'art
article	*(m.)*	l'article (m.)
to ascertain (a fact)		constater
ashamed: to be ---		avoir honte
ashtray		le cendrier
Asia	*(f.)*	l'Asie
to ask for		demander
asparagus	*(f.)*	l'asperge
assault	*(f.)*	attaque
assistant	*(m., f.)*	assistant(e)
associate	*(m., f.)*	associé(e)
assortment	*(m.)*	assortiment
to assume responsibility		revendiquer
athletic		sportif(-ive)
atomic bomb		la bombe atomique
attack	*(m.)*	l'attentat
to attend		assister à
attentively		attentivement
to attract		attirer
attractive		attrayant(e)
august		août
aunt		la tante
automotive center		le centre-auto
autumn	*(f.)*	l'automne
available		disponible
avenue	*(f.)*	l'avenue
to avoid		éviter

awful affreux(-se)

B

back le dos
backpack le sac à dos
bacterium le microbe
bad mal, mauvais(e);
--- weather il fait mauvais;
not --- pas mal
bakery la boulangerie
ball le ballon
ballet le ballet
banana la banane
bank employee *(m., f.)* employé(e) de banque
banker le/la banquier(-ère)
banknote le billet (de banque)
bar le bar
basket lc panier
basketball le basket-ball (le basket)
to bathe se baigner
bathroom la salle de bains
bathtub la baignoire
battery la pile
to be être
beach la plage
bean le haricot
beard la barbe
beautiful beau/bel (belle)
because parce que, car
to become devenir
bed le lit;
to go to --- se coucher;
twin --- les lits jumeaux;
bedroom la chambre
beer la bière
before avant
to begin commencer
beginner le/la débutant(e)
beginning le début
behavior: good --- *(f.)* l'étiquette
Belgium la Belgique
believable croyable
to believe croire
belly le ventre
to belong appartenir
benefits les avantages *(m. pl.)*sociaux, les prestations *(f. pl.)*
best au mieux
to bet parier
better meilleur
bicycle la bicyclette, le vélo
bicycle-racing stadium le vélodrome
big grand(e)
bill la facture
biology la biologie
birthday *(m.)* l'anniversaire
birthrate la natalité
bistro le bistrot
bit le morceau
black noir(e);
--- belt in martial arts la ceinture noire
blond blond(e)
blood le sang
blue bleu(e)
bluish bleuté(e)
boa constrictor le boa
bocce ball le jeu de boules
body le corps;
--- size/weight la morphologie;
heavenly --- *(m.)* l'astre
book le livre
boots *(f. pl.)* les bottes
bored: to be --- s'ennuyer
born: to be --- naitre
to borrow emprunter
boss le/la patron(ne)
botany la botanique
to bother gêner
bottle la bouteille
boulevard le boulevard
box la caisse
branch la branche
brand la marque
brassiere le soutien-gorge
brave courageux(-se)
bread le pain;
crusty --- le pain de campagne;
light, sweet --- la brioche;
long loaf of --- la baguette, le bâtard
to break casser, se casser
breakage la casse
breakdown la panne
breath le souffle
Brie cheese le brie
brief bref(-ève)
briefs le slip
to bring apporter;
--- about inciter;
--- along amener;
--- back ramener;
--- up to date faire le point
brioche (light, sweet bread) la brioche
broadcast *(f.)* l'émission
Broadway show *(f.)* l'opérette
bronchitis la bronchite
brother le frère
brown marron
to brush brosser;
--- one's hair se brosser les cheveux
--- one's teeth se brosser les dents
brushing le brossage
building *(m.)* l'immeuble
bundle of nerves la boule de nerfs
bundled up engoncé(e)
burglary le cambriolage
bus le bus;
by --- en bus
business *(f. pl.)* les affaires
businessman *(m.)* l'homme d'affaires
businesswoman *(f.)* la femme d'affaires
busy occupé(e)
but mais
butcher shop la boucherie
butter le beurre
to buy acheter
buyer *(m., f.)* l'acheteur(-se)

C

caffeine la caféine
cake le gâteau
calculator la calculatrice
call le coup de fil
to call again rappeler
calm calme
Camembert cheese le camembert
camera *(m.)* l'appareil photo
Cameroon le Cameroun
campground le terrain de camping
can la boîte;
--- opener *(m.)* l'ouvre-boîte
Canada le Canada
Canadian canadien(ne)
to cancel annuler
cancer le cancer
candidacy la candidature
candidate le/la candidat(e)
candy le bonbon, la friandise;
--- dish la bonbonnière
car la voiture, le wagon;
by --- en auto;
--- race la course automobile
care le soin
career la carrière
carnation *(m.)* l'œillet
carrot la carotte
cartoon le dessin animé
cash en espèces
cashier la caisse, le/la caissier(-ère), le poste de paiement
cassette la cassette
cave la grotte
to cease cesser
to celebrate fêter
cereal *(f. pl.)* les céréales
certainty la certitude
chair la chaise
chance le hasard;
by --- par hasard
change la monnaie
character le personnage
to chat bavarder
cheap bon marché
to check vérifier
check le chèque
cheese le fromage
chemistry la chimie
cherry la cerise
chess *(m. pl.)* les échecs
to chew mâcher
chicken le poulet;
--- in red wine le coq au vin
child *(m., f.)* l'enfant
childish enfantin(e)
chin le menton
China la Chine
Chinese chinois(e)
chocolate le chocolat;
--- pastry le pain au chocolat
choice le choix
to choose choisir
chrysanthemum le chrysanthème
cigaret la cigarette
cinema le cinéma
circus le cirque
class le cours;
social --- le milieu
classic classique
to clean nettoyer
cleaning person la femme de ménage
to close fermer
cloth la toile
clothes *(m.)* l'habillement, le vêtement;
--- store le magasin de vêtements;
--- washer le lave-linge
coast la côte
coat le manteau, la veste
Coca-Cola le Coca
coffee le café;
--- house le café;
--- with cream le café crème;
--- with milk le café au lait
cold le rhume, le froid
colleague le/la collègue
color la teinte
to comb one's hair se coiffer

to come		venir
comedy		la comédie
commercial center		le centre commercial
compact disc		le disque compact;
--- disc player		le lecteur laser
company		la société;
--- president		le P.-D.G.(le président-directeur général)
to complain		se plaindre
complaint		la réclamation
computer	*(m.)*	l'ordinateur
--- science	*(f.)*	informatique
comrade		le/la camarade
concerned: to be ---		s'occuper de
concert		le concert;
--- hall		la salle de concert
to congratulate		féliciter
Congratulations!	*(f. pl.)*	Félicitations!
to connect		brancher
constantly		constamment
to consult		consulter
consumption		la consommation
contact lenses	*(m. pl.)*	les verres de contact
contagious		contagieux(-se)
content		la teneur
conveniently		convenablement
to cook		cuisiner, cuire
cookie		le biscuit
cordially		cordialement
to correct		corriger
correspondent		le/la correspondant(e)
to cost		coûter
couch		le sofa, le canapé
to cough		tousser
cough		la toux
to count on		compter sur
country		le pays;
--- music		le country
courageous		courageux(-se)
course		le cours;
--- of study		le programme d'études
courtyard		la cour
cracker		la biscotte
crazy		fou (folle)
crescent roll		le croissant
crime		le délit
to cross		traverser, se croiser
cup		la tasse
cure		la cure, le remède
curly		frisé(e)
customers		la clientèle
to cut into		entamer
cycling		le cyclisme

D

daily		quotidien(ne)
damage	*(m. pl.)*	les dégâts
to dance		danser
dashboard		le tableau de bord
date		la date
daughter		la fille
day		le jour, la journée;
the --- after		le lendemain;
the --- before		la veille;
--- trip		la randonnée
deal: good ---		la bonne affaire
death		le décès;
to cause ---		faire des morts
December		décembre
defective		défectueux(-se)
to defrost		décongeler
delicious		succulent(e)
to demand		exiger
demanding		exigeant(e)
demonstration		la démonstration
Denmark		le Danemark
dense		touffu(e)
dentist		le/la dentiste
dentistry	*(f. pl.)*	les études dentaires
department		le rayon;
--- manager		le/la chef de rayon
to describe		décrire
description		la description
design		le design
to desire		désirer
desk		le bureau
dessert		le dessert
destination		la destination
to destroy		détruire
detrimental: to be ---		nuire
to die		mourir
diet		le régime, la cure;
on a ---		au régime
to dine		dîner
dinner roll		le petit pain
director		le/la directeur(-trice)
disappearance		la disparition
disappointed		déçu(e)
disco		la discothèque
discovery		la découverte
dish	*(f.)*	l'entrée, le plat;
main ---		le plat principal
dishwasher		le lave-vaisselle
displacement		le déplacement
distinguished		distingué(e)
distinguishing feature		le signe particulier
to do		faire;
--- without		se passer de
do-it-yourselfer		le/la bricoleur(-se)
doctor		le médecin
documented		chiffré(e)
dose		la dose
doubt		le doute
dozen		la douzaine
draft beer		la bière à pression
drafter		le/la dessinateur (-trice)
to draw		tirer
drawer		le tiroir
to dream		rêver
dream		le rêve
dressed: to get ---		s'habiller;
to get --- again		se rhabiller
dresser		la commode
to drink		boire
drink	*(m.)*	apéritif la consommation
to drive		conduire
driver		le/la conducteur(-trice);
---'s license		le permis de conduire
drugstore		la pharmacie
druggist		le/la pharmacien(ne)
drunk	*(m., f.)*	l'ivrogne
drunkenness	*(m.)*	l'état d'ivresse
dryer		le sèche-linge
dust		la poussière
dynamic		dynamique

E

each		chaque
ear	*(f.)*	l'oreille
early	*(de)*	bonne heure, tôt
to earn		gagner
earthquake		le tremblement de terre
to eat		se nourrir
eclair (pastry)	*(m.)*	l'éclair
effectiveness	*(f.)*	l'efficacité
efficient		efficace
egg	*(m.)*	l'œuf
egotistical		égoïste
elbow		le coude
electronic		électronique
electronics	*(f.)*	l'électronique
elegant		élégant(e)
elevator	*(m.)*	l'ascenseur
elsewhere		ailleurs
emergency	*(f.)*	l'urgence
to emphasize		souligner
enamel	*(m.)*	l'émail
endive		endive
to endow		doter
end to end		de bout en bout
energetic		énergique
engaging		attachant(e)
engineer	*(m.)*	l'ingénieur
England	*(f.)*	l'Angleterre
English		anglais(e)
to enjoy		goûter;
to --- oneself		s' amuser
enough		assez
to enter		entrer
to entertain		amuser
to entice		allécher
entrance	*(f.)*	l'entrée
entree		le plat principal
environment	*(m.)*	l'environnement
envoy	*(m.)*	l'émissaire
to envy		envier
errand runner		le coursier
errands	*(f. pl.)*	les courses
to escape		fuir, s'échapper
especially		surtout
espresso	*(m.)*	l'express
esthetic		esthétique
etiquette	*(f.)*	l'étiquette
Europe	*(f.)*	l'Europe
European		européen(ne)
even		même;
--- to		voire
evening		le soir
event	*(m.)*	l'événement
everybody		tous
everything		tout
to evolve		évoluer
exam	*(m.)*	l'examen
except		sauf;
--- that		sauf que
excuse	*(f.)*	l'excuse
exit		la sortie
expense: living --- s		le coût de la vie
expensive		cher(-ère)
expert	*(m.,f.)*	l'expert(e)
exposition	*(f.)*	l'exposition
eye	*(m.)*	œil *(pl.,* les yeux)

F

factory	*(f.)*	usine
faculty		la fac
to fall		tomber
fall	*(m.)*	l'automne
family		la famille
fanatic		fanatique (fana)
Fanta (brand of soft drink)		le Fanta
fantastic		super
far from		loin de
fashion		la mode
fast-food restaurant		le fast-food
fat		le tissu adipeux

fatherland		la patrie
February		février
to feel		se porter, sentir, se sentir
fencing	*(f.)*	l'escrime
festival		le festival
fever		la fièvre
fiance		le/la fiancé(e)
fiasco		le fiasco
to fight		lutter
figure		la ligne
file		le fichier
to fill		remplir
film		le film
finally		enfin
to find		trouver
fine	*(f.)*	l'amende
fine: I'm --- .		Ça va.
finger		le doigt
fingernail	*(m.)*	l'ongle
to finish		finir
fireman		le pompier
first		tout d'abord, premièrement
first floor		le rez-de-chaussée
first name		le prénom
fish		le poisson
fishing		la pêche
to flee		fuir
flirt		le/la dragueur(-se)
float		le flotteur
flood	*(f.)*	l'inondation
flour		la farine
flower		la fleur
flu		la grippe
fluoride		le fluor
to fly over		survoler
flying saucer		la soucoupe volante
fog		le brouillard
to follow		suivre
follow-up: as a --- to		suite à
food	*(f. pl.)*	les provisions ;, la nourriture
foot		le pied;
on ---		à pied
football		le ballon de foot, le football;
--- game		le match de football
for		pour
forest		la forêt
form		la formule
former		ancien(ne)
France		la France
free		gratuit(e), libre;
--- time	*(m. pl.)*	les loisirs
freeway	*(f.)*	l'autoroute
freezer		le congélateur
French		français(e);
--- bread		la baguette, le bâtard, le pain de campagne;
--- pastry		le mille-feuille;
--- -speaking countries		la francophonie
frequently		fréquemment
fresh		frais (fraîche)
Friday		vendredi
friend	*(m., f.)*	l'ami(e), le copain/la copine, le (la) camarade
friendly		amical(e);
in a --- way		amicalement
from		de;
to be --- (country)		être originaire de;
--- now on		désormais;
--- Paris		Parisien(ne)
front: in --- of		devant
frugal		économe
fruit		le fruit;
--- juice		le jus de fruit
fuel		le carburant
full		plein(e)
fun: to have ---		s'amuser
to function		fonctionner
funereal		funèbre
funny		drôle
fur		la fourrure
to furnish		fournir
furnished		meublé(e)
furniture		le meuble
furthermore		de plus
future	*(m.)*	l' avenir

G

to gain weight		grossir
gallery		la galerie
game		le match;
--- of bowls		la pétanque, le jeu de boules;
--- show		le jeu télévisé
garden		le jardin;
--- center		le centre jardinier
gas	*(f.)*	l'essence, le pétrole
to gather together		se réunir
generous		généreux(-se)
genie		le génie
geography		la géographie
geology		la géologie
German		allemand(e)
Germany	*(f.)*	l'Allemagne
to get along		s'entendre;
to --- up		se réveiller, se lever
gift		le cadeau
girl		la fille
to give		remettre;
to --- birth		mettre au monde
Glad to meet you.		Enchanté(e).
glass		le verre
glasses	*(f. pl.)*	les lunettes
glider		le planeur
gliding		le vol à voile
to go		aller;
Let's --- !		Allons-y!;
to --- down		descendre;
to --- out, to leave		sortir;
to --- up		monter
goat cheese		le chèvre
golf		le golf
good-bye		au revoir
good evening		bonsoir
good night		bonsoir, bonne nuit
to grab		se saisir de
grandfather		le grand-père
grandma		mamy, mémé
grandmother		la grand-mère
grandpa		papy, pépé
to grant		accorder
to gravitate		graviter
gray		gris(e)
great		génial(e), formidable
Greece		la Grèce
Greek		grec(que)
green		vert(e)
grocery: --- store	*(f.)*	l'épicerie;
to do --- shopping	*(f. pl.)*	faire les provisions
to grow up		grandir
Gruyère cheese		le gruyère
to guess		deviner
guide		le guide
guidebook		le guide
guitar		la guitare
guy		le gars
gymnasium		le gymnase

H

hair	*(m., pl.)*	les cheveux
hairdresser		le coiffeur
ham		le jambon
hand: at ---		sous le nez;
on the other ---		par contre
handicapped		handicapé(e)
hang gliding		le parapente
hangover		la gueule de bois
to hang up		raccrocher
happiness		le bonheur
happy		heureux(-se)
hard		dur(e)
hard-working		travailleur(-se)
harebrained		étourdi(e)
harmful		néfaste
hat		le chapeau
to hate		détester
to have		avoir;
to --- to		devoir
head		la tête
headache		la migraine
headphones		le mini-casque
health		la santé;
--- sciences		la médecine
to hear		entendre
heart		le cœur;
--- attack		la crise cardiaque
to heat		réchauffer
heat		la chaleur
heating		le chauffage
hello		bonjour
helmet		le casque
to help		aider
here is		voici
to hesitate		hésiter
hi		salut
high school		le lycée
history	*(f.)*	l'histoire
to hit		heurter
hockey puck		la rondelle de hockey
holiday; legal ---		le jour férié
home --- base		le pied-à-terre;
at the --- of		chez
homework	*(m. pl.)*	les devoirs
to do ---		faire les devoirs
to hope		espérer
horror film		le film d'horreur
hors d'oeuvre		le hors-d'œuvre
hospital		l'hôpital
host/hostess	*(m., f.)*	l'hôte
hot		chaud(e);
--- plate		le réchaud
hotdog		la saucisse
hour	*(f.)*	l'heure
hours (schedule)	*(m.)*	l'horaire
house		la maison, le pavillon
household		le foyer;
--- appliances	*(m.)*	l'électroménager;
--- current		le secteur
housework:		
to do ---		faire le ménager
housing		le logement
--- project		le H.L.M.
how, how much		comment, combien;
--- it is going?		Ça va?;
--- much is it?		C'est combien?
however		pourtant
hungry:to be ---		avoir faim
to hurry		s'empresser, se dépêcher

husband — le mari

I

ice — la glace;
--- skates *(m. pl.)* — les patins à glace
ice cream — la glace;
--- cone — le cornet de glace
idealist — idéaliste
identification papers — la pièce d'identité
if — si
imbecile *(m., f.)* — l'imbécile
impatient — impatient(e)
to improve — améliorer
impulsive — impulsif(-ive)
India *(f.)* — l'Inde
individualist — individualiste
inexpensive — bon marché
infection *(f.)* — l'infection
to influence — influer
information *(m. pl.)* — les renseignements
infrared *(m.)* — l'infrarouge
inn *(f.)* — l'auberge
to insert — insérer
to insist — insister
instead of — au lieu de
insurance: --- agent — l'agent *(m.)* d'assurances;
--- company — la compagnie d'assurances
to integrate(in) — s'intégrer (dans)
to interest — séduire
interesting — passionnant(e)
intersection — le carrefour
to interview — interviewer
interview *(f.)* — l'entrevue, l'interview
to introduce oneself — se présenter
investigative — judiciaire
invitation *(f.)* — l'invitation
to invite — inviter
Ireland *(f.)* — l'Irlande
Italian — italien(ne)
Italy *(f.)* — l'Italie
item — le modèle, l'article *(m.)*
itinerary — l'itinéraire *(m.)*, le trajet
Ivory Coast — la Côte-d'Ivoire

J

jam — la confiture
January — janvier
Japan — le Japon
Japanese — japonais(e)
jazz — le jazz
jean — le jean
jersey — le maillot
jewel — le bijou
jewelry storc — la bijouterie
job — le boulot, l'emploi *(m.)*, le métier, le poste;
as part of the --- — de fonction;
small --- — le job
jogging — le jogging
to join — joindre
to joke — rigoler, plaisanter
joke — la blague
journalist — le/la journaliste
journey — le déplacement
joy — la joie
judo jacket — la jaquette de judo
juicy — juteux(-se)
July — juillet
jump rope — le saut à la corde
June — juin
just — juste

K

karate — le karaté
keyboard — le clavier
kidney — le rein
kilogram (kilo) — le kilogramme (le kilo)
kindness — la bienveillance
kiosk — la borne
to kiss — embrasser
kiss — la bise
kitchen — la cuisine
knee — le genou
to know — connaître, savoir;
to --- each other — se connaître
knowledge (f., pl.) — les connaissances

L

to lack — manquer
ladder *(f.)* — l'échelle
lady — la dame
lake — le lac
lamp — la lampe
language — la langue
large — grand(e)
laundry: to do the --- — faire la lessive
law — la loi, le droit
lawyer *(m., f.)* — l'avocat(e)
lazy — paresseux(-se)
leak — la fuite
to learn — apprendre
leather — le cuir;
made of --- — en cuir
to leave — quitter, laisser, partir, sortir
lecture — la conférence
left — la gauche;
on the --- — à gauche
leg — la jambe
legible — lisible
lemonade — le citron pressé
to lend — prêter
length — la durée
to lengthen — rallonger
less and less — moins en moins, (de)
lettuce — la laitue
library — la bibliothèque
life — la vie
life-style — le train de vie
light — léger(-ère)
to lighten — alléger
lightning — la foudre;
--- bolt *(m.)* — l'éclair
line — la ligne;
on the (telephone) --- — à l'appareil
to listen — écouter
liter — le litre
literature — la littérature
to live — habiter
liveliness — la vivacité
liver — le foie
living room — le salon
loads (of) — le tas (de)
located (to be) --- — se trouver
locomotive — la locomotive
to look: to --- for — chercher;
to --- good — avoir bonne mine
to lose — perdre;
to --- weight — maigrir
loser — le/la perdant(e)
loss *(m.)* — la perte, l'appauvrissement
lost: to get --- — s'égarer
to love — adorer, aimer;
to --- each other — aimer
love *(m.)* — l'amour
luck — la chance
luggage — la valise
lukewarm — tiède
lungs: of the --- — pulmonaire
Luxembourg — le Luxembourg

M

machine *(m.)* — l'appareil
madam — madame
magic — la prestidigitation
maintenance *(m.)* — l'entretien
major — la spécialisation
to make — faire;
to --- an acquaintance — faire la connaissance
makeup — le maquillage
Mali — le Mali
mall — le centre commercial
to manage — se débrouiller
management — la gestion
manager — le/la chef de service, le/la cadre
manufacturer — le fabricant
map — le plan
March — mars
marketing — le marketing
to marry — épouser
marvelous — génial
master of ceremonies *(m., f.)* — l'animateur(-trice)
mastery — la maîtrise
materialist — matérialiste
mathematics (math) *(m. pl.)* — les mathématiques (les maths)
mattress — le matelas
May — mai
maybe — peut-être
meal — le repas;
some --- s included — la demi-pension
to mean — vouloir dire
means — le moyen;
--- of transportation — le moyen de transport
meat — la viande;
ground --- — la viande hachée
medal — la médaille
medicine — le médicament
mediocre — médiocre
to meet — rencontrer, se rencontrer
meeting — le rendez-vous
melon — le melon
to melt — fondre
member of the French Academy *(m., f.)* — l'académicien(ne)
menu — le menu;
à la carte --- — le menu à la carte;
one-price --- — le menu à prix fixe;
meter — le métre;
square --- — le métre carré
metro — le métro;
--- entrance — la bouche de métro;
--- stop — la station de métro;
by --- — en métro
Mexican — mexicain(e)
Mexico — le Mexique
microbe — le microbe
microcomputer — le micro-ordinateur
microphone — le microphone (le micro)
microwave oven — le four à micro-ondes
milk — le lait;
--- shake — le shake

millenium		le millénaire
mineral water		l'eau *(f.)* minérale
Minitel (French telephone service)		le Minitel
minor subject		la mineure
mint-flavored: ––– carbonated water		le diabolo menthe;
––– drink		la menthe à l'eau
Miss		mademoiselle
mistake		le faux pas
mistaken: to be –––		se tromper
misunderstanding		le malentendu
mixture		le mélange
model		le mannequin, le modèle
modern		moderne
Monday		lundi
money	*(m.)*	l'argent
monotonous		monotone
moon		la lune
moped		la mobylette (la mob);
by –––		à mobylette
morning		le matin
Moroccan		marocain(e)
Morocco		le Maroc
most		la plupart
motorcycle		la motocyclette (la moto)
mountain		la montagne;
––– climbing	*(m.)*	alpinisme
mouse		la souris
mouth		la bouche
to move		bouger
movie house		le cinéma
Mr.		monsieur
Mrs.		madame
Ms.		mademoiselle
muscle		le muscle;
––– ache		la courbature;
––– strain		le claquage
muscular		musclé(e)
museum		le musée
mushroom		le champignon
music		la musique, la partition;
––– hall		le music-hall;
popular dance –––		la dance-musique;
punk –––		le punk;
rap –––		le rap;
rock –––		le rock
musician		le/la musicien(ne)
mustache		la moustache
mustard		la moutarde

N

naïve		naïf(-ive)
named: to be –––		s'appeler
nationality		la nationalité
near		près de, proche de
neck		le cou
to need		avoir besoin de
neighbor		le/la voisin(e)
neither		non plus;
––– ...nor...		ni... ni...
nephew		le neveu
Netherlands	*(m. pl.)*	les Pays-Bas
never		jamais, ne... jamais
nevertheless		néanmoins, pourtant
new		neuf, nouveau/ nouvel (nouvelle)
New Year's gift	*(f.)*	l'étrenne
news	*(f. pl.)*	les informations, les nouvelles
newspaper	*(f. pl.)*	le journal
nice		agréable, sage, sympathique
niece		la nièce
Niger (African country)		le Niger
night		le soir;
––– shirt		la chemise de nuit
nightclub		la boîte de nuit
nightmare		le cauchemar
no		non
––– longer		ne... plus;
––– one		personne, ne... personne
noise		le bruit
none		ne... aucun
nose		le nez
nostalgic		nostalgique
nothing		rien, ne... rien
to nourish oneself		se nourrir
nourishment		la nourriture
novel		le roman
November		novembre
noxious		nocif(-ive)
nuclear power station		la centrale nucléaire
number		le numéro
nurse	*(m., f.)*	l'infirmier(-ière)

O

occupation		la branche
occupied		occupé(e)
October		octobre
to offer		offrir
offered		proposé(e)
office		le bureau;
––– boy		le commis de bureau;
––– help		le commis
often		souvent, couramment
oil		l'huile *(f.)*, le pétrole
OK		d'accord, passable
old		vieux /vieil(vieille);
to become –––		vieillir
––– hat		dépassé(e);
olive	*(f.)*	l'olive
onion	*(m.)*	oignon
to open		ouvrir
opening	*(f.)*	l'ouverture
opera	*(m.)*	l'opéra
operetta	*(f.)*	l'opérette
opinion	*(f.)*	l'opinion
optimist		optimiste
optional		facultatif(-ive)
or		ou
orange	*(f.)*	l'orange
Orangina (brand of) soft drink	*(m.)*	l'Orangina
to order		commander
order		la commande;
in ––– to		afin de
to organize		organiser
organized		organisé(e)
others	*(m., f. pl.)*	les autres
outdoors		en plein air
overcoat		le pardessus
overture	*(f.)*	l'ouverture
to owe		devoir

P

paid: to be –––		toucher
pain		la douleur
painter		le peintre
painting		la peinture
pajamas		le pyjama
pants		le pantalon
panty hose		le collant
paragraph		le paragraphe
district	*(m.)*	l'arrondissement
Paris: ––– transportation company		la R.A.T.P. (la Régie autonome des transports parisiens);
from –––		parisien(ne)
park		le parc
to park		se garer
parking		le stationnement
to part		se quitter
partner		le/la partenaire
party		la fête, la boum
to pass		passer;
to ––– (time)		écouler
passable		passable
pastry		la pâtisserie;
French –––		le mille-feuille;
small –––		le petit-four
pâté		le pâté
path		le chemin
patiently		patiemment
to pay		payer
payment	*(f.)*	l'indemnité
peaceful		paisible
pear		la poire
peas	*(m. pl.)*	les petits pois
to peel		éplucher
pen		la plume
people	*(m. pl.)*	les gens
pepper		le poivre
––– steak		le steak au poivre
percentage		le pourcentage
to perfect		perfectionner
persistent		persistant(e)
to persuade		persuader
pessimistic		pessimiste
pharmacy		la pharmacie
philosophy		la philosophie
physics		la physique
to pick up		décrocher
picnic		le pique-nique
piece		le morceau
pilgrimage		le pélerinage
pill		le comprimé
ping-pong		le ping-pong
pistachio-colored		pistache
place		l'endroit *(m.)*, la place;
to get to a –––		se rendre à
to plan		envisager, planifier
plan		le projet
plant life		la flore
platform		le quai
platter		le plateau
to play		jouer
to please		ravir
pleasure		le plaisir;
with –––		avec plaisir
plentiful		abondant(e)
plot	*(f.)*	l'intrigue
to plug up		boucher
pneumonia		la pneumonie
pocket		la poche;
––– money		argent *(m.)* de poche
to point out		indiquer
pointy		pointu(e)
police: ––– officer		l'agent *(m.)* de police;
––– station		le commissariat de police, la gendarmerie;
series of ––– novels		la série noire
political: ––– debate		le débat politique;

––– science	*(f. pl.)*	les sciences politiques
poll		le sondage
pollution		la pollution
pond	*(m.)*	l'étang
poor people		le/la pauvre
portable		portable, portatif(-ive)
Portugal		le Portugal
positive		positif(-ive)
post		le poste
poster	*(f.)*	l'affiche
potato		la pomme de terre
pottery		la poterie
powdery		poudreux(-se)
powerful		puissant(e)
preceding		antérieur(e)
to prefer		préférer
presence		le souffle
preserves		la confiture
press		la presse
to pretend		faire semblant
pretentious		prétentieux(-se)
pretty		joli(e)
prey		la proie
price		le prix;
––– schedule		le tableau de prix
to print		imprimer
print	*(f.)*	l'estampe
printed		imprimé(e)
private party		le particulier
problem: to have ––– s	*(m. pl.)*	avoir des ennuis
profession		la profession
professor		le professeur (le/la prof)
progressive		progressiste
to promote		favoriser
promotion		l'avancement *(m.)*, la promotion
psychology		la psychologie
public: ––– relations	*(f. pl.)*	les relations publiques;
––– service		le service public
pudding		le pot de crème
to pull		tirer;
to ––– out		arracher
purchase	*(m.)*	l'achat
purple		violet(te)
on purpose		faire exprès
to put		mettre

Q

question		la question
quiche		la quiche lorraine
quiz	*(f.)*	l'interrogation

R

racism		le racisme
radio		la radio;
transistor –––		le transistor;
––– announcement		le spot
ragged		découpé(e)
railroad tracks		la voie ferrée
rain		la pluie
raincoat	*(m.)*	l'imperméable
raise	*(f.)*	l'augmentation
raised		élevé(e)
range		la cuisinière
rank		le rang
rapsberry		la framboise
rate		le taux
to react		réagir
to read		lire
ready: to get –––		se preparer
realistic		réaliste
really		vraiment
to reassure		rassurer
receipt		le reçu
recital		le récital
recognition	*(f.)*	l'affirmation
recommendation		la recommandation
to record		enregistrer
record	*(m.)*	le disque, l'album
recorder	*(m.)*	l'enregistreur
to recover		se remettre
red		rouge
reduction		le rabais, la réduction
reed		le roseau
to refund		rembourser
refund		le dédommagement
to refuse		refuser
regarding		en ce qui concerne
registration sticker		la vignette
to regret		regretter
regulation		la réglementation
to reimburse		rembourser
to relax		se détendre
reliability		la fiabilité
to rely (on)		compter (sur)
remedy		le remède
remembrance		le souvenir
to remind		rappeler
remote control		la télécommande
to repair		réparer
to repeat		répéter
to replace		remplacer
to report		rapporter
repulsive		répugnant(e)
required		obligatoire
reservation		la réservation
resistant		résistant(e)
responsability		la responsabilité
to rest		se reposer
restaurant		le restaurant, le bistrot
retirement		la retraite
retreat		le pied-à-terre
to return		rendre, rentrer, retourner
return home		le rapatriement
reunion		la réunion
to reunite		se réunir
review		le compte rendu
rib steak		la côtelette
right (entitlement)		la droite
right (direction)		le droit;
on the –––		à droite
right: to be –––		avoir raison
right away		tout de suite
to ring		sonner
river		le fleuve
rock: smooth –––		le galet
rocket		la fusée
romantic		romantique
room: maid's –––		la chambre de service
Roquefort cheese		le roquefort
round		rond(e)
row		le rang
rugby		le rugby
rule		la règle
to run		couler
to rush		s'empresser
Russia		la Russie

S

safe		le coffre
sailing: to go –––		faire de la voile
salad		la salade;
mixed vegetable –––		la salade composée;
––– with potatoes, tomatoes and olives		la salade niçoise
salami		le salami
salaried employee		le/la salarié(e)
sale		la promotion, la vente, la réduction
salesperson		le/la représentant(e)
salt		le sel
sandals	*(f. pl.)*	les sandales
sardine		la sardine
Saturday		samedi
sausage		le saucisson
to say		dire
to scare		effrayer
schedule	*(m.)*	l'horaire
sculpture		la sculpture
seafood	*(m. pl.)*	les fruits de mer
seagull		la mouette
seashore		le bord de la mer
seat		la chaise, la place
second-hand		d'occasion
secretary		le/la secrétaire
to see		voir;
to ––– each other		se voir;
––– you next time		À la prochaine.;
––– you soon.		À bientôt. À tout à l'heure.;
Let's –––		Voyons…
seed		la graîne
to select		sélectionner
selection		la gamme
self-service		le libre-service;
––– restaurant		le self-service
to sell		vendre
seller		le/la vendeur(-se)
to send		envoyer;
to ––– out		lancer
Senegal		le Sénégal
Senegalese		sénégalais(e)
sensational		sensationnel(le)
sentimental		sentimental(e)
to separate		écarter
September		septembre
serious		sérieux(-se)
seriously		sérieusement
to serve		servir
service industries		le secteur tertiaire
to shake hands		se serrer la main
to share		partager
sharp		pointu(e)
to shave		se raser
shelves	*(f.)*	l'étagère
shipping costs	*(m. pl.)*	les frais d'envoi
shirt		la chemise, le chemisier
shiver		le frisson
shock		le choc
shoe		la chaussure;
––– size		la pointure
shop		la boutique
shopping		le shopping;
to go –––	*(m. pl.)*	faire les achats;
––– net		le filet
short		petit(e), court(e), bref(-ève)
to shorten		raccourcir
shorts		le short
shower		la douche
showing		la séance
shy		timide
sick		malade
sideboard		le buffet
sign	*(f.)*	l'enseigne
simplistic		simpliste

since		depuis, puisque
to sing		chanter
to sink		couler
sir		monsieur
sister		la sœur
to sit down		s'asseoir
size		la taille
skating		le patinage;
––– rink		la patinoire
ski		le ski;
––– jacket	*(m.)*	l'anorak
––– run		la piste;
light ––– boots	*(m. pl.)*	les après-skis
skier		le/la skieur(-se)
skirt		la jupe
sky		le ciel
to sleep		dormir
sleeping berth		la couchette
slice		la tranche
slot		la fente
slowly		lentement
small		petit(e)
to smoke		fumer
smoothly		en douceur
snail	*(m.)*	l'escargot
snake		le serpent
snob		snob
snow		la neige
soccer		le football
sociable		sociable
social security		la sécurité sociale
sociology		la sociologie
sock		la chaussette
sofa		le canapé, le sofa
soft drink		la boisson gazeuse
to soften		adoucir
soil		le sol
to soil		salir
solid		solide
solitary		solitaire
to solve		résoudre
some		quelque, **en**
someone		quelqu'un
something		quelque chose
sometimes		parfois
son		le fils
song		la chanson;
popular –––		la chanson populaire
soon		bientôt;
See you –––		À bientôt;
as ––– as		aussitôt que, dès que
sore throat	*(f.)*	l'angine
sorry		désolé(e)
soup		la soupe
South of France		le Midi
souvenir		le souvenir
space suit		le scaphandre
spaghetti	*(m. pl.)*	les spaghettis
Spain	*(f.)*	l'Espagne
Spanish		espagnol(e)
sparkle	*(m.)*	l'éclat
to speak		parler
to ––– again		reparler
speaker		le haut-parleur
specialty		la spécialité;
––– of the house		la spécialité de la maison
spectacle		le spectacle
spices	*(f. pl.)*	les épices
to spill		renverser
spirit	*(m.)*	l'esprit
to spoil		gâcher
sports	*(m. pl.)*	les sports;
televised –––		les sports télévisés;
––– club	*(f.)*	l'association sportive
sprig		la brindille
spring		le printemps
stadium		le stade
to stain		tacher, salir
star	*(m.)*	l'astre
static	*(m. pl.)*	les parasites
station		la station
to stay		rester;
––– in a hotel		descendre dans un hôtel
steak		le bifteck
steel	*(m.)*	l'acier
steering wheel		le volant
stenographer		le/la sténodactylo
stereo		la chaîne stéréo
to stink of		puer
stomach		l'estomac *(m.)*, le ventre
to stop		arrêter, cesser
store		le magasin
storm		l'orage *(m.)*, la tempête
straight (hair)		raide;
––– ahead		tout droit
strawberry		la fraise
––– tart		la tarte aux fraises;
––– red		fraise
street		la rue
strike		la grève
strong		fort(e)
studio apartment		le studio
to study		étudier
to stuff up		boucher
style		le design
submitted		soumis(e)
subscriber	*(m., f.)*	l'abonné(e)
suburbs		la banlieue
successful		réussi(e)
succulent		succulent(e)
sugar		le sucre
to suggest		suggérer
suit		le costume, le tailleur
summary		le bilan
summer	*(m.)*	l'été
sun		le soleil
Sunday		dimanche
sunglasses	*(f. pl.)*	les lunettes de soleil
superintendent		le/la gardien(ne)
supermarket		le supermarché
surf sailing		la planche à voile, le surf
to surprise		étonner
to surround		entourer
surroundings		le milieu
to swallow		avaler
to swear		jurer
sweater		le pull-over
Sweden		la Suède
to sweeten		adoucir
to swim		nager
swimming		la natation;
––– pool		la piscine;
––– suit		le maillot de bain
Switzerland		la Suisse

T

table		la table
tablecloth		la nappe
tablet		le comprimé
tailor		le tailleur
to take		prendre;
to ––– (a course)		suivre;
to ––– away		enlever;
to ––– care of		s'occuper (de), soigner;
to ––– care of oneself		se soigner
tart: small –––		la tartelette;
apple –––		la tarte aux pommes;
strawberry –––		la tarte aux fraises
to taste		goûter
tasteless		fade
tattoo		le tatouage
tea		le thé
tea room		le salon de thé
teacher	*(m., f.)*	l'instituteur(-trice)
teacher		le professeur (le/la prof)
teaching	*(m.)*	l'enseignement
team	*(f.)*	l'équipe
––– leader		le chef d'équipe
to tear		déchirer
telephone		le téléphone;
––– card		la carte téléphonique;
––– directory		l'annuaire *(m.)* (des abonnés);
––– number		le numéro de téléphone
television		la télévision (la télé);
––– advertisement		le spot;
––– series		le feuilleton;
––– set		le téléviseur
to tell		dire;
––– (a story)		raconter
temperament		le tempérament
temperature		la température
tennis		le tennis;
––– racquet		la raquette de tennis
terrace		la terrasse
terrorism		le terrorisme
thank-you note		la lettre de remerciements
thanks		merci
theater		le théâtre
theft		le vol
then		alors, ensuite
therapy		la thérapie
there		y
thief		le malfaiteur
thin		mince
thing		la chose;
––– s	*(f. pl.)*	les affaires
thirsty: to be –––		avoir soif
throat		la gorge
to throw		lancer
Thursday		jeudi
thus		ainsi
ticket		le billet;
round-trip –––	*(m.)*	l'aller-retour;
––– agent		le contrôleur;
––– window		le guichet
to tie		lier
tie		la cravate
to tighten		resserrer
tights		le collant
time	*(f.)*	l'heure
at the present –––		actuellement;
At what –––?		À quelle heure?;
in other ––– s		autrefois
timeliness	*(f.)*	l'actualité
timid		timide
tint		la teinte
tip		le pourboire
tired: to become –––		se fatiguer
today		aujourd'hui
together		de concert, ensemble;
to get –––		se rejoindre
tolerant		tolérant(e)
tomato		la tomate
tomorrow		demain

too: ——— bad		dommage;
——— much		trop
tooth		la dent;
——— cavity		la carie
toothpaste		le dentifrice
to touch		toucher
town		la ville;
to go to ———		descendre en ville;
——— square		le square, la place
traditions	*(f. pl.)*	les mœurs
traffic jam	*(m.)*	l'embouteillage
tragedy		la tragédie
to train		s'entraîner
train		le train;
fast French ———		le T. G. V. (le train à grande vitesse);
Paris regional ——— system		le R. E. R. (le Réseau express régionale)
trap		le piège
to travel		voyager
travel		le trajet;
——— agency		l'agence *(f.)* de voyages;
——— agent		l'agent *(m.)* de voyages;
——— package		le forfait
treat		la friandise
trip		le voyage
trouble	*(m.)*	l'ennui
truly		vraiment
trunk		le coffre
T-shirt		le tee-shirt
to tuck in		resserrer
Tuesday		mardi
tuna		le thon
Tunisian		tunisien(ne)
to turn		tourner;
to ——— on		mettre en marche
twins	*(m. pl.)*	les jumeaux
to type		pianoter
to typewrite		taper à la machine
typewriter		la machine à écrire

U

ulcer	*(m.)*	l'ulcère
umbrella		le parapluie
uncle	*(m.)*	l'oncle
to underline		souligner
to understand		comprendre;
to ——— each other		se comprendre
underwear		les sous-vêtements *(m. pl.)*, le slip
unfortunate		malheureux(-se)
unfortunately		malheureusement
unhappiness		le mécontentement
union		le syndicat
to unite		s'unir
United States	*(m. pl.)*	les États-Unis
university	*(f.)*	la fac, l'université;
——— dining hall		le restaurant universitaire
unpleasant		désagréable
until		jusqu'à
to upset		renverser
upset: to get ———		s'énerver
use: to ——— the *tu* form		tutoyer;
to ——— the *vous* form		vouvoyer
used up		dépareillé(e)

V

vacationer		le/la vacancier(-ère)
vain		vaniteux(-se)
vanilla-colored		vanille
variety		les variétés *(f. pl.)*, la gamme
vase		le vase
VCR		le magnétoscope
veal		le veau
vegetable		le légume;
——— aisle		le rayon de légumes;
raw ———	*(f. pl.)*	les crudités
very		très
vest		la veste
video		le clip
videocassette		la vidéocassette
Vietnam		le Viêt-nam
violet		violet(te)
to visit		rendre visite à, visiter
vivacity		la vivacité
vivisection		la vivisection

W

to wait		attendre
walk		la randonnée;
to take a ———		se promener
walking		la marche à pied
Walkman		le baladeur
to want		désirer;
to ——— to		vouloir, tenir à
war		la guerre
wardrobe	*(f.)*	l'armoire
warm		chaud(e)
to warm up		s'échauffer
warm-up suit		le survêtement
warmed over		réchauffé(e)
to wash		se laver
waste		le déchet, le gaspillage
watch		la montre
to watch		regarder
water	*(f.)*	l'eau;
mineral ———		l'eau minérals;
——— therapy		la thalassothérapie
way		le chemin
to wear (shoes)		chausser
weather		le temps;
——— forecast		la météo
Wednesday		mercredi
weekend		le week-end;
extended ———		le pont
weight loss	*(m.)*	l'amaigrissement
well		bien;
as ——— as		ainsi que
well-being		le bien-être
Western (movie)		le western
whale		la baleine
what		quel(le), quoi;
——— new?		Quoi de neuf?
when		quand, lorsque
where		où
while		pendant
white		blanc(he)
why		pourquoi;
——— not		pourquoi pas
wife		la femme
wild animal		le fauve
to win		gagner, remporter
wind		le vent
window		la fenêtre, la vitre
wine		le vin;
——— store		le magasin de vins;
——— -producing		vinicole
winner		le/la gagnant(e)
winter	*(m.)*	l'hiver
to wish		espérer, souhaiter
wish		le vœu
with		avec
witness		le témoin
wonderful		génial(e)
wood		le bois
word processing		le traitement de texte
to work		travailler
work		le travail;
Let's go to ——— !		Au travail!
worker	*(m., f.)*	l'ouvrier(-ière)
working conditions		les conditions *(f. pl.)* de travail
world-wide		mondial(e)
worse		pire
worth: to be ———		valoir
to wrap		envelopper
to write		écrire;
to ——— each other		s'écrire
writer	*(m.)*	écrivain
wrong: to be ———		avoir tort

Y

to yawn		bailler
year	*(m.)*	l'an; *(f.)* l'année
yellow		jaune
yes		oui, si
yogurt		le yaourt
young		jeune
youth hostel		l'auberge *(f.)* de jeunesse

Z

Zaire		le Zaïre
zero		nul(le)

INDEX